지방자치법

이기우 · 하승수

도서출판 대영문화사

머리말

지방자치제도를 부활한 이후 아직 20년이 채 되지 않았다. 짧은 기간이었지만 지방자치단체들은 주민의 복리를 가까이서 챙기고 국가를 아래로부터 안정시키고 변화시켜 가는 사례들을 축적해 가고 있다. 당장 체감할 수 있는 변화의 하나로 공무원들이 주민들에게 이전과는 비교가 되지 않을 정도로 친절해졌고, 생활 주변 환경이 상당히 정비되고 있다.

한 지방정부에서 시작된 조그만 변화가 전국적으로 확산되는 사례도 일어나고 있다. 예컨대, 수원시에서 시작된 화장실 개선사업이 전국적으로 확대되면서 화장실 문화를 바꾸어 놓았고 다른 나라에까지 영향을 미치는 모범 사례로 꼽히고 있다. 또한 중앙정부의 반대에도 불구하고 한 지방의회에서 정보공개조례를 제정해서 전국적으로 확산되고, 나아가 국가에서도 정보공개에 관한 법률을 제정하도록 하는 등 아래에서 위로 국가를 변화시키는 사례들이 나타나고 있다.

오늘날 지방자치를 이해하려면 단순히 지역적인 문제를 국가로부터 자유롭게 수행한다는 차원을 넘어 국가 전체의 역할 분담의 문제로 이해해야 한다. 모든 국가적·사회적·개인적인 크고 작은 과제를 국가와 지방정부, 개인 간에 어떻게 역할 배분을 하는 것이 효율적이고 민주적이며 정의로운 것인지를 묻는 문제로 파악해야 한다.

이러한 지방자치에 대한 이해는 무엇보다도 지방자치 관련법을 통해서 구체화되고 현실화된다. 그동안 한국의 지방자치가 다른 어느 나라보다도 빨리 정착할 수 있었던 것은 지방자치법제의 정비와 무관하지 않다. 지방자치법제가 지방자치의 발전에 걸림돌이 되는 경우에는 학계와 사회단체,

지방정치인들이 강력하게 개선을 요구하고 입법자들이 이를 수용해 지방자치법제를 개선해 왔다. 그럼에도 불구하고 현재의 지방자치법제는 시대적인 요구 수준을 충분히 반영하지 못하고 있다. 이에 지방자치법학은 단순히 현행의 법규를 해석하고 적용하는 차원을 넘어 시대적인 요구를 반영하는 제도가 무엇인지를 이정표로 두고 입법정책적인 검토와 현실 규정의 해석을 병행할 수밖에 없다. 이 책의 기본적인 관점은 법학적 상상력을 충분히 발휘해 이상과 현실의 거리를 가능한 좁히는 해석을 하되, 해석으로 메울 수 없는 제도의 벽은 입법정책적인 제안으로 보완하는 데 두고 있다.

2007학년도 연세대학교 법과대학에서 지방자치법이 개설되어 강좌가 열리게 되면서 미루어 왔던 작업을 서둘게 되었다. 그동안 학술지와 전문잡지에 적지 않은 글들을 발표해 왔으나 이를 하나의 체계적인 글로 묶어내는 것은 쉽지 않은 작업이었다. 지방자치법학을 중심으로 학문적인 세계를 개척하고 있는 필자로서는 의무처럼 항상 부담이 되어 왔다. 마침 필자와 오랫동안 시민자치정책센터를 통해서 풀뿌리 자치운동을 전개하며 많은 논의를 해 왔던 하승수 변호사가 제주대학교 법학부의 교수로 임용되면서 공동작업을 할 수 있는 시간을 가질 수 있게 되었다. 하 교수는 시민사회의 활동가로서 지방자치와 관련된 실천적인 활동을 통해 지역활동가들에게 선도적인 역할을 해 왔을 뿐만 아니라 학문적인 열정과 노력이 남다르다. 그의 학문적·사회적인 역할과 활동에 많은 기대를 모으고 있다.

이 책을 집필하면서 가능하면 이해하기 쉬우면서도 새로운 관점에서 지방자치법을 접근하려고 노력했다. 우선 학부의 학생이나 실무가 수준에서 이해하기 쉬우면서도 전문적인 연구자에게 시사점과 연구 동기를 부여할 수 있도록 했다. 경우에 따라서는 두세 걸음 앞선 주장도 있고, 아직 세련되지 못한 표현도 더러는 눈에 띈다. 같은 분야에서 연구하는 동료 학자들의 애정 어린 비판과 조언, 학생들이나 실무가들과의 토론 등을 통해 이 책의 부족한 부분은 꾸준히 보완해 가기로 한다.

주변에 적지 않은 동료와 선배, 후배 학자들이 조언과 충고를 해 주어 필자의 좁은 시야를 넓혀 주고 부족한 생각을 이끌어 주어 항상 감사하게 생각한다. 특히 지방자치법 강좌를 개설해 이 책을 집필하도록 직접적인 동기를 부여해 주신 한견우 교수님과 지방자치법학에 선구적인 개척을 하시고 필자에게 학문적으로 많은 자극을 주시는 홍정선 교수님에게 깊은 감사를 드린다. 정부혁신지방분권위원회와 지방이양추진위원회에서 지방분권을 위해 함께 노력해 왔던 동료 위원님들과 관계자 분들에게도 이 자리를 빌어 깊은 감사를 드린다. 특히 지방분권 문제에 대해서 필자와 입장을 같이 해 왔던 양영철 교수님, 오재일 교수님, 강형기 교수님에게 감사를 드리지 않을 수 없다. 필자의 학문적인 산실을 제공해 주는 지방정책연구소, 지방자치학회, 지방자치법학회, 공법학회의 동료 회원님들에게도 깊은 감사를 드린다.

또한 어려운 출판 사정에도 불구하고 이 책의 발간을 흔쾌히 허락해 주시고 지원해 주신 대영문화사 임춘환 사장님과 무더위에도 세세한 부분까지 신경을 써 준 관계자 모두에게 깊은 감사를 드린다.

2007년 8월

저자 이기우, 하승수

차 례

머리말 / 3

제 1 장 지방자치의 일반이론 ······ 15

제 1 절 지방자치의 의의 ······ 15

제 2 절 지방자치의 개념 요소 ······ 16

1. 지방자치의 개념에 관한 독일의 이론 / 16
2. 지방자치의 개념에 관한 국내의 학설 / 19
3. 종래의 학설들에 대한 비판적 검토 / 20

제 3 절 지방자치권의 근거(유래) ······ 22

제 4 절 지방자치와 민주주의, 지방분권화 ······ 22

1. 지방자치와 민주주의 / 22
2. 지방자치와 지방분권화 / 24

제 5 절 지방자치행정과 지방정치 ······ 24

제 2 장 지방자치법의 체계와 연혁 ······ 27

제 1 절 지방자치법의 의의 ······ 27

제 2 절 지방자치법의 법체계 ······ 28

제 3 절 지방자치제도의 역사적인 발전 ······ 31

1. 독일 / 31
2. 한국 / 34

제 3 장 지방자치에 대한 헌법상 보장 ······ 46

제 1 절 지방자치에 대한 헌법상 보장의 의의 ······ 46

제 2 절 지방자치에 대한 제도적 보장의 내용 47
1. 지방자치단체 존립의 보장 / 47
2. 지방자치단체의 객관적 보장 / 47
3. 주관적인 법적 지위의 보장 / 50
제 3 절 지방자치권의 제한과 그 한계 51
1. 지방자치권에 대한 제한 / 51
2. 자치권 제한의 한계 / 51
제 4 절 방어권으로서 자치권의 보장 54

제 4 장 지방자치단체의 법적 지위와 종류, 구성 요소 55
제 1 절 지방자치단체의 법적 지위 55
1. 지방자치단체의 의의 / 55
2. 지방자치단체의 권리 능력 / 56
3. 지방자치단체의 행위 능력 / 56
4. 지방자치단체의 당사자 능력과 소송 능력 / 57
5. 지방자치단체의 기본권 주체성 / 57
6. 명칭 / 58
제 2 절 지방자치단체의 종류 59
1. 일반지방자치단체 / 60
2. 특별지방자치단체 / 63
제 3 절 지방자치단체의 구성 요소(주민, 지방자치권, 구역) 64
1. 주민 / 64
2. 지방자치단체의 고권 / 65
3. 지방자치단체의 구역 / 71

제 5 장 주민의 권리와 의무 79
제 1 절 주민의 의의 79
제 2 절 주민의 법적 지위(권리 · 의무의 개요) 80
1. 지방자치행정에서 민주적 정당성의 원천으로서의 주민 / 80
2. 지방자치단체의 공공시설을 이용할 권리(공공시설 이용권) / 85
3. 균등한 행정 혜택을 받을 권리 / 88
4. 주민의 의무(특히 비용부담 의무) / 88

제 3 절 주민직접참정제도 ……… 89
1. 주민의 직접민주적 참여의 필요성 / 90
2. 조례의 제정 및 개폐 청구 / 92
3. 주민감사청구제도 / 99
4. 주민투표 / 104
5. 주민소환 / 114
제 4 절 주민소송 ……… 130
1. 의의 / 130
2. 관련 입법례 / 131
3. 우리 나라 주민소송제도의 내용 / 135
4. 주민소송제도의 문제점과 개선 방안 / 140
제 5 절 정보공개제도 ……… 142
1. 정보공개제도의 의의 / 142
2. 정보공개제도의 기본 골자 / 144
3. 지방자치단체의 행정정보공개조례 / 150

제 6 장 지방자치단체의 사무 ……… 151
제 1 절 지방자치단체의 사무 체계의 발전 ……… 151
제 2 절 지방자치단체의 사무 유형 ……… 153
1. 자치사무 / 153
2. 단체위임사무 / 155
3. 기관위임사무 / 156
제 3 절 사무의 종류에 따른 차이와 구별 기준 ……… 158
1. 사무 종류에 따른 차이 / 158
2. 구별의 기준에 관한 판례의 태도 / 161
3. 판례에 대한 비판 / 162
4. 기관위임사무 자체에 대한 비판 / 163
제 4 절 국가와 지방자치단체의 사무배분 ……… 165
1. 사무배분의 원칙: 보충성의 원칙 / 165
2. 국가와 지방자치단체 간의 사무배분 / 167
3. 지방자치단체 간(시 · 도 및 시 · 군 · 자치구 간)의 사무배분 / 171

제 7 장 지방자치단체와 국가의 관계 ······ 180
제 1 절 지방자치단체와 국가 간 관계의 기본 원리 ······ 180
제 2 절 국가의 지방자치단체에 대한 영향력의 행사 ······ 181
1. 지방자치단체에 대한 국가의 영향력 행사의 근거 / 181
2. 국회에 의한 영향력의 행사 / 182
3. 법원에 의한 영향력의 행사 / 184
4. 행정부에 의한 영향력의 행사 / 186
5. 감사원에 의한 영향력의 행사 / 187
제 3 절 지방자치단체의 국가에 대한 영향력의 행사 ······ 189
1. 개관 / 189
2. 지방자치단체의 국가에 대한 영향력 행사의 필요성 / 190
3. 지방정부의 국정 참여 실태 / 190
4. 지방자치단체의 국정 참여 확대를 위한 입법론 / 191

제 8 장 지방자치단체에 대한 국가의 감독 ······ 192
제 1 절 국가감독의 개요 ······ 192
1. 국가감독의 개념 / 192
2. 국가감독의 법적 근거 / 193
3. 국가감독의 기능 / 194
4. 국가감독기관 / 195
5. 국가감독의 기준 / 196
제 2 절 국가감독의 수단 ······ 197
1. 조언 / 197
2. 지원 / 199
3. 조사권(감사권) / 200
4. 시정명령 / 203
5. 취소 · 정지권 / 204
6. 직무이행명령권 및 대집행권 / 205
7. 재의 요구 지시 / 206
8. 제소 지시 및 제소권 / 207
9. 지시권 / 208
10. 승인의 유보 / 208
11. 직무대행자의 지정 / 212

제 3 절 국가감독권 행사의 원칙 ······ 213
1. 감독편의주의 / 213
2. 비례의 원칙 / 214
3. 국가감독과 개인의 권리구제의 관계 / 216
제 4 절 국가감독에 관한 분쟁 ······ 217
제 5 절 중앙행정기관과 지방자치단체 간의 협의 조정 ······ 218

제 9 장 지방자치단체의 조직 ······ 220
제 1 절 지방자치단체의 조직 형태 ······ 220
1. 지방자치단체의 조직 형태의 유형 / 220
2. 지방자치단체 조직 형태의 다양화 / 222
제 2 절 지방의회 ······ 232
1. 지방의회의 지위 / 232
2. 지방의회 의원의 법적 지위 / 234
3. 지방의회의 내부조직 / 238
4. 지방의회의 관할 / 248
5. 지방의회의 권한 / 250
6. 지방의회의 회의 운영 / 253
제 3 절 지방자치단체의 집행기관 ······ 259
1. 지방자치단체의 장과 그 소속기관 / 259
2. 소속 행정기관 및 하부행정기관 / 273
3. 지방자치단체의 합의제 행정기관 / 275
4. 교육감과 그 소속기관 / 282
제 4 절 지방의회와 지방자치단체의 집행기관 간의 관계 ······ 291
1. 지방의회의 집행기관(지방자치단체의 장 또는 교육감)에 대한 권한 / 292
2. 지방자치단체의 장 또는 교육감의 지방의회에 대한 권한 / 293
3. 권한 행사의 한계 / 297
4. 지방의회와 지방자치단체의 집행기관 간의 갈등 해소 방안 / 298
제 5 절 지방교육자치를 둘러싼 논쟁의 문제점과 대안 ······ 299
1. 지방교육 자치에 관한 개념적 논쟁 / 299

2. 지방교육 자치제도의 헌법적 근거에 관한 논쟁 / 301
3. 한국 지방교육행정 체제의 문제점과 개선 방안 / 303

제10장 자치입법 ······ 308

제 1 절 조 례 ······ 309
1. 조례의 의의와 종류 / 309
2. 조례제정권의 본질 / 310
3. 조례제정권의 범위와 한계 / 313
4. 조례의 제정 절차 / 324
5. 조례안 재의결에 대한 제소 / 327
6. 조례 위반행위에 대한 제재 / 337
7. 위법한 조례에 대한 권리구제 / 338

제 2 절 규 칙 ······ 339
1. 의의 / 339
2. 규칙의 한계 / 340
3. 규칙 제정의 절차 / 340

제 3 절 기타 자치입법 ······ 341
1. 의회규칙 / 341
2. 회의규칙 / 341
3. 행정규칙 / 342

제11장 지방재정 ······ 343

제 1 절 헌법과 지방재정 ······ 343
1. 지방자치의 요소로서의 재정고권 / 343
2. 법률유보의 원칙과 지방재정 / 344

제 2 절 지방재정 운영의 기본 원칙 ······ 345
1. 건전재정의 운영 / 345
2. 국가정책과의 조화 / 346
3. 지방채무 및 지방채권의 관리 원칙 / 346

제 3 절 지방자치단체의 예산과 결산 ······ 347
1. 예산 / 347
2. 결산 / 355

제 4 절 지방자치단체의 수입 ······ 357

1. 개관 / 357
2. 지방세 / 358
3. 사용료, 수수료 및 분담금 / 362
4. 지방재정조정제도(지방교부세, 지방교육재정교부금, 조정교부금, 재정보전금) / 367
5. 보조금 / 373
6. 부담금과 교부금 / 375
7. 지방채 / 376
8. 재산수입(사법상 수입)과 기타 지방자치단체의 수입 / 378

제 5 절 지방자치단체의 경비 부담과 지출 …… 379
1. 경비 부담 / 379
2. 지출 / 380

제 6 절 지방자치단체의 재산 및 기금의 관리 …… 381
1. 재산의 보유·관리와 기금의 설치·운용의 원칙 / 381
2. 지방자치단체의 재산 및 기금관리 / 382

제12장 지방자치단체의 공공시설과 지방공기업 …… 386

제 1 절 공공시설 …… 386
1. 공공시설의 의의 / 386
2. 공용지정 / 387
3. 영조물, 공물과의 구분 / 387
4. 공공시설의 설치와 관리 유지 / 388
5. 공공시설에 대한 이용청구권 / 388
6. 공공시설의 이용에 대한 사용료 또는 대가 / 390

제 2 절 지방공기업 …… 390
1. 지방공기업의 의의 / 390
2. 지방공기업의 법적 형태 / 392
3. 지방공기업법의 내용 / 395

제13장 지방자치단체 상호간의 관계 …… 416

제 1 절 지방자치단체 간의 협력 …… 416
1. 지방자치단체 간 협력의 의의와 필요성 / 416
2. 지방자치단체 간 협력의 법적 기초 / 417

3. 협력의 법적 형태/418
4. 지방자치단체 간의 협력활성화 방안/428

제 2 절 지방자치단체 간의 분쟁조정 ······ 430
1. 의의/430
2. 분쟁조정의 절차/431
3. 분쟁조정위원회/432

제 3 절 지방자치단체의 장 등의 협의체 ······ 434

제14장 지방자치의 특례 ······ 435

제 1 절 대도시 행정의 특례 ······ 435
1. 자치구의 사무와 재원에 대한 특례/435
2. 서울특별시에 관한 특례/438
3. 인구 50만 이상 대도시에 대한 특례/440

제 2 절 제주특별자치도의 특례 ······ 440
1. 제주특별자치도 설치의 배경과 과정/441
2. 제주특별자치도의 법적 지위/442
3. 제주특별자치도에 인정되는 특례의 내용/443
4. 제주특별자치도 관련 법제의 문제점과 앞으로의 방향/455

제15장 지방자치에 관한 헌법 개정 ······ 465

제 1 절 헌법 환경의 변화와 헌법 개정의 필요성 ······ 465

제 2 절 몇 가지 지방자치 관련 용어에 대한 검토 ······ 468
1. 지방자치단체, 지방정부, 국가와 중앙정부/469
2. 연방국가, 단일국가와 지방분권/472
3. 지방분권과 지역균형 발전/473

제 3 절 기초지방정부와 광역지방정부에 공통된 헌법 개정 제안 ······ 474
1. 헌법 전문/474
2. 총강/475
3. 지방자치단체의 기관/475
4. 사무의 범위와 사무처리의 방법/478
5. 지방정부의 입법권 보장/480
6. 지방재정의 보장/481

7. 지방정부의 권리구제권 / 482
8. 중앙정부의 감사기관과 감사권 행사 / 483
9. 지방자치단체의 종류 / 484

제 4 절 광역 지방정부의 자치권 강화를 위한 특례 ···················· 485
1. 광역지방정부의 위상 강화 / 485
2. 지방원의 설치 / 486
3. 제주도 특례 / 486
4. 연방제의 도입에 관해 / 487

찾아보기 / 490

제1장 지방자치의 일반이론

제 1 절 지방자치의 의의

'자치(自治)'를 문자 그대로 해석하면 "스스로 다스리는 것"을 의미한다. 다스린다는 것은 보살피고 문제를 해결하는 것을 의미한다. 개인 자신을 보살피고 스스로 문제를 해결하는 것을 사적 자치라고 부른다. 개인의 차원을 넘어 공동체의 문제를 구성원들이 스스로 처리하는 것을 사적 자치(私的自治)에 대비해 공적 자치(公的自治)라고 부를 수 있다. 우리가 공법상 통상 자치라고 부르는 것은 후자를 가리킨다. 이러한 의미에서의 '자치'란 지방자치에 국한되지 않는다. 예를 들면 '대학의 자치', '교회의 자치', '학교의 자치' 등도 인정되고 있다.[1)]

지방자치라고 하면, 국가 내의 일정한 지역을 기초로 하는 공동체를 전제로 한다. 그리고 헌법 제117조 제1항에서는 "지방자치단체는 주민의 복리에 관한 사무를 처리하고 재산을 관리하며, 법령의 범위 안에서 자치에 관한 규정을 제정할 수 있다"고 규정함으로써 '지방자치'를 헌법상의 개념

---

1) 자치의 개념과 종류에 대한 심층적인 연구로는 Reinhard Hendler, *Selbstverwaltung als Ordnungsprinzip*, Köln.u.a., 1984 참조; 松本英昭, 『要說 地方自治法』 第4版, 東京: ぎょうせい, 2005, 2쪽 참조.

으로 받아들이고 있다.

그러나 헌법 자체에서는 지방자치에 대한 정의는 내리지 않고 있다. 헌법재판소는 지방자치제도를 "일정한 지역을 단위로 일정한 지역의 주민이 그 지방 주민의 복리에 관한 사무, 재산관리에 관한 사무, 기타 법령이 정하는 사무를 그들 자신의 책임 하에서 자신들이 선출한 기관을 통하여 직접 처리하게 함으로써 지방자치행정의 민주성과 능률성을 제고하고 지방의 균형 있는 발전과 아울러 국가의 민주적 발전을 도모하는 제도"라고 보고 있다.[2)]

학문의 영역에서 지방자치의 의의를 이해하는 방법에는 여러 입장이 있을 수 있다. 다만 우리 나라의 경우에는 일반적으로 지방자치의 개념 요소로서 주민자치(정치적 의미의 자치)와 단체자치(법적 의미의 자치)가 거론되고 있다. 그리고 주민자치의 관념은 영국, 미국에서 발달했고, 단체자치의 관념은 주로 독일에서 발달했다고 설명되고 있으나, 이러한 논쟁이 전개된 것은 독일이다.

이에 대한 좀더 깊은 이해를 위해서는 지방자치의 개념 요소에 대한 논쟁과 이론들을 살펴볼 필요가 있다.

제 2 절 지방자치의 개념 요소

1 지방자치의 개념에 관한 독일의 이론

지방자치의 개념을 파악할 때는 흔히 주민자치(정치적 의미의 자치)와 단체자치(법적인 의미의 자치)로 구분해서 이해하고 있다. 지방자치의 개념을 이와같이 구분해서 생각하기 시작한 것은 독일에서 비롯된다. 이들 의미를 정확하게 파악하기 위해서는 독일에서 지방자치의 개념이 어떻게

2) 헌재 1991. 3. 11. 91헌마2.

발전해 왔는지를 살펴볼 필요가 있다.

독일에서 근대적인 의미에서 지방자치제도가 시행된 것은 1808년의 프로이센 도시법에서 비롯된다. 이는 슈타인(Freiherr vom Stein)의 개혁구상을 실현한 것으로서 국가 업무의 처리에 시민을 참여시킴으로써 관료주의의 폐단을 극복하고, 공동체 정신을 함양하며 시민의 자유 영역을 확장하려는 것이었다. 그럼에도 불구하고 당시는 자치(Selbstverwaltung)라는 개념이 사용되지 않았다. 19세기 중엽에 와서야 지방자치법에 자치 개념이 등장한다. 자치 개념이 널리 사용되면서 자치 개념에 대한 논쟁이 100년 넘게 지속되었다. 정치적 의미의 자치 개념(주민자치)과 법적인 의미의 자치 개념(단체자치) 간의 논쟁이 이에 속한다.

1) 정치적인 의미의 자치 개념(시민자치)에 관한 독일의 이론

공공의 행정 업무를 직업관료에 의하지 않고 지방 주민으로 구성된 명예직 공무원이 수행할 경우에 주민자치, 혹은 정치적 의미에서의 자치라고 한다. 이 개념은 특히 그나이스트(Rudolf von Gneist) 등에 의해서 형성되었으며, 그의 주된 관심은 중산층을 공공 업무의 수행에 참여시키는 데 있었다. 명예직 공무원은 원래 원칙적으로 비전문가, 비관료였고 선거가 아닌 임명에 의해 공무에 가담되었다. 즉 이 개념은 직업관료에 의한 행정에 반대되는 개념이다.

그나이스트는 영국의 자치 형태에 대해 상세히 공부했다. 그에게 모범이 되었던 것은 영국의 귀족적 명예직인 치안판사 제도였다. 그는 시민들이 선거를 통해 의결기관을 선출하고 직업관료가 이를 수행하도록 하는 조직 원리를 반대했다. 왜냐하면 이러한 조직 원리를 통해 시민들은 개인적인 봉사의 부담을 선거행위로 대신하게 되고 이를 직업관료로 하여금 수행하게 함으로써 공공행정의 수행에 관료주의의 폐단을 야기할 것이라고 했다.[3] 그는 영국의 자치 모델을 도입하고자 의도했던 결과로 자치사무나 위임사무를 같게 보았으며 자치행정이 국가행정의 일부임을 강조했다.[4]

---

3) R. Hendler, a.a.O., S. 60f.

4) Vgl. Heinrich Heffer, *Die deutsche Selbstverwaltung* im 19. Jahrhundert.Geschichte der Ideen und Institutionen, 2. Aufl., Stuttgart, 1969, S. 394.

그나이스트의 자치론은 초기에 많은 추종자들이 있었으나[5] 오늘날 적지 않은 비판을 받고 있다. 명예직을 중산층에 한정함으로써 민주적인 정당성의 근거가 되고 있는 정치적인 평등의 원칙을 침해한다는 것이다. 또한 지방자치단체의 업무가 증가되고 전문화·복잡화됨으로써 이를 처리하기 위해 전문적인 직업관료를 채용하고 관료 체계를 구성함에 따라 전통적인 명예직에 의한 업무 처리 방식은 더 이상 부적합하게 되어 오늘날은 지방의회에 의한 대표로 탈바꿈하게 되었다.[6] 정치적인 자치 개념이 오늘날 의미를 가지는 것은 일반 사인(私人)의 행정에 대한 참여를 긍정했다는 점이다. 이러한 전통은 독일의 지방자치법에서 명예직 조항을 통해 부분적으로 남아 있다.

2) 법적인 의미의 자치 개념(단체자치)에 관한 독일의 이론

자치를 단순히 정치적인 현상으로 파악하는 데 그치지 않고 국가와의 관계에서 법률 효과를 도출할 수 있는 법적인 현상으로 이해하려는 경향이 나타났다.

그나이스트가 명예직 제도를 통해 시민을 국가행정에 참여하게 함으로써 국가와 사회의 이원론을 극복하려고 시도한 데 대해서 슈타인(Lorenz von Stein)과 기에르케(Otto von Gierke)는 국가관료로부터 지방자치단체의 법적인 분리를 주장했다.

슈타인은 그의 행정론에서 국가와 사회 간의 이원론을 확인하면서 사회적 활동의 자유를 보장하기 위해 지방자치단체의 법적·정치적인 독립성을 강조했다.[7] 기에르케도 자치단체의 불가결한 독립성을 확인하고 자연법 사상에 근거해 그나이스트의 구상을 반박해 고유사무가 자치의 결정적인 요소라고 하면서 국가의 위임사무는 지방자치단체를 국가에 예속되게 하고 국가의 관료 체제에 이용당하게 하는 위험한 선물이라고 평가했다.[8] 슈타

---

5) 이에 대하여 자세한 것은 R. Hendler, a.a.O., S.112 ff.

6) Peter H. Krämer, *Die bürgerschaftliche Selbstverwaltung unter den Notwendigkeiten des egalitären Sozialstaat*, Berlin, 1970, S. 75.

7) Lorenz von Stein, *Verwaltungslehre*, 8. Bde, Stuttgart 1865-1884, S. 1865 ff.: Werner Weber, *Selbstverwaltung und Demokratie in den Gemeinden nach Gebietsreform*, Siegburg, 1982, S. 179.

인과 기에르케의 이러한 자치론은 후에 단체자치(körperschaftliche Selbstverwaltung) 혹은 법적 자치(juristische Selbstverwaltung) 개념의 출발점이 된다.

2 지방자치의 개념에 관한 국내의 학설

우리 나라에서는 지방자치의 개념을 파악할 때 주민자치와 단체자치 또는 '정치적 의미의 자치'와 '법적 의미의 자치'로 구분해 이해하는 것이 일반적이다.[9]

우선 주민자치는 '정치적 의미의 자치'라고도 하며, "중앙정부의 간섭을 배제하여 지방의 정치 · 행정이 제각기 지역 주민의 자주적인 의사에 따라 자기 책임으로 처리되게 하는 것, 즉 지방자치단체의 조직이나 작용에 대해 주민이 참여하고 통제하는 것"을 의미한다.[10] 그러나 '정치적 의미의 자치행정'을 "시민의 자치행정, 즉 직업공무원이 아닌 일반 시민이 행정에 참여함을 주된 특징으로 하는 자치행정"을 의미한다고 설명하는 견해도 있다.[11] 이러한 설명은 앞서 독일의 논쟁에서 설명한 것처럼, 독일에서 주민자치라는 개념이 발생한 유래가 '직업관료가 아닌 명예직 공무원에 의한 행정'이라는 개념에서 출발했기 때문이다.

한편 단체자치는 '법적 의미의 자치'라고도 하며, "국가와는 별개의 독립된 법인격을 가진 지역적 통치단체(지방자치단체)의 설치를 인정하고, 이러한 지역적 통치단체로 하여금 지역사회의 공공사무를 처리하게 하는 것"[12] 또는 "공법상 독립의 법인이 자기의 이름으로 그리고 자기의 기관에 의해

---

8) Otto von Gierke, *Das deutsche Genossenschaftlehre,* Bd. II, Geschichte des deutschen Körperschaftsbegriffs, Berlin, 1873: W. Weber, a.a.O(주 7)., S. 179.

9) 예컨대, 홍정선, 『지방자치법학』(제2판), 법영사, 2002, 12쪽 이하에서는 "정치적 의미의 자치행정"과 "법적 의미의 자치행정"으로 구분하고 "정치적 의미의 자치행정"을 주민자치라고 하고 "법적 의미의 자치행정"을 단체자치라고 부르기도 한다고 서술하고 있다. 또한 천병태, 『지방자치법』, 삼영사, 2005, 29쪽에서도 지방자치는 '단체자치'와 '주민자치'의 두 가지 요소로 구성된다고 서술하고 있다.

10) 천병태, 앞의 책, 29쪽 참조.

11) 홍정선, 앞의 책, 12쪽 참조.

12) 천병태, 앞의 책, 30쪽 참조.

서 법률의 범위 안에서 공적 사무를 자기 책임으로 수행하는 것"[13]이라고 설명된다.

그리고 주민자치와 단체자치의 관계에 대해서는, 지방자치란 '단체자치'와 '주민자치'라고 하는 두 가지 원리를 불가결한 구성 요소로 하고, 지방자치는 '주민자치'와 '단체자치'의 두 가지 요소가 함께 존재할 때에 성립하는 것으로 이해하는 입장이 있다.[14] 이 입장에서 단체자치는 지방자치단체와 국가(중앙정부)와의 관계, 즉 지방자치단체의 대외적 관계에 관한 것이고, 주민자치는 지방자치단체의 내부적 관계에 관한 것이라고 설명하기도 한다.[15]

반면 우리의 제도는 대륙법계의 전통에 근거해 단체자치에 입각하고 있으되, 내용상으로는 주민자치의 요소를 가미하고 있다고 보는 견해도 있다.[16]

3 종래의 학설들에 대한 비판적 검토

일반적으로 지방자치의 개념은 주민자치의 요소와 단체자치의 요소를 모두 포함한다고 한다. 그러나 이러한 견해는 단체자치와 주민자치의 두 요소가 구체적으로 어떻게 결합하는 것인지에 대한 설명이 부족해 개념의 혼란과 오해를 불러일으킨다. 따라서 이러한 개념은 지방자치의 본질을 이해하는 데 도움이 되지 않는다.

지방자치의 개념을 파악하기 위해서는 먼저 자치의 주체부터 논의되어야 한다. 즉 자치의 주체와 관련해서, 법적인 국가조직 단위로서 지방자치단체를 중심으로 파악할 것인지 아니면 일정한 지역에 거주하는 주민을 중심으로 파악할 것인지의 문제부터 논의되어야 한다. 만약 지방자치단체를 자치의 주체로 파악하게 된다면 지방자치단체가 외부와 독립적인 업무 처리를 할 수 있는 어느 정도의 재량권이 부여되어 있으면 모두 지방자치라

13) 홍정선, 앞의 책, 13쪽.
14) 천병태, 앞의 책, 30쪽 참조.
15) 천병태, 앞의 책, 30쪽 참조.
16) 홍정선, 앞의 책, 14쪽 참조.

고 볼 수 있다. 또한 지방자치단체의 공무원이 주민의 의사와는 무관하게 그 업무를 수행한다고 하더라도 지방자치에 포함된다고 할 것이다. 이와같이 자치 개념을 그 구성원과 무관하게 구성하는 경우에 '지방행정관청의 자치', '행정공무원의 자치'로 될 우려도 있다.[17] 지방자치단체의 구성원인 주민은 더 이상 자치의 주체가 아니라 자치의 객체로 되고 만다.

민주주의는 자기 결정의 원리이다. 지방자치는 이런 자기 결정의 원리로서의 민주주의를 지역적인 차원에서 실현하는 것을 의미한다. 즉, 지역공동체의 문제를 지역 주민이 스스로 결정하는 것을 의미한다. 지방자치는 민주주의를 지역적으로 실현함으로써 지역 주민이 자기 소외를 극복하고 지역공동체의 문제 해결에 주체로 등장하기 위한 제도적인 장치라고 볼 수 있다.[18]

이러한 관점에서 본다면 지방자치는 "일정한 지역에 거주하는 주민들이 자신들에게 관련된 문제를 자기 책임 하에 수행하도록 하는 정치조직 원리"라고 정의할 수 있다. 지방자치의 실체는 주민들의 자기 결정의 보장, 즉 주민자치에 있다고 할 것이다. 주민의 집단을 하나의 단체로 보고 법인격을 부여하여 외부의 법인격자와의 관계를 규율하거나 내부 기관 상호 관계 혹은 내부 기관과 주민 간의 관계를 파악하는 법률적인 장치는 자치의 본질이 아니라 주민자치를 법기술적으로 보장하기 위한 수단적인 것에 불과하다고 본다.

이 점에서 주민자치는 오늘날 민주주의 체제 하에서 자치 개념의 본질적인 요소라고 할 것이고 그 법기술적인 표현이 단체자치라고 할 것이다. 만약 주민들의 실질적인 자기 결정이 보장되지 않는다면 아무리 법적인 의미에서 단체의 자율성을 부여한다고 하더라도 그것은 실체가 결여되어 있으므로 더 이상 자치라고 부를 수 없게 된다.

---

17) Hiltrud Naβmacher/Karl-Heinz Naβmacher, *Kommunalpolitik in Deutschland*, Opladen, 1999, S. 55 참조.

18) 같은 취지로 헌법재판소는 "지방자치는 국민자치를 지방적 범위 내에서 실현하는 것"이라고 보고 있다(1999. 11. 25. 99헌바28).

제 3 절 지방자치권의 근거(유래)

지방자치권의 근거 또는 국가와 지방자치단체 간의 본질적 관계를 어떻게 볼 것인지에 대해 의견들이 갈라진다.

지방자치권의 근거와 관련된 학설로는, 우선 개인이 태어날 때부터 인권을 가지는 것과 마찬가지로 지방자치권은 지방자치단체가 고유의 권리로서 가지는 것이라고 보는 자치고유권설 또는 독립설이 있다.

반면 지방자치의 자치권은 지방자치단체에게 고유한 것이 아니라 국가가 승인한 한도에서만 행사할 수 있는 위임된 권능이라는 자치권 위임설도 존재한다. 이 견해에 의하면 지방자치단체의 법인격, 지배권 기타 능력도 국가법질서에 의해 발생한 것이고 국가로부터 부여받은 것이라고 보는 것이다. 이 학설은 국가는 원시적 권력을 가지는 반면 지방자치단체는 전래적 권력을 가진다는 의미에서 전래설(傳來說)이라고도 한다.[19]

오늘날 헌법은 지방자치를 직접 헌법에 보장함으로써 이러한 견해의 대립은 의미가 약화되고 있다. 오늘날 지방자치권은 헌법이 직접 지방자치단체에게 부여한 고유한 권리라고 이해할 수 있다.

제 4 절 지방자치와 민주주의, 지방분권화

1 지방자치와 민주주의

지방자치를 가리켜 흔히 '민주주의의 학교'라고 하거나 '풀뿌리 민주주의'라고 부른다. 지방자치는 민주주의 정치 체제의 구체화이고, 국민이 민주주

19) 松本英昭, 앞의 책, 4쪽 참조.

의를 체험하는 장(場)이기도 하다. 그래서 영국의 정치학자인 브라이스(James Bryce)는 "지방자치는 민주정치의 가장 훌륭한 학교이고, 그 성공을 보장하는 가장 훌륭한 보증인이다"라고 말했다. 또한 프랑스의 역사학자인 토크빌(A. Tocqueville)도 "공동체적인 제도(지방자치 제도) 대 자유의 관계는 초등학교 대 과학의 관계와 동일하다"라고 서술하면서 "지방자치는 민주주의의 학교"라고 말했다.

우리 헌법은 제1조 제2항에서 "대한민국의 주권은 국민에게 있고, 모든 권력은 국민으로부터 나온다"고 함으로써 공권력 행사의 궁극적인 정당성을 전체 국민에게서 찾고 있다. 그런데 헌법 제 117조 제1항에서 지방자치를 보장함으로써 우리 나라에서 채택한 민주주의가 획일적인 민주주의(egalitäre Demokratie)가 아니라 지방분권적 민주주의에 기초함을 밝히고 있다. 이처럼 지방자치가 보장되는 경우에 국민은 국가의 정치적 의사결정에 참여하는 것을 넘어 지역적인 문제에 대한 참여 기회를 추가적으로 부여받게 된다.

헌법 제1조 제2항의 국민 전체에 의한 민주적인 정당성은 지방자치의 영역에서는 헌법 제117조 제1항에 의해 주민에 의한 민주적인 정당성으로 대신된다고 볼 수 있다. 즉, 헌법 제1조 제2항은 지방자치 영역에서는 헌법 제117조 제1항에 의해서 "모든 지방자치단체의 권력은 주민으로부터 나온다"는 의미로 해석될 수 있다. 이에 따라 지방자치단체의 내부구조는 민주적 정당성을 확보할 수 있도록 구성되어야 하며, 주민에게서 민주적인 정당성을 발견하지 못하는 지방 권력의 존재는 헌법 제117조 제1항을 매개로 헌법 제1조 제2항에 어긋난다고 할 것이다.

지방자치에 대한 민주적인 정당성의 부여는 기본적으로 주민의 선거에 의해 선출되는 지방의회나 지방자치단체장에 의한 간접적인 방법과 주민들이 직접 지역의 문제를 결정하는 직접적인 방법을 통해 이루어진다. 그러나 오늘날 대의제 민주주의하에서 주민의 기능은 그들의 대표자를 선거하는 데 그치고 있으며, 실질적인 주권자로서 지위는 규범상으로만 존재할 뿐 사실상 영향력은 매우 미약하다. 여기에 정치적 참여의 결함(politische Partizipationsdefizit)이 거론된다.[20] 이를 보완하기 위해 주민의 직접 참여 확대가 세계적인 흐름을 이루고 있다. 우리 나라에서도 주민투표와 주민소환 제도가 도입되는 등 주민의 참여를 확대하기 위한 노력이 꾸준히 진행되고 있다.

2 지방자치와 지방분권화

지방자치는 지방분권을 필수적으로 요구한다. 중앙집권 체제가 정치적인 문제 해결을 하나의 중심에 집중시킨다면, 지방분권적인 국가에서는 중앙정부와 다수의 지방으로 분산시킨다. 지방분권은 지방자치단체를 중앙의 예속으로부터 해방시켜 독립시키고 일정한 사무를 그에게 귀속시킴으로써 가능하게 된다. 이것은 국가 권력을 입법, 사법, 행정에 분산시킴으로써 권력의 남용을 방지하고자 하는 수평적인 권력 분립의 원칙과 더불어, 국가권력을 중앙정부와 지방에 분산시킴으로써 이를 보완하는 수직적 권력 분립의 원칙을 이룬다.

우리 나라는 오랜 중앙집권의 역사를 가지고 있다. 중앙집권 체제가 국가 주도의 경제 성장을 추진해 온 측면도 있다. 그러나 중앙집권 시스템의 순기능보다도 역기능이 심화되고 산업사회에서 지식정보사회로 전환하게 되면서 새로운 정치 체제가 필요하게 되었다. 특히 지역적 특성이 반영되고 주민들의 다양한 삶의 욕구를 실현하기 위해서는 기존의 중앙집권 시스템으로는 한계에 부딪히고 있다. 이런 인식하에 지방분권이 논의되고 추진되고 있다.

제 5 절 지방자치행정과 지방정치

독일에서는 지방자치를 행정에 속한다고 보고 있다. 독일에서는 'kommunale

---

20) Hans Herbert von Arnim, *Vom Schönen Schein der Demokratie*, 2000, S. 30 참조. 그는 대의제 하에서 국민주권적인 민주주의의 허구성을 지적하고 정치를 시민에 재결합시킬 필요를 역설하고 있다(a.a.O., 45f).

Selbstverwaltung'(지방자치행정)이라는 개념을 지방자치를 표현하기 위해 널리 사용한다. 우리 나라의 경우는 지방자치행정이라는 말보다는 '지방자치'라는 말이 더 익숙하다. 이 점에서 우리의 지방자치는 지방자치행정뿐만 아니라 지방자치입법까지를 포함한다는 의미에서 독일어로 kommunale Autonomie로 번역하는 것이 타당할 것으로 본다.[21] 헌법 제117조 제1항은 지방자치단체에게 단순한 자치행정권을 부여하는 데 그치지 않고 자치입법권도 부여하고 있다. 이렇게 보면 지방자치단체는 지방행정의 단위일 뿐만 아니라 지방정치의 단위(politische Einheit 혹은 politische Gemeinschaft)로 보는 것이 타당하다.[22] 지방자치단체는 단순한 행정 주체에 그치는 것이 아니고 국가 내에서 자치권을 가진 종합적인 통치 주체로서 위상을 가진다고 볼 수 있다.

지방자치를 지방행정으로 이해할 것인지 지방정치를 포함하는 것으로 볼 것인지의 문제는 지방자치단체에 대한 정당의 개입 문제와 밀접한 관계가 있다.[23] 이러한 논쟁은 외국의 경우에도 있었다. 예컨대 독일에서는 전통적으로 지방자치의 대상을 기술적인 성질을 가진다고 보아 경험과 지식이 풍부한 전문 행정관료에 의해서 처리될 수 있는 것이라고 보았다. 그러므로 지방행정은 정당정치로부터 중립이 보장되어야 한다는 주장이 이에 속한다.[24] 즉, 지방자치단체 수준에서는 정치적인 결정이 이루어지는 것이

---

21) Autonomie의 개념에 대해서는 Reinhard Hendler, a.a.O., 293 ff. 참조.

22) Yvonne Ott, *Der Parlamentscharakter der Gemeindeverwaltung*, Baden-Baden, 1994, S. 112 이하 참조). 영국과 미국에서는 지방자치단체를 지방정부(local government)라고 표현함으로써 지방자치단체가 단순히 행정에 그치는 것이 아니라 지방적인 수준에서 정치적인 단위를 이루고 있음을 명백히 하고 있다. 이는 지방자치를 단순히 법률 집행적인 행정에 국한시킬 것이냐, 아니면 정책적인 선택을 가능하게 하는 정치적인 영역을 포함하는 것으로 볼 것인지의 문제이다. 우리 나라에서 한때 지방자치는 행정이지 정치가 아니라는 주장에서 지방자치단체를 지방정부라고 불러서는 안 된다는 주장이 있었으나 설득력이 없다. 지방자치를 자치행정에 국한시키는 것은 지방자치단체의 지위를 지나치게 격하하는 것이 된다. 정치적 가치의 선택이 존재하는 곳에는 어디든 정치가 행해진다. 이 점에서 지방자치단체를 지방정부라고 부르더라도 하등의 잘못이 있는 것은 아니다.

23) 우리 나라에서 이에 관한 논쟁으로는 이승종, "정당의 지방자치 참여 배제론의 논거와 한계", 조창현 외, 『한국지방자치의 쟁점과 과제』, 도서출판 문원, 1995, 92쪽 이하; 이기우, 『지방자치이론』, 학현사, 1996, 458쪽 이하; 김순은, "지방자치와 정당", 『자치행정』 제159호, 2001. 6., 36쪽 이하 참조.

아니라 단순히 전문적인 결정이 있을 뿐이라는 것이다. 지방자치는 지방행정이고 지방의회도 비정치적인 특성을 갖는다는 데서 출발하고 있다.

여기서 정치적인 결정이 무엇을 의미하는지를 명백히 할 필요가 있다. 단순히 전문적이고 기술적인 문제에 그치는 것이 아니라 각자의 가치 기준에 근거해서 활동의 대안들 중에서 선택을 할 가능성이 부여되어 있는 경우에 이미 정치적인 것이라고 볼 수 있다.25) 예컨대 다리를 어느 규모로, 어디에 설치할 것인지도 단순히 기술적·전문적인 결정에 그치는 것이 아니라 이미 정치적인 결정을 포함하고 있는 것이라 볼 수 있다. 어떤 사무를 수행할 것인지 여부의 결정과, 수행하는 경우에 어떻게 수행할 것인지에 관한 결정은 정치적인 결정에 관한 것이라고 볼 수 있다.26) 이 점에서 지방자치에 정치적인 의사결정에 참여를 목적으로 하는 정당을 전면적으로 배제하는 것은 문제가 있다. 다만 정당 개입으로 인한 폐해가 묵과할 수 없는 수준이라면 한정적으로 개입 배제를 생각해 볼 수 있을 것이다.27)

만약 지방자치가 단순히 기술적·전문적(행정적)인 것에 불과하다면 지방의회 의원선거나 지방자치단체장의 선거 자체가 불필요하다는 것이 될 것이고 행정 업무의 처리를 직업관료에게 맡기면 된다는 결론이 된다. 그러나 지방자치단체를 위한 선거를 실시한다는 것 자체가 지방자치단체의 주민을 하나의 정치 단위로 인정하고 지방의회로 하여금 주민을 대표하도록 하는 것이 된다. 이는 마치 국민이 전체로서 하나의 정치 단위를 이루고 국회를 통해 대표되는 것과 같다.

---

24) Gerd, Lintz, *Die Politischen Parteien im Bereich der kommunalen Selbstverwaltung*, Baden-Baden, 1973, S. 132f.

25) 예컨대, Theo Trachternach, *Parteien in der kommunalen Selbstverwaltung*, 2. Aufl., Würtembug, 1976, S. 63f.

26) Ulrich Scheuner, *Neubestimmung kommunaler Selbstverwaltung*, AfK 12, 1973, S. 31.

27) 이기우, 앞의 책, 이에 대해 김순은, 앞의 논문(2001)은 현재 정당의 구조, 정당의 행태, 정당이 지방정치에 미치는 역기능 등을 감안해 정당정치가 정상화될 때까지만이라도 정당 참여를 배제하는 것이 바람직하다는 입장이다. 우리 헌법재판소(1999. 11. 25. 99헌바28)는 "기초의회가 정당의 의사에 따라 움직인다면, 기초의회는 본래의 목적과 기능을 상실하여 형해화(形骸化)한 모습으로 남게 된다. 따라서 이 사건 법률 조항의 입법목적은 기초의회의 구성 및 활동에 정당의 영향을 배제함으로써 지역 실정에 맞는 순수한 지방자치를 실현하기 위한 필요불가결한 것으로 그 목적이 정당하다고 할 것이다"라고 하여 정당배제론에 유사한 논리를 제시하기도 했다.

제2장 지방자치법의 체계와 연혁

제1절 지방자치법의 의의

지방자치법이란 지방자치단체에 관해서 규율하는 공법의 한 분야이다. 특히 지방자치단체의 법적 지위, 조직과 기관의 구성, 의사결정 과정, 사무, 국가나 다른 지방자치단체와의 관계, 그 구성원의 권리와 의무 등 지방자치와 관련된 분야를 규율하는 공법 법규의 총체를 지방자치법이라는 개념으로 표현할 수 있다. 이러한 의미의 지방자치법을 실질적 의미의 지방자치법이라고 부를 수 있다.[1] 실질적 의미의 지방자치법은 단일의 법전으로 구성되어 있는 것이 아니라, 지방자치법, 지방재정법, 지방공무원법, 지방세법, 주민투표법, 주민소환에 관한 법률 등 여러 법률로 구성되어 있다.

반면 형식적 의미의 지방자치법이라고 하면, '지방자치법'이라는 명칭을 가진 개별 법률을 의미한다. 형식적 의미의 지방자치법은 1949년 7월 4일 법률 제32호로 제정되었으며, 여러 차례의 개정을 거쳐 시행되고 있다.

1) 홍정선, 앞의 책, 3쪽.

제 2 절 지방자치법의 법체계

지방자치에 관한 법은 여러 단계의 법규범으로 이루어진다. 헌법, 법률, 법규명령, 자치법규, 불문법 등이 이에 속한다.

1) 헌 법

대한민국 헌법은 지방자치에 관해서도 최고 규범이다. 헌법은 제8장으로 '지방자치' 장을 두고 제117조 제1항에서 "지방자치단체는 주민의 복리에 관한 사무를 처리하고 재산을 관리하며, 법령의 범위 안에서 자치에 관한 규정을 제정할 수 있다"라고 규정함으로써 지방자치를 제도적으로 보장하고 있다.

또한 헌법 제117조 제2항은 지방자치단체의 종류를 법률에 유보하고 있으며, 헌법 제118조 제1항은 지방자치단체의 기관으로서 지방의회를 규정하고 있다. 또한 헌법 제118조 제2항은 지방의회의 조직, 권한, 의원선거, 지방자치단체의 장의 선임 방법, 기타 지방자치단체의 조직과 운영에 관한 사항을 법률에 유보(留保)하고 있다. 헌법 제117조 제2항과 제118조 제2항의 법률유보는 형성적(形成的)인 법률유보로서 입법자에 대해 제117조 제1항에 보장된 지방자치제도를 구체화시킬 것을 명하는 헌법위임(Verfassungsauftrag)이다. 따라서 입법자는 헌법 제117조 제1항에 보장된 지방자치제도를 그 취지에 따라 법률로 구체화할 헌법상의 의무를 진다.

2) 법 률

헌법 제117조 제2항과 제118조 제2항의 법률유보 조항에 따라 입법자는 지방자치단체의 기본 구성, 사무, 법률 관계 등에 관해 각종의 법률을 제정했다. 여기서 법률이라 함은 형식적 의미에서의 법률로 헌법상 규정된 입법자가 헌법이 정한 입법 절차에 따라 법률의 형식으로 제정한 법규범을 말한다. 지방자치에 관한 법률로는 일반법으로서 지방자치법이 있고 개별법으로서 지방공무원법, 지방재정법, 지방세법, 지방교부세법, 지방공기업법, 지방교육자치에 관한 법률 등 각종의 법률이 있다. 또한 지방자치단체의 장과 지방의회 의원의 선거에 관한 공직 선거법의 조항들은 지방자치단체의 기관 구성에 관한 법 조항들이다. 그리고 주민투표법, '주민소환에 관한 법률'은 주민들의 직접 민주주의적 참여를 보장하는 법률들이다.

3) 법규명령

법규명령이란 헌법상의 입법자가 아닌 행정기관(예컨대 대통령, 국무총리, 각부 장관 등)이 제정한 일반적·추상적으로 구속력을 가지는 명령을 의미한다. 본래 권력 분립의 원칙상 법규범은 입법자가 제정함이 원칙이나 여러 가지 이유(예컨대 입법 절차의 복잡성, 장기화, 입법자의 전문기술성의 결여)에서 입법자의 부담을 덜기 위해 헌법 제75조, 제95조는 법률에서 구체적으로 범위를 정해 위임받은 사항과 법률을 집행하기 위해 필요한 사항에 관해 행정입법을 할 수 있도록 길을 열어 두고 있다. 이런 의미에서 법규명령은 파생적인 법원이며 실질적 의미에서의 법률에 속한다.

지방자치와 관련해 이러한 법규명령에 속하는 것으로는 지방자치법 시행령, 지방재정법 시행령, 지방공기업법 시행령 등 많은 행정입법들이 있다. 행정입법의 원래 목적은 정치적 의미가 적은 전문적·기술적 사항을 행정기관이 규율하게 하여 입법부의 부담을 경감시키기 위한 것임에도 불구하고 우리 나라의 행정입법에 대한 위임은 그 범위가 지나치게 광범위하여 문제가 되고 있다.

한편 행정규칙은 원칙적으로 법원이 아니라고 할 것이다. 그러나 예외적으로 "법령의 직접적인 위임에 따라 수임 행정기관이 그 법령을 시행하는데 필요한 구체적 사항을 정한 것"이면, 그 행정규칙이 상위 법령의 위임한계를 벗어나지 않는 한 상위 법령과 결합하여 대외적인 구속력을 갖는 법규명령으로 기능하게 된다는 것이 헌법재판소의 해석이다.[2] 따라서 그런 경우에는 행정규칙의 법원성이 인정된다.

2) 헌재 2002. 10. 31. 2001헌라1

4) 자치법규

지방자치단체가 그 사무에 관해 규율하는 법규범을 자치법규라고 한다. 자치법규에는 지방의회가 제정하는 조례와 지방자치단체의 장이 정하는 규칙이 있다. 지방자치단체의 자치법규는 헌법상 보장된 자치권의 내용을 이루는 자치입법권에 근거한 것이다.

지방의회가 제정하는 조례는 개별적인 법률의 수권은 필요로 하지 아니하나, 법령에 위반해서는 안 된다는 제한을 받는다. 또한 주민의 권리나 의무에 관한 사항이나 벌칙 등에 관한 조례는 지방자치법 제22조 단서에 따라 법률의 위임이 있어야 제정할 수 있다. 한편 기초지방자치단체인 시·군·자치구의 조례나 규칙은 지방자치법 제24조에 따라 광역지방자치단체인 시·도의 조례나 규칙에 위반해서는 아니 된다.

5) 불문법

다른 법 분야와 마찬가지로 지방자치법에서도 관습법, 조리법과 같은 불문법이 법원으로 된다. 관습법이 존재하기 위해서는 오랜 관행이 존재하고 그에 대한 법적 확신이 있어야 한다. 관습법에는 두 가지가 있을 수 있다.

첫째로 주민들 사이에 일정한 관행이 오랫동안 계속됨으로써 그것이 법규범으로서의 법적 확신을 획득한 경우이다. 이에 해당하는 것으로서 도로·하천 부지의 점유이용권, 입어권, 용수권 등이 있다.

둘째로 행정청이 일정한 행정처분을 반복하여 행함으로써 법규범으로서의 법적 확신을 얻은 경우이다.

다만 이와 같은 관습법은 성문 법규에 반해 효력을 가질 수 없는 효력상의 한계가 있다.

조리(條理)는 사회 일반의 건전한 상식 및 정의관에 근거한 사물의 속성에 속한 것으로서 다른 법규범이 존재하지 아니하는 경우에 최종적·보충적인 법규범으로서 기능한다.

제 3 절 지방자치제도의 역사적인 발전

1 독 일

독일의 지방자치 역사에서 중대한 의미를 갖는 것은 중세의 도시자치이다. 10세기 경을 전후해 도시의 거주 양식이 형성되면서 국왕에 의한 다양한 시장 특권의 수여로 도시는 시장 특권과 더불어 조세고권, 재판권 등과 같은 자치권을 갖게 되었다. 12세기 말경에 대부분의 도시에서 시의회가 시의 최고기관이 되고 국왕이 임명한 국가공무원과 더불어 행정사무를 처리하게 되었다. 그리고 점차 국왕이 임명한 국가공무원의 기능이 약화되고 그 대신 시민의 선출에 의한 시장의 기능이 확대되었다. 이로써 "도시의 공기는 자유롭다"라는 격언이 생겨났다. 오늘날도 전통적인 도시에서는 당시 도시의 자치를 상징했던 시청, 시의 휘장, 종 등이 남아 있다. 도시는 13세기, 14세기에 하나의 법인(法人)으로 되었고, 완전한 권리 능력과 행위 능력이 부여되었으며, 자치법규를 제정할 수 있게 되었다. 15세기에서 17세기에 정치적·경제적인 목적에서 도시연맹이 형성되어 도시의 정치적인 의미는 더욱 커졌다.

그 후 도시의 자유와 자치권은 30년 전쟁(1618~1648)으로 말미암은 도시재정의 빈곤과 내부의 지나친 권력 확대 시도, 영주에 의한 도시권의 침식 등으로 붕괴되기 시작했고, 뒤이어 대두한 절대군주 지배 체제의 확립으로 말살되었다. 절대주의 국가는 지방자치단체를 국가의 한 행정기관으로 보았고 지방자치단체의 장은 국가공무원으로 대치되고 지방자치사무는 국가사무로 간주되었다.

현대적인 의미의 지방자치제도가 부활한 것은 19세기 초부터 나타나기 시작한 정치적인 발전과 맥락을 같이한다. 즉 1789년의 프랑스혁명 정신은 독일의 자유주의 정신을 자극했고, 1806년 나폴레옹의 침략으로 인한 프로이센의 패배는 광범위한 정치적 개혁을 요구했다. 당시의 대정치가였던 슈타인은 프로이센 국가의 내부적인 취약점을 제거하기 위한 일련의 정치적인 개혁을 시도했다. 지방자치제도의 부활도 그의 이러한 개혁 조치의 하나에 속한다.

슈타인의 지방자치에 대한 사상적인 기초는 당시의 자유주의 사상에 근거한 교육사상에 있다. 지방자치단체의 업무 처리에 시민을 참여시킴으로써 그들에게 작은 공동체에서 출발해 공공(公共)의 업무를 스스로 처리할 수 있는 능력을 배양하고, 나아가 시민정신을 일깨워 국가와 사회 사이의 간격을 없애려고 하는 데 있었다.

그의 개혁사상은 1808년의 프로이센 도시법으로 구체화되었다. 시는 지역적인 경찰, 예산집행, 조세, 교육, 빈민구제, 도로교통 분야에서 자치권을 가졌다. 이 법에 의해 '시민'은 시의회 의원을 선출하고, 시의회는 행정집행기관인 집행위원회와 시장을 선출했다. 이 법이 가지는 역사적인 의미는 그 구체적인 제도적 장치보다는 그 근저에 놓여 있는 사상적인 발전이다. 당시 쉬타인의 협력자이며 경찰국장이었던 프라이는 "신뢰는 인간을 고귀하게 하고 영원한 후견(後見)은 인간의 성숙을 저해한다"라고 표현했다.

이 도시법에 의해 시민은 시의 자치행정에 참여할 권리뿐만 아니라 의무도 가지고 있었다. 시민공동체는 자치를 허용받았을 뿐만 아니라 자치를 할 것을 명령받았다. 슈타인은 시민을 후견으로부터 해방시키는 데 그치지 않고 시민정신과 공동체정신을 소생시키고 조국애, 자립심, 민족적 영광을 되살리려고 했다(이러한 지방자치에 관한 사상적인 배경은 우리의 현실에도 시사하는 바가 크다. 주민과 지방정부에 대한 신뢰만이 살아 있는 정치를 가능하게 하고, 그에 반해 이들을 미성년자와 같이 취급해 언제까지나 후견하고 간섭하려고 하는 것은 지방의 자치 능력 배양에 장애가 된다고 하겠다).

이렇게 하여 재생된 독일의 지방자치제도는 여러 차례에 걸친 중앙정부의 권력 확대 시도와 보수 반동적인 경향으로 진통과 변화를 겪으면서 바이마르 공화국에 이르기까지 점진적인 제도적 정비를 가져왔다. 바이마르 헌법 제127조에 지방자치권이 보장되고 슈미트(Karl Schmidt)의 제도적 보장이론이 통설로 인정됨에 따라 지방자치권의 헌법적 보장은 새로운 의미를 가지게 되었다. 그에 의하면 지방자치제도는 헌법상 보장된 제도로서 입법자라 할지라도 그 제도를 폐지하거나 그 제도의 본질적인 내용을 침해할 수 없다. 즉 입법자의 재량권은 그러한 한도 내에서 제한된다.

히틀러 지배하의 독일은 국가사회주의의 표방하에 모든 권력이 중앙에 집중되어 지방자치제도는 또다시 수난을 겪게 되었다. 1935년 각 지방의 다양한 지방자치법은 '독일지방자치법'으로 통합되었으나 자치권은 '지도자정신'으로 대치되어 말살되었다. 지방자치단체의 공무원은 당에 충실한 사람이나 당원으로 임명되었고 지방자치단체의 선거는 실시되지 않았다. 시민의 책임 있는 참여는 배제되고 지방행정은 시민으로부터 유리되었다. 모든 지방자치단체의 업무는 중앙의 지시대로 움직이고, 지방의회는 자문기관으로 전락함으로써 지방자치단체는 중앙집권국가의 단순한 행정기관으로 변질되었다.

제2차 세계대전의 결과로 무조건 항복을 한 독일의 모든 행정권은 연합국의 군정으로 이양되었고, 지방자치단체의 권한도 이에 따라 군정의 지배하에 놓이게 되었다. 당시 독일의 행정기관 중에서 정상적인 기능을 수행할 수 있었던 행정 단위로는 지방자치단체가 유일한 것이었으며, 연합국 군정당국의 독일민주화 노력의 일환으로 독일에서 지방자치단체의 자치권이 부활했다. 이에 "아래에서 위로"라는 구호 아래 지방자치단체는 주택난의 해결과 같은 전쟁으로 인한 당면한 복구사업에 주도적인 역할을 했다.

당시의 지방자치법은 지방에 따라 상이했던 1935년 이전의 지방자치법과 비민주적인 요소를 제거한('탈나치화') 독일지방자치법, 주둔국 본국의 지방자치제도의 일부로 구성되었다. 1946년부터 각 주의 헌법은 지방자치를 보장하기 시작하고 1948년부터 1958년 사이에 각 주의 지방자치법이 정비되었다. 이로써 각 주에 따라 상이한 지방자치제도가 성립되고 이를 통일하려는 노력이 있었다. 1949년 독일 연방헌법은 바이마르 공화국의 헌법에 이어 지방자치제도를 제도적으로 보장했다. 또한 지방자치제도에 대한 입법권은 각 주에 귀속되었다. 1970년대에 독일에서는 행정효율성과 규모의 경제를 달성하기 위해 행정구역 개편을 통해서 지방자치단체의 숫자를 대폭적으로 축소하였다.

독일 통일 후에 독일 지방자치제도는 많은 변화를 겪었다. 우선 동독지역에 지방자치를 실시하기 위해 1990년에 '동독지역의 지방자치에 관한 법률'을 제정했다. 동독지역에서 각 주의회가 별도의 지방자치법을 제정할 때까지 임시적으로 적용하도록 했다. 이 법은 종래 독일의 네 가지 지방자치 모델을 절충한 내용으로 구성되어 있었으나 직접 민주제도를 강조했다.

독일이 통일된 이후 동독지역의 주의회들은 별도로 새로운 지방자치법을 의결해 독자적인 지방자치제도를 형성하게 된다. 독일의 통일은 지방자치제도의 변화에 적지 않은 영향을 미쳤다. 서독지역에서 축적된 지방자치의 경험이 동독지역을 민주화시키고 지방자치를 정착시키는 데 결정적으로 기여했지만, 동독의 지방자치를 새로이 형성하는 데 서독의 각 주들이 관여하는 과정에서 자신들의 지방자치제도를 새로이 발전시키는 계기를 찾게 되었다. 특히 1990년대 독일 전역에서 일어난 참여혁명은 동독에서 주민참여를 확대한 것에서 영향을 받았다.

2 한 국

한국에서 지방자치의 기원을 어디에 두어야 할 것인가에 관해서는 아직 정설이 없다. 혹자는 유향소(留鄕所) 제도나 향약(鄕約)을 지방자치의 기원으로 보기도 하고 혹자는 갑오경장 이후에 비로소 지방자치제도가 도입되었다고 보기도 한다. 고려 시대나 조선 시대를 통틀어 한국의 정치제도는 원칙적으로 중앙에 권력을 극도로 집중시킨 절대군주 제도였다고 보는 데는 이견이 없을 것이다. 갑오경장에 이르기까지 독립된 지방행정이 존재했다고 볼 수는 없고, 지방에서의 국가행정이 존재했다고 볼 수 있다. 지방세력의 성장을 억제하기 위한 상피(相避)제도는 지방분권적인 요소를 원천적으로 봉쇄하려고 한 제도적 장치였다.

어쨌건 근대적인 민주주의 사상에 근거한 지방자치 의식이 싹튼 것은 갑오경장 이후의 일이다. 향회조규와 향회변무 규정에 의해서 지방자치기구가 도입되었던 바, 이것은 주민을 지방행정에 참여시키려는 시도를 했다는 점에서 우리 나라 지방자치의 발전사에서 중대한 의미를 갖는다. 향회(鄕會) 제도를 통해 주민의 대표자가 지방적인 사무의 처리에 관여하고 이를 통해 민의의 수렴을 꾀하려고 하였던 시도는 일본의 침략으로 중단되었다.

식민지 지배하에서 정치 체제는 식민지의 효율적인 지배와 전쟁 물자의 조달을 위해 과거 어느 시대보다 중앙집권적으로 되었다. 식민지 당국이 후에 행정개혁을 통해 지방자치제도를 표방했으나, 사실상 행정은 더욱 중앙에 집중되었고 관료화되었다. 그 당시 행정개혁의 목표는 지방분권에 의한 지방고유사무의 자치적인 해결에 있었던 것이 아니고, 행정구역의 재편성을 통해 전통적인 촌락의 공동체 의식을 말살해 독립운동을 봉쇄하고 친일분자를 지방행정에 관여시켜 식민지 통치와 전쟁 물자의 조달을 능률적으로 수행하려는 데 있었다.[3] 지방자치단체의 장은 임명되었고, 지방의회 의원의 선거권과 피선거권은 제한되어 사실상 친일적인 사람에게 유리한 기회가 주어졌다. 식민지 하에서 지방자치제도를 도입한 실질적 목적은 지방의 자치권 신장에 있었던 것이 아니라 지방자치단체를 중앙집권의 고도화에 역이용하는 데 있었던 것이었다.

제2차 세계대전 이후 주둔한 미군정 당국은 일제 시대의 고도의 중앙집권적인 정치 체제를 그대로 답습했다. 그들은 지방의회 의원의 선거와 지방자치단체장의 선거를 통한 민주적인 지방행정의 실시를 약속했음에도 불구하고, 과도적 체제라는 명목하에 지방자치단체를 군정의 직접 통제하에 두고 중앙집권적인 행정 체제를 고수했다. 그들의 이러한 정책은 그들이 독일에서 취한 태도와는 정반대되는 것으로서 이는 우리 민족에 대한 불신과 민주적 역량에 대한 무관심에서 유래한 것이었다.

1949년의 제헌헌법에서 지방자치제도가 제도적으로 보장되고 곧이어 지방자치법이 제정되었으나 정부는 치안 유지를 이유로 지방자치의 실시를 연기했다. 한국전쟁 중이던 1952년에 와서야 지방의회 의원의 선거가 실시되었다. 이는 당시 집권당의 정권 유지를 위한 필요성에서 실시되었던 것이다. 이후 지방자치법은 그때그때의 정치적인 필요에 따라 개정되었으며, 1961년에는 5·16 군사쿠데타로 지방자치에 관한 임시조치법이 제정되어 지방자치단체의 자치권은 말살되었다. 그리고 1972년 12월 27일 공포된 유신헌법에서는 부칙 제10조에서 "이 헌법에 의한 지방의회는 조국 통일이 이루어질 때까지 구성하지 아니한다"라고 규정하기까지 했다. 그에 따라 지방자치단체는 중앙의 업무 집행기관으로 전락되고 자치사무의 처리조차

3) 이태진, 신동아, 1988. 7., 539쪽 이하.

중앙의 지시에 예속되었다.

그리고 1987년 민주화운동의 결실로 개정된 헌법에서 지방자치 실시에 관한 유보 조항이 삭제되고 1988년 지방자치법의 개정으로 지방자치의 부활을 위한 기틀이 마련되었다. 이 개정에서는 지방자치단체의 종류 중 기초지방자치단체를 종래의 읍·면 대신에 군과 자치구로 바꾸어 법인격을 부여했다. 이처럼 법제도는 정비되었지만, 중앙정치권의 복잡한 정치적 계산 때문에 지방선거는 실시되지 못하다가, 1990년 개정된 지방자치법에 따라 1991년 3월 26일에야 지방의원 선거부터 부활했다. 1991년 3월 26일 실시된 시·군·자치구의회 의원선거에서 4,304명의 기초의원이 선출되어 동년 4월 15일에 시·군·구의회가 부활되었다. 이로써 지방자치는 30년의 동면에서 깨어났으나, 지방자치단체장은 여전히 국가에 의해 임명하도록 함으로써 불구의 형태를 벗어나지 못했다. 그러다가 1995년 6월 27일 지방의회의원 선거와 함께 지방자치단체장의 선거도 동시에 실시됨으로써 파행적인 자치기관의 구성을 극복하고 형식상으로는 완전한 지방자치의 모습을 구비하게 되었다.

그리고 2003년 2월 출범한 노무현 정부는 참여정부를 표방하면서 지방분권을 정부의 정책기조로 삼고 정부혁신지방분권위원회를 구성해 정부혁신과 지방분권을 연계해 추진하도록 했다. 말하자면 지방분권을 통해 중앙정부의 바구니를 비우고 이를 바탕으로 중앙정부를 혁신하려는 구상이었다. 이러한 지방분권 작업은 2003년 7월 4일에 공포된 '참여정부 지방분권 추진 로드맵'에 의해 구체화되었다. 국민을 관객의 지위에서 주인으로 위상을 회복해 참여를 확대하고, 중앙 중심에서 지방 중심으로, 관 중심에서 민간 중심으로, 일방적인 통치에서 쌍방향적인 협치(協治, governance)로 공동체 문제 해결의 시스템을 바꾸는 국가재구조화 작업으로서 지방분권 과제를 설정했다. 지방분권은 먼저 지역 주민과 지역사회를 활성화함으로써 지방정부를 혁신하고 지방분권을 통해 중앙정부를 혁신함으로써 중앙정부가 국가적인 큰 문제에 집중하도록 하고, 생활의 작은 문제는 지방정부로 하여금 처리하도록 한다는 것이었다. 이를 위해 중앙정부의 권한과 재정을 지방정부로 획기적으로 이양하는 한편 지방정부의 자치 역량을 신장시켜 분권화된 과제를 책임지고 해결할 수 있도록 한다는 것이었다.

이후에 지방분권특별법이 제정되고, 주민투표법, '주민소환에 관한 법률'의 제정, 주민소송 제도의 도입 등 주민들의 참여가 확대되고 지방교육자치 제도의 개선 등의 제도 개선이 있었으나, 실제로 이루어진 분권의 성과는 매우 미흡하다. 재정분권, 기관위임사무의 폐지 등 사무분권, 자치경찰제의 도입 등은 제대로 추진되지 못했다.

한편 '제주특별자치도 설치 및 국제자유도시 조성을 위한 특별법'을 제정해 특별자치라는 개념을 도입했으나, 법률의 내용은 일부 중앙정부의 권한을 위임하고 교육자치 등을 시범적으로 실시하는 수준에 그치고 있고 근본적인 분권으로 보기는 어려운 실정이다. 결국 지방분권은 이후의 과제로 넘어가게 되었다.

지금까지 설명한 정부 수립 이후 지방자치제도의 주요 변천사를 정리하면 다음과 같다.

(1) 지방자치법의 제정(1949. 7. 4)

- 지방자치단체의 종류(도, 서울특별시, 시·읍·면)
- 지방자치단체의 기관 구성(도지사와 서울특별시장은 임명제이고, 시·읍·면장은 의회에서 선출)
- 시·읍·면장은 의회를 해산할 수 있고, 의회는 장에 대해서 불신임 결의를 할 수 있음.
- 지방의회 의원(주민 직선, 임기 4년, 명예직)

(2) 지방자치법 개정(1949. 12. 15) 및 최초 지방의회 의원 선거

- 지방의회가 성립될 때까지 시장은 대통령이, 읍·면장은 도지사가 임명하도록 규정함.
- 최초의 지방의회 의원 선거 실시(시·읍의원[1952. 4. 25]), 도의원([1952. 5. 10])

(3) 지방자치법 개정(1956. 2. 13)

- 시·읍·면장의 간선제를 직선제로 개정(1956. 8. 직선 실시)
- 의회의 지방자치단체장에 대한 불신임 의결제도와 지방자치단체장의 의회 해산제도를 폐지

- 지방의원과 시·읍·면장의 임기를 4년에서 3년으로 단축
- 지방의회의 의결권 확장

(4) **지방자치법 개정**(1956. 7. 8)

- 도의회 의원의 정원 설정 기준을 민의원(民議院) 의원의 배수(倍數)로 했던 것을 인구 비례에 의해 산출함.
- 서울특별시의 구청장은 시장의 추천으로 내무부 장관을 경유해 대통령이 임명하고, 서울특별시 이외의 시의 구청장은 도지사의 승인을 얻어 시장이 임명함.

(5) **지방자치법 개정**(1958. 12. 26)

- 시·읍·면장의 선거제를 폐지하고 임명제를 채택
- 지방의회가 법정 회의 일수를 초과한 경우에 감독기관의 폐회(閉會)명령권을 인정
- 의회 폐회중의 위원회 개최 제도를 폐지.
- 지방의회 의원의 임기를 3년에서 4년으로 연장
- 동·리장의 선거제를 폐지하고 임명제로 함.

(6) **지방자치법 개정**(1960. 11. 1)

- 서울특별시장, 도지사, 시·읍·면장, 동·리장을 임명제에서 직선제로 개정하고 그 임기를 4년으로 규정(시·도지사 직선－1960. 12)
- 지방의회 의원의 정원을 인구 비례로부터 민의원 의원 선거구 기준으로 재조정
- 선거권 연령을 21세에서 20세로 낮추고, 지방자치단체장의 피선거권을 25세로 규정
- 지방의회 의장과 부의장에 대한 불신임제도를 부활

(7) **군사혁명위원회 포고 제4호**(1961. 5. 16)

- 지방의회 해체

(8) **지방자치에 관한 임시조치법 제정**(1961. 9. 1)

- 군(郡)을 지방자치단체로 하고, 읍·면을 군(郡)의 단순한 하부기관으

로 개정
- 지방자치단체의 장을 임명제로 하고 국가공무원으로 충당
- 시 · 군의회의 권한은 시장 · 군수가 도지사의 승인을 받아, 직할시 · 도의회 권한은 시 · 도지사가 내무부 장관의 승인을 받아, 서울특별시의회 권한은 서울특별시장이 국무총리의 승인을 받아서 행함.
- 직할시(直轄市)제 도입, 서울특별시를 국무총리 직속으로 변경(1963. 12. 14)

(9) **유신헌법**(1972. 12. 27)
- 부칙 제10조에서 "이 헌법에 의한 지방의회는 조국 통일이 이루어질 때까지 구성하지 아니한다"라고 규정

(10) **제5공화국 헌법**(1980. 10. 27)
- 지방의회를 지방자치단체의 재정자립도를 감안하여 순차적으로 구성
- 지방의회의 구성 시기는 법률로 정한다고 규정

(11) **제6공화국 헌법**(1987. 10. 29)
- 지방자치단체의 종류(법률에 위임)
- 지방의회, 지방자치단체장의 선임 방법을 법률에 위임

(12) **지방자치법 개정**(1988. 4. 6)
- 특별시와 직할시의 구(區)를 지방자치단체의 종류에 포함
- 지방자치단체의 사무 범위를 포괄적으로 예시하고, 지방자치단체의 종류별로 사무배분 기준을 정함
- 지방의회 의원의 피선거권을 25세 이상으로, 시장 · 군수 · 자치구의 구청장의 피선거권을 30세 이상으로, 시 · 도지사의 피선거권을 35세 이상으로 함.
- 지방의회 의원의 정수는 행정구역을 기준으로 일정한 범위 내에서 정하도록 함.
- 지방의회의 자치단체 행정사무에 대한 감독권을 삭제하고, 행정사무조사권을 신설함.
- 지방의회의 연간회의 총일수를 10일씩 축소 조정함.

• 지방의회의 사무를 처리하기 위한 사무국의 설치 및 사무직원의 정원과 임명 등에 관해 정함.
• 지방자치단체의 장은 선거에 의해 선출하되, 따로 법률로 정할 때까지는 정부에서 임명키로 함.
• 지방자치단체의 장에게 지방의회 의결 사항에 대한 재의요구권(再議要求權) 및 선결처분권(先決處分權)을 부여함.
• 지방의회 의원선거에 관한 사항은 별도로 지방의회 의원 선거법을 새로 제정함.
• 지방자치단체 간의 상호 관련된 사무의 일부를 공동으로 처리하기 위한 행정협의회의 구성 등에 관해 정함.
• 주무부 장관이나 시·도지사의 지방자치단체의 장에 대한 감독권 중 취소·정지권은 시정명령이 효력이 없는 경우에 행사하도록 정함.
• 서울특별시에 대하여는 법률이 정하는 바에 의해 그 지위, 조직 및 운영에 관해 특례를 둘 수 있도록 함.
• 주민의 소청권(訴請權)을 삭제함.

(13) **지방자치법 개정**(1989. 12. 30)

• 지방자치제도를 조속히 실시해 지방정치의 민주화와 균형 있는 지역발전을 촉진시키기 위해 지방의회 의원의 선거를 1990년 6월 30일까지 실시하도록 하는 등 지방자치의 실시 일정을 정함.
• 시·도의 부시장, 부지사는 당해 시·도지사가 추천한 자를 내무부 장관의 제청으로 국무총리를 거쳐 대통령이 임명하도록 하되, 이 법에 의해 최초로 선출되는 시·도지사의 임기 만료시까지 종전 규정에 의하도록 함.
• 지방의회에 행정사무감사권을 부여함.
• 시도의회의 연간 회의 총일수를 70일에서 100일로 확대함.
• 지방의회 의원의 의안발의 요건을 "재적 의원 5분의 1 이상"에서 "재적 의원 5분의 1 이상 또는 의원 10인 이상"으로 개정함.

(14) **지방자치법 개정**(1990. 12. 31)

• 시·도 및 시·군·자치구의 의회 의원의 선거는 1991년 6월 30일 이

내에 실시하도록 하고, 시·도지사 및 시장·군수·구청장의 선거는 1992년 6월 30일 이내에 실시하도록 지방자치의 실시 시기를 조정함.

- 지방의회 의원을 겸직할 수 없는 자의 범위를 농·수·축협 등의 임직원에서 "조합장과 상근 임·직원"으로 축소해 겸직 가능 범위를 확대함.

(15) **지방자치법 개정**(1991. 5. 23)

- 농·수·축협 등 조합장의 지방의회 의원 겸직 금지 규정에 대해 헌법재판소에서 위헌 결정(1991. 3. 11)을 내림에 따라, 지방의회 의원의 겸직 금지 범위에서 농·수·축협 조합의 조합장을 삭제함. 그에 따라 농·수·축협의 조합장은 지방의원 겸직이 가능하게 되었고, 농·수·축협의 "상근 임·직원"에 한해 지방의회 의원의 겸직을 금지함.

(16) **지방자치법 개정**(1991. 12. 31)

지방의회 운영의 효율성과 의정활동의 원활을 위해 일부 제도를 정비함.

- 지방의원이 회기 중 본회의 또는 위원회에 출석할 때 그 여비를 지급할 수 있도록 함.
- 정부는 체포 또는 구금된 지방의원이 있을 때에는 지체없이 의장에게 영장의 사본을 첨부해 이를 통지하도록 함.
- 시·도의회의 정기회는 매년 11월 20일에, 시·군·자치구 의회의 정기회는 매년 11월 25일에 집회하도록 함.
- 시·도의회의 정기회 회기를 30일에서 35일로 함.
- 시·군·자치구의회의 경우에도 상임위원회를 설치할 수 있도록 함.
- 시·군 및 자치구의 예산안 제출일을 회계연도 개시 전 30일 전에서 35일 전으로, 의결 시한을 시·도의 경우 10일 전에서 15일 전으로, 시·군 및 자치구의 경우 5일 전에서 10일 전으로 함.

(17) **지방자치법 개정**(1994. 3. 16)

- 시와 군을 통합한 지역이나 인구 5만 이상의 도시 형태를 갖춘 지역이 있는 군을 도농복합 형태의 시로 할 수 있도록 하고, 이러한 시에는 읍·면·동을 두도록 함.

- 지방자치단체의 장은 지방자치단체의 폐치·분합 또는 주민에게 중대한 영향을 미치는 지방자치단체의 주요 결정 사항에 대해 별도의 법률이 정하는 바에 따라 주민투표에 부칠 수 있도록 함.
- 지방의원의 명예직 제도는 현행대로 유지하되, 의정자료의 수집·연구와 이를 위한 보조활동에 소요되는 비용을 매월 의정활동비로 지급할 수 있도록 함.
- 지방자치단체의 장이 국가위임사무 또는 시·도위임사무의 집행을 명백히 해태하고 있다고 인정되는 때에는 주무부 장관 또는 시·도지사가 직무이행명령을 할 수 있도록 하고, 당해 지방자치단체의 장이 이를 이행하지 아니할 때에는 대집행을 하거나 행정·재정상의 필요한 조치를 할 수 있도록 함.
- 지방자치단체의 장은 지방의회에서 재의결된 사항이 법령에 위반된다고 판단되는 때에는 대법원에 소(訴)를 제기할 수 있고, 그 의결의 집행을 정지하게 하는 집행정지 결정을 신청할 수 있도록 하는 한편, 당해 지방자치단체의 장이 소를 제기하지 아니하는 때에는 내무부 장관 또는 시·도지사는 당해 지방자치단체의 장에게 제소를 지시하거나 직접 제소 및 집행정지 결정을 신청할 수 있도록 함.

(18) **지방자치법 개정**(1994. 12. 20)

- 본격적인 지방자치 시대를 맞이해 지방자치단체의 명칭으로 부적절하다는 지적을 받아온 "직할시"를 "광역시"로 명칭 변경함.
- 광역시의 관할구역 안에 자치구 외에 군도 둘 수 있도록 하고, 도농복합 형태의 시에는 동외에 읍·면도 둘 수 있도록 함.
- 지방자치단체의 장의 계속 취임은 3기(期)에 한하도록 함.
- 이 법 시행 당시 재임중인 시·군 및 자치구의회 의원의 임기는 그 임기 만료일에도 불구하고 1995년 6월 30일까지로 함.

(19) **지방자치법 개정**(1999. 8. 31)

- 주민의 조례 제정 및 개폐청구 제도와 주민감사청구 제도를 도입함.
- 지방의회에 연 2회 정례회 제도를 도입함.
- 지방의회의 위원회에 의안발의권을 부여함.

• 지방자치단체 분쟁조정위원회의 기능을 심의기구에서 의결기구로 강화하고, 분쟁이 공익을 현저히 저해해 조속한 조정이 요청되는 경우 행정자치부 장관 또는 시·도지사가 당사자의 신청없어도 조정할 수 있는 근거를 마련함.
• 각급 지방자치단체의 장 또는 지방의회의 의장들의 전국적 협의체를 설립할 수 있도록 하고, 이들 협의체는 지방자치에 직접적 영향을 미치는 법령 등에 관해 정부에 의견을 제출할 수 있도록 함.

(20) **지방자치법 개정**(2002. 3. 25)

• 종전에는 지방자치단체의 장이 궐위되거나 공소 제기된 후 구금 상태에 있는 경우 또는 의료기관에 60일 이상 계속해서 입원한 경우에만 부단체장이 그 권한을 대행하도록 하였으나, 2002년 7월 1일부터는 지방자치단체의 장이 금고 이상의 형의 선고를 받고 그 형이 확정되지 않은 경우에도 부단체장이 그 권한을 대행하도록 함.

(21) **주민투표법 제정**(2004. 1. 29)

• 2004년 7월 29일부터 주민투표제도를 도입함.

(22) **지방자치법 개정**(2004. 1. 29)

• 행정 수행 범위의 확대, 행정 수요의 다변화 등으로 대도시 행정의 새로운 틀이 요구되고 있으므로 인구 50만 명 이상의 대도시에 대해서는 그 특성을 고려해 행정, 재정 및 국가의 지도·감독상의 특례를 규정할 수 있는 근거를 마련함.

(23) **지방자치법 개정**(2005. 1. 27)

• 주민감사청구 제도의 활성화를 위해 주민감사청구의 요건을 완화함.
• 주민이 지방자치단체의 위법한 재무회계행위 등을 시정해 줄 것을 법원에 청구할 수 있는 주민소송 제도를 도입함.
• 지방의회의 운영의 자율성을 확대하기 위해 정례회와 임시회의 회기 제한 규정을 삭제해 지방의회가 연간 총 회의 일수 범위 안에서 정례회 및 임시회의 회기를 자율적으로 조정할 수 있도록 함.
• 주무부 장관 또는 시·도지사의 재의 요구 지시를 받은 지방자치단체

의 장이 재의 요구를 하지 아니하는 경우 등에는 주무부 장관 또는 시·도지사가 대법원에 직접 제소할 수 있도록 함.

(24) **지방자치법 개정**(2005. 8. 4)

- 지방의원에게 회기에 따라 지급되는 회기수당을 직무 활동에 대해 지급하는 월정수당으로 전환하고, 수당의 지급 기준은 대통령령이 정하는 바에 따라 당해 지방자치단체의 의정비심의위원회에서 결정되는 범위 안에서 당해 지방자치단체의 조례로 정하도록 함.
- 지방자치단체의 장이 그 직을 가지고 당해 지방자치단체의 장 선거에 입후보하는 경우에는 예비후보자 또는 후보자로 등록을 한 날부터 선거일까지 부단체장이 권한을 대행하도록 함.

(25) **지방자치법 개정**(2006. 1. 11)

- 제주도를 폐지하고 제주특별자치도를 설치할 수 있도록 지방자치단체의 종류에 특별자치도를 신설함.
- 조례 제정 및 개폐청구 제도와 주민감사청구 제도의 요건을 일부 정비함.
- 국가가 지방자치단체 또는 그 기관에 위임한 사무의 수수료 등에 대한 표준요율을 제정할 수 있는 근거를 마련함.

(26) **지방자치법 개정**(2006. 4. 28)

- 지방의회는 지방의회 의원이 준수해야 할 지방의회 의원의 윤리강령 및 윤리실천 규범을 조례로 정하도록 하고, 지방의원의 윤리심사 및 징계에 관한 사항을 심사하기 위해 윤리특별위원회를 둘 수 있도록 함.
- 지방의회의 연간 회의 총일수와 정례회 및 임시회의 회기는 당해 지방자치단체의 조례로 정하도록 함.
- 지방의회의 위원회에는 전문지식을 가진 전문위원을 두도록 함.

(27) **지방자치법 개정**(2006 5. 24) **및 '주민소환에 관한 법률' 제정**

- 선출직 지방공직자인 지방자치단체의 장 및 지방의회 의원에 대한 주민소환제를 도입함.

(28) 지방교육자치제도 개편(2006. 12. 20)

- 교육위원회를 시·도의회 내 상임위원회로 전환하고, 시·도의회 의원과 교육의원으로 교육위원회를 구성하되, 교육의원이 과반수가 되도록 함.
- 학교 운영위원들을 선거인단으로 한 간선제로 운영되어 온 교육의원 및 교육감을 주민 직선으로 선출하도록 함.

제3장 지방자치에 대한 헌법상 보장

제1절 지방자치에 대한 헌법상 보장의 의의

헌법 제117조 제1항은 “지방자치단체는 주민의 복리에 관한 사무를 처리하고 재산을 관리하며, 법령의 범위 안에서 자치에 관한 규정을 제정할 수 있다”라고 하여 지방자치를 헌법적 차원에서 보장하고 있다. 이 헌법상의 규정은 일반적으로 지방자치에 관한 제도적 보장으로 이해되고 있다. 헌법재판소도 헌법 제117조 제1항을 같은 취지로 해석하고 있다.[1] 이 조항이 존재하기 때문에 입법자라고 하더라도 지방자치단체의 자치권을 폐지하거나 본질을 훼손할 수는 없다.

한편 지방자치의 구체적인 내용은 헌법 제117조 제1항 후단, 제117조 제2항과 제118조 제2항에 의해 법률에 유보되어 있다. 따라서 입법자는 그의 재량에 따라 지방자치단체의 조직과 활동을 규율함으로써 지방자치제도를 구체화할 수 있고, 또한 지방자치단체의 자치권을 제한할 수도 있다. 그러나 입법자의 재량권도 헌법상 보장된 지방자치권의 본질적인 내용은 침해할 수 없다는 것에 제도적 보장의 의미가 있다. 입법자의 자의로 인해 지방

1) 헌재 2002. 10. 31. 2001헌라1.

자치제도가 형해화되는 것을 방지한다는 점에서 지방자치에 대한 헌법상의 보장은 입법자의 입법권에 대한 제한이다. 지방자치제도에 대한 제도적 보장의 내용으로는 지방자치단체의 존립의 보장, 지방자치의 객관적인 보장, 지방자치단체의 주관적인 법적 지위의 보장을 들 수 있다.

제 2 절 지방자치에 대한 제도적 보장의 내용

1 지방자치단체 존립의 보장

헌법 제117조 제1항이 지방자치단체에 의한 공공 업무의 처리를 규정함으로써, 지방자치단체라는 일정한 형태의 행정 유형이 존재해야만 한다. 즉 지역적인 사무를 자치적으로 처리하는 지방자치단체가 존재해야만 한다. 국가는 지방자치단체 자체를 폐지할 수 없고, 헌법상 보장된 내용과는 전혀 상이한 형태의 지방자치제도를 실시하지 못한다. 지방자치단체의 권리능력이나 행위 능력을 제한하거나, 지방자치단체의 자치적인 독립성을 박탈하거나, 지방의회를 두지 않는 것 등은 헌법 위반이 된다. 지방자치단체의 존립의 보장은 개개의 지방자치단체의 존립을 보장하는 것은 아니므로 지방자치단체의 통·폐합, 분할, 지방자치단체 영역의 변경 등은 헌법 위반이 되는 것은 아니다. 또한 특별시, 광역시, 도. 시·군·자치구 등 지방자치단체의 종류에 대해서는 헌법상 명문의 규정이 없으므로, 이를 변경하는 것도 허용된다. 다만 그것이 지방자치단체에 대한 중대한 침해가 된다는 점에서 법치주의의 원칙, 특히 비례의 원칙에 어긋나지 않아야 한다.

2 지방자치단체의 객관적 보장

지방자치에 대한 헌법적인 보장은 지방자치행정의 대상과 사무처리의 방법을 보장한다. 즉 헌법 제117조 제1항은 주민의 복리에 관한 모든 사무

(전권한성: 全權限性)를 자치적으로(자기책임성) 처리하는 것을 보장한다. 이렇게 헌법이 지방자치의 본질적 요소를 제도적으로 보장함으로써 다수당의 횡포에 의한 지방자치의 왜곡과 변질을 막고 있다.

1) 지방자치사무의 전권한성

헌법 제117조 제1항은 지방자치를 주민의 복리에 관한 (모든) 사무의 처리에 걸쳐 보장하고 있다. 즉 지방자치를 대상적으로 보장하고 있다. 어떤 업무가 지방자치단체의 사무로 되는가 하는 것이 개별적인 법률로 정해지는 것이 아니고, 반대로 법률에 별도의 규정이 없는 한 주민의 복리에 관한 모든 사무가 포괄적으로 지방자치단체의 사무가 된다.

따라서 지방자치법 제9조에 규정된 지방자치단체의 사무는 예시적인 것에 불과하고, 그에 속하지 않는 사무라 할지라도 그 지역 주민의 복리와 관계된 사무는 모두 지방자치단체의 사무가 된다.

사무에 관한 전권한성은 지방자치단체의 활동 영역을 보장하고 지방의 사정에 따라 융통성 있고 탄력적으로 사무를 수행할 수 있는 적응력을 부여한다. 전권한성의 가치는 그 지방자치단체가 갖고 있는 인적·물적·재정적인 능력에 의존한다. 즉 그러한 능력의 차이와 그 지역의 필요성에 따라서 각 지방자치단체가 현실적으로 처리하는 사무는 서로 다를 수 있다.

2) 자기책임성

헌법 제117조 제1항은 이와 같은 지방자치단체의 활동 영역의 보장과 더불어 그의 사무를 자기의 책임 하에 처리할 수 있는 권능을 보장한다. 즉, 지방자치단체는 법의 테두리 안에서 외부의 간섭 없이 스스로 선정한 사무를 자기가 합목적적이라고 여기는 바에 따라서 처리할 수 있다. 이러한 자기책임성의 원칙의 표현으로서 지방자치단체에는 일련의 "지방고권(地方高權)이 부여된다. 이에는 지역고권, 인사고권, 재정고권, 계획고권, 조직고권, 조례고권 등이 포함된다.

우선 지방자치단체는 지역고권에 근거해 지방자치단체의 구역 내에서 공권력을 행사할 수 있다. 지방자치단체는 지역고권에 근거하여 법률의 범위 안에서 그 구역에 있는 모든 사람이나 물건에 대해 법적인 구속력이 있는 활동을 할 수 있다.

지방자치단체의 조직고권은 지방자치단체가 활동하기 위해 필요한 조직을 자기책임하에 설치할 수 있는 권한을 의미한다. 즉 지방자치단체는 의결기관, 집행기관, 지방자치단체 내의 행정구역, 공공시설, 각종 위원회, 공기업 등을 법령의 범위 내에서 자기책임 하에 설치할 수 있다.[2] 지방자치단체의 조직고권은 다른 지방자치단체와 협력할 수 있는 권리를 포함한다. 이에 따라 지방자치단체는 다른 지방자치단체와 협력해 업무를 처리할 수 있고 이를 위해 필요한 조직이나 기구를 공동으로 설치할 수 있다.[3]

지방자치단체는 그의 업무를 수행하기 위해 필요한 인적 설비인 지방자치단체의 공무원을 선출, 임명, 승진, 강임, 해임, 징계하고 그 복무와 수당, 급료와 후생에 관한 인사행정을 자기책임하에 규율할 수 있는 인사고권을 가진다. 지방자치단체가 인사고권을 갖는다고 할 수 있기 위해서는 지방자치단체의 인사에 관한 업무가 주민에 의해 직접, 혹은 그 대표기관에 의해 간접적으로 민주적인 정당성을 획득한 지방자치단체의 기관에 의해 수행되어야 한다.

지방자치단체는 법령의 범위 내에서 그 수입과 지출을 자기책임하에서 규율할 수 있는 재정고권을 가진다. 지방자치단체가 주민의 복리에 관한 사무를 자기책임하에 처리하기 위해서는 그 비용을 독자적으로 마련하고 지출할 수 있는 권한이 있어야 한다. 지방자치에 대한 헌법상의 보장은 동시에 지방자치단체가 필요로 하는 재원을 확보해 주도록 국가에게 의무를 부과하고 있다.[4] 지방자치단체의 재정고권에는 수입고권, 지출고권, 재정행정고권, 예산고권이 포함된다.

지방자치단체는 그의 업무를 수행하기 위해 구속력있는 계획을 수립하고 그와 관련된 상급 계획에 참여할 수 있는 계획고권을 갖는다.[5] 지방자

2) 조직고권에 대하여 자세한 것은 Edzard Schmidt-Jortzig, *Kommunale Organisationshoheit*, 1979; 조태제, "지방자치단체의 조직고권", 한국토지공법학회, 『토지공법연구총서』 V, 2001, 41쪽 이하 참조.

3) Daniela Birkenfeld-Pfeiffer/Alfons Gern, *Kommunalrecht*, 3. Aufl., 2001, S. 63.

4) Albert v. Mutius/ Hans-Günter Henneke, *Kommunale Finanzausstattung und Verfassungsrecht*, Siegburg, 1985, S. 30.

5) 자세한 것은 Bernd Widera, *Zur verfassungsrechtlichen Gewährleistiung gemeinlicher*

치단체의 계획에는 재정계획, 경제계획, 도시계획 등 여러 가지 종류가 있을 수 있으나 오늘날 특히 중요한 의미를 갖는 것은 지방자치단체 내의 토지 이용과 건축에 관한 도시계획이다.

지방자치단체는 관련 업무를 처리하기 위해 법령의 범위 내에서 자기책임하에 일반적·추상적인 규율을 할 수 있는 조례고권을 가진다. 지방자치단체는 법률의 위임을 받음이 없이 직접 헌법 제117조 제1항에 근거해 조례를 제정할 수 있다. 다만 지방자치법 제22조 단서는 주민의 권리 제한 또는 의무 부과에 관한 사항이나 벌칙을 정할 때에는 법률에 의한 위임을 요구하고 있다. 그 합헌성 여부에 대해서는 학설상의 논란이 심하다.

그 밖에 지방자치단체가 그 구역 내에서 문화적인 활동을 수행하고 관리하며 촉진할 수 있는 문화고권(Kulturhoheit)을 들기도 한다.

3 주관적인 법적 지위의 보장

지방자치단체는 공법상의 사단법인으로서 법인격을 가진 권리 주체이다. 헌법상의 지방자치에 대한 보장은 모든 국가기관에 대한 객관적인 명령일 뿐만 아니라 위에서 말한 제도적 보장 내용을 권리로서 지방자치단체에 귀속시키는 것을 포함한다. 따라서 지방자치단체는 헌법이 보장한 제도적 보장의 내용을 준수할 것을 국가기관 등에 요구할 수 있다.

그런 의미에서 지방자치단체는 국가의 위헌·위법한 자치권의 침해에 대해서 재판을 통해 구제받을 수 있는 주관적인 법적 지위를 가진다. 이로써 지방자치단체는 입법부나 행정부의 자치권 침해에 대해 방어할 수 있다. 방어할 수 있는 수단으로는 행정소송과 헌법소송(위헌법률심사, 권한쟁의심판) 등이 있을 수 있다.

Planungshoheit, Berlin, 1985 참조.

제 3 절 지방자치권의 제한과 그 한계

1 지방자치권에 대한 제한

헌법은 지방자치단체의 자치권을 보장하고 있지만, 지방자치의 구체적인 내용은 법률 등에 의해 제한되고 있다. 헌법 제117조 제1항은 지방자치단체가 '법령의 범위 안에서' 조례를 제정할 수 있다고 규정하고 있고, 동조 제2항은 지방자치단체의 종류는 법률로 정하도록 하고 있으며, 제118조 제2항은 지방자치단체의 조직과 운영, 권한을 법률로 정하도록 규정하고 있다.

입법자는 이러한 헌법의 위임에 따라 그의 입법 재량에 따라 지방자치의 구체적인 내용을 형성할 수 있으며 지방자치단체의 자치권은 그 범위 내에서 제한된다. 이러한 법률에 의한 자치권의 제한은 지방자치단체의 업무범위나 지방자치행정의 방법 모두에 관련된다. 즉 전권한성과 자기책임성은 모두 법률에 의해 제한될 수 있다. 예컨대 입법자는 법률로써 지방자치단체에 어떤 업무를 위임할 수 있고, 자치사무 중 어떤 것의 처리를 의무화할 수 있으며, 또한 특정 사무를 다른 지방자치단체나 국가에 귀속시킬 수 있다. 또한 업무 처리의 절차, 재량권의 제한, 국가의 감독 등을 법률로써 규정할 수 있다.

2 자치권 제한의 한계

지방자치단체의 자치권은 위에서 살펴본 바와 같이 법률에 의해서 제한될 수 있다. 그러나 이러한 법률유보에 의한 자치권의 제한이 국가의 지방자치단체에 대한 자의적인 침해를 무제한적으로 허용한다는 의미는 아니다.

1) 제한의 법적 근거

지방자치단체의 자치권에 대한 제한은 형식상으로 법령으로써만 할 수 있다. 여기의 법령에는 형식적 의미의 법률과 이에 근거한 법령이 포함된다. 후자에 속한 것으로는 대통령령, 총리령, 부령과 같은 법규명령과 다른 지방자치단체의 자치법규 등이 포함되나, 행정규칙은 원칙적으로 제외된다. 다만 헌법재판소는 행정규칙 중에서도 "법령의 직접적인 위임에 따라 수임행정기관이 그 법령을 시행하는 데 필요한 구체적 사항을 정한 것이면, 그것이 상위 법령의 위임 한계를 벗어나지 않는 한 상위 법령과 결합해 대외적인 구속력을 갖는 법규명령으로 기능하게 된다"(헌재 2002. 10. 31. 2001 헌라1)라고 하여, 행정규칙 중에서 일정한 경우를 헌법 제117조 제1항에서 말하는 '법령'의 범위에 포함되는 것으로 해석하고 있다.

2) 본질적인 내용 침해 금지의 원칙

지방자치에 대한 헌법 제117조 제1항의 규정을 제도적 보장이라고 볼 때에, 비록 입법자라 할지라도 지방자치제도의 본질적인 내용을 침해하거나 왜곡시킬 수는 없다. 즉 입법자의 입법 재량은 지방자치제도의 본질적인 내용에 의해 제한된다. 지방자치제도의 본질적인 내용이 국회의 다수의 횡포에 의해 왜곡되거나 형해화되는 것은 허용되지 않는다.

그러나 문제는 무엇이 입법자의 침해로부터 보호받는 지방자치제도의 본질적인 내용에 속하는지가 반드시 명확한 것만은 아니라는 점이다. 독일의 판례는 지방자치에 대한 법적인 제한이 지방자치단체가 정상적인 활동을 할 수 없을 정도이거나 그를 단순한 외견(外見)상의 존재로 만들 때 본질적 내용이 침해된다고 본다. 그리고 지방자치제도의 본질적인 내용을 확정하기 위해 독일의 학설과 판례는 다양한 이론을 발전시켰다.[6] 지방자치

6) 우리 나라에서 이에 대한 논의는 허영, 『한국헌법론』, 박영사, 1991, 784쪽; 홍정선, 『지방자치법론』, 법영사, 1991, 64쪽 이하 참조. 독일연방헌법재판소(BVerfGE 7,358(364); 11,266(274))에 의하면 입법자는 지방자치제도에 관한 헌법상의 보장에 의해 역사적으로 발전되어 온 지방자치제도의 근본적인 요소를 유지시킬 의무가 있다(역사적 방법론). 이에 대해 독일연방행정재판소(BVerwGE 6,19(25); 18,135(142))는 본질적인 내용의 침해 여부는 침해가 있은 후에 아직 지방자치적인 요소가 얼마나 남아 있는가에 따라 결정된다고 보는 이론(공제이론)을 발전시켰다.

권의 본질적인 내용이 불명확함에도 불구하고, '본질적 내용 침해 금지의 원칙'은 입법자의 자치권 침해에 대해 유용한 방어막이 될 수 있다. 왜냐하면 입법자는 자치권을 제한하는 법률을 제정할 때 자치권의 본질적인 부분을 침해했는지 여부를 자체적으로 평가해야 하고 그 부분이 사후에 문제될 수 있음을 의식해야 하기 때문이다.

3) 비례의 원칙

학설과 판례에 의해 인정된 비례의 원칙은 국가가 그 목적을 추구하는데 부적합하거나 불필요한 수단 혹은 부적정한 수단을 사용하는 것을 금지하고 있다. 지방자치권에 대한 국가의 제한도 이러한 비례의 원칙에 합치되어야 한다. 왜냐하면 비례의 원칙은 법치국가의 이념인 정의의 개념으로부터 유래하는 헌법 원칙으로서 모든 국가 권력을 구속하기 때문이다.

이 비례의 원칙에 따라 지방자치단체의 자치권을 제한하는 입법은 그것이 달성하고자 하는 공익을 실현하기 위해 적합한 수단이어야 한다(수단의 목적 적합성). 따라서 제한이 달성하고자하는 공익의 실현을 위해 도움이 되지 아니하는 경우에는 비례의 원칙에 대한 위반이 된다. 다음으로 달성하고자 하는 공익을 위해 적합한 수단이 여러 가지가 있을 경우에 국가는 그 중에서 지방자치단체의 자치권을 최소한 침해하는 수단을 선택해야 한다(최소침해의 원칙). 따라서 동일한 효과를 가져오는 수단이 여러 가지 있는 경우에 자치권을 좀 덜 침해하는 수단이 있음에도 불구하고 자치권을 더 침해하는 수단을 국가가 선택하는 경우에 비례의 원칙에 대한 위반이 있게 된다. 마지막으로 적합하고 최소의 침해를 가져오는 수단이라고 할지라도 그로 인해 달성되는 공익보다도 희생되는 법익이 현저히 큰 경우에는 그 수단은 허용되지 아니한다(적정 비례의 원칙). 즉 달성하려는 공익과 그로 인해 희생되는 법익이 현저한 불균형 관계에 있어서는 안 된다. 그리고 비례의 원칙에 의해 국가는 지방자치단체의 자치권을 과잉적으로 제한하는 것이 금지된다(과잉 금지의 원칙).

제 4 절 방어권으로서 자치권의 보장

지방자치에 대한 헌법상의 보장을 제도적 보장으로 이해함으로써 지방자치단체의 국가에 대한 방어권으로서의 지방자치권에 대한 이론적인 발달은 아직 미흡한 단계에 있다. 우리 헌법재판 제도상으로 객관적인 규범통제가 보장되지 아니하는 상황 하에서 객관적인 질서로서 제도보장이론은 국가의 지방자치권 침해에 대한 방어막으로서 한계가 있다. 학계와 판례는 아직 지방자치단체의 자치권을 일반적으로 인정하는 데 주저하고 있으며 지방자치단체의 주관적인 법적 지위를 인정하기보다는 객관적인 권한 배분의 의미로 해석하는 경향이 있는 듯하다.

그러나 지방자치에 대한 헌법상의 보장을 제도적 보장으로 이해하려는 독일에서도 지방자치단체에 대한 주관적인 법적 지위를 헌법적으로 보장하고 있다고 이해하고 있는 추세이다. 우리 나라의 경우에는 권리구제 체계가 독일과 같지 아니하며 지방자치제도의 도입에 대한 시대적인 배경도 다르다는 측면을 고려한다면 지방자치에 대한 헌법상의 보장을 객관적인 제도에 대한 보장인 동시에 주관적인 지방자치권의 보장으로 이해하고 이에 기초한 법이론을 발전시킬 필요가 있다.

특히 지방자치권에 대한 권리구제 제도를 확충함에는 이러한 인식을 바탕으로 해야 한다. 국가의 입법이나 행정처분에 의한 지방자치권의 제한을 기본권에 대한 국가의 제한에 준해 이론을 구성하고 권리구제 절차도 마련할 수 있을 것으로 본다.

제 4 장 지방자치단체의 법적 지위와 종류, 구성 요소

제 1 절 지방자치단체의 법적 지위

1 지방자치단체의 의의

지방자치단체란 국가 영토의 일부를 그 구역으로 하고 구역 안의 모든 주민을 구성원으로 하는 사단으로서 법률의 범위 내에서 고권적 지배권을 행사하는 공법상의 법인이다.

지방자치법 제3조 제1항은 "지방자치단체는 법인으로 한다"라고 하여 지방자치단체가 법인임을 명확하게 규정하고 있다. 지방자치단체는 법인으로서 권리 의무의 귀속 주체가 된다는 점에서 법인격이 없는 국가의 행정기관과는 구별된다. 또한 지방자치단체는 공법(公法)상의 법인이라는 점에서 사법(私法)상의 법인과도 구별된다. 지방자치단체는 공법상의 법인이므로 사법상의 법인과는 달리 그 목적과 기능이 법률로 규정되고, 설립・해산・구역 변경・합병・분할 등이 특별히 법률로 규정되며, 그 목적을 수행하기 위한 공권력이 부여되고, 국가의 특별한 감독을 받는다. 지방자치단체는 주민을 구성으로 한다는 점에서 사단(社團)으로서의 실체를 가지며, 이 점에서 재산을 실체로 하는 재단(財團)과는 구별된다. 또한 지방자치단체는 일정한 구역을 존립의 기초로 한다는 점에서 지역사단(地域社團)에 속하며 이를 기초로 하지 않는 그 밖의 공공단체나 조합과 구별된다. 지방자치단체는 공법상의 사단이라는 점에서 국가와 같지만 국민의 일부인 주민을 구성원으로 한다는 점에서 국민 전체를 구성원으로 하는 국가와 구별된다.

2 지방자치단체의 권리 능력

지방자치단체는 공법상의 법인으로서 권리와 의무의 귀속 주체가 될 수 있는 권리 능력을 갖는다. 그의 권리 능력은 공법상의 법률 관계에 한하지 아니하고 사법(私法)상의 법률 관계에도 유효하다. 따라서 지방자치단체는 그 기능을 수행하기 위해 공법상의 행위 형식이나 조직 형태를 이용할 수도 있고 사법상의 법률관계나 조직을 이용해 활동할 수도 있다.

즉 지방자치단체는 공법상의 행위 형식인 행정행위를 통해 일방적인 의사결정을 할 수 있으며 공법상의 계약을 통하여 행정 목적을 달성할 수 있다. 그와 함께 부동산의 매매와 같은 사법상의 계약을 체결하거나 급부행정을 실현하기 위해 민·상법상의 법인을 단독으로 혹은 타인과 공동으로 설립할 수도 있다.

지방자치단체의 권리 능력은 무제한 인정되는 것은 아니고 법률에 규정된 사무의 범위 내에 한정된다. 이 한계를 벗어난 권한 외의 행위(ultra vires)는 법적 효력을 발생하지 아니한다.[1] 예컨대 지방의회가 그 권한을 넘는 일반 정치적인 선언을 채택한다 하더라도 그 법률 효과는 지방자치단체에 귀속되지 아니한다.

3 지방자치단체의 행위 능력

지방자치단체는 권리 능력의 범위 내에서 행위 능력을 갖는 것이 원칙이

1) 공법상 법인의 권리 능력의 범위에 관해서는 Erichsen, in: Erichsen/Martens, *Allg. VerwR.*, 8. Aul., 1988, §10 II 2; Ehlers, *Verwaltung in Privatrechtsform*, 1984, S. 235f.

다. 법인은 그 기관을 통해 법률행위를 할 수 있다. 다만 법률의 규정에 의해서 지방자치단체의 행위 능력이 제한되는 경우가 있음을 주의해야 한다. 즉 지방자치단체의 일정한 행위는 감독청의 승인이나 동의를 받아야 비로소 법적인 효력을 발생하도록 규정하고 있는 경우가 이에 해당한다.

4 지방자치단체의 당사자 능력과 소송 능력

지방자치단체는 일반적으로 소송의 당사자가 될 수 있는 능력, 즉 당사자 능력을 갖는다. 따라서 지방자치단체는 민사소송의 당사자(원・피고)가 될 능력이 있다. 또한 지방자치단체는 소송상 행위를 할 수도 있고 받을 수도 있는 소송 능력도 가진다.

5 지방자치단체의 기본권 주체성

지방자치단체가 권리 능력을 갖고 있다고 해서 그가 모든 권리와 의무의 귀속 주체가 될 수 있다는 것은 아니다. 법인이 기본권을 향유하는 것은 그가 기본권을 향유하기에 적합한 경우에 한한다.

독일의 연방헌법재판소는 국가나 그 하부 구성 부분은 동시에 기본권의 수범자이고 기본권의 권리자일 수 없다고 하거나(Identitätsargument) 법인은 그 배후에 있는 사람의 기본권을 보호하기 위해 의미있고 필요한 경우에만 기본권상의 보호를 받는다(Durchgriffstheorie)라고 하여 지방자치단체의 기본권 주체성을 원칙적으로 부인하고 있다.[2] 다만 청구권적 기본권과 같은 절차적 기본권만 허용하고 있다. 이와 같은 판례는 학설상 강한 비판을 받고 있다.

생각건대 공법상의 법인인 지방자치단체도 일반 국민과 마찬가지로 국가 권력으로부터 침해받을 수 있고 그 성질상 누리기에 적합한 기본권에 대해서는 헌법상 보장된 기본권의 주체가 될 수 있다고 보는 것이 타당하다. 예컨대 평등권, 재산권, 청구권적 기본권 등을 지방자치단체도 향유할

---

2) BVerfGE 61, 82 [100 ff].

수 있다.

우리 나라의 판례 중에는 지방자치단체가 공공기관의 정보 공개에 관한 법률에 의해 다른 지방자치단체 기타 공공기관이 보유·관리하는 정보의 공개를 청구할 권리가 있다고 판단한 하급심 판례가 있다. 자치구가 원고가 되어 서울특별시를 피고로 제기한 이 사건에서, 피고인 서울특별시는 "자치구는 알 권리의 주체가 아니라 상대방으로서의 지위를 가질 뿐"이라고 항변했으나, 법원의 판결에서는 "원고인 자치구는 법인인데, 정보공개법상 정보공개청구권자인 국민에는 자연인은 물론 법인도 포함되며 위 법인에 특별한 제한은 없으므로, 지방자치단체인 자치구의 경우에도 다른 지방자치단체 기타 공공기관이 보유·관리하는 정보의 공개를 청구할 권리가 있다"(서울행정법원 2001. 11. 27. 2001구12764)고 판단했다.

6 명 칭

지방자치단체의 명칭은 그를 타인과 구별되게 하는 표지가 된다. 지방자치단체의 총체적인 존재는 명칭으로 표현되고 인식되므로 명칭은 식별의 기준이 됨과 동시에 동일성의 확인 기준이 된다. 지방자치단체는 자신의 명칭을 사용할 권리를 가지며 다른 사람에 대해 대항할 수 있는 권리를 갖는다.

지방자치법 제4조 제1항 및 제2항에 의해 지방자치단체의 명칭은 종전에 의하고 이를 변경하고자 하는 때에는 관계 지방자치단체의 의회의 의견을 들어 법률로써 정하도록 하고 있다. 다만 주민투표법 제8조에 의한 주민투표를 실시한 경우에는 별도로 관계 지방자치단체의 의회의 의견을 듣지 않을 수 있다.

만약 국가나 다른 지방자치단체가 지방자치단체의 명칭에 관한 권리를 침해하는 경우에는 헌법 제117조 제1항에 근거해 그 배제를 청구할 수 있다고 보아야 한다.[3]

---

3) 독일에서는 민사상 지방자치단체의 명칭이 침해되는 경우에 민법상의 성명권(§12 BGB)에 의한 보호를 청구할 수 있다고 보고 있다.

제 2 절 지방자치단체의 종류

지방자치단체의 종류는 헌법에 직접 규정하지 아니하고 헌법 제117조 제2항에 따라 법률로 정하게 되어 있다. 이에 따라 입법자는 그의 입법 재량에 따라 지방자치단체의 종류를 법률로 결정할 수 있다. 독일에서는 지방자치단체의 종류가 헌법상 명시되어 있어서 그 범위 내에서 우리 법체제보다도 지방자치단체에 대한 보장이 강화되어 있다. 헌법상의 법률유보 조항에 따라 지방자치법은 제2조 제1항과 제2항에서 일반지방자치단체를 규정하고 동조 제3항과 제4항에서 특별지방자치단체에 관해 규정하고 있다. 이는 지방자치단체가 수행하는 기능이 일반적이냐 혹은 특별한 업무의 수행에 한정되느냐에 따른 구별이다.

일반지방자치단체는 당해 지역에서 일반적이고 종합적인 행정을 수행하는 지방자치단체인데 비하여 특별지방자치단체는 특정한 목적을 수행하기 위해 필요한 경우에 별도로 설치하는 지방자치단체이다. 통상 지방자치단체라 함은 일반지방자치단체를 의미하고 특별지방자치단체는 예외적인 경우에 한한다.

일반지방자치단체에 속하는 것으로는 지방자치법 제2조 제1항에 따라 '특별시, 광역시와 도 및 특별자치도(광역지방자치단체)'와 '시와 군 및 구(기초지방자치단체)'의 두 종류가 있다. 특별자치도는 2006년 7월 1일부터 제주특별자치도가 설치되면서 광역지방자치단체의 하나로 새롭게 등장했다.

한편 특별지방자치단체는 지방자치법 제2조 제4항에 의해 대통령령으로 설치·운영에 관한 사항을 정하도록 위임하고 있다.

주의할 것은 법률상의 지방자치단체의 종류는 위에서 말한 바와 같이 헌법상의 보장을 받지 않고 입법자의 결정에 따라 변경될 수도 있다는 것이다. 따라서 법률의 개정으로 읍, 면, 동을 지방자치단체로 할 수도 있고, 기초지방자치단체만 인정하고 광역지방자치단체를 인정하지 않을 수도 있다.[4] 실제로 제주특별자치도가 설치되면서 제주특별자치도의 경우에는 기초지방자치단체를 폐지하고 관할구역 안에 지방자치단체가 아닌 시(행정시)만 두는 것으로 변경되었다('제주특별자치도 설치 및 국제자유도시 조성에 관한 법률' 제15조 제1항 및 제2항).

1 일반지방자치단체

1) 일반지방자치단체의 의의

일반적으로 종합적인 지방사무를 처리하는 지방자치단체를 일반지방자치단체라고 한다.

2) 일반지방자치단체의 종류

지방자치법 제2조 제1항은 지방자치단체의 종류에 관해 '특별시, 광역시와 도 및 특별자치도(광역지방자치단체)'와 '시와 군 및 구(기초지방자치단체)'의 2종으로 명시하고 있다.[5]

(1) 특별시, 광역시와 도 및 특별자치도(광역지방자치단체)

지방자치법 제2조 제1항 제1호에 의하면, 광역지방자치단체로는 특별시, 광역시, 도 및 특별자치도가 있다. 광역지방자치단체도 기초지방자치단체와 마찬가지로 지역과 주민을 구성 요건으로 하는 공법(公法)상의 법인이다. 다만 광역지방자치단체의 구역과 주민은 동시에 여러 개의 기초지방자치단체에 속하게 되어 그 법적인 성격이 문제된다. 광역지방자치단체는 한

4) 지방자치단체의 종류는 지방자치제도의 근간을 이루는 것으로서 이를 변경하는 것은 지방자치제도의 중대한 변화를 초래한다. 그럼에도 불구하고 이를 단순히 입법자에게 맡긴 것은 돌이킬 수 없는 결과를 초래할 수 있다. 예컨대 일시적인 의회의 다수가 도를 폐지한다든지, 기초지방자치단체를 폐지하는 등의 조치를 취하는 경우에 적지 않은 혼란을 초래할 수 있다. 이에 지방자치단체의 종류와 같은 근본적인 사항은 헌법에 직접 규정하여 입법자의 입법권 남용으로부터 지방자치를 보장하는 것이 필요하다.

5) 학자에 따라서는 일반지방자치단체를 상급지방자치단체와 하급지방자치단체로 구분하기도 하나 이들 지방자치단체가 상하 관계에 있는 것이 아니라 대등한 관계에 있다는 점에서 적당한 개념이 아니라고 본다.

편으로는 개개의 기초지방자치단체가 수행하지 못하거나 수행하기 곤란한 업무를 수행한다.[6] 이 점에서 광역지방자치단체는 기초지방자치단체와 마찬가지로 직접 그의 주민을 위한 지역적인 행정 주체가 된다. 다른 한편으로 광역지방자치단체는 스스로 충분히 업무를 처리하지 못하는 기초지방자치단체를 후원하고 그 구역 안에 있는 기초지방자치단체 간의 경제적·문화적·사회적인 불균형을 시정하고 조정하는 역할을 한다.

한편 지방자치법 제174조의 규정에 따라 서울특별시의 지위, 조직 및 운영은 수도로서의 특수성을 감안해 특례를 둘 수 있으며, 제주특별자치도의 지위·조직 및 및 행정·재정 등의 운영에서는 행정 체제의 특수성을 고려해 법률이 정하는 바에 의해 특례를 둘 수 있다.

(2) 시와 군 및 구(기초지방자치단체)

지방자치법 제2조 제1항 제2호에 의하면, 기초지방자치단체로는 시, 군, 구가 있다. 여기서 '구'는 '지방자치단체인 구'를 의미하며, 이를 '자치구'라 한다. 자치구는 특별시와 광역시의 관할구역 안에 있는 구에 한하며, 자치구의 자치권의 범위는 법령이 정하는 바에 의해 시·군과 다르게 할 수 있다.

시가 되기 위해서는 지방자치법 제7조 제1항에 따라 그 대부분이 도시의 형태를 갖추고 인구 5만 이상이 되어야 한다. 다만, 일정한 요건을 갖춘 경우에는 도농복합 형태의 시로 할 수 있다.

(3) 기초지방자치단체와 광역지방자치단체의 관계

기초지방자치단체와 광역지방자치단체는 모두 지역적인 사무를 처리하는 행정 단위이다. 양자는 각자의 사무를 처리할 때 독자적이고 독립적인 결정을 한다. 양자가 처리하는 사무는 동등한 가치가 있으며 상하 관계에 있지 아니하다. 다만 그들이 처리하는 사무가 동일한 종류의 것은 아니다. 기초지방자치단체는 좀더 주민과 근접한 사무를 처리하고 광역지방자치단체는 광역적이고 보완적이며 조정적인 사무를 처리한다.

구체적으로 보면, 지방자치법 제10조 제1항에서는 시·도와 시·군·자

6) 광역지방자치단체의 사무에 관해서는 후에 자세히 설명하기로 한다.

치구의 사무배분 기준을 제시하고 있다. 이에 의하면 시·도는 ① 행정처리 결과가 2개 이상의 시·군 및 자치구에 미치는 광역적 사무 ② 시·도 단위로 동일한 기준에 따라 처리되어야 할 성질의 사무 ③ 지역적 특성을 살리면서 시·도 단위로 통일성을 유지할 필요가 있는 사무 ④ 국가와 시·군 및 자치구 간의 연락·조정 등의 사무 ⑤ 시·군 및 자치구가 독자적으로 처리하기에 부적당한 사무 ⑥ 2개 이상의 시·군 및 자치구가 공동으로 설치하는 것이 적당하다고 인정되는 규모의 시설의 설치 및 관리에 관한 사무를 담당한다. 그리고 시·군·자치구는 시·도가 처리하는 것으로 되어 있는 사무를 제외한 사무를 담당한다. 다만 인구 50만 이상의 시에 대해서는 도가 처리하는 사무의 일부를 직접 처리하게 할 수 있는 특례가 있다.

또한 지방자치법 제10조 제3항은 사무분배에서 시·도와 시·군·자치구 간에 사무가 겹쳐서는 안 된다는 불경합성(不競合性)의 원칙을 채택하고 있다. 즉 시·도와 시·군 및 자치구는 그 사무를 처리할 때 서로 경합하지 아니하도록 해야 하며, 그 사무가 서로 경합되는 경우에는 시·군 및 자치구에서 우선적으로 처리하도록 하고 있다. 따라서 동일한 사무에 관해 상·하 관계가 성립하지 아니한다. 다만 양자 사이에는 사무를 처리할 때 관련성이 있는 경우가 많으므로 긴밀한 협조가 요구되는 경우가 많다. 따라서 양자 사이에 신뢰 관계를 바탕으로 한 협력이나 협약에 의한 사무처리가 배제되는 것은 아니다. 이 경우에도 양자 사이에는 어디까지나 대등한 법인격자 간의 관계가 성립된다.

지방자치법은 양자의 관계에 대해 몇 가지 제한을 하고 있다. 즉 지방자치법 제24조에 따라 시·군·자치구의 조례나 규칙은 시·도의 조례나 규칙에 위반할 수 없다. 또한 양자는 지방자치법 제147조에 따라 법령의 범위 안에서 협력할 의무가 있다.

학자에 따라서는 시·군·자치구에 대해 시·도지사가 행하는 감독권(지방자치법 제166조 내지 제172조)의 행사 및 지방자치법 제28조, 제133조 제2항, 제134조 제2항 등에 규정된 보고를 양자의 관계로 보고 있으나,[7] 이는 시·군·자치구와 국가감독기관으로서의 시·도지사와의 관계를 정

7) 최청호, 『지방자치제도론』, 삼영사, 1989, 182쪽; 정세욱, 『지방행정학』, 법문사, 1984, 369쪽.

한 것이므로 이에 포함되지 않는다고 보아야 한다. 감독기관으로서의 시·도지사는 지방자치단체의 기관으로서의 지위를 갖는 것이 아니라 국가의 하부행정기관으로서의 지위에 있다. 따라서 이 경우에 시·도지사와 시·군·자치구의 관계는 시·군·자치구와 시·도의 관계가 아니라 시·군·자치구와 국가와의 관계에 관한 것이다.

2 특별지방자치단체

앞에서 설명한 일반지방자치단체 이외에 특정한 목적을 수행하기 위해 지방자치법 제2조 제3항에 의해 설립되는 지방자치단체를 특별지방자치단체라고 한다. 동조 제4항은 특별지방지방자치단체의 설치 및 운영에 관한 사항을 대통령령으로 정하게 하고 있으나, 아직 대통령령이 제정되지 않아 특별지방자치단체가 구체적으로 무엇을 의미하는지 분명하지 않다.

지방자치법 제2조는 특별지방자치단체도 지방자치단체의 한 종류로 인정하고 있으므로 특별지방자치단체도 공법(公法)상의 법인이고 지역적인 사단(社團)에 속한다. 따라서 일정한 구역 안의 주민을 직접 구성 요소로 하고, 헌법 제118조가 규정하는 바와 같이 주민에 의해 구성된 지방의회와 지방자치단체의 장을 기관으로 하고 있다는 점에서 일반지방자치단체와 같으나 수행하는 사무가 일반지방자치단체와는 달리 특정되어 있다는 점에서 차이가 있으며 일반 지방자치단체와는 다른 규율을 할 수 있을 것으로 본다.[8)]

학자에 따라서는 지방자치법 제149조 내지 제154조에 규정된 지방자치단체조합을 특별지방자치단체에 포함시키고 있다.[9)] 그러나 지방자치단체

8) 정부에서는 2006년 11월 17일 지방자치법 개정안을 제안해 개정안 제11장으로 특별지방자치단체를 별도의 장으로 규정하고 개정안 제162조에 "2 이상의 지방자치단체가 그 사무의 일부를 공동으로 처리할 필요가 있을 때에는 관계 지방자치단체를 구성원으로 하는 특별지방자치단체를 설치할 수 있다"라고 제안하고 있다. 이와같이 주민을 구성원으로 하지 않고 지방자치단체를 구성원으로 하는 단체는 지방자치단체조합으로 분류할 수는 있어도 이를 지방자치단체의 한 종류로 규정하려는 것은 지방자치에 대한 헌법상의 보장과 합치되지 않는다. 경제특구를 특별지방자치단체로 전환을 하려고 했던 재정경제부는 지방자치단체와 국가를 구성원으로 하는 특별지방자치단체를 설치하려는 시도를 했으나 반대에 부딪혀 완화되었다.

조합은 직접 주민을 구성원으로 하지 아니한다는 점에서 일정한 구역의 주민을 구성원으로 하는 지방자치단체로 볼 수는 없다. 특별지방자치단체도 헌법 제117조에 의하여 제도적 보장을 받는 지방자치단체의 일종이라는 점에서 지방자치단체로서 핵심적인 요소는 갖추어야 하기 때문이다. 또한 헌법 제118조에서 주민의 대표기관으로 지방의회를 예정하고 있고 지방자치단체장을 그 기관으로 예정하고 있다는 점에서 이와 상반되는 기관 구성원리를 가진 지방자치단체조합을 특별지방지방자치단체로 보기는 어렵다. 지방자치단체조합은 헌법상 보장되는 지방자치단체는 아니다.

한편 지방자치법 제2조 제4항이 특별지방자치단체의 설치·운영에 관한 것을 대통령령에 위임하고 있는데, 이 부분은 문제가 있다. 특별지방자치단체의 설치는 기존의 일반지방자치단체의 권한에 대한 제한을 의미한다. 예를 들어 교육학예에 관하여 특별지방자치단체를 설치하게 된다면 그 범위 내에서 지방자치단체의 권한이 축소된다. 그런데 대통령령으로 특별지방자치단체의 설치를 정하게 된다면 이는 행정입법이 지방자치법상의 규정을 제한하는 것이 되어 하위법이 상위법에 배치되는 결과를 초래하고, 나아가 헌법 제117조 제2항과 제118조 제2항의 법률유보 조항과 모순된다. 따라서 특별지방자치단체에 관한 것은 법률로 규정해야 한다.

제 3 절 지방자치단체의 구성 요소(주민, 지방자치권, 구역)

1 주 민

지방자치단체는 지역을 기초로 하고 그 지역에 거주하는 주민으로 구성되는 공법상의 법인이므로 주민은 지방자치단체의 본질적인 구성 부분이

---

9) 박윤흔, 『최신 행정법 강의(下)』, 국민서관, 1988, 78쪽; 정세욱, 앞의 책, 353쪽 이하; 천병태, 앞의 책, 442쪽 등.

다. 주민이란 지방자치법 제12조에 정한 바와 같이 지방자치단체의 구역 안에 주소를 가진 자이다.

독일에서는 지방자치단체의 구성원을 주민(Einwohner)와 시민(Bürger)으로 구분하고 있다. 이는 원래 시민의 자격과 결부된 특권 때문에 생겨난 구별로서 역사적인 의미를 가졌으나 오늘날은 시민의 특권이 폐지됨으로써 선거권의 유무가 구별 기준이 된다. 여기서 주민이라 함은 지방자치단체의 구역에 거주하고 있는 사람을 말하며, 외국인이든 내국인이든, 행위 능력이 있든 없든, 자연인이든 법인이든 차이가 없다. 시민이란 지방선거에서 능동적으로 선거권을 가진 자를 의미한다. 독일 각주의 게마인데'(Gemeinde) 법은 시민이 되기 위한 요건으로서 일정 기간의 거주(3 내지 6개월), 성년에 달할 것(18세), 독일 국적을 가질 것을 요구하는 것이 보통이다. 다만 오늘날은 외국인의 선거권 문제가 중요한 정치적·사회적 문제가 되어 있다.

우리의 현행법은 독일과는 달리 주민과 시민을 개념상으로 구별하지 않고 있다. 지방자치단체의 본질적 구성 요소로서의 주민의 지위와 권리, 의무에 대해서는 제5장에서 상세하게 서술하도록 한다.

2 지방자치단체의 고권

1) 지방자치단체 고권의 의의

지방자치단체가 그 관할에 속하는 사무를 자기책임하에 처리할 수 있는 권한을 전통적으로 지방자치단체의 고권(高權, Hoheiten)이라고 표시했다. 지방자치단체의 고권이 갖는 법적인 의미는 첫째로 지방자치의 보장을 위해서는 어떠한 고권도 완전히 포기될 수는 없다는 것이다. 왜냐하면 이들은 모두 지방자치단체의 자기책임성의 기본적인 내용에 관련된 것이기 때문이다. 둘째로 모든 고권은 법률의 규정에 의해 제한될 수 있으나, 그 본질적인 내용은 침해될 수 없다는 것이다.

헌법 제117조 제1항은 "지방자치단체는 주민의 복리에 관한 사무를 처리하고 재산을 관리하며 법령의 범위 안에서 자치에 관한 규정을 제정할 수 있다"고 규정하고 있으며, 이를 일반적으로 자치행정권, 자주재정권, 자치입법권이라고 설명하고 있으나 지방자치단체의 자기책임성은 이에 한정되지 않는다.

우리 나라와 마찬가지로 지방자치제도를 헌법상으로 보장하고 있는 독일에서는 지방자치단체의 고권을 유형화하여 지역고권(Gebietshoheit), 인사고권(Personalhoheit), 재정고권(Finanzhoheit), 계획고권(Plannungshoheit), 조직고권(Organisationshoheit), 입법고권(Rechtsetzungshoheit) 등으로 구분하고 있다. 이는 우리 나라에서도 통용될 수 있는 것으로서 지방자치권의 주요한 내용을 이룬다고 하겠다. 다만 주의할 것은 지방자치단체의 권한이 이에 한정되는 것은 아니라는 점이다. 이에 포함되는 것은 지방자치권의 최소한을 의미한다.

2) 지방자치단체의 고권의 종류

(1) 지역고권(Gebietshoheit)

지방자치단체의 지역고권이란 지방자치단체의 구역에 거주하는 모든 사람을 지방자치단체의 지배권에 복종시킬 것을 의미한다. 지방자치단체의 지역고권은 그 지방자치단체의 구역에 있는 모든 사람은 물론 그 위에 존재하는 모든 물건에 미친다. 지방자치단체는 사람을 구성원으로 하는 사단(Körperschaft)인 동시에 일정한 구역을 기초로 하는 지역단체(Teritorialverbände)이므로 지역고권은 지방자치단체의 행정작용이 미치는 효력 범위를 특정할 뿐만 아니라 그에 복종하는 사람의 범위를 정하는 기능을 한다. 따라서 지역고권은 개별적인 고권이 아니라 지방자치단체가 그의 구역에서 행사하는 모든 고권을 포괄적으로 표시하는 것이다. 다만, 헌법 제117조 제1항에 근거한 지역고권이 특정 지방자치단체의 존립이나 구역을 개별적으로 보장하는 것은 아니다. 따라서 공공의 이익을 위해 구역의 변경, 지방자치단체의 폐치·분합을 하는 것이 이와 모순되는 것은 아니다.

(2) 조직고권(Organisationshoheit)

지방자치단체의 조직고권은 지방자치단체가 활동하기 위해 필요한 외부적·내부적인 조직을 스스로 규율할 수 있는 권한을 말한다. 이를 통해 지방자치단체는 그의 조직과 운영에 대해 자기책임 하에 규율할 권한을 갖게 된다.[10] 즉 지방자치단체는 의결기관, 집행기관, 지방자치단체 내의 행정구역, 공공시설, 공기업 등의 조직과 운영을 규율할 수 있다. 지방자치단체가 활동할 수 있기 위해서는 우선 이를 담당할 행정기구가 구성되어야 하기 때문에 지방자치단체가 조직고권을 행사하는 것은 다른 업무의 수행을 가능하게 하는 전제 요건이 된다.

그런데 지방자치단체의 중요한 조직은 입법자가 법령으로 통일적으로 규율하고 있어 지방자치단체가 자기책임 하에 그 조직을 결정할 수 있는 여지는 매우 많은 제한을 받고 있다.[11] 지방자치법은 조례나 규칙으로 지방자치단체의 내부조직을 정할 수 있는 여지를 남겨 두고 있으며 입법자가 한정적으로 규정한 이외의 사항에 대해서는 지방자치단체가 보충적으로 조직을 결정할 수 있다.

(3) 인사고권(Personalhoheit)

인사고권이란 지방자치단체가 소속 공무원의 선임, 승진, 징계, 해임 등의 인사를 결정할 수 있는 권한을 말한다. 인사고권에는 공무원의 수당, 급여, 징계 등에 관해 구체적인 사항을 결정할 수 있는 가능성이 포함된다. 인사행정은 지방자치단체의 업무를 직접 수행하는 것은 아니지만 그를 통해 지방자치단체의 업무 수행을 위한 인적 설비가 갖추어지고 다른 업무의 수행이 가능해진다는 점에서 지방자치단체의 가장 기본적인 권한에 속한다.

지방자치단체의 인사고권도 헌법 제118조 제2항의 법률유보하에 있으므로 입법자에 의해 제한된다. 예컨대 지방자치법 제112조 제5항에 의한 국가공무원의 배치, 제110조 제2항 및 제3항에 의한 부단체장(副團體長)의 임

---

10) 우리 나라에서는 인사고권이 조직고권의 내용을 이루는 것으로 보고 있으나 후자는 조직 자체의 설치에 관한 것이고, 전자는 그 설치된 조직의 인사를 결정하는 것이라는 점에서 양자는 구별되어야 한다.

11) 미국이나 독일 등의 연방국가에서는 지방자치단체마다 혹은 주마다 지방자치단체의 조직형태를 달리하여 규정하도록 함으로써 매우 다양한 기관구성을 하고 있다. 비교적 최근에 영국이 다양화를 시도하여 많은 시사점을 주고 있다. 한국에서도 지방자치단체의 기관구성을 다양화하여 지방자치단체의 조직고권을 확대해야 한다는 주장이 적지 않게 제기되고 있다. 예컨대, 강인호, “지방자치단체 기관구성 형태의 다양화를 위한 시론적 연구”, 한국거버넌스학회 영·호남 춘계공동학술대회 자료집, 2006. 4., 61-69쪽 참조.

명 제도,[12] 지방공무원법, 소방공무원법, 공무원연금법 등에 의한 제한이 있다.

여기서 문제되는 것은 입법자의 입법 재량을 제한하는 인사고권의 본질적인 내용이 무엇인가 하는 점이다. 의심의 여지 없이 인사고권의 가장 본질적인 내용은 지방자치단체가 필요로 하는 사람의 임명과 복무에 관한 사항을 지방자치단체가 스스로 결정할 수 있는 권한이다. 따라서 국가에 의한 지방자치단체의 공무원의 임명은 인사고권과 합치되지 아니한다.

(4) 재정고권(Finanzhoheit)

재정고권이란 지방자치단체가 법령으로 규율된 예산 범위 내에서 그의 수입과 지출을 자기책임 하에 운영할 수 있는 권한을 말한다. 지방자치단체가 자유롭게 처분할 수 있는 재정 수단을 갖지 아니하는 경우에 지방자치단체는 그의 업무를 자기책임 하에 결정할 수 없으며, 현존하는 재정력이 행정활동을 뒷받침하지 못하는 경우에 지방자치행정은 마비되어 버린다. 지방자치단체의 재정고권에는 수입고권(收入高權), 지출고권(支出高權), 재정행정고권(財政行政高權)을 포함한다.

수입고권(Einnahmehoheit)은 지방자치단체가 법령의 범위 내에서 자기책임 하에 그에 허용된 수입원으로부터 수입정책을 결정할 수 있는 권한을 말한다. 수입고권에 속하는 것으로는 지방세, 분담금, 수수료, 사용료 등의 공과금을 부과·징수할 수 있는 공과고권(Abgabenhoheit)과 그의 배타적인 수입원에 포함되지 않으나 일정한 수입을 청구할 수 있는 수익고권(Ertragshoheit)이 있다.

지출고권(Abgabenhoheit)은 지방자치단체가 그의 재정 수단을 예산의 범위 내에서 그의 업무 수행을 위해 자기책임 하에 지출, 사용할 수 있는 권한을 말한다.

재정행정고권(Finanzverwaltungshoheit)은 지방자치단체가 자기책임 하에 그에게 허용된 수입원, 수입, 지출을 관리할 수 있는 권한을 말한다. 이

---

12) 지방자치법 제110조 제2항 및 제3항에서는 특별시와 광역시의 부시장, 도와 특별자치도의 부지사는 대통령령이 정하는 바에 따라 정무직 또는 일반직 국가공무원으로 보하되, 시·도지사의 제청으로 행정자치부 장관을 거쳐 대통령이 임명하도록 하고 있다.

에는 무엇보다도 지방자치단체의 재정 운영을 계획적·종합적으로 운영하도록 하는 예산고권(Haushaltshohiet)이 포함된다.

지방자치단체의 재정고권은 다른 고권과 마찬가지로 절대적인 것은 아니며, 법률에 의한 승인의 유보, 지방재정법, 지방공기업법 등의 법률에 의한 제한을 받는다. 또한 지방세원과 세율은 지방세법 등에 의해 제한된다.

(5) **계획고권**(Plannungshoheit)

지방자치단체의 계획고권이란 지방자치단체가 그의 업무를 수행하기 위해 구속력 있는 계획을 수립하고 그가 관련된 상급 계획의 수립에 참여할 수 있는 권한을 말한다.

계획에는 여러 가지 측면이 있으므로 계획고권을 개념적으로 설명하기는 쉽지 아니하다. 계획에는 재정계획, 예산계획, 경제계획, 도시계획 등이 있다. 지방자치단체와 관련해 오늘날 특별한 의미를 갖는 것은 그 중에서 도시계획에 관한 지방자치단체의 계획고권이다. 이는 지방자치단체의 구역 내의 건축이나 그 밖의 토지 이용에 대해 구속력 있는 계획을 자기책임 하에 결정할 수 있는 권한이다. 이러한 계획고권은 전통적인 지방자치단체의 고권에는 속하지 않았으나 오날날의 도시 발전과 법이론의 전개로 지방자치권의 본질적인 내용을 이루게 되었다.

계획고권은 법률로 구체화되고 제한될 수도 있으나 그 본질적인 내용을 침해받을 수는 없다. 여기서 문제가 되는 것은 입법자의 입법 재량의 한계가 되는 본질적인 내용이 무엇인가 하는 점이다. 현행법에 의하면 지방자치단체의 도시계획권은 현저히 제한되고 상당 부분 '국가계획화'되어 있으므로 이 문제는 앞으로 중요한 연구 과제라고 할 수 있다.

좀더 구체적으로 살펴보면, 현행 '국토의 계획 및 이용에 관한 법률' 제18조 제1항에서는 특별시장·광역시장·시장 또는 군수는 관할구역에 대해 도시기본계획[13]을 수립하도록 규정하면서도, 제22조 제1항에서 도시기본계획을 수립 또는 변경하는 때에는 대통령령이 정하는 바에 따라 건설교통부

---

13) '국토의 이용 및 계획에 관한 법률' 제2조 제3호에 의하면, 도시기본계획이란 "특별시·광역시·시 또는 군의 관할구역에 대하여 기본적인 공간구조와 장기 발전 방향을 제시하는 종합계획으로서 도시관리계획 수립의 지침이 되는 계획"을 말한다.

장관(시장 또는 군수가 도시기본계획을 수립 또는 변경하는 경우에는 도지사를 말한다)의 승인을 얻도록 하고 있다. 또한 동법 제29조 제1항은 시장·군수가 입안한 도시관리계획을 시·도지사가 결정하도록 하고 있다. 동조 제2항은 건설교통부 장관이 결정하는 경우를 규정하고 있다. 이런 부분은 지방자치단체의 계획고권에 대한 중대한 제한으로, 지방자치단체의 자치권에 대한 본질적 침해가 아닌지 문제된다.

한편 지방자치단체의 계획은 상위 계획에 의해 제한을 받게 되는데 상위 계획이 지방자치단체의 계획고권을 어느 범위 내에서 제한할 수 있는지, 상위 계획의 수립에 지방자치단체가 참여할 수 있는지의 문제도 앞으로 연구될 필요가 있다.

(6) **자치입법고권**(Rechtsetzungshoheit)

헌법 제117조 제1항은 "지방자치단체는 …… 법령의 범위 안에서 자치에 관한 규정을 제정할 수 있다"라고 하여 지방자치단체의 자치입법고권을 명백히 하고 있다. 이에 따라 지방자치법 제22조와 제23조는 지방자치단체가 조례와 규칙을 제정할 수 있음을 규정하고 있다.

지방자치단체의 자치입법권이 갖는 의미는 좀더 주민에 근접한 자가 그 지방에 효력을 미치는 규범을 제정하도록 함으로써 규범을 제정하는 자와 수범자 간의 간격을 좁히는 데 있다. 이로써 지방자치단체가 당면한 사항을 그에 가장 정통한 자가 판단해서 결정할 수 있게 된다. 또한 자치입법고권(조례고권)은 지역적인 다양성을 고려해야 할 입법자의 부담을 경감시키는 의미도 갖는다.

지방자치단체가 갖는 자치입법권은 자치권의 본질적인 내용을 이루지만 법령에 의한 제한을 받는다. 또한 시·군·자치구의 조례는 시·도의 조례에 의한 제한도 받는다(지방자치법 제24조).

한편 법규명령은 법률에서 구체적으로 위임을 받은 사항에 대해서만 제정할 수 있으나 조례는 법률의 구체적인 위임이 없더라도 제정할 수 있다. 이는 조례의 제정권자인 지방의회가 선거를 통해서 지역적인 민주적 정당성을 획득한 주민대표이고 규율 사항이 지방자치단체의 업무에 관한 것이기 때문이다.

3 지방자치단체의 구역

1) 구역의 의의

지방자치단체는 지역적인 사단이므로 일정한 범위의 행정구역을 그 존립의 요건으로 한다. 지방자치단체의 구역은 특정한 지방자치단체의 권한이 미치는 국가 영토의 일부를 차지하는 지리적인 범위를 의미한다.

지방자치단체의 구역이 갖는 법적인 의미는 소극적으로는 지방자치단체의 지배권이 미치는 지리적인 범위를 한정하는 데 있으며, 적극적으로는 구역 안의 모든 사람과 물건에 대해 지배권이 미친다는 데 있다. 지방자치단체의 구역은 부동산에 대한 소유권과는 관계 없다. 따라서 지방자치단체가 다른 지방자치단체의 구역에 있는 토지를 매입하더라도 구역이 변경되는 것은 아니다.

2) 지방자치단체의 구역의 설정

지방자치단체의 구역은 지방자치법 제4조 제1항에 따라 종전의 예에 의한다. 법률로써 구역을 변경하지 않는 한 지방자치단체의 구역은 지금까지의 범위를 유지하게 된다. 주의할 것은 전체 국토의 모든 토지는 특정한 지방자치단체의 구역에 소속되어야 하며 어느 지방자치단체에도 속하지 아니하는 토지는 존재하지 않는다는 점이다. 그리하여 모든 국민은 특정의 지방자치행정에 참여할 수 있고 동시에 의무도 부담하게 된다.

지방자치단체는 그의 하부기관으로서(지방자치단체가 아닌) 구, 읍, 면, 동, 리를 두고 있는데, 이들의 구역도 지방자치법 제4조 제3항 및 제4항에 따라 종전에 의한다. 지방자치법 제4조 제5항은 행정의 능률과 주민의 편의를 위해 당해 지방자치단체의 조례가 정하는 바에 따라서 하나의 동·리를 두 개 이상의 동·리로 운영하거나, 2개 이상의 동·리를 하나의 동·리로 운영할 수 있다. 이를 '행정 동·리'라고 한다. 이러한 행정 동·리에는 동조 제6항에 따라 당해 지방자치단체의 조례가 정하는 바에 의해 하부조직을 둘 수 있다.

3) 지방자치단체의 폐치, 분합, 구역의 변경

(1) 구역 변경의 의의

지방자치단체의 구역의 경계를 변경하는 것을 '좁은 의미의 구역 변경'이라고 본다면, 지방자치단체를 분합(分合), 신설(新設), 폐치(廢置)하는 것까지 포함해 지방자치단체의 구역의 변경을 가져오는 것을 '넓은 의미의 구역 변경'이라고 볼 수 있다. 개개 지방자치단체의 존립과 구역은 헌법상 보장된 제도적 보장의 본질적인 내용이 아니므로 입법자의 재량에 따라 변경될 수 있다. 다만 지방자치법 제4조 제1항과 제2항은 지방자치단체의 폐치, 분합, 구역의 변경을 법률에 유보하고 있다(다만 시 · 군 및 자치구의 관할 구역 경계 변경은 대통령령에 유보하고 있다).

다만, 입법자가 지방자치단체의 구역을 변경할 때는 헌법상의 원칙들을 형량해야 한다.

(2) 구역 변경에 고려되어야 할 헌법상의 원칙들

(가) 구역 변경의 필요성(사회국가적 요청)

지방자치단체의 구역은 사회의 생활 관계가 변경됨에 따라 변경될 필요가 있다. 경제구조와 산업구조, 교통 수단의 발달 등으로 종전에 설정된 행정구역이 실제의 생활과 일치하지 아니하는 경우에 구역 변경을 통해 생활 관계와 행정구역을 일치시킬 필요가 있다. 또한 지방자치단체의 행정 능력을 강화시켜 주어진 업무를 효율적으로 수행하기 위해, 주민의 복리에 관한 급부를 적정하게 공급할 수 있게 하기 위해, 또는 지방자치단체 간의 생활 수준의 균등한 유지를 위해 구역의 개편이 요구되는 경우가 있다. 즉 사회국가적인 필요성이 구역 개편의 이유가 된다.

(나) 구역 변경의 억제 요인(민주국가적 요청)

지방자치는 주민의 능동적인 참여를 불가결의 요소로 한다. 그런데 주민의 참여 의식은 대개 전통적으로 형성된 구체적인 지방자치단체라는 생활공동체에서 싹튼 시민의식 내지 향토애에 기반을 두고 있는 경우가 많다. 즉 주민의 참여는 기존 지방자치단체의 존속과 그 구성 요소인 구역의 존재를 바탕으로 한 공동체 의식이 기초가 되는 경우가 많다. 따라서 잦은 구역의 변경은 이러한 공동체 의식을 파괴할 우려가 있다. 지방자치단체의 독자성과 주민의 참여를 통한 민주주의의 원칙은 지방자치단체의 기존 구역의 존속을 요구하게 된다.

(다) 구역 변경의 허용 기준(비례의 원칙)

지방자치단체의 구역 변경을 할 때 입법자는 앞에 말한 상반된 이해 관계 내지 법원칙을 조화시키는 수준에서 결정해야 한다. 즉 사회국가의 원칙과 민주주의적인 요청은 상호간의 이익 형량을 통해서 조정되어야 한다. 그 조정의 지침은 법치국가 원칙의 실질적인 내용을 이루는 비례의 원칙에서 발견할 수 있다. 구역의 변경은 달성하고자 하는 사회국가적인 요청에 적합한 것이어야 하고, 동일한 목적을 달성하기 위해 최소의 손실을 가져오는 것이어야 하며, 구역 변경으로 오는 손실이 그로 인한 이익보다도 현저히 큰 것이 아닐 것이 요구된다. 만약 입법자가 이와 같은 비례의 원칙에 어긋나는 경우에는 구역 변경에 관한 법률은 헌법상의 원칙인 법치국가 원칙에 위반하는 것이 된다.

(3) 구역 변경의 절차

법치국가의 원칙은 위에서 말한 구역 변경 내용의 합법성 내지 합헌성을 요구할 뿐만 아니라 구역 변경 절차의 합법성도 요구한다. 지방자치단체의 폐치·분합·구역 변경은 지방자치법 제4조 제1항에 따라 법률로 정하되 시·군·자치구의 관할구역 경계 변경은 대통령령으로 규정해야 한다.

지방자치단체를 폐치·분합하거나 구역을 변경할 때에는 지방자치법 제4조 제2항에 따라 관계 지방자치단체의 지방의회(해당 지방자치단체의 의회와 그 상급지방자치단체의 의회)의 의견을 들어야 한다. 폐치·분합·구역의 변경은 당해 지방자치단체에 중대한 이해 관계를 갖기 때문에 이를 구역 변경의 절차적 요건으로 규정하고 있다. 지방자치단체는 이러한 절차를 통해서 권한자(입법자 또는 대통령)의 계획을 사전에 알 수 있고, 당해 지방자치단체의 의견을 반영시킬 수 있는 기회를 갖는다. 만약에 입법자와 대통령이 이러한 절차를 지키지 않는 경우에 폐치·분합·구역 변경은 위법이며 무효이다. 다만 주민투표법 제8조의 규정에 의해 주민투표(지방자치단체의 폐치·분합·구역 변경 등에 관한 주민투표)를 실시한 경우에는 관계 지방자치단체의 의회의 의견을 듣지 않을 수 있다. 그 이유는 주민투표법 제8조에 의한 주민투표의 경우에는 중앙행정기관이 지방자치단체의 장에게 주민투표의 실시를 요구하면, 지방자치단체의 장이 이를 공표하고 공표일로부터 30일 이내에 지방의회의 의견을 듣도록 하고 있기 때문이다. 즉 주민투표의 과정에서 구역 변경 계획이 통보되고 지방의회의 의견을 듣게 되기 때문에 별도로 의견 청취 절차를 거치지 않도록 한 것이다.

한편 지방자치단체의 폐치·분합·구역 변경은 이를 규정하는 법률이나 대통령령이 발효(發效)함으로써 별도의 행정처분을 매개로 하지 아니하고 직접 효력이 발생한다. 따라서 이러한 법률은 처분적 법률에 해당한다.

한편 지방자치단체가 아닌 구(자치구가 아닌 구)와 읍·면·동의 폐치·분합은 행정자치부 장관의 승인을 얻어 당해 지방자치단체의 조례로 정한다. 다만 경계구역의 변경은 당해 지방자치단체의 조례로 정하고 그 결과를 시·도지사에게 보고해야 한다(지방자치법 제4조 제3항).

그리고 리의 폐치·분합이나 경계 구역의 변경은 당해 지방자치단체의 조례로 정한다(지방자치법 제4조 제4항).

(4) 지방자치단체의 구역 변경에 따른 경과 조치

지방자치단체의 폐치·분합·구역 변경의 경우에는 사무와 재산의 승계(지방자치법 제5조), 조례 및 규칙의 시행(지방자치법 제25조), 지방자치단체장에 대한 직무대행자의 선임(지방자치법 제97조), 예산 및 결산의 승계(동법 시행령 제4조 및 제5조) 등의 조치가 취해진다. 구체적인 내용은 다음과 같다.

지방자치법 제5조에 의한 '사무와 재산의 승계'은 당해 지방자치단체 고유의 사무와 재산을 지칭하는 것이다. 따라서 국가로부터 지방자치단체의 장에게 위임된 기관위임사무까지 관할구역의 변경에 따라 당연히 이전된다고 볼 수 없다.[14] 또한 승계되는 '재산'에 채무는 포함되지 않는다.[15]

---

14) 대법원 1991. 10. 22. 91다5594.

15) 대법원 1992. 6. 26. 91다40498, 1993. 2. 26. 92다45292 등.

구 분	법적 근거	경과 조치 내용
사무와 재산의 승계	지방자치법 제5조	① 새로 그 지역을 관할하게 된 지방자치단체가 그 사무와 재산을 승계한다. ② 지역에 의하여 지방자치단체의 사무 및 재산을 구분하기 곤란한 때에는 시·도에 있어서는 행정자치부 장관이, 시·군 및 자치구에 있어서는 시·도지사가 그 사무와 재산의 한계 및 승계할 지방자치단체를 지정한다.
조례 및 규칙의 시행	지방자치법 제25조	지방자치단체가 분합하여 새로운 지방자치단체가 설치되거나 지방자치단체의 격이 변경된 때에는 당해 지방자치단체의 장은 필요한 사항에 관하여 새토운 조례 또는 규칙이 제정·시행될 때까지 종래 그 지역에 시행되던 조례 또는 규칙을 계속 시행할 수 있다.
지방자치단체장의 직무대행자 선임	지방자치법 제97조	지방자치단체의 폐치·분합에 따라 새르 지방자치단체의 장을 선거하여야 하는 경우에는 그 지방자치단체의 장이 선거될 때까지 시·도지사는 행정자치부 장관이, 시장·군수 및 자치구의 구청장은 시·도지사가 각각 그 직무를 대행할 자를 지정하여야 한다. 다만, 2이상의 동격의 지방자치단체를 통·폐합하여 새로운 지방자치단체를 설치하는 경우에는 종전의 지방자치단체의 장중에서 당해 지방자치단체의 장의 직무를 대행할 자를 지정한다.
예산 및 결산의 승계	지방자치법 시행령 제4조, 제5조	① 폐치·분합으로 인하여 지방자치단체가 설치된 때에는 지체없이 그 지방자치단체의 예산을 편성하여야 한다. 당해 지방자치단체의 장은 예산이 성립될 때까지 필요한 경상적 수입과 지출을 할 수 있다. 이 경우 수입과 지출은 새로 성립될 예산에 포함시켜야 한다. ② 폐치·분합으로 인하여 소멸한 지방자치단체의 수입과 지출은 소멸한 날로써 마감하되, 해당 지방자치단체의 장이었던 자가 이를 결산하여야 한다. 이 결산은 사무를 인수한 지방자치단체의 의회의 승인을 얻어야 한다.

(5) 폐치·분합·구역 변경에 따른 지방자치단체의 권리구제

지방자치단체의 구역 설정과 변경은 국가의 조직고권(Organisationshoheit)에 속하는 것으로서 국가의 사무에 속하며 국가는 그의 재량에 따라 이를 결정할 수 있다. 헌법재판소는 "자치제도의 보장은 지방자치단체에 의한 자치행정을 일반적으로 보장한다는 것뿐이고 특정 자치단체의 존속을 보장한다는 것은 아니며 지방자치단체의 폐치·분합에 있어 지방자치권의 존중은 법정 절차의 준수로 족하다"(헌재 1995. 3. 23. 94헌마175)고 판단하고 있다.

그런데 국가의 구역변경권은 무제한 허용되는 것이 아니고 앞에서 말한 헌법상의 원칙들, 관계 이익의 형량, 법적 절차 등을 준수해야 한다. 만약 이를 위반해 구역을 변경하는 경우에는 위법 또는 위헌이 될 수 있다.

한편 구역 변경으로 인해 당해 지방자치단체는 그의 권리에 직접적인 영향을 받게 된다. 지방자치단체에게는 앞에서 설명한 바와 같이 주관적인 법적 지위가 보장되므로 위법한 권리의 침해에 대해서는 법적 구제를 받을 수 있다.

권리구제의 방식은 구역 변경의 행위 형식과 밀접한 관계에 있다. 지방자치법 제4조 제1항에 따라 폐치·분합·구역 변경은 원칙적으로 법률로 정해야 하나 시·군·자치구의 관할구역의 경계 변경은 대통령령으로 정한다. 즉 폐치·분합·구역 변경은 법령으로 정해지고 그 법령은 매개적인 행정처분을 필요로 하지 아니하고 직접 효력을 발생한다.

이러한 경우에는 폐치·분합·구역 변경을 한 법률에 대해서는 법률 자체에 의한 기본권 침해를 원인으로 헌법재판소에 헌법소원을 제기할 수 있다. 또한 대통령령에 의해 경계 변경이 이루어진 경우에는 대통령령에 대해 법원에 행정소송을 제기하거나 헌법재판소에 헌법소원을 제기할 수 있다.

만약에 구역의 변경으로 인한 사무와 재산의 승계에 문제가 발생한 경우에는 그 근거가 되는 구역 변경에 관한 법률이 재판의 전제가 되면 헌법 제107조 제1항과 제111조 제1항 제1호 및 헌법재판소법 제41조 이하에 의한 위헌법률심사를 통해 간접적으로 위헌 법률에 의한 구역 변경의 효력을 다툴 수 있다.

또한 대통령령에 의한 시·군·자치구의 구역 변경이 재판의 전제가 된 때에는 헌법 제107조 제2항에 의한 위헌·위법 명령의 심사를 통해 간접적으로 구역 변경의 효력을 다툴 수 있다.

이와는 별도로 헌법 제111조 제1항 제4호 및 헌법재판소법 제2조 제4호, 제61조 이하에 의해 국가기관과 지방자치단체 간의 권한쟁의를 헌법재판소에 청구할 수 있다. 다만 헌법재판소법 제62조 제1항 제2호에서 정부와 지방자치단체 간의 관계만을 규율하고 있어서 국회와 지방자치단체 간의 권한쟁의를 헌법재판소에서 관할할 수 있는지가 문제된다. 헌법재판소법 제62조 제1항 제1호의 국가기관에 국회, 정부, 법원, 중앙선거관리위원회를 포함시키고 있으므로 동항 제2호의 국가기관도 이와 동일하다고 보아야 한다. 또한 헌법재판소법 제62조 제1항 제2호의 '국가기관'에서 국회, 법원 등을 제외한 것은 헌법 제111조 제1항과 합치되지 아니한다. 따라서 헌법에 합당한 해석에 의하면 본조의 국가기관에는 정부뿐만 아니라 국회도 포함된다고 보아야 한다. 따라서 지방자치단체는 법률에 의한 구역 변경의 효력을 직접 헌법재판을 통해 다툴 수 있다고 본다. 대통령령에 의한 시·군·자치구의 경계 변경도 마찬가지로 헌법재판을 통해서 그 위법성, 위헌성을 다툴 수 있다.

다만 법률에 의해 폐치·분합됨으로써 이미 소멸한 지방자치단체가 소송의 당사자가 될 수 있는가 하는 문제가 생긴다. 이 경우에 독일의 판례는 소송절차의 수행을 위해 이미 소멸된 지방자치단체를 존속하고 있는 것으로 간주하고 있다.

(6) 지방자치단체의 폐치·분합에 따른 주민의 권리구제

지방자치단체의 폐치·분합은 지방자치단체의 자치권의 침해 문제와 더불어 그 주민의 헌법상 보장된 기본권의 침해 문제도 발생시킬 수 있다. 예컨대 자치단체의 폐치·분합에서 적법 절차의 한 내용인 청문권(聽聞權)의 침해 문제가 발생할 수 있다. 주민은 폐치·분합에 의해 자기의 이해 관계에 관해 불이익한 결과를 초래할 수 있을 경우에는 의견을 개진할 수 있는 청문권을 가지기 때문이다.[16] 또한 지방자치단체의 폐치·분합에서 그 주민을 다른 지방자치단체의 주민과 차별해 헌법 제11조에서 보장한 평등권 침해 문제도 생길 수 있다. 또한 지방자치단체가 폐치·분합됨으로써 헌법

16) 다만, 헌법재판소는 "자치단체의 폐지에 대한 이해관계자들의 참여, 즉 의견 개진의 기회 부여는 문제가 된 사항의 본질적 내용과 그 근거에 관하여 이하관계인에게 고지하고 그에 관한 의견의 진술 기회를 부여함으로써 그 진술된 의견이 국회에 입법 자료를 제공하는 기능을 하도록 하면 족하며, 입법자가 그 의견에 반드시 구속되는 것으로 볼 수는 없다"(헌재 2006. 4. 27. 2005헌마1190)라는 입장이다.

제24조 및 제25조에 보장된 주민의 참정권 내지 공무담임권이 침해될 수도 있다.[17] 경우에 따라서는 인간다운 생활공간에서 살 권리, 거주 이전의 자유, 인간다운 생활을 할 권리, 사회보장·사회복지 수급권 및 환경권 등을 침해받게 될 수도 있다.[18]

앞에서도 언급한 것처럼 이러한 지방자치단체의 폐치·분합은 별도의 집행행위의 매개를 거치지 않고 직접 법률 조항의 시행에 의해 이루어진다. 이처럼 법률 조항의 규정이 직접 헌법상 보장된 국민의 기본권을 침해하는 경우에는 법률 자체에 대해 헌법재판소법 제68조 제1항에 따라 헌법소원을 제기할 수 있으므로, 지방자치단체의 폐치·분합에 의해 기본권을 침해당한 주민은 헌법재판소에 헌법소원을 제기할 수 있다.

---

17) 헌재 1995. 3. 23. 94헌마175.
18) 헌재 1994. 12. 29. 94헌마201.

제5장 주민의 권리와 의무

제1절 주민의 의의

지방자치법 제12조는 "지방자치단체의 구역 안에 주소를 가진 자는 그 지방자치단체의 주민이 된다"라고 규정하고 있다. 따라서 성별, 행위 능력, 국적, 자연인, 법인을 불문하고 특정한 지방자치단체의 구역에 주소를 가진 자는 당해 지방자치단체의 주민이 된다.

기초지방자치단체인 시・군・자치구의 주민은 동시에 그 구역을 관할하는 광역지방자치단체인 시・도의 주민이 된다. 주민 자격은 본인의 의사와는 무관하게 법률의 규정에 의해서 그 구성 요건이 충족된 경우에 당연히 취득된다. 즉 특정의 지방자치단체에 주소를 가질 때 주민 자격 취득의 구성 요건이 충족되고 당연히 당해 지방자치단체의 주민이 된다. 여기서 주소라 함은 민법 제18조의 "생활의 근거되는 곳"으로 볼 수 있으나 주민등록법 제17조의 7에 의하여 공법상의 법률 관계에서는 법률에 특별한 규정이 없는 한 주민등록지가 주소로 된다.[1] 주민 자격의 취득은 공법 관계이

1) 주민등록법 제17조의7 제1항에서는 "다른 법률에 특별한 규정이 없는 한 이 법에 의한 주민등록지를 공법 관계에 있어서의 주소로 한다"라고 규정하고, 제2항에서는 "이 법의 규정에 의하여 주민등록지를 공법 관계에 있어서의 주소로 하는 경우에 신고의무자가 신

고 법률에 특별한 규정이 존재하지 아니하므로 주민 자격의 취득 요건으로서의 주소는 주민등록지가 된다.

제 2 절 주민의 법적 지위(권리 · 의무의 개요)

주민은 지방자치단체의 본질적인 구성 요소로서 지방자치단체의 기관 구성과 의사결정에 직접 또는 간접으로 참여함으로써 지방자치에 민주적 정당성을 부여하며, 다른 한편으로는 지방자치단체가 제공하는 각종 행정급부의 향유자로서의 지위, 지방자치단체에 일정한 의무를 지는 지위 등을 갖는다. 따라서 주민은 지방자치단체에 대해 권리 · 의무의 주체로서의 지위를 갖는다고 볼 수 있다.

1 지방자치행정에서 민주적 정당성의 원천으로서의 주민

1) 선거권

(1) 의 의

지방자치법 제13조 제2항은 "국민인 주민은 법령이 정하는 바에 의하여 그 지방자치단체에서 실시하는 지방의회 의원 및 지방자치단체의 장의 선거(이하 '지방선거'라 한다)에 참여할 권리를 가진다"라고 규정하고 있다. 그리고 지방의회와 지방자치단체의 장의 구성을 주민의 선거에 의하도록 함으로써 지방자치단체는 민주적 정당성을 획득한다. 즉 이들 기관에 대한 주민의 선거가 갖는 의미는 지방자치단체의 기관과 그의 의사결정, 처분에 대해 민주적 정당성을 부여하는 데 있다.

거주지에 전입신고를 한 때에는 전입신고일에 신거주지에서의 주민등록이 된 것으로 본다"라고 규정하고 있다.

(2) 선거에 참여하기 위한 요건

(가) 선거권의 요건

지방선거에 관해서는 공직선거법이 규정하고 있다. 공직선거법 제15조 제2항에 의하면 주민이 지방선거에서 선거권을 갖기 위해서는 다음의 요건 중 하나를 갖추어야 한다.

① 19세 이상의 국민으로서 선거인명부 작성 기준일 현재 당해 지방자치단체의 관할 구역 안에 주민등록이 되어 있는 자

② '출입국관리법' 제10조(체류 자격)의 규정에 따른 영주의 체류 자격 취득일 후 3년이 경과한 19세 이상의 외국인으로서 선거인명부 작성 기준일 현재 '출입국관리법' 제34조의 규정에 따라 당해 지방자치단체의 외국인등록대장에 등재된 자

이처럼 외국인에 대해서도 일정한 요건하에 선거권을 부여한 것은 세계화 시대에 선거권을 내국인에게만 한정해서 부여하는 것은 문제가 있고, 외국인도 납세 의무자로 세금을 어떻게 사용할 것인지를 결정할 수 있어야 하기 때문이다. 그리고 선거권자의 연령은 선거일 현재로 산정한다. 한편 '공직선거법' 제18조 제1항 각호에서 정한 결격 사유에 해당되지 않아야 한다.

(나) 피선거권의 요건

지방선거에서 피선거권을 갖기 위해서는 선거일 현재 계속해서 60일 이상(공무로 외국에 파견되어 선거일 전 60일 후에 귀국한 자는 선거인명부 작성 기준일부터 계속하여 선거일까지) 당해 지방자치단체의 관할구역 안에 주민등록이 되어 있는 주민으로서 25세 이상이어야 한다(공직선거법 제16조 제3항). 또한 공직선거법 제19조에서 정한 피선거권의 결격 사유에 해당되지 않아야 한다. 피선거권자의 연령은 선거일 현재로 산정한다.

2) 참여권

주민은 선거 이외에도 법령이 정하는 바에 따라서 지방자치단체의 의사결정 과정에 참여할 권리를 갖는다.

(1) 청원권

지방자치단체의 주민은 지방자치법 제73조 내지 제76조의 규정에 의해

지방의회에 청원할 수 있다. 지방의회에 청원하고자 하는 자는 지방자치법 제73조 제1항에 따라 지방의회 의원의 소개를 받아 동조 제2항에 규정된 청원자의 성명, 주소를 기재하고 서명·날인한 청원서를 제출해야 한다. 다만, 재판에 간섭하거나 법령에 위반되는 내용의 청원은 지방자치법 제74조에 따라 수리하지 아니한다.

지방의회의 의장은 청원서를 접수한 경우에 지방자치법 제75조 제1항에 따라 소관 위원회 또는 본회의에 회부해 심사하게 된다. 지방의회가 채택한 청원 중에서 지방자치단체의 장이 처리함이 타당한 것에 대해서는 지방자치법 제76조 제1항에 따라 의견서를 붙여 지방자치단체의 장에게 이송하며 지방자치단체의 장은 동조 제2항에 따라 처리 결과를 지방의회에 보고해야 한다. 주의할 것은 지방의회의 청원 채택은 관계 기관을 구속하는 법적인 구속력이 없다는 점이다.

(2) 행정절차 및 예산편성에 참여할 수 있는 권리

행정절차에 관한 일반법인 행정절차법은 사전 통지, 열람, 의견 제출, 청문, 공청회 등의 절차를 규정하고 있다. 이러한 행정절차법의 규정에 의해 주민은 행정절차에 참여할 수 있다. 또한 각종의 개별법에서도 행정절차의 예고, 열람, 공청회 등에 대해 규정하고 있기도 하다.

또한 주민은 지방자치단체에 설치되어 있는 각종 위원회의 위원으로 참여할 수도 있다. 법령 또는 조례에 의해 설치된 위원회 위원의 위촉 권한은 원칙적으로 지방자치단체장에게 있지만, 최근에는 공개모집 절차를 통해 일반 주민들에게도 참여의 기회를 부여하는 사례들이 늘어나고 있다. 대표적으로 읍·면·동 단위로 설치되고 있는 주민자치위원회 위원을 위촉할 때에는 일부 위원에 대해 공개모집 절차를 취하는 지방자치단체들이 많다.

한편 최근에는 지방자치단체의 예산편성 과정에 주민들의 참여를 보장하는 주민참여 예산제도가 확산되는 추세이다. 주민참여 예산제도란 지방자치단체의 집행부가 독점적으로 행사해 왔던 예산편성 과정에 지역 주민들이 직접 참여하는 것을 법적·제도적으로 보장하는 주민참여 제도의 일종이다. 주민참여예산 제도는 예산의 타당성, 우선순위의 결정에 주민들의 의견을 반영시키는 제도이며, 예산편성 과정의 투명한 공개도 중요한 요소로 하고 있다.[2)] 광주광역시 북구, 울산광역시 동구에서 조례 제정을 통해 운영하던 주민참여 예산제는 그 긍정적 효과가 인정되어 지방재정법 제39조에 근거가 마련되기에 이르렀다. 즉 동조에서는 "지방자치단체의 장은 대통령령이 정하는 바에 따라 지방예산 편성 과정에 주민이 참여할 수 있는 절차를 마련하여 시행할 수 있다"라고 규정하고 있다.

(3) 정보공개청구권(알 권리)

'공공기관의 정보공개에 관한 법률'은 국민의 정보공개청구권에 관해 규정하고 있다. 이 법률에 의해 지방자치단체의 주민은 지방자치단체에 대해 그 보유·관리하고 있는 정보의 공개를 청구할 권리를 가지고 있다.

(4) 직접 참정권

우리 나라의 지방자치제도는 지방의회와 지방자치단체의 장을 주민 직선에 의해 선출하고 그들에게 정책결정을 맡기는 간접민주제를 근간으로 하고 있다.[3)] 지방자치단체의 규모가 크고, 그 처리하는 사무가 광범위하고 복잡하므로 직접민주제를 기본으로 하는 것이 불가능하기도 하다. 그러나 이러한 간접민주제는 선출된 대표자들의 독선과 전횡을 견제하지 못하는 한계가 있고, 대표자의 의사와 주민의 의사가 일치하지 않는 상황을 초래할 가능성이 높다. 이러한 간접민주제의 문제점을 보완하고 주민자치를 실질적으로 실현하기 위해 지방자치제를 실시하고 있는 여러 국가들은 주민이 지방자치단체의 정책결정 과정에 참여하거나 대표자들을 통제할 수 있는 직접민주적 제도들을 부분적으로 도입하고 있다.

우리 나라의 경우에도 조례 제정 또는 개폐 청구제도(지방자치법 제15조), 주민감사청구제도(지방자치법 제16조)와 주민소송제도(지방자치법 제17조 내지 제19조), 주민소환제도(지방자치법 제20조 및 주민소환에 관한

---

2) 곽채기, "주민참여예산제도의 기본모형과 운영시스템 설계 방안", 『한국지방재정논집』 제10권 제1호, 한국지방재정학회, 2005. 6., 249-250쪽.

3) 헌법재판소는 "헌법 제117조 및 제118조가 보장하고 있는 본질적인 내용은 자치단체의 보장, 자치 기능의 보장 및 자치사무의 보장으로 어디까지나 헌법은 지역 주민들이 자신들이 선출한 자치단체의 장과 지방의회를 통하여 자치사무를 처리할 수 있는 대의제 또는 대표제 지방자치를 보장하고 있을 뿐"(헌재 2001. 6. 28. 2000헌마735)이라고 판단하고 있다.

법률), 주민투표제도(지방자치법 제14조 및 주민투표법)를 도입했다.[4)]

조례 제정 또는 개폐청구제도는 일정 수 이상 주민의 연서(連署)로 지방자치단체의 장에게 조례의 제정이나 개폐를 청구할 수 있는 제도이다.

주민감사청구제도는 일정 수 이상 주민의 연서로 지방자치단체와 그 장의 권한에 속하는 사무의 처리가 법령에 위반되거나 공익을 현저히 해한다고 인정되는 경우에 감사를 청구할 수 있는 제도이다. 주민소송제도는 주민감사청구를 거쳐 지방자치단체의 위법한 재무회계상의 행위에 대해 주민이 소송을 제기할 수 있는 제도이다.

주민소환(recall)제도는 일정 수 이상의 주민의 연서로 선출직 지방공직자의 해임 여부를 묻는 주민소환투표의 실시를 요구할 수 있고, 실시된 투표에서 과반수 이상이 해임에 찬성할 경우에는 선출직 공직자를 임기 중에 해임할 수 있는 제도이다.

주민투표(referendum)제도는 지방자치단체의 주요 의사결정 사항 등에 대해 주민의 투표에 부쳐 결정하는 제도를 말한다.

이러한 직접참정제도에 대해 헌법재판소는 어디까지나 입법자의 결단에 의해 채택된 제도일 뿐 헌법이 이러한 제도의 도입을 보장하고 있는 것은 아니라고 보고 있다. 그에 따라 주민이 이러한 제도를 통해서 가지는 권리는 헌법이 보장하는 참정권은 아니고 법률에 의해 인정되는 참정권으로 보고 있다.[5)]

(5) 쟁송제기권

주민은 쟁송제기를 통해 지방행정을 통제할 수 있다. 이에는 행정심판의 제기, 행정소송의 제기, 손해배상의 청구, 손실보상의 청구, 헌법소원 등이 있을 수 있다. 이러한 제도는 자신의 권리 또는 이익을 침해당한 주민이 청구인 또는 원고가 되어 쟁송을 제기할 수 있는 경우들이다. 그러나 지방자

---

4) 일본의 경우에는 일정수 이상의 유권자들의 연서(連署)에 의하여 대표자에게 일정한 사항을 청구함으로써 주민의 의사를 표시하는 제도를 '직접 청구제도'라고 부르고 있다. 일본의 '직접청구제도'로는 ① 조례의 제정 또는 개폐청구제도, ② 지방공공단체의 사무감사청구, ③ 지방공공단체의 의회해산청구, ④ 지방공공단체의 의회의원 및 단체장 등에 대한 해직청구가 인정되고 있다(松本英昭, 앞의 책, 117쪽).

5) 헌재 2001. 6. 28. 2000헌마735.

치단체 주민의 공동의 이익 침해 또는 공익의 침해에 대해 주민이 쟁송을 제기할 수 있는 권리는 보장되지 않았다. 우리 나라의 행정 관련 쟁송제도는 모두 자신의 권리나 이익을 직접 침해당한 경우에 청구인 또는 원고가 될 수 있도록 되어 있었기 때문이다.

그러나 2006년부터는 주민소송제도가 도입되어 지방자치단체의 위법한 재무회계상의 행위에 대해 직접 이해 관계가 없는 주민도 소송을 제기할 수 있는 길이 열렸다. 주민소송을 제기할 수 있는 대상은 '공금의 지출에 관한 사항', '재산의 취득 · 관리 · 처분에 관한 사항', '당해 지방자치단체를 당사자로 하는 매매 · 임차 · 도급 그 밖의 계약의 체결 · 이행에 관한 사항', '지방세 · 사용료 · 수수료 · 과태료 등 공금의 부과 · 징수의 해태에 관한 사항'이다. 주민소송을 제기하기 이전에 주민감사청구를 거쳐야 한다(주민감사청구 전치주의).

2 지방자치단체의 공공시설을 이용할 권리(공공시설 이용권)

1) 의 의

지방자치단체의 주민은 지방자치법 제13조 제1항 전단에 따라 법령이 정하는 바에 의해 소속 지방자치단체의 재산과 공공시설을 이용할 권리를 갖는다. 이는 주민의 공공시설 이용권을 규정한 것이다.

지방자치법에 보장된 공공시설이용권은 주민이 다른 주민과 더불어 개인적으로 혹은 집단적으로 지방자치단체의 공공시설이 제공하는 급부를 이용할 수 있는 권리이다. 그러나 흥행업자가 권투 시합이나 발레 공연 등을 개최하기 위해 공공시설을 영업의 도구로 사용하는 것은 이 권리에 포함되지 아니한다. 즉 상업적인 행사의 개최를 위해서 공공시설을 이용하는 것은 지방자치법상 보장된 공공시설 이용권의 범위에 포함되지 아니한다. 지방자치단체는 이러한 경우에 이용을 허용해 줄 의무는 없으나 그의 재량에 따라 이용을 허용해 줄 수는 있다. 다만 헌법 제11조에 보장된 평등의 원칙에 위반되지 않아야 한다.

오늘날 주민들의 생활은 모두 상호 의존적이며 개개인이 그가 필요로 하는 재화와 서비스를 모두 스스로 충족시킬 수 있는 것은 아니다. 따라서 행정 주체가 공통의 수요를 충족시켜 줄 필요가 있다. 지방자치단체는 주민의 생존에 필수적인 급부를 공공시설을 통해 제공하는 경우가 많다. 예컨대 상·하수도, 오물 수거, 쓰레기의 처리, 대중교통 등과 같은 것은 주민의 생존과 불가결하게 연결되어 있다. 또한 주민의 생활 수준의 향상과 편의를 위해 제공되는 급부, 예컨대 보육시설, 문화시설, 청소년시설, 도서관 등이 여기에 해당한다.

이와같이 공공시설을 통해 제공되는 급부는 주민들이 납부하는 세금, 부담금 등으로 설립되고 운영되므로 주민이 이들 시설에 대해 이용청구권을 갖는 것은 당연하다.

2) 이용권의 대상

공공시설 이용권의 목적물(대상)은 지방자치단체의 재산 또는 공공시설이다. 여기서 재산이라 함은 주민의 이용에 제공되는 지방자치단체가 보유하고 있는 물건 및 권리의 총체를 의미하며 공공시설을 포함하는 넓은 의미로 해석된다.

공공시설이란 "주민의 복리에 관한 급부행정을 수행하기 위해 설치·운영되는 계속적인 모든 수단"으로서 주민의 이용에 제공되는 지방자치단체의 공물, 영조물, 공기업, 기타 급부를 제공하는 시설이 포함된다. 예컨대 상수도, 하수도, 어린이집, 대중교통시설, 극장, 박물관, 운동시설, 병원, 청소년시설, 노인정, 시청회의실, 공동묘지, 공원 등이 여기에 해당된다. 공공시설은 주민의 공통적 생활 기반을 형성하므로 주민의 복지에 직결된다.

지방자치단체가 공공시설을 어떠한 법적 형태로 조직하느냐는 것은 법령에 특별한 규정이 없는 한 그의 재량에 속하며 그 조직 형태는 공공시설의 개념 요소가 아니다. 공공시설은 행정기업, 공기업, 영조물, 공물과 같은 공법상의 형태나 주식회사, 재단법인과 같은 사법상의 형태, 민간위탁에 의한 관리 등의 형태로 관리·운영될 수 있다.

지방자치단체의 시설이 공공시설로서의 성격을 갖게 되는 것은 공용지정(혹은 공용개시)이 있는 때이다. 공용지정(Widmung)이란 시설의 목적을 설정하고 주민의 사용에 제공하는 공법상의 의사 표시이다. 공용지정은 조례나 행정행위와 같은 명시적 의사표시나 묵시적 의사표시로 이루어진다.

3) 이용권자

지방자치단체의 공공시설에 대한 이용권자는 지방자치법 제13조에 따라 주민에 한정된다. 주민에는 자연인, 법인, 외국인, 내국인이 모두 포함된다. 지방자치단체는 주민이 아닌 자에게도 이용을 허용할 수 있다. 주민이 아닌 자의 이용은 주민의 이용과 다른 조건으로 허용될 수도 있다.

4) 이용권의 한계

주민이 갖는 공공시설에 대한 이용권은 무제한 인정되는 것이 아니고 다음과 같은 제한을 받는다.

(1) 법령에 의한 제한

지방자치법 제13조 제1항에 따라 주민은 '법령이 정하는 바에 의하여' 지방자치단체의 공공시설을 이용할 권리를 갖고 있으므로 주민의 이용권은 법령이 정하는 바에 따라 제한을 받을 수 있다.

(2) 공용개시에 의해 정해진 목적에 의한 제한

주민의 이용청구권은 시설에 대한 공용 개시에 의해 정해진 목적에 따른 제한을 받는다. 주민은 공공시설의 목적에 적합한 범위 내에서만 이용권을 갖는다. 지방자치단체는 공공시설의 목적을 설정하는 데 재량권을 갖지만 이를 변경하지 않는 한 지방자치단체도 일단 정한 목적에 구속된다(자기구속성의 원칙).

(3) 공공시설의 수용 능력에 의한 제한

주민의 공공시설이용권은 공공시설의 수용 능력에 의해 제한되는 경우가 있다. 즉 공공시설의 수용 능력이 충분하지 못한 경우에 이용이 제한된다. 이 경우에 어떠한 방법으로 이용을 제한할 수 있는가가 문제되는데, 고려되는 방법으로는 우선주의(선착순), 이용 시간이나 이용 횟수의 제한, 추첨, 정책적 우선순위(빈곤층에 대한 보육시설 이용 우선권) 등이 채택될 수 있으며 어느 경우에나 평등의 원칙에 위반되어서는 안 된다.

(4) 위험 방지나 공공시설의 유지 · 관리를 위한 제한

공공시설의 이용은 그로 인해 위험이 발생하는 경우나 공공시설에 손상을 가져오는 경우에 제한될 수 있다. 만약 지방자치단체가 이러한 위험이나 손상을 방지할 수 없고 이용자가 이에 대한 담보를 제공하지 아니하는 경우에는 이용을 거절할 수 있다. 이 경우 담보 제공의 요구나 이용 배제는 평등의 원칙에 어긋나는 것이 아니다.

3 균등한 행정 혜택을 받을 권리

주민은 지방자치법 제13조 제1항 후단에 따라 지방자치단체로부터 균등하게 행정 혜택을 받을 권리가 있다. 이는 헌법상의 평등 원칙을 지방행정과 관련해 구체화한 것으로서 확인적인 의미를 가진다. 행정 혜택이란 동조 동항 전단의 공공시설 이용을 포함해 모든 행정작용을 의미하는 넓은 뜻이다. 지방행정에서 자의적인 차별을 금지한 것이다. 행정 혜택의 수혜 범위는 원칙적으로 지방자치단체의 주민에 한정되나 경우에 따라서는 법규에 따라 비주민에게도 허용될 수 있다.

4 주민의 의무(특히 비용부담 의무)

주민은 지방자치법 제21조에 따라 법령이 정하는 바에 의해 그 소속 지방자치단체의 비용을 분담하는 의무를 진다.

1) 의무자

비용 부담의 의무를 지는 자는 주민이다. 주민의 자격은 주민등록에 의해 형식적으로 확정되므로 의무자의 범위도 이에 따라 형식적인 기준에 따라 확정된다.

2) 의무의 범위

여기서 비용은 지방자치단체가 설치 · 운영하는 공공시설에 소요되는 경비뿐만 아니라 지방자치단체가 존립하고 기능할 수 있도록 하는 모든 경비를 의미한다. 즉 존립사무(Existenzaufgaben)와 목적사무(Zweckaufgaben)를 수행하기 위한 모든 비용을 말한다.

3) 의무의 근거와 종류

주민이 부담하는 비용 분담 의무는 법률에 근거가 있는 경우에 한한다. 이에는 다음과 같은 것이 있다.

① 지방자치법 제135조, 지방세법 등에 의한 지방세 납부 의무

② 지방자치법 제136조에 의한 사용료 부담 의무

③ 지방자치법 제137조에 의한 수수료 납부 의무

④ 지방자치법 제138조에 의한 분담금 지급 의무

지방자치법 제139조 제1항에 따라 사용료, 수수료, 분담금의 징수에 관한 사항은 조례로 정한다.

제 3 절 주민직접참정제도

주민직접참정제도는 지방자치단체의 주민이 지방자치단체의 의사결정에 관해 직접 의사표시를 하거나 의사결정의 주체로 참여하는 것을 의미한다. 현재 인정되고 있는 주민직접참정제도에는 일정수 이상의 주민의 연서로 조례의 제정 또는 개폐를 청구할 수 있는 '조례 제정 또는 개폐청구제도', 일정 수 이상의 연서로 법령에 위반되거나 공익을 현저히 해한다고 인정되는 사항에 대해 감사를 청구할 수 있는 '주민감사청구제도', 일정 수 이상의 주민의 연서로 선출직 지방 공직자의 해임 여부를 묻는 주민투표의 실시를 요구할 수 있고, 실시된 투표에서 과반수 이상이 해임에 찬성할 경우에는 선출직 공직자를 임기중에 해임할 수 있는 '주민소환제도', 지방자치단체의 주요 의사결정 사항 등에 대해 주민들의 투표에 부쳐 결정하는 '주민투표제도'가 인정되고 있다.

한편 주민소송제도도 직접민주적 참여제도의 하나로 거론되고 있으나, 주민이 법원의 재판이라는 사법절차를 통해 지방자치단체의 위법한 행위를 통제하고자 하는 제도이므로, 다른 주민직접참정제도와는 구분된다.

1 주민의 직접민주적 참여의 필요성

1) 대의제도의 불완전성 보완

대의민주제도는 국민의 대표자가 공동체의 의사를 결정하도록 하고 그 결정을 국민의 의사로 간주하는 제도이다. 대의민주주의는 거대공동체의 구성원이 직접 참여해 결정하는 번거로움과 기술적인 어려움을 피하면서도 국민의 자기지배를 실현하려는 제도적인 장치로서 고안되었다. 대의민주제도가 국민의 자기지배를 가능하게 하기 위해서는 대표하는 자와 대표되는 자 사이의 동일성이 확보되어야 한다. 만약 대표자가 대표되는 자를 대표하지 않는다면 대의민주제도는 형식적인 법률 논리에 불과하게 되고 실제로는 선거에 의한 과두정치에 불과하게 된다. 유권자는 선거일에만 자유롭다는 영국의 속담은 대의민주제도의 형식과 내용의 불일치를 상징적으로 보여 준다.

지방의회가 주민의 대표기관으로서 수렴하는 주민의 관심사는 일부에 지나지 아니하고 지방의회에 의한 집행기관에 대한 통제도 매우 불완전하다. 이에 주민들은 지방의회로 하여금 주민의 대표자로서의 기능을 충분히 수행하도록 동기를 부여하고 자극하기 위해 주민의 직접민주적인 참여가 필요하게 된다.

한 가지 명백히 할 것은 대의민주제의 수정 원리로서 직접민주주의를 논의하는 경우에 대의민주주의를 전면적으로 배제하고 직접민주주의로 대체하자는 것은 아니라는 점이다. 오히려 대의적 민주주의를 보완하는 원리로서 직접민주주의를 의미한다. 전면적인 직접민주제를 실시한다는 것은 우리와 같은 규모를 가진 국가에서 가능하지도 않으며 바람직한 것도 아니다. 직접민주적인 제도를 일부 실시한다고 하더라도 지방의회는 여전히 통상적인 대의 기능을 수행할 것이다.

직접민주적인 참여제도의 존재 자체만으로도 일정한 효과를 가질 수 있다. 직접민주적 참여제도가 존재함으로써 대표기관은 정책결정시에 사실상 혹은 추정적인 유권자들의 의사에 좀더 충실하려고 할 것이다.

2) 행정에 대한 법원의 통제의 불완전성 보완

위법행정에 대한 적법성의 통제는 원칙적으로 법원이 수행하도록 하고 있으나 법원에 의한 통제의 실효성은 그리 크지 못하다. 우선 법원에 의한 통제는 당사자 적격에 의해 현저히 제한을 받게 된다. 위법한 행정처분이라고 할지라도 법률상 보호받는 이익을 침해받은 주민이 존재하지 아니하는 경우에는 위법한 행정에 대한 법원의 통제는 허용되지 아니한다. 또한 자신의 법률상 보호받는 이익을 침해받은 자라고 할지라도 여러 가지 이유에서 소송의 제기를 포기하게 됨으로써 위법행정에 대한 법원의 통제는 실시되지 않게 된다. 특히 소송은 시간을 요하며 과도한 비용과 노력을 요하므로 심리적인 부담을 느끼게 되고 결과적으로 소송을 기피하는 경우가 많다. 이 점에서 법원을 통한 행정통제의 불완전성을 보완해 법치행정의 원리를 실현하기 위해서도 주민의 참여가 필요하다. 이 점에서 주민참여는 법치국가적인 기능도 수행한다.[6]

3) 행정 기능의 변천에 대응

오늘날 행정 기능이 과거의 질서 유지적 침해행정으로부터 사회국가적인 급부행정으로 중점이 변화되고 그에 따라 시민의 행정의존성이 현저히 증가되었다. 또한 행정을 규율하는 법규는 현저히 증가하고 이를 관할하는 행정청도 시민의 입장에서는 쉽게 파악하기 어렵게 됨에 따라 시민은 행정에 대해 무력감을 느끼게 되고 행정청에 대해 익명으로 취급된다.[7] 행정은 독자적인 개인으로서의 인간을 파악하지 못하고 대체 가능한 급부의 수령

---

6) Vgl. Walter Glaeser, *Partipation an Verwaltungsentscheidungen,* VVDStRL31(1973), S. 206.

7) Erich Rehn Repräsentative Demokratie und Bürgerschaftliche Mitwirkung in der Kommunalverwaltung, in: v.Mutius(Hrsg.), *Selbstverwaltung im Staat der Industriegesellschaft,* Heidelberg, 1983, S. 310.

자로 전락시킨다.[8]

이러한 상황을 극복하기 위해서는 주민 참여가 필요하다. 행정청에 의해 획일화되고 일방적으로 주어지는 급부는 주민의 참여에 의해 비로소 주민의 구체적인 필요에 상응하는 급부로 개별화 될 수 있다. 즉 주민 참여는 주민이 일방적으로 주어지는 급부를 수령하는 수동적인 입장을 넘어서 수요자의 필요에 따라 행정급부를 결정하도록 하는 사회국가적인 기능을 한다.[9]

2 조례의 제정 및 개폐 청구

1) 의 의

헌법 제117조 제1항은 "지방자치단체는 주민의 복리에 관한 사무를 처리하고 재산을 관리하며, 법령의 범위 안에서 자치에 관한 규정을 제정할 수 있다"라고 함으로써 지방자치단체에 자치입법권을 부여하고 있다. 그리고 지방자치단체의 자치입법권에 의해서 제정되는 법규범중 지방의회의 의결을 거쳐서 제정 또는 개폐(改廢)되는 법규범이 조례이다.

조례의 제정 또는 개폐가 지방의회에 발의되는 경로는 세 가지로 구분된다. 첫 번째는 지방자치단체의 장이 발의하는 경우(집행부 발의)이다. 두 번째는 지방의원들이 의원 발의를 하는 경우(의원 발의)이다. 의원 발의를 하기 위해서는, 재적 의원 1/5 이상 또는 10인 이상의 의원의 연서가 있어야 한다. 그리고 지방의회 내에 위원회를 둔 경우에는 위원회가 그 소관 사항에 관해 의안을 제출할 수 있다. 이러한 발의 요건은 상당히 엄격한 편이라고 할 수 있으며, 그 때문에 소수정당의 지방의회 내 활동에서 현실적인 제약 요인이 된다.[10] 재적 의원 1/5 이상 또는 10인 이상의 지지를 확보하지 못하면, 상정하고 싶은 의안이 있어도 의안 상정 자체를 못하게 될 수 있기 때문이다. 그리고 마지막으로는 주민들이 일정 수 이상 주민들의 연서(連署)

---

8) Walter Glaeser, a.a.O., S. 253.

9) 참여의 사회국가적인 기능에 대해서는 Glaeser, a.a.O.,S. 209, 249 ff.참조,

10) 참고로 일본 지방자치법에서는 지방의원 1/12 이상의 연서가 있으면 의원 발의를 할 수 있도록 하고 있다.

에 의해 지방자치법 제15조에 규정된 '조례의 제정 및 개폐청구권'을 행사해 지방의회에 조례가 발의되도록 하는 것이다. 주만발안(Bürgerantrag)에 해당한다.

이 조례의 제정 및 개폐청구제도는 선거에 의해 선출된 대표자가 안건을 상정하는 것이 아니라, 주민들이 직접 지방의회에 조례안을 발의하는 제도이기 때문에 주민직접참정제도로 분류된다.

2) 조례의 제정 및 개폐 청구의 요건

(1) 청구 대상

원칙적으로 지방의회의 조례제정권의 범위 내에 있는 모든 사항에 대해 조례의 제정 및 개폐 청구를 할 수 있다. 그러나 다음의 세 가지 사항은 조례의 제정 및 개폐 청구의 대상에서 제외된다(지방자치법 제15조 제1항 단서).

① 법령을 위반하는 사항

② 지방세·사용료·수수료·부담금의 부과·징수 또는 감면에 관한 사항

③ 행정기구의 설치·변경에 관한 사항 또는 공공시설의 설치를 반대하는 사항

위의 경우에 해당한다고 판단하면, 지방자치단체장은 조례·규칙심의위원회의 심의를 거쳐 청구를 각하할 수 있다. 그러나 '행정기구의 설치·변경에 관한 사항 또는 공공시설의 설치를 반대하는 사항'은 주민생활에 밀접한 영향을 미칠 수 있는 사안인데, 관련 조례를 지방의회에 발의조차 할 수 없도록 제한하는 것은 과도하다고 볼 수 있다.

(2) 일정 수 이상 주민의 연서

조례의 제정 및 개폐 청구를 하기 위해서는 지방자치단체의 19세 이상 주민(공직선거법에 의한 선거권이 없는 자는 제외)의 일정 비율 이상의 서명을 받아야 한다. 서명을 받아야 하는 숫자는 시·도 및 지방자치법 제175조의 규정에 의한 50만 이상 대도시에 있어서는 19세 이상 주민 총수의 100분의 1 이상 70분의 1 이하, 시·군 및 자치구에 있어서는 19세 이상 주

민 총수의 50분의 1 이상 20분의 1 이하의 범위 안에서 당해 지방자치단체의 조례로 정한다(지방자치법 제15조 제1항). 19세 이상의 주민 총수는 연도별로 산정하되, '주민등록법'의 규정에 의한 주민등록표에 의하여 조사한 전년도 12월 31일 현재 인구통계에 의한다(지방자치법 제15조 제9항).

3) 조례의 제정 및 개폐 청구의 절차

(1) 대표자의 선정과 대표자증명서의 교부

지방자치단체의 19세 이상 주민이 조례의 제정이나 개폐를 청구하고자 할 때에는 먼저 청구인의 대표자를 선정하여 이를 청구인 명부에 기재하여야 하며, 청구인의 대표자는 조례 청구의 취지와 이유 등을 기재한 조례의 제정이나 개폐청구서 및 조례의 제정이나 개폐안을 덧붙여 당해 지방자치단체의 장에게 문서로 대표자증명서의 교부를 신청하여야 한다(지방자치법 제15조 제2항, 동법 시행령 제10조의3 제1항).

위와 같은 신청이 있는 때에는 당해 지방자치단체의 장은 대표자가 19세 이상에 해당하는 경우에 한하여 대표자증명서를 교부하고 그 취지를 공표하여야 한다(지방자치법 시행령 제10조의3 제2항).

(2) 서명요청 활동

대표자증명서를 교부받은 대표자는 19세 이상 주민에게 청구인 명부에의 서명을 요청할 수 있다. 대표자는 자신이 직접 서명을 요청할 수도 있지만, 19세 이상 주민에게 서명요청권을 위임할 수 있다. 대표자는 서명요청권을 위임한 때에는 수임자의 성명 및 위임 연월일을 당해 지방자치단체의 장에게 신고하여야 한다. 이 경우 지방자치단체의 장은 즉시 위임신고증을 교부하여야 한다. 수임자는 19세 이상 주민에게 청구인명부에 서명할 것을 요청할 수 있다. 대표자나 수임인이 서명을 요청할 때에는 청구서 또는 그 사본, 조례의 제정이나 개폐안 또는 그 사본 및 대표자증명서 또는 그 사본, 위임신고증(수임인의 경우)을 청구인명부에 덧붙여야 한다(지방자치법 시행령 제10조의4 제1항 내지 제3항).

서명 요청은 대표자증명서 교부의 취지를 공표한 날로부터 시・도에 있어서는 6월 이내, 시・군・자치구에 있어서는 3월 이내에 이를 요청하여야 한다. 다만 서명요청 기간을 계산함에 있어서 공직선거법 제33조의 규정에 의한 선거 기간은 이를 산입하지 아니한다. 그리고 공직선거법 제33조의 규정에 의한 선거 기간 중에는 누구든지 서명을 요청할 수 없다(지방자치법 시행령 제10조의4 제4항 및 제5항).

청구인명부에의 서명은 19세 이상의 주민이 성명·주민등록번호·주소 및 서명 일자를 기재하고 서명 또는 날인하는 방식으로 한다. 서명을 한 자가 당해 서명을 취소하고자 하는 때에는 대표자가 당해 지방자치단체의 장에게 청구인명부를 제출하기 전에 이를 취소하여야 한다. 청구인명부는 시·군·자치구에 있어서는 읍·면·동별로 작성하고, 시·도에 있어서는 시·군·자치구별로 읍·면·동으로 구분하여 이를 작성하여야 한다(지방자치법 시행령 제10조의5 제1항 내지 제3항).

(3) 청구인 명부의 제출

대표자는 청구인명부에 서명한 19세 이상의 주민의 수가 법정 요건 이상이 된 때에는 서명요청 기간이 경과한 날부터 시·도에 있어서는 10일 이내에, 시·군·자치구에 있어서는 5일 이내에 당해 지방자치단체의 장에게 청구인명부를 제출하여야 한다. 청구인 명부가 제출된 때에는 지방자치단체의 장은 5일 이내에 대표자의 성명·주소, 청구 취지 및 이유, 연서 주민수, 청구인명부 열람 기간·장소 및 이의신청 방법 등을 공표하여야 한다(지방자치법 시행령 제10조의6 제1항 및 제2항).

(4) 청구인명부의 열람, 이의신청, 수정

지방자치단체의 장은 청구를 공표한 날부터 10일간 청구인명부 또는 그 사본을 공개된 장소에 비치하여 열람할 수 있도록 하여야 한다. 청구인명부의 서명에 관하여 이의가 있는 자는 열람 기간 이내에 당해 지방자치단체의 장에게 이의를 신청할 수 있다. 이의신청이 있는 때에는 지방자치단체의 장은 열람 기간 종료 후 14일 이내에 조례·규칙심의위원회의 심의를 거쳐 심사·결정하되, 그 신청이 이유있다고 결정한 때에는 청구인명부를 수정하고, 이를 이의신청을 한 자와 청구인의 대표자에게 통지하여야 한다. 그리고 이의신청이 이유 없다고 결정한 때에는 그 뜻을 즉시 이의신청을 한 자에게 통지하여야 한다(지방자치법 제15조 제3항 내지 제5항).

한편 지방자치단체의 장은 청구인명부에 기재된 서명이 정당한 서명자가 아니거나 누구의 서명인가를 확인하기 어려울 때에는 조례·규칙심의위원회의 심의를 거쳐 이를 무효로 결정하고 청구인명부를 수정한 후 이를 즉시 대표자에게 통지하여야 한다(지방자치법 시행령 제10조의7 제4항).

(5) 청구의 수리 여부의 결정

지방자치단체의 장은 이의신청이 없는 경우 또는 행하여진 모든 이의신청에 대하여 결정이 완료된 경우 법정 서명수 이상을 갖춘 때에는 청구를 수리하고, 그러하지 아니한 때에는 청구를 각하하되, 수리 또는 각하 사실을 청구인의 대표자에게 통지하여야 한다(지방자치법 제15조 제6항). 청구를 수리 또는 각하하는 때에는 미리 조례·규칙심의위원회의 심의를 거쳐야 한다(지방자치법 시행령 제10조의8 제1항).

만약 이의신청에 의해 무효로 되거나 정당한 서명이 아니거나 누구의 서명인지 확인하기 어려운 서명으로 무효가 됨에 따라 청구인 명부에 서명한 19세 이상 주민수가 법정 요건에 미달하게 된 경우에 대표자로 하여금 시·도에 있어서는 5일 이내에, 시·군·자치구에 있어서는 3일 이내에 이를 보정하게 할 수 있다(지방자치법 시행령 제10조의7 제6항).

지방자치단체의 장은 청구를 각하하는 경우에는 청구인의 대표자에게 의견 제출의 기회를 주어야 한다(지방자치법 제15조 제7항).

(6) 지방의회에의 부의

지방자치단체의 장은 청구를 수리한 날부터 60일 이내에 조례의 제정 또는 개폐안을 지방의회에 부의하여야 하며, 그 결과를 청구인의 대표자에게 통지하여야 한다(지방자치법 제15조 제8항). 지방자치단체의 장은 조례의 제정 또는 개폐안에 대하여 의견이 있는 경우에 그 의견을 덧붙여 지방의회에 부의할 수 있다(지방자치법 시행령 제10조의9).

(7) 지방의회의 조례안 심의

지방의회에 부의된 조례안에 대해서는 다른 조례안과 마찬가지로 지방의회가 심의하여 의결하게 된다.

4) 조례의 제정 및 개폐청구의 현황

조례의 제정 및 개폐청구 제도는 비교적 활발하게 활용되고 있다. 대표적으로는 학교급식조례, 보육조례 등에 대해 여러 지역에서 조례 제정 청구가 이루어지기도 했다. 그 이외에도 업무추진비 공개조례, 도시계획조례 등에 대해 조례제정청구가 이루어진 사례들이 존재한다.

〈표 5-1〉 2002년 6월부터 2006년 6월까지 조례제정청구 내용 구분

주민발의 조례 내용	건 수	주민발의 조례 내용	건 수
학교급식 관련	94	공직자 소환 관련	2
영유아 보육 관련	10	폐기물 처리 관련	2
공동주택 지원 관련	5	지방의료원 설립 관련	2
쌀생산유통조정위원회 및 농가소득보전 직불제 관련	1	장애인 관련	2
농업발전기금 설치 관련	1	도시계획 관련	1
시민감사관 관련	1	행정구역 관련	1

자료: 함께하는 시민행동.

한편 조례의 제정청구에 의해 발의되고 지방의회를 통과한 조례들이 대법원에 의해 무효판결을 받는 사례들도 나타나고 있다. 즉 초·중·고등학교에서 실시하는 학교급식을 위해 당해 지방자치단체에서 생산되는 우수농수축산물과 이를 재료로 사용하는 가공식품(이하 '우수농산물'이라고 한다)을 우선적으로 사용하도록 하고 그러한 우수농산물을 사용하는 자를 선별해 식재료나 식재료 구입비의 일부를 지원하며 지원을 받은 학교는 지원금을 반드시 우수농산물을 구입하는 데 사용하도록 하는 것을 내용으로 하는 전라북도 학교급식조례에 대해 대법원은 무효 판결을 내렸다(대법원 2005. 9. 9. 2004추10).[11]

11) 이 판결에서 대법원은 "1994년 관세 및 무역에 관한 일반협정(General Agreement on Tariffs and Trade 1994, 이하 'GATT'라 한다)'은 1994. 12. 16. 국회의 동의를 얻어 같은 달 23. 대통령의 비준을 거쳐 같은 달 30일에 공포되어 시행된 조약으로서 헌법 제6조 제1항에 의해 국내 법령과 동일한 효력을 가지므로 지방자치단체가 제정한 조례가

또한 2001년 12월 인천광역시 부평구에서 구민 14,500여명의 서명을 받아 제정청구된 '부평미군기지 이전을 위한 구민투표조례'도 대법원에 의해 무효 판결을 받았다. 대법원은 "지방자치법 제13조의2의 규정에 의하면, 지방자치단체의 장은 어떠한 사항이나 모두 주민투표에 부칠 수 있는 것은 아니고, 지방자치단체의 폐치·분합 또는 주민에게 과도한 부담을 주거나 중대한 영향을 미치는 지방자치단체의 주요 결정 사항 등에 한하여 주민투표를 부칠 수 있도록 하여 그 대상을 한정하고 있음을 알 수 있는바, 미군부대 이전은 지방자치단체의 장의 권한에 의하여 결정할 수 있는 사항이 아님이 명백하므로 지방자치법 제13조의2 소정의 주민투표의 대상이 될 수 없다"(대법원 2002. 4. 26. 2002추23)고 판단했다.

5) 개선 과제

조례 제정 및 개폐 청구 제도가 도입된 이후 시행 과정에서 문제로 지적되는 경우들이 발생하고 있다.

우선 조례 제정 및 개폐 청구가 이루어졌는데도, 지방의회에서 심의를 회피하다가 임기 만료로 인해 자동 폐기되는 사례들이 발생하고 있다. 2002년 6월부터 2006년 6월까지 제정청구된 119건 중에서 임기 만료로 인해 자동 폐기된 조례가 26건에 달했다.

〈표 5-2〉 2002년 6월부터 2006년 6월까지 제정청구된 조례안의 처리 결과

결 과	원안 의결	수 정	부 결	자동 폐기	각 하	기 타
건	12	54	22	26	4	5

자료: 함께하는 시민행동.

그러나 상당한 숫자의 주민 연서로 제정청구된 조례가 지방의회의 책임 회피로 자동 폐기되는 것은 조례 제정 청구의 취지를 무색하게 하는 것이므로, 조례의 제정 및 개폐 청구제도에 의해 지방의회에 부의된 조례안은

GATT에 위반되는 경우에는 그 효력이 없다"고 보면서, 전라북도 학교급식조례는 내국민대우 원칙을 규정한 '1994년 관세 및 무역에 관한 일반협정(General Agreement on Tariffs and Trade 1994)'에 위반되어 그 효력이 없다고 판단했다.

임기 만료 이전에 반드시 지방의회가 처리하도록 하는 개선책을 마련할 필요가 있다.

둘째, 조례의 제정 및 개폐 청구를 위해 받아야 하는 주민 서명의 수는 상당한 수준이다. 특히 서울특별시나 경기도처럼 인구가 많은 광역지방자치단체의 경우에는 조례 제정 청구를 위해 받아야 하는 서명 숫자가 지나치게 많다. 따라서 서명 숫자의 상한선을 두는 방안을 검토할 필요가 있다.

셋째, 지방자치단체의 자치입법권 자체가 제약되어 있기 때문에 주민발의할 수 있는 조례의 내용이 극히 제한받고 있다. 주민직접참정제도인 조례의 제정 및 개폐청구제도를 활성화하기 위해서라도 지방자치단체의 자치입법권을 확대할 수 있는 제도 개선이 이루어질 필요가 있다.

3 주민감사청구제도

1) 의 의

주민감사청구제도란 지방자치단체와 그 장의 권한에 속하는 사무의 처리가 법령에 위반되거나 공익을 현저히 해한다고 인정되는 경우에 지방자치단체의 19세 이상 주민 일정 수 이상의 연서로 감사를 청구할 수 있는 제도를 말한다. 이 경우에 감사청구는 시·도에서는 주무부 장관, 시·군 및 자치구에서는 시·도지사에게 하며, 감사청구를 받은 주무부 장관 또는 시·도지사가 주체가 되어 감사를 하게 된다. 이러한 주민감사청구제도는 주민소송과 연결되는 제도로서, 주민이 지방자치단체의 위법·부당한 행정을 감시하고 통제할 수 있는 주민직접참정제도로서 의미를 가진다.

2) 주민감사청구의 요건

(1) 청구의 대상

주민감사청구의 대상은 당해 지방자치단체와 그 장의 권한에 속하는 사무의 처리가 법령에 위반되거나 공익을 현저히 해한다고 인정되는 경우이다. 다만, 다음 각호의 사항은 주민감사청구의 대상에서 제외된다(지방자치법 제16조 제1항 단서).

① 수사 또는 재판에 관여하게 되는 사항

② 개인의 사생활을 침해할 우려가 있는 사항

③ 다른 기관에서 감사하였거나 감사중인 사항. 다만, 다른 기관에서 감사한 사항이라도 새로운 사항이 발견되거나 중요 사항이 감사에서 누락된 경우와 주민소송의 대상이 되는 경우에는 그러하지 아니하다.

④ 동일한 사항에 대하여 주민소송이 계속중이거나 그 판결이 확정된 사항

(2) 일정 수 이상 주민의 연서

주민감사청구를 하기 위해서는 지방자치단체의 19세 이상 주민(공직선거법에 의한 선거권이 없는 자는 제외)의 일정 수 이상의 서명을 받아야 한다. 서명을 받아야 하는 숫자는 시·도는 500명, 지방자치법 제175조에 따른 50만 이상 대도시는 300명, 그밖의 시·군·자치구는 200명을 초과하지 않는 범위 내에서 당해 지방자치단체의 조례로 정하도록 하고 있다(지방자치법 제16조 제1항 본문).

(3) 청구 기간의 제한

주민감사청구에는 청구 기간의 제한이 있다. 지방자치법 제16조 제2항은 당해 사무처리가 있었던 날 또는 종료된 날부터 2년을 경과하면 주민감사청구를 제기할 수 없도록 하고 있다.

3) 주민감사청구의 절차

(1) 감사청구의 절차

주민감사청구를 하기 위해서는 일정 수 이상 19세 이상 주민의 연서가 있어야 한다. 이를 위해 대표자를 선정하고 대표자 증명서의 교부를 신청하는 것, 대표자증명서를 교부하는 것, 수임인 신고를 하는 것, 서명 요청을 하는 것 등은 조례의 제정 및 개폐 청구에 관한 규정을 준용한다(지방자치법 시행령 제10조의 11 제1항).

서명요청 기간은 대표자증명서를 교부한 날부터 시·도에 있어서는 6월 이내, 시·군·자치구에 있어서는 3월 이내이다(지방자치법 시행령 제10조의 11 제3항). 그 외에 청구인명부의 제출, 청구인명부의 열람, 이의신청,

청구인명부의 보정 등의 절차는 조례의 제정 및 개폐 청구와 같다.

주민감사청구는 주무부 장관 또는 시 · 도지사에게 제기하며 만약 청구 내용이 2 이상의 부처에 관련되거나 주무부 장관이 불분명한 때에는 행정자치부 장관에게 청구할 수 있다. 이런 경우에 행정자치부 장관은 관계 부처와 협의를 거쳐 처리 주무부처를 지정하고 그 부처로 하여금 관계 부처간 협의를 통하여 주민감사청구를 일괄 처리하도록 요청할 수 있다(지방자치법 시행령 제10조의 10 제1항 및 제2항).

(2) 감사의 실시

주무부 장관 또는 시 · 도지사는 감사 청구를 수리한 날로부터 60일 이내에 감사 청구된 사항에 대하여 감사를 종료하여야 한다. 다만 그 기간 내에 감사를 종료하기가 어려운 정당한 사유가 있는 때에는 그 기간을 연장할 수 있다. 이 경우 이를 미리 청구인의 대표자와 당해 지방자치단체의 장에게 통지하고 공표하여야 한다(지방자치법 제16조 제3항).

주무부 장관 또는 시 · 도지사는 주민감사청구를 처리함에 있어서 청구인의 대표자에게 반드시 증거 제출 및 의견 진술의 기회를 부여하여야 한다(지방자치법 제16조 제5항). 또한 주무부 장관 또는 시 · 도지사는 주민감사청구를 처리함에 있어서 필요한 경우에는 관계 부처의 장 또는 지방자치단체의 장에 대하여 자료 요구나 관계 공무원의 지원 등 협조 요청을 할 수 있다. 또한 주무부 장관 또는 시 · 도지사는 다른 기관에서 이미 감사한 사항이나 감사중인 사항에 대하여 감사가 청구된 경우에는 감사 업무의 처리와 관련하여 당해 감사기관에 감사 진행 여부를 확인할 수 있으며, 감사가 종료된 경우 그 감사 결과에 대하여 자료의 제출 등 필요한 협조를 요청할 수 있다. 그리고 협조 요청을 받은 관계 부처의 장, 지방자치단체의 장 및 감사기관은 정당한 사유가 없는 한 이에 응하여야 한다(지방자치법 시행령 제10조의 14 제1항 내지 제3항).

한편 주부무 장관 또는 시 · 도지사는 주민이 감사를 청구한 사항이 다른 기관에서 이미 감사한 사항이거나 감사중인 사항인 경우이는 그 기관에서 실시한 감사 결과 또는 감사중인 사실과 감사 종료 후 그 결과를 통지하겠다는 사실을 청구인의 대표자에게 통지하여야 하고, 당해 기관에도 그 사실을 통지하여야 한다(지방자치법 제16조 제4항).

(3) 감사 종료 후의 조치

주무부 장관 또는 시·도지사는 감사를 종료하면, 감사 종료 후 지체없이 감사 실시 개요 및 청구대상 사무처리의 적법 여부에 대한 감사 결과를 공표하여야 한다(지방자치법 시행령 제10조의 13). 또한 주무부 장관 또는 시·도지사는 청구인의 대표자와 당해 지방자치단체의 장에게 감사 결과를 서면으로 통지하고, 당해 지방자치단체의 장에게 감사 결과에 따라 기간을 정하여 필요한 조치를 요구할 수 있다. 이 경우 당해 지방자치단체의 장은 이를 성실히 이행하여야 하고, 그 조치 결과를 지방의회와 주무부 장관 또는 시·도지사에게 보고하여야 한다. 주무부 장관 또는 시·도지사는 조치 요구 내용과 당해 지방자치단체의 장의 조치 결과도 청구인의 대표자에게 서면으로 알리고 이를 공표하여야 한다(지방자치법 제16조 제6항 및 제7항).

(4) 감사청구심의회

주민감사청구에 관한 사항을 심의·의결하기 위하여 주무부 장관 또는 시·도지사의 소속 아래 감사청구심의회를 둔다. 감사청구심의회는 위원장과 부위원장 각 1인을 포함한 9인 이상 13인 이하의 위원으로 구성하되, 공무원이 아닌 위원이 2분의 1 이상이어야 한다(지방자치법 시행령 제10조의 17 제1항 및 제2항).

감사청구심의회의 위원은 ① 주무부 장관 또는 시·도지사가 소속 공무원 중에서 지명하는 자 ② 법관·검사 또는 변호사의 자격이 있는 자, 공인회계사·기술사·건축사 또는 세무사의 자격이 있는 자, 시민단체에서 추천한 자, 대학에서 법학·회계학·토목공학 또는 건축공학을 담당하는 부교수 이상의 직에 있는 자, 그밖에 감사 업무에 관하여 학식과 경험이 풍부한 자 중에서 위촉한다. 위원의 임기는 2년으로 하되, 연임할 수 있다(지방자치법 시행령 제10조의 17 제3항 및 제4항).

감사청구심의회에서 심의·의결할 사항은 ① 주민감사청구 요건의 심사, ② 주민감사 청구인명부에 기재된 유효 서명의 확인, ③ 청구인명부의 서명에 관한 이의신청의 심사·결정, 그 밖에 주무부 장관 또는 시·도지사가 주민감사청구와 관련하여 부의하는 사항이다(지방자치법 시행령 제10조의 17 제5항).

4) 주민감사청구의 문제점과 개선 방안

기존의 주민감사청구제도는 그 취지에도 불구하고, 감사 결과에 대해 주민이 불복할 수 있는 절차가 보장되어 있지 않다는 근본적인 한계를 안고 있었다. 이러한 한계는 2006년부터 주민소송제도가 도입됨으로써 상당 부분 극복되었다.

그러나 아직도 주민감사청구제도는 몇 가지 문제점을 안고 있다. 우선 감사기관이 시·도 사안의 경우에는 주무부 장관, 시·군·자치구 사안의 경우에는 시·도지사로 되어 있다. 이는 주무부 장관 – 시·도–시·군·자치구의 관계를 감사 – 피감사라는 수직적 관계로 보는 시각을 반영하는 것이다. 그러나 지방자치의 취지로 보면 지방에 독립성이 보장된 감사기관을 설치하고 그 감사기관에서 주민감사청구에 대한 감사를 실시하는 것이 더욱 바람직할 것이다. 일본의 경우에도 지방자치단체의 감사기구인 감사위원이 주민감사청구를 접수받아 감사를 실시하고 있다.

둘째, 주민감사청구를 제기할 수 있는 기간이 당해 사무처리가 있었던 날 또는 종료된 날부터 2년으로 제한되어 있는 것은 문제이다. 법률 관계의 조기 안정을 위해서라고는 하지만, 위법 또는 현저하게 공익에 반하는 행위가 2년 이내에 밝혀지지 않을 경우에는 주민감사청구가 불가능하도록 한 것은 주민감사청구 제도의 실효성을 크게 약화시킬 수 있다. 또한 주민감사청구가 불가능하면 주민소송의 제기도 자동적으로 불가능해지므로(감사청구전치주의를 취하고 있으므로) 위법행위에 면죄부를 주는 결과를 초래할 수 있다. 현재 지방자치단체의 손해배상청구권과 부당이득반환청구권의 소멸시효가 5년인 점을 감안하면, 최소한 5년 이내에는 주민감사청구를 제기할 수 있도록 하는 것이 바람직할 것이다.

4 주민투표

1) 의 의

주민투표(referendum: Bürgerentscheid)는 지방자치단체의 주요 결정사항을 주민들의 투표에 의해 결정하는 제도를 말한다. 주민의 직접적인 참여에 의해 지역의 중요한 문제를 결정한다는 점에서 주민직접참정제도 중 하나로 손꼽힌다. 주민투표는 미국, 스위스, 독일, 일본 등지에서 주정부나 지방자치단체 수준에서 제도화되고 있으며, 주민투표의 효력, 주민투표의 대상사안 등과 관련해서 다양한 형태들이 존재한다.

우리 나라의 경우에는 1994년 3월 16일 지방자치법 제13조의 2에서 "① 지방자치단체의 장은 지방자치단체의 폐치·분합 또는 주민에게 과도한 부담을 주거나 중대한 영향을 미치는 지방자치단체의 주요 결정 사항 등에 대하여 주민투표에 부칠 수 있다. ② 주민투표의 대상·발의자·발의 요건·기타 투표절차 등에 관하여는 따로 법률로 정한다"라고 규정하여 주민투표법을 제정할 근거를 마련한 이후, 거의 10년 동안 주민투표법이 제정되지 못했다. 그러다가 2003년 12월 29일 주민투표법이 국회를 통과해 2004년 7월부터 시행되고 있다.

그러나 현재 시행되고 있는 주민투표법은 주민투표의 대상으로 '국가정책에 관한 주민투표'를 포함시키는 등 논란의 소지가 있는 쟁점들을 안고 있는 법률이다. 그리고 주민투표법 제정 이후에 치러진 주민투표와 관련해서 그 공정성 등에 대해 많은 문제 제기가 이루어지고 있는 상황이다.

2) 주민투표제도의 내용

(1) 주민투표권자

주민투표권은 20세 이상의 주민으로서 투표인명부 작성 기준일(주민투표 발의일) 현재 그 지방자치단체의 관할구역에 주민등록이 되어 있는 자(공직선거법에 의하여 선거권이 없는 자를 제외한다)와 20세 이상의 외국인으로서 출입국관리 관계 법령의 규정에 의하여 대한민국에 계속 거주할 수 있는 자격(체류자격 변경 허가 또는 체류 기간 연장 허가를 통하여 계속 거주할 수 있는 경우를 포함한다)을 갖춘 자로서 지방자치단체의 조례가 정하는 자이다(주민투표법 제5조 제1항 및 제2항). 주민투표권자의 연령은 투표일 현재를 기준으로 산정한다(주민투표법 제5조 제3항).

국가 및 지방자치단체는 주민투표권자가 주민투표권을 행사할 수 있도록 필요한 조치를 취하여야 한다. 또한 공무원·학생 또는 다른 사람에게 고용된 자가 투표인명부를 열람하거나 투표를 하기 위하여 필요한 시간은 보장되어야 하며, 이를 휴무 또는 휴업으로 보지 아니한다(주민투표법 제2조 제1항 및 제2항).

(2) 주민투표의 대상

(가) 지방자치단체의 주요 결정 사항

주민투표법 제7조 제1항은 "주민에게 과도한 부담을 주거나 중대한 영향을 미치는 지방자치단체의 주요 결정 사항으로서 그 지방자치단체의 조례로 정하는 사항은 주민투표에 부칠 수 있다"라고 규정하고 있다. 다만 동조 제2항에서는 다음 각호의 사항은 주민투표에 부칠 수 없도록 규정하고 있다.

① 법령에 위반되거나 재판중인 사항

② 국가 또는 다른 지방자치단체의 권한 또는 사무에 속하는 사항

③ 지방자치단체의 예산·회계·계약 및 재산관리에 관한 사항과 지방세·사용료·수수료·분담금 등 각종 공과금의 부과 또는 감면에 관한 사항

④ 행정기구의 설치·변경에 관한 사항과 공무원의 인사·정원 등 신분과 보수에 관한 사항

⑤ 다른 법률에 의하여 주민대표가 직접 의사결정주체로서 참여할 수 있는 공공시설의 설치에 관한 사항. 다만, 제9조 제5항의 규정에 의하여 지방의회가 주민투표의 실시를 청구하는 경우에는 그러하지 아니하다.

⑥ 동일한 사항(그 사항과 취지가 동일한 경우를 포함한다)에 대하여 주민투표가 실시된 후 2년이 경과되지 아니한 사항

(나) 국가정책에 관한 주민투표

한편 주민투표법 제8조 제1항은 국가정책의 수립에 관한 주민투표에 대

해 규정하고 있다. 즉 중앙행정기관의 장은 지방자치단체의 폐치(廢置)·분합(分合) 또는 구역 변경, 주요 시설의 설치 등 국가정책의 수립에 관하여 주민의 의견을 듣기 위하여 필요하다고 인정하는 때에는 주민투표의 실시구역을 정하여 관계 지방자치단체의 장에게 주민투표의 실시를 요구할 수 있도록 하고 있다. 이 경우 중앙행정기관의 장은 미리 행정자치부 장관과 협의하여야 한다.

(3) 주민투표의 실시요건

국가정책에 관한 주민투표의 경우에는, 지방자치단체의 장이 중앙행정기관의 장으로부터 주민투표의 실시를 요구받은 때에는 지체없이 이를 공표하고, 공표일부터 30일 이내에 그 지방의회의 의견을 들어야 한다. 그리고 지방의회의 의견을 들은 지방자치단체의 장은 그 결과(주민투표의 발의 여부)를 관계 중앙행정기관의 장에게 통지하여야 한다(주민투표법 제8조 제2항 및 제3항).

지방자치단체의 주요 결정 사항에 관한 주민투표는 지방자치단체의 장의 직권에 의해 실시하거나 주민 또는 지방의회의 실시 청구에 의해 실시될 수 있다(주민투표법 제9조 제1항). 우선 지방자치단체의 장은 지방의회 재적 의원 과반수의 출석과 출석 의원 과반수의 동의를 얻어 직권에 의해 주민투표를 실시할 수 있다(주민투표법 제9조 제6항).

지방의회는 재적 의원 과반수의 출석과 출석 의원 3분의 2 이상의 찬성으로 그 지방자치단체의 장에게 주민투표의 실시를 청구할 수 있다(주민투표법 제9조 제5항).

또한 주민투표청구권자[12]인 주민이나 외국인은 주민투표청구권자 총수의 20분의 1 이상 5분의 1 이하의 범위 안에서 지방자치단체의 조례로 정하는 수 이상의 서명으로 그 지방자치단체의 장에게 주민투표의 실시를 청구할 수 있다(Bürgerbegehren). 주민투표청구권자 총수는 전년도 12월 31일 현재의 주민등록표 및 외국인등록표에 의하여 산정한다. 그리고 지방자

---

12) 주민투표청구권자는 다음 각호에 해당하는 자를 말한다.
1. 그 지방자치단체의 관할구역 안에 주민등록이 되어 있는 20세 이상의 주민
2. 제5조 제2항의 규정에 의하여 그 지방자치단체의 조례가 정하는 외국인

치단체의 장은 매년 1월 10일까지 산정한 주민투표청구권자 총수를 공표하여야 한다(주민투표법 제9조 제2항 내지 제4항).

주민이 주민투표 청구를 하고자 하는 때에는 주민투표 청구인대표자를 선정하여야 하며, 선정된 청구인대표자는 인적 사항과 주민투표 청구의 취지 및 이유 등을 기재하여 그 지방자치단체의 장에게 청구인대표자증명서의 교부를 신청하여야 한다. 청구인대표자증명서의 교부신청을 받은 지방자치단체의 장은 청구인대표자가 주민투표청구권자인지 여부를 확인한 후 청구인대표자증명서를 교부하고 그 사실을 공표하여야 한다. 청구인대표자와 서면에 의하여 청구인대표자로부터 서명요청권을 위임받은 자는 그 지방자치단체의 조례가 정하는 서명요청 기간 동안 주민에게 청구인서명부에 서명할 것을 요청할 수 있다(주민투표법 제10조 제1항 내지 제3항). 이 경우 공직선거법의 규정에 의한 선거가 실시되는 때에는 그 선거의 선거일 전 60일부터 선거일까지 그 선거구에서는 서명을 요청할 수 없고, 그 기간은 서명요청 기간에 산입하지 아니한다. 공무원(그 지방의회의 의원을 제외한다)은 청구인대표자가 될 수 없으며, 서명요청 활동을 하거나 서명요청 활동을 기획·주도하는 등 서명요청 활동에 관여할 수 없다(주민투표법 제11조 제1항 및 제2항).

청구인대표자는 서명요청 기간이 만료되는 날부터 특별시·광역시 또는 도의 경우에는 10일 이내에, 자치구·시 또는 군의 경우에는 5일 이내에 주민투표청구서와 청구인서명부를 지방자치단체의 장에게 제출하여야 한다(주민투표법 제12조 제1항). 그리고 일정한 경우[13]에는 서명을 무효로 한다(주민투표법 제12조 제2항).

---

13) 서명이 무효가 되는 경우는 다음 각 호와 같다.
1. 주민투표청구권자가 아닌 자의 서명
2. 누구의 서명인지 확인하기 어려운 서명
3. 서명요청권이 없는 자의 요청에 의하여 행하여진 서명
4. 동일인이 동일한 사안에 대하여 2 이상의 유효한 서명을 한 경우에는 그 중 하나의 서명을 제외한 나머지 서명
5. 서명요청 기간 외의 기간에 행하여졌거나 서명요청이 제한되는 기간에 행하여진 서명
6. 강요·속임수 그 밖의 부정한 방법에 의하여 행하여진 서명
7. 주민투표법의 위임에 의하여 그 지방자치단체의 조례가 정하는 방식과 절차에 위배되는 서명

지방자치단체의 장은 주민투표청구서와 청구인서명부가 제출된 때에는 지체없이 주민투표 청구 사실을 공표하고, 청구인서명부 또는 그 사본을 7일간 공개된 장소에 비치하여 주민이 열람할 수 있도록 하여야 한다. 청구인 서명부의 서명에 대하여 이의가 있는 자는 공람 기간 중에 서면으로 이의신청을 할 수 있다(주민투표법 제12조 제3항 및 제4항). 지방자치단체의 장은 제출된 청구인서명부의 서명이 무효인 서명으로 판정되어 서명 수가 요건에 미달하게 된 때에는 청구인대표자로 하여금 그 지방자치단체의 조례가 정하는 기간 이내에 이를 보정하게 할 수 있다(주민투표법 제12조 제7항).

지방자치단체의 장은 주민에 의한 주민투표 청구가 ① 유효한 서명의 총수(보정을 요구한 때에는 그 보정된 서명을 포함한다)가 요건에 미달되는 경우, ② 주민투표청구서와 청구인서명부가 제1항의 규정에 의한 기간을 경과하여 제출된 경우, ③ 보정 기간 이내에 보정하지 아니한 경우에는 이를 각하하여야 한다. 이 경우 지방자치단체의 장은 청구인대표자에게 그 사유를 통지하고 이를 공표하여야 한다(주민투표법 제12조 제8항).

(4) 주민투표의 발의

지방자치단체의 장은 ① 국가정책에 관한 주민투표를 발의하겠다고 관계 중앙행정기관의 장에게 통지한 경우, ② 주민이나 지방의회에 의한 주민투표청구가 적법하다고 인정되는 경우, ③ 지방자치단체장의 직권으로 주민투표를 실시하고자 하는 것에 대해 지방의회의 동의를 얻은 경우에는 지체없이 그 요지를 공표하고 관할 선거관리위원회에 통지하여야 한다(주민투표법 제13조 제1항).

지방자치단체의 장은 공표일부터 7일 이내에 투표일과 주민투표안을 공고하여야 한다. 다만, 지방자치단체의 장 또는 지방의회가 주민투표청구의 목적을 수용하는 결정을 한 때에는 주민투표를 발의하지 아니한다(주민투표법 제13조 제2항).

한편 지방자치단체의 관할구역의 전부 또는 일부에 대하여 공직선거법의 규정에 의한 선거가 실시되는 때에는 그 선거의 선거일 전 60일부터 선거일까지의 기간 동안에는 주민투표를 발의할 수 없다(주민투표법 제13조

제3항).

주민투표의 투표일은 주민투표 발의일부터 20일 이상 30일 이하의 범위 안에서 지방자치단체의 장이 관할 선거관리위원회와 협의하여 정한다. 지방자치단체의 관할구역의 전부 또는 일부에 대하여 공직선거법의 규정에 의한 선거가 실시되는 때에는 그 선거의 선거일 전 60일부터 선거일까지의 기간 동안에는 주민투표를 발의할 수 없고 투표일로 정할 수도 없다(주민투표법 제14조 제1항 및 제2항).

그리고 동일한 사항에 대하여 2 이상의 지방자치단체에서 주민투표를 실시하여야 하는 때에는 관계 지방자치단체의 장이 협의하여 동시에 주민투표를 실시하여야 한다. 다만, 협의가 이루어지지 아니하는 때에는 특별시·광역시 또는 도에 있어서는 행정자치부 장관이, 자치구·시 또는 군에 있어서는 특별시장·광역시장 또는 도지사가 정하는 바에 의한다(주민투표법 제14조 제3항).

(5) 주민투표 사무의 관리

주민투표사무는 이 법에 특별한 규정이 있는 경우를 제외하고는 특별시·광역시 또는 도에 있어서는 특별시·광역시·도 선거관리위원회가, 자치구·시 또는 군에 있어서는 구·시·군 선거관리위원회가 관리한다. 그리고 행정기관 그 밖의 공공기관은 주민투표관리기관으로부터 주민투표사무에 관하여 필요한 협조를 요구받은 때에는 우선적으로 이에 응하여야 한다(주민투표법 제3조 제1항 및 제2항).

지방자치단체의 장은 주민투표와 관련하여 주민이 정확하고 객관적인 판단과 합리적인 결정을 할 수 있도록 지방자치단체의 공보, 일간신문, 인터넷 등 다양한 수단을 통하여 주민투표에 관한 각종 정보와 자료를 제공하여야 한다. 그리고 관할선거관리위원회는 주민투표에 관한 정보를 제공하기 위하여 설명회·토론회 등을 개최하여야 한다. 설명회·토론회 등을 개최하는 때에는 주민투표에 부쳐진 사항에 관하여 의견을 달리하는 자가 균등하게 참여할 수 있도록 하여야 한다(주민투표법 제4조 제1항 내지 제3항).

한편 관할 선거관리위원회는 주민투표안의 내용, 주민투표에 부쳐진 사항에 관한 의견 및 그 이유, 투표절차 그 밖의 필요한 사항을 게재한 주민투표공보를 1회 이상 발행하여야 한다(주민투표법 제17조 제1항).

(6) 주민투표에 관한 운동

투표운동은 주민투표 발의일부터 주민투표일의 전일까지에 한하여 이를 할 수 있다. '투표운동'이란 주민투표에 부쳐진 사항에 관하여 찬성 또는 반대하게 하거나 주민투표에 부쳐진 두 가지 사항 중 하나를 지지하게 하는 행위를 말한다. 다만, 주민투표에 부쳐진 사항에 관한 단순한 의견 개진 및 의사표시는 투표운동으로 보지 아니한다(주민투표법 제20조 제1항).

원칙적으로 주민투표법 또는 다른 법률의 규정에 의해 금지 또는 제한되는 경우를 제외하고는 누구든지 자유롭게 투표운동을 할 수 있다(주민투표법 제20조 제2항). 다만, ① 주민투표권이 없는 자, ② 공무원(그 지방의회의 의원을 제외한다), ③ 각급 선거관리위원회의 위원, ④ 방송법에 의한 방송사업(방송채널사용사업은 보도에 관한 전문 편성을 행하는 방송채널사용사업에 한한다)을 경영하거나 이에 상시 고용되어 편집·제작·취재·집필 또는 보도의 업무에 종사하는 자, ⑤ 정기간행물의등록등에관한법률 제7조의 규정에 의하여 등록하여야 하는 정기간행물(분기별 1회 이하 발행되거나 학보 그 밖에 전문 분야에 관한 순수한 학술 및 정보지 등 정치에 관한 보도·논평 그 밖에 여론 형성의 목적 없이 발행되는 정기간행물을 제외한다)을 발행 또는 경영하거나 이에 상시 고용되어 편집·취재·집필 또는 보도의 업무에 종사하는 자는 투표운동을 할 수 없다(주민투표법 제21조 제2항).

한편 투표운동의 방법에도 일정한 제한이 있다. ① 야간 호별방문 및 야간 옥외집회, ② 투표운동을 목적으로 서명 또는 날인을 받는 행위, ③ 공직선거및선거부정방지법 제80조의 규정에 의한 연설금지 장소에서의 연설행위, ④ 공직선거및선거부정방지법 제91조에서 정하는 확성장치 및 자동차의 사용 제한에 관한 규정을 위반하는 행위는 금지된다(주민투표법 제22조 제1항).

위법한 투표운동에 대해서는 관할 선거관리위원회의 위원 및 직원이 중지·경고 또는 시정명령을 하여야 하며, 그 위반행위가 투표의 공정을 현저히 해치는 것이거나 중지·경고 또는 시정명령을 불이행하는 때에는 관할 수사기관에 수사를 의뢰하거나 고발하여야 한다(주민투표법 제23조).

(7) **주민투표의 실시**

주민투표는 특정한 사항에 대하여 찬성 또는 반대의 의사표시를 하거나 두 가지 사항 중 하나를 선택하는 형식으로 실시하여야 한다(주민투표법 제15조). 투표는 공직선거법의 규정에 의한 기표 방법에 의한 투표로 한다. 투표는 직접 또는 우편으로 하되, 1인 1표로 한다. 투표 및 개표사무의 관리는 전산화하여 실시할 수 있다. 투표를 하는 때에는 투표인의 성명 등 투표인을 추정할 수 있는 표시를 하여서는 아니 된다(주민투표법 제18조 제1항 내지 제4항). 그 외에 투표 시간, 투표용지, 투표구·개표구의 설치, 투표·개표의 절차 및 참관 등 투표·개표의 관리에 관하여는 공직선거법의 관련 규정을 준용한다(주민투표법 제19조).

한편 주민투표의 실시구역은 매우 중요한 의미를 가진다. 주민투표의 실시구역이 자의적으로 설정될 경우에는 오히려 민의가 왜곡되게 나타날 수 있기 때문이다. 주민투표법 제16조에 의하면, 주민투표는 그 지방자치단체의 관할구역 전체를 대상으로 실시하되, 특정한 지역 또는 주민에게만 이해 관계가 있는 사항인 경우 지방자치단체의 장이 지방의회의 동의를 얻은 때에는 관계 시·군·구 또는 읍·면·동을 대상으로 주민투표를 실시할 수 있도록 하고 있다.

(8) **주민투표의 효력 등**

주민투표에 부쳐진 사항은 주민투표권자 총수의 3분의 1 이상의 투표와 유효투표수 과반수의 득표로 확정된다. 다만, 전체 투표수가 주민투표권자 총수의 3분의 1에 미달되는 경우나 유효득표수가 동수인 경우에는 찬성과 반대 양자를 모두 수용하지 아니하거나, 양자택일의 대상이 되는 사항 모두를 선택하지 아니하기로 확정된 것으로 본다. 또한 전체 투표수가 주민투표권자 총수의 3분의 1에 미달되는 때에는 아예 개표를 하지 않도록 규정하고 있다(주민투표법 제24조 제1항 및 제2항).

관할 선거관리위원회는 개표가 끝난 때에는 지체없이 그 결과를 공표한 후 지방자치단체의 장에게 통지하여야 한다. 개표를 하지 아니한 때에도 또한 같다(주민투표법 제24조 제3항).

지방자치단체의 장은 주민투표 결과를 통지받은 때에는 지체없이 이를 지방의회에 보고하여야 하며, 국가정책에 관한 주민투표인 때에는 관계 중앙행정기관의 장에게 주민투표 결과를 통지하여야 한다(주민투표법 제24조 제4항).

지방자치단체의 장 및 지방의회는 주민투표 결과 확정된 내용대로 행정·재정상의 필요한 조치를 하여야 한다. 지방자치단체의 장 및 지방의회는 주민투표 결과 확정된 사항에 대하여 2년 이내에는 이를 변경하거나 새로운 결정을 할 수 없다(주민투표법 제24조 제5항 및 제6항). 즉 주민투표의 결과는 지방자치단체의 장 및 지방의회에 대한 구속력이 있다. 다만 국가정책에 관한 주민투표의 경우에는 그러한 구속력이 인정되지 않는다. 즉 국가정책에 관한 주민투표는 자문적 효력만이 있는 주민투표에 속한다.

(9) 주민투표 소송, 주민투표 경비, 벌칙 등

주민투표의 효력에 관하여 이의가 있는 주민투표권자는 주민투표권자 총수의 100분의 1 이상의 서명으로 주민투표 결과가 공표된 날부터 14일 이내에 관할 선거관리위원회 위원장을 피소청인으로 하여 시·군 및 자치구에 있어서는 특별시·광역시·도 선거관리위원회에, 특별시·광역시 및 도에 있어서는 중앙선거관리위원회에 소청할 수 있다. 소청에 대한 결정에 관하여 불복이 있는 소청인은 관할 선거관리위원회 위원장을 피고로 하여 그 결정서를 받은 날(결정서를 받지 못한 때에는 결정 기간이 종료된 날을 말한다)부터 10일 이내에 특별시·광역시 및 도에 있어서는 대법원에, 시·군 및 자치구에 있어서는 관할 고등법원에 소를 제기할 수 있다(주민투표법 제25조 제1항 및 제2항).

지방자치단체의 장은 주민투표의 전부 또는 일부 무효의 판결이 확정된 때에는 그 날부터 20일 이내에 무효로 된 투표구의 재투표를 실시하여야 한다. 이 경우 투표일은 늦어도 투표일 전 7일까지 공고하여야 한다. 재투표를 실시하는 때에는 그 판결에 특별한 명시가 없는 한 당초 투표에 사용된 투표인명부를 사용한다. 천재·지변으로 인하여 투표를 실시할 수 없거나 실시하지 못한 때에는 지방자치단체의 장은 관할 선거관리위원회와 협의하여 투표를 연기하거나 다시 투표일을 지정하여야 한다(주민투표법 제26조 제1항 내지 제3항).

주민투표 사무에 필요한 경비는 주민투표를 발의한 지방자치단체의 장이 속하는 지방자치단체가 부담하되, 국가정책에 관한 주민투표인 경우에는 국가가 부담한다(다만, 구역 변경에 관한 주민투표인 경우는 지방자치단체가 부담한다). 지방자치단체는 경비를 주민투표 발의일부터 3일 이내에 관할 선거관리위원회에 납부하여야 한다(주민투표법 제27조 제1항 및 제2항).

주민투표와 관련하여 일정한 위법행위를 한 경우에는 징역형 또는 벌금형에 처할 수 있다(주민투표법 제5장).

3) 현행 주민투표법의 문제점과 개선 방향

현재 시행되고 있는 주민투표법에 대해서는 몇 가지 쟁점들이 존재한다.

첫 번째는, 주민투표법 제8조에서 규정하고 있는 '국가정책에 관한 주민투표' 조항이다. 이 국가정책에 관한 주민투표에 대해서는 중앙행정기관만이 실시요구권을 갖고 있다. 그러나 근본적으로 주민투표 요구권을 중앙행정기관이 갖는 주민투표제도란 주민직접참정제도라는 주민투표제도의 본질과 맞지 않는 문제가 있다. 특정 사안에 대해 주민투표가 필요한지부터 주민들 스스로가 판단하는 것이 주민직접참여의 본질에 부합하기 때문이다. 외국의 입법례를 보더라도 주민투표 요구권은 주민들이 갖는 것이 원칙이고, 확대하더라도 지방의회가 갖는 정도에 불과하다. 독일의 경우에도 일반적으로 주민 청구에 의해 주민투표를 실시할 수 있으며, 일부 주에서만 의회의 발의에 의한 주민투표를 인정하고 있다. 주민 의견 수렴을 위해 국책사업에 대한 '자문적 주민투표'가 필요하다고 하더라도, 이는 지방자치 차원에서 주민들의 청구에 의해 이루어져야 한다. 중앙행정기관의 장이 주민투표요구권을 가지게 되면 정부에 유리한 시점과 투표 실시구역을 정하여 투표를 실시하게 되어 근본적으로 주민투표의 공정성을 기하기 어렵다는 문제를 낳을 수 있다. 따라서 국가사무에 대해 '자문적 주민투표'를 인정한다 하더라도, 중앙행정기관에게 주민투표실시요구권을 부여해서는 안 될 것이고, 국책사업에 대한 주민투표도 지방자치 차원에서 자율적 판단에 의해 실시될 수 있도록 해야 할 것이며, 주민들의 투표청구권이 반드시 보장되어야 한다.

둘째, 주민이 주민투표의 실시를 청구하기 위한 요건이 지나치게 엄격하여 실제로 주민의 청구에 의한 주민투표는 실시되지 못하고 있다. 현행 주민투표법 제7조에서는 주민이 주민투표의 실시를 청구하기 위해서는 주민투표청구권자 총수(20세 이상 유권자 및 일정 요건을 충족하는 외국인)의 20분의 1 이상 5분의 1 이하의 범위 내에서 조례로 정하는 수 이상의 서명을 받아야 하는 것으로 규정하고 있다. 그러나 이러한 수치는 지나치게 높은 것이다. 유권자 총수가 700만 명을 넘는 서울특별시나 경기도의 경우에는 20분의 1이라고 하더라도 35만 명 이상의 서명이 필요하다. 또한 기초지방자치단체의 경우에도 각 지방자치단체가 지나치게 높은 숫자를 요구하는 조례를 통과시켜(10분의 1 내외) 사실상 주민들에 의한 주민투표청구는 매우 어려운 상황이다. 이는 유권자 1~5%의 서명을 요구하는 미국의 예나, 10%의 서명을 요구하되 인구 규모에 따라서 일정한 절대 숫자(상한선 48,000명)를 채우면 주민투표 청구가 가능하도록 하고 있는 독일의 노르트라인 베스트팔렌(Nordrhein-Westfalen) 주의 경우에 비추어 보아도 지나치게 높은 것이다.

셋째, 주민투표의 대상에 대해서도 과도하게 제한하고 있다. 주민투표법 제7조 제2항에서 주민투표에 부칠 수 없는 사항으로 나열하고 있는 것 중에는 '지방자치단체의 예산·회계·계약에 관한 사항'도 있다. 그러나 지방자치단체의 예산·회계·계약에 관한 사항이야말로 지방자치단체 정책의 핵심이므로 주민투표가 필요할 수 있다.

5 주민소환

1) 의 의

주민소환(recall)은 선거를 통해 선출된 대표자를 유권자들의 해임 찬반투표에 의해 임기중에 해임시킬 수 있는 제도이다. 주민소환제도야말로 주권재민 원칙의 상징이고, 주민직접참정제도의 핵심 중 하나라고 할 수 있다. 그러나 대표자들의 지위에 가장 직접적인 영향을 미치는 주민소환제도야말로 직접민주주의 제도 중에서 가장 논란이 많을 수밖에 없고, 대표자들이 가장 꺼려하는 제도일 수밖에 없다.

주민소환제도가 필요한 이유는, 선출직 공직자는 일단 선출이 되면 그 임기 중에는 유권자의 의사와 이익에 반하는 의사결정을 하더라도 자리를 유지할 수 있는 문제점 때문이다. 그렇기 때문에 선출직 공직자의 부패, 독단, 전횡을 억제하기 위해 도입된 제도가 주민소환제도이다.

주민소환에서도 주민투표가 실시되지만, 주민소환을 위해 실시되는 주민투표는, 개별적인 정책에 대한 찬반 투표가 아니라 선출직 공직자의 해임여부에 대한 투표라는 점에서 일반적인 주민투표와 구분된다.

주민소환제는 미국, 독일, 스위스, 일본 등지에서 도입되어 운영되고 있으며, 우리 나라의 경우에는 2006년 5월 2일 '주민소환에 관한 법률'이 국회를 통과해 2007년 5월 25일부터 시행되고 있다.

2) 주민소환제도의 입법례

주민소환제를 도입한 국가들은 대부분 주민소환을 제안한 주체가 일정 수 이상 유권자의 서명을 받아 소환청구를 하면 주민투표를 통해 해임 여부를 결정하는 절차를 채택하고 있다. 그러나 구체적으로 살펴보면, 상당한 차이들이 존재한다.

(1) 미 국

미국에서 주민발안, 주민투표, 주민소환과 같은 직접민주주의 제도가 대폭 도입되게 된 직접적인 원인을 제공한 것은 19세기 말과 20세기 초의 부패한 정치 상황이었다. 정치적 충성도에 따라 공직이 충원되는 엽관주의의 폐해가 만연했고, 남북전쟁 이후의 도시화, 산업화 과정에서 힘을 키운 지역정당 보스에 의해 지방정부는 철저하게 사인화(私人化)되었다. 선량하지 못한 정당 보스가 부당한 방법으로 표를 매수하여 정치 권력을 획득하고, 이들이 능력이 검증되지 않은 채 정치적 충성도만 높은 선거운동원들이나 헌금자들에게 공직을 배분함으로써 선량한 공직 후보들을 몰아내었다.[14)]

---

14) 김영기, "주민소환제의 도입 방안", 『지방행정연구』 제17권 제3호, 한국지방행정연구원,

이에 대한 반작용으로 지방자치 개혁운동이 전개되었다. 그와 같은 부패한 정치 상황을 낳은 대의제 민주주의에 대한 불신이 증대되면서 직접민주주의에 대한 갈망이 높아졌다. 20세기 초의 혁신주의 운동(progressive movement)과 지방자치 개혁운동에서, 혁신주의자나 개혁주의자들은 지방자치단체나 주에서는 연방보다도 더 광범위한 시민 참여를 제도화하기 위해 노력했다.[15]

그러한 노력의 일환으로 미국의 주민소환제는 1903년 1월 22일 로스앤젤레스(Los Angeles)시 시헌장(Charter)에서 처음으로 채택되었다. 그리고 1908년 오리건 주에서 주민발의를 통해 주민소환제를 승인하기 위한 주헌법개정안이 주민투표에 부쳐졌고, 유권자 62%의 찬성에 의해 확정되었다.[16] 그 이후 18개 주와 컬럼비아 특별구(District of Columbia), 괌(Guam), 버진 아일랜드(Virgin Islands)에서 주정부 공직자에 대한 주민소환제가 도입되어 있다. 그리고 최소한 36개 주가 지방자치단체의 공직자들에 대한 주민소환제를 인정하고 있다.[17] 주민소환제를 최초로 채택한 로스앤젤레스 시가 속한 캘리포니아 주의 경우에는 대부분의 카운티(County), 시(City) 등 지방자치단체에서 주민소환제를 채택·운영하고 있다.

미국에서 주민소환 절차가 시작되려면, 해당 공무원이 소환되어야 하는 이유를 밝힌 청원(petition)이 제출되어야 한다. 청원에는 유권자의 일정 비율(주나 지방정부에 따라 다르지만 대체로 그 직전 선거에서 투표한 유권자의 10~35% 사이)의 서명을 구비해야만 한다. 캘리포니아 주의 경우에는 지난 선거 당시 투표한 유권자 12% 이상의 서명이 필요하다.

(2) 독 일

독일의 경우에는 1990년대초 그동안 제한되었던 직접 주민 참여의 문제에 중점을 두고 지방자치제도의 근본적인 개혁이 단행되었으며, 그 골자는

2003, 178-179쪽.

15) 小滝敏之,『アメリカの地方自治』, 東京: 第一法規, 2004, 288쪽.

16) 김영기 옮김(Joseph F. Zimmermann, *The Recall*, 1977),『미국의 주민소환제도』, 대영문화사, 2002, 26쪽.

17) Morgan E. Felchner, “Recall Elections: Democracy in Action or Populism Run Amok?”, *Campaigns & Elections,* Vol.25 Issue 5, June 2004, 30-31.

전통적으로 지배해 온 대의민주주의 원칙에서 벗어나 지방 수준에서 직접 민주주의를 강화시키는 것이었다.[18] 그래서 독일의 경우는 1990년대 들어 대부분의 주(바덴 뷔르템베르크 주와 바이에른 주를 제외한 모든 주)에서 주민소환제도를 도입했다.[19]

다만, 독일의 경우 주민발의에 의한 소환 방식은 브란덴부르크 주, 슐레스비히 홀슈타인 주와 작센 주에서만 실시되고 있고, 그 이외의 주에서는 일정 수의 지방의원에 의한 소환청구만이 인정된다. 물론 지방의원이 소환청구하는 경우에라도 소환 여부에 대한 결정은 주민투표에 의해 이루어진다.

주민발의에 의한 주민소환을 인정하고 있는 브란덴부르크 주의 경우 유권자의 25%, 슐레스비히 홀슈타인 주는 25%, 작센 주의 경우 3분의 1의 서명 요건을 충족하면 해임 발의가 가능하다. 브란덴부르크 주의 경우 1998년 이전에는 유권자 10%의 서명을 요구했으나 남용 사례가 있어 25%로 높였다.

그리고 소환투표(소환 결정)에 관해서는 유권자 총수의 25%(브란덴부르크 주, 노르트라인 베스트팔렌 주, 니드작센 주), 30%(라인란트 팔츠 주, 자를란트 주, 작센 안할트 주, 튀링겐 주), 1/3(슐레스비히 홀슈타인 주), 50%(작센 주)의 투표 참가와 투표 참가자 과반수의 찬성을 통해 소환 결정을 내리도록 하고 있다.[20]

(3) 일 본

일본의 경우 제2차 세계대전 이후인 1947년 5월 지방자치법 제정 이후 단체장과 의원에 대한 해직청구제도와 의회해산청구제도가 시행되고 있다. 일본의 경우 지방자치법에서 지방자치단체장 및 중요 공무원에 대한 해직청구권, 지방의원에 대한 해직청구권을 규정하고 있고, 지방의회에 대한 해산청구권도 제도화되어 있다.

일본 지방자치법상 해직 청구의 대상이 되는 사람은 지방자치단체장, 지

18) 정원식, "독일 지방자치에 있어 주민참여와 로컬거버넌스", 『한국정책과학학회보』 제7권 제3호, 한국정책과학학회, 2003. 12., 231쪽.

19) 이기우, "주민소환제도의 의의와 쟁점", 『자치행정』 2003년 6월호, 21쪽.

20) 한귀현, "주민소환제도의 도입 방안에 관한 연구", 『토지공법연구』 제21집, 한국토지공법학회, 2004, 521쪽.

방의원, 부지방자치단체장, 재정책임자(출납장 또는 수입역이라고 한다), 선거관리위원, 감사위원, 공안위원회 위원이다. 해직청구제도는 주민 의사의 직접적인 발동에 의해 공무원의 직위를 박탈하는 것으로서, 불법에 관련되었다든지 하는 특별한 파면 사유를 필요로 하지 않는다.

지방의원의 해직 청구는 선거구 선거권자의 1/3(그 총수가 40만을 넘는 경우에는 그 넘는 수에 1/6을 곱해 얻은 수와 40만에 1/3을 곱해 얻은 수를 합산해 얻은 수) 이상의 연서에 의해 가능하다. 다만 취임일 또는 해직의 투표일로부터 1년 이내에는 해직 청구를 할 수 없다.

그리고 지방자치단체장에 대한 해직 청구는 지방자치단체 선거권자 총수의 1/3 이상의 연서에 의해 가능하다. 지방의원과 지방자치단체장에 대한 해직 청구를 수리한 선거관리위원회가 투표를 실시해 선거권자 과반수 이상이 해직에 동의하면 자동 해직된다.

지방자치단체장을 제외한 주요 공무원에 대한 해직 청구는 당해 지방자치단체 선거권자 총수의 1/3 이상의 연서에 의해 이루어지며, 해직 청구를 수리한 지방자치단체장은 이를 의회에 부의해 2/3 이상의 출석과 출석 의원 3/4 이상이 해직에 동의하면 해직 청구의 대상이 된 공무원은 해직된다.

지방의회에 대한 해산 청구는 지방의회가 전체적으로 주민의 의사와 이익에 반해 운영되고 있다고 인정되는 경우에, 의원 전원의 자격을 박탈하고, 새로운 의회를 성립시키기 위해 새로운 선거를 요구하는 것이다. 일본의 지방자치법상으로는 선거권자 총수의 1/3 이상의 연서에 의해 의회 해산 청구를 할 수 있다. 의회 해산 청구가 있으면, 선거관리위원회가 의회의 해산 여부에 대한 주민투표를 실시하고, 해산 투표의 결과 과반수가 해산에 찬성할 경우 의회는 해산된다.

(4) 스위스

직접민주주의의 나라로 불리는 스위스의 경우 베른 등 7개 캔톤(canton)이 주민소환제를 채택하고 있다. 1993년 개정된 베른 캔톤 헌법 제57조는 3만명의 유권자는 언제든지 캔톤의회 또는 캔톤 행정부의 전면 개편을 요구할 수 있고, 새로 선출된 대표들(관청)은 퇴임한 대표들의 잔여 임기를 채워야 한다고 규정하고 있다. 또한 이 조항은 캔톤의회 또는 캔톤 행정부의 전면 개편 요구가 주민투표 신청 후 3개월 이내에 이루어져야 하고, 주민이 이에 찬성한 경우에는 새로운 선거를 지체없이 실시할 것 등을 규정하고 있다. 주민소환제는 스위스의 독특한 조직 원리인 동료제(collegial system)의 전통에 따라 개인이 아닌 관청에 대해서만 인정된다.[21]

3) 우리 나라 주민소환제도의 내용

(1) 주민소환투표권자

주민소환투표인명부 작성 기준일(주민소환투표 발의일을 말한다) 현재 ① 19세 이상의 주민으로서 당해 지방자치단체 관할구역에 주민등록이 되어 있는 자(공직선거법 제18조의 규정에 의하여 선거권이 없는 자를 제외한다)와 ② 19세 이상의 외국인으로서 '출입국관리법' 제10조의 규정에 따른 영주의 체류자격 취득일 후 3년이 경과한 자 중 당해 지방자치단체 관할구역의 외국인등록대장에 등재된 자는 주민소환투표권이 있다. 주민소환투표권자의 연령은 주민소환투표일 현재를 기준으로 계산한다(주민소환에 관한 법률 제3조 제1항 및 제2항).

국가 및 지방자치단체는 주민소환투표권자가 주민소환투표권을 행사할 수 있도록 필요한 조치를 취하여야 한다. 그리고 공무원·학생 또는 다른 사람에게 고용된 자가 주민소환투표인명부를 열람하거나 투표를 하기 위하여 필요한 시간은 보장되어야 하며, 이를 휴무 또는 휴업으로 보지 아니한다(주민소환에 관한 법률 제5조 제1항 및 제2항).

(2) 주민소환의 대상

'주민소환에 관한 법률'에서는 소환의 대상이 되는 공직자의 범위를 지방자치단체의 장과 지역구 지방의원으로 하고 있다. 따라서 비례대표 지방의원은 소환의 대상에서 제외된다(주민소환에 관한 법률 제7조 제1항). 한편 일본의 경우에 도입하고 있는 지방의회 해산청구제도는 우리 나라의 경우에는 도입하지 않았다.

한편 교육감 직선제가 도입되었지만, 제주특별자치도를 제외한 다른 지방자치단체에서는 교육감은 주민소환의 대상에서 제외되고 있다. 다만, 제

---

21) 안성호, 『분권과 참여, 스위스의 교훈』, 다운샘, 2005, 233-234쪽.

주도의 경우에는 '제주특별자치도 설치 및 국제자유도시 조성에 관한 특별법'에 의해 교육감까지 소환의 대상으로 되고 있다(동법 제25조 제1항).

(3) 주민소환의 사유

우리 나라의 경우, 제도의 입안 과정에서 주민소환의 사유를 일정한 경우로 제한할 것인지가 논란이 되었다. 일본의 경우에는 제한을 하지 않고 있고, 미국의 경우에도 주민소환제를 도입하고 있는 대다수의 주에서 주민소환의 사유를 제한하지 않고 있다. 독일의 경우에도 주민소환의 사유에 대해서는 어느 주의 법률에서도 구체화하지 않고 있다.[22] 선출직 공직자의 부패, 무책임, 독선, 전횡을 주민의 힘에 의해 견제하고자 하는 주민소환제도의 취지로 볼 때에, 주민소환의 사유를 명시적·한정적으로 규정하는 것은 그 취지에 맞지 않기 때문이다. 그리고 어떤 사유로 주민소환이 필요하게 될지를 사전에 예측한다는 것이 사실상 불가능하기도 하다.

그러나 주민소환제의 남용 가능성을 우려하는 측에서는 주민소환의 사유를 부패 등의 경우로 제한하려 했다. 논쟁 끝에, 결국 국회에서는 주민소환의 사유를 제한하지 않는 것으로 결론지었다. 그래서 국회를 통과한 '주민소환에 관한 법률'에서는 주민소환의 사유에 대해 언급하지 않고 있다. 따라서 부패, 무책임, 정책결정 과정에서의 독선이나 전횡 등 다양한 사유로 주민소환이 이루어질 수 있다.

(4) 주민소환투표의 사무관리

주민소환투표사무는 해당 지방자치단체의 장 및 지방의회 의원 선거의 선거구 선거사무를 행하는 선거관리위원회(이하 '관할 선거관리위원회'라 한다)가 관리한다(주민소환에 관한 법률 제2조 제1항). 관할 선거관리위원회는 그 주관 하에 문서·도화·시설물·신문·방송 등의 방법으로 주민소환투표 참여·투표 방법 그 밖에 주민소환투표에 관하여 필요한 계도·홍보를 실시하여야 한다(주민소환에 관한 법률 제5조 제3항).

22) 신봉기, "지방자치에 있어서 직접민주제 방식의 도입", 『공법연구』 제33집 제1호, 한국공법학회, 2004, 197쪽.

(5) 주민소환투표의 청구

(가) 청구에 필요한 주민 서명

전년도 12월 31일 현재 주민등록표 및 외국인등록표에 등록된 주민소환투표청구권자[23]는 해당 지방자치단체의 장 및 지역구 지방의회의원에 대하여 다음에 해당하는 주민의 서명으로 그 소환 사유를 서면에 구체적으로 명시하여 관할 선거관리위원회에 주민소환투표의 실시를 청구할 수 있다(주민소환에 관한 법률 제7조 제1항).

① 특별시장·광역시장·도지사 : 당해 지방자치단체의 주민소환투표 청구권자 총수의 100분의 10 이상

② 시장·군수·자치구의 구청장 : 당해 지방자치단체의 주민소환투표 청구권자 총수의 100분의 15 이상

③ 지역구 지방의원 : 당해 지방의회 의원의 선거구 안의 주민소환투표 청구권자 총수의 100분의 20 이상

다만, 지방자치단체 내의 특정한 지역에서만 서명을 수집하여 주민소환투표를 청구하는 것을 방지하기 위해 지역별 안배에 관한 규정을 두고 있다. 즉 시·도지사에 대한 주민소환투표를 청구함에 있어서 당해 지방자치단체 관할구역 안의 시·군·자치구 전체의 수가 3개 이상인 경우에는 3분의 1 이상의 시·군·자치구에서 각각 주민소환투표 청구권자 총수의 1만분의 5 이상 1천분의 10 이하의 범위 안에서 대통령령이 정하는 수 이상의 서명을 받아야 한다. 다만, 당해 지방자치단체 관할구역 안의 시·군·자치구 전체의 수가 2개인 경우에는 각각 주민소환투표 청구권자 총수의 100분의 1 이상의 서명을 받아야 한다. 시장·군수·자치구의 구청장 및 지역구 지방의회 의원에 대한 주민소환투표를 청구함에 있어서 당해 시장·군수·자치구의 구청장 및 당해 지역구 지방의회의원 선거구 안의 읍·면·동 전체의 수가 3개 이상인 경우에는 3분의 1 이상의 읍·면·동에서 각각 주민소환투표 청구권자 총수의 1만분의 5 이상 1천분의 10 이하의 범위 안에서

---

23) ① 19세 이상의 주민으로서 당해 지방자치단체 관할구역에 주민등록이 되어 있는 자(공직선거법 제18조의 규정에 의하여 선거권이 없는 자를 제외한다)와 ② 19세 이상의 외국인으로서 '출입국관리법' 제10조의 규정에 따른 영주의 체류자격 취득일 후 3년이 경과한 자 중 당해 지방자치단체 관할구역의 외국인등록대장에 등재된 자를 말한다.

대통령령이 정하는 수 이상의 서명을 받아야 한다. 다만, 당해 시장·군수·자치구의 구청장 및 당해 지역구 지방의회 의원 선거구 안의 읍·면·동 전체의 수가 2개인 경우에는 각각 주민소환투표 청구권자 총수의 100분의 1 이상의 서명을 받아야 한다(주민소환에 관한 법률 제7조 제1항 및 제3항).

주민소환투표 청구권자 총수는 전년도 12월 31일 현재의 주민등록표 및 외국인등록표에 의하여 산정한다. 지방자치단체의 장은 매년 1월 10일까지 주민소환투표 청구권자 총수를 공표하여야 한다(주민소환에 관한 법률 제7조 제4항 및 제5항).

(나) 주민소환투표의 청구 제한 기간

일정한 기간 동안에는 주민소환투표의 실시를 청구할 수 없다. 선거 직후에 청구하거나 주민소환투표를 반복적으로 청구하거나 임기가 얼마 남지 않은 선출직 공직자에 대해 주민소환투표를 청구하는 것을 방지하기 위해서이다. 그래서 ① 선출직 지방 공직자의 임기 개시일부터 1년이 경과하지 아니한 때, ② 선출직 지방 공직자의 임기 만료일부터 1년 미만일 때, ③ 해당 선출직 지방 공직자에 대한 주민소환투표를 실시한 날부터 1년 이내인 때에는 주민소환투표의 실시를 청구할 수 없도록 제한하고 있다(주민소환에 관한 법률 제8조).

(다) 서명요청 활동

주민소환투표 실시청구에 필요한 서명을 받기 위해서는 서명요청 활동이 필요하다. 서명요청에 관한 규정은 다른 주민직접 참정제도에서의 서명요청 활동과 유사하다.

주민소환투표 청구인대표자와 서면에 의해 소환청구인대표자로부터 서명요청권을 위임받은 자(이하 '소환청구인대표자 등'이라 한다)는 대통령령이 정하는 서명요청 활동 기간 동안 주민소환투표의 청구 사유가 기재되고 관할 선거관리위원회가 검인하여 교부한 주민소환투표청구인서명부를 사용해 주민소환투표청구권자에게 서명할 것을 요청할 수 있다. 이 경우 해당 선출직 지방 공직자의 선거구의 전부 또는 일부에 대해 '공직선거법'의 규정에 의한 선거가 실시되는 때에는 그 선거의 선거일 전 60일부터 선거일까지 그 선거구에서 서명을 요청할 수 없다. 그리고 서명이 제한되는 기간은 서명요청 활동 기간에 산입하지 아니한다(주민소환에 관한 법률 제9조 제1항 및 제10조 제1항).

소환청구인서명부에 서명을 한 자가 그 서명을 철회하고자 하는 때에는 그 소환청구인서명부가 관할 선거관리위원회에 제출되기 전에 이를 철회하여야 한다. 이 경우 소환청구인대표자는 즉시 소환청구인서명부에서 그 서명을 삭제하여야 한다(주민소환에 관한 법률 제9조 제3항).

한편 일정한 자[24]는 소환청구인대표자 등이 될 수 없으며, 서명요청 활동을 하거나 서명요청 활동을 기획·주도하는 등 서명요청 활동에 관여할 수 없다(주민소환에 관한 법률 제10조 제2항).

그리고 소환청구인대표자 등을 제외하고는 누구든지 서명을 요청할 수 없으며, 검인되지 아니한 소환청구인서명부에 서명을 받을 수 없다. 소환청구인대표자 등이 소환청구인서명부를 제시하거나 구두로 주민소환투표의 취지나 이유를 설명하는 경우를 제외하고는 누구든지 인쇄물·시설물 및 그 밖의 방법을 이용하여 서명요청 활동을 할 수 없다(주민소환에 관한 법률 제10조 제3항 및 제4항).

(라) 주민소환투표 청구의 각하

관할 선거관리위원회는 소환청구인대표자가 제출한 주민소환투표 청구가 ① 유효한 서명의 총수(보정을 요구한 경우에는 보정된 숫자를 포함한다)가 법정 요건에 미달되는 경우, ② 주민소환투표의 청구제한 기간 이내

---

24) 다음 각 호에 해당하는 자를 말한다.
1. 주민소환투표권이 없는 자
2. '국가공무원법' 제2조에 규정된 국가공무원과 '지방공무원법' 제2조에 규정된 지방공무원. 다만, '고등교육법' 제14조 제1항 및 제2항의 규정에 따른 총장·학장·교수·부교수·조교수·전임강사인 교원을 제외한다.
3. 다른 법령에 규정에 따라 공무원 신분을 가진 자
4. '공직선거법' 제60조 제1항에 규정에 의하여 선거운동을 할 수 없는 자(제4호를 제외한다).
5. 선출직 지방 공직자의 해당 선거에 후보자가 되고자 하는 자(이하 '입후보 예정자'라 한다), 입후보 예정자의 가족(배우자, 입후보 예정자 또는 그 배우자의 직계존·비속과 형제자매, 입후보 예정자의 직계비속 및 형제자매의 배우자를 말한다) 및 이들이 설립·운영하고 있는 기관·단체·시설의 임·직원

에 청구한 경우, ③ 주민소환투표청구서와 청구인 서명부가 정해진 기간을 경과하여 제출된 경우, ④ 보정 기간 이내에 보정하지 아니한 경우에는 이를 각하하여야 한다. 이 경우 관할 선거관리위원회는 소환청구인대표자에게 그 사유를 통지하고 이를 공표하여야 한다(주민소환에 관한 법률 제11조).

(6) 주민소환투표의 발의

관할 선거관리위원회는 주민소환투표청구가 적법하다고 인정하는 경우에는 지체없이 그 요지를 공표하고, 소환청구인대표자 및 해당 선출직 지방 공직자(이하 '주민소환투표 대상자'라고 한다)에게 그 사실을 통지하여야 한다(주민소환에 관한 법률 제12조 제1항).

또한 관할 선거관리위원회는 주민소환투표 청구가 적법하다고 인정하는 때에는 지체없이 주민소환투표 대상자에게 서면으로 소명할 것을 요청하여야 한다. 소명 요청을 받은 주민소환투표 대상자는 그 요청을 받은 날부터 20일 이내에 500자 이내의 소명 요지와 소명서(필요한 자료를 기재한 소명자료를 포함한다)를 관할 선거관리위원회에 제출하여야 한다. 이 경우 소명서 또는 소명 요지를 제출하지 아니한 때에는 소명이 없는 것으로 본다(주민소환에 관한 법률 제14조 제1항 및 제2항).

관할 선거관리위원회는 주민소환투표 대상자의 소명 요지 또는 소명서 제출 기간이 경과한 날부터 7일 이내에 주민소환투표일과 주민소환투표안(소환청구서 요지를 포함한다)을 공고하여 주민소환투표를 발의하여야 한다. 주민소환투표일은 공고일부터 20일 이상 30일 이하의 범위 안에서 관할 선거관리위원회가 정한다(주민소환에 관한 법률 제12조 제2항 및 제13조 제1항).

주민소환투표일과 주민소환투표안을 공고하는 때에는 주민소환투표 대상자의 소명 요지를 함께 공고하여야 한다(주민소환에 관한 법률 제14조 제3항).

(7) 주민소환투표운동

주민소환투표에 부쳐지거나 부쳐질 사항에 관하여 찬성 또는 반대하는 행위를 '주민소환투표운동'이라고 한다. 다만, 주민소환투표에 부쳐지거나 부쳐질 사항에 관한 단순한 의견 개진 및 의사표시나 주민소환투표운동에 관한 준비행위는 '주민소환투표운동'으로 보지 아니한다(주딘소환에 관한 법률 제17조).

주민소환투표운동은 주민소환투표 공고일의 다음날부터 투표일 전일까지(이하 '주민소환투표 운동기간'이라 한다)할 수 있다. 다만 다른 투표나 선거와 병합하거나 동시에 주민소환투표를 실시할 경우에 주긘소환투표 운동기간은 주민소환투표일 전 25일부터 투표일 전일까지로 한다(주민소환에 관한 법률 제18조 제1항 및 제2항).

공직선거법에 의해 선거운동을 할 수 없는 자는 주민소환투표운동을 할 수 없다. 다만, 당해 주민소환투표 대상자는 그러하지 아니하다(주민소환에 관한 법률 제18조 제3항).

주민소환투표운동의 방법에 대해서는 매우 엄격하게 제한하고 있다. 누구든지 주민소환투표 운동기간 중 이 법에서 준용하는 '공직선거법'에 따른 선거운동기구의 설치, 신문 광고, 공개 장소에서의 연설·대담, 언론기관 초청 대담·토론회, 정보통신망을 이용한 선거운동 및 인터넷 광고와 관할 선거관리위원회가 주관하는 주민소환투표 공보의 발행·배부, '공직선거법' 제8조의 7의 규정에 따른 선거방송토론위원회가 중앙선거관리위원회규칙으로 정하는 방법으로 개최하는 토론회(부득이한 사유로 토론회를 개최할 수 없는 경우에는 옥내 합동연설회를 말한다)를 제외하고는 어떠한 방법의 주민소환투표운동도 하여서는 아니 된다. 거기에 덧붙여 주민소환투표운동을 하는 경우에는 일정한 행위[25]를 할 수 없도록 금지하고 있다. 또한 지위를 이용한 주민소환투표운동의 금지에 관하여는 '공직선거법' 제85조의 규정을 준용한다(주민소환에 관한 법률 제20조 제1항 내지 제3항).

---

25) 다음 각 호의 행위를 말한다.

1. '공직선거법' 제80조의 규정에 따른 연설 금지 장소에서의 연설행위
2. '공직선거법' 제82조의5의 규정을 위반하여 전자우편을 이용한 주민소환투표운동 정보를 전송하는 행위
3. '공직선거법' 제91조에서 정하는 확성장치 및 자동차 사용 제한에 관한 규정을 위반하는 행위
4. '공직선거법' 제102조의 규정을 위반하여 야간에 연설·대담을 하는 행위
5. '공직선거법' 제106조의 규정을 위반하여 호별방문을 하는 행위
6. 주민소환투표운동을 목적으로 서명 또는 날인을 받은 행위

(8) 주민소환투표의 실시

주민소환투표 대상자가 자진사퇴, 피선거권 상실 또는 사망 등으로 궐위된 때에는 주민소환투표를 실시하지 아니한다. 주민소환투표 공고일 이후 90일 이내에 ① 주민투표법에 의한 주민투표, ② '공직선거법'에 의한 선거·재선거 및 보궐선거(대통령 및 국회의원 선거를 제외한다), ③ 동일 또는 다른 선출직 지방공직자에 대한 주민소환투표가 있는 때에는 주민소환투표를 그에 병합하거나 동시에 실시할 수 있다(주민소환에 관한 법률 제13조 제1항 단서 및 동조 제2항).

주민소환투표는 찬성 또는 반대를 선택하는 형식으로 실시한다. 지방자치단체의 동일 관할구역에 2인 이상의 주민소환투표 대상자가 있을 때에는 관할 선거관리위원회는 하나의 투표용지에 그 대상자별로 찬성 또는 반대를 선택하는 형식으로 주민소환투표를 실시할 수 있다(주민소환에 관한 법률 제15조 제1항 및 제2항).

주민소환투표의 경우에도 실시구역이 문제되는데, 지방자치단체의 장에 대한 주민소환투표는 당해 지방자치단체 관할구역 전체를 대상으로 한다. 그리고 지역구 지방의회의원에 대한 주민소환투표는 당해 지방의회의원의 지역선거구를 대상으로 한다(주민소환에 관한 법률 제16조 제1항 및 제2항).

(9) 주민소환투표 대상자의 권한 정지

주민소환투표 대상자는 관할 선거관리위원회가 주민소환투표안을 공고한 때부터 주민소환투표 결과를 공표할 때까지 그 권한 행사가 정지된다. 지방자치단체의 장의 권한이 정지된 경우에는 부지사·부시장·부군수·부구청장(이하 '부단체장'이라 한다)이 '지방자치법' 제111조 제4항 규정을 준용하여 그 권한을 대행하고, 부단체장이 권한을 대행할 수 없는 경우에는 동조 제5항의 규정을 준용하여 그 권한을 대행한다(주민소환에 관한 법률 제21조 제1항 및 제2항).

한편 권한 행사가 정지된 지방의회의원은 그 정지 기간 동안 '공직선거법' 제111조의 규정에 의한 의정활동보고를 할 수 없다. 다만, 인터넷에 의정활동보고서를 게재할 수는 있다(주민소환에 관한 법률 제21조 제3항).

(10) 주민소환투표의 효력

주민소환은 주민소환투표권자 총수의 3분의 1 이상의 투표와 유효투표 총수 과반수의 찬성으로 확정된다. 전체 주민소환 투표자의 수가 주민소환 투표권자 총수의 3분의 1에 미달하는 때에는 개표를 하지 아니한다(주민소환에 관한 법률 제22조 제1항 및 제2항).

관할 선거관리위원회는 개표가 끝난 때에는 지체없이 그 결과를 공표한 후 소환청구인대표자, 주민소환투표 대상자, 관계 중앙행정기관의 장, 당해 지방자치단체의 장(지방자치단체의 장이 주민소환투표 대상자인 경우에는 권한을 대행하는 당해 지방자치단체의 부단체장 등을 말한다) 및 당해 지방의회의 의장(지방의회의원이 주민소환투표 대상자인 경우에 한하며, 지방의회의 의장이 주민소환투표 대상자인 경우에는 당해 지방의회의 부의장을 말한다)에게 통지하여야 한다(주민소환에 관한 법률 제22조 제3항).

주민소환이 확정된 때에는 주민소환투표 대상자는 그 결과가 공표된 시점부터 그 직을 상실한다. 그리고 주민소환투표에 의해 그 직을 상실한 자는 그로 인해 실시하는 이 법 또는 '공직선거법'에 의한 해당 보궐선거에 후보자로 등록할 수 없다(주민소환에 관한 법률 제23조 제1항 및 제2항).

(11) 주민소환투표 소송 등

주민소환투표의 효력에 관하여 이의가 있는 해당 주민소환투표 대상자 또는 주민소환투표권자(주민소환투표권자 총수의 100분의 1 이상의 서명을 받아야 한다)는 주민소환투표 결과가 공표된 날부터 14일 이내에 관할 선거관리위원회 위원장을 피소청인으로 하여 지역구 시·도의원, 지역구자치구·시·군의원 또는 시장·군수·자치구의 구청장을 대상으로 한 주민소환투표에 있어서는 특별시·광역시·도선거관리위원회에, 시·도지사를 대상으로 한 주민소환투표에 있어서는 중앙선거관리위원회에 소청할 수 있다.

소청에 대한 결정에 관하여 불복이 있는 소청인은 관할 선거관리위원회 위원장을 피고로 하여 그 결정서를 받은 날부터 10일 이내에 지역구시·도의원, 지역구자치구·시·군의원 또는 시장·군수·자치구의 구청장을 대상으로 한 주민소환투표에 있어서는 그 선거구를 관할하는 고등법원에,

시・도지사를 대상으로 한 주민소환투표에 있어서는 대법원에 소를 제기할 수 있다(주민소환에 관한 법률 제24조 제1항 및 제2항).

주민소환투표에 관한 소청 및 소송이 제기되거나 재투표가 실시되는 때에는 그 결과가 확정된 후에 보궐선거를 실시하여야 한다(주민소환에 관한 법률 제25조 제1항).

주민소환투표 사무의 관리에 필요한 비용은 당해 지방자치단체가 부담하되, 소환청구인대표자 및 주민소환투표 대상자가 주민소환투표운동을 위하여 지출한 비용은 각자 부담한다. 지방자치단체는 경비를 주민소환투표 발의일부터 5일 이내에 관할 선거관리위원회에 납부하여야 한다(주민소환에 관한 법률 제26조 제1항 및 제2항).

일정한 위법행위에 대해서는 징역형 또는 벌금형의 벌칙이 부과된다(주민소환에 관한 법률 제5장).

4) 주민소환제의 문제점과 개선 방안

우리 나라의 '주민소환에 관한 법률'은 이제 시행 단계에 들어섰다. 그러나 입법 과정에서 쟁점이 되었던 문제들이 있다.

첫 번째로 소환의 대상이 문제가 된다. 우리 나라의 '주민소환에 관한 법률'에서는 지방의회 해산청구제도를 인정하지 않고 있다는 특징이 있다. 또한 소환 대상이 되는 공직자의 범위가 상대적으로 좁다는 특징이 있다. 입법론으로는 주민 직선에 의해 선출되는 교육감에 대해서도 주민소환제가 적용될 필요가 있다.

둘째, 외국의 사례를 보더라도, 주민소환제도의 실효성(반대의 측면에서 보면 남용 가능성)에 가장 큰 영향을 미치는 것은 주민소환청구를 위해 필요한 법정 서명 수가 어느 정도 되느냐의 문제이다. 일본의 경우 해직 또는 해산 청구를 위해 서명을 받아야 하는 유권자의 숫자는 원칙적으로 전체 유권자 주민의 3분의 1 이상이다.[26] 다만 지방의회 해산 청구와 지방의원 해직 청구의 경우에는 유권자 수가 40만을 초과하는 경우 40만 초과 숫자에 대해서는 1/6 이상의 서명을 요구하도록 완화하고 있다. 이러한 서명 요

26) 兼子仁,『新地方自治法』, 東京: 岩波書店, 1999, 64쪽.

건은 지나치게 높은 수준이다. 그에 따라 일본의 경우 광역지방자치단체인 도도부현에서는 주민소환제도가 사실상 사문화(死文化)되어 있는 실정이다. 미국의 경우에는 일본보다는 서명 요건이 낮다고 볼 수 있다. 주나 지방정부에 따라 차이가 있지만, 그 직전 선거에서 투표한 유권자의 10~35% 사이가 서명해야 한다. 미국에서는 등록된 유권자에게만 투표권이 있고, 선거에서의 투표율이 그리 높지 않다는 점을 감안하면 서명 숫자가 그렇게 높지는 않다고 할 수 있다. 미국 캘리포니아 주의 경우 직전 선거 투표자의 12%의 서명을 요구하는데, 2003년에 실시되었던 그레이 데이비스 주지사 선거 당시에 요구된 서명 숫자가 897,158명 정도였던 점을 감안하면, 비교적 서명 요건은 완화되어 있다고 할 수 있다(캘리포니아 주의 전체 인구는 3,300만 명을 넘는다). 우리 나라의 경우에는 시·도지사의 경우에는 주민소환투표 청구권자(19세 이상 주민과 19세 이상 외국인 중 일정한 자격이 있는 자)의 10% 이상, 시장·군수·구청장의 경우에는 15% 이상, 지역구 지방의원의 경우에는 20% 이상의 서명을 받아야만 하는 것으로 되어 있다. 이러한 요건은 일본보다는 완화된 것이지만, 미국 캘리포니아 주보다는 강화된 요건이라고 할 수 있다. 서울시의 경우에는 시장에 대한 소환투표를 청구하기 위해서는 77만 명을 넘는 서명을 받아야 한다(2004년 4. 15. 총선 당시 서울시 유권자 수는 7,750,350명이었다). 어느 정도의 서명을 요구할 것인지는 그 나라의 서명에 대한 주민 의식과 소환의 빈도 등을 감안하여 적정선을 찾아야 한다.

셋째, 주민소환투표의 실시 청구가 제한되는 기간이 지나치게 길다는 문제도 있다. 우리 나라의 '주민소환에 관한 법률'에서는 '임기 개시일로부터 1년이 경과하지 아니한 때'와 '임기 만료일로부터 1년 미만이 남은 때'에는 주민소환투표를 청구할 수 없도록 했다. 그리고 해당 공직자에 대한 주민소환투표를 실시한 날로부터 1년 이내인 때에도 주민소환투표를 청구할 수 없도록 했다. 결국 지방자치단체장과 지역구 지방의원의 임기 4년 중 앞의 1년과 뒤의 1년 동안에는 주민소환투표청구를 하지 못하도록 했기 때문에 실질적으로 주민소환투표 청구를 할 수 있는 기간은 4년의 임기 중 가운데 있는 2년으로 제한되었다. 반면 미국의 경우에는 지방자치단체에 따라 차이는 있지만 대체로 취임 후 6개월 동안에만 주민소환에 의한 해직을 제한

하고 있다.[27]

넷째, 주민소환의 발의만으로 소환 대상자의 권한 정지를 규정하고 있는 것은 다수의 의사로 결정하기도 전에 소수의 서명만으로 행정 공백을 초래할 수 있어 바람직하지 않다. 다른 나라의 입법례도 찾아 보기 어렵다.

제 4 절 주민소송

1 의 의

주민소송제도는 주민이 지방자치단체의 위법한 재무회계행위 또는 해태한 사실에 대해서 이를 방지 또는 시정하거나 그 손해의 회복을 위해 제기하는 소송을 말한다.[28] 주민소송은 특정 주민의 이익을 보호하기 위한 소송이 아닌 전체 주민의 이익을 옹호하기 위한 것이기 때문에 공익소송의 일종이다.

우리 나라의 경우에는 2003년도 12월 지방분권특별법이 제정되면서 제14조 제1항에 "국가 및 지방자치단체는 주민참여를 활성화하기 위하여 주민투표제도 · 주민소환제도 · 주민소송제도의 도입 방안을 강구하는 등 주민 직접참여제도를 강화하여야 한다"라는 조항이 들어갔다. 그리고 2004년도에 입법이 추진되어 2004년 12월 주민소송제도의 도입을 내용으로 하는 지방자치법 개정안이 국회를 통과해 2006년 1월 1일부터 시행되고 있다.

주민소송은 사법적 절차를 통해 지방자치단체장이나 그 소속 공무원의 위법행위를 통제할 수 있다는 데에 의미가 있다. 참고로 주민소송제도가 도입되어 있는 일본의 최고재판소는 주민소송제도를 "보통지방공공단체의 주민의 손에 의하여 지방자치 운영의 부패를 방지 · 교정하고 그 공정을 확보하기 위해 인정된 주민참정 조치의 하나"로서, "지방자치단체의 구성원인 주민 전체의 이익을 보호하고 지방자치 재정의 적정한 운영을 확보해

27) 행정자치부, 『선진 외국의 지방자치제도』, 2000, 59쪽.
28) 김용찬 외, 『주민소송』, 박영사, 2006, 14쪽.

공공의 이익을 보호하기 위해 법에 의해 특별히 인정된 제도"로 보고 있다.

주민소송제도가 도입되어 있던 대표적인 나라는 미국과 일본이다. 미국에서는 납세자 소송(taxpayer's suit; taxpayer's action), 일본에서는 주민소송이라는 명칭으로 제도화되어 있으며, 주민의 직접적인 참여 수단의 하나로 높은 평가를 받고 있다. 우리 나라의 주민소송제도는 일본의 주민소송제도를 주로 참고해 입법되었다.

2 관련 입법례

1) 미국의 납세자 소송제도

미국에서는 납세자 소송이 인정되고 있다. 납세자 소송이란 납세자가 자신을 위해 또는 동일 피과세구역(taxing district or area)에 거주하는 납세자집단의 대표로서 납세자의 공동 이익을 침해하는 공공단체 또는 그 소속 공무원의 위법행위 내지 권한유월(權限踰越)의 행위에 대해 구제를 구하는 목적으로 제기하는 소송, 또는 납세자의 집단을 대표하는 1인 또는 복수의 자가 공금 및 공공재산의 오용·남용·횡령으로 납세자의 이익을 침해하는 위법한 행위에 대해 납세자로서의 구제를 구하는 소송으로 정의된다. 미국의 납세자 소송은 지방자치단체의 공금과 재산의 관리작용을 일종의 신탁관계로 파악한 영국의 지방자치법에서 기원한 것으로 알려지고 있다. 미국의 납세자소송은 원래 제정법에 의해 인정된 것이 아니라, 판례가 행정소송의 원고적격을 확대해 인정하면서 시작된 것이나, 그 후 성문법을 제정하는 방향으로 발전했다.[29] 미국에서는 1847년 뉴욕 시 시장을 피고로 하는 납세자 소송이 처음으로 인정되었고, 매사추세츠 주는 같은 해에 지방자치단체의 예산 남용에 대한 납세자 소송을 허용하는 성문법을 제정했다. 현재는 모든 주에서 지방자치단체 차원의 납세자 소송이 인정되고 있다. 또한 뉴멕시코 주를 제외한 모든 주에서 주 차원의 납세자 소송도 인정되고 있다.[30]

29) 김명연, "위법한 재무회계행위에 대한 주민통제: 납세자소송(Taxpεyer's Lawsuit)을 중심으로", 『국민대 법학논총』 제11호, 1999, 441쪽 참조.

미국의 납세자 소송은 불법적인 행위뿐만 아니라 낭비적 행위까지 대상으로 하고 있고, 재무적 사항뿐만 아니라 비재무적 사항(지방자치단체의 조직변경, 시청사 등의 입지 선정 및 이전, 공무원 조합비의 사전 공제 등)에 대해서도 소송 제기가 가능하다. 따라서 사실상 행정 일반을 통제하는 시민소송으로 기능하고 있다.

2) 일본의 주민소송제도

일본의 주민소송 제도는 1948년 지방자치법 개정시 미국의 납세자소송을 모델로 하여 도입되었다. 처음에는 일본에서도 납세자 소송이라고 불리었으나, 출소권자가 지방자치단체의 주민이면 족하고, 지방세를 납부하고 있는 주민일 것이 요구되지 않았으므로 납세자 소송이라는 용어가 적절하지는 않았다. 이에 1963년 지방자치법 개정시에 '주민소송'으로 명칭을 변경했다.

그런데 1990년대 들어 지방자치단체장이나 직원 개인을 피고로 하는 소송이 증가하자 2002년도에 소송 유형을 재구성(지방자치단체장이나 직원 개인을 직접 피고로 하여 소송을 제기하지 못하도록 함)하는 법 개정을 하여 현재에 이르고 있다.

주민소송의 원고가 될 수 있는 자는 지방자치단체의 주민으로서 주민감사청구를 한 자이다(주민감사청구 전치주의). 일본 지방자치법은 지방자치단체의 주민에게 지방자치단체의 독립적 감사기구인 감사위원에게 주민감사청구를 할 수 있는 권리를 보장하고 있다. 주민감사청구를 한 주민은 ① 감사위원의 감사 결과나 권고에 불복이 있을 때, ② 감사위원의 권고를 받은 지방자치단체의 의회, 장, 기타 집행기관, 직원의 조치에 불복이 있을 때, ③ 감사위원이 감사청구가 있은 날로부터 60일 이내에 감사 또는 권고를 행하지 않았을 때, ④ 감사위원의 권고를 받은 지방자치단체의 의회, 장, 기타 집행기관, 직원이 권고에 표시된 기간 안에 필요한 조치를 강구하지 않은 때에 주민소송을 제기할 수 있다.

주민소송의 대상이 되는 행위는 위법한 재무회계상의 행위이다. 주민감사청구는 부당한 행위도 대상이 되지만, 주민소송에서는 위법한 행위만이

---

30) 김명연, 『주민소송의 입법화 방향에 관한 연구』, 한국법제연구원, 1998. 33-34쪽 참조.

대상이 된다.

2002년에 있었던 일본 지방자치법 개정 이전까지, 주민이 주민소송을 통해 청구할 수 있는 청구의 유형은 ① 위법한 행위의 중지 청구(1호 소송), ② 위법한 행위의 취소 또는 무효확인 청구(2호 소송), ③ 직무태만 사실의 위법확인 청구(3호 소송), ④ 직원 또는 지방자치단체와 거래한 상대방에 대해 지방자치단체를 대신해 제기하는 손해배상 청구, 부당이득반환 청구 등(4호 소송)의 네 가지 유형으로 구분되어 있었다. 다만, 제1호의 청구는 당해 행위에 의해 지방자치단체에 회복하기 곤란한 손해를 생기게 할 염려가 있는 경우에 한해 할 수 있었고, 제4호의 청구 중 직원에 대한 부당이득의 반환 청구는 당해 직원에게 이익이 존재하는 한도 내에서 허용되었다(구 일본 지방자치법 제242조의 2 제1항).

그런데 일본 지방자치법이 2002년 개정되면서 소송 유형에 관한 규정이 개정되었다. 특히 네 번째 유형의 소송이 "당해 직원, 또는 당해 행위나 태만한 사실과 관계되는 상대방에게 손해배상이나 부당이득 반환의 청구를 할 것을 당해 지방자치단체의 집행기관이나 직원에 대하여 요구하는 청구"로 개정되었다. 즉 지방자치단체의 재정에 손해를 끼친 자(공무원이나 기업)가 있는 경우에, 2002년 지방자치법 개정 이전에는 주민이 직접 그 자를 상대로 소송을 제기할 수 있었는데, 2002년 지방자치법 개정으로 인해 주민이 직접 소송을 제기할 수 없게 된 것이다. 주민은 지방자치단체의 집행기관을 피고로 하여 "지방자치단체가 지방자치단체장이나 직원, 업자 등을 상대로 손해배상청구나 부당이득반환 청구를 할 것을 요구하는 소송"만을 제기할 수 있게 되었다. 그리고 이 소송에서 주민이 승소하는 판결이 확정되면, 지방자치단체는 그 판결이 확정된 날로부터 60일 이내에 공무원이나 기업을 상대로 손해배상금 또는 부당이득반환금의 지불 청구를 해야 하는 것으로 바뀌었다. 이는 주민소송에 의한 배상청구액이 커지면서, 지방자치단체장이나 공무원의 금전적·시간적 부담이 늘어난다는 불만이 제기되었기 때문이다(개정 이전에는 지방자치단체장이나 공무원이 개인 자격으로 소송의 피고가 되었다).

일본의 주민소송은 증가 추세에 있다. 1994년 4월 1일부터 1999년 3월 31일까지 조사된 결과에 의하면, 주민소송의 제기 건수는 꾸준히 늘고 있는 추세이다.

〈표 5-3〉 연도별 주민소송 제기 건수

	94.4.1.- 95.3.31.	95.4.1.- 96.3.31.	96.4.1.- 97.3.31.	97.4.1.- 98.3.31.	98.4.1.- 99.3.31.	총 계
도도부현	24	37	69	85	67	282
정령지정도시	6	6	7	21	17	57
시구정촌	59	48	101	154	177	539
총건수	89	91	177	260	261	878

자료원: 地方自治制度硏究會, 『改正 住民訴訟制度 逐條解說』, 2002, 122쪽.

주민소송의 피고는 지방자치단체의 집행기관이 피고로 되는 경우, 지방자치단체장이나 직원 개인이 피고로 되는 경우, 지방자치단체가 행한 위법한 거래행위 등의 상대방(업자)이 피고로 되는 경우가 있다.

〈표 5-4〉 주민소송의 피고별 분류

구 분	건 수
지자체 집행기관이 피고인 경우	359
지자체 장이나 직원 개인이 피고인 경우	863
상대방(업자)이 피고인 경우	119

자료원: 地方自治制度硏究會, 『改正 住民訴訟制度 逐條解說』, 2002, 126쪽.

주민소송의 유형별로 보면, 제4호의 청구(2002년 지방자치법 개정 이전에 있었던 주민에 의한 대위청구)가 압도적으로 많다.

〈표 5-5〉 소송 유형별 분류

구 분	건 수
1호 소송	152
2호 소송	66
3호 소송	131
4호 소송	984

3 우리 나라 주민소송제도의 내용

1) 주민감사청구 전치주의

주민소송을 제기하려면 그 전에 주민감사 청구를 해야 한다. 그리고 그와 관련해 다음에 해당하는 경우에는 주민소송을 제기할 수 있다(지방자치법 제17조 제1항).

① 주무부 장관 또는 시·도지사가 감사청구를 수리한 날부터 60일(감사기간이 연장된 경우에는 연장 기간이 종료된 날을 말한다)을 경과하여도 감사를 종료하지 아니한 경우

② 주무부 장관 또는 시·도지사가 통지하고 공표한 감사 결과(다른 기관이 감사한 경우에는 그 감사 결과)나 주무부 장관 또는 시·도지사가 감사 결과에 따라 행한 조치 요구에 불복이 있는 경우

③ 주무부 장관 또는 시·도지사의 조치 요구를 지방자치단체의 장이 이행하지 아니한 경우

④ 지방자치단체의 장의 이행 조치에 불복이 있는 경우

2) 주민소송의 대상이 되는 행위(위법한 재무회계행위)

공금의 지출에 관한 사항, 재산의 취득·관리·처분에 관한 사항, 당해 지방자치단체를 당사자로 하는 매매·임차·도급 그 밖의 계약의 체결·이행에 관한 사항 또는 지방세·사용료·수수료·과태료 등 공금의 부과·징수의 해태에 관한 사항을 감사 청구한 경우에 그 감사청구한 사항과 관련 있는 위법행위나 해태 사실이 주민소송의 대상이 된다(지방자치법 제17조 제1항).

위법한 행위만이 주민소송의 대상이 되며 부당한 행위는 제외된다. 이 점이 주민감사청구와는 다르다.

3) 주민소송의 당사자

(1) 주민소송의 원고

주민소송의 원고는 주민감사청구를 한 주민이다. 주민감사청구는 200~500명 이상 주민들의 연서에 의해 청구하지만, 주민소송은 주민감사청구에 참여했던 주민이면 1명이라도 원고가 되어서 제기할 수 있다(지방자치법 제17조 제1항).

(2) 주민소송의 피고

주민소송의 피고는 당해 지방자치단체의 장이다. 만약 당해 사항의 사무처리에 관한 권한을 소속기관의 장에게 위임한 경우에는 그 소속기관의 장을 상대방으로 하여 소송을 제기할 수 있다.

4) 주민소송의 유형

주민소송의 유형으로는 2002년 개정된 일본 지방자치법과 같이 4개 유형을 인정하고 있다(지방자치법 제17조 제2항).

① 1호 유형 : 당해 행위를 계속할 경우 회복이 곤란한 손해를 발생시킬 우려가 있는 경우에는 당해 행위의 전부 또는 일부의 중지를 구하는 소송,

② 2호 유형 : 행정처분인 당해 행위의 취소 또는 변경을 구하거나 효력의 유무 또는 존재 여부의 확인을 구하는 소송

③ 3호 유형 : 당해 해태 사실의 위법 확인을 구하는 소송

④ 4호 유형 : 당해 지방자치단체의 장 및 직원, 지방의회 의원, 당해 행위와 관련이 있는 상대방에게 손해배상청구 또는 부당이득 반환청구를 할 것을 요구하는 소송. 다만 당해 지방자치단체의 직원이 '지방재정법' 제94조 또는 '회계 관계 직원 등의 책임에 관한 법률' 제4조의 규정에 의해 변상책임을 져야 하는 경우에는 당해 변상명령을 할 것을 요구하는 소송

한편 1호 유형의 중지청구소송은 당해 행위를 중지함으로써 생명 또는 신체에 대한 중대한 위해 발생의 우려가 있거나 그 밖에 공공복리를 현저하게 저해할 우려가 있는 때에는 이를 제기할 수 없다(지방자치법 제17조 제3항).

그리고 특히 주목할 만한 것은 4호 유형의 소송이다. 지방자치단체의 장

이나 직원, 지방의회 의원, 당해 행위와 관련 있는 상대방(기업, 업자 등)이 지방자치단체의 재정에 손해를 입히거나 지방자치단체의 재정으로 부당한 이득을 본 경우에 제기할 수 있는 소송이 4호 유형의 소송이다. 그런데 4호 유형의 소송은 지방자치단체에 손해를 입히거나 부당하게 이득을 본 사람을 직접 피고로 하여 제기하는 것이 아니라, 그 사람을 상대로 소송을 제기하라고 지방자치단체의 장을 상대로 요구하는 소송이다. 이것은 2002년 개정 후의 일본 지방자치법처럼, 지방자치단체장이나 공무원 개인을 상대로 직접 대위소송을 제기할 수 없게 하고, 지방자치단체장이나 공무원에게 소송을 제기할 것을 요구하는 소송만을 허용하고 있는 것이다.

결국 4호 유형의 소송의 경우에는 2단계의 구조를 취하게 된다. 1단계는 주민이 지방자치단체의 장을 피고로 하여 지방자치단체의 재정에 손해를 입히거나 지방자치단체의 재정으로 부당한 이득을 본 사람을 상대로 지방자치단체가 손해배상 청구나 부당이득반환청구를 할 것을 요구하는 소송을 제기하는 것이다. 그리고 1단계 소송에서 주민이 승소하게 되면 2단계로 지방자치단체가 지방자치단체의 재정에 손해를 입히거나 지방자치단체의 재정으로 부당한 이득을 본 사람을 상대로 손해배상금의 지불을 청구하고, 임의로 지불하지 않는 경우에는 다시 소송을 제기하는 것이다.

5) 관할 법원 등

주민소송은 당해 지방자치단체의 사무소 소재지를 관할하는 행정법원(행정법원이 설치되지 아니한 지역의 경우에는 행정법원의 권한에 속하는 사건을 관할하는 지방법원 본원을 말한다)의 관할로 한다(지방자치법 제17조 제9항).

그리고 주민소송은 인지대의 계산 등에서 '민사소송 등 인지법' 제2조 제4항의 규정에 의한 비재산권을 목적으로 하는 소송으로 본다(동법 제17조 제15항).

6) 제소 기간

주민소송은 다음의 어느 하나에 해당하는 날부터 90일 이내에 이를 제기하여야 한다(지방자치법 제17조 제4항).

① 주무부 장관 또는 시·도지사가 감사청구를 수리한 날부터 60일(감사 기간이 연장된 경우에는 연장 기간이 종료된 날을 말한다)을 경과하여도 감사를 종료하지 아니한 경우 : 당해 60일이 종료된 날

② 주무부 장관 또는 시·도지사가 통지하고 공표한 감사 결과(다른 기관이 감사한 경우에는 그 감사 결과)나 주무부 장관 또는 시·도지사가 감사 결과에 따라 행한 조치 요구에 불복이 있는 경우 : 당해 감사 결과 또는 조치 요구 내용에 대한 통지를 받은 날

③ 주무부 장관 또는 시·도지사의 조치 요구를 지방자치단체의 장이 이행하지 아니한 경우 : 당해 조치 요구시 지정한 처리 기간이 만료된 날

④ 지방자치단체의 장의 이행 조치에 불복이 있는 경우 : 당해 이행 조치 결과에 대한 통지를 받은 날

7) 중복 제소의 금지, 소송수계 등

주민소송이 계속중인 때에는 다른 주민은 동일한 사항에 대하여 별도의 소송을 제기할 수 없다(지방자치법 제17조 제5항). 중복 제소가 되기 때문이다.

그리고 소송의 계속중에 소송을 제기한 주민이 사망하거나 주민의 자격을 잃은 때에는 소송절차는 중단된다. 소송대리인이 있는 경우에도 또한 같다(동법 제17조 제6항). 이런 경우에는 감사 청구에 연서한 다른 주민이 사망이나 주민 자격 상실의 사유가 발생한 사실을 안 날부터 6월 이내에 소송절차를 수계(受繼)할 수 있다. 이 기간 이내에 수계 절차가 이루어지지 아니할 경우 당해 소송절차는 종료된다(동법 제17조 제7항). 법원은 소송이 중단된 경우에는 감사 청구에 연서한 다른 주민에게 소송절차 중단의 사유와 소송절차 수계의 방법을 지체없이 통지해야 한다. 이 경우 법원은 감사 청구에 기재된 주소로 통지를 우편으로 발송할 수 있고, 우편물이 통상 도달할 수 있는 때에 감사 청구에 연서한 다른 주민은 소송 중단의 사유가 발생한 사실을 안 것으로 본다(동법 제17조 제8항).

8) 소송 고지 및 소송 참가

당해 지방자치단체의 장은 소송의 유형 중 1호 내지 3호 유형의 소송이

제기되어 그 소송의 결과에 따라 권리 또는 이익의 침해를 받을 제3자가 있는 경우에는 그 제3자에 대하여 소송 고지를 하여 줄 것을 법원에 신청하여야 한다. 또한 4호 유형의 규정에 의한 소송이 제기된 경우에는 당해 직원·지방의회 의원 또는 상대방에 대하여 소송고지를 하여 줄 것을 법원에 신청하여야 한다(지방자치법 제17조 제10항). 4호 유형의 소송이 제기된 경우에 지방자치단체의 장이 한 소송고지 신청은 당해 소송에 관한 손해배상 또는 부당이득 반환청구권의 시효 중단에 관하여 '민법' 제168조 제1호의 규정에 의한 청구로 본다. 즉 소송 고지에 의해 시효를 중단시키는 것이다. 이러한 시효중단의 효력은 그 소송이 종료된 날부터 6월 이내에 재판상 청구, 파산절차 참가, 압류 또는 가압류, 가처분을 하지 아니하면 그 효력이 생기지 아니한다(동법 제17조 제11항 및 제12항).

국가, 상급 지방자치단체 및 감사 청구에 연서한 다른 주민과 소송고지를 받은 자는 법원에 계속중인 소송에 참가할 수 있다(동법 제17조 제13항).

9) 소 취하 등의 제한

주민소송에서 당사자는 법원의 허가를 얻지 아니하고는 소의 취하, 소송의 화해 또는 청구의 포기를 할 수 없다(지방자치법 제17조 제14항). 주민소송은 공익소송이므로 임의로 소를 취하하거나 화해, 청구의 포기를 하는 것이 공익을 해할 수 있기 때문이다. 이 경우 법원은 허가하기 이전에 감사청구에 연서한 다른 주민에게 이를 통지해야 하며, 통지한 때부터 1월 이내에 허가 여부를 결정해야 한다.

10) 소송비용의 보상 청구 등

주민소송은 공익소송이므로 소송을 제기한 주민이 소송으로부터 직접적으로 경제적인 이익을 얻지는 못한다. 다만 소송을 제기한 주민은 일정한 실비를 보상받을 수 있다. 주민소송을 제기한 주민은 승소(일부 승소를 포함한다)한 경우 당해 지방자치단체에 대하여 변호사 보수 등의 소송비용, 감사청구 절차의 진행 등을 위하여 소요된 여비 그 밖에 실비의 보상을 청구할 수 있는 것이다. 이 경우 당해 지방자치단체는 청구된 금액의 범위 안에서 당해 소송을 진행하는데 객관적으로 소요된 것으로 인정되는 금액을 지급하여야 한다(지방자치법 제17조 제16항).

11) 손해배상금 등의 지불 청구 등

지방자치단체의 장은 4호 유형의 소송에서 지방자치단체에게 손해배상 또는 부당이득 반환을 할 것을 명하는 판결이 확정된 때에는 당해 판결이 확정된 날부터 60일 이내를 기한으로 하여 해당 당사자에게 그 판결에 의하여 결정된 손해배상금 또는 부당이득반환금의 지불을 청구하여야 한다. 다만, 손해배상금 또는 부당이득반환금을 지불하여야 할 당사자가 지방자치단체의 장인 경우에는 당해 지방의회 의장이 그 지불을 청구하여야 한다(지방자치법 제18조 제1항).

지방자치단체는 지불청구를 받은 자가 동항의 기한 이내에 손해배상금 또는 부당이득반환금을 지불하지 아니한 때에는 손해배상·부당이득반환의 청구를 목적으로 하는 소송을 제기하여야 한다. 이 경우 그 소송의 상대방이 지방자치단체의 장인 경우에는 당해 지방의회 의장이 당해 지방자치단체를 대표한다(동법 제18조 제2항).

한편 지방자치단체의 장은 4호 유형의 소송을 통해 당해 지방자치단체의 직원이 '지방재정법' 제94조 또는 '회계 관계 직원 등의 책임에 관한 법률' 제4조의 규정에 의하여 변상책임을 지도록 하는 판결이 확정된 때에는 당해 판결이 확정된 날부터 60일 이내를 기한으로 하여 해당 당사자에게 그 판결에 의하여 결정된 금액의 변상명령을 하여야 한다. 변상명령을 받은 자가 동항의 기한 이내에 변상금을 지불하지 아니한 때에는 지방세체납처분의 예에 따라 이를 징수할 수 있다. 제1항의 규정에 의하여 변상명령을 받은 자는 이에 불복하는 경우 행정소송을 제기할 수 있다. 다만, '행정심판법'에 의한 행정심판 청구는 제기할 수 없다(동법 제19조 제1항 내지 제3항).

4 주민소송제도의 문제점과 개선 방안

주민소송제도는 시행 초기에 있지만, 제도 도입 단계부터 제도의 실효성을 약화시킨다는 비판을 받아온 쟁점 사항들이 있다.

첫째는 4호 유형의 소송을 2단계 구조로 한 것이다. 현재 도입되어 있는 주민소송제도에 의하면, 4호 유형의 소송에서 2단계의 절차를 거쳐야 한다. 즉 지방자치단체장이나 직원 개인, 업자의 위법행위에 의해 지방자치단체가 손해를 입은 경우에도 직접 이들을 피고로 하여 대위소송을 제기할 수 없고 지방자치단체의 장을 피고로 하여 소 제기를 요구하는 주민소송만을 제기할 수 있다. 그리고 이 소송에서 승소하면 다시 지방자치단체가 손해배상금 지불 청구를 해야 하는데, 이런 2중의 절차는 장시간이 걸릴 뿐만 아니라 무용한 절차를 반복하게 하는 것이다.

일본이 2002년도에 이와 같은 내용으로 법 개정을 한 주된 이유 중에 하나는 지방자치단체장이나 공무원 개인이 피고가 될 경우에 개인이 변호사 비용을 부담해야 한다는 것이었는데, 이는 법률구조제도를 통해서 보완할 수도 있는 것이다. 이 문제 때문에 소송구조를 2단계의 구조로 만든다는 것은 납득하기 어렵다. 오히려 현행 제도에 의하면 위법행위에 연관된 지방자치단체장, 공무원, 업자를 지방자치단체가 변호사 비용까지 부담해 변론을 하게 되는 모순이 나타날 수밖에 없다. 따라서 4호 유형의 소송을 2단계 구조로 할 것인지에 대해서는 다시 한 번 검토해 볼 필요가 있다. 2002년 개정 전의 일본 지방자치법처럼 주민이 직접 지방자치단체를 대위하여 지방자치단체에 손해를 끼친 자를 상대로 손해배상 청구나 부당이득반환 청구를 할 수 있게 하는 방안을 검토할 필요가 있다.

두 번째로는 주민감사청구 전치주의이다. 200~500명의 연서를 받아 주민감사 청구를 한 이후에 주민소송을 제기할 수 있도록 한 것은 절차를 까다롭게 한 것이다. 일본의 경우에는 주민감사청구 전치주의를 취하고 있지만, 1명의 주민이라도 주민감사 청구를 할 수 있기 때문에 절차가 훨씬 간소하다고 할 수 있다. 또한 집단서명에 의한 주민감사 청구를 거쳐야만 주민소송을 제기할 수 있도록 한 것은 i) 주민감사 청구를 위한 서명을 모집하는 과정에서 주민들을 대상으로 회유나 압력이 행사될 수 있는 문제, ii) 특정 동네와 관련된 비리(예를 들면 도로 공사)가 있을 경우에 의로운 1명의 주민이 있으나 다수 동네 주민들은 비리를 묵인하고 있는 경우에는 소송을 제기할 수 없다는 문제 등이 발생할 수 있다.

셋째, 주민감사 청구의 제기 기한을 당해 사무처리가 있었던 날 또는 종료된 날부터 2년으로 제한해 놓고, 주민감사 청구를 거쳐야만 주민소송을 제기할 수 있도록 함으로써 사실상 주민소송의 제소 기한을 2년으로 제한한 점이다. 그러나 지방자치단체의 손해배상청구권이나 부당이득반환청구권의 소멸시효는 5년이므로, 5년 동안에는 주민이 주민소송을 통해 지방자치단체의 손해배상청구권이나 부당이득반환청구권을 보전할 수 있도록 하는 것이 타당할 것이다.

제 5 절 정보공개제도

1 정보공개제도의 의의

국민의 알 권리를 위해 국민의 정보접근권을 보장하는 제도가 정보공개제도이다. 세계에서 가장 먼저 정보공개제도를 법제화한 국가는 스웨덴이다. 스웨덴은 1766년 출판자유법(Freedom of the Press Act)을 제정해 정부가 보관하고 있는 공문서는 원칙적으로 자유로이 열람하고 필사할 수 있으며 인쇄해 배포할 수 있다고 했다. 이러한 정보공개제도는 1950년대 이후 확산되어 1951년에 핀란드에서 문서공개법이 제정되었고, 1966년에는 미국에서 정보자유법(The Freedom of Information Act: FOIA)이 제정되기에 이르렀다.

우리 나라의 경우에는 헌법에서 국민의 알 권리나 정보공개제도에 대해 명시적으로 언급하고 있지는 않다. 그러나 헌법 해석상 국민의 알 권리는 '표현의 자유'의 일환으로 인정되고 있었다. 헌법재판소는 '알 권리'의 헌법적 근거가 헌법 전문, 국민주권 원리(제1조), 인간으로서의 존엄과 가치(제10조), 언론・출판의 자유(제21조), 인간다운 생활을 할 권리(제34조 제1항)에 있다고 하는 결정을 내린 바 있다(헌법재판소 1989.9.4. 88헌마22). 즉 헌법재판소는 "헌법 제21조에 언론 출판의 자유 즉 표현의 자유를 규정하고 있는데, 이 자유는 전통적으로는 사상 또는 의견의 자유로운 표명(발표의 자유)과 그것을 전파할 자유(전달의 자유)를 의미하는 것으로서, 개인이 인간으로서의 존엄과 가치를 유지하고 행복을 추구하며 국민 주권을 실현하는데 필수불가결한 것으로 오늘날 민주국가에서 국민이 갖는 가장 중요한 기본권의 하나로 인식되고 있는 것이다. 그런데 사상 또는 의견의 자유로운 표명은 자유로운 의사의 형성을 전제로 하는데, 자유로운 의사의 형성은 충분한 정보에의 접근이 보장됨으로써 비로소 가능한 것이며, 다른 한편으로 자유로운 표명은 자유로운 수용 또는 접수와 불가분의 관계에 있다고 할 것이다. 그러한 의미에서 정보에의 접근·수집·처리의 자유 즉 '알 권리'는 표현의 자유에 당연히 포함되는 것으로 보아야 하는 것이다"라고 하여 알 권리가 표현의 자유에 포함된다는 것을 분명히 했다. 또한 헌법재판소는 '알 권리'가 민주국가에서 국정의 공개와도 밀접한 관련이 있으며, '알 권리'의 핵심은 정부가 보유하고 있는 정보에 대한 국민의 알 권리이며, 이는 자유민주적 기본 질서를 천명하고 있는 헌법 전문과 제1조 및 제4조의 해석상 당연한 것이라고 보았다. 또한 각 개인의 지식의 연마, 인격의 도야에는 가급적 많은 정보에 접할 수 있어야 한다는 의미에서 '알 권리'는 인간으로서의 존엄과 가치(제10조) 및 인간다운 생활을 할 권리(제34조 제1항)와도 관련이 있다고 보았다.

'정보 없이는 참여 없다'라는 격언처럼, 정보의 획득은 참여를 위한 전제조건이다. 시민이 행정을 감시하려고 하든 정부의 정책형성 과정에서 의견을 표명하려고 하든, 그 전제로 시민에게는 올바르고도 충분한 정보가 필요하다. 그런 관점에서 본다면 정보접근권의 보장은 참여민주주의의 실현을 위한 기본 전제라고 할 수 있다.

정보공개의 방식에는 크게 두 가지가 있을 수 있다. 첫 번째는 정부가 스스로 정보를 적극적으로 공개하도록 강제하는 방식이고, 두 번째는 시민에게 정보의 공개청구권을 인정하는 것이다. 지금은 정보통신 기술이 발달하면서 세계적인 추세는 첫 번째 방식에 의한 정보공개제도의 중요성이 강조되고 있다.

우리 나라의 경우에는 헌법재판소의 해석에 의해 '알 권리'가 인정되고 있었으나, 법률에 의해 명시적으로 인정된 것은 1998년부터 시행되고 있는 '공공기관의 정보공개에 관한 법률'(이하 '정보공개법'이라 한다)에 의해서이다. 그러나 지방자치단체 차원에서는 조례를 통해 정보공개제도를 도입하고 있었다.[31] 1991년에는 충북 청주시의회가 한국 최초의 행정정보공개조례안을 의결했었다. 그러나 청주시장은 이 조례가 상위법령에 위반된다는 이유로 조례재의결 취소청구소송을 제기했고, 대법원은 1992년 6월 23일 청주시의 행정정보공개조례가 적법하다고 판결했다. 그 이유는 "주민의 권리를 제한하거나 의무를 부과하는 조례라고는 단정할 수 없어 그 제정에 있어서 반드시 법률의 개별적 위임이 따로 필요한 것은 아니고, 지방자치단체는 각 지역의 특성을 고려하여 자기 고유사무와 관련된 행정정보의 공개사무에 관하여 독자적으로 규율할 수 있다"(대법원 1992.6. 23. 92추17)는 것이었다. 그리고 이 판결 이후 많은 지방자치단체에서 정보공개조례가 제정되었다.

2 정보공개제도의 기본 골자

1) 기본 개념

정보공개법 제2조 제1호에서는 공개의 대상이 되는 정보에 대해 규정하고 있다. 정보공개법에서 말하는 '정보'라 함은 "공공기관이 직무상 작성 또는 취득하여 관리하고 있는 문서(전자문서를 포함한다. 이하 같다)·도면·사진·필름·테이프·슬라이드 및 그 밖에 이에 준하는 매체 등에 기록된 사항"을 말한다. 공공기관이 작성한 것뿐만 아니라 취득한 것도 포함되기 때문에 공공기관이 외부로부터 접수 등의 방법에 의해 취득한 문서도 공개의 대상이 되는 정보에 속한다.

그리고 정보공개법 제2조 제2호에서는 '공개'의 개념에 대해 정의하고 있다. 이에 의하면, '공개'라 함은 "공공기관이 이 법의 규정에 의하여 정보를 열람하게 하거나 그 사본·복제물을 교부하는 것 또는 '전자정부법' 제2조 제7호의 규정에 의한 정보통신망(이하 '정보통신망'이라 한다)을 통하여 정

31) 지방자치단체 차원의 정보공개조례가 제정되고 확산됨으로써 국가 차원에서 정보공개에 관한 법률을 제정하도록 동기를 부여했다는 점에서 지방자치단체가 앞서서 국가를 변화시키는 대표적인 사례가 된다.

보를 제공하는 것" 등을 말한다. 특히 전자정부화가 추진됨에 따라 정보통신망을 통해 정보를 제공하는 것도 공개의 개념에 포함되었다.

2) 정보공개 의무가 있는 공공기관

정보공개 의무가 있는 공공기관에는 국가기관, 지방자치단체, 정부투자기관관리기본법 제2조의 규정에 의한 정부투자기관, 초·중등교육법 및 고등교육법 그 밖에 다른 법률에 의해 설치된 각급 학교, 지방공기업법에 의한 지방공사 및 지방공단, 정부산하기관관리기본법의 적용을 받는 정부산하기관, 특별법에 의해 설립된 특수법인, 사회복지사업법 제42조 제1항의 규정에 의해 국가 또는 지방자치단체로부터 보조금을 받는 사회복지법인과 사회복지사업을 하는 비영리법인이 포함된다.

3) 정보공개 청구권자

정보공개 청구권자는 모든 국민이다. 국민에는 개인뿐만 아니라 법인 및 법인 아닌 단체도 포함된다. 지방자치단체도 다른 지방자치단체에 대해 정보공개 청구를 할 수 있다. 외국인도 국내에 일정한 주소를 두고 거주하거나 학술·연구를 위해 일시적으로 체류하는 자, 국내에 사무소를 두고 있는 법인 또는 단체의 경우에는 우리 나라의 공공기관을 상대로 정보공개 청구를 할 수 있다.

국민이면 정보공개 의무가 있는 공공기관을 상대로 정보공개 청구를 할 수 있기 때문에, 지방자치단체의 경우에 그 관할구역 내의 주민만 정보공개 청구를 할 수 있는 것은 아니다. 지방자치단체의 주민이 아닌 자도 국민이기만 하면 지방자치단체를 상대로 정보공개 청구를 할 수 있다.

4) 정보공개의 원칙과 비공개 사유

지방자치단체를 포함한 공공기관이 보유·관리하고 있는 각종 정보는 원칙적으로 공개되어야 한다. 그러나 예외적으로 여덟 가지 비공개 사유가 있는 경우에는 비공개할 수 있도록 되어 있다. 다만 비공개 사유에 해당하는 정보라고 하더라도 기간의 경과 등으로 인해 비공개의 필요성이 없어진 경우에는 당해 정보를 공개 대상으로 전환해야 한다.

〈비공개 사유〉

① 다른 법률 또는 법률이 위임한 명령(국회규칙·대법원규칙·헌법재판소규칙·중앙선거관리위원회규칙·대통령령 및 조례에 한한다)에 의하여 비밀 또는 비공개 사항으로 규정된 정보
② 국가안전보장·국방·통일·외교관계 등에 관한 사항으로서 공개될 경우 국가의 중대한 이익을 현저히 해할 우려가 있다고 인정되는 정보
③ 공개될 경우 국민의 생명·신체 및 재산의 보호에 현저한 지장을 초래할 우려가 있다고 인정되는 정보
④ 진행중인 재판에 관련된 정보와 범죄의 예방, 수사, 공소의 제기 및 유지, 형의 집행, 교정, 보안처분에 관한 사항으로서 공개될 경우 그 직무 수행을 현저히 곤란하게 하거나 형사 피고인의 공정한 재판을 받을 권리를 침해한다고 인정할 만한 상당한 이유가 있는 정보
⑤ 감사·감독·검사·시험·규제·입찰계약·기술개발·인사관리·의사결정 과정 또는 내부검토 과정에 있는 사항 등으로서 공개될 경우 업무의 공정한 수행이나 연구·개발에 현저한 지장을 초래한다고 인정할 만한 상당한 이유가 있는 정보
⑥ 당해 정보에 포함되어 있는 이름·주민등록번호 등 개인에 관한 사항으로서 공개될 경우 개인의 사생활의 비밀 또는 자유를 침해할 우려가 있다고 인정되는 정보. 다만, 다음에 열거한 개인에 관한 정보는 제외한다.
   가. 법령이 정하는 바에 따라 열람할 수 있는 정보
   나. 공공기관이 공표를 목적으로 작성하거나 취득한 정보로서 개인의 사생활의 비밀과 자유를 부당하게 침해하지 않는 정보
   다. 공공기관이 작성하거나 취득한 정보로서 공개하는 것이 공익 또는 개인의 권리구제를 위하여 필요하다고 인정되는 정보
   라. 직무를 수행한 공무원의 성명·직위
   마. 공개하는 것이 공익을 위하여 필요한 경우로서 법령에 의하여 국가 또는 지방자치단체가 업무의 일부를 위탁 또는 위촉한 개인의 성명·직업
⑦ 법인, 단체 또는 개인(이하 "법인 등"이라 한다)의 경영·영업상 비밀에 관한 사항으로서 공개될 경우 법인등의 정당한 이익을 현저히 해할 우려가 있다고 인정되는 정보. 다만, 다음에 열거한 정보를 제외한다.
   가. 사업활동에 의하여 발생하는 위해로부터 사람의 생명·신체 또는 건강을 보호하기 위하여 공개할 필요가 있는 정보
   나. 위법·부당한 사업활동으로부터 국민의 재산 또는 생활을 보호하기 위하여 공개할 필요가 있는 정보
⑧ 공개될 경우 부동산 투기·매점매석 등으로 특정인에게 이익 또는 불이익을 줄 우려가 있다고 인정되는 정보

5) 정보공개 청구의 절차

정보의 공개를 청구하는 자(이하 '청구인'이라 한다)는 당해 정보를 보유하거나 관리하고 있는 공공기관에 대하여 정보공개청구서를 제출하거나 구술(口述)로써 정보의 공개를 청구할 수 있다. 정보공개청구서에는 청구인의 이름·주민등록번호·주소 및 연락처(전화번호·전자우편주소 등을 말한다), 공개를 청구하는 정보의 내용 및 공개 방법을 기재하게 되어 있다.

정보공개 청구를 접수한 공공기관은 청구를 받은 날부터 10일 이내에 공개 여부를 결정해야 한다. 부득이한 사유로 10일 이내에 공개 여부를 결정할 수 없는 때에는 그 기간의 만료일 다음 날부터 기산하여 10일 이내의 범위에서 공개 여부 결정 기간을 연장할 수 있다. 공공기관은 다른 공공기관이 보유·관리하는 정보의 공개 청구를 받은 때에는 지체없이 이를 소관기관으로 이송하여야 하며, 이송을 한 공공기관은 지체없이 소관기관 및 이송 사유 등을 명시해 청구인에게 문서로 통지해야 한다. 정보공개를 청구한 날부터 20일 이내에 공공기관이 공개 여부를 결정하지 아니한 때에는 비공개의 결정이 있는 것으로 본다.

6) 공개의 방법

공공기관이 정보의 공개를 결정한 때에는 공개 일시·공개 장소 등을 명시해 청구인에게 통지해야 한다. 공공기관이 정보를 공개함에 있어 당해 정보의 원본이 오손 또는 파손될 우려가 있거나 그 밖에 상당한 이유가 있다고 인정될 때에는 당해 정보의 사본·복제물을 공개할 수 있다.

공개 청구한 정보에 비공개 사유에 해당하는 부분과 공개가 가능한 부분이 혼합되어 있는 경우로서 공개 청구의 취지에 어긋나지 아니하는 범위 안에서 두 부분을 분리할 수 있는 때에는 비공개 사유에 해당하는 부분을 제외하고 공개해야 한다.

정보를 공개하는 방법에는 열람하게 하거나 그 사본·복제물을 교부하는 것 또는 '전자정부법' 제2조 제7호의 규정에 의한 정보통신망(이하 '정보통신망'이라 한다)을 통해 정보를 제공하는 것 등이 인정된다. 대법원 판례에 의하면 정보공개 청구를 접수한 공공기관은 청구인이 원하는 방식대로 공개를 해야 한다.[32] 즉 청구인이 사본을 공개하기를 원하면 사본을 공개해야 하고, 열람을 원하면 열람하게 해야 한다. 다만, 공공기관은 공개 대상 정보의 양이 과다하여 정상적인 업무 수행에 현저한 지장을 초래할 우려가 있는 경우에는 정보의 사본·복제물을 일정 기간별로 나누어 교부하거나 열람과 병행하여 교부할 수 있다(정보공개법 제13조 제2항). 만약 정보의 사본·복제물을 일정 기간별로 나누어 교부하거나 열람과 병행하여 교부하는 때에는 청구인으로 하여금 먼저 열람하게 한 후 사본·복제물을 교부하되, 특별한 사정이 없는 한 2월 이내에 교부를 완료해야 한다.

공공기관은 전자적 형태로 보유·관리하는 정보에 대해 청구인이 전자적 형태로 공개하여 줄 것을 요청하는 경우에는 당해 정보의 성질상 현저히 곤란한 경우를 제외하고는 청구인의 요청에 응해야 한다. 공공기관이 전자적 형태로 보유·관리하지 아니하는 정보에 대해 청구인이 전자적 형태로 공개해 줄 것을 요청한 경우에는 정상적인 업무 수행에 현저한 지장을 초래하거나 당해 정보의 성질이 훼손될 우려가 없는 한 그 정보를 전자적 형태로 변환해 공개할 수 있다.

7) 제3자의 보호

정보공개에 의해 제3자의 사생활이 공개된다든지 하는 피해가 발생할 수 있다. 그래서 정보공개법 제11조 제3항은 공공기관은 공개 청구된 공개 대상정보의 전부 또는 일부가 제3자와 관련이 있다고 인정되는 때에는 그 사실을 제3자에게 지체없이 통지해야 하며, 필요한 경우에는 그의 의견을 청취할 수 있도록 하고 있다.

그리고 공개 청구된 사실을 통지받은 제3자는 통지받은 날부터 3일 이내에 당해 공공기관에 대해 자신과 관련된 정보를 공개하지 아니할 것을 요청할 수 있다. 비공개 요청에도 불구하고 공공기관이 공개 결정을 하는 때에는 공개 결정 이유와 공개 실시일을 명시해 지체없이 문서로 통지해야 하며, 제3자는 당해 공공기관에 문서로 이의신청을 하거나 행정심판 또는 행정소송을 제기할 수 있다. 이 경우 이의신청은 통지를 받은 날부터 7일

32) 대법원 2003. 12. 12. 2003두8050 등.

이내에 해야 한다.

8) 정보공개심의회

국가기관, 지방자치단체 및 정부투자기관관리기본법 제2조의 규정에 의한 정부투자기관(이하 '국가기관 등'이라 한다)은 정보공개 여부 등을 심의하기 위해 정보공개심의회(이하 '심의회'라 한다)를 설치·운영한다. 심의회는 위원장 1인을 포함하여 5인 내지 7인의 위원으로 구성한다. 심의회의 위원장을 제외한 위원은 소속 공무원, 임·직원 또는 외부 전문가로 지명 또는 위촉하되, 그 중 2분의 1은 당해 국가기관 등의 업무 또는 정보공개의 업무에 관한 지식을 가진 외부 전문가로 위촉해야 한다.

9) 정보의 공표

정보공개법 제7조에서는 '행정정보의 공표 등'이라는 제목 하에 일정한 정보[33]에 대해서는 공개의 구체적 범위, 공개의 주기·시기 및 방법 등을 미리 정해 공표하고, 이에 따라 정기적으로 공개하도록 하고 있다. 이는 국민의 정보공개 청구가 없어도 일정한 정보는 적극적으로 공개하도록 함으로써 국민의 알 권리를 더욱 충실하게 실현하려는 것이다.

10) 불복절차

공공기관은 정보의 비공개 또는 부분공개 결정을 한 때에는 그 사실을 청구인에게 지체없이 문서로 통지해야 한다. 이 경우 비공개 이유·불복방법 및 불복절차를 구체적으로 명시해야 한다.

통지를 받은 청구인은 이의신청을 할 수 있다. 이의신청은 공공기관으로부터 정보 공개 여부의 결정 통지를 받은 날 또는 비공개의 결정이 있는 것으로 보는 날부터 30일 이내에 당해 공공기관에 문서로 할 수 있다. 이의신청을 받은 공공기관은 7일 이내에 그 이의신청에 대해 결정하고 그 결과를

---

33) 1. 국민생활에 매우 큰 영향을 미치는 정책에 관한 정보
2. 국가의 시책으로 시행하는 공사(공사) 등 대규모의 예산이 투입되는 사업에 관한 정보
3. 예산집행의 내용과 사업평가 결과 등 행정감시를 위하여 필요한 정보
4. 그 밖에 공공기관의 장이 정하는 정보

청구인에게 지체없이 문서로 통지해야 한다. 다만, 부득이한 사유로 정해진 기간 이내에 결정할 수 없는 때에는 그 기간의 만료일 다음 날부터 기산하여 7일 이내의 범위에서 연장할 수 있으며, 연장 사유를 청구인에게 통지해야 한다. 이의신청은 청구인이 선택할 수도 있고, 그렇지 않고 곧바로 행정심판이나 행정소송을 제기할 수도 있는 임의적 절차이다.

한편 청구인은 이의신청을 거쳐 또는 이의신청을 거치지 않고 행정심판법이 정하는 바에 따라 행정심판을 청구할 수 있다. 또한 청구인은 행정소송을 제기할 수도 있다. 행정소송은 이의신청 또는 행정심판을 거쳐서 제기할 수도 있고, 곧바로 제기할 수도 있다. 행정소송절차에서 재판장은 필요하다고 인정되는 때에는 당사자를 참여시키지 아니하고 제출된 공개청구정보를 비공개로 열람・심사할 수 있다.

3 지방자치단체의 행정정보공개조례

정보공개법 제4조 제2항에서는 "지방자치단체는 그 소관사무에 관하여 법령의 범위 안에서 정보공개에 관한 조례를 정할 수 있다"라고 하여 조례 제정의 근거를 마련해 놓고 있다. 이 조항에 근거하여 각 지방자치단체는 행정정보공개조례를 제정해 운영하고 있다.

지방자치단체의 행정정보공개조례에서는 정기적으로 또는 수시로 공표할 정보에 대해 규정하고, 정보공개심의회의 구성 및 운영, 행정정보 공개에 소요되는 비용의 부담에 관하여 규정하고 있는 경우가 보통이다.

제6장 지방자치단체의 사무

제1절 지방자치단체의 사무 체계의 발전

지방자치단체가 처리하는 사무는 전통적으로 지방적인 사무와 국가사무로 구별되어 왔다.[1] 그리고 그 사무의 종류에 따라 지방자치단체의 책임이 다르고, 지방자치단체에 대한 국가의 감독과 비용 부담 문제가 달라진다.

지방자치단체의 사무를 고유사무인 지방적인 사무와 위임사무인 국가사무로 양분해서 생각하는 것은 19세기의 국가와 지방자치단체 간의 대립 관계를 반영하고 있다. 당시의 이원적인 사고 방식은 자유주의적인 시민사회와 군주제적인 국가의 긴장 관계 내지 대립 관계에서 출발했다. 지방자치는 곧 시민의 자유를 의미했고 국가는 국가적인 권력 집중과 통일성을 뜻했다. 그에 따라 지방자치단체의 고유사무는 시민의 자율과 자기책임 하에 처리되는 사무로, 위임사무는 국가의 지시에 의해 처리되는 타율적인 사무로 규정되었다. 지방자치단체가 양 사무를 모두 처리하는 것은 한편으로는 국가와 시민사회의 대립이 지방자치단체 내에 내재함을 의미하고, 다른 한편으로는 대립이 지방자치단체를 통해서 해소됨을 의미했다.

---

1) 이는 이미 1789년 프랑스 의회의 입법에서 나타났다(Gönnenwein, *Gemeinderecht*, S.86.

고유사무와 위임사무의 구별이 가장 뚜렷하게 나타난 것은 1849년 3월 17일의 오스트리아 임시헌법 제Ⅳ조이다. 자치사무(Selbstverwaltungsangelegenheit)와 위임사무(Auftragsangelegenheit)의 개념은 1920년 11월 20일의 프로이센 헌법 제72조에서 사용되었다. 자치사무와 위임사무의 구별은 고유사무와 위임사무의 구별과 실질상의 차이가 없었다.

이와같이 지방자치단체의 사무를 자치사무와 위임사무로 이분하는 것에 대해 제2차 세계대전 이전에는 이론(異論)이 없었다. 오늘날도 독일의 많은 주에서는 전통적인 이원주의 체제를 유지하고 있다.[2)]

그런데 독일의 다른 일부 주에서는 이와 다른 체계를 취하고 있다. 이들 주의 지방자치법은 지방자치단체의 사무 체계에 관해 전통적인 이원주의를 극복하고 일원주의를 채택했다.[3)] 이들 주에서는 법률에 특별한 규정이 없는 한 지방자치단체가 모든 공공행정의 유일한 주체이고 자기책임하에서 이들 업무를 수행한다. 또한 지방자치단체는 법률의 규정에 따라 특정한 사무를 수행할 의무를 부담한다. 이들 의무사무(Pflichtaufgaben)도 그 수행 여부는 법률에 의해 결정되지만 수행 방법은 자기책임에 의한다. 다만 법률로써 특별히 의무사무를 국가의 지시에 따라 수행하도록 규정할 수도 있다. 이러한 사무를 지시에 따른 의무사무 혹은 지시사무(Weisungsaufgaben)라고 한다. 따라서 이들 주에서는 지방자치단체가 수행하는 사무에는 임의적 사무, 의무사무, 지시사무의 세 가지 유형이 있다.

우리 나라의 지방자치법 제9조 제1항은 지방자치단체의 사무 범위에 대해 "관할구역의 자치사무와 법령에 따라 지방자치단체에 속하는 사무"라고 규정함으로써, 지방자치단체의 사무를 자치사무와 위임사무로 구분하는 전통적인 이원주의를 채택하고 있다. 또한 지방자치법 제166조, 제167조에서 자치사무와 위임사무를 구분해 감독 기준을 달리 정함으로써 이원주의적 성격을 명백히 하고 있다.

---

2) 이원주의 체제를 유지하고 있는 곳으로는 구 서독지역 중에서 Bayern, Niedersachsen, Rheinland-Pfalz, Saarland 등이 있고, 구동독지역에서 편입된 지역인 Brandenburg, Mecklenburg-Vorpommern, Sachsen-Anhalt, Thüringen 등에서 도입했다.

3) 일원주의를 취하는 곳으로는 구서독지역에서 Baden-Württemberg, Hessen, Nordrhein-Westfalen, Schleswig-Holstein 등이 있고, 구동독지역에서 편입된 곳에서는 Sachsen에서 도입했다.

제 2 절 지방자치단체의 사무 유형

1 자치사무

지방자치단체가 그의 사무를 수행하면서 국가나 다른 지방자치단체로부터 간섭을 받음이 없이 자기책임 하에 처리하는 사무를 자치사무 혹은 고유사무라고 한다. 헌법 제117조 제1항의 '주민의 복리에 관한 사무' 중에서 법령에 의해 국가나 그밖의 행정 주체에게 귀속된 사무를 제외한 모든 사무가 자치사무로 된다.

지방자치단체가 자치사무를 처리하는 경우에 국가와 지방자치단체는 대등한 법적 지위를 가지며 그들 사이의 법률 관계는 외부 관계를 형성한다. 국가의 위법한 간섭에 대해 지방자치단체는 행정소송, 헌법소송 등을 제기해 권리구제를 받을 수 있다. 감독에서도 국가는 합법성의 통제를 할 수 있음에 그치고 지방자치단체에 대한 사전·사후적인 합목적성의 통제를 할 수 없다. 그리고 자치사무의 수행에 필요한 경비는 원칙적으로 지방자치단체가 부담할 의무를 진다(지방자치법 제141조 본문). 지방재정법 제20조에서도 "지방자치단체의 관할구역의 자치사무에 필요한 경비는 당해 지방자치단체가 그 전액을 부담한다"라고 규정하고 있다. 또한 자치사무는 당해 지방자치단체의 사무이므로 지방의회는 당연히 자치사무와 관련해 조례를 제정할 수 있고, 행정사무감사나 조사 등을 통해 관여할 수 있다.

자치사무는 그 사무의 처리 의무가 법령에 의해 부과되어 있는지의 여부에 따라 임의적인 자치사무와 의무적인 자치사무로 구분된다.

1) 임의적인 자치사무

임의적인 자치사무는 지방자치단체가 그 사무를 수행할 것인지를 스스로의 의사에 따라 결정할 수 있는 자치사무를 말한다. 수의사무(隨意事務)라고도 한다.[4] 법령에 의해 의무화되어 있지 않은 자치사무는 원칙적으로 임의적 자치사무라고 볼 수 있다. 그리고 법령에 그 사무의 수행에 관한 근거 규정이 있더라도, "(지방자치단체가) 할 수 있다"라고 규정되어 있는 사무도 그 수행 여부는 지방자치단체의 의사에 달려 있으므로 임의적인 자치사무라고 할 수 있다.[5)]

임의적인 자치사무에서는, 지방자치단체가 그 사무를 수행할 것인지의 여부와 어떻게 수행할 것인가에 대해 외부의 간섭 없이 스스로 합목적적이라고 판단하는 바에 따라서 자기책임하에 결정할 수 있다. 지방자치단체는 이러한 사무를 수행할 의무는 갖지 아니하며, 사무를 수행할 권한을 가진다. 따라서 언제든지 임의적 자치사무에 속하는 사무를 수행할 수 있으며 수행하던 사무를 중단할 수도 있다. 지방자치단체가 어느 정도로 임의적인 자치사무를 수행하는가 하는 것은 지방자치단체의 행정적 · 재정적 능력과 밀접하게 관련되어 있다.

2) 의무적인 자치사무

의무적인 자치사무는 자치사무이긴 하지만 임의적인 자치사무와는 달리 그것을 수행하는 것이 법령에 의해 지방자치단체의 의무로 규정되어 있는 사무를 말한다. 필요사무라고도 한다.[6)] 의무적 자치사무에 관해 지방자치단체는 그 사무를 수행할 것인지의 여부에 대해서는 결정의 자유가 없다. 그에 대해서는 이미 법령의 형식으로 수행 의무가 부과되어 있기 때문이다. 다만 지방자치단체는 어떻게 그 사무를 수행할 것인가에 대해서만 자기책임 하에 재량으로 결정할 수 있다.

의무적 자치사무의 예로는 교육기본법 및 초 · 중등교육법에 의한 초등학교의 설치 · 운영, 전염병예방법에 의한 예방 접종, 소방기본법에 의한 소방사무 등을 들 수 있다.[7)]

---

4) 천병태 외, 앞의 책, 277쪽.

5) 예를 들어 "지방교육재정교부금법 제11조 제5항은 시 · 군 · 자치구가 관할구역 안에 있는 고등학교 이하 각급 학교의 교육에 소요되는 경비의 일부를 보조할 수 있다고 규정하고 있으므로, 학교 급식시설의 지원에 관한 사무는 시 · 군 · 자치구의 자치사무에 해당한다(대법원 1996. 11. 29. 96추84)"라는 대법원 판결이 있는데, 이런 경우의 자치사무는 임의적 자치사무라고 할 것이다.

6) 천병태 외, 앞의 책, 277쪽.

2 단체위임사무

단체위임사무란 국가나 다른 지방자치단체가 법령에 의해 그의 사무를 공법상의 법인인 지방자치단체에게 위임한 경우를 말한다. 사무의 귀속은 국가에 속하지만 사무의 수행이 지방자치단체에게 위임된 사무이다 이것은 법기술적으로 국가가 지방자치단체에게 그의 사무를 위임하고, 그 사무의 수행에 대해 지시권과 같은 전문적인 감독권을 유보함으로써 이루어진다.[8] 단체위임사무는 국가나 다른 지방자치단체가 그의 사무를 수행하기 위해 지방자치단체의 인적·물적 조직을 이용하는 것이다.[9]

단체위임사무의 위임에는 개별 법령에 근거가 있어야 한다. 그리고 단체위임사무의 수행에 따르는 경비는 그 사무를 위임한 국가나 지방자치단체에서 부담하여야 한다(지방자치법 제141조 단서). 그에 따라 지방재정법 제21조 제2항에서는 국가가 스스로 행하여야 할 사무를 지방자치단체에 위임하여 수행하는 경우에, 그 소요되는 경비는 국가가 그 전부를 당해 지방자치단체에게 교부하도록 하고 있다. 또한 시·도가 시·군·자치구로 하여금 그 사무를 집행하게 하는 때에는 시·도가 그 사무집행에 소요되는 경비를 부담하도록 하고 있다(지방재정법 제28조).

통설에 의하면, 단체위임사무는 자치사무는 아니지만 위임에 의해 당해 지방자치단체의 사무로 되기 때문에 지방의회는 단체위임사무에 관여할 수 있다. 따라서 지방자치법 제22조에서 정한 조례제정권의 범위 내에서 단체위임사무에 관해서도 조례를 제정할 수 있고,[10] 행정사무감사 및 조사 등

7) 오용식, "자치입법실무", 『시·도 법률교육 교재』, 법제처, 2007, 143쪽.

8) 단체위임사무에 대해 국가의 지시권이 있는지가 논의되고 있으나, 단체위임사무의 수행에 대해서는 국가가 궁극적으로 책임을 지므로 국가는 단체 위임사무에 대해 합목적적인 감독을 할 수 있으며, 법률에 특별한 규정이 없는 한 명시적인 법적 근거가 없더라도 지시권 등의 감독 수단을 행사할 수 있다고 보아야 할 것이다. 이처럼 국가가 합목적성의 통제를 할 수 있다는 점에서는 단체위임사무와 자치사무는 구별되며 구별의 실익이 없는 것은 아니다.

9) 우리 나라에서 단체위임사무라고 부르는 것을 독일에서는 그냥 위임사무(Auftragsangelegenheiten 혹은 Übertragene Aufgaben)라고 부른다.

10) 지방자치법 제22조 본문에서는 "지방자치단체는 법령의 범위 안에서 그 사무에 관하여

을 통해 관여할 수 있다.

현행법상 단체위임사무의 예는 많지 않다. 현행법상의 예로는 국가가 직할하천의 점용료 등의 징수를 시·도에 위임한 것(하천법 제38조 제3항), 도가 도세징수사무를 시·군에 위임한 것(지방세법 제53조), 지방자치단체가 다른 지방자치단체에 의무교육 학령아동의 일부에 대한 교육사무를 위탁한 것(초·중등교육법 제12조 제3항)을 들 수 있다.[11)]

3 기관위임사무

기관위임사무란 국가나 다른 지방자치단체가 그의 사무를 지방자치단체의 장에게 위임해 처리하게 하는 사무를 말한다. 공법상의 법인인 지방자치단체에게 위임하는 것이 아니라 그의 기관(시·도지사, 시장·군수·구청장)에게 위임하는 것이라는 점에서 단체위임사무와 구별된다.

국가가 그의 사무를 지방자치단체에게 위임해 지방화하든가(단체위임사무) 아니면 지방자치단체의 집행기관을 그의 행정기관으로 차용해 사무를 수행하게 하든가(기관위임사무) 하는 것은 사무의 성질에 따라 결정될 수 있는 것은 아니고, 입법자의 입법정책에 의해 결정된다.

현행 지방자치법 제102조에서는 '국가사무의 위임'이라는 제목하에 "시·도와 시·군 및 자치구에서 시행하는 국가사무는 법령에 다른 규정이 없으면 시·도지사와 시장·군수 및 자치구의 구청장에게 위임하여 행한다"라고 규정함으로써 기관위임사무의 근거를 두고 있다.

이와 같은 기관위임사무를 처리할 때는 지방자치단체의 기관은 당해 지방자치단체의 기관으로서가 아니고 국가의 하부행정기관으로서의 법적 지위를 갖는다. 지방자치단체의 장이 동일한 직함을 사용하더라도 양자의 지위는 엄격하게 구별되어야 한다. 참고로 독일의 지방자치단체장이 발급하

조례를 제정할 수 있다"라고 규정하여 자치사무와 단체위임사무를 구분하지 않고 조례제정권을 인정하고 있다. 대법원도 "지방자치법의 관련 규정에 의하면 지방자치단체는 원칙적으로 그 고유사무인 자치사무와 법령에 의하여 위임된 단체위임사무에 관하여 이른바 자치조례를 제정할 수 있다"는 취지로 판결하고 있다(대법원 2000. 11. 24. 2000추29).

11) 오용식, 앞의 글, 149쪽.

는 공문서에는 이런 사무에 대해서 국가기관으로서의 지방자치단체기관임을 명기하고 있다.

이러한 의미의 기관위임사무와 관련해서는 국가사무를 수행하는 지방자치단체의 기관이 그 범위 내에서 국가의 사무를 수행하기 위해 국가의 하부행정기관으로 편입된 것이다. 그리고 국가는 그의 사무를 수행하기 위해 지방자치단체로부터 그의 기관을 빌린 것이 된다. 이런 의미에서 독일에서는 '기관차용(Organleihe)'이라고 부른다. 그 사무의 수행시에는 국가기관의 지휘·감독을 받으며 합법성 통제뿐만 아니라 합목적성의 통제도 받는다. 기관위임사무의 관리 및 집행을 명백하게 해태한 때에는 감독관청은 직무이행명령도 할 수 있고, 기간 내에 이행하지 않을 때에는 대집행도 할 수 있다(지방자치법 제170조).

기관위임사무의 수행에 소요되는 경비는 위임을 한 국가나 다른 지방자치단체가 전액을 부담하는 것이 원칙이다. 이와 관련해서 지방자치법 제141조 단서에서는 국가사무나 지방자치단체 사무를 위임할 때에는 이를 위임한 국가나 지방자치단체에서 그 경비를 부담하도록 규정하고 있고, 지방재정법 제21조 제2항에서도 국가가 스스로 행하여야 할 사무를 지방자치단체의 기관에 위임해 수행하는 경우에 그 소요되는 경비는 국가가 그 전부를 당해 지방자치단체에 교부하도록 하고 있다. 또한 지방재정법 제28조에서는 시·도지사가 시장·군수·구청장으로 하여금 그 사무를 집행하게 하는 때에는 시·도가 그 사무 집행에 소요되는 경비를 부담하도록 규정하고 있다.

한편 기관위임사무에 대해서는 지방의회가 관여할 수 없는 것이 원칙이다. 왜냐하면 기관위임사무는 당해 지방자치단체의 사무가 아니기 때문이다. 그래서 기관위임사무에 대해서는 지방의회가 조례제정권을 행사할 수 없는 것이 원칙이다. 다만 기관위임사무에서도 그에 관한 개별 법령에서 일정한 사항을 조례로 정하도록 위임하고 있는 경우에는 위임받은 사항에 관해 개별 법령의 취지에 부합하는 범위 내에서 '위임조례'를 제정할 수 있다.[12)]

그리고 기관위임사무에 대한 지방의회의 감사에 대해서는 지방자치법

12) 대법원 2000. 5. 30. 99추85 등.

제41조 제3항에서 특례규정을 두고 있다. 즉 기관위임사무에 대해서 국회(국가가 위임한 사무의 경우)나 시·도의회(시·도가 시·군·자치구에 위임한 사무의 경우)가 직접 감사하기로 한 사무 외에는 그에 대한 감사를 지방의회가 할 수 있도록 하고 있다. 이 경우에 국회나 시·도의회는 감사 결과에 대해 그 지방의회에 필요한 자료를 요구할 수 있도록 하고 있다.

현행법상 기관위임사무는 광범위하게 존재한다. 기관위임사무인지 여부에 대해 다툼이 있어 판례에 의해 기관위임사무로 인정된 예로는, '발전소주변지역 지원에 관한 법률'에 의한 발전소 주변지역 지원사업, 도시공원법에 의한 도시공원에 관한 조성계획의 결정 및 변경 결정, 골재채취법에 의한 골재채취업 등록 및 골재채취 허가사무 등이 있다.[13]

제 3 절 사무의 종류에 따른 차이와 구별 기준

1 사무 종류에 따른 차이

위에서 지방자치단체의 사무를 유형별로 구분하고 그 특징을 살펴보았다. 사무의 유형에 따라 지방의회의 관여 여부, 조례 제정 가능 여부, 국가감독의 범위 및 수단, 비용의 부담 등이 상이하므로 구별의 실익이 있다.

첫째, 자치사무와 단체위임사무의 경우에는 지방의회가 관여할 수 있으나,[14] 기관위임사무의 경우에는 원칙적으로 지방의회가 관여할 수 없다. 다만 일정한 경우에는 지방의회가 기관위임사무에 대해 감사를 할 수 있도록 하는 지방자치법 제41조 제3항의 조항이 있음은 앞서 살펴보았다.

---

13) 대법원 1999. 9. 17. 99추30, 2000. 5. 30. 99추85, 2004. 6. 11. 2004추34.

14) (단체)위임사무는 원래 국가사무이므로 주민의 대표기관인 지방의회가 관여하지 못하고 예외적으로 법률의 명시적인 규정이 있는 경우에만 관여할 수 있다고 보는 것이 독일에서 일반적인 입장이다. 이에 대해 한국에서는 단체위임사무에 대해 지방의회의 관여권을 당연히 인정하는 것이 일반적인 추세이다. 조례제정권도 마찬가지이다.

둘째, 자치사무와 단체위임사무에 대해서는 지방의회가 조례제정권을 가지고 있으나, 기관위임사무에 대해서는 원칙적으로 지방의회의 조례제정권이 인정되지 않는다는 것이다. 다만 개별 법령에서 일정한 사항을 조례로 정하도록 위임하고 있는 경우에 한해 기관위임사무에 대해서도 위임조례를 제정할 수 있다.

셋째, 자치사무에 대해서는 국가가 합법성의 통제만을 할 수 있는 반면에 단체위임사무나 기관위임사무에 대해서는 합목적성의 통제도 가능하다. 따라서 자치사무에 대해서는 법령에 위반하는 명령·처분만 시정명령 등의 대상이 되나, 단체위임사무나 기관위임사무에 대해서는 "현저히 부당하여 공익을 해친다고 인정되는 경우"에도 시정명령 등을 내릴 수 있다(지방자치법 제169조 제1항). 또한 자치사무에 대한 행정자치부 장관 등의 감사는 법령 위반 사항에 대해서만 실시할 수 있다(지방자치법 제171조). 한편 지방자치단체의 장이 기관위임사무의 관리와 집행을 명백히 게을리하는 경우에는 직무이행명령을 내리고, 이행명령을 이행하지 않을 경우에는 대집행도 할 수 있다(지방자치법 제170조 제1항 및 제2항).

넷째, 비용 부담과 관련해서, 자치사무로 인한 경비는 원칙적으로 지방자치단체가 부담하지만, 단체위임사무와 기관위임사무로 인한 경비는 사무를 위임한 국가나 다른 지방자치단체가 부담한다.

다섯째, 감독기관에서 차이가 난다. 자치사무에 대해서는 법률에 다른 규정이 있는 경우를 제외하고는 행정자치부 장관이 최고 감독기관이 되지만, 단체위임사무와 기관위임사무에 대해서는 주무부 장관이 최고 감독기관이 된다. 다만 자치사무에 대해서도 법률에서 주무부 장관을 감독기관으로 정하는 경우가 있다. 예컨대, '지방교육자치에 관한 법률'에서는 자치사무인 지방교육사무에 대한 감독관청을 교육인적자원부 장관으로 규정하고 있다.

여섯째, 행정심판에서의 재결청에 관해 이론적 차이가 있다. 자치사무에 대한 합목적성 판단은 최종적으로 당해 지방자치단체가 해야 하므로 행정심판기관도 처분청인 지방자치단체인 것이 이론적으로는 맞다.[15] 그리고 단체위임사무나 기관위임사무에 대해서는 시·도지사 또는 중앙정부의 소

15) 이에 관해서는 문상덕, "행정심판과 지방자치", 『지방자치법연구』 제6권 제2호, 한국지방자치법학회, 2006. 325쪽 이하 참조.

관 감독행정기관이 재결청이 되어야 할 것이다. 그러나 현행 행정심판법상으로는 특별시장·광역시장·도지사의 처분 또는 부작위에 대하여는 각 소관 감독행정기관이 재결청이 되고, 특별시장·광역시장 또는 도지사의 관할구역 안에 있는 자치행정기관의 처분 또는 부작위에 대하여는 각각 특별시장·광역시장·도지사가 재결청이 되도록 하여, 자치사무, 단체위임사무 및 기관위임사무 간에 차이를 두지 않고 있다(행정심판법 제5조 제3항 및 제4항).

분 류	기존의 사무 체계		
	자치사무	단체위임사무	기관위임사무
감독의 기준	합법성 여부	합법성+합목적성	합법성+합목적성
감독의 수단	법률에 규정된 감독수단에 한정	법정 수단+지시 등	법정 수단+지시 등
감독기관	행정자치부 장관, 시도지사(법률에 특별히 규정된 경우는 예외)	주무부처	주무부처
지방의회의 조사, 감사	허용	허용(이설 있음)	불허용이 원칙이지만, 지방자치법 제41조 제3항에서 예외 규정을 둠
조례제정권	있음	있음(이설 있음)	없음
비용 부담	지방자치단체	국가(예외 있음)	국가(실제와 상이)
행정심판기관	이론적으로는 당해 지방자치단체이나, 행정심판법상으로는 시·도지사 또는 중앙정부의 소관 감독기관	시·도지사 또는 중앙정부의 소관 감독기관	시·도지사 또는 중앙정부의 소관 감독기관
국가배상의 주체	지방자치단체	국가	국가
단체장의 지위	지방자치단체의 기관	지방자치단체의 기관(간접적 국가기관)	국가기관
중앙정부와 소송	허용	불허용(법률로 예외)	불허용(법률로 예외)

일곱째, 국가배상의 주체에서도 차이가 난다. 자치사무에 대한 국가배상은 당해 지방자치단체가 해야 하지만, 단체위임사무나 기관위임사무에 관한 국가배상은 사무의 귀속 주체인 국가에게 최종적인 부담 책임이 있다.

여덟째, 사무를 집행하는 지방자치단체의 장의 지위에 차이가 있다. 자치사무를 수행하는 지방자치단체의 장은 지방자치단체의 기관이지만, 단체위임사무를 수행하는 지방자치단체의 장은 지방자치단체기관의 지위를 가지면서도 국가사무를 수행한다는 점에서 간접적으로는 국가기관의 지위에 있다고 볼 수 있다. 기관위임사무의 수행시에 지방자치단체의 장은 국가기관으로서의 지위에 있다.

아홉째, 자치사무에서는 중앙정부와 외부 관계를 이루므로 자치권 침해에 대해 소송이 허용되지만 단체위임사무나 기관위임사무는 내부 관계이므로 법률에 규정이 있는 경우에만 소송이 허용된다.

2 구별의 기준에 관한 판례의 태도

사무 구분은 앞에서 논의한 차이가 있으므로 구분의 실익이 있으나, 문제는 구체적인 사무가 어느 유형의 사무에 속하는가 하는 점이다. 지방자치단체의 자치권의 구체적인 내용은 헌법 제117조 제1항과 제118조 제2항에 따라 법률유보되어 있으므로, 입법자는 그의 입법 재량에 따라 어떤 사무를 자치사무로, 단체위임사무로, 기관위임사무로 결정할 수 있다. 따라서 어떤 사무가 어느 유형의 사무에 속하는지는 사무의 성질에 따라 당연히 결정되는 것이 아니고 입법자가 어떻게 결정했는가에 따라 좌우된다. 다만 입법자는 헌법 제117조 제1항의 지방자치에 대한 제도적 보장에 의해 지방자치권의 본질적 내용을 이루는 사무를 지방자치단체로부터 박탈해 국가사무로 할 수는 없기 때문에 그의 입법 재량에는 한계가 있다.

그런데 실제로는 어떤 사무가 어느 유형의 사무에 속하는지를 구별하기가 용이하지 않은 경우가 많다. 이는 입법자가 사무의 유형을 분명하게 규정하지 않았기 때문이다. 실제로 법규정상 어느 유형의 사무에 속하는 것인지가 불분명한 경우들이 많아서 관련된 분쟁도 다수 발생하고 있다.

대법원 판례는 자치사무와 기관위임사무의 구분 기준에 대해 “법령상 지방자치단체의 장이 처리하도록 규정하고 있는 사무가 자치사무인지 기관위임사무에 해당하는지 여부를 판단함에 있어서는 그에 관한 법령의 규정 형식과 취지를 우선 고려해야 할 것인지만, 그 외에도 그 사무의 성질이 전국적으로 통일적인 처리가 요구되는 사무인지 여부나 그에 관한 경비 부담과 최종적인 책임귀속의 주체 등도 아울러 고려하여 판단하여야 한다"(대법원 1999. 9. 17. 99추30, 2001. 11. 27. 2001추57 등)는 입장이다.[16]

즉 대법원은 법령의 규정 형식과 취지를 우선적으로 고려하되, 아울러 고려해야 하는 요소로 사무의 성질, 경비 부담, 최종 책임 귀속의 주체 등을 들고 있는 것이다. 그러나 이러한 기준도 매우 불명확하여 구분에 어려움을 겪고 있다.

3 판례에 대한 비판

판례가 제시한 기준의 불명확성을 떠나서 기준 자체에 대해서도 아래와 같은 비판이 가능하다.

첫째, 법률의 규정 형식과 취지에 의한 분류는 입법자가 개별적인 사무를 규정할 때 지방자치단체의 사무를 자치사무, 단체위임사무, 기관위임사무로 구분해 그에 따라 통일적인 표현 형식을 사용한 경우에만 가능하다. 만약 입법자가 그러한 구별을 의식하지 아니하고 입법을 했다면 법률 규정

16) 예를 들어 대법원이 '발전소 주변지역 지원에 관한 법률'에 의한 발전소 주변지역 지원사업은 기관위임사무라고 판단한 판례에서는, "발전소 주변지역 지원에 관한 법률은 지역개발 외에 전원 개발의 촉진과 발전소 및 방사성폐기물 관리시설의 원활한 운영 도모를 그 목적에 포함시키고 있고(제1조), 위 법상 발전소 주변지역에 대한 지원사업은 한국전력공사가 전국의 각 주변지역에 대한 장기계획을 각각 수립하여야 하며(제9조), 지원사업은 지방자치단체의 장 외에 위 공사도 그 시행 주체가 되어(제11조), 지원사업의 내용에 따라 각각 나누어 시행하게 되어 있고(같은 법 시행령 제19조 내지 제25조), 사업 시행에 필요한 경비는 기본적으로 위 공사가 출연하여 운용·관리하는 기금에 의하여 충당하게 되어 있는 점을 고려할 때(제4조 내지 제7조), 위 법상 발전소 주변지역에 대한 지원사업은 지방자치단체별로 재정 능력에 따른 차등이 없이 통일적으로 시행하여야 할 국가사무에 해당하나 다만 당해 지역의 사정과 지방자치단체가 시행하는 다른 복지 시책과 밀접한 관련하에서 시행할 필요가 있는 점을 고려하여 당해 지방자치단체의 장에게 시행을 위임한 기관위임사무에 해당한다"(대법원 1999. 9. 17. 99추30)라고 판단하고 있다.

의 표현 형식은 사무 구분의 기준이 될 수 없다. 개별법을 검토하여 보면 입법자의 의도가 분명하지 않은 경우가 대부분이므로 이는 구별의 기준으로 부적합하다.

둘째, 사무의 성질에 따라 분류하는 것은 사무를 전국적으로 통일적인 처리가 요구되는 사무인지 아닌지로 구별할 수 있다는 것을 전제로 한다. 그러나 실제로 양자의 구별은 매우 불분명하며 주관적이다. 사무의 성질에 따른 분류는 입법정책적인 측면에서 어느 정도 도움이 될 수 있으나, 이미 존재하는 사무를 분류하는 기준으로는 부적합하다.

따라서 사무 구분 기준의 불명확성은 입법을 통해 명확하게 해결될 필요가 있다. 입법자가 사무를 규정하면서 그 사무의 유형을 명확하게 하지 않아 혼란을 초래한다면 그것은 입법권의 방임에 해당하는 것이다. 그리고 입법자가 사무의 종류를 명확히 규정하지 않는 한 사무의 구분이 곤란하게 되어, 그에 따라 지방의회의 관여 여부, 조례 제정 가능 여부, 국가 감독의 범위와 수단, 비용의 부담 등을 결정하기 어렵게 되어 분쟁의 소지를 남기게 된다. 입법을 통해 명확히 하는 방법으로는, 예컨대 "……사무는 지방자치단체(시·도, 시·군·구)가 자치사무로 수행한다", "……사무는 지방자치단체가 위임사무로 처리한다", "……사무는 시·도지사 또는 시장·군수·자치구의 구청장이 국가의 기관으로서 처리한다"라는 식으로 입법상 사무의 유형을 명확하게 하는 방법을 생각할 수 있다.

4 기관위임사무 자체에 대한 비판

한편 기관위임사무 자체에 대해 정책적으로 많은 비판이 제기되고 있다. 기관위임사무에 해당되면 지방의회의 조례제정권이 인정되지 않으므로, 지방자치단체에서 실질적으로 수행하는 사무임에도 불구하고 자치입법권을 원칙적으로 행사할 수 없게 된다. 그뿐만 아니라 기관위임사무에 대해서는 중앙 주무부처의 광범위한 지휘·감독을 받기 때문에 기관위임사무의 광범위한 존재는 지방자치권을 사실상 형해화시킬 수 있다는 것이다.

또한 주민이 지방자치단체의 장을 선출할 때는 지방자치단체의 기관으로서 선출한 것이지 국가기관으로서 선출하는 것은 아니다. 그런데 기관위임사무를 처리하는 지방자치단체의 장을 지방자치단체의 기관이 아니라 국가기관으로 간주하는 기관차용제도는 주민의 기대에 어긋날 뿐만이 아니라 지방자치단체장을 국가의 하급기관으로 전락시킴으로써 지방자치단체장의 지위를 적지 않게 하락시킨다.

한편 단체위임사무와 기관위임사무를 구별하는 것 자체도 문제가 있다. 독일의 지방자치단체 사무 체계에서 초기에는 지방자치단체가 처리하는 국가사무(단체위임사무)와 그 기관이 처리하는 국가사무(기관위임사무) 간의 구분이 없었으나 나중에 다시 세분화되었다. 그리고 국가가 지방자치단체의 기관에게 직접 국가사무를 수행하게 하는 경우를 일반적인 위임사무(단체위임사무)와 구분해 독일에서는 기관 차용 혹은 제도 차용(Institutsleihe)이라고 부르게 되었다. 단체위임사무와 기관위임사무의 결정적인 차이는 지방자치단체의 기관이 더 이상 지방자치단체의 기관으로서 지위를 갖는 것이 아니라 직접적인 국가의 하급관청으로 된다는데 있다. 즉 단체위임사무를 수행하는 지방자치단체의 기관은 간접적인 국가기관으로 지위를 갖는데 비해 기관위임사무의 경우에는 직접적인 국가기관의 지위에 선다.

그러나 단체위임사무와 기관위임사무는 이와 같이 법 형식상으로 구분할 수 있다고 하더라도 양자의 개념적인 구분은 행정법 이론상 아직 확실하지 못하다. 특히 입법자들은 단체위임사무와 기관위임사무의 구분과 그로부터 도출되는 결과를 의식하지 아니하는 경우가 많으며, 어떤 경우에 기관 차용이 있게 되는지 분명하지 않다.[17] 단체위임사무와 기관위임사무는 역사적인 뿌리가 같고 모두 국가사무에 속하는 사무라는 점, 지방자치단체의 공무원이 관여해 사무를 처리하게 된다는 점 등에서 공통점을 가지며 더구나 입법자가 양자의 구분을 분명히 의식하고 있지도 않다는 점에서 양자의 구분이 반드시 의미를 가지는지에 대해서는 의문이 제기된다.[18] 또한 지방자치단체의 장이 단체위임사무를 처리하는 경우에 지방자치단체의 기관의 지위를 가지며, 기관위임사무의 경우에는 국가의 기관으로서 이중

17) Hans-Hermann Dehmel, *Übertragener Wirkungskreis Auftragsangelegenheiten und Pflichtaufgaben nach Weisung,* Berlin, 1970, S. 57.

18) Hans Vietmeier, *Die Staatlichen Aufgaben der Kommunen und ihrer Organe,* Berlin, 1992, S. 180.

적인 지위를 갖는다고 하는 것이 이론적으로 불가능한 것은 아니지만 지나치게 기교적이다. 단체위임사무를 수행하는 지방자치단체의 기관도 국가의 지시에 복종해야 하고 합목적적인 감독권의 영향을 받는다는 점에서 양자의 지위에 실질적인 차이가 얼마나 있는지도 의문이다. 따라서 기관위임사무 자체에 대해 근본적인 검토를 하는 것이 필요하다.

일본의 경우에는 지방분권을 추진하면서 기관위임사무를 폐지하고 지방자치단체가 처리하는 사무를 자치사무와 법정수탁사무로 재편했다.[19] 그 이유는 기관위임사무는 지방자치단체의 장을 국가의 하부기관으로 위치시켜 중앙행정기관의 포괄적인 지휘 감독을 받게 하는 중앙집권적인 행정의 핵심이라는 것이다. 그래서 지방분권의 핵심 과제로 기관위임사무를 폐지하게 된 것이다.

우리 나라의 경우에는 지방분권특별법 제9조 제1항에서 기관위임사무를 정비하도록 하고 있으나, 기관위임사무의 폐지에는 이르지 못하고 있다.

제 4 절 국가와 지방자치단체의 사무배분

'사무배분'이란 주민생활과 관련되는 여러 가지 사무를 국가와 지방자치단체, 그리고 광역지방자치단체와 기초지방자치단체 간에 어떻게 배분할 것인가의 문제이다.

1 사무배분의 원칙: 보충성의 원칙

지방자치의 가장 중요한 문제 중의 하나로 국가와 지방자치단체 간, 광역지방자치단체와 기초지방자치단체 간의 사무와 권한의 배분 문제를 들

19) 松本英昭, 앞의 책, 147-155쪽. 법정수탁사무의 처리는 법제도상 지방자치단체의 역할분담에 속하고, 이에 대해서는 조례의 제정이 가능하며, 지방의회의 다른 권한도 원칙적으로 미치는 것으로 보고 있다.

수 있다. 그 동안 사무배분에 관해 많은 논의와 노력이 있었음에도 불구하고 우리 나라는 여전히 고도의 중앙집권적인 권력구조를 청산하지 못하고 있으며, 지방분권을 통한 수직적 권력분립(vertical division of power)은 매우 미흡한 수준에 머무르고 있다.

이런 상황에서 국가와 지방자치단체, 그리고 광역지방자치단체와 기초지방자치단체 간의 사무배분과 관련해 중요한 단서를 제공해 주는 것이 '보충성의 원칙'이다. 보충성의 원칙은 개인에게 좀더 가까이 있는 공동체가 그 구성원의 복리를 충족시키는 것이 원칙이고, 그럴 수 없는 경우에 한해 비로소 먼 거리에 있는 공동체가 그 사무의 관할을 갖게 된다는 원칙을 말한다. 즉 공동체 상호간의 관할의 우선순위는 개인과 공동체 간의 '근접성'에 의해 정해진다는 것이다. 그리고 공간적·사물적으로 먼 거리에 있는 공동체는 가까운 공동체에 대해 보충적으로 관할권을 갖는다는 것이다.

'보충성의 원칙'이 강조되는 이유는 가까운 거리에 있는 공동체가 개인이 필요로 하는 것을 더 잘 알 수 있으며, 개인의 욕구와 관심사에 더 잘 부응할 수 있기 때문이다. 또한 개인은 가까이에 있는 공동체에 대해 더 쉽게 참여할 수 있기 때문이다. 이러한 보충성의 원칙은 중앙집권적인 국가나 전체주의 국가처럼 위에서 아래로 국가를 구성하는 것이 아니라, 아래에서 위로 국가공동체를 구성하는 조직 원칙이라고 할 수 있다.[20]

우리 나라의 지방자치법 제10조 제3항의 기초지방자치단체 우선의 원칙은 기초지방자치단체와 광역지방자치단체 간의 사무배분에서 보충성의 원칙을 명문으로 인정한 것에 해당한다.

이와 같은 보충성의 원칙은 국가와 지방자치단체 간의 사무배분에서도 마찬가지로 인정된다. 지방분권특별법 제6조 제2항에서는 사무배분의 원칙으로 보충성의 원칙을 명문화하고 있다. 즉 국가와 지방자치단체 간 또는 지방자치단체 상호간의 사무를 배분하는 경우에는, 지역주민 생활과 밀접한 관련이 있는 사무는 원칙적으로 시·군 및 자치구의 사무로, 시·군 및

20) 보충성의 원칙에 대해서는 Winfried Böttcherer/ Johanna Krawczynski, *Subsidiarität für Europa* 등 참조. 국내 문헌으로는 김기진, "보충성의 원칙에 관한 연구", 『토지공법연구』 제24권, 한국토지공법학회, 2004; 전훈, "보충성 원칙에 관한 고찰", 『성균관법학』, 제16권 제2호, 2004 등 참조.

자치구가 처리하기 어려운 사무는 특별시와 광역시 및 도의 사무로, 특별시와 광역시 및 도가 처리하기 어려운 사무는 국가의 사무로 각각 배분해야 하도록 규정하고 있다(지방분권특별법 제6조 제2항).

2 국가와 지방자치단체 간의 사무배분

1) 지방자치단체의 사무

지방자치법 제9조 제1항은 "지방자치단체는 그 관할구역의 자치사무와 법령에 의하여 지방자치단체에 속하는 사무를 처리한다"라고 규정하고 있고, 동조 제2항에서는 "제1항의 규정에 의한 지방자치단체의 사무를 예시하면 다음 각 호와 같다"라고 규정하고 있다. 그리고 제9조 제2항 각 호에서는 여러 가지 사무들을 나열하고 있다.

이렇게 지방자치법 제9조 제2항 각 호에서 나열된 사무는 한정적인 것이 아니라 예시적인 것이라고 보아야 한다. 지방자치법 제9조 제2항에서도 "제1항에 따른 지방자치단체의 사무를 예시"하는 것이라고 명시하고 있기 때문이다.

또한 주의할 것은 제9조 제2항에 예시된 사무가 모두 자치사무인 것은 아니고 단체위임사무도 일부 포함되어 있다는 것이다. 제9조 제2항에서 "제1항에 따른 지방자치단체의 사무"를 예시하는 것이라고 분명하게 표현하고 있고, 제1항의 사무에는 자치사무뿐만 아니라 단체위임사무도 포함되기 때문이다.

그리고 제9조 제2항 단서에서는 "법률에 다른 규정이 있는 경우에는 그러하지 아니하다"라고 규정하여 제9조 제2항에서 예시된 사무라고 하더라도 법률의 규정에 의해 국가사무가 될 수도 있도록 하고 있다. 그렇다면, 결국 제9조 제2항 각 호에 의해 예시된 사무가 가지는 법적인 의미는 법률의 규정에 의하지 아니하고는 국가사무 또는 기관위임사무가 될 수 없다는 정도의 의미라고 할 것이다.

그리고 제9조 제2항 각 호에 의해 예시되지 아니한 사무라고 하더라도 주민의 복리에 관한 사무는 자치사무로 될 수 있다. 제9조 제2항 각 호의 의미는 어디까지나 예시에 불과하기 때문이다. 그리고 개별 법률의 규정에 의해 국가사무가 지방자치단체에 위임되면 단체위임사무가 추가될 수도 있다.

지방자치법 제9조 제2항 각 호에 예시된 지방자치단체의 사무는 아래와 같다.

(1) 지방자치단체의 구역, 조직 및 행정관리 등에 관한 사무

① 관할구역 안 행정구역의 명칭·위치 및 구역의 조정
② 조례·규칙의 제정·개폐 및 그 운영·관리
③ 산하 행정기관의 조직관리
④ 산하 행정기관 및 단체의 지도·감독
⑤ 소속 공무원의 인사·후생복지 및 교육
⑥ 지방세와 지방세외수입의 부과 및 징수
⑦ 예산의 편성·집행 및 회계감사와 재산관리
⑧ 행정장비 관리, 행정전산화 및 행정관리 개선
⑨ 공유재산 관리
⑩ 호적 및 주민등록관리
⑪ 지방자치단체가 필요로 하는 각종 조사 및 통계의 작성

(2) 주민의 복지 증진에 관한 사무

① 주민복지에 관한 사업
② 사회복지시설의 설치·운영 및 관리
③ 생활곤궁자의 보호 및 지원
④ 노인·아동·심신장애자·청소년 및 부녀의 보호와 복지 증진
⑤ 보건진료기관의 설치·운영
⑥ 전염병 및 기타 질병의 예방과 방역
⑦ 묘지·화장장 및 납골당의 운영·관리
⑧ 공중접객업소의 위생 개선을 위한 지도
⑨ 청소, 오물의 수거 및 처리
⑩ 지방공기업의 설치 및 운영

(3) 농림 · 상공업 등 산업 진흥에 관한 사무

① 소류지(小溜池) · 보(洑) 등 농업용수시설의 설치 및 관리
② 농림 · 축 · 수산물의 생산 및 유통 지원
③ 농업자재의 관리
④ 복합영농의 운영 · 지도
⑤ 농외소득사업의 육성 · 지도
⑥ 농가 부업의 장려
⑦ 공유림 관리
⑧ 소규모 축산 개발 및 낙농진흥사업
⑨ 가축 전염병 예방
⑩ 지역산업의 육성 · 지원
⑪ 소비자 보호 및 저축의 장려
⑫ 중소기업의 육성
⑬ 지역특화산업의 개발과 육성 · 지원
⑭ 우수토산품 개발과 관광민예품 개발

(4) 지역개발 및 주민의 생활환경시설의 설치 · 관리에 관한 사무

① 지역개발사업
② 지방 토목 · 건설사업의 시행
③ 도시계획사업의 시행
④ 지방도, 시군도의 신설 · 개수 및 유지
⑤ 주거생활 환경개선의 장려 및 지원
⑥ 농촌주택 개량 및 취락구조 개선
⑦ 자연보호 활동
⑧ 지방하천 및 소하천의 관리
⑨ 상수도 · 하수도의 설치 및 관리
⑩ 간이급수시설의 설치 및 관리
⑪ 도립 · 군립 및 도시공원, 녹지 등 관광 · 휴양시설의 설치 및 관리
⑫ 지방궤도사업의 경영
⑬ 주차장 · 교통표지 등 교통편의시설의 설치 및 관리

⑭ 재해대책의 수립 및 집행
⑮ 지역경제의 육성 및 지원

(5) 교육·체육·문화·예술의 진흥에 관한 사무

① 유아원·유치원·초등학교·중학교·고등학교 및 이에 준하는 각종 학교의 설치·운영·지도
② 도서관·운동장·광장·체육관·박물관·공연장·미술관·음악당 등 공공교육·체육·문화시설의 설치 및 관리
③ 지방문화재의 지정·보존 및 관리
④ 지방문화·예술의 진흥
⑤ 지방문화·예술단체의 육성

(6) 지역민방위 및 소방에 관한 사무

① 지역 및 직장민방위조직(의용소방대를 포함한다)의 편성과 운영 및 지도·감독
② 화재 예방 및 소방

2) 지방자치단체가 처리할 수 없는 사무(국가사무)

한편 지방자치법 제11조는 '국가사무의 처리 제한'이라는 제목으로 지방자치단체가 처리할 수 없는 사무를 규정하고 있다. 이 조항에 규정된 사무는 국가사무로서 자치사무가 될 수 없음은 물론, 단체위임사무도 될 수 없다. 따라서 이 조항에 규정된 사무는 국가가 직접 자신의 기관에 의해 처리하거나 지방자치단체의 기관을 차용하여 기관위임사무로서만 처리할 수 있다. 다만 제11조 단서에서는 "법률에 다른 규정이 있는 경우에는 (지방자치단체가) 국가사무를 처리할 수 있다"라고 하여 이 조항이 가지는 법적인 의미를 상대화시키고 있다. 즉 이 조항에 규정된 사무는 자치사무나 단체위임사무로 될 수 없음이 원칙이지만, 법률로써 예외를 정할 수는 있다.

지방자치법 제11조에 규정된 지방자치단체가 처리할 수 없는 국가사무는 다음과 같다.

① 외교, 국방, 사법, 국세 등 국가의 존립에 필요한 사무
② 물가정책, 금융정책, 수출입정책 등 전국적으로 통일적 처리를 요하는

사무

③ 농림 · 축 · 수산물 및 양곡의 수급 조절과 수출입 등 전국적 규모의 사무

④ 국가종합 경제개발계획, 국가하천, 국유림, 국토종합개발계획, 지정항만, 고속국도 · 일반국도, 국립공원 등 전국적 규모 또는 이와 비슷한 규모의 사무

⑤ 근로 기준, 측량 단위 등 전국적으로 기준의 통일 및 조정을 요하는 사무

⑥ 우편, 철도 등 전국적 규모 또는 이와 비슷한 규모의 사무

⑦ 고도의 기술을 요하는 검사 · 시험 · 연구, 항공관리, 기상행정, 원자력개발 등 지방자치단체의 기술 및 재정 능력으로 감당하기 어려운 사무

3 지방자치단체 간(시 · 도 및 시 · 군 · 자치구 간)의 사무배분

지방자치법 제10조에서는 지방자치단체 상호간의 사무배분의 기준과 원칙에 대해 규정하고 있다.

1) 사무배분의 원칙

(1) 불경합성의 원칙

지방자치법 제10조 제3항은 "시 · 도와 시 · 군 및 자치구는 그 사무를 처리함에 있어서 서로 경합하지 아니하도록 하여야 한다"라고 규정해 사무배분시에 불경합성(不競合性)의 원칙을 규정하고 있다. 지방분권특별법 제6조 제1항에서도 "국가는 지방자치단체가 행정을 종합적 · 자율적으로 수행할 수 있도록 국가와 지방자치단체 간 또는 지방자치단체 상호간의 사무를 주민의 편익 증진, 집행의 효과 등을 고려하여 서로 중복되지 아니하도록 배분하여야 한다"라고 하여 불경합성의 원칙을 사무배분의 원칙으로 천명하고 있다.

이러한 불경합성의 원칙은 사무의 귀속과 권한, 책임의 소재 등을 명확히 하고 중복행정을 피하기 위한 것이다. 불경합성의 원칙에 따라 시 · 도와 시 · 군 · 자치구가 공동으로 관할권을 갖는 경합사무는 인정되지 아니한다.

다만, 불경합성의 원칙은 구체적인 개별사무가 경합적으로 귀속될 수 없

다는 것을 의미하므로 동일한 성질의 사무라도 개별적 · 구체적으로 동일한 경우가 아니면 시 · 도와 시 · 군 · 자치구에 동시에 귀속될 수 있다. 예컨대 일정 규모 이상의 개발사업은 도에, 그 이하 규모의 개발사업은 시 · 군에 귀속하게 할 수 있다.

입법 실무상으로는 "국가와 지방자치단체는 ……를 한다" 등과 같이 규정하는 경우가 많아 불경합성의 원칙은 잘 지켜지지 않고 있다.[21] 이러한 경우에도 보충성의 원칙에 따라 기초지방자치단체의 우선적인 관할을 존중해야 한다고 본다.

(2) 보충성의 원칙

앞서도 살펴본 것처럼 보충성의 원칙은 광역지방자치단체(시 · 도)와 기초지방자치단체(시 · 군 · 자치구) 간에도 적용된다. 지방자치법 제10조 제3항 후단에서는 "……사무가 서로 경합하면 시 · 군 및 자치구에서 먼저 처리한다"라고 규정해 보충성의 원칙을 천명하고 있다. 이 원칙에 따라 주민의 복리에 관한 모든 사무는 원칙적으로 기초지방자치단체인 시 · 군 · 자치구가 처리하고, 시 · 군 · 자치구가 처리하기에 적합하지 않은 경우에만 시 · 도가 처리하는 것이 원칙이다.

2) 시 · 도와 시 · 군 · 자치구 간의 사무배분의 기준

(1) 공통사무

지방자치법 제10조 제1항 단서는 제9조 제2항 제1호의 사무는 각 지방자치단체에 공통된 사무로 한다고 규정함으로써, 이에 속하는 사무는 시 · 도와 시 · 군 및 자치구의 구별 없이 당해 지방자치단체에 귀속된다. 제9조 제2항 제1호의 사무란 "지방자치단체의 구역, 조직 및 행정관리 등에 관한 사무"를 말하는데, 이에 속하는 것으로서는 관할구역 안 행정구역의 명칭 ·

21) 예컨대, 학교급식법 제3조 제1항은 "국가와 지방자치단체는 양질의 학교 급식이 안전하게 제공될 수 있도록 행정적 · 재정적으로 지원하여야 하며, 영양교육을 통한 학생의 올바른 식생활 관리 능력 배양과 전통 식문화의 계승 · 발전을 위하여 필요한 시책을 강구하여야 한다"라고 규정하고 있다. 이를 실무상 '공동사무'라고 부르고 있으나 개념상 맞지 않다. 공동사무는 서로 협조하여 공동으로 수행하는 사무인데 비해, 이 경우는 각각의 행정 주체가 독립적으로 수행하기 때문에 단독사무이지 공동사무는 아니다. 중복사무라고 부르는 것이 나을 것이다.

위치 및 구역의 조정, 조례·규칙의 제정·개폐 및 그 운영·관리, 산하행정기관의 조직관리, 산하행정기관 및 단체의 지도·감독, 소속 공무원의 인사·후생복지 및 교육, 지방세와 지방세외수입의 부과 및 징수, 예산의 편성·집행 및 회계감사와 재산관리, 행정장비관리, 행정전산화 및 행정관리개선, 공유재산관리, 호적 및 주민등록관리, 지방자치단체가 필요로 하는 각종 조사 및 통계의 작성이 있다.

이들 사무는 이른바 존립사무(存立事務, Existenzantgaben)에 해당한다. 지방자치단체의 존립사무란 지방자치단체가 하나의 행정 주체로서 존립하고 활동할 수 있도록 조직하고 의사결정 과정을 마련하며 필요한 재정적·인적 수단을 갖추기 위한 행정사무를 말한다. 지방자치법 제9조 제2항 제1호에 규정된 사무는 그와 같은 존립사무를 예시한 것이며, 여기에 예시되지 않은 사무라도 그것이 지방자치단체의 존립과 활동의 기초를 제공하기 위한 것이면 공통사무로서 각 지방자치단체에 귀속된다.

존립사무는 각 지방자치단체에 전속하는 사무이므로 지방자치단체 간에 사무가 중복되지 아니한다. 따라서 위에서 언급한 불경합성의 원칙에 반하지 아니한다.

(2) 시·도의 사무

지방자치법 제10조 제1항 제1호는 시·도가 처리할 사무의 기준을 다음과 같이 정하고 있다. 여기에 규정된 사무는 위에서 설명한 불경합성의 원칙을 구체화한 것으로서 기초지방자치단체인 시·군 및 자치구가 처리하기에 부적합한 사무를 규정한 것이다. 이에 해당하는 아래의 사무는 시·군·자치구의 사무로부터 제외시켜 시·도에 귀속하게 할 수 있다.

가. 행정처리 결과가 2개 이상의 시·군 및 자치구에 미치는 광역적 사무

나. 시·도 단위로 동일한 기준에 따라 처리되어야 할 성질의 사무

다. 지역적 특성을 살리면서 시·도 단위로 통일성을 유지할 필요가 있는 사무

라. 국가와 시·군 및 자치구 사이의 연락·조정 등의 사무

마 시·군 및 자치구가 독자적으로 처리하기에 부적당한 사무

바. 2개 이상의 시·군 및 자치구가 공동으로 설치하는 것이 적당하다고

인정되는 규모의 시설을 설치하고 관리하는 사무

지방자치법 제10조 제1항 제1호에 규정된 위의 기준들은 서로 중복된 것도 있고 관련된 것도 있어 동일한 사무가 2개 이상의 기준에 해당할 수도 있으므로 이를 다시 체계화하면 아래와 같다.

(가) 광역적 사무

사무처리의 결과가 하나의 시 · 군 · 자치구를 넘어 여러 개의 시 · 군 · 자치구에 미치기 때문에 광역적인 지방자치단체가 처리하기에 적합하고 개개의 시 · 군 및 자치구가 처리하기에 부적합한 사무를 의미한다. 지방자치법 제10조 제1항 가목에 규정된 기준이 여기에 해당하며, 구체적으로는 광역적 개발계획의 수립, 광역 교통 등이 있을 수 있다.

(나) 조정적 사무

시 · 도 내의 시 · 군 · 자치구간의 지역적인 이기심에 의한 마찰을 조정하여 종합적 · 유기적 행정이 가능하도록 하며 각 시 · 군 · 자치구 사이의 행정 능력이나 재정 능력의 불균형을 시정하기 위한 사무가 여기에 해당한다. 지방자치법 제10조 제1항 나, 다, 라목의 사무가 여기에 해당한다.

(다) 보충적 사무

사무 그 자체로는 시 · 군 · 자치구의 사무에 속할 수 있지만 그들의 재정 능력, 행정 능력을 초과하는 것이기 때문에 개별적인 시 · 군 · 자치구가 처리할 수 없거나 효율적으로 처리하기 곤란하며 이웃 지방자치단체와 협력해서 처리하기도 쉽지 아니한 경우에 시 · 도가 보충적으로 수행하는 사무를 말한다. 지방자치법 제10조 제1항 마, 바목에 규정된 사무가 여기에 해당된다.

(3) 시 · 군 및 자치구의 사무

지방자치법 제10조 제1항 제2호에 따라 시 · 군 · 자치구는 시 · 도에 속하지 아니하는 사무를 처리한다. 즉 시 · 군 · 자치구의 사무는 전권한성(全權限性)의 원칙에 따라 주민의 복리에 관한 모든 사무 중 제10조 제1항 제1호에 의해 시 · 도에 귀속되지 않는 사무를 처리한다.

다만 제10조 제1항 제2호의 단서는 인구 50만 이상의 시에 대해서는 시·도가 처리하는 사무의 일부를 직접 처리하게 할 수 있다고 규정함으로써 이에 대한 예외를 인정하고 있다. 또한 지방자치법 제2조 제2항은 "자치구의 자치권의 범위는 법령에서 정하는 바에 따라 시·군과 다르게 할 수 있다"고 규정하고 있으므로, 자치구에 대해서도 이에 대한 특례가 인정될 수 있다.

3) 시·도 및 시·군·자치구 사무의 내용

지방자치법 제10조 제1항에서 정한 시·도 및 시·군·자치구 간의 사무배분 기준에 따른 구체적인 사무의 내용은 대통령령으로 정하도록 되어 있다(지방자치법 제10조 제2항). 그에 따라 대통령령인 지방자치법 시행령 제8조는 지방자치단체의 종류별 사무를 별표 1에서 예시하도록 하고 있다. 별표 1의 내용은 워낙 많기 때문에 지면 관계상 생략한다.

지방자치법 시행령 별표 1에 나열된 사무는 어디까지나 예시에 불과하기 때문에, 별표 1에 예시되지 않은 사무라 할지라도 주민의 복리에 관한 사무는 그것이 시·도의 사무에 귀속되지 않는 한 시·군·자치구의 사무로 된다.

또한 별표 1을 보면 그 내용이 매우 구체적이고 복잡함에도 불구하고, 시·도와 시·군·자치구 간에 중복되는 사무가 많다. 예를 들어 "사회복지시설의 설치·운영"은 별표 1상으로 시·도의 사무로도 되어 있고, 시·군·자치구의 사무로도 되어 있다. 이러한 규정은 불경합성의 원칙에 비추어 볼 때에 문제가 있다. 만약 관할이 중복되어 어느 지방자치단체가 수행해야 할지 분명하지 않은 경우에는 보충성의 원칙에 따라 시·군·자치구의 관할권이 우선한다고 보아야 할 것이다.

4) 자치구 사무배분의 특례

지방자치법 제2조 제2항에서는 "자치구의 자치권의 범위는 법령으로 정하는 바에 따라 시·군과는 다르게 정할 수 있다"고 규정하고 있고, 이에 따라 지방자치법 시행령 제9조는 자치구가 처리하는 사무에 대한 특례를 인정하고 있다. 문제되는 것은 이 특례는 자치구의 자치권을 제한하는 것임에도 불구하고, 지방자치법 제2조 제2항에서 구체적인 범위를 정함이 없이 사실상 백지위임을 하고 있다는 것이다. 이는 위임입법은 구체적으로 범위를 정해야 한다는 헌법 제75조에 반하는 것이다.

한편 지방자치법 시행령 제9조에서는 시 · 군과 다르게 자치구에서 처리하지 아니하고 특별시 · 광역시에서 처리해야 할 사무를 지방자치법 시행령 별표 2에서 예시하도록 하고 있다. 다만 다른 법령에 이와 다른 규정이 있는 경우에는 그러하지 아니하다(지방자치법 시행령 제9조 단서). 별표 2에 예시된 사무는 아래와 같다.

1. 지방자치단체의 인사 및 교육 등에 관한 사무
   가. 시와 자치구, 자치구 상호간의 인사교류(6급 이상)
   나. 지방공무원 임용시험 및 각종 자격시험의 실시
   다. 지방공무원의 교육 · 훈련 실시(직장교육을 제외한다.)
2. 삭제 <1994. 7. 6>
3. 지방재정에 관한 사무
   가. 토지 등급 설정 및 수정의 승인
   나. 재산세 과세시가 표준액의 결정 승인
4. 매장 및 묘지 등에 관한 사무
   가. 공설묘지 · 공설화장장 또는 공설납골당의 설치 · 운영
5. 청소 · 오물에 관한 사무
   가. 일반폐기물(분뇨, 쓰레기 등) 처리시설의 설치 · 운영
   나. 일반폐기물의 처리 수수료 요율 결정
6. 지방토목 · 주택 건설 등에 관한 사무
   가. 국민주택 건설사업의 시행
   나. 국민주택사업 특별회계의 설치 · 운영
   다. 아파트 지구 개발에 관한 기본계획 수립
   라. 민영주택 투기과열지구 지정
7. 삭제 <1995. 7. 1>
8. 도시계획에 관한 사무
   가. 도시기본계획의 수립
   나. 도시계획지역의 입안
   다. 도시계획시설의 입안
   라. 도시계획용도지구의 입안
   마. 도시계획에 관한 기초조사
   바. 도시계획사업의 시행
   사. 도시계획사업 수익자부담금 부과 징수
   아. 도시재개발사업의 기본계획 수립 및 시행(주택개량재개발사업은 제외)

9. 도로의 개설과 유지·관리에 관한 사무
   가. 중로(12미터 이상) 이상의 도로로서 노폭과 노선의 중요도를 감안하여 특별시·광역시 조례로 정한 도로의 유지·관리
10. 상수도사업에 관한 사무
   가. 상수도의 신설·개축 및 수선과 이의 유지관리
   나. 상수도 공채 발행
   다. 상수도사업 특별회계 설치·운영
   라. 수도사업소 설치·운영
11. 공공하수도에 관한 사무
   가. 공공하수도 정비 기본계획의 수립·시행
   나. 공공하수도의 설치·개축 및 수선
   다. 하수종말처리장의 설치와 유지·관리
12. 공원 등 관광·휴양시설의 설치·관리에 관한 사무
   가. 도시공원 및 유원지 조성계획의 입안
   나. 도시공원·유원지의 설치 및 관리
   다. 도시공원·유원지의 입장료·사용료·점용료의 징수
   라. 공원·유원지·야외공연장 등 시민휴양시설의 설치·유지에 관한 사무
   마. 공설운동장·체육관·박물관·도서관·미술관·시민회관 등의 설치·운영에 관한 사무(특별시·광역시 조례로 결정)
13. 지방궤도사업에 관한 사무
   가. 지방궤도사업 운영계획의 수립
   나. 지방궤도사업의 설치·운영
   다. 지방궤도사업 특별회계의 설치
14. 대중교통행정에 관한 사무
   가. 도시철도의 설치·운영과 시민 이용에 관한 행정
   나. 시내버스·시외직행 버스의 운행 등 대중교통 행정에 관한 사무
   다. 대중교통 수단의 조정·통제에 관한 사무
15. 지역경제 육성에 관한 업무
   가. 지방공업단지의 조성·관리
   나. 공설시장·도축장·농수산물 공판장 등에 관한 사무
   다. 유통단지의 지정 신청·조성 및 운영 관리
   라. 농수산물 도매시장 개설·운영
16. 교통신호기, 안전표시등의 설치·관리 등에 관한 사무

5) 인구 50만 이상의 시가 처리할 수 있는 도의 사무

지방자치법 제10조 제1항 제2호에 따라 인구 50만 이상의 시에 대해서는 도가 처리하는 사무의 일부를 직접 처리하게 할 수 있다. 이 때에 '인구 50

만 이상의 시'라 함은 자치구가 아닌 구가 설치된 시를 말한다(지방자치법 시행령 제10조 제1항).

'인구 50만 이상의 시'가 직접 처리할 수 있는 도의 사무는 지방자치법 시행령 제10조 제2항에 따라 동 시행령 별표 3에서 이를 예시하고 있다. 다만 다른 법령에 이와 다른 규정이 있는 경우에는 그러하지 아니하다.

지방자치법 시행령 별표 3에 예시되어 있는 '인구 50만 이상의 시가 직접 처리할 수 있는 도의 사무'는 아래와 같다.

1. 보건의료에 관한 사무
   가. 병원급 이상 의료기관 설치 및 지도·감독
   나. 삭제 <1995. 7. 1>
2. 지방공기업에 관한 사무
   가. 지방공사의 설립·운영
   나. 지방공단의 설립·운영
3. 주택 건설에 관한 사무
   가. 시·도조례로 정하는 일정 규모 이상의 주택건설 사업계획의 승인(지방자치단체가 사업 시행자가 되는 경우를 제외한다.)
   나. 대지조성 사업계획의 승인 및 준공검사(지방자치단체가 사업 시행자가 되는 경우를 제외한다.)
4. 토지구획정리사업에 관한 사무
   가. 토지구획 정리사업에 따른 환지계획 인가
   나. 부담금 및 보조금의 집행 잔액 허가
5. 도시계획에 관한 사무
   가. 행정청이 시행하는 도시계획사업 실시계획 인가 및 변경 인가와 행정청이 아닌 자에 대한 도시계획사업 시행 허가 승인 및 변경 승인
   나. 도시계획사업 실시계획 인가 고시
   다. 경미한 도시계획의 변경 결정
   라. 도시계획의 지적 승인사무
   마. 도시계획사업에 대한 준공검사
6. 도시재개발사업에 관한 사무
   가. 재개발사업 시행자 지정 신청
   나. 재개발사업 시행의 지도·감독
7. 환경보전에 관한 사무
   가. 배출시설의 설치 허가 및 변경 허가
   나. 환경오염물질의 제거 명령
   다. 산업폐기물 재생이용업자의 신고 수리 및 관리

라. 축산폐수정화시설의 설계시공업의 등록 및 지도·감독
마. 비산먼지시설의 개선명령
바. 비산먼지시설사업의 중지 및 시설 등의 사용 중지·사용제한명령
8. 삭제 <1995. 7. 1>
9. 건설기계 관리에 관한 사무
가. 건설기계 등록 및 등록 말소
나. 건설기계 등록 사항의 변경신고 등
10. 자동차 운송사업에 관한 사무
가. 자동차 운송사업(전세버스·일반구역 화물자동차 및 특수여객자동차 운송사업에 한한다) 면허와 이에 관련되는 사무
나. 자동차 운송사업(택시에 한한다) 계획변경 인가
11. 삭제 <2000. 7. 1>
12. 지방공무원 인사 및 정원관리에 관한 사무
가. 삭제 <1999. 12. 31>
나. 행정자치부령이 정하는 기준정원 범위 안에서의 6급 이하 정원 책정사무
13. 지적에 관한 사무
가. 토지의 지번 경정 승인
나. 지적공부의 반출 승인
다. 축척 변경 승인
라. 지적측량검사
마. 지적측량 대행법인의 지도·감독
14. 열 사용 기자재에 관한 사무
열 사용 기자재 제조업의 허가
15. 식품제조업(유가공품 제조업 및 식육제품업에 한한다)에 관한 사무
가. 허가·변경 허가 및 시정명령
나. 시설의 개수명령
다. 폐기처분
라. 허가 취소
16. 묘지·화장장 및 납골당의 운영관리에 관한 사무
가. 묘지·화장장 및 납골당의 허가
나. 묘지·화장장·납골당의 구역 및 시설 변경과 폐지의 허가
다. 시체운반업의 허가
17. 사회복지시설에 관한 사무
사회복지시설 수혜자로부터의 비용 수납의 승인
18. 고압가스에 관한 사무
고압가스 제조업허가
19. 도시가스에 관한 사무
도시가스 공급시설의 설치공사계획 승인 및 변경 승인
20. 지방채 발행 승인 신청

제 7 장 지방자치단체와 국가의 관계

제 1 절 지방자치단체와 국가 간 관계의 기본 원리

지방자치단체는 그 법적인 독립성에도 불구하고 계층적으로 구성된 국가 전체의 한 부분이다. 즉 지방자치단체와 국가는 부분과 전체의 관계에 있다. 따라서 지방자치단체는 국가로부터 완전히 분리되어서 생각될 수 없고, 전체 국가를 이루는 한 구성 부분으로 생각되어야 한다.

지방자치단체는 자치권을 본질적 요소로 하지만 통일적인 국가 질서의 일부를 이룬다. 따라서 지방자치단체는 국가 질서의 구속 아래에 있다. 또한 지방자치를 통한 지방사무의 원활한 수행은 부분사회의 이익을 넘어 국가 이익에도 관련된다. 따라서 국가는 법의 제정을 통해 지방자치제도를 구체화하고, 감독활동을 하고, 지방자치의 원활한 수행을 보장할 필요가 있다.

또 다른 한편으로 지방자치의 원리는 지방자치단체의 국가로부터 독립성과 자율성을 요구한다. 지방자치단체의 자율성을 보장해 획일적인 국가 질서 대신에 다원적이고 다양한 질서를 형성하고자 하는 것이 지방자치를 보장하는 목적이라고 볼 수 있다. 지방자치는 국가 질서에 대한 자율성과 독립성을 가짐으로써 국가 권력에 의한 일방적인 권력 남용을 방지하는 수직적인 권력 분립 기능을 수행한다.

국가와 지방자치단체는 지속적인 긴장 관계에 있다. 지방자치단체가 추구하는 최대의 독립성과 자율성은 국가가 추구하는 통일적인 국정 수행과 상반될 수 있다. 그래서 국가는 지방자치단체에 대해 감독활동을 함으로써 국정 수행의 통일성을 확보하려 한다. 그러나 국가의 감독이 자치권의 본질적 내용까지 침해한다면, 그것은 지방자치의 근본을 위협할 수 있다. 그런 점에서 국가와 지방자치단체는 지속적인 긴장 관계 속에 있을 수밖에 없다. 마치 원심력과 구심력이 균형을 이루는 경우에 물체의 지속적인 회전 궤도가 유지될 수 있는 것과 같다. 지방자치의 독립성은 원심력에 해당하고, 중앙정부에 의한 통합성은 구심력에 해당한다고 볼 수 있다.

제 2 절 국가의 지방자치단체에 대한 영향력의 행사

1 지방자치단체에 대한 국가의 영향력 행사의 근거

국가의 지방자치단체에 대한 영향력의 근거는 헌법에서 찾을 수 있다. 헌법 제1조 제2항은 "대한민국의 주권은 국민에게 있고, 모든 권력은 국민으로부터 나온다"고 함으로써 국민주권주의를 선언하고 모든 국가공권력의 민주적인 정당성의 원천을 국민에게서 찾고 있다. 여기서 국민은 전체로서의 국민을 의미한다. 모든 공권력은 전체로서의 국민에 의해 주어지며 그 권력의 범위와 한계도 전체로서의 국민에 의해 결정됨을 의미한다. 즉 국가 내의 모든 개인, 집단, 단체의 공권력은 전체 국민 혹은 그로부터 민주적인 정당성을 획득한 국가의 기관에 의해 부여되고 정해진다. 지방자치단체가 갖는 공권력도 이 틀을 벗어날 수 없다.

헌법 제117조가 지방자치단체의 자치권을 부여한 것은 이러한 국가의 개입에 대한 한계를 설정한 것이다. 기본권이 국가의 개인에 대한 개입의 한계를 정한 것과 마찬가지로, 지방자치의 헌법상 보장은 부분 공동체의 문제는 원칙적으로 부분 국민인 주민에 의해 결정하도록 함으로써 국가의 개입을 제한한다. 여기서 국가는 헌법 제117조가 요구하는 한계 내에서 지방자치단체의 업무 수행에 대해 영향력을 행사할 수 있게 된다.

한편 헌법은 국가의 최고 규범으로서 모든 공권력을 구속하는 효력을 갖는다. 따라서 헌법에 의해 구체화된 가치는 지방자치단체의 공권력 행사에서도 지켜져야 할 한계를 이룬다. 특히 민주국가의 원칙, 법치국가의 원칙, 사회국가의 원칙 및 기본권 목록은 지방자치단체가 정치적인 의사 결정을 할 때 한계를 이룬다. 이 점에서 헌법은 지방자치권의 근거가 됨과 동시에 한계를 이루므로 국가는 헌법을 통해 지방자치단체에 대해 영향을 미칠 수 있다.

2 국회에 의한 영향력의 행사

1) 법률에 의한 영향력의 행사

헌법 제40조는 "입법권은 국회에 속한다"고 규정하고 있다. 그리고 헌법 제117조 제1항은 "지방자치단체는 …… 법령의 범위 안에서 자치에 관한 규정을 제정할 수 있다"고 하고, 동조 제2항에서 "지방자치단체의 종류는 법률로 정한다"고 규정하고 있다. 또한 헌법 제118조 제2항에서는 "지방의회의 조직 · 권한 · 의원선거와 지방자치단체의 장의 선임 방법 기타 지방자치단체의 조직과 운영에 관한 사항은 법률로 정한다"고 규정하고 있다. 이로써 국가는 법률을 통해서 지방자치단체의 권한과 조직을 어떻게 형성하고 그 권한 행사를 어떻게 할 것인지를 정할 수 있다. 여기서 법률은 한편으로는 헌법에 보장된 지방자치단체의 자치권을 구체화하며 다른 한편으로는 제한하는 기능을 한다. 법률은 전국적으로 획일적으로 적용되는 것이 원칙이라는 측면에서 본다면, 국가의 입법작용은 지방분권적인 국가에서 국가적인 통일성과 통합을 달성하기 위한 가장 강력한 국가 기능이라고 할 수 있다. 반면 지방자치단체의 자치권이 법률에 의해서 구체화되고, 또한 법률에 의해서 지방자치단체의 자치권에 대한 국가의 개입이 제한되는 범위 내에서, 법률은 동시에 지방 분권을 강화하는 기능도 수행할 수 있다. 법률이 실제로 지방자치에 대해서 어떠한 기능을 하는지는 법률의 내용에 의해 좌우된다.

2) 국정감사 및 조사에 의한 영향력의 행사

헌법 제61조 제1항은 "국회는 국정을 감사하거나 특정한 국정 사안에 대하여 조사할 수 있으며, 이에 필요한 서류의 제출 또는 증인의 출석과 증언이나 의견의 진술을 요구할 수 있다"라고 규정하고 있으며 제2항은 국정감사 및 조사에 관한 절차 기타 필요한 사항은 법률로 정하도록 규정하고 있다. 지방자치단체에 대한 국정감사의 범위를 직접 규정하고 있는 것은 '국정감사 및 조사에 관한 법률' 제7조이다. 이에 의하면 지방자치단체(특별시, 광역시, 도)에 대한 국정감사를 원칙적으로 인정하되, 다만 지방자치단체의 고유사무에 대한 국정감사는 국가가 보조금 등 예산을 지원하는 사업에 한정해서 인정하고 있다. 자치사무에 대한 지방자치단체의 자율성을 존중하는 취지에서 도입된 규정이다. 따라서 지방자치단체에 대한 국정감사는 지방자치단체가 처리하는 국가사무, 즉 단체위임사무나 기관위임사무와 국고에서 예산을 지원하는 자치사무에 한하여 인정된다.

따라서 지방자치단체의 자치사무는 '국정감사 및 조사에 관한 법률' 제7조에 따라 원칙적으로 국정감사의 대상에서 제외된다. 여기서 자치사무란 무엇을 의미하는지를 명백히 할 필요가 있다. 지방자치단체의 자치사무는 국가의 지시를 받지 않고 자기책임하에 수행하는 지방자치단체의 사무를 의미한다. 여기서 자기책임성은 무엇보다도 국가의 지시로부터 자유로운 업무의 수행을 의미한다.[1] 그리하여 지방자치단체의 자치사무에 대해 지방자치단체는 국가로부터 합법성에 대한 통제를 받을 뿐이며 합목적성의 감독은 받지 아니한다.

한편 자치사무라도 국가가 재정지원을 하는 사무에 대해서는 국회의 국정감사가 허용되어야 한다는 주장이 있었고 2003년 법률 개정을 통해 이를 입법화했다. 입법정책적인 측면에서 보면 국정감사의 허용 여부를 국가의 재정 지원에 연결시킨다는 것은 설득력이 없다. 왜냐하면 자치사무는 지역문제를 지역적인 관점에서 처리하도록 맡겨진 사무이기 때문에 국회가 국

---

1) Heinz W. Korte, "Die Aufgabenverteilung zwischen Gemeinde und Staat unter besondere Berücksichtigung des Susidiaritätsprinzip," *VerwArch61*(1970), S. 28.

가적인 관점에서 개입하는 것은 지방자치단체의 자율성을 현저히 해할 수 있기 때문이다. 따라서 국가의 예산 지원이 있는 자치사무에 대한 국정감사가 허용된다고 하더라도 그 범위는 매우 한정적으로 해석되어야 한다. 자치사무에 관한 한 합목적성의 판단은 지방자치단체 고유의 권한이므로 이를 위한 국회의 감사는 허용되지 아니하며, 국회의 지방자치사무에 대한 감사는 합법성에 대한 감사만이 허용된다고 보아야 한다.

예컨대 국정감사를 통해 지방공기업 운영 현황에 대한 정보를 요구하고 그 운영의 문제점을 지적하는 경우, 쓰레기 수거 현황 조사나 그 문제점 지적, 업무추진비의 과다 책정에 대한 문제 제기 등을 하는 것은 지방자치단체의 자치사무의 합목적성에 대한 것이므로 국회가 개입할 수 있는 범위를 벗어나는 것이다. 이들 사무에 대한 국회의 통제권은 지방자치단체에 대한 일반적 감독기관인 행정자치부에 대한 감사를 통해 간접적으로 행사하는 것이 바람직하다.

또 한 가지 문제는 자치사무와 위임사무의 구분이 명확하지 않다는 점이다. 얼마 전 시· 도의 공무원직장협의회가 국정감사를 거부했던 이유도 바로 여기에 있다. 반면에 국회가 지방자치단체에 대한 감사를 강행해야 한다는 주장도 이에 근거하고 있다. 지방자치단체의 사무 중에는 그것이 자치사무인지, 위임사무인지 분명한 경우도 있지만 불명확한 경우도 적지 않다. 전문학자들도 동일한 사무의 성질에 대해 상반된 견해를 가지는 경우가 적지 않다. 국정감사의 대상이 된 사무가 자치사무인지, 위임사무인지 분명하지 아니한 경우에는 국회와 지방자치단체 간에 분쟁의 여지가 있을 수밖에 없다. 생각컨대, 국회는 사무의 성질이 의심스러운 경우에 구태여 지방자치단체에 대한 감사를 실시할 필요는 없다고 본다. 왜냐하면 관계 정부 부서에 대한 감사를 통해서 지방자치단체의 업무 수행에 대한 감사를 간접적으로 할 수 있기 때문이다.

3 법원에 의한 영향력의 행사

헌법 제101조에 따라 사법권은 법원에 속한다. 사법권은 지방자치단체에 대해서 두 가지 상반된 기능을 수행한다. 먼저 법원은 지방자치행정과 관련된 다툼에서 지방자치행정의 적법성을 통제하는 기능을 수행한다. 또한 법원은 지방자치단체가 국가에 의해 자치권을 침해받는 경우에 지방자치단체의 자치권을 지켜 주는 방파제로서의 역할을 수행한다.

1) 지방자치단체에 대한 통제 기능

지방자치단체가 위법한 행정으로 인해 주민의 권리를 침해하는 경우에, 법원은 주민이나 국가의 제소에 의해 지방자치행정의 위법성을 통제하고 적법성을 회복하도록 한다. 이 경우 법원이 지방행정의 통제에 관여하는 것은 사법작용의 수동성으로 인해 제소가 있는 경우에 한정된다. 다만 지방자치법 제172조 제4항에 의한 제소는 감독기관에 의한 제소라는 점에서 주민에 의한 제소와는 차이가 있으나, 그 수동성에서나 지방행정의 적법성의 통제라는 측면에서는 동일하고 할 수 있다. 법원은 지방행정이 아무리 위법하더라도 능동적으로 개입할 수는 없고 제소를 기다려서 비로소 개입할 수 있다는 점에서 다른 국가 감독과는 차이가 있다. 법원에 의한 지방행정의 적법성 통제는 법률에 의한 국가적인 통합의 실효성을 보장하는 기능을 한다.

한편 지금까지 법원은 지방자치단체를 상대로 감독기관이 제소한 경우에 지방자치단체의 자치권에 대해 대단히 소극적인 해석을 해 왔다. 예컨대 완주시 회의규칙이 방청인의 발언권을 규정하고 있는 것이 대의민주제의 법리에 어긋난다고 하여 회의규칙의 효력을 부인한 것이라든지[2] 지방자치단체의 조례로써 단체장의 각종 위원회의 구성 및 선임(인사권)에 대한 제한을 규정한 것을 지방자치단체장의 전속적인 권한을 침해하는 것이어서 위법이라고 판시한 것[3] 등은 지방의회의 기능을 지나치게 좁게 해석하고 법규를 형식적으로 해석해 지방의회의 주민대표기관으로서의 정치적인 재량을 위축시키고 있다.

2) 지방자치에 대한 방파제 기능

법원은 지방자치단체의 제소에 의해 지방자치단체의 자치권에 대한 국

---

2) 대법원 1993.2.26, 92추 109.

3) 예컨대 대구시 도시계획위원회와 관련된 대법원 1993.2.29, 92추 93 등.

가의 위법한 침해를 통제하여 지방자치단체의 자치권을 보장하는 기능을 한다. 국가의 위헌·위법적인 입법작용으로 인해 지방자치단체의 자치권이 침해되거나 국가의 위법한 행정작용(특히 감독작용)으로 인해 지방자치단체의 자치권이 침해되는 경우에 지방자치단체는 법원이나 헌법재판소에 소를 제기함으로써 침해된 자치권을 보장받을 수 있게 된다. 분권적인 권력구조하에서 국가와 지방자치단체 간의 분쟁으로 인한 갈등은 최종적으로 법원의 적법성 통제에 의존하는 바가 매우 크다는 점을 감안하면, 법원의 지방 분권에 대한 최종적인 보장자로서의 역할이 강조된다. 법원은 국가의 지방자치에 대한 위법한 개입을 통제함으로써 헌법과 법률에 의해 보장되는 지방자치제를 수호하는 기능을 할 수 있다. 법원이 지방자치단체의 자치권에 대한 수호자로서의 역할을 수행하기 위해서는 당사자인 지방자치단체의 적극적인 제소가 있어야 비로소 가능하다. 그러나 현실적으로 지방자치단체는 이를 소송으로 해결하려는 의지가 있어도 여러 가지 사정으로 포기하는 경우가 많다. 자치권의 침해를 이유로 소송을 제기하는 경우가 늘어가고 있으나 적지 않은 경우에 포기하고 있다. 앞으로 지방분권적인 권력구조를 형성하기 위해서는 지방자치단체가 적극적으로 소를 제기할 필요가 있다.

4 행정부에 의한 영향력의 행사

1) 행정입법을 통한 영향력의 행사

대통령, 국무총리, 각부의 장관은 그에게 부여된 행정입법권을 통해 지방자치단체의 업무 수행에 대한 근거와 한계 및 업무 수행의 프로그램을 설정함으로써 지방자치단체의 업무 수행에 대해 영향력을 행사한다. 다만 행정입법은 법률에 의해 구체적으로 범위를 위임받은 경우에 한해 그 범위 내에서만 행사할 수 있다. 행정입법에 의한 지방자치단체에 대한 영향력의 행사는 매우 광범하다. 여러 중앙행정관청들은 행정입법을 통해 지방자치단체의 자치사무의 수행에 결정적인 영향력을 행사한다.

2) 국가감독을 통한 영향력의 행사

국가는 지방자치단체에 대한 감독작용을 통해 국가적인 통합을 이루고, 다른 한편으로는 지방자치행정의 원만한 수행을 지원한다. 지방자치단체의 자치사무에 대한 국가의 감독권은 적법성의 통제에 한정됨이 원칙이나, 비권력적인 감독 수단(예컨대 조언과 지원 등)을 사용할 경우에는 합목적성에 대한 감독도 허용된다. 지방자치단체의 자치권을 침해하는 감독권의 행사는 법률유보의 원칙에 따라 반드시 법적인 근거를 가지고 있어야 하며 법률 우위의 원칙상 법률에 의해 정해진 범위를 초과해서는 안 된다.[4] 지방자치단체나 그 장이 수행하는 국가사무에 대해서는 합법성의 감독뿐만 아니라 합목적성의 감독도 허용된다.

국가감독에 대해서는 별도의 장(제8장)에서 자세히 논의하기로 한다.

5 감사원에 의한 영향력의 행사

1) 감사원의 지방자치단체에 대한 감사의 법적 근거

헌법 제97조는 "국가의 세입·세출의 결산, 국가 및 법률이 정한 단체의 회계검사와 행정기관 및 공무원의 직무에 관한 감찰을 하기 위하여 대통령 소속하에 감사원을 둔다"고 규정하고 있다. 이에 따라 감사원법은 제22조 제1항 제2호에서 지방자치단체의 회계를 필요적 검사 사항으로 규정하고, 제24조 제1항 제2호에서 지방자치단체의 사무와 그에 소속한 지방공무원의 직무에 대한 직무감찰을 감사원의 권한으로 규정하고 있다.

2) 감사의 방법

감사의 방법으로 감사원법 제25조는 계산서·증거서류·조서 기타의 서류 등의 제출 의무를 규정하고, 제26조는 이들 서류에 의한 서면심사 외에 직원을 현지에 파견해 실지감사를 할 수 있도록 하고 있다. 또한 제27조는

4) 개개의 감독 수단에 대한 설명으로는 정세욱, "지방자치단체와 기능별 중앙부처와의 관계합리화", 한국지방행정연구원 주최, 지방자치단체의 기능과 내무부의 역할에 관한 세미나, 1990. 30-31쪽; 이기우, 『지방자치행정법』, 법문사, 103쪽-172쪽 참조.

감사상 필요한 경우에는 관계자 또는 감사 사항에 관련이 있다고 인정된 자의 출석·답변의 요구, 증명서·변명서 기타 관계 문서와 장부·물품 등의 제출 요구, 창고·금고·문서·장부·물품 등의 봉인 등을 할 수 있도록 하고 있다. 감사를 받는 자로서 감사를 거부하거나 자료의 제출 요구에 불응한 자, 감사를 방해한 자, 정보 또는 자료의 제출이나 출석 답변을 요구받고 정당한 사유 없이 이에 불응한 자는 감사원법 제51조에 따라 형사처벌을 받을 수 있다.

3) 감사 결과의 처리

감사 결과의 처리에 대해서 감사원법은 변상책임 판정 등(제31조), 공무원에 대한 징계 요구(제32조), 시정 등의 요구(제33조), 개선 등의 요구(제34조), 권고(제34조의 2), 고발(제35조) 등을 규정하고 있다. 감사 결과의 처리 수단은 궁극적으로 감사 결과 발견한 부적절한 상태를 적절한 상태로 회복하고자 하는 교정 수단이다.

4) 지방자치단체에 대한 감사원감사의 한계

감사원법은 지방자치단체에 대한 감사와 국가기관에 대한 감사를 내용적으로나 방법적으로 구분하지 않고 있다. 지방자치단체가 자치권을 가진 별개의 법인격체임에도 불구하고 국가 내부의 기관에 대한 감사와 구분하지 않고 있다.

지방자치단체에 대한 국회의 국정감사는 지방자치의 실시 이후에 지방자치단체의 자치사무에 대해서는 원칙적으로 인정되지 않고 있지만, 감사원 감사는 지방자치의 실시 이전이나 이후에나 변함이 없다. 이는 지방자치단체를 국가의 하급기관으로 보아 국가기관과 동일시하는 중앙집권적인 발상을 벗어나지 못하고 있음을 의미한다.

지방자치단체에 대한 국가감사나 감독의 목적이 법률로 대표되는 국가적인 이익이 지역적인 특수성에 의해 왜곡되거나 변질되지 아니하도록 보장하는 데 있다면, 감사원의 지방자치단체에 대한 감사도 국가 전체의 이익을 해하는 위법한 행정에 대한 통제에 두어져야 한다.

장기적으로는 감사원은 중앙정부 감사에 한정시키고, 지방자치단체에 대한 감사는 제외하도록 하는 것이 바람직하다.

제 3 절 지방자치단체의 국가에 대한 영향력의 행사

1 개 관

현재의 정부 간 관계는 상하 관계의 범주를 벗어나지 못하고 있다. 중앙정부와 지방자치단체의 관계에서 중앙정부는 입법권을 행사해 지방자치단체의 권한 행사의 세세한 부분까지를 규제하고 있으며 감독권을 행사해 그 규제의 준수를 확보하고 있다. 또한 감사원은 회계감사를 넘어서 직무감찰까지 함으로써 지방자치단체에 대해 중대한 영향을 미친다. 또한 국회는 국정감사를 통해 지방자치단체의 자치사무의 수행에까지 영향을 미치고 있다. 이에 비해 지방자치단체가 중앙정부에 영향력을 행사할 수 있는 수단은 거의 존재하지 아니한다. 물론 지방자치단체 연합체가 결성되어 중앙정부의 입법권 행사에 대해 의견서를 제출하기도 하지만 청원 수준을 넘지 못하고 있다. 따라서 중앙정부와 지방자치단체의 관계는 위에서 아래로의 일방적인 관계일 뿐 쌍방 통행적적인 관계에는 이르지 못하고 있다.

국민의 생활과 관련된 많은 법령이 지방자치단체에 의해서 집행된다는 점을 감안한다면 지방의 경험을 중앙정부의 입법정책, 정부정책에 피드백시킬 필요가 있다. 지방자치를 실시하는 가장 큰 이유가 수직적인 권력 분립을 통한 권력 남용의 방지에 있다면 중앙정부와 지방자치단체 간의 견제관계는 반드시 필요하다. 정부 간의 견제를 통한 권력 남용 방지를 위해서는 중앙정부의 지방자치단체에 대한 관여뿐만이 아니라 지방자치단체의 중앙정부에 대한 관여가 있어야 한다. 이러한 중앙정부와 지방자치단체의 관계는 광역지방자치단체와 기초지방자치단체의 관계에서도 그대로 타당하다. 양자간의 관계를 상호 교환적인 쌍방 관계로 전환할 필요가 있다.

2 지방자치단체의 국가에 대한 영향력 행사의 필요성

국가의 구성 부분인 지방자치단체는 전체 공동체인 국가의 의사결정에 참여함으로써 쌍방적인 상호 관계를 실현할 수 있게 된다.

민주주의는 '아래에서 위로'의 의사소통을 요구한다. 국가 전체의 의사를 결정할 때에도 하위 공동체인 지방자치단체의 참여를 보장함으로써 아래에서 위로의 의사소통을 가능하게 할 필요가 있다. 이러한 아래에서 위로의 의사소통을 통해 지방의 혁신적인 아이디어와 경험 및 지방적인 이익을 국가의 의사결정 과정에 반영할 수 있다. 그리고 지방의 참여를 통해 지방의 정치적 · 행정적인 경험을 국가 전체를 위해 활용할 수 있게 될 것이다.

국가의 지방자치단체에 대한 영향력의 행사만을 보장하고 그 반대 방향의 영향력을 인정하지 아니하는 경우에는 균형은 파괴되고, 견제는 국가의 지방에 대한 견제만이 있게 되어, 국가 권력의 남용이 우려될 수밖에 없다. 따라서 국가 권력의 남용을 방지하기 위해서는 지방자치단체에 의한 국가 공권력의 견제가 요구된다. 더구나 오늘날 지방자치단체의 업무 수행이 국가의 법률에 의해 큰 영향력을 받고 있는 상황에서 지방자치단체의 국가 입법 과정에 대한 참여가 매우 절실히 요구된다.

3 지방정부의 국정 참여 실태

지방자치단체가 국정에 참여할 수 있는 직접적인 방법은 현행 제도상으로 매우 미약하다. 지방자치법 제165조는 지방자치단체의 장 협의회, 지방의회의장 협의회, 전국적 협의체가 모두 참가하는 지방자치단체 연합체 등의 설치 근거를 규정하고 있다. 이들 협의체는 지방자치에 직접 영향을 미치는 법령 등에 관해 행정자치부 장관을 거쳐 정부에 의견을 제출할 수 있다고 함으로써 미약하나마 지방자치단체 협의체에게 국정 참여의 길을 열어 주고 있다. 그러나 지방자치단체장 등의 협의체가 제출한 의견은 구속력이 없을 뿐만 아니라 그 처리 의무도 규정되어 있지 않으므로 그 영향력은 매우 미약하다.

4 지방자치단체의 국정 참여 확대를 위한 입법론

지방자치를 실질화하기 위해서는 지방이 국가의 의사결정 과정에 참여할 수 있는 여러 가지 제도적인 장치를 강구할 필요가 있다. 이를 위해 고려할 수 있는 것으로는 다음과 같은 것이 있다.

1) 입법 과정에 대한 참여

지방자치단체에 대한 국가의 영향력 행사가 법률에 근거해 이루어진다는 점에서 입법 과정에 대한 지방자치단체의 참여는 매우 절실히 요구된다.

이에는 여러 가지 방식이 고려될 수 있으나 국회와 병립한 제2원으로서 지방원을 설치하는 방법을 생각해 볼 수 있다.[5] 지방자치단체의 대표로 구성되는 국가기관으로서 지방원을 설치하고, 이로 하여금 지방자치단체에 관련된 법률에 대한 제안권을 인정하고 입법심의 절차에서 일정한 권한을 인정하는 방식이다.

2) 행정부의 정책결정 과정에 대한 참여

지방자치단체는 국회의 입법에 의해서만 영향을 받는 것이 아니라 행정부의 명령, 행정규칙, 감독활동에 의해 자치권이 제한될 수 있다. 지방자치단체는 행정부의 정책결정 과정에 대해서도 참여함으로써 지방자치단체의 관심사를 반영시킬 필요가 있다. 지방자치단체가 행정부의 정책결정 과정에 참여하는 방법으로는 지방원을 통한 방식, 지방자치단체연합을 통한 방식 등이 검토될 수 있다.

---

5) 최근에는 양원제 실시와 지방 이익을 대표하는 상원의 설치를 주장하는 견해가 늘고 있다. 안성호, “지역대표형 상원의 논거와 설계 구상”, 2007년도 한국지방자치학회 춘계학술대회 자료집, 5-35쪽 참조.

제 8 장 지방자치단체에 대한 국가의 감독

제 1 절 국가감독의 개요

1 국가감독의 개념

우리 나라의 통설은 입법부나 사법부의 지방자치단체에 대한 관계를 국가감독의 개념에 포함시키고 있다. 이러한 통설의 견해는 입법부, 사법부, 행정부의 지방자치단체에 대한 상이한 관계를 하나의 개념으로 표현하고 있는 데 문제가 있다.

통설이 말하는 '입법부에 의한 감독'은 입법부가 지방자치단체 활동의 기초와 틀을 만드는 것을 말한다. 그러나 국회는 지방자치단체의 위법한 처분을 시정하고 그의 활동을 보호하는 직접적인 수단을 갖고 있지 않다. 입법활동은 일반적으로 구속력 있는 추상적인 규범을 만드는 것이지, 구체적이고 개별적인 사안에 직접 관계하는 것은 아니다. 법률은 국가감독의 전제 요건이지 감독 그 자체는 아니다.

통설이 말하는 '법원에 의한 감독'은 법원을 통해 지방자치단체 활동의 적법성을 보장하는 것을 말한다. 법원의 작용이 추상적인 법규를 구체적인 사안에 적용한다는 점에서 행정부에 의한 감독과 공통점이 있으나 그 기능면에서 상이하다. 즉 국가는 법원을 통해서 공정한 제3자로서 지방자치단체와 관계되는 데 비해, 행정부의 감독을 통해서는 지방자치단체와 직접 관계되는 당사자의 입장에 선다. 법원에 의한 감독은 국민의 권리구제를 위한 제소에 의해서 수동적으로 작용하는데 비하여, 행정부에 의한 감독은 행정부의 재량에 따라 능동적으로 작용한다. 결국 통설이 말하는 '법원에 의한 감독'은 지방자치단체가 국가의 재판권 아래에 있다는 것을 의미하는데 불과하다.

지방자치법은 제9장에서 행정부의 지방자치단체에 대한 감독활동만을 감독의 개념에 포함시키고 있다. 이에 따라 여기에서는 국가감독이란 행정부가 지방자치행정의 적법성과 원활한 운영을 보장하기 위해 지방자치단체에 대해서 행하는 활동만을 의미하는 것으로 본다. 지방자치법이 제9장에서 지도와 감독을 병렬시키고 있으나, 여기서 내린 개념 정의에 의하면 지도는 감독의 개념에 포함된다.

국가감독은 지방자치단체의 활동에 대한 사단감독(社團監督)이므로, 공무원 개개인에 대한 인사, 조직법상의 통제수단인 직무감독과는 구별된다. 전자는 지방자치단체와 외부 관계를 이루는데 비해 후자는 외부적인 법률효과를 갖지 아니하는 내부관계이다. 또한 지방자치법 제105조에 의해서 지방자치단체의 장이 직무감독권자이므로 국가는 원칙적으로 직무감독권을 행사할 수 없다.

2 국가감독의 법적 근거

국가의 지방자치단체에 대한 감독권의 행사는 국가의 행정작용에 속하므로 법치행정의 원칙에 따라 법적 근거가 있어야 한다(법률유보의 원칙). 또한 법률이 허용하는 요건과 범위 내에서만 감독권을 행사할 수 있다(법률 우위의 원칙).

1) 헌법상의 근거

헌법에는 지방자치단체에 대한 국가감독을 규정한 명시적인 규정은 없다. 다만, 헌법 제117조 제1항은 조례 제정시에 법적 제한의 가능성을 명시하고 있으며, 제118조 제2항은 지방자치단체의 조직과 운영에 대한 법률유보를 정하고 있다. 따라서 국가감독의 내용은 입법자가 제정한 법률에 유보되어 있다. 그런 의미에서 헌법은 지방자치단체에 대한 국가감독의 가능성을 전제하고 있다.

2) 법률상의 근거

국가감독에 대한 일반적 법률로는 지방자치법을 들 수 있다. 지방자치법 제9장은 국가의 지도·감독이라는 제목으로 제166조(지방자치단체의 사무에 대한 지도와 지원), 제167조(국가사무나 시·도사무처리의 지도·감독), 제169조(위법·부당한 명령·처분의 시정), 제170조(지방자치단체의 장에 대한 직무이행명령), 제171조(지방자치단체의 자치사무에 대한 감사), 제172조(지방의회 의결의 재의와 제소) 등의 조항을 두고 있다. 그 밖에 감사원법 제22조 제1항 제2호, 제24조 제1항 제2호, 제32조, 제33조 기타 개별법에 국가감독에 관한 조항이 산재한다. 지방자치단체의 교육·학예사무에 대한 감독에 관해서는 '지방교육자치에 관한 법률' 제28조(시·도의회 등의 의결에 대한 재의)에 규정이 있고, 나머지는 지방자치법을 준용하고 있다.

3 국가감독의 기능

1) 지방자치단체의 활동에 대한 적법성의 보장

지방자치단체에 대한 국가감독은 우선 지방자치단체가 헌법과 법률에 따라 활동하도록 한다. 행정 주체로서의 지방자치단체는 법치주의 원칙에 따라 합법적으로 그의 사무를 처리해야 한다. 이러한 행정의 적법성을 보장하기 위해 국가감독이 인정된다.

2) 공익의 보장

지방자치단체의 적법행정과 지방자치의 원활한 수행은 국가 전체의 이익에도 관련된다. 따라서 국가는 지방자치의 원활한 수행을 위해 지방자치단체를 지원하고 보호할 필요가 있다. 또한 단체위임사무나 기관위임사무에 대해서는 국가가 추구하는 공익적 목적이 실현될 수 있도록 감독할 필요가 있다.

3) 지방자치단체에 대한 보호

국가감독은 지방자치단체가 행정 능력, 재정 능력이 부족할 경우에 이를 지원함으로써 지방자치단체가 그의 사무를 원활하게 수행할 수 있도록 할 수 있다. 그리고 지방자치단체가 다른 국가기관으로부터 자치권을 침해받거나 지나친 협력 요청을 받을 경우에 감독관청은 이로부터 보호해 주는 기능을 할 수 있다.

그러나 국가가 권력적인 감독 수단을 중심으로 감독권을 남용하는 경우에는 지방자치단체의 활동에 대한 국가의 감독이 지방자치단체를 보호하는 것이 아니라, 오히려 지방자치권을 침해할 우려가 많다. 특히 중앙집권주의가 강한 우리 나라의 경우 그럴 가능성이 높으므로 국가는 지방자치단체의 지방자치권을 최대한 존중하는 방향으로 감독 기능을 수행하야 한다.

4 국가감독기관

지방자치단체에 관한 국가감독은 국가의 업무이다. 그러나 구체적으로 어떤 행정관청이 국가감독 업무를 수행하는가 하는 것은 지방자치법과 그 밖의 법률 규정에 의한다. 예를 들어, 지방자치법 제167조 제1항에 의하면 지방자치단체나 그 장이 위임받아 처리하는 국가사무(단체위임사무와 기관위임사무)에 관하여 시·도에 대하여는 주무부 장관이 시·군·자치구에 대하여는 1차로 시·도지사가, 2차로 주무부 장관이 지도·감독을 하도록 되어 있다. 이 때에 시·도지사는 국가감독과 관련해서는 국가기관으로서 활동하게 된다. 그들은 감독 사항에 관한 국가의 지시에 따라야 한다.

한편 정부조직법 제26조 제3항에 의하여 행정 각부의 장관은 그 소관사무에 관하여 지방자치단체의 장을 지휘·감독한다. 대통령은 헌법 제66조 제4항에 따라 행정부의 수반으로서 지방자치단체에 대한 최고 감독관청이 된다. 헌법 제86조 제2항에 의해 국무총리는 대통령의 명을 받아 행정 각부를 통할하므로 지방자치단체에 대한 감독권을 행사할 수 있다. 감사원법에 의해 감사원은 지방자치단체에 대해 회계검사, 직무감찰을 할 수 있고, 시정 요구를 할 수 있다(감사원법 제22조 제1항 제2호, 제24조 제1항 제2호, 제33조).

5 국가감독의 기준

지방자치단체에 대한 국가의 감독은 일정한 기준에 따라야 한다. 국가감독의 기준은 자치사무와 위임사무로 나누어 살펴볼 필요가 있다.

1) 자치사무에 대한 국가감독의 기준

자치사무에 관해서는 지방자치단체는 자기책임성을 갖고 있다. 자기책임성이란 외부의 간섭을 받지 않고 무엇이 공익에 적합한 것이고 합목적적인가를 자신의 위험과 책임하에 결정할 수 있음을 말한다. 자기책임성에 의해 지방자치단체는 자치사무에 관해서는 법령에 위반되지 않는 한 자신이 설정한 재량의 기준에 따라 그의 사무를 처리한다.

이러한 자치사무에 대한 국가의 감독이 지방자치단체의 자치권을 제한하는 경우에, 그 감독의 기준이 될 수 있는 것은 오직 법령뿐이다. 즉 국가가 자치사무에 관한 지방자치단체의 자치권을 제한하는 감독을 하려면 지방자치단체의 사무처리가 위법할 것이 요구된다. 이 때에는 합목적성은 감독의 기준이 될 수 없다. 다만 지방자치단체의 재량행위라도 재량권의 일탈·남용의 경우에는 위법한 것이 되므로 감독을 받을 수 있다.

그리고 국가가 사용하는 감독 수단이 조언이나 지원과 같은 비구속적이고 비침해적인 것일 때에는 지방자치단체의 자치권을 제한하는 것이 아니므로 반드시 위법성이 감독권 행사의 기준이 되는 것은 아니다.

2) 위임사무에 대한 국가감독의 기준

위임사무는 지방자치단체나 그 장에게 사무의 수행이 위임되었지만, 최종적인 책임은 국가에 있다고 할 수 있다. 따라서 위임사무를 처리할 때 국가감독은 합법성뿐만 아니라 합목적성을 기준으로 행해질 수 있다.

제 2 절 국가감독의 수단

국가감독의 수단으로는 조언, 지원, 조사권(감사권), 시정명령, 취소·정지권, 재의 요구, 제소권, 분쟁조정, 직무대행자의 지정, 승인의 유보 등이 있다.

1 조 언

1) 조언의 의의와 성질

조언(助言)이란 감독관청이 지방자치단체에 행하는 비구속적인 권고, 알선, 장려, 지식·정보의 제공 등을 의미한다. 조언은 비구속적인 행정작용이므로 지방자치단체는 감독관청의 조언에 따를 것인가, 아닌가를 스스로 결정할 수 있다. 이 점에서 조언은 비권력적인 감독 수단이라고 할 수 있다. 우리 나라 지방자치법 제166조 제1항에서도 조언에 관한 근거 규정을 두고 있다.

조언은 비정형적인 행정작용으로서 직접적인 법률 효과를 수반하지 않는 사실행위에 해당한다. 조언은 비정형적인 행정작용으로 특별한 형식에 구애받지 아니한다. 이러한 형식의 자유로 인해 조언은 탄력성, 융통성, 순발성, 구체적 타당성을 가질 수 있다. 조언의 형식으로는 회람, 전화, 편지 문답, 대화, 개별적인 상담 등이 있을 수 있다.

2) 조언의 종류

조언은 그 달성하고자 하는 목적에 따라서 협력적 조언, 전문적 조언, 조정(調整)적 조언으로 분류할 수 있다.

협력적 조언은 지방행정이 국가 전체의 이익에 합치되도록 협력을 구하거나 지방자치단체 상호간의 협력을 촉진시키기 위해 하는 것이다. 이러한 조언을 통해 국가와 지방자치단체는 상호간에 의사를 교환해 불필요한 마찰을 피할 수 있다. 또한 지방자치단체 간에 자발적인 협력이 이루어지지 않을 경우에 감독관청은 조언을 통해 지방자치단체 간의 수평적 협력을 중개할 수 있다.

전문적 조언은 지방자치단체가 그 사무를 수행하기에 필요한 전문적·기술적 지식을 충분히 갖고 있지 못한 경우에 조언을 통해 돕는 것이다. 예컨대 예산 편성, 도시계획 등 전문적 사항에 관한 조언이 이에 속한다. 법령 해석적 조언도 여기에 속한다. 전문적 조언이 효과를 거두기 위해서는 감독관청이 지방자치단체보다 전문지식이나 정보의 우위에 있어야 하고 담당 공무원의 능력과 자질이 보장되어야 한다.

조정적인 조언은 지방자치단체가 내부적으로 또는 외부적으로 분쟁 관계에 있을 때에 감독관청이 비구속적인 조언을 통해 원만한 해결을 시도하는 것이다. 물론 별도의 조정절차나 소송절차가 있지만, 그 전 단계로서 감독관청이 조언을 통해 원만한 해결을 시도할 수 있다면 대립이 첨예화되는 것을 막을 수 있다.

3) 조언의 범위

조언은 지방자치단체의 모든 사무에 대해 가능하다. 자치사무는 물론 위임사무에 대해서도 조언할 수 있다.

한편 감독관청이 지방자치단체의 자치사무에 대해 조언을 할 경우에도, 침해적이고 구속적인 감독 수단과는 달리 합법성의 문제뿐만 아니라 합목적성의 문제에 대해서도 조언할 수 있다. 조언은 비구속적인 것이므로 원칙적으로 자치권을 침해하지 않는다. 조언을 통해 지방자치단체의 판단 능력을 보충해 주는 것에 그치기 때문이다.

4) 조언의 장단점

조언의 장점이라면 지방자치단체의 행정 능력을 보강해 줄 수 있고, 융통성과 탄력성 있는 감독을 실현할 수 있다는 것이다. 또한 조언의 과정에서 국가와 지방자치단체 간에 신뢰 관계 내지 동반자 관계를 형성할 수 있고, 조언이 효과를 발휘해 지방자치단체가 따르는 경우에는 다른 감독 수단의 행사가 불필요해진다. 또한 다른 감독 수단이 존재하지 않는 경우에는 조언이 유일한 감독 수단이 될 수도 있다.

반면에 조언의 단점(역기능)도 없지 않다. 지방자치단체가 지나치게 감독관청의 조언에만 의존하거나 반대로 감독관청이 지방자치단체에게 조언에 따를 것을 사실상 강요하는 경우에는 비구속적인 조언이 사실상 구속적인 행정지시(行政指示)로 작용할 수도 있다. 또한 지방자치단체의 중앙의존성이 강한 상황에서의 조언은 사실상 '후견(後見)'으로 변질되고, 주민의 창의와 자발성에 기초한 '자치행정'은 형해화될 위험이 있다.

장점을 살리고 단점을 보완하도록 하기 위해서는 감독관청이 주도적인 역할을 하는 조언 대신에 지방자치단체가 필요한 조언을 구해 오는 경우에 비로소 조언을 행사하도록 하고, 감독관청이 주도하는 조언은 필요한 최소한의 범위에 그치도록 해야 한다.[6]

5) 현행 지방자치법상의 근거 규정과 입법론

지방자치법 제166조 제1항에서는 "중앙행정기관의 장이나 시・도지사는 지방자치단체의 사무에 관하여 조언 또는 권고하거나 지도할 수 있으며 이를 위하여 필요한 경우에는 자료의 제출을 요구할 수 있다"라고 규정하고 있다. 여기서 '지도'라 함은 소위 행정지도를 의미하며 조언의 예시에 불과하다. 그러나 '지도'라는 단어의 어감상 감독관청의 우월성이나 후견적 의미로 해석될 수 있으므로 삭제함이 바람직하다. 같은 항 후단의 자료 제출요구는 비구속적인 조언을 위한 것이므로 당연히 비구속적이다. 역시 법문의 규정상 구속적인 의미로 해석될 소지가 있으므로 삭제함이 타당하다.

2 지 원

감독관청은 지방자치단체에게 재정적・기술적인 지원을 할 수 있다. 이는 국가의 지방자치단체에 대한 보호적인 기능에서 나오는 것으로 지방자치단체가 행정 능력이나 재정 능력을 갖추지 못한 경우에 의미를 갖는다.

---

6) Uwe Lübking/Klaus Vogelsang, *Die Kommunalaufsicht*, Berlin, 1998, 92쪽 이하 참조.

지방자치법 제166조 제2항에서도 “국가나 시·도는 지방자치단체가 그 지방자치단체의 사무를 처리하는 데에 필요하다고 인정하면 재정 지원이나 기술 지원을 할 수 있다”라고 규정하고 있다.

지원이 특히 중대한 기능을 수행하는 경우로는 재정 능력이나 전문 능력이 부족한 중소 규모의 지방자치단체의 경우이다. 대도시와 같이 충분한 자체 능력이 구비된 경우에는 상대적으로 지원의 필요성이 낮다.

한편 지방자치단체의 사정을 고려하지 않고 감독관청이 일방적으로 지원의 분야를 결정하게 된다면 지방자치단체의 자기책임성이 제약될 우려가 있다. 특히 지방자치단체의 재정 능력이 부족한 경우에 지방자치단체는 국가의 재정 지원을 받을 수 있는 사업에 우선순위를 두게 되므로, 사실상 중앙의 의사에 의존하게 된다. 따라서 지원을 할 때도 지방자치단체의 자율성과 자기책임성을 높이는 방안을 강구하는 것이 필요하다. 또한 지역 간의 균형 발전을 지향점으로 제시하고 있는 헌법 제123조 제2항 등을 감안할 때 재정 지원 여부, 규모 등을 결정하면서 지방자치단체의 재정 능력에 따른 차등을 두는 것도 필요하다. 그럼으로써 재정 능력이 취약한 지역에 지원의 우선순위를 두어야 할 것이다.

3 조사권(감사권)

1) 의 의

조사(감사)권이란 지방자치단체의 활동과 작용에 대해 정보를 수집하는 감독관청의 권한을 말한다. 지방자치법 제171조에서는 “행정자치부 장관이나 시·도지사는 지방자치단체의 자치사무에 관하여 보고를 받거나 서류·장부 또는 회계를 감사할 수 있다”라고 규정하고 있는데, 이 조항에서 언급된 보고수령, 서류·장부·회계의 감사는 조사(감사)권 행사의 예시라고 할 수 있다.

한편 조사(감사)권의 행사로서의 보고수령과는 구분되는 것으로 법률에 의해 직접 보고 의무를 발생시키는 조항들이 있다. 즉 지방자치법에서는 일정한 사항에 대해서는 감독관청의 보고명령을 매개로 하지 아니하고 그 요건이 충족되면 법률에 의해 직접 보고 의무가 발생하도록 하는 조항들을 두고 있다. 이처럼 법률의 규정으로부터 직접 유래하는 보고 의무는 특정 사안에 대해서 감독관청의 조사(감사)를 돕는 기능을 한다.[7]

한편 조사(감사)권은 다른 감독 수단의 적절한 행사를 위해서도 필요한 감독 수단이다. 예컨대 시정명령을 하기 위해서는 위법한 작용에 대한 정보가 필요하므로, 정보의 획득을 위해 조사(감사)권을 행사하기도 한다.

2) 조사(감사)의 대상

자치사무의 경우에는 원칙적으로 '법령 위반 사항'에 대해서만 조사(감사)권을 행사할 수 있다(지방자치법 제171조 단서). 다만 지방자치단체의 자치권을 침해하지 않는 비구속적인 방식에 의한 조사(감사)권의 행사는 지방자치단체의 위법성을 전제로 하지 않을 수 있다.

한편 위임사무에 대해서는 위법성을 조사(감사)권 행사의 발동 요건으로 하지 아니한다. 다만, 지나친 조사(감사)권의 행사는 원활한 행정의 수행을 저해할 수 있으므로 위법, 부당의 혐의가 있거나 특별한 사정이 있는 경우에 한해서 조사권을 행사해야 한다.

3) 조사(감사)기관

자치사무의 경우에는 일차적으로 행정자치부 장관이나 시·도지사가 조사(감사)의 주체가 될 수 있다(지방자치법 제171조). 그리고 정부조직법 제26조 제3항에 의해 행정각부의 장관은 그 소관사무에 관해 지방자치단체의 장을 지휘·감독한다.

위임사무의 경우에 조사(감사)권을 행사하는 관청으로는 국회, 감사원, 행정 각부의 장관과 그 하부기관으로서의 시·도지사가 있을 수 있다. 한편 중복되는 감사를 피하기 위해 감독관청간의 감사자료 교환 체제가 정비되어야 하며 중복감사는 자제해야 한다.

---

7) 법률에 의해 직접 보고 의무를 발생시키는 조항으로는 지방자치법 제28조(조례와 규칙의 보고), 제133조 제2항(예산의 보고), 제134조 제2항(결산의 보고), 제151조 제1항(사무위탁의 보고), 제152조 제1항(행정협의회 구성의 보고) 등이 있다.

4) 조사(감사)의 방법

감독관청은 법률 효과를 수반하지 않는 비권력적인 사실행위로 지방자치단체의 활동을 조사할 수 있다. 예컨대 지방신문의 구독, 면담, 협조 의뢰 등을 통해 지방자치단체에게 직접 법적인 의무를 부과하지 않고서도 정보를 수집할 수 있다.

다른 한편으로 감독관청은 감독에 필요한 자료나 정보를 얻기 위해 지방자치단체에게 일정한 의무를 행정행위로 부과할 수 있다. 예컨대 문서나 자료의 제출 요구, 보고의 요구, 조사행위에 대한 수인명령 등이 이에 해당한다.

5) 조사(감사)권의 발동

조사(감사)권은 직권에 의해 발동되는 것이 보통이지만, 지방자치법 제16조에 의한 주민의 감사청구에 의해 발동될 수도 있다. 주민의 감사청구가 적법하게 제기되면, 주무부 장관 또는 시·도지사가 감사기관이 되어 지방자치단체와 그 장의 권한에 속하는 사무의 처리가 법령에 위반되거나 공익을 현저히 해치는지에 대해 감사해야 한다.

6) 조사(감사)권의 한계

감독 수단으로서 조사(감사)권의 발동은 비례의 원칙에 따라서 필요한 경우에 최소한으로 행사되어야 한다. 비례의 원칙은 조사(감사)권을 발동할 것인지의 여부, 어떤 방법으로 조사(감사)할 것인지의 결정에 모두 적용된다.

한편 조사권은 원칙적으로 개별적인 사안에 대해서 행사되어야 한다. 특별한 이유 없이 지방자치단체의 업무 전반에 대해 정기적으로 감사하거나 보고를 요구하는 것은 헌법이 보장하고 있는 지방자치권을 부당하게 침해할 우려가 있다.

4 시정명령

1) 의 의

지방자치단체장의 위법·부당한 명령이나 처분에 대해 감독관청이 기간을 정해서 시정을 명령하는 사후적이며 침해적인 감독 수단이다. 시정명령은 감독관청의 일방적인 의사표시로 그에 따른 법률 효과가 발생하는 행정행위이다. 시정명령이 있는 경우에 지방자치단체는 이를 시정할 법적인 의무를 진다.

지방자치법 제169조에서는 시정명령에 대해 규정하고 있다.

2) 시정명령의 요건

① 지방자치단체의 사무에 관한 지방자치단체장의 명령이나 처분이 있어야 한다. 즉 시정명령은 적극적인 작위(作爲)만을 대상으로 하고 있다. 지방자치단체장의 처분에는 그 하부기관의 행위도 당연히 포함된다.

② 시정명령은 지방자치단체의 사무에 관한 그 장의 명령이나 처분이 법령에 위반되거나 현저히 부당하여 공익을 해친다고 인정되는 경우에 할 수 있다. 다만, 자치사무의 경우에는 명령이나 처분이 법령을 위반하는 경우에만 할 수 있다(지방자치법 제169조 제1항 단서). 따라서 자치사무에 관해서는 지방자치단체장의 명령이나 처분이 부당하더라도 시정명령을 할 수 없다.

③ 시정명령은 시·도에 대해서는 주무부 장관이, 시·군 및 자치구에 대하여는 시·도지사가 명해야 한다.

④ 시정명령은 기간을 정해 서명으로 시정할 것을 명하는 방식으로 해야 한다. 기간은 시정명령을 이행하기에 적합한 상당한 기간이어야 한다.

3) 시정명령의 효과

지방자치단체는 시정명령을 받은 명령 또는 처분을 취소할 법적 의무를 부담한다. 그리고 지방자치단체는 시정명령을 받은 명령 또는 처분을 집행해서는 안 된다.

그러나 시정명령은 외부에 대해서 직접 형성적인 효력을 가지는 것은 아니다. 따라서 이미 내려진 지방자치단체장의 처분 또는 명령은 시정명령에도 불구하고 유효하다.

5 취소 · 정지권

1) 의 의

지방자치단체가 위법 · 부당한 명령 · 처분에 대한 감독관청의 시정명령을 정해진 기간 안에 이행하지 않을 때에 감독관청은 지방자치법 제169조 제1항에 의해 당해 명령 · 처분을 취소 또는 정지할 수 있다. 감독관청의 취소처분은 당해 지방자치단체의 기관의 별도의 취소처분을 거치지 아니하고 명령 · 처분의 효력을 직접 상실시킨다. 이런 의미에서 감독관청의 취소 · 정지처분은 형성적인 행정행위에 속한다.

2) 취소 · 정지의 요건

① 지방자치단체장의 명령이나 처분이 법령에 위반되거나 현저히 부당하여 공익을 해친다고 인정되어(자치사무의 경우에는 명령이나 처분이 법령에 위반된 경우에 한한다) 서면으로 기간을 정해 시정명령을 내렸을 것.

② 시정명령에서 정한 기간 내에 시정명령을 이행하지 않았을 것.

③ 지방자치단체장의 명령이나 처분이 아직 집행되지 않았거나, 이미 집행되었더라도 그 결과를 제거하는 것이 사실상 · 법률상 가능한 경우일 것 : 이 요건이 필요한 것은, 만약 명령이나 처분이 이미 집행되어서 그 효력을 소멸시키더라도 교정이 불가능한 경우라면, 취소 · 정지권의 행사는 부적합하기 때문이다.

3) 취소 · 정지의 효과

취소 · 정지의 의사표시가 당해 지방자치단체에 도달함으로써 지방자치단체장의 명령 · 처분은 효력을 상실하며, 그를 위해 지방자치단체의 별도의 행위는 요구되지 아니한다. 감독관청은 취소·정지권의 행사와 함께 위법한 명령 또는 처분을 집행함으로써 생겨난 위법 상태의 제거를 청구할 수 있다.

6 직무이행명령권 및 대집행권

지방자치단체가 법률상 부과된 의무를 이행하지 아니하거나 업무의 수행을 게을리하는 경우에 감독관청이 지방자치단체에 기간을 정해 이의 이행을 명령하는 것을 직무이행명령권(Anordnung)이라고 한다. 그리고 지방자치단체가 직무이행명령에 따르지 아니하는 경우에 감독관청이 직접 또는 제3자에게 위임해 지방자치단체의 비용으로 위법한 부작위 상태를 제거하는 것을 대집행(Ersatzvornahme)이라고 한다.

시정명령권이 지방자치단체장의 위법한 작위에 대한 감독 수단이라면 직무이행명령권은 지방자치단체장의 위법한 부작위에 대한 감독 수단이다.

현행 지방자치법 제170조 1항에서도 "지방자치단체의 장이 법령의 규정에 따라 그 의무에 속하는 국가위임사무나 시·도위임사무의 관리나 집행을 명백히 게을리 하고 있다고 인정되면 시·도에 대하여는 주무부 장관이, 시·군 및 자치구에 대하여는 시·도지사가 기간을 정하여 서면으로 이행할 사항을 명령할 수 있다"라고 규정함으로써, 위임사무에 한하여 직무이행명령권을 도입하고 있다.

또한 같은 조 제2항에서는 "주무부 장관이나 시·도지사는 해당 지방자치단체의 장이 기간 내에 이행명령을 이행하지 아니하면 그 지방자치단체의 비용 부담으로 대집행하거나 행정상·재정상 필요한 조치를 취할 수 있다"라고 규정함으로써 대집행권도 인정하고 있다. 이 경우 행정대집행에 관해서는 행정대집행법을 준용한다.

7 재의 요구 지시

1) 의 의

지방의회의 의결이 법령에 위반되거나 공익을 현저히 해친다고 판단되면 감독관청은 당해 지방자치단체의 장으로 하여금 재의를 요구하게 할 수 있고, 이 요구를 받은 지방자치단체의 장은 재의의 요구를 해야 한다. 현행 지방자치법 제172조 제1항에서는 "지방의회의 의결이 법령에 위반되거나 공익을 현저히 해친다고 판단되면 시·도에 대하여는 주무부 장관이, 시·군 및 자치구에 대하여는 시·도지사가 재의를 요구하게 할 수 있고, 재의 요구를 받은 지방자치단체의 장은 의결 사항을 이송받은 날로부터 20일 이내에 지방의회에 이유를 붙여 재의를 요구하여야 한다"라고 규정하고 있다.

이러한 재의 요구는 지방자치법 제107조에 의한 지방자치단체장의 자체 판단에 의한 재의 요구와는 구분된다. 후자의 재의 요구는 국가감독의 수단이 아니라 지방자치단체의 자기통제 수단이기 때문이다.

양자의 경우에 지방자치단체장의 법적 지위는 동일한 것이 아니다. 전자의 경우에는 지방자치단체장이 국가감독관청의 하위기관으로서의 지위를 갖는 것이기 때문이다. 전자의 경우 감독관청의 재의 요구 지시는 독립된 행정행위가 아니며 행정 내부적 행위에 지나지 않는다. 지방자치단체장의 재의 요구에 의해 비로소 재의 요구는 감독 수단의 발동으로서 행정행위가 된다.

2) 재의 요구의 요건

재의 요구의 요건에 대해, 지방자치법 제172조 제1항은 법령에 위반하거나 공익을 현저히 해치는 경우일 것으로 규정하고 있다. 그런데 자치사무의 경우에 공익을 현저히 해친다는 이유로 감독관청이 개입하는 것은 지방자치단체의 자치권을 침해하는 것이 될 수 있다. 따라서 자치사무의 경우에는 '공익을 현저히 해치는 경우'란 지방의회의 의결이 재량권의 범위를 벗어나서 위법에 이른 경우라고 한정적으로 해석해야 할 것이다.

3) 재의 요구의 효과

감독관청의 재의 요구 지시에 의해 지방자치단체장이 지방의회에 재의 요구를 하면 지방의회는 재의 요구된 사항에 대해 다시 심의할 법적 의무를 부담한다. 그리고 지방의회는 재의 요구된 사항에 대해 재의한 결과 재적 의원 과반수의 출석과 출석 의원 3분의 2 이상의 찬성으로 전과 같은 의결을 할 수 있고, 그럴 경우에 그 의결 사항은 확정된다(지방자치법 제172조 제2항).

8 제소 지시 및 제소권

지방의회의 의결이 위법하다고 판단될 경우에 감독관청이 지방자치단체장에 대해 소 제기를 지시하거나 직접 소를 제기할 수 있는 권한을 말한다.

지방자치법상 제172조 제1항에 의해 재의 요구된 사항이 같은 조 제2항에 의해 지방의회에서 재의결된 경우에 지방자치단체의 장이 재의결된 사항이 법령에 위반된다고 판단하면 대법원에 소를 제기할 수 있다(지방자치법 제172조 제3항) 그런데 재의결된 사항이 법령에 위반된다고 판단됨에도 불구하고 해당 지방자치단체의 장이 소를 제기하지 아니하면 주무부 장관이나 시·도지사는 그 지방자치단체의 장에게 제소를 지시하거나 직접 제소 및 집행정지 결정을 신청할 수 있다(같은 조 제4항). 제소의 지시는 해당 지방자치단체장이 재의결에 대해 소를 제기할 수 있는 기간(재의결된 날부터 20일)이 지난 날부터 7일 이내에 할 수 있다. 그리고 제소 지시를 받은 해당 지방자치단체의 장은 제소지시를 받은 날부터 7일 이내에 제소해야 한다. 만약 제소 지시를 받고도 기간 내에 제소하지 않으면 감독관청은 직접 제소할 수 있다.

그리고 지방자치단체장이 지방자치법 제172조 제1항에 의한 재의 요구 지시를 받고도 재의 요구를 하지 않을 경우에도 주무부 장관이나 시·도지사는 재의 요구 기간(지방자치단체장이 의결 사항을 이송받은 날로부터 20일 이내)이 지난 날부터 7일 이내에 대법원에 직접 제소 및 집행정지 결정을 신청할 수 있다(같은 조 제7항).

9 지시권

지시란 행정규칙, 통첩, 회람, 개별적인 지시에 의해 감독관청이 지방자치단체를 통제하는 것이다.

자치사무에 대해서는 지방자치단체의 자기책임성이 보장되고, 위법한 행위에 대해서는 시정명령이나 취소·정지권을 엄격한 요건 하에서 행사할 수 있다. 이와 별도로 법률에 규정도 없는 지시권을 행사할 수 없다.

한편 위임사무에 대해서는 국가가 지방자치단체에 대해 사전, 사후의 지시를 할 수 있다. 위임사무에 대해서는 감독관청은 행정의 적법성의 문제뿐만 아니라 합목적성에 대해서도 지시할 수 있다. 그러나 지나친 지시권의 행사는 지방자치단체의 의욕을 감퇴시키고 중앙의 지시에 의존하는 업무 처리 태도를 키우게 되므로, 지시권의 행사는 최소한도에 그치는 것이 바람직하다.

지시권의 행사로 직접적인 법적 효력이 발생하지는 아니한다. 지시를 받은 지방자치단체에게 지시를 따라야 하는 법적 의무가 발생할 뿐이다. 따라서 지시는 형성적이 아니고 명령적 성질을 갖는다.

10 승인의 유보

1) 의 의

'승인의 유보'란 지방자치단체의 행위가 국가의 승인을 받음으로써 비로소 유효하게 되도록 하는 지방자치단체의 자치권에 대한 법적인 제한이다. 따라서 지방자치단체의 일정한 행위가 법률의 규정에 의해 국가의 승인을 받게 되어 있으면 국가의 승인이 있는 경우에 비로소 유효한 것이 되며, 국가가 승인을 하지 않는 경우에는 다른 요건을 갖추었다 하더라도 법적인 효력을 발생하지 아니한다. 이러한 의미에서 승인은 지방자치단체의 행위의 효력 발생 요건이다.

국가는 지방자치단체의 일정한 법적 행위에 대해 법률로 승인권을 유보함으로써 지방자치단체의 행정작용에 사전전·예방적으로 관여할 수 있다. 이러한 승인의 유보는 지방자치단체와 국가의 관계를 형성하는 제도 중의 하나로 오래 전부터 존재해 왔다. 그러나 헌법이 지방자치를 보장하고 있으며 지방자치법이나 그 밖의 개별법이 예외적인 경우에만 일정한 지방자치단체의 행위를 승인의 유보하에 두고 있다는 점에서 원칙적으로 '승인으로부터의 자유의 원칙'이 인정되어야 한다. 따라서 자치사무의 경우에는 법률이 명백히 규정하고 있고 승인권을 유보하는 것이 불가피한 경우에 한해서 인정된다고 볼 수 있다. 여기서 불가피한 경우라 함은 지방자치단체의 행위에 대한 사전적인 통제가 필요한 경우로서 공공의 이익에 대한 훼손이 회복하기 어려운 중대한 사유가 있는 경우에 한정된다고 볼 수 있다.

자치사무에 대해서는 법적 근거 없이 국가감독관청은 지방자치단체에게 승인 의무를 부과할 수 없다. 위임사무에 대해서는 행정규칙으로 승인 의무를 부여할 수 있지만(이른바 내인가[內認可] 사항), 이러한 행정규칙에 의한 승인 유보는 단순히 행정 내부적인 사무분배 절차이므로 지방자치단체의 행위의 법적 효력에는 영향을 미치지 않는다. 따라서 내인가 사항은 여기에서 논의하는 승인 유보에서는 제외한다.

이러한 승인은 신고나 보고와 구별되어야 한다. 신고나 보고는 감독관청의 조사(감사)권을 보조하는 수단으로서 법적 감독을 위한 자료를 제공하는 기능을 한다. 신고나 보고를 하지 않을지라도 그 행위의 법적 효력에 영향이 있는 것은 아니다. 따라서 행위의 효력 발생 요건인 승인과는 법적 효력이 다르다.

2) 승인 유보의 법적 근거

지방자치단체의 행위는 원칙적으로 국가의 승인을 요하지 않는다. 지방자치단체가 국가의 승인을 받을 의무는 법률유보의 원칙에 따라 법률에 명시적인 규정이 있는 경우에 한한다. 지방자치법상으로 승인 의무는 지방자치법 제4조 제3항에 의한 자치구가 아닌 구와 읍·면·동의 폐치·분합, 제159조 제1항에 의한 지방자치단체조합의 설립, 지방재정법 제11조 제2항에 의한 외채 발행, 같은 조 제3항에 의한 지방채 발행 한도액의 범위를 초과한 지방채 발행, 같은 조 제4항에 의한 지방자치단체조합의 지방채 발행 등에서 규정되어 있다. 그 밖의 개별법에서도 승인 의무가 규정되어 있기도 하다.

3) 승인의 법적 성질과 승인의 기준

감독관청이 지방자치단체의 자치사무에 관한 승인권을 가지고 있는 경우에 심사의 기준을 합법성 여부에 한정할 것인가 아니면 합목적성 여부도 포함할 것인지가 문제된다. 전통적으로 승인의 기준에는 합법성뿐만이 아니라 합목적성도 포함해 왔다. 한국의 경우 실무에서도 승인의 기준은 합법성 여부에만 국한되지 않고 합목적성 여부에까지 확장되는 경우가 적지 않다.

그런데 자치사무란 합목적성에 대한 지방자치단체의 자기책임성을 의미하기 때문에 이러한 실무상의 기준을 정당한 것으로 볼 것인지, 아니면 극복해야 할 과제로 볼 것인지가 문제된다. 승인의 기준을 무엇으로 할 것인지는 승인의 법적 성질을 어떻게 이해하는지와 밀접한 관계가 있다.

(1) 국가의 협력권으로 보는 견해

전통적으로 승인의 유보는 국가의 지방자치단체의 행위에 대한 독자적인 결정권[8] 혹은 국가의 후견으로 불리는 국가의 보호권[9]으로 이해되었다.

승인 유보를 국가의 지방자치단체의 자치사무 수행에 대한 협력권을 국가에 인정한 것으로 보는 견해[10]나 지방자치단체의 자치사무 수행에 대한 국가의 공동 책임을 규정한 것이라고 보는 견해[11] 등이 이에 속한다. 이 견해에 의하면 국가는 승인을 결정할 때 합법성 여부뿐만이 아니라 합목적성 여부도 고려해서 결정을 할 수 있다고 본다.

---

8) Otto Meyer, *Deutsches Verwaltungsrecht*, Bd.2. 2.Aufl. München u. Leipzig, 1977, S. 720.

9) Wilhelm Laforet, *Deutsches Verwaltungsrecht*, München, 1937, S. 151.

10) Erich Becker, Kommunale Selbstverwaltung und Staatsaufsicht, in: Hans Peters (Hrsg.), *Handbuch der Kommunalen Wissenschaft und Praxis*, Bd.1, 1. Aufl., Berlin, 1956.

11) Ernst Forsthoff, *Lehrbuch des Verwaltungsrechts*, Bd.1, 10.Aufl. München, 1973, 571.

(2) **승인을 감독 수단의 한 종류로 보는 견해**

다수의 견해는 승인의 유보를 감독 수단의 일종으로 보고 있다. 자치사무에 대한 감독권 행사는 법적 감독에 한정되므로 승인의 기준은 합법성 여부만 포함되며 합목적성 여부에 대한 심사는 허용되지 아니한다고 본다.12)

(3) **사 견**

승인의 유보를 감독 수단과는 별개의 국가 개입 수단으로 보는 견해는 지방자치단체의 자치사무 수행에 대한 국가의 합목적적 관여를 정당화하기 위해 주장되는 견해이다. 자치사무는 지방자치단체의 자기책임성이 보장되는 사무이므로 국가의 합목적적인 관여는 자치사무와 양립하기 어려운 견해라고 본다. 이에 승인의 기준으로는 합법성 여부에 한정된다고 보는 것이 타당하다. 이 점에서 승인은 합법성의 사전적 확인으로서 의미를 가진다. 다만, 승인을 유보하면서 '지역경제 발전', '건전한 재정 운영' 등과 같은 추상적인 요건을 설정하고 있는 경우에 감독관청의 판단의 여지가 늘어나므로 합목적성 통제와 유사한 결과를 초래할 수 있다. 그럼에도 불구하고 지방자치단체의 판단을 가급적 존중하는 방향으로 판단해야 한다.

4) 승인 유보의 법적 효력

국가의 승인을 필요로 하는 지방자치단체의 행위는 국가의 승인을 얻음으로써 비로소 유효하게 된다. 따라서 승인은 형성적 행정행위이며 창설적인 효력을 갖는다.

그리고 감독관청이 승인을 거부하면 승인을 요하는 행위는 무효로 된다. 다만 승인의 거절은 판결과 같은 기속력이 있는 것은 아니기 때문에, 감독관청은 승인 거부처분을 취소하고 새로이 승인을 할 수 있다. 이 경우에 행위가 효력을 발생하는 것은 승인이 있은 시점부터이며 소급하지는 아니한다.

승인을 필요로 하는 행위는 다른 요건이 갖추어진 경우에 승인을 받음으로써 효력을 발생하는 것이다. 따라서 지방자치단체의 행위가 법상의 다른

---

12) Klaus Stern, *Bonnerkommentar*, Art.28, Rdnr. 137 ff.; Hans-Uwe Erichsen, *Kommunalrecht NW*, S. 313.

요건을 결하고 있는 경우에는 승인을 받더라도 그 하자가 치유되는 것이 아니다. 그 법률상의 하자가 어떠한 법적 효과를 가져오는가 하는 것은 승인의 유무와 관계 없이 그 하자에 관한 일반적인 규율에 따른다.

또한 감독관청은 승인받은 행위에 관해서도 그것이 법령에 위반되는 경우에는 시정명령을 할 수도 있고 취소할 수도 있다. 다만 법적 안정성과 신뢰 보호의 원칙상 감독관청의 그러한 권한 행사가 제한되는 경우가 있을 수 있다.

11 직무대행자의 지정

지방자치단체를 폐지하거나 설치하거나 나누거나 합쳐(폐치 · 분합) 새로 지방자치단체의 장을 선거해야 하는 경우에는 그 지방자치단체의 장이 선거될 때까지 시 · 도지사는 행정자치부 장관이, 시장 · 군수 및 자치구의 구청장은 시 · 도지사가 각각 그 직무를 대행할 자를 지정해야 한다. 다만 둘 이상의 동격의 지방자치단체를 통 · 폐합하여 새로운 지방자치단체를 설치하는 경우에는 종전의 지방자치단체의 장 중에서 해당 지방자치단체의 장의 직무를 대행할 자를 지정한다(지방자치법 제97조).

이는 지방자치단체의 폐치 · 분합 등의 경우에 지방자치단체장이 새로 선임될 때까지 기관 구성의 공백이 생기는 것을 방지하기 위한 제도이다.

원칙적으로 직무대행자가 한 행위는 지방자치단체장이 행한 것과 동일한 법적 효력이 생긴다. 다만, 직무대행자는 그 잠정적인 성격상 일상적인 업무나 시급한 업무 수행만 허용되고 지방자치단체에 중대한 영향을 미치는 정치적인 행위는 보류되어야 할 것이다.

그리고 직무대행자는 감독관청에 의해 지정된 것이지만, 지방자치단체의 기관이다. 따라서 국가의 직무대행자에 대한 감독은 지방자치단체장이 존재하는 경우와 차이가 없다.

제 3 절 국가감독권 행사의 원칙

국가가 감독권을 어떻게 행사하는가에 따라 지방자치단체의 자치권은 큰 영향을 받는다. 만약 국가가 감독권을 남용하게 된다면 지방자치단체의 자치권은 현저하게 침해될 수밖에 없다. 따라서 법의 일반 원리로서 국가감독권의 행사를 제한할 필요가 있다.

1 감독편의주의

1) 의 의

국가가 감독권을 행사하기 위해서는 개개의 감독 수단을 규율하는 법정 요건을 갖추어야 한다. 문제는 법정 요건이 갖추어진 경우에 국가가 반드시 규정된 감독권을 행사해야 하는가, 혹은 법정 요건이 갖추어졌음에도 불구하고 감독관청의 재량으로 개입 여부를 결정할 수 있는가이다. 전자를 법정주의(Legalitätsprinzip)라 하고, 후자를 편의주의(Opportunitätsprinzip)라고 한다. 지방자치법의 규정 형식은 "……할 수 있다"라고 되어 있으므로 감독편의주의를 취하고 있는 것으로 볼 수 있다.

2) 감독편의주의의 이론적 근거

국가감독의 목적은 지방자치단체의 모든 위법한 작용을 빠짐없이 색출하고 교정하려는 데 있는 것이 아니라 이를 통해서 자치행정의 원활한 수행과 '건전한 지방행정'을 도모하려는 데 있다.[13] 따라서 사소한 위법행위에 대해 국가가 일일이 간섭하려고 하는 것은 득보다 실이 클 수 있다. 감독권 행사의 요건이 충족된 경우에도 감독관청이 개입 여부를 결정할 수

---

13) Jürgen *Salzwedel, Staatsaufsicht in der Verwaltung*, VVDStRL, 22(1965, S. 221

있도록 재량의 여지를 부여하는 것이 더욱 타당하다. 그러므로 위법한 작용에도 불구하고 지방자치단체의 전체적인 상황을 고려해서 감독권 행사를 자제하는 것이 적합한 경우에는 감독권의 행사를 하지 않을 수 있도록 하는 감독편의주의가 타당하다.

3) 감독편의주의의 한계

감독편의주의에 의해 감독관청이 갖게 되는 재량은 무제한한 것은 아니며 법치국가의 원칙들과 재량권을 부여한 법의 목적에 부합해야 한다.

따라서 감독편의주의도 행정재량의 일반 원리에 의해 제약된다. 법치주의의 원칙에서 유래하는 비례의 원칙, 헌법 제11조의 평등 조항 등에 위반되어서는 안 된다. 또한 경우에 따라서는 감독관청의 재량이 영(零)으로 수축되어 개입해야만 하는 의무가 발생하는 경우도 있다. 예컨대 건전한 지방자치에 중대한 영향을 미치는 위법행위가 있는 경우 등이 이에 해당한다.

2 비례의 원칙

1) 의 의

감독목적을 달성하기 위해 어떤 감독 수단을 어떻게 행사해야 할 것인지에 관해서 중요한 기준이 되는 것이 비례의 원칙이다. 국가가 지방자치단체에 대해 감독권을 행사할 때에도 비례의 원칙은 준수되어야 한다.

비례의 원칙은 법치주의의 실질적인 내용을 이루는 정의의 개념에서 유래하는 헌법상의 원칙으로서 모든 국가 권력을 구속한다. 즉 비례의 원칙은 달성하려고 하는 목적과 그를 위한 수단 간의 관계를 규율하는 법원칙으로서 선택한 수단이 달성하고자 하는 목적을 위해 적합한 것이어야 하고, 여러 가지 적합한 수단 중에서 최소의 침해를 가져오는 수단을 선택해야 하며, 선택한 수단으로 달성되는 공익과 그로 인한 손실 사이에는 적정한 비례의 관계가 성립해야 한다는 것을 의미한다.

이러한 비례의 원칙은 감독관청의 재량을 제한해 지방자치단체의 자치권에 대한 침해를 최소화하고 감독권 행사의 적정성을 보장한다.

2) 국가 감독권 행사에서 비례의 원칙의 내용

(1) 수단의 목적적합성의 원칙

감독관청이 선택한 감독 수단은 달성하고자 하는 감독 목적에 적합한 것이어야 한다. 적합한 감독 수단은 여러 가지가 있을 수 있다. 예컨대 지방자치단체장의 위법한 처분에 대해 적합한 감독 수단으로는 지방자치법 제166조 제1항에 의해 위법행위를 시정하도록 조언하는 방법, 제171조에 의해 조사권을 행사하는 방법, 제169조 제1항에 의해 시정명령을 하고 시정하지 않으면 취소·정지권을 행사하는 방법 등이 모두 적합하다. 여기서 말하는 적합성이란 목적을 달성하는 데 도움이 된다는 의미이다. 만약 부적합한 감독 수단을 행사할 경우에는 위법한 감독 수단의 행사로 된다.

(2) 최소 침해의 원칙

목적을 달성하기에 적합한 수단이 여럿 있을 경우에 최소의 침해를 가져오는 수단을 선택해야 한다. 감독관청은 동일한 효과를 가져오는 여러 가지 감독 수단 중에서 지방자치단체의 자치권을 최소한으로 침해하는 수단을 선택해야만 적법하다. 만약 좀더 약한 감독 수단으로 목적을 달성할 수 있음에도 불구하고 자치권에 대한 침해의 정도가 심한 감독 수단을 선택한 경우에는 위법하다.

따라서 위에서 든 예에서 지방자치단체장의 위법행위에 대해서는 먼저 조언을 통해 위법행위의 시정을 비구속적으로 권고하고 그것이 효력이 없는 경우나 효력이 없을 것이 확실한 경우에만 조사권을 행사할 수 있다. 조사권의 행사로 위법성이 확인되어도 지방자치단체가 위법행위를 시정하지 아니할 경우에 감독관청은 구속적인 시정명령을 할 수 있다. 그리고 지방자치단체가 시정명령을 정해진 기간 안에 이행하지 아니한 경우에만 비로소 취소·정지처분을 할 수 있다. 만약 조언, 조사권의 행사, 시정명령 등으로 위법행위의 교정이 가능함에도 불구하고 이러한 감독 수단을 행사함이 없이 곧바로 취소·정지처분을 한다면 국가와 지방자치단체 간의 신뢰 관계를 손상시킬 뿐만 아니라 비례 원칙의 위반으로 위법한 감독처분이 될 수 있다.

(3) 적정 비례의 원칙(좁은 의미에서의 비례의 원칙)

감독 수단의 행사로 달성되는 공익과 그로 인해 침해되는 손실 사이에는 적정한 비례 관계가 성립되어야 한다. 만약 전자보다 후자가 현저히 큰 경우에는 비례의 원칙에 대한 위반으로서 위법한 감독처분이 된다. 예컨대 사소한 위법행위를 시정하기 위해 지방자치단체의 전체적 업무에 지장을 초래하는 과도한 감독 수단을 행사한 경우에는 위법하다. 감독권의 행사는 항상 상반되는 법익을 형량(衡量)하여 긍정적인 법익이 부작용보다 큰 경우에만 허용된다.

3) 비례의 원칙의 적용

(1) 감독권 행사의 기준

비례의 원칙은 감독관청의 감독권 행사에서 항상 고려해야 할 법원칙이라는 점에서 감독청의 행위 기준이 된다. 따라서 상급 감독관청은 하급 감독관청이 비례의 원칙을 존중하도록 내부적으로 통제해야 한다.

(2) 재판의 기준

감독관청의 감독권 행사가 비례의 원칙에 위반한 경우에는 위법하며 지방자치단체는 위법한 감독 수단의 행사에 대해서 취소소송을 제기할 수 있다.

그러한 소송이 제기되면, 비례의 원칙은 재판에서 감독권 행사의 적법성 여부를 판단하는 데 기준이 된다. 이런 의미에서 비례의 원칙은 재판의 기준이 된다고 할 수 있다.

또한 위법한 감독권의 행사로 인해 지방자치단체에 손해가 발생한 경우에는 국가에 대해 손해배상을 청구할 수 있다.

3 국가감독과 개인의 권리구제의 관계

지방자치단체의 위법한 처분에 대해 일반 국민이 소송을 제기해 권리구제를 받을 가능성이 있는 경우에 국가가 감독권을 행사해 위법행위를 시정할 수 있는가 하는 문제가 있다. 즉 국가감독권이 개인의 소송 가능성에 대해 보충적으로 적용되는 것인지의 문제이다.

국가감독권의 행사나 개인의 소송이 모두 지방자치단체의 위법한 행정작용을 교정한다는 점에서는 공통적이지만 기능적인 면에서는 별개라고 할 것이다. 소송은 개개 국민의 권리구제에 이바지하는 데 비해, 국가감독은 자치행정의 적법성을 보장함으로써 공공의 이익에 기여하는 것이다.

따라서 국가감독권의 행사를 통한 공공이익의 보장을 개인의 의사결정인 소송의 제기 여부에 의존시킴은 타당하지 아니하다. 감독청은 개인이 지방자치단체의 위법한 작용에 대해 법원에 소송을 제기할 수 있는지의 여부와는 상관 없이 그의 재량에 따라 감독권을 행사할 수 있다.

제 4 절 국가감독에 관한 분쟁

국가의 지방자치단체에 대한 감독이 법률상 허용된다고 하더라도 지방자치단체가 위법한 감독권의 행사로부터 자치권을 지킬 수 있는 방법이 있어야 한다. 이러한 권리구제의 가능성은 지방자치단체에 대한 헌법상의 제도적 보장으로부터 유래하는 지방자치단체의 주관적인 권리의 보장에 기반하고 있다.

만약 지방자치단체에게 충분하고 효율적인 권리구제의 가능성이 보장되지 아니한다면 지방자치단체는 국가의 위법한 감독권 행사에 대해 무방비상태에 놓이게 된다. 따라서 권리구제 수단의 확보는 지방자치단체의 자치권 보장을 위해 반드시 필요하다.

이와 관련해 지방자치법 제169조 제2항에서는 지방자치단체장이 자치사무에 관한 명령·처분의 취소 또는 정지에 대해 이의가 있으면 그 취소처분 또는 정지처분을 통보받은 날부터 15일 이내에 대법원에 소를 제기할 수 있도록 하고 있다. 또한 위임사무에 관해 직무이행명령을 받은 지방자치단체의 장이 이행명령에 대해 이의가 있으면 이행명령서를 접수한 날부터 15일 이내에 대법원에 소를 제기할 수 있도록 하고 있다. 이 경우 지방자치단체의 장은 이행명령의 집행을 정지하게 하는 집행정지 결정도 신청할 수 있다(지방자치법 제170조 제3항).

취소·정지권의 행사나 직무이행명령에 대해서는 지방자치법에서 권리구제 절차에 관한 특칙을 두고 있지만, 여기에 해당하지 않는 국가의 위법한 감독권 행사에 대해서는 행정소송법에 따른 권리구제도 가능하다고 보아야 할 것이다.[14)]

또한 행정소송과는 별도로 헌법 제111조 제1항 제4호 및 헌법재판소법 제2조 제4호는 국가기관과 지방자치단체 간의 권한쟁의를 헌법소송 사항으로 규정하고 있으므로, 이에 근거해 지방자치단체는 헌법재판소에 감독관청의 위법한 감독권 행사에 대해 권한쟁의 심판을 청구할 수 있다. 다만 권한쟁의 심판은 피청구인(감독관청)의 처분 또는 부작위가 헌법 또는 법률에 의하여 부여받은 청구인(지방자치단체)의 권한을 침해하였거나 침해할 현저한 위험이 있는 때에 한하여 이를 할 수 있다(헌법재판소법 제61조 제2항).

제 5 절 중앙행정기관과 지방자치단체 간의 협의 조정

지방자치법 제168조 제1항은 중앙행정기관의 장과 지방자치단체의 장이 사무를 처리할 때 의견을 달리하는 경우 이를 협의·조정하기 위해 국무총리 소속으로 협의조정 기구를 둘 수 있도록 규정하고 있다. 그리고 같은 조 제2항에서는 협의조정 기구의 구성과 운영 등에 관하여 필요한 사항은 대통령령으로 정하도록 위임하고 있다.

---

14) 같은 취지로, 서원우, "지방자치단체의 행정소송", 『고시연구』 1994년 10월호, 고시연구사, 35-38쪽. 이에 반대하는 견해는 국가감독에 대해서는 행정소송은 물론 행정심판도 제기할 수 없다고 보지만, 지방자치단체는 국가로부터 독립하여 자기 목적과 사무를 가지는 공법인이므로 국가의 감독 수단이 자치권을 침해하는 경우에는 그러한 침해를 배제할 법적 이익이 있으므로 행정소송법상의 항고소송을 제기할 수 있다고 보아야 할 것이다.

그리고 지방자치법 시행령 제54조의4 제1항에서는 중앙행정기관의 장과 지방자치단체의 장이 사무를 처리함에 있어서 의견을 달리하는 경우 이를 협의·조정하기 위하여 국무총리 소속하에 중앙행정기관과 지방자치단체 간의 행정협의조정위원회(이하 '행정협의조정위원회'라 한다)를 설치하도록 하고 있다. 행정협의조정위원회는 위원장 1인을 포함해 13인 이내의 위원으로 구성된다.[15)]

행정협의조정정위원회는 중앙행정기관의 장 또는 지방자치단체의 장의 신청에 의하여 당사자 간에 사무를 처리함에 있어서 의견을 달리하는 사항에 대하여 협의·조정한다(지방자치법 시행령 제54조의5 제1항). 협의·조정의 신청은 당사자의 쌍방 또는 일방이 서면으로 행정협의조정위원회의 위원장에게 신청하여야 하며, 이 경우 시·도지사는 행정자치부 장관을, 시장·군수·구청장은 시·도지사와 행정자치부 장관을 거쳐야 한다(같은 조 제2항).

이러한 협의·조정의 신청이 있는 때에는 행정협의조정위원회의 위원장은 지체없이 이를 국무총리에게 보고하고 행정자치부 장관·관계 중앙행정기관의 장 및 당해 지방자치단체의 장에게 통보하여야 한다. 그리고 행정협의조정위원회의 위원장은 협의·조정 사항에 관한 결정을 한 때에는 지체없이 이를 서면으로 국무총리에게 보고하고 행정자치부 장관·관계 중앙행정기관의 장 및 당해 지방자치단체의 장에게 통보하여야 한다. 통보를 받은 관계 중앙행정기관의 장과 당해 지방자치단체의 장은 그 협의·조정 결정 사항을 이행하여야 한다(같은 조 제4항).

---

15) 행정협의조정위원회의 위원은 ① 재정경제부 장관·행정자치부 장관·기획예산처 장관·국무조정실장 및 법제처장, ② 안건과 관련된 중앙행정기관의 장과 시·도지사 중 위원장이 지명하는 자, ③ 기타 지방자치에 관한 학식과 경험이 풍부한 자 중에서 국무총리가 위촉하는 자 4인으로 위촉하며, 위원장은 위 ③에 해당하는 위촉위원 중에서 국무총리가 위촉한다(지방자치법 시행령 제54조의 4 제3항 및 제4항).

제9장 지방자치단체의 조직

제1절 지방자치단체의 조직 형태

1 지방자치단체의 조직 형태의 유형

지방자치단체는 지역적인 사단으로서 공법상의 법인이다. 지방자치단체가 활동을 하기 위해서는 조직이 필요하다. 헌법 제118조 제2항에 따라 지방자치단체의 조직에 필요한 기본적인 구조를 정하는 것은 입법자에게 맡겨져 있다. 그러나 입법자의 입법 재량도 헌법상의 규정에 구속된다. 즉 헌법 제118조 제1항에서는 지방자치단체에 지방의회와 지방자치단체의 장을 두도록 했으므로, 입법자는 그에 구속되는 것이다.

구체적으로 지방의회가 어떠한 조직·권한을 가지며, 지방의회 의원과 지방자치단체장의 선임 방식, 지방자치단체의 조직과 운영에 관해 필요한 사항을 정하는 것은 입법자의 입법 재량에 속한다.

지방자치단체의 조직 형태에 대해서는 여러 가지 유형이 존재한다. 국가에 따라 상이한 제도를 가지고 있다.

지방자치단체의 의사를 결정하는 의결기관과 결정된 의사를 집행하는 집행기관 간의 관계를 중심으로 유형화하여 보면, 크게 기관독립형,[1] 기관의존형, 절충형의 세 가지 유형이 있다.

기관독립형은 지방자치단체의 의결기관과 집행기관이 구성과 존속에 관해 간섭을 하지 않고 독립적인 조직 형태를 의미한다. 국가조직에서 대통령제의 원리를 지방자치단체에 적용한 것이라고 보면 된다. 고전적인 권력분립의 원칙을 기관의 구성과 활동에 비교적 충실하게 적용한 유형이라고 볼 수 있다. 기관독립형에도 여러 가지 형태가 있을 수 있다. 지방자치단체장의 선출 방식(직선제와 간선제), 지방자치단체장이 행사하는 권한의 수준 등에 따라 다양한 형태가 있을 수 있다.

기관의존형은 지방자치단체의 의결기관과 집행기관이 구성과 존립에 있어서 상호 의존적이며 영향을 미치는 조직 형태를 의미한다. 지방자치단체의 집행기관을 의결기관에서 선출해 구성하며 그 존속도 의결기관에 의존한다. 국가조직에서 의원내각제도의 원리를 지방자치단체에 적용한 것이라고 볼 수 있다. 지방의회가 지방정치의 중심에 서게 되므로 의회형(Parliamentary System)이라고 부르기도 한다. 시장은 지방의회에서 선출되고 지방의회 의장으로서 역할을 하며 대외적으로 지방자치단체를 대표하는 의례적·상징적인 지위를 가지며 실질적인 집행 기능은 가지지 아니한다.

절충형은 기관독립적인 요소와 기관의존적인 요소를 혼합적으로 가지고 있는 지방자치단체의 구성 형태를 의미하며 매우 다양한 형태가 이에 속한다. 지방의회의원들로 구성되는 집행위원회를 두어 집행 기능을 수행하거나, 시장이 지방의회의 의장으로서 역할을 하도록 하는 유형 등이 이에 속한다.

주의할 것은 이러한 지방자치단체의 조직 형태 분류는 수많은 조직 유형

---

1) 지방자치단체의 조직 유형으로 행정학계의 통설은 기관대립형, 기관통합형이라는 개념을 사용하고 있으나 개념적으로 오해를 불러일으킬 수 있다. '기관대립형'이라는 것이 마치 집행기관과 의결기관이 사사건건 대립하고 갈등하는 것을 전제로 하고 있는 듯한 인상을 주고, 실무상으로도 대립해야 정상적이고 제대로 역할을 하는 것이란 인상을 주기 쉽다. 또한 '기관통합형'이란 용어도 집행기관과 의결기관이 하나의 기관으로 융합되어 권력분립적 기능을 하지 못하는 듯한 인상을 주므로 사실과 다르다. 따라서 기관대립형, 기관통합형이라는 용어는 사용하지 않는 것이 바람직하다.
   지방자치단체의 조직 유형은 집행기관과 의결기관이 그 존속과 활동에서 독립적이냐 아니면 의존적이냐에 따라 구분하는 것이 바람직하다. 이에 전자를 '기관독립형'이라고 부르고, 후자를 '기관의존형'이라고 부를 것을 제안한다.

에 대한 개괄적인 이해를 돕기 위한 것이지, 각 국가의 구체적인 지방자치단체의 조직 형태를 이들 분류에 맞추어야 하는 것은 아니라는 점이다. 한 유형에 포함시키기 어려운 독자적인 조직 유형이 있을 수 있다. 예컨대 "우리 나라는 기관독립형을 채택하고 있으므로 단체장이 의회 의장을 겸할 수 없다"라는 식의 표현은 선후가 바뀐 것이다. 제도 설계가 먼저이고 유형화는 사후의 설명을 위한 도구에 불과하다는 점을 유의해야 한다. 이 점에서 지방자치단체의 조직 형태의 유형은 다분히 설명적이고 참고적인 의미를 가질 뿐이며, 현실의 제도 유형이 이에 구속을 받을 필요는 없다.

우리 나라 지방자치법이 택하고 있는 기관구성 형태는 기관독립형이다. 즉 지방자치단체의 정책결정 기능을 담당하는 지방의회와 정책집행 기능을 담당하는 수장(首長)을 분립시키고 양자간에 견제와 균형을 취하도록 지방자치단체의 기관을 구성하고 있다. 이 점이 우리 나라 지방자치단체의 조직상 특징 중 가장 중요한 점이다.[2)]

그 밖에 우리 나라 지방자치단체의 조직상의 특징으로는, 지방자치단체의 조직이 전국적으로 법률에 의해 획일적으로 정해지는 획일주의를 취하고 있는 점[3)]과 시·도(광역지방자치단체)의 집행기관이 지방자치단체의 장과 교육감으로 이원화되어 있는 점 등을 꼽을 수 있다.

2 지방자치단체 조직 형태의 다양화

1) 지방자치단체 조직 형태 다양화의 의의

근년에 들어서 지방자치단체 조직 형태의 획일성에 대해 강한 비판이 제기되고 있다. 지방자치단체의 조직 형태에 대해서 전국적으로 획일화를 고수할 것이 아니라 다양한 조직 형태를 조례로 도입할 수 있도록 하고, 제도간 경쟁을 허용해야 한다는 주장이 확산되고 있다.[4)]

---

2) 주의할 것은 기관의존형이나 절충형을 취하는 지방자치단체에서도 집행기관과 의결기관 사이에는 기관의 분립이 엄연히 존재하며 상호간에 견제와 균형이 이루어지고 있다는 점이다. 물론 기관독립형보다는 덜 엄격하지만 권력분립적인 구조가 작동을 하도록 구성되고 있다는 점을 간과해서는 안 된다.

3) 천병태 외, 앞의 책, 173쪽.

지방자치와 지방분권은 다양한 문제 해결의 가능성을 보장함으로써 정책 경쟁을 유발하고 또한 위험을 분산시키는 데 있다. 중앙정부가 획일적으로 정하는 정책은 더 나은 다양한 문제 해결의 방법과 대안의 모색을 위한 지방자치단체의 노력을 어렵게 만든다. 중앙집권적인 획일적 체제하에서는 중앙정부의 정책이 타당하고 효율적인 경우에는 전국적인 효과를 거둘 수도 있지만, 중앙정부가 결정한 정책이 잘 못된 경우에는 전국이 고통을 받게 되고 비효율적이 된다. 중앙정부가 완벽한 제도를 구상하느라고 바치는 시간과 노력은 상상을 초월하며 모든 지방자치단체에 적합한 제도를 구상하다보니 가장 좋은 제도 대신에 어느 지방에도 통용되는 덜 나쁜 제도를 채택하는 경우도 적지 않다.

지방자치단체의 조직 형태도 마찬가지이다. 우리 나라에는 현재 지방의회와 지방자치단체장의 관계에서 하나의 모델만 상정하고 있다. 즉, 주민이 지방자치단체장과 지방의원을 뽑고, 양 기관은 상호 존립상의 독립성을 가지며, 지방의회는 지방행정기관에 대해 통제권을 갖는 것에 그치도록 하는 기관독립형 모델을 전국적으로 채택하고 있다. 대도시나 중소도시, 작은 시・군 모두 하나의 조직 형태를 가지고 있다. 농촌지역이나 도시지역이나, 광역정부나 기초정부나 상관 없이 모두 하나의 모델로 규정되어 있다. 주어진 여건이 다르고 지역에 따라 정치환경, 정책환경, 지방자치단체의 현안과제, 주민의 욕구 등이 양적으로, 질적으로 매우 상이함에도 불구하고 똑같은 정부 형태를 갖고 있다는 것은 몸에 맞지 않은 옷, 활동 여건에 맞지 않는 옷을 입고 있는 것과 같다.

또한 외국의 입법례를 보더라도 지방자치단체의 조직 형태는 매우 다양하다. 한 국가 안에서도 하나의 지방자치단체의 조직 형태를 인정하는 곳이 있는가 하면 여러 형태의 지방자치단체 조직 형태를 인정하는 경우도 있고, 지방자치단체로 하여금 자신의 지방자치단체 조직 형태를 선택할 수 있도록 여지를 주고 있는 경우도 있다.

---

4) 강인호, "지방자치단체 기관구성 형태의 다양화를 위한 시론적 연구", 한국거버넌스학회 학술대회자료집 한국거버넌스학회 영・호남 춘계공동학술대회, 한국거버넌스학회, 2006. 4., 61-69쪽; 최우용, "지방자치단체 기관구성의 다양화", 지방행정연구소 세미나발표자료집(2006년 9월 22일) 등 참조.

중앙정부 차원에서도 정부 형태에 관해 다양한 견해가 제시되고 있다. 대통령 제도를 유지해야 한다는 견해, 의원내각제를 도입해야 한다는 견해, 이원집정부제를 채택하는 것이 바람직하다는 견해 등이 대립되고 있다. 헌법 개정 논의가 나올 때마다 정부 형태에 관한 논의가 빠지지 않는다. 중앙정부는 하나의 정부 형태를 취할 수밖에 없지만 우리의 축적된 경험이 많지 않다. 어느 정부 형태를 취해야 우리에게 맞는지 확신할 수 있는 경험적인 자료가 축적되어 있지 않은 것이다. 이러한 상황에서 중앙정부의 정부 형태를 쉽게 바꾸는 것은 매우 큰 위험을 초래할 수 있다. 이에 지방자치단체 차원에서 다양한 정부조직 형태를 검증해 보고 우리에게 좀더 적합한 정부 형태가 어떤 것인지를 찾아내는 귀납적이고 경험적인 방법이 더욱 바람직할 수도 있다.

지방자치단체를 위해서나 중앙정부를 위해서나, 또한 지방자치의 본래 목적인 다양성과 정책 경쟁을 위해서나 지방자치단체의 조직 형태를 지역의 선택에 따라 다양하게 하는 것은 바람직하다고 본다.

2) 헌법과 지방자치단체의 조직 형태

지방자치단체의 기관에 대해서는 헌법 제118조에서 규정하고 있다. 동조 제1항에서 "지방자치단체에 의회를 둔다"고 규정하고 있다. 제2항에서는 "지방의회의 조직 · 권한 · 의원선거와 지방자치단체의 장의 선임 방법 기타 지방자치단체의 조직과 운영에 관한 사항은 법률로 정한다"라고 규정하고 있다.

이러한 조항에 따르면, 헌법은 지방의회를 지방자치단체의 필수적인 기관으로 보장하고 있다. 이를 지방의회에 대한 제도적 보장이라고 볼 수 있다. 지방의회가 주민의 대표기관으로서 지방자치단체의 중요한 사안을 심의 · 의결하는 제도를 보장하는 것으로 이해할 수 있다. 지방의회제도를 제도적 보장으로 파악하는 경우에 그 핵심적인 내용은 주민대표성, 조례제정권, 의결권, 행정기관에 대한 통제권 등을 들 수 있을 것이다. 따라서 지방의원을 지방자치단체장이 임명한다거나 중앙정부가 선임하는 것 등은 지방의회를 보장하는 헌법 규정과 합치되지 아니한다고 볼 수 있다. 한편 지방의회의 구성 방법이나 조직과 권한 등에 대해서 헌법은 직접 정하지 않고 법률에 위임을 함으로써 입법자의 재량을 상당히 넓게 인정하고 있다. 혹자는 지방의회를 폐지해야 한다는 주장을 펴기도 하지만 이는 헌법상의 지방의회 보장과 합치되지 아니한다.

헌법 제118조 제2항 후단은 지방자치단체의 장을 규정하고 있다. 그 선임 방법에 대해서는 입법자에게 재량권을 주고 있으므로 주민에게서 민주적인 정당성을 찾을 수 있는 방법이면 모두 허용될 수 있다고 본다. 예컨대, 주민이 직접 지방자치단체의 장을 선임하는 방식은 물론 지방의회에서 간접적으로 선출하는 방식도 선택할 수 있는 대안에 속한다. 그러나 지방자치단체의 장을 중앙정부나 광역지방자치단체장이 임명하는 방식은 지방자치에 관한 헌법상의 보장에 합치되지 않으므로 입법자의 한계를 넘는다고 볼 수 있다. 그 밖에 지방자치단체의 조직을 어떻게 할 것인지, 그 운용을 어떻게 할 것인지도 헌법은 입법자들에게 위임하고 있다.

한 가지 논란의 여지가 있는 것은 헌법 제118조 제2항이 지방의회의 조직과 권한, 지방의원의 선임 방식, 지방자치단체장의 선임 방식 기타 지방자치단체의 조직과 운영에 관한 사항을 '법률'로 정하도록 한 규정이 지방자치단체의 조직에 관한 세세한 부분을 모두 법률로 정하도록 한 것인지의 문제이다. 헌법 제117조 제1항에 의한 지방자치단체의 자치권은 지방자치단체의 조직에 대한 자율적인 결정권, 즉, 조직고권을 보장하고 있다. 따라서 이를 어떻게 결정할 것인지는 법률에 위반되지 않는 한 지방자치단체가 자율적으로 결정할 수 있다고 보아야 한다.

여기서 문제가 되는 것은 지방자치단체의 조직을 법률로 정하도록 규정한 지방조직법정주의와 지방자치단체의 조직고권을 어떻게 조화시킬 것인지의 문제이다. 지방자치단체의 조직을 법률로 정하도록 한 헌법 제118조 제2항의 취지는 지방자치단체 조직의 세세한 부분까지 모두 법률로 정하도록 한 것은 아니라고 보아야 할 것이다. 입법자는 현재처럼 지방자치단체의 기관이나 조직을 전국적으로 통일적으로 규정할 수도 있고 지방에 따라 다양하게 규정할 수도 있으며, 지방자치단체로 하여금 선택하게 할 수도 있다. 다만 입법자가 지방자치단체의 기관이나 조직에 대해 전혀 규정하지 않는 것은 허용되지 않는다고 본다. 입법자는 지방자치단체의 기관과 조직에 대해 직접 세세하게 규율하지 않더라도, 지방자치단체가 이를 규율할 수 있는 가능성을 위임하는 근거는 두어야 한다. 만일 국회가 지방자치단체의 기관의 조직이나 구성, 권한에 대해 전혀 규정하지 않는다면 이는 입법 의무를 태만히 하는 것이 된다. 법률에서 핵심적인 것을 정하고 조례에 위임하는 방식이나 몇 가지 정부 형태의 모형을 법률로 규정하고 조례로 선택할 수 있도록 위임하는 것이 바람직하다고 본다. 이 경우 조례에 위임하는 것은 일반적인 위임입법의 경우와는 달리 반드시 구체적으로 범위를 정하여 위임할 필요는 없으며 상당히 포괄적인 위임도 허용된다고 볼 수 있다. 왜냐하면 지방자치단체는 자치조직권을 헌법에 의하여 보장받기 때문이다. 입법자의 입법 의무와는 별도로 지방자치단체는 위임이 있는 경우는 물론 별도의 위임 근거가 없는 경우에도 지방자치단체에 보장된 조직고권과 자치입법권에 의해 필요로 하는 기관과 기구를 법률에 위반되지 않는 한 자치적으로 정할 수 있다.

헌법 제118조는 지방자치단체의 기관으로서 지방의회와 지방자치단체의 장을 규정하고 있을 뿐 양자의 관계에 대해서는 특별한 언급을 하지 않고 있다. 예컨대, 지방자치단체장이나 지방의회의 존립이나 활동상의 연계성 혹은 독립성 등에 관해서는 언급이 없다. 따라서 양자의 관계에 의해서 결정되는 지방자치단체의 조직 형태에 대해서 헌법은 중립적인 입장을 채택하고 있다고 볼 수 있다. 결국 지방자치단체의 조직 형태에 대해서는 입법자인 국회의 입법 재량에 맡겨져 있다고 볼 수 있다.

3) 외국의 입법례

지방자치단체의 조직 형태를 어떻게 할 것인지에 대해서는 매우 다양한 입법례가 있다. 한 나라 안에도 여러 가지 지방자치단체 조직 형태를 갖고 있는 나라도 있으며, 우리 나라처럼 획일적으로 한 가지 형태만 두고 있는 경우도 있다. 한 나라에서도 역사적으로 살펴보면 여러 가지 형태로 바뀐 경우도 있다. 각각 특수한 역사적인 경험과 시대적인 요구, 다른 국가나 지역의 영향 등이 복합적으로 영향을 미친다. 이에 지방자치의 역사가 오래된 몇몇 국가의 입법례를 살펴보는 것은 우리의 제도를 개선하는 데 참고가 될 수 있다.[5]

---

5) 외국의 지방조직 형태에 관한 자세한 내용은 안영훈, 『지방자치단체의 기관구성 다양화

(1) 미 국

미국은 지방자치단체의 종류도 매우 다양하며 주에 따라 같지 않다. 같은 주 내에서도 지방자치단체에 따라 같지 않을 수 있다. 미국의 지방자치단체 중에서 카운티의 경우는 77%가 위원회형 지방자치단체 형태를 취하고 있다. 이는 지방의회가 입법 기능과 행정 기능을 동시에 수행하는 형태로 의회와 행정기관이 상호 의존적인 정부 형태를 이룬다. 의회의원은 3~5명으로 구성되며 소선거구제 혹은 대선거구제로 선출된다. 그 밖에 18%는 의회-임명제 행정관형을 취하고 있으며 나머지 5%는 의회-민선 행정관형을 취하고 있다. 의회-임명제 행정관형은 의회는 소수의 의원으로 구성하고 행정은 의회에서 임명하는 전문행정관이 전담하도록 하고 있다. 의회-민선행정관형은 행정관을 주민이 직선으로 선출하는 만큼 행정관이 강력한 권한을 가지고 있다. 어느 하나의 유형에 속한다고 하더라도 의회와 행정기관의 관계는 적지 않은 차이가 있을 수 있다. 카운티 외에 시(City), 버로(Borough), 타운십(Township), 타운(Town) 등의 지방자치단체가 있다. 이들 지방자치단체의 형태는 매우 다양하다. 건국 초기의 개척 시기에는 타운미팅(townmeeting)형 지방자치단체가 많았으나 점차 시장-의회형과 의회-매니저형이 주류를 이루게 되었다. 시장-의회형도 시장이 의회 의장을 겸하는 약시장형으로부터 기관독립형인 강시장형으로 변화되어 가는 경향이 있다. 의회-매니저형은 주민직선의 의회에서 행정전문가인 시티 매니저를 선임해 행정 권한을 위임해 업무를 수행하고, 시장은 의회의장을 겸하며 의례적인 대표로서 역할을 한다. 일부 지역에서 시정개혁 차원에서 위원회형의 정부 형태를 도입하는 곳도 있으나 점차 폐지되어가는 추세에 있다.

(2) 영 국

영국에서는 전통적으로 주민직선의 의원들이 전체회의, 위원회, 소위원회 등을 통해 의결 기능과 집행 기능을 동시에 수행하는 기관의존형의 지방자치단체 형태를 가지고 있었다. 실제 행정 책임은 의회에서 선임되는 수석행정관(Chief Executive)이 담당했다.

방안』, 한국지방행정연구원, 2007; 행정자치부, 『선진 외국의 지방자치제도』(Ⅰ)(Ⅱ); 황아란, 『외국의 지방자치제도와 기관구성』, 한국지방행정연구원, 1997 참조.

1998년부터 중앙정부의 권고에 따라 지방자치단체의 개편에 착수하기 시작해 2000년에 제정한 지방자치단체법에서 세 가지의 지방자치단체형태를 제시하고 지방자치단체가 자율적으로 선택할 수 있도록 했다. 직선시장-내각형(A Directly Elected Mayor with a Cabinet), 내각-내각수반형(A Cabinet with a Cabinet Leader), 직선시장-매니저형(A Directly Elected Mayor and Council Manager)이 이에 속한다. 지방자치단체의 형태는 지방의회의 총회에서 결정한다.

(3) 독 일

독일의 지방자치법은 주정부의 입법 사항이므로 주정부마다 정하는 지방자치법에 의해 지방자치단체의 형태가 규정된다. 현재 16개의 주정부가 있으므로 주마다 구체적인 내용은 상이하다. 하지만 지방자치단체의 조직형태는 제2차 세계대전 패전 후 점령국의 지방자치단체 조직 형태로부터 영향을 많이 받게 되어 네 가지 모형이 기본적으로 채택되었다. 독일의 지방자치단체모형은 같은 주안에서도 기초지방자치단체와 광역지방자치단체를 달리 규정하는 것이 대부분이며, 기초지방자치단체의 경우에도 규모에 따라 달리 규정하는 경우가 있다.

전쟁 전의 전통을 이어받은 것(남독일 의회형(Süddeutsche Ratsverfassung), 행정위원회형(Magistratsverfassung), 시장형((Bürgermeisterverfassung)) 과 독일의 법률정치사에서 새로운 제도(북독일 의회형: Norddeutsche Ratsverfassung)가 이에 속한다. 모든 권한이 한 기관에게 집중되어 있는 일원적인 지방 제도와 두 기관이 각각 고유한 권한을 가지는 이원적인 지방 제도로 구분해 볼 수 있다. 또한 행정수반이 독임제로 구성되는 경우와 합의제로 구성되는 기관인 경우로 구분된다.

1990년대 이후 독일에서는 남독일의회형에 근접하는 지방자치단체 조직형태로 변모되어 가고 있다. 남독일의회형은 바이에른 주과 바덴-뷔르템베르크 주에서 실시되고 있는 형태로 지방의회와 시장은 시민에 의해 직접 선출된다. 양자는 각각 위임할 수 없는 고유한 관할을 가지고 있다. 시장은 의결권을 가진 지방의회의 의장이고 행정수장이며 동시에 위원회의 위원장이 된다. 그는 의회와 위원회의 회의를 준비하고 결정을 집행한다. 독일의 지방자치단체모형이 남독일형을 선호하는 이유는 이 지역의 경제적 여건이 다른 지역보다 우월하기 때문에 다른 지역에서 이 지역의 지방자치단체 형태를 학습해 효율적이라고 판단하기 때문이다.[6]

4) 지방자치단체 조직 형태의 다양화 방안

(1) 지방자치단체 조직형태의 다양화 필요성

한국의 지방자치단체 조직 형태는 중앙정부가 법률로 정한 하나의 지방자치단체 조직 형태만이 있다. 따라서 지방자치단체의 규모에 따라 적합하지 않는 경우도 많이 나타날 수 있다. 예컨대 지방의원이 7명 있는 지방자치단체나 지방의원이 100명이 넘는 지방자치단체나 똑같은 형태의 지방자치단체 형태를 가지고 있는 것은 바람직하지 않다. 또한 같은 규모의 지방자치단체라고 할지라도 지역 여건에 따라 집행기관과 지방의회가 사사건건 대립해 업무를 수행하기가 어려운 정치 풍토가 조성되어 있다면 양자간의 협조와 융화에 기초하는 상호 의존적 지방자치단체 형태를 도입해서 새로운 정치문화를 형성하는 것이 필요하다. 한 지방자치단체에서 효과가 높은 지방자치단체 형태가 반드시 다른 지방에서도 좋은 결과를 가져온다는 보장이 없다. 이에 각 지방자치단체로 하여금 그 지방의 특성과 정치적 결단에 따라 가장 적합한 지방자치단체 형태를 선택할 수 있도록 하고, 실현 과정을 통해 스스로 보완해 나가도록 가능성을 열어두는 것이 필요하다.

지방자치단체의 다양성을 통해 지방자치단체의 자율성과 정체성을 높이는 계기가 될 수 있는 반면에 전국적인 통일성을 해한다는 비판이 제기될 수 있다. 따라서 지방자치단체의 조직 형태에 관해 전국적인 통일성을 기할 필요가 있는지를 살펴볼 필요가 있다. 한 지방의 지방자치단체 형태가 국가적 이익이나 다른 지방자치단체에 직접적인 영향을 미친다면 전국적인 이익을 위해 다양성을 억제할 필요가 있다. 하지만 지방자치단체의 조직

---

6) 독일 지방자치단체조직 형태의 변화에 대해서는 Michael Haus, *Lernen in Föderalismus? Die reform der Kommunalverfassungen in Deutschland in institutionenpolitisher Perspektive*, in: ders(Hrsg.), Institutionenwandel lokaler Politik in Deutschland, Wiesbaden, 2005, S. 56-84 참조; Andreas Kost/Hans-Georg Wehling(Hrsg.), *Kommunalpolitik in den Deutschen Ländern*, Wiesbaden, 2003 참조.

형태는 지방자치단체의 내부적인 사항에 대한 것이므로 전국적으로 동일한 규율을 해야 할 필요성은 높지 않다. 또 다른 한편으로 각 지방자치단체마다 독특한 지방자치단체 형태를 선택하도록 하는 경우에 기관의 조직과 상호 관계에 대해 어떤 영향을 가져올 것인지 충분한 예측을 할 수 없는 지방자치단체도 있을 수 있다. 즉, 지방자치단체의 제도설계 능력으로는 어려운 경우도 있을 수 있으나, 이런 경우에는 지방자치단체 연합체나 전문가의 도움을 받을 수 있으므로 이를 위한 통일적인 규율의 필요성도 크지는 않다.

그러나 완전히 지방자치단체의 자율적 선택에 맡기기 어렵다면, 지방자치단체 형태에 관한 몇 가지 모델을 제시하고 지방자치단체로 하여금 선택하도록 하는 방식도 검토해 볼 수 있다. 이런 방식을 통해 다양한 지방자치단체 조직 형태를 가지게 되면, 우리 나라 내부에서도 비교법적 혹은 비교제도적인 관점에서 다양한 연구와 평가가 이루어질 수 있다는 장점도 있다.

(2) 지방자치단체 조직 형태의 다양화를 위한 법적 기반

지방자치단체의 조직 형태를 다양화하기 위한 방안으로는 몇 가지 방안을 생각해 볼 수 있다. 첫 번째 방법으로는 영국과 마찬가지로 서너 가지의 지방자치단체 형태를 지방자치법에 규정하고 지방자치단체로 하여금 선택을 하도록 하는 방식이다. 이 경우 각 모형의 세세한 부분까지 지방자치법에서 규정하는 방법도 가능하지만, 각 모형의 기본적인 골격만 지방자치법에 규정하고 그 중 하나의 모형을 선택하되 구체적인 내용은 조례로 구체화하도록 여지를 부여하는 방식을 생각해 볼 수 있다. 조례로 정하는 방식으로는 우선 법률에서 규정하지 않은 영역에 대해서만 보충적으로 조례로 구체화할 수 있도록 규정하는 방식을 생각할 수 있다. 또한 조례제정권을 확대해서 법률의 규정에 불구하고 조례로 법률과는 다른 규정을 할 수 있도록 하는 방식도 있을 수 있다. 후자의 방식을 취한다면, 훨씬 다양한 모형의 선택 가능성이 보장될 수 있을 것으로 본다.

둘째로, 지방자치법에 지방자치단체 형태를 구체적으로 예시하지 않고 지방의회와 지방자치단체의 장에 관한 선임 방법과 조직, 구성, 권한 등을 조례로 정하도록 포괄적으로 위임하는 방식도 생각해 볼 수 있다.

(3) 지방자치단체의 조직 형태를 규정하는 법적 형식

지방자치단체로 하여금 지방자치단체의 형태를 선택하도록 하는 경우에 어떤 법적 형식으로 선택하도록 하는 것이 바람직한 지가 문제된다. 조례와 같은 법규범으로 정하는 방식이나 지방자치단체장이 규칙으로 정하는 방식이 검토될 수 있다. 지방자치단체의 정부 형태는 지방자치단체의 조직의 근간을 이루는 것이므로 이를 규칙으로 정하는 것은 바람직하지 않으며 지방자치단체의 조례로 정하는 것이 바람직하다고 본다. 다만 세세한 사항에 대한 것은 조례의 위임에 의해 당해 지방자치단체의 규칙으로 정하는 것은 무난하다고 본다. 지방자치단체의 형태는 지방자치단체의 근간을 이루는 것이므로 이를 일반조례로 정하기보다는 기본조례(Hauptsatzung)의 형식으로 규정하는 것이 바람직하다고 본다.

기본조례에 대해서는 우리 지방자치법에 규정하는 것이 없지만 독일의 각 지방자치법에서는 기본조례의 제정 의무를 규정하고 있다. 기본조례라는 명칭으로 지방자치단체의 기본적인 조직과 구성, 구역, 상징물, 주민의 권리와 의무, 주민참여 제도, 하부조직 등을 정한다면 한편으로는 각 지방자치단체의 정체성을 확인하는 데 기여할 것으로 보며 주민들의 참여를 활성화하는 데에도 도움이 될 것이다.

한편 제주특별자치도에서는 제주도의 지방자치단체장과 지방의회의 관계에 대해서 지방자치법과는 다른 형태의 조직을 할 수 있도록 하여 지방자치단체 형태의 다양화를 제주도에서 시도할 수 있도록 하고 있다(제주특별자치도 설치 및 국제자유도시 조성을 위한 특별법 제13조). 지방자치법과는 다른 기관 구성 형태를 취할 때 주민투표를 행자부 장관에게 요구할 수 있도록 하고 있고, 또한 따로 법률로 정할 수 있도록 하고 있으나 구태여 제주도의 지방자치단체 형태에 대한 특례를 인정하면서 이를 다시 국회의 심의를 거치게 할 필요가 있는지 의문이다. 지방자치단체 형태에 대해 다양한 자율성을 허용하고자 하는 것이 입법 취지라면 제주도의 조례(기본조례)로 정할 수 있도록 하는 것이 바람직하다.

마찬가지로 다른 지역에서도 지방자치법에서는 기본적인 지방자치단체의 기관의 구성에 대해서만 정하고, 그 조직과 권한 및 상호 관계에 대해서는 당해 지방자치단체의 조례(기본 조례)로 정할 수 있도록 그 제정 근거를 법률에 규정하는 것이 바람직하다.

제 2 절 지방의회

1 지방의회의 지위

지방자치단체에는 지방의회를 둔다(지방자치법 제30조). 지방의회는 아래와 같은 지위를 갖는다.

첫째, 지방의회는 주민에 의해 선출된 지방의회 의원으로 구성되는 주민의 정치적 대표기관으로서의 지위를 갖는다. 그런 의미에서 지방의회는 주민의 정치적인 의견을 수렴하고 주민을 정치적으로 대표한다. 주민의 의견을 수렴하기 위한 장치로 청원수리권 등이 인정되고 있다.

둘째, 지방의회는 최고의결기관으로서의 지위를 갖는다. 즉 지방의회는 지방자치단체의 중요한 의사결정 사항에 대해 의결하는 지방자치단체의 의사형성기관이다.

지방자치법 제39조 제1항에서는 지방의회의 의결 사항을 아래와 같이 규정하고 있다.

① 조례의 제정·개정 및 폐지
② 예산의 심의·확정
③ 결산의 승인
④ 법령에 규정된 것을 제외한 사용료·수수료·분담금·지방세 또는 가입금의 부과와 징수
⑤ 기금의 설치·운용
⑥ 대통령령으로 정하는 중요 재산의 취득·처분
⑦ 대통령령으로 정하는 공공시설의 설치·처분
⑧ 법령과 조례에 규정된 것을 제외한 예산 외의 의무 부담이나 권리의 포기

⑨ 청원의 수리와 처리

⑩ 외국 지방자치단체와의 교류·협력에 관한 사항

⑪ 그 밖에 법령에 따라 그 권한에 속하는 사항

그러나 지방의회의 의결 사항이 위 사항에 제한되는 것은 아니며, 지방의회는 법령에 위반되지 않는 범위 내에서 조례를 통해 그 이외의 사항도 지방의회의 의결 사항으로 정할 수 있다(지방자치법 제39조 제2항). 또한 법령이나 조례에 의하지 않은 임의적인 의결 사항도 인정된다.

셋째, 지방의회는 지방행정에 대한 통제기관이다. 즉 지방의회는 주민을 대신해 지방자치단체 집행기관의 행정을 감시하고 통제한다. 그 수단으로서 동의권, 승인권, 행정사무감사권 및 조사권(지방자치법 제41조), 서류제출요구권(같은법 제40조), 출석답변요구권(같은법 제42조 제2항) 등이 규정되어 있다.

넷째, 지방의회는 입법기관으로서 지위를 가진다. 헌법 제 117조는 지방자치단체의 입법권을 직접 보장하고 있다. 이는 헌법 제40조가 국회의 입법권을 보장하는 것과 대등하게 지방자치단체의 입법권을 규정한 것으로서 지방의회에게 행정기관과는 구별되는 입법권을 부여한 것이라고 볼 수 있다. 즉, 지방의회는 입법기관 내지 자치입법기관에 속한다고 본다. 이에 대해서 지방의회를 행정기관으로 보는 견해가 있다. 지방의회는 그 구성과 기능, 의사 결정의 절차 등에 있어서 국회와 매우 유사하지만, 지방의회의 조례제정권은 국가법적 의미에서의 입법기능은 아니고, 행정입법으로서의 속성을 가지므로 지방의회는 입법기관이 아니라 행정기관에 속한다고 보는 것이다.[7)]

생각건대, 헌법 제117조 제1항은 지방의회로 하여금 입법권을 분점하게 함으로써 국회의 입법독점과 입법권 남용을 억제하고 입법권의 분권화와 입법적 다양성을 보장하려는 것이므로, 지방의회를 행정기관이라고 보는 것은 헌법상 입법권의 분권화 취지에 맞지 않는 해석이라고 본다.

7) 홍정선, 앞의 책, 144-145쪽.

2 지방의회 의원의 법적 지위

1) 주민의 대표자로서의 지위

지방의회 의원은 주민에 의하여 직접 선출된 주민의 대표자이다. 지방의회 의원이 주민의 대표자라고 할 때 주민과의 관계에서 지방의회 의원은 주민의 의사에 법적으로 구속을 받는 기속적 위임(imperatives Mandat)의 관계에 있는 것이 아니라 비기속적인 위임(freies Mandat)의 관계에 있다. 따라서 지방의회 의원은 그때 그때의 출신지역구 주민의 의사에 구속되지 아니하고 법령의 범위 안에서 공공복리에 대한 확신과 양심에 따라 그의 직무를 수행할 수 있다. 지방의회 의원이 주민의 의사에 반하는 권한 행사를 했다고 해도 법적인 구속은 받지 아니함이 원칙이다.

다만 주민의 의사를 존중하지 않을 경우에는 주민소환(recall)의 대상이 될 수는 있다. 또한 지방의회 의원이 주민의 대표자로서 정치적인 책임을 다하였는지는 지방선거를 통해 정치적인 통제를 받게 되므로, 지방의회 의원은 주민의 의사를 존중해야 할 사실상의 구속을 받게 된다. 또한 의원 개인의 사적인 이익을 위해 권한을 행사할 경우에는 의원의 의무 위반으로서 일정한 제재를 받게 되는 경우가 있을 수 있다.

지방의회 의원이 주민의 대표자라고 할 때 그의 출신 선거구 주민의 대표자라는 의미가 아니라, 지방자치단체 전체 주민의 대표자라는 의미인 점을 유의해야 한다. 예컨대 도시계획시설의 배치나 도로의 개설 등과 같은 사안에서 지방의회 의원은 출신 선거구의 주민으로부터 미묘한 사실상의 압력을 받게 될 수 있다. 이와같이 출신 선거구의 이익과 지방자치단체 전체의 이해 관계가 대립되는 경우에 지방의회 의원은 출신 선거구 주민의 이익이 아니라 지방자치단체 전체의 복리를 우선시켜야 한다. 다만 지방의회 의원선거에서 유권자의 관심은 지방의회 의원이 선거구를 위해 무엇을 했는지가 주된 관심의 대상이 되는 경우가 많음으로 인해 지방의회 의원이 출신 선거구의 이익을 대변하도록 사실상의 압력을 받는 것은 사실이다. 그러나 이러한 경우에도 지방의회 의원은 지방자치단체 전체의 발전을 위해 어떻게 하는 것이 최선인가를 기준으로 판단할 필요가 있다.

2) 지방의회의 구성원으로서의 지위

지방의회 의원은 지방의회의 구성원으로서의 지위를 갖는다. 지방의회의 구성원으로서의 지위에서 지방의회 의원에게는 신분이 보장되며 각종의 권리와 의무가 인정된다.

(1) 신분의 보장

지방의회 의원은 특별한 사유가 없는 한 임기 동안에 의원의 신분을 보장받음으로써 임기 기간 동안 양심에 따라 그의 업무를 수행할 수 있게 된다.

지방의회 의원에게는 국회의원과는 달리 면책특권이나 불체포특권은 인정하지 아니하고 있으며, 다만 체포 또는 구금된 의원이 있는 경우에는 지체없이 의장에게 영장의 사본을 첨부하여 통지하도록 하고 있다(지방자치법 제37조).

그리고 지방의회 의원에 대한 징계도 지방의회 의원이 지방자치법이나 회의규칙에 위반되는 행위를 한 경우에 한해 지방의회의 의결을 거쳐서만 할 수 있도록 함으로써 징계권의 남용으로부터 의원의 신분을 보장하고 있다.

(2) 의원의 권리

지방자치법상에 규정된 의원의 권리는 지방의회 의원이 지방의회의 구성원으로서의 직무를 원활히 수행할 수 있도록 하려는 취지에서 인정되는 것이다.[8] 이러한 지방의회 의원의 권리로는 개개의 의원의 권리로서 출석권 및 발언권(질문권, 토론권), 표결권, 의정활동비와 여비, 월정수당을 받

---

8) 대법원은 "의원은 의회의 본회의 및 위원회의 의결과 안건의 심사 처리에 있어서 발의권, 질문권, 토론권 및 표결권을 가지며 의회가 행하는 지방자치단체사무에 대한 행정감사 및 조사에서 직접 감사 및 조사를 담당하여 시행하는 권능이 있으나, 이는 의회의 구성원으로서 의회의 권한행사를 담당하는 권능이지 의원 개인의 자격으로 가지는 권능이 아니므로 의원은 의회의 본회의 및 위원회의 활동과 아무런 관련 없이 의원 개인의 자격에서 집행기관의 사무집행에 간섭할 권한이 없으며, 이러한 권한은 법이 규정하는 의회의 권한 밖의 일로서 집행기관과의 권한 한계를 침해하는 것이어서 허용될 수 없다"(대법원 1992. 7. 28. 92추31)라고 밝혔다.

을 권리, 피선거권(의장 및 부의장 선거에 출마할 수 있는 권리) 등을 들 수 있고, 일정 수 이상의 의원의 권리로서 임시회 및 위원회의 소집요구권, 의안발의권 등이 있다.

특히 지방의회 의원에 대해서도 유급제가 도입되어, 지방의회 의원은 ① 의정 자료를 수집하고 연구하거나 이를 위한 보조 활동에 사용되는 비용을 보전(補塡)하기 위하여 매월 지급하는 의정활동비, ② 본회의 의결, 위원회의 의결 또는 의장의 명에 따라 공무로 여행할 때 지급하는 여비, ③ 지방의회 의원의 직무 활동에 대하여 지급하는 월정수당을 지급받을 권리를 가진다. 구체적인 비용의 지급 기준은 대통령령으로 정하는 바에 따라 해당 지방자치단체의 의정비심의위원회에서 결정하는 범위에서 지방자치단체의 조례로 정한다(지방자치법 제33조 제1항 및 제2항).[9]

한편 지방의회 의원이 회기 중 직무(제61조 단서에 따라 개회된 위원회의 직무와 본회의 또는 위원회의 의결이나 의장의 명에 따른 폐회 중의 공무 여행을 포함한다)로 인해 신체에 상해를 입거나 사망한 경우와 그 상해나 직무로 인한 질병으로 사망한 경우에는 보상금을 지급받을 수 있으며, 보상금의 지급 기준은 대통령령으로 정하는 범위에서 해당 지방자치단체의 조례로 정한다(지방자치법 제34조).

(3) 의원의 의무

지방의회 의원은 지방의회의 구성원으로서 일정한 의무를 부담한다.

우선 지방자치법 제36조에 의해 지방의원은 다음과 같은 의무를 진다.

① 지방의회 의원은 지방의회 의원은 공공의 이익을 우선해 양심에 따라 그 직무를 성실히 수행해야 한다.

② 지방의회 의원은 청렴의 의무를 지며, 의원으로서의 품위를 유지해야 한다.

③ 지방의회 의원은 지위를 남용해 지방자치단체·공공단체 또는 기업체와의 계약이나 그 처분에 의하여 재산상의 권리·이익 또는 직위를 취득

---

9) 의정비심의위원회는 10인의 위원으로 구성하되, 위원은 지방자치단체의 장 및 지방의회의 의장이 학계·법조계·언론계 및 시민단체 등으로부터 추천을 받은 자 중에서 각각 5인씩 선정하고, 지방자치단체의 장이 위촉한다(지방자치법 시행령 제15조의2 제1항).

하거나 타인을 위해 그 취득을 알선해서는 아니 된다.

그리고 지방의회 의원은 국회의원이나 다른 지방의회의 의원 등 일정한 직을 겸직하지 못하는 겸직 금지 의무를 진다(지방자치법 제35조 제1항). 그리고 지방의회 의원은 해당 지방자치단체 및 공공단체와 영리를 목적으로 하는 거래를 할 수 없으며, 이와 관련된 시설이나 재산의 양수인 또는 관리인이 될 수 없다(지방자치법 제35조 제2항).

그 밖에도 지방의회 의원에게는 회의장에서의 질서 유지 의무(지방자치법 제82조), 모욕 등의 발언 금지 의무(지방자치법 제83조), 폭력 및 소란 금지 의무(지방자치법 제84조) 등의 의무가 있다.

지방의회 의원이 의무를 위반한 경우에는 징계 사유가 된다. 예컨대 지방의회 의원이 지방의회에 거의 출석하지 않고, 의원으로서 직무를 태만히 하는 경우에는 성실 의무 위반으로 징계 사유가 된다고 할 것이다.

4) 의원의 임기, 사직, 퇴직, 자격심사 및 자격 상실

(1) 임 기

지방의회 의원의 임기는 4년이다(지방자치법 제32조). 임기는 원칙적으로 총선거에 의한 전임 의원의 임기 만료일의 다음날부터 개시된다. 다만, 의원의 임기가 개시된 후에 실시하는 선거와 지방의회 의원의 증원(增員) 선거에 의한 의원의 임기는 당선이 결정된 때부터 개시되며, 전임자 또는 같은 종류의 의원의 잔임 기간으로 한다(공직선거법 제14조 제2항).

(2) 사 직

지방의회는 의결로 소속 의원의 사직을 허가할 수 있으며, 폐회중에는 의장이 이를 허가할 수 있다(지방자치법 제77조).

(3) 퇴직 사유

지방의회 의원은 다음 사유 중 어느 하나에 해당될 때에는 의원의 직에서 퇴직된다(지방자치법 제78조).

① 의원이 겸할 수 없는 직에 취임할 때

② 피선거권이 없게 될 때(지방자치단체의 구역 변경이나 없어지거나 합한 것 외의 다른 사유로 그 지방자치단체의 구역 밖으로 주민등록을 이전

했을 때를 포함한다.)

③ 징계에 따라 제명될 때

(4) 자격심사 및 자격상실 의결

지방의회의 의원은 다른 의원의 자격에 대하여 이의가 있으면 재적 의원 1/4 이상의 연서로 의장에게 자격심사를 청구할 수 있다(지방자치법 제79조 제1항). 그리고 자격 상실 의결은 재적 의원 2/3 이상의 찬성이 있어야 한다. 피심의원(被審議員)은 자격 상실이 확정될 때까지는 그 직을 상실하지 아니한다(지방자치법 제80조 제1항 및 제2항).

5) 의원에 대한 징계

지방의회 의원이 지방자치법이나 자치법규에 위배되는 행위를 하면 지방의회는 지방자치법 제86조에 따라 의결로써 징계할 수 있다. 징계의 종류에는 공개회의에서의 경고, 공개회의에서의 사과, 30일 이내의 출석 정지, 제명의 네 종류가 있다. 제명에는 재적 의원 2/3 이상의 찬성이 있어야 한다(지방자치법 제88조 제1항 및 제2항).

지방의회의 의장은 징계 대상 의원이 있어 징계 요구가 있으면 윤리위원회나 본회의에 회부한다. 지방의회의 의원은 본회의나 위원회에서 타인을 모욕하여서는 아니 되며, 만약 본회의나 위원회에서 모욕을 당한 의원은 모욕을 한 의원에 대하여 지방의회에 징계를 요구할 수 있다(지방자치법 제83조 제1항). 징계를 요구하려면 징계 사유를 적은 요구서를 의장에게 제출하여야 한다(지방자치법 제87조 제1항 및 제2항).

3 지방의회의 내부조직

1) 의장과 부의장(의장단)

(1) 선임 및 임기, 직무대행

지방의회에는 시·도의 경우 의장 1명과 부의장 2명을, 시·군 및 자치구의 경우 의장과 부의장 각 1명을 무기명투표로 선출하여야 한다. 의장 및 부의장의 임기는 2년으로 한다(지방자치법 제48조 제1항 및 제2항).

지방의회의 부의장은 의장이 사고가 있을 때에는 그 직무를 대리한다(지방자치법 제51조). 그리고 지방의회의 의장과 부의장이 모두 사고가 있을 때에는 임시의장을 선출하여 의장의 직무를 대행하게 한다(지방자치법 제52조).

(2) 의장의 직무

지방의회의 의장은 의회를 대표하고 의사(議事)를 정리하며, 회의장 내의 질서를 유지하고 의회의 사무를 감독한다(지방자치법 제49조).

(가) 의회의 대표

의장은 지방의회를 대표한다. 주의할 것은 지방자치단체를 대외적으로 대표하는 것이 아니라는 점이다. 지방자치법 제101조에 따라 지방자치단체를 대외적으로 대표하는 자는 지방자치단체의 장이다. 여기서 말하는 의장의 대표권은 지방자치단체의 내부 활동에서 지방의회를 대표하는 것을 의미한다.

(나) 의사의 정리, 질서 유지

의장은 의회의 대표자로서 의회를 소집하고, 회의규칙에 따라 의사를 진행하며 의결을 주재하고 폐회·정회·산회 등을 선언한다.

① 질서권

회의규칙을 준수하게 하고 질서있는 의사 진행을 위해서 의장은 의원과의 관계에서 질서권(Ordnungsrecht)을 행사할 수 있다.

의장은 지방자치법 제82조 제1항에 따라 본회의 회의장에서 지방자치법이나 회의규칙에 위배되는 발언이나 행위를 하여 회의장의 질서를 어지럽히는 의원에 대하여 경고 또는 제지하거나 그 발언의 취소를 명할 수 있다. 이에 응하지 않는 의원에 대해서는 당일의 회의에서 발언하는 것을 금지하거나 퇴장시킬 수 있다(지방자치법 제82조 제2항). 또한 의장은 회의장이 소란하여 질서를 유지하기 곤란할 경우에 회의를 중지하거나 산회를 선포할 수 있다(같은 조 제3항). 이러한 의장의 질서권의 행사는 의장의 재량에 속하지만, 비례의 원칙에 적합하게 행사하여야 한다.

② 가택권(Hausrecht)

의장은 의원 이외에 회의장에 있는 제3자에 대해서도 회의의 원만한 진행을 위해 가택권을 행사할 수 있다. 지방자치법 제85조는 이에 대해 규정하고 있다. 즉 방청인은 의안에 대하여 찬성·반대를 표명하거나 소란한 행위를 하여서는 안 된다(지방자치법 제85조 제1항). 의장은 회의장의 질서를 방해하는 방청인의 퇴장을 명할 수 있으며, 필요하면 경찰관서에 인도할 수 있다(동조 제2항). 그리고 방청석이 소란하면 의장은 모든 방청인을 퇴장시킬 수 있다(동조 제3항). 그밖에도 의장은 회의규칙이 정하는 바에 의하여 가택권을 행사할 수 있다(동조 제4항).

가택권은 회의장이라는 장소적·시간적으로 한정된 영역에서의 회의에서 의장에게만 특별히 인정된 권리라는 점에서 공법상의 권리라고 보아야 하며, 가택권의 행사에 대한 분쟁은 공법상의 분쟁으로 보아 행정소송으로 해결되어야 한다.

(다) 사무의 감독

의장은 지방자치법 제49조에 따라 의회의 사무를 감독한다. 의회의 사무는 의회 직원이 수행하므로 의회사무에 대한 감독은 의회 직원에 대한 감독을 포함한다.

(3) 의장에 대한 불신임 결의

지방의회의 의장이나 부의장이 법령을 위반하거나 정당한 사유 없이 직무를 수행하지 아니하면 지방의회는 불신임을 의결할 수 있다(지방자치법 제55조 제1항). 불신임 의결은 재적 의원 4분의 1 이상의 발의와 재적 의원 과반수의 찬성으로 행하며, 불신임 의결이 있으면 의장이나 부의장은 그 직에서 해임된다(동조 제2항 및 제3항).

이러한 지방의회의 의장이나 부의장에 대한 불신임 결의는 의장으로서의 권한을 박탈하는 행정처분의 일종으로서 항고소송의 대상이 된다.[10]

---

10) 대법원 1994. 10. 11. 94두23.

2) 위원회

(1) 의 의

의회가 해결해야 할 사항을 모두 본회의에서 처음부터 끝까지 토의해서 의사를 규합한다는 것은 불가능한 경우가 많다. 그래서 위원회를 두고 있다. 의회 내에 위원회를 설치하는 것은 본회의에서의 시간·노력의 부담을 줄이고 소규모 회의에서 좀더 전문적이고 효율적인 토론을 하기 위해서이다.

(2) 종 류

위원회에는 지방자치법 제56조 제2항에 따라 상임위원회와 특별위원회의 두 종류가 있다. 상임위원회란 소관 의안과 청원을 심사·처리하기 위해서 상설되어 있는 위원회를 말하고, 특별위원회란 특정한 안건을 일시적으로 심사·처리하기 위해 구성되는 위원회이다.

(3) 위원회의 설치와 위원의 선임

지방의회는 지방자치법 제56조 제1항에 의해 조례로 정하는 바에 따라 위원회를 둘 수 있다. 지방의회가 어떤 위원회를 설치하는가 하는 것은 각 지방자치단체의 조례에 따라 상이하다. 다만, 일정한 경우에는 직접 법률에 설치 근거가 있다. 예컨대, 지방의회에는 의원의 윤리심사 및 징계에 관한 사항을 심사하기 위하여 윤리특별위원회를 둘 수 있도록 되어 있다(지방자치법 제57조). 그리고 시·도에는 상임위원회 중 하나로 교육위원회를 두게 되어 있다.

각 위원회의 위원은 본회의에서 선임한다(지방자치법 제56조 제3항).

(4) 위원회의 권한

위원회는 지방자치법 제58조에 따라 그 소관에 속하는 의안과 청원 등과 지방의회가 위임한 특정한 안건을 심사한다. 위원회는 이들 사안에 관해서 토론하고 심의하여 본회의에 부의할 필요가 없다고 결정한 사안은 본회의에 부의하지 않을 수 있다(지방자치법 제69조 제1항). 본회의에 부의하지 않기로 한 의안은 원칙적으로 폐기된다(동조 제2항). 이처럼 위원회는 의안의 본회의 부의 여부를 결정할 수 있다는 점에서 단순한 심사가 아닌 결정권도 갖고 있다. 다만 위원회의 결정(본회의에 부의하지 않기로 한 결정)이 본회의에 보고된 날부터 7일 이내(폐회나 휴회중의 기간은 제외)에 의장이나 재적 의원 3분의 1 이상이 요구하면, 위원회는 그 의안을 본회의에 부쳐야 한다.

위원회는 그 의결로 안건의 심의와 직접 관련된 서류의 제출을 해당 지방자치단체장에게 요구할 수 있다. 이 때에는 의장을 경유하여야 한다(지방자치법 제40조 제1항 및 제2항)

(5) 전문위원

위원회에는 위원장과 위원의 자치입법 활동을 지원하기 위하여 의원이 아닌 전문지식을 가진 위원(이하 '전문위원'이라 한다)을 둔다. 전문위원은 위원회에서 의안과 청원 등의 심사, 행정사무감사 및 조사, 그 밖의 소관사항과 관련하여 검토 보고 및 관련 자료의 수집·조사·연구를 한다(지방자치법 제59조 제1항 및 제2항).

(6) 회 의

위원회는 회기 중 위원장이 필요하다고 인정하거나 재적 위원 3분의 1 이상의 요구가 있으면 개회한다. 다만 폐회 중에는 본회의의 의결이 있거나 의장이 필요하다고 인정할 때, 재적 위원 3분의 1 이상의 요구가 있을 때에만 개회할 수 있다(지방자치법 제61조).

위원회에서는 해당 지방의원이 아닌 자는 위원장의 허가를 받아 방청할 수 있다. 위원장은 질서를 유지하기 위하여 필요한 때에는 방청인의 퇴장을 명할 수 있다(지방자치법 제60조 제1항 및 제2항).

3) 교육위원회

(1) 교육위원회의 법적 지위

종전에 지방의회와는 별도로 지방의 교육·학예에 관해서는 교육위원회가 의결기관으로 규정되어 있었고 일정한 사항(조례안, 예산안 및 결산, 특별부과금·사용료·수수료·분담금 및 가입금의 부과와 징수에 관한 사항, 기채안)에 대해서는 교육위원회의 의결을 거친 후 다시 지방의회의 의결을 거쳐야 하므로 지방의회와의 관계에서 갈등이 있었다. 또한 중복적인 절차라는 비판이 제기되었다.

그러나 2006년 12월 20일 '지방교육 자치에 관한 법률'이 개정되어, 교육위원회는 시·도 지방의회 내의 상임위원회 중 하나로 그 위상을 재정립하게 되었다. 즉 개정된 '지방교육 자치에 관한 법률' 제4조에서는 "시·도의회에 교육·학예에 관한 의안과 청원 등을 심사·의결하기 위하여 상임위원회(이하 "교육위원회"라 한다)를 둔다"라고 규정하고 있다.

다만 교육위원회는 지방의회 내의 상임위원회이기는 하나 특수한 상임위원회이다. 그 설치가 법률에 의해 의무화되어 있고, '지방교육자치에 관한 법률'에 의해 그 구성과 권한 등에서 특수성이 인정되는 위원회이기 때문이다.

〈표 9-1〉 각 시·도별 교육위원회 위원 및 교육의원 정수

시·도	교육위원회 위원 정수	교육의원 정수
서울특별시	15인	8인
부산광역시	11인	6인
대구광역시	9인	5인
인천광역시	9인	5인
광주광역시	7인	4인
대전광역시	7인	4인
울산광역시	7인	4인
경기도	13인	7인
강원도	9인	5인
충청북도	7인	4인
충청남도	9인	5인
전라북도	9인	5인
전라남도	9인	5인
경상북도	9인	5인
경상남도	9인	5인
계	139인	77인

(2) 교육위원회의 구성

교육위원회는 시·도의회 의원과 교육의원으로 구성하되, 교육의원이 과반수가 되도록 구성한다. 교육의원은 일정한 교육경력 또는 교육행정 경력을 가진 자로서 선거에 의해 별도로 선출된 의원을 말한다(지방교육 자치에 관한 법률 제5조 제1항). 지방교육 자치에 관한 법률 별표에서는 시·도별 교육위원회 위원 및 교육의원 정수를 같이 정하고 있다.

(3) 교육의원

(가) 선출

교육의원은 주민의 보통·평등·직접·비밀선거에 따라 선출한다(지방교육 자치에 관한 법률 제8조 제1항). 교육의원 후보자가 되고자 하는 자는 시·도의회 의원의 피선거권이 있는 자로서 후보자등록 신청 개시일부터 과거 2년 동안 정당의 당원이 아닌 자이어야 한다(지방교육 자치에 관한 법률 제10조 제1항). 그리고 교육의원 후보자가 되고자 하는 자는 후보자등록 신청 개시일을 기준으로 교육 경력 또는 교육행정 경력이 10년 이상 있거나 양 경력을 합해 10년 이상 있는 자이어야 한다.[11]

그러나 교육의원의 피선거권을 일정한 교육경력자 혹은 교육행정 경력자에게만 부여한 것이 헌법적으로 정당한 피선거권의 제한인지 여부에 대해서는 의문의 여지가 있다. 교육의 전문성을 보장하기 위한 제한이라고 하지만, 지방교육 문제는 교육행정가나 교육경력자의 시각만을 필요로 하는 것이 아니고 폭넓은 경험과 이해를 필요로 하기 때문이다.

(나) 지위 및 임기

선출된 교육의원은 시·도의회 의원의 지위와 권한을 갖는다. 교육의원의 임기는 4년으로 한다(지방교육 자치에 관한 법률 제6조 제1항 및 제7

---

11) 교육 경력이란 "'유아교육법' 제2조제2호의 규정에 따른 유치원, '초·중등교육법' 제2조 및 '고등교육법' 제2조의 규정에 따른 학교(이와 동등한 학력이 인정되는 교육기관 또는 평생교육시설로서 다른 법률에 따라 설치된 교육기관 또는 평생교육시설을 포함한다)에서 교원으로 근무한 경력"을 말하고, 교육행정 경력이란 "국가 또는 지방자치단체의 교육기관에서 국가공무원 또는 지방공무원으로 교육·학예에 관한 사무에 종사한 경력과 '교육공무원법' 제2조 제1항 제2호 또는 제3호의 규정에 따른 교육공무원으로 근무한 경력"을 말한다(지방교육자치에 관한 법률 제10조 제2항 제1호 및 제2호).

조).

(다) 겸직 등의 금지

교육의원은 다음의 어느 하나에 해당하는 직을 겸할 수 없다(지방교육자치에 관한 법률 제9조 제1항).

① '지방자치법' 제35조 제1항 제1호부터 제6호까지에 규정된 직

② '사립학교법' 제2조의 규정에 따른 사립학교(이와 동등한 학력이 인정되는 교육기관 또는 평생교육시설로서 다른 법령에 따라 설립된 교육기관 또는 평생교육시설을 포함한다. 이하 같다)의 교원. 다만, '고등교육법' 제2조의 규정에 따른 학교(이와 동등 이상의 학력이 인정되는 교육기관 또는 평생교육시설로서 다른 법령에 따라 설립된 교육기관 또는 평생교육시설을 포함한다. 이하 같다)의 전임강사 이상의 교원을 제외한다.

③ 사립학교 경영자 또는 사립학교를 설치・경영하는 법인(이와 동등한 학력이 인정되는 교육기관 또는 평생교육시설로서 다른 법령에 따라 설립된 교육기관 또는 평생교육시설을 설치・경영하는 자를 포함한다. 이하 같다)의 임・직원

만약 위 ②에 해당하는 사립학교의 교원이 교육의원으로 당선된 때에는 임기 중 그 교원의 직은 휴직된다(지방교육자치에 관한 법률 제9조 제3항).

또한 교육의원은 당해 지방자치단체의 교육기관(교육행정기관, 교육연구기관, 교육연수・수련기관, 도서관, 교원・학생복지후생기관 등을 포함한다)과 영리를 목적으로 하는 거래를 할 수 없으며, 이와 관련된 재산의 양수인 또는 관리인이 될 수 없다. 그리고 위의 겸직 의무 및 영리 목적 거래 등의 금지 조항은 교육위원회 위원으로 선임되는 시・도의회 의원에게도 적용된다(지방교육 자치에 관한 법률 제9조 제2항 및 제4항).

(4) 교육위원회의 권한

교육위원회는 당해 시・도의 교육・학예에 관한 다음에 해당하는 사항을 심사・의결한다(지방교육 자치에 관한 법률 제11조 제1항).

① 조례안

② 예산안 및 결산

③ 특별부과금 · 사용료 · 수수료 · 분담금 및 가입금의 부과와 징수에 관한 사항
④ 기채안(起債案)
⑤ 기금의 설치 · 운용에 관한 사항
⑥ 대통령령으로 정하는 중요 재산의 취득 · 처분에 관한 사항
⑦ 대통령령으로 정하는 공공시설의 설치 · 관리 및 처분에 관한 사항
⑧ 법령과 조례에 규정된 것을 제외한 예산 외의 의무 부담이나 권리의 포기에 관한 사항
⑨ 청원의 수리와 처리
⑩ 외국 지방자치단체와의 교류 · 협력에 관한 사항
⑪ 그 밖에 법령과 시 · 도 조례에 따라 그 권한에 속하는 사항

위와 같은 심사 · 의결은 본회의에 부의하기 이전에 상임위원회가 행하는 심사 · 의결로 볼 수 있다. 그런데 일반 상임위원회와는 달리 위 ⑤부터 ⑪ 까지의 사항에 대해 행한 교육위원회의 의결은 시 · 도의회 본회의의 의결로 보도록 규정되어 있다(지방교육 자치에 관한 법률 제11조 제2항). 이 경우에는 본회의 의결 없이 상임위원회인 교육위원회의 의결이 본회의의 의결로 간주되는 효과가 있는 것이다.

한편 교육위원회 위원장은 교육위원회가 주민의 재정적 부담이나 의무부과에 관한 조례안과 지방자치단체의 일반회계와 관련되는 사항에 해당하는 의안을 의결할 때에는 의결하기 전에 미리 시 · 도지사의 의견을 들어야 한다(지방교육 자치에 관한 법률 제11조 제3항).

(5) 회 의

교육위원회에서 심사 · 의결할 의안은 교육감이 제출하거나 시 · 도의회 재적 의원 5분의 1 이상 또는 의원 10인 이상의 연서로 발의한다. 의안은 문서로써 시 · 도의회 의장에게 제출하여야 한다. 교육감이 주민의 재정적 부담이나 의무 부과에 관한 조례안과 지방자치단체의 일반회계와 관련되는 사항에 해당하는 의안을 제출하고자 할 때에는 미리 시 · 도지사와 협의하여야 한다(지방교육 자치에 관한 법률 제13조).

교육위원회에서 의결된 의안 중 본회의의 의결로 간주되는 의안은 교육

위원회 위원장이 이를 5일 이내에 교육감에게 이송하고 동시에 시·도의회 의장에게 보고하여야 한다(지방교육 자치에 관한 법률 제14조 제1항).

그리고 시·도의회 의장은 교육위원회에서 심사·의결한 사항 중 본회의의 의결을 필요로 하는 사항에 관한 의안이 교육위원회의 심사를 거쳐 본회의에서 의결된 때에는 이를 의결된 날로부터 5일 이내에 교육감에게 이송하여야 한다. 이와같이 교육감에게 이송된 의안 중 조례안은 교육감이 대통령령이 정하는 절차와 방식에 따라 20일 이내에 이를 공포하여야 한다(지방교육 자치에 관한 법률 제14조 제3항).

한편 교육위원회가 채택한 청원으로서 교육감이 처리함이 타당하다고 인정되는 청원은 의견서를 첨부하여 교육감에게 이송한다. 교육감은 청원을 처리하고 그 처리 결과를 지체없이 교육위원회에 보고하여야 한다(지방교육자치에 관한 법률 제15조 제2항).

교육위원회는 회의의 진행 내용 및 그 결과, 출석위원의 수와 성명 등을 기재한 회의록을 작성하여야 하며, 회의록의 작성·배부, 회의록의 공개, 회의 결과의 교육감에 대한 통보 등 교육위원회의 회의록에 관하여 필요한 사항은 시·도의 조례로 정한다(지방교육 자치에 관한 법률 제16조 제1항 및 제2항).

4) 사무조직

시·도의 의회에는 그의 사무를 처리하기 위하여 조례로 정하는 바에 따라 사무처를 둘 수 있으며, 사무처에는 사무처장과 직원을 둔다(지방자치법 제90조 제1항). 그리고 시·군 및 자치구 의회에는 사무를 처리하기 위하여 조례로 정하는 바에 따라 사무국이나 사무과를 둘 수 있으며, 사무국·사무과에는 사무국장 또는 사무과장과 직원을 둘 수 있다. 이들은 모두 지방공무원으로 보한다(같은 조 지방자치법 제90조 제2항 및 제3항).

지방의회에 두는 사무직원의 정수는 조례로 정한다(지방자치법 제91조 제1항). 그리고 사무직원은 지방의회 의장의 추천에 따라 그 지방자치단체의 장이 임명한다. 다만 지방자치단체의 장은 사무직원 중 별정직·기능직·계약직 공무원에 대한 임용권은 지방의회의 사무처장·사무국장·사무과장에게 위임하여야 한다. 사무처장·사무국장·사무과장은 의장의 명을 받아 의회의 사무를 처리한다(지방자치법 제91조 제2항 및 제92조 제1항).

지방의회 사무직원의 임명권을 지방자치단체장이 가지고 있는 것에 대해서는 많은 비판이 제기되고 있다. 지방의회의 사무직원이 인사권을 쥔 지방자치단체장을 의식하지 않을 수가 없으므로, 지방의회의 독립적 사무 수행에 지장을 초래한다는 것이다. 입법론적으로는 지방의회 사무직원의 인사권은 지방의회에서 가지도록 하거나 당해 지방의회의 자율에 맡기는 것을 검토할 필요가 있다. 지방의회의 자율에 맡긴다면, "지방의회에는 의정사무기구를 둔다. 그 조직과 정수 및 임면에 대해서는 당해 지방의회의 규칙(혹은 당해 지방자치단체의 조례)으로 정한다"라고 규정할 수 있을 것이다.

한편 교육위원회 및 시·도의회의 교육·학예에 관한 사무를 처리하기 위하여 조례로 정하는 바에 따라 시·도의회의 사무처에 지원조직과 사무직원을 두며, 사무직원은 지방공무원으로 보한다. 이러한 사무직원은 교육위원회 위원장의 추천에 따라 교육감이 임명한다(지방교육 자치에 관한 법률 제17조 제1항 내지 제3항).

4 지방의회의 관할

지방의회는 주민의 대표기관으로서 법령에 의해서 다른 기관의 권한에 속하지 아니한 모든 지방자치단체의 사무에 대해서 관할권을 갖는다. 이것을 의회의 전권한성 원칙(Prinzip der Allzuständigkeit des Rates)이라고 한다. 지방의회의 관할 범위는 그의 의결권의 범위에 관한 문제이기도 하다.

지방의회의 의결은 지방자치단체의 내부적 의사결정이므로 그 자체만으로는 대외적 효력이 발생하지 아니한다. 따라서 의결 자체는 행정쟁송의 대상이 되는 처분이 아니다. 다만 예외적으로 집행행위 없이도 직접 효력을 발생하는 의결(예컨대 징계의결)의 경우에는 예외적으로 행정쟁송의 대상이 되는 처분이 될 수 있다.

1) 필요적 의결 사항(법정 의결 사항)

지방의회는 지방자치법 제39조에 규정된 사항은 반드시 의결해야 한다. 이에는 다음과 같은 사안이 포함된다.

(1) 조례의 제정 · 개정 및 폐지
(2) 예산의 심의 · 확정
(3) 결산의 승인
(4) 법령에 규정된 것을 제외한 사용료 · 수수료 · 분담금 · 지방세 또는 가입금의 부과와 징수
(5) 기금의 설치 · 운용
(6) 대통령령으로 정하는 중요 재산의 취득 · 처분
(7) 대통령령으로 정하는 공공시설의 설치 · 처분
(8) 법령과 조례에 규정된 것을 제외한 예산 외의 의무 부담이나 권리의 포기
(9) 청원의 수리와 처리
(10) 외국 지방자치단체와의 교류 협력에 관한 사항
(11) 그 밖에 법령에 따라 그 권한에 속하는 사항

위의 사항 이외에 지방자치법상 지방의회의 의결이 필요한 사항으로는 아래의 표와 같은 사항들이 있다.

필요적 의결 사항	관련 조문
• 행정사무 조사권의 발동	제41조 제1항
• 서류 제출 요구	제40조 제1항
• 지방자치단체의 재정 관련 사항	
보증채무 부담행위	제124조 제3항
채무의 면제나 효력 변경	제124조 제5항
계속비	제128조
예비비 지출 승인	제129조 제2항
• 지방자치단체행정협의회 설립 규약	제152조 제2항
• 지방자치단체 조합의 설립 규약	제159조 제1항
• 지방의회의 조직과 운영에 관한 사항	
의장 · 부의장의 불신임 결의	제55조 제1항
의원의 사직 허가	제77조
의원의 자격 상실	제80조 제1항
의원의 징계	제86조
지방의회의 개회 · 휴회 · 폐회와 회기	제47조 제1항
폐회중의 위원회 개회	제61조 제1항

2) 조례에 의한 의결 사항

법정 의결 사항 이외에도 조례로 정하는 바에 따라 지방의회에서 의결되어야 할 사항을 따로 정할 수 있다(지방자치법 제39조 제2항). 이는 지방의회의 의결 사항을 지방자치단체가 자기책임 하에 정할 수 있게 한 것이다. 이는 앞에서 말한 의회의 전권한성을 확인한 것이라 할 수 있다.

조례에 의한 의결 사항도 지방의회가 반드시 의결해야 하나, 의결 의무가 법률이 아니고 조례로 정해진다는 점에서 앞에서 설명한 법정 의결 사항과는 차이가 있다.

3) 임의적 의결 사항

법령이나 조례에 정해지지 않은 사항에 대해서 지방의회가 의결 여부를 스스로 결정할 수 있는지가 문제된다. 지방자치법은 이에 대해서 침묵하고 있다. 지방의회가 주민의 직선에 의해서 민주적인 정당성을 획득한 주민의 대표기관이란 점에서 의회의 전권한성을 인정함이 타당하므로 이를 긍정적으로 보아야 한다.[12]

5 지방의회의 권한

지방의회는 주민의 대표기관으로서 그의 직무를 수행하기 위해 앞에서 설명한 의결권 이외에도 다음과 같은 권한을 갖는다.

1) 행정감시권

지방의회는 주민의 대표기관이므로 집행기관의 행정집행에 관해 그 적부를 감시한다. 이는 의결기관과 집행기관 간의 견제·균형의 원리에도 적합하다 하겠다. 지방자치법은 이러한 의회의 행정감시권에 관해 아래와 같은 조항들을 두고 있다.

---

12) 반대되는 견해로 천병태 외, 앞의 책, 181-182쪽. 이 견해에 의하면, 지방자치법은 지방의회의 의결 사항을 정할 때 열기주의(列記主義)를 취했다고 본다.

(1) 행정사무감사 및 조사권

지방의회는 매년 1회 그 지방자치단체의 사무에 대하여 시·도에서는 10일 이내의 범위에서, 시·군 및 자치구에서는 7일의 범위에서 감사를 실시한다(지방자치법 제41조 제1항 전단). 이를 행정사무감사라고 한다. 행정사무감사는 당해 지방자치단체의 조례가 정하는 바에 의하여 매년 제1차 또는 제2차 정례회의 회의 내에 실시한다(지방자치법 시행령 제16조 제1항).

또한 지방의회는 지방자치단체의 사무 중 특정 사안에 관하여 본회의의 의결로 본회의나 위원회에서 조사하게 할 수 있다(지방자치법 제41조 제1항 후단). 이를 행정사무조사라고 한다. 행정사무조사를 발의할 때에는 이유를 밝힌 서면으로 하여야 하며, 재적 의원 3분의 1 이상의 연서가 있어야 한다(지방자치법 제41조 제2항). 행정사무조사의 대상이 되는 지방자치단체의 사무는 고유사무와 단체위임사무이다. 기관위임사무는 행정사무조사의 범위에서 제외된다.

행정사무감사의 대상이 되는 사무는 '그 지방자치단체의 사무'이므로 고유사무와 단체위임사무는 그 대상에 포함된다. 기관위임사무에 대해서는 개념상으로는 포함시키기 어려우나, 지방자치법에서 기관위임사무의 경우에도 국회와 (위임한 시·도의) 시·도의회가 직접 감사하기로 한 사무 이외에는 지방의회가 감사를 할 수 있도록 하고 있다(지방자치법 제41조 제3항).

행정사무감사 또는 조사를 위하여 필요하면 현지 확인을 하거나 서류 제출을 요구할 수 있으며, 지방자치단체의 장 또는 관계 공무원이나 그 사무에 관계되는 자를 출석하게 하여 증인으로서 선서한 후 증언하게 하거나 참고인으로서 의견을 진술하도록 요구할 수 있다(지방자치법 제41조 제4항). 증언에서 거짓 증언을 한 자는 고발할 수 있으며, 출석 요구를 받은 증인이 정당한 사유 없이 출석하지 아니하거나 증언을 거부하면 500만 원 이하의 과태료를 부과할 수 있다. 그리고 행정사무감사나 행정사무조사를 위하여 필요한 사항은 '국정감사 및 조사에 관한 법률'에 준하여 대통령령으로 정하고, 증인의 선서·증언·감정 등에 관한 절차는 '국회에서의 증언·감정 등에 관한 법률'에 준하여 대통령령으로 정하도록 하고 있다(지방자치법 제41조 제7항).

(2) 서류 제출 요구 및 출석 답변 요구권

본회의나 위원회는 그 의결로 안건의 심의와 직접 관련된 서류의 제출을 해당 지방자치단체의 장에게 요구할 수 있다(지방자치법 제49조 제1항).

또한 지방의회나 위원회는 지방자치단체장이나 관계 공무원으로 하여금 출석·답변하도록 요구할 수 있다. 다만 특별한 이유가 있으면 지방자치단체의 장은 관계 공무원에게 출석·답변하게 할 수 있다(지방자치법 제42조 제2항).

2) 의견제출권

지방의회는 주민의 대표기관으로서 지방자치단체의 집행기관이나 외부에 대해 그 의견을 제시할 수 있다. 그리고 법령에서 지방의회의 의견을 의무적으로 듣도록 규정하고 있는 경우도 있다. 예컨대 '국토의 계획 및 이용에 관한 법률' 제21조 제1항에 의하면, 특별시장·광역시장·시장 또는 군수가 도시기본계획을 수립 또는 변경하는 때에는 미리 당해 특별시·광역시·시 또는 군의 의회의 의견을 들어야 하도록 규정하고 있다. 또한 주민투표법 제8조에 근거를 둔 '국가정책에 관한 주민투표'를 중앙행정기관의 장이 지방자치단체의 장에게 실시요구하는 경우에, 지방자치단체의 장은 지체없이 이를 공표하고 공표일로부터 30일 이내에 그 지방의회의 의견을 들어야 하도록 규정하고 있다(주민투표법 제8조 제2항).

3) 선거권

지방의회는 법령이 정하는 바에 의하여 그 권한에 속하는 선거를 한다. 선거는 지방의회의 내부조직에 관한 것이다. 즉 지방의회는 지방의회의 의장, 부의장을 선거한다(지방자치법 제48조 제1항). 그리고 의장과 부의장 전부 사고가 있을 때에는 임시의장을 선출한다.

4) 청원수리권

지방의회는 지방자치법 제73조에 따라 청원을 수리할 수 있다. 지방의회에 청원을 하려는 자는 지방의회 의원의 소개를 받아 청원서를 제출하여야 한다. 청원서에는 청원자의 성명(법인인 경우에는 그 명칭과 대표자의 성명) 및 주소를 적고 서명・날인하여야 한다(지방자치법 제73조 제2항 및 제2항). 그러나 재판에 간섭하거나 법령에 위배되는 내용의 청원은 수리하지 아니한다(지방자치법 제74조).

지방의회의 의장은 청원서를 접수하면 소관 위원회나 본회의에 회부하여 심사를 하게 한다. 청원을 소개한 의원은 소관 위원회나 본회의가 요구하면 청원의 취지를 설명하여야 한다. 위원회가 청원을 심사하여 본회의에 부칠 필요가 없다고 결정하면 그 처리 결과를 의장에게 보고하고 의장은 청원한 자에게 알려야 한다(지방자치법 제75조 제1항 내지 제3항).

지방의회가 채택한 청원으로서 그 지방자치단체의 장이 처리하는 것이 타당하다고 인정되는 청원은 의견서를 첨부하여 지방자치단체의 장에게 이송한다. 지방자치단체의 장은 청원을 처리하고 그 처리 결과를 지체없이 지방의회에 보고하여야 한다(지방자치법 제76조 제1항 및 제2항).

5) 조직・운영에 관한 자율권

지방의회는 의회의 조직과 운영에 관해 스스로 결정한다. 지방의회의 자율권에 속하는 것으로는 의장, 부의장 등의 선출과 불신임 결의, 위원회의 구성 등 내부조직에 관한 사항, 의원의 자격심사, 징계 등 지방의회 의원의 신분에 관한 사항, 임시회의 소집, 개회・휴회・폐회와 회기의 결정, 회의 규칙의 제정 등 회의에 관한 사항 등이 있다.

6 지방의회의 회의 운영

지방의회의 회의 운영이란 의회의 소집, 집회, 발의, 토의, 의결 등에 관한 절차를 의미한다. 지방의회의 회의의 운영에 관해서는 지방자치법 제71조에 따라 지방자치법에 정한 것을 제외하고는 회의규칙으로 정한다.

1) 지방의회의 소집

(1) 소집권자

지방의회를 소집할 수 있는 자는 원칙적으로 지방의회의 의장이다. 다만 총선거 후 최초로 집회되는 임시회는 지방의회 사무처장・사무국장・사무과장이 지방의회 의원 임기 개시일부터 25일 이내에 소집한다(지방자치법 제45조 제1항). 임시회의 경우에 의장과 부의장이 사고로 임시회를 소집할 수 없으면 의원 중 연장자의 순으로 소집할 수 있다(지방자치법 제45조 제2항 단서).

(2) 소집 절차

지방의회의 회의는 정례회와 임시회로 구분되는데, 정례회는 매년 2회 개최하며, 정례회의 집회일, 그 밖에 정례회의 운영에 관하여 필요한 사항은 대통령령으로 정하는 바에 따라 해당 지방자치단체의 조례로 정한다(지방자치법 제44조 제1항 및 제2항).

임시회는 지방자치단체장이나 재적 의원 3분의 1 이상의 요구가 있으면 지방의회 의장이 15일 이내에 소집하여야 한다. 임시회의 소집은 시・도에서는 집회일 7일 전에, 시・군 및 자치구에서는 집회일 5일 전에 공고하여야 한다. 다만, 긴급할 때에는 그러하지 아니하다(지방자치법 제45조 제3항).

지방자치단체의 장이 지방의회에 부의할 안건은 지방자치단체의 장이 미리 공고하여야 한다. 다만 회의 중 긴급한 안건을 부의할 때에는 그러하지 아니하다(지방자치법 제46조).

2) 회 기

지방의회의 활동은 개회로 시작되며 휴회로 일시 정지되고 폐회로 끝난다. 개회로부터 폐회까지의 기간을 회기라고 한다. 지방자치법 제47조 제1항은 지방의회의 개회・휴회・폐회와 회기를 지방의회가 의결로 정하도록 하고 있다. 다만 의회의 상설화를 방지하기 위하여 연간 회의 총일수와 정례회 및 임시회의 회기는 해당 지방자치단체의 조례로 정하도록 하고 있다(지방자치법 제47조 제2항). 과거에는 지방자치법에서 회기별 법정 일수와 연간 총회의 일수의 상한선을 제한하고 있었으나, 지방자치단체의 조례로 자율적으로 정할 수 있도록 한 것이다.

3) 의안의 발의

지방의회에서 의결할 의안은 지방자치단체의 장이나 재적 의원 5분의 1

이상 또는 의원 10명 이상의 연서로 발의한다. 또한 위원회는 그 직무에 속하는 사항에 관하여 의안을 제출할 수 있다. 의안은 그 안을 갖추어 의장에게 제출하여야 한다(지방자치법 제66조).

4) 회의의 정족수

회의의 진행이나 의결을 위한 최소의 의원 수를 정족수라고 한다. 전자를 의사정족수라고 하고 후자를 의결정족수라고 한다. 이에는 다시 일반정족수와 특별정족수가 있다.

(1) 의사정족수

지방의회는 재적 의원 1/3 이상의 출석으로 개의하며 회의중에 정족수에 미달한 경우에 의장은 회의의 중지 또는 산회를 선포한다(지방자치법 제63조 제1항 및 제2항). 이는 회의 개시 요건임과 동시에 회의를 진행하기 위한 요건이기도 하다.

(2) 의결정족수

(가) 일반 정족수

법률에 특별한 규정이 있는 경우를 제외하고는 지방자치법 제64조 제1항에 따라 재적 의원 과반수의 출석과 출석 의원 과반수의 찬성으로 의결한다. 의장은 의결에서 표결권을 가지며, 찬성과 반대가 같으면 부결된 것으로 본다(지방자치법 제64조 제2항).

(나) 특별정족수

지방자치법상의 특별정족수를 정리하면 다음과 같다.

의결정족수	사 안	관계 조문
재적 의원 과반수 찬성	• 의장·부의장 불신임 결의 • 사무소 소재지 등의 변경 또는 신규 설정에 관한 조례	지방자치법 제55조 제2항 지방자치법 제6조 제2항
출석 의원 2/3 이상의 찬성	• 조례안의 재의결 (재적 의원 과반수의 출석) • 재의 요구에 대한 재의결 (재적 의원 과반수 출석)	지방자치법 제26조 제4항 지방자치법 제107조 제2항/제172조 제2항

	• 예산상 집행 불가능한 의결의 재의결 (재적 의원 과반수의 출석) • 회의 비공개 결의 (의원 3명 이상의 발의)	지방자치법 제108조 제3항 지방자치법 제65조 단서
재적 의원 2/3 이상의 찬성	• 의원의 자격 상실 결의 (재적 의원 1/4 이상의 연서로 청구) • 의원의 제명 결의	지방자치법 제80조 제1항 지방자치법 제88조 제2항

5) 의장 또는 의원의 제척

지방의회의 '깨끗한' 활동을 보장하기 위해 지방자치법은 제36조의 의원의 의무 이외에 제70조에서 지방의회의 의장 또는 지방의회 의원의 제척(除斥)을 규정하고 있다. 편파성의 우려가 있는 의장이나 의원을 특정 의안의 결정 과정에서 배제함으로써 의결의 공정성을 담보하기 위한 제도이다. 지방의회 의원의 활동이 주민의 공익과는 무관하게 사적(私的)인 관점에서 이루어질 우려가 있는 경우에 이를 미리 배제해 의원활동의 공정성을 보장하려는 취지이다. 그리고 지방의원 개인의 이익과 지방의원이 대변해야 할 공익 간의 충돌을 방지하기 위한 제도이다.

제척 사유는 "본인·배우자·직계존비속 또는 형제자매와 직접 이해 관계가 있는 안건"인 경우이다. 여기서 이해관계는 직접적인 것이어야 한다.[13] 즉 집행기관에 의한 별도의 집행을 기다리지 아니하고 지방의회의 의결에 의해 직접 효력을 발생하는 사안에 한정된다고 볼 수 있다. 또한 이해 관계는 주민이나 직업인으로서 막연한 것이 아니고 특정한 개인으로서

13) 독일에서 지방의원의 제척은 도시계획의 수립과 관련한 사안에서 문제되는 경우가 많다. 예컨대 지방의원이 새로운 지구상세계획을 심의하기 위해 지방의회에 참석했는데 이 계획의 대상지역에 마침 당해 의원의 처가 그녀의 부모로부터 상속받은 지역이 포함된 경우이다. 이 경우에 그의 처는 종래 경작 목적의 토지 이용만 가능했으나 이 계획의 결정으로 고층건물을 지을 수 있게 되었다면 직접적인 이익을 가져다 준 경우라고 볼 수 있다고 한다. Heinrich Scholler, *Grundzüge des Kommunalrechts in der Bundesrepublik Deutschland*, 1990, 김해룡(역) 『독일 지방자치법』, 한울아카데미, 1994, 206쪽 이하 참조.

의 이해 관계가 있는 경우를 말한다.

지방의회 의원이 제척 사유에 해당되는 경우에는 의안 결정의 전 과정에서 배척된다. 즉 의안의 제안·토론·표결의 전 과정에서 제척된다. 다만, 의회의 동의가 있는 경우에는 의회에 출석하여 발언할 수 있다(지방자치법 제70조). 제척 사유에 해당하는 의원이 의사결정 과정에 참여한 경우에 그 의결은 위법한 의결이 된다.

6) 회의의 원칙

(1) 회의 공개의 원칙

(가) 의의

지방자치법 제65조는 회의 공개의 원칙을 정하고 있다. 회의 공개의 원칙이란 회의에 모든 주민의 방청을 허용하고 회의의 보도를 허용하는 것을 말한다. 방청의 자격을 제한하는 것은 회의 공개의 원칙과 합치되지 아니한다. 회의의 공개는 지방의회를 좀더 주민에 근접하게 하고 주민의 알 권리를 보장하기 위한 중요한 수단이다.

(나) 내용

회의 공개의 원칙은 주민의 방청이나 보도의 자유를 의미한다. 회의 공개의 원칙은 회의장에 적정한 수의 방청인이 방청할 수 있는 공간을 설치할 의무를 지운다. 방청석을 없애거나 방청석의 수를 지나치게 적게 설치하는 것은 회의 공개의 원칙에 어긋난다.

방청의 자유는 앞에서 설명한 의장의 가택권의 행사로 제한될 수 있으나 이는 회의 공개의 원칙에 반하는 것이 아니다. 즉 지방자치법 제85조에 의한 방청인에 대한 퇴장명령 등은 회의의 원만한 진행을 위한 조치이므로 비례의 원칙에 어긋나지 않는 한 회의 공개의 원칙에 반하지 아니한다.

(다) 예외

지방자치법 제65조 단서는 일정한 경우에 회의를 비공개로 할 수 있도록 규정하고 있다. 즉 의원 3명 이상이 발의하고 출석 의원 3분의 2 이상이 찬성한 경우 또는 의장이 사회의 안녕 질서 유지를 위해 필요하다고 인정하는 경우에는 회의를 공개하지 아니할 수 있다.

의회의 의결에 의한 비공개는 그 사유를 명시하고 있지 아니하나 정당한 이유가 있는 경우에 한해 허용된다고 보아야 한다. 의결에 의하더라도 자의적으로 방청을 배제하는 것은 허용되지 않는다. 의장이 비공개를 결정하는 경우에는 의회의 의결을 전제로 하지 않는다는 점에서 요건을 엄격히 해석해야 한다.

(라) 회의 공개의 원칙에 위반한 의결의 법적 효과

지방의회가 회의 공개의 원칙에 반해 의결한 사항은 절차에 위반한 의결로서 위법하다. 정당한 사유 없이 비공개로 심의와 의결을 하는 경우에 의결의 내용에 대한 충분한 검증이 이루어졌다고 보기 어렵기 때문에 절차법 위반으로 의결의 효력을 부인해야 할 것으로 본다.

(2) 회기 계속의 원칙

지방의회에 제출된 의안은 회기 중에 의결되지 못한 것 때문에 폐기되지 아니한다. 다만 지방의회 의원의 임기가 끝나는 경우에는 폐기된다(지방자치법 제67조).

(3) 일사부재의(一事不再議)의 원칙

지방자치법 제68조에 따라 지방의회에서 부결된 의안은 같은 회기 중에 다시 발의하거나 제출할 수 없다.

7) 회의규칙

지방의회는 회의의 운영에 관해 이 법에서 정한 것 외에 필요한 사항은 회의규칙으로 정한다.

8) 회의록의 작성, 공개

지방의회는 회의록을 작성하고 회의의 진행 내용 및 결과와 출석 의원의 성명을 적어야 한다(지방자치법 제72조 제1항). 회의록에는 의장과 의회에서 선출한 의원 2명 이상이 서명하여야 하며, 의장은 회의록의 사본을 첨부하여 회의의 결과를 그 지방자치단체의 장에게 통고하여야 한다(지방자치법 제72조 제2항 및 제3항).

회의록은 의원에게 배부하며, 법률상 명문의 규정은 없으나 일반에게 공개된다. 회의 공개의 원칙은 회의록의 열람의 자유를 포함하기 때문이다. 다만 비밀로 할 필요가 있다고 의장이 인정하거나 지방의회에서 의결한 사항은 공개하지 아니한다(지방자치법 제72조 제4항).

제 3 절 지방자치단체의 집행기관

지방자치단체의 집행기관에는 지방자치단체의 장과 그 소속기관 이외에 교육·학예에 관한 기관으로서 시·도에 교육감이 따로 있다. 결국 하나의 지방자치단체 안에 두 계통의 집행기관이 병존하고 있는 것이다. 다만 지방자치단체장에게는 일정한 범위 내에서 교육·학예·체육 사무에 관해 조정할 수 있는 권한을 부여하고 있다. 그 이외에 지방자치단체장이나 교육감으로부터 직무상 독립해 특정 사안에 대해 처리하는 인사위원회, 지방공무원소청심사위원회 등 특별기관이 있다.

1 지방자치단체의 장과 그 소속기관

1) 지방자치단체의 장

(1) 선 임

지방자치단체의 장으로는 특별시에 특별시장, 광역시에 광역시장, 도와 특별자치도에 도지사를 두고, 시에 시장, 군에 군수. 자치구에 구청장을 둔다(지방자치법 제93조). 지방자치단체의 장은 주민이 보통·평등·직접·비밀선거에 의해 선출한다(지방자치법 제94조). 지방자치단체장의 임기는 4년이며, 지방자치단체의 장의 계속 재임(在任)은 3기에 한한다(지방자치법 제95조).

지방자치단체의 장의 임기는 전임 지방자치단체장의 임기 만료일의 다음날부터 시작된다. 다만 전임 지방자치단체장의 임기가 만료된 후에 실시하는 선거와 지방자치단체의 폐치·분합시의 선거 등에 의하여 새로 선거를 실시하는 경우에는 지방자치단체장의 당선이 결정된 때로부터 임기가 개시되며, 임기는 전임자 또는 같은 종류의 지방자치단체장의 잔임 기간으로 한다(공직선거법 제14조 제3항).

(2) 법적 지위

지방자치단체의 장은 지방자치법 제101조에 따라 지방자치단체의 최고 집행기관으로서 당해 지방자치단체를 외부에 대해서 대표하고 그 사무를 총괄한다.

한편 시·도와 시·군 및 자치구에서 행해지는 국가사무는 지방자치법 제102조에 따라 법령에 다른 규정이 없는 한 시·도지사와 시장·군수 및 자치구의 구청장에 위임해 행하게 된다.

이처럼 지방자치법 제101조와 제102조에 의해서 지방자치단체의 장은, 한편으로는 지방자치단체의 기관으로서 지방자치단체의 사무를 처리하고, 다른 한편으로는 국가의 하급 행정청으로서 국가의 사무를 처리한다. 따라서 지방자치단체의 장은 지방자치단체의 기관으로서의 지위와 국가기관으로서의 지위를 갖는다(이중적 지위).

(가) 지방자치단체의 대표로서의 지위

지방자치단체의 장은 지방자치법 제101조에 따라 외부에 대해서 지방자치단체를 대표한다. 지방자치단체의 대표라 함은 법률행위에서 지방자치단체를 외부에 대해서 대표하는 것을 말하며 지방의회처럼 정치적인 대의(代議)를 말하는 것은 아니다. 법률행위적인 대표라 함은 공·사법상의 법률행위에서 지방자치단체를 위해서 의사표시를 할 수 있는 권한을 말한다.

지방의회의 주민대표성은 내부적인 의사의 형성을 위한 것인데 비해 지방자치단체장의 대표권은 행정행위나 사법상의 행위를 유효하게 하기 위해 필수적이다. 내부적인 의사결정 과정은 여러 기관에 분산되어 있으나 외부적인 의사의 표시는 원칙적으로 지방자치단체의 장에게 통합되어 행사되는 것이다.[14]

지방의회 의원을 '지방자치단체의 대표' 혹은 '주민의 대표'라고 말하는 경우가 많으나, 이는 지방의회의 대의민주적 대표성을 말하는 것이고, 이는 지방자치단체를 법적인 측면에서 외부적으로 대표하는 것과는 무관하다.

지방자치단체장이 지방자치단체의 대표라 함은 그의 법적 행위가 지방자치단체를 위해서 직접 효력을 발생한다는 것을 의미한다. 여기서 '지방자치단체를 위하여'라 함은 지방자차단체에 이익이 되는 경우뿐만 아니라 지방자치단체에 손실이 발생하는 경우도 포함한다.

(나) 지방자치단체의 최고집행기관으로서의 지위

지방자치단체의 장은 지방자치단체의 최고집행기관으로서 지방자치단체의 사무를 총괄한다. 지방자치단체의 장은 지방자치단체에게 귀속된 사무(고유사무 및 단체위임사무)를 그의 책임하에 집행한다. 행정의 수장으로서 지방자치단체의 장은 지방행정의 최고행정관청이 되고, 그 밖의 다른 관청은 지방자치단체장의 하부기관이 된다.

이러한 최고행정관청의 지위에서 지방자치단체의 장은 사무의 관리집행권을 가지고, 소속 직원에 대한 지휘·감독권과 인사권을 행사하며, 소속 행정기관 및 하급기관에 대한 지휘·감독권을 가진다. 또한 법령이나 조례가 정하는 바에 따라서 직속기관을 설치하고 규칙제정권을 갖는다. 다만 지방자치단체장이 항상 지방의회가 결정한 사항을 집행하는 데 그치는 것은 아니며 일정한 범위 내에서는 의사결정 권한도 가진다. 예컨대 공무원의 인사, 도시계획의 결정 등에서는 의사결정 권한을 가지게 된다. 이런 의미에서 지방자치단체의 장은 단순한 집행기관에 불과한 것이 아니고, 일정한 범위 내에서는 의사결정기관이기도 하다.

(다) 국가기관으로서의 지위

지방자치단체장이 국가의 사무를 위임받아 처리하는 범위 내에서 지방자치단체의 장은 국가의 하급행정기관으로서의 지위를 갖는다. 지방자치단체의 구역에서 행해지는 국가사무는 지방자치법 제101조에 따라 법령에 특별한 규정이 없는 한 당해 지방자치단체의 장에게 위임해 수행한다.

14) 다만 교육·학예에 관한 소관사무로 인한 소송이나 재산의 등기 등에 대하여는 '지방교육 자치에 관한 법률' 제18조 제2항에 의해 교육감이 당해 시·도를 대표한다.

(3) 지방자치단체의 장의 사임과 퇴직 등

지방자치단체의 장은 그 직을 사임할 수 있다. 지방자치단체의 장이 그 직을 사임하려면 지방의회의 의장에게 미리 사임일을 적은 서면(이하 '사임통지서'라 한다)으로 알려야 한다(지방자치법 제98조 제1항). 지방자치단체의 장이 사임통지서를 제출하면, 사임통지서에 적힌 사임일에 사임한다. 다만, 사임통지서에 적힌 사임일까지 지방의회의 의장에게 사임 통지가 되지 아니하면 지방의회의 의장에게 사임 통지가 된 날에 사임된다(지방자치법 제98조 제2항).

또한 지방자치단체의 장이 다음의 사유 중 어느 하나에 해당될 때에는 그 직에서 퇴직된다.

① 지방자치단체의 장이 겸임할 수 없는 직에 취임할 때

② 피선거권이 없게 될 때(지방자치단체의 구역 변경이나 없어지거나 합한 것 외의 다른 사유로 그 지방자치단체의 구역 밖으로 주민등록을 이전했을 때를 포함한다.)

③ 제97조에 따라(지방자치단체의 폐치·분합에 따라) 지방자치단체의 장의 직을 상실할 때

그리고 지방자치단체의 장이 체포·구금되면, 관계 수사기관의 장은 지체없이 영장의 사본을 첨부하여 해당 지방자치단체에 알려야 한다. 이 경우 통지를 받은 지방자치단체는 그 사실을 즉시 행정자치부 장관에게 보고하여야 한다. 시·군·자치구가 행정자치부 장관에게 보고하는 경우에는 시·도지사를 거쳐야 한다(지방자치법 제100조 제1항). 또한 지방자치단체의 장이 형사사건으로 공소가 제기되어 그 판결이 확정되면 각급 법원장은 지체없이 해당 지방자치단체에 알려야 한다. 이 경우 통지를 받은 지방자치단체는 그 사실을 즉시 행정자치부 장관에게 보고하여야 한다. 시·군·자치구가 행정자치부 장관에게 보고하는 경우에는 시·도지사를 거쳐야 한다(지방자치법 제100조 제2항).

(4) 지방자치단체의 장의 권한

(가) 대표권

지방자치단체의 장은 외부에 대해서 지방자치단체를 대표하는 대표권을

가진다. 이러한 지방자치단체의 장의 대표권은 법률로 제한되지 않는 한 제한이 없는 것이 원칙이다. 다만 여기서 문제되는 것은 지방자치단체의 장이 지방자치단체의 사무 범위를 넘는 법률행위를 한 경우에 그 법적 효력이 어떻게 되는가이다. 지방자치단체는 법률이 정한 그의 사무 범위 내에서 권리 능력을 가지므로 권한 외의 의사표시로 인한 법률 효과는 지방자치단체에 귀속되지 아니하고 무효라고 보아야 할 것이다.

한편 기관독립형 조직 형태를 취하고 있는 우리 지방자치법의 체계 내에서는 내부적인 의결기관의 의사와 지방자치단체장의 대표행위가 일치하지 아니하는 경우가 발생할 수 있다. 이 경우에 지방자치단체장의 의사표시의 법적 효력이 문제된다. 법적 안정성을 위해서는 원칙적으로 지방자치단체장의 의사표시는 유효하고 법률 효과는 지방자치단체에 귀속된다고 보아야 할 것이다(표시주의).

(나) 사무의 관리집행권

지방자치단체의 장은 당해 지방자치단체의 사무와 법령에 의해 그에게 위임된 사무를 관리하고 집행할 권한을 갖는다(지방자치법 제103조). 지방자치단체장의 관리집행권은 의회의 의결 사항에 대해서는 의회의 의결에 따라 이를 집행해야 할 의무를 포함하고 있으며 그 밖의 일반 사항에 대해서는 의사결정과 집행을 모두 포함한다.

(다) 소속 직원에 대한 지휘감독권

지방자치단체의 장은 소속 직원을 지휘·감독하고 법령과 조례·규칙이 정하는 바에 따라 그 임면·교육훈련·복무·징계 등에 관한 사항을 처리한다(지방자치법 제105조).

(라) 소속 행정기관 및 하급기관에 대한 지휘·감독권

지방자치단체의 장은 보조기관, 소속 행정기관, 하급행정기관을 지휘·감독한다. 다만, 시·도지사가 지방자치법 제9장(국가의 지도·감독)에 따라 관할구역 내에 있는 시·군·자치구에 대해 감독권을 행사하는 것은 지방자치단체의 장의 지위에서 나오는 권한이 아니다. 이는 국가기관으로서의 시·도지사의 권한에 속한다.

(마) 기관 및 시설의 설치권

지방자치단체의 장은 지방자치법 제113조에 따라 그 소관 사무의 범위 안에서 필요하면 대통령령이나 대통령령으로 정하는 바에 따라 당해 지방자치단체의 조례로 자치경찰기관(제주특별자치도에 한한다), 소방기관, 교육훈련기관, 보건진료기관, 시험연구기관 및 중소기업지도기관 등을 직속기관으로 설치할 수 있다.

또한 지방자치법 제114조에 따라 지방자치단체는 특정 업무를 효율적으로 수행하기 위하여 필요하면 대통령령으로 정하는 바에 따라 그 지방자치단체의 조례로 사업소를 설치할 수 있다. 그리고 원격지 주민의 편의와 특정 지역의 개발 촉진을 위하여 필요하면 대통령령으로 정하는 바에 따라 그 지방자치단체의 조례로 출장소를 설치할 수 있다(지방자치법 제115조).

(바) 규칙 제정권

지방자치단체의 장은 지방자치법 제23조에 따라 법령 또는 조례가 위임한 범위 내에서 그 권한에 속하는 사무에 관하여 규칙을 제정할 수 있다. 다만 시·군 및 자치구의 규칙은 그 지역을 관할하는 시·도의 조례나 규칙에 위반해서는 안 된다(지방자치법 제24조).

(사) 지방의회에 대한 관여권

지방자치단체의 장은 지방의회와의 관계에서 다음과 같은 권한을 갖는다.

① 임시회의 소집 요구(지방자치법 제45조 제2항)

② 의회 부의 안건의 공고(지방자치법 제46조)

③ 의안 발의(지방자치법 제66조 제1항)

④ 예산안의 편성 및 제출(지방자치법 제127조 제1항)

⑤ 조례의 공포(지방자치법 제26조 제2항)

⑥ 재의 요구 및 제소권(지방자치법 제26조 제3항, 제107조 제1항, 제108조 제1항)

⑦ 선결처분권(지방자치법 제109조)

(5) 지방자치단체의 장의 의무

지방자치단체의 장은 아래와 같은 일정한 직을 겸임할 수 없다 (지방자치법 제96조 제1항). 이는 직무의 공정성을 보장하고, 직무에 전념하도록 하기 위함이다.

① 대통령, 국회의원, 헌법재판소 재판관, 각급 선거관리위원회 위원, 지방의회 의원

② '국가공무원법' 제2조에 규정된 국가공무원과 '지방공무원법' 제2조에 규정된 지방공무원

③ 다른 법령의 규정에 따라 공무원의 신분을 가지는 직

④ '정부투자기관 관리기본법' 제2조에 규정된 정부투자기관(한국방송공사와 한국은행을 포함한다)의 임직원

⑤ 농업협동조합 · 수산업협동조합 · 축산업협동조합 · 임업협동조합 · 의료보험조합 · 엽연초생산협동조합 · 인삼협동조합(이들 조합의 중앙회와 연합회를 포함한다)의 임직원

⑥ 교원

⑦ '지방공기업법' 제2조에 규정된 지방공사와 지방공단의 임직원

⑧ 그 밖에 다른 법률이 겸임할 수 없도록 정하는 직

또한 지방자치단체의 장은 재임중 그 지방자치단체와 영리를 목적으로 하는 거래를 하거나 그 지방자치단체와 관계 있는 영리사업에 종사할 수 없다 (지방자치법 제96조 제2항).

(6) 지방자치단체의 장의 권한의 위임 또는 위탁

(가) 권한의 하부위임 · 위탁

지방자치단체의 장은 조례나 규칙으로 정하는 바에 따라 그 권한에 속하는 사무의 일부를 그 보조기관 또는 소속 행정기관 또는 하부행정기관에 위임할 수 있다 (지방자치법 제104조 제1항). 또한 지방자치단체의 장은 조례나 규칙으로 정하는 바에 따라 그 권한에 속하는 사무의 일부를 관할 지방자치단체나 공공단체 또는 그 기관(사업소 · 출장소를 포함한다)에 위임하거나 위탁할 수 있다 (지방자치법 제104조 제2항).

(나) 권한의 수평적 위탁

지방자치단체의 장은 지방자치법 제151조에 따라 그 권한에 속하는 사무의 일부를 다른 지방자치단체나 그 장에게 위탁해 처리하게 할 수 있다. 이 경우 지방자치단체의 장은 사무 위탁의 당사자가 시·도나 그 장이면 행정자치부 장관과 관계 중앙행정기관의 장에게, 시·군 및 자치구나 그 장이면 시·도지사에게 이를 보고하여야 한다(지방자치법 제151조 제1항).

그리고 지방자치단체나 그 장은 사무를 위탁하려면 관계 지방자치단체와의 협의에 따라 규약을 정하여 고시하여야 한다(지방자치법 제151조 제2항). 그 규약에는 ①. 사무를 위탁하는 지방자치단체와 사무를 위탁받는 지방자치단체, ② 위탁사무의 내용과 범위, ③ 위탁사무의 관리와 처리 방법, ④ 위탁사무의 관리와 처리에 드는 경비의 부담과 지출 방법, ⑤ 그 밖에 사무위탁에 관하여 필요한 사항이 포함되어야 한다(지방자치법 제151조 제3항). 사무가 위탁된 경우 위탁된 사무의 관리와 처리에 관한 조례나 규칙은 규약에 다르게 정하여진 경우 외에는 사무를 위탁받은 지방자치단체에 대하여도 적용한다(지방자치법 제151조 제5항).

(다) 권한의 민간위탁

지방자치단체의 장은 조례나 규칙으로 정하는 바에 따라 그 권한에 속하는 사무 중 조사·검사·검정·관리 업무 등 주민의 권리·의무와 직접 관련되지 아니하는 사무를 법인·단체 또는 기관이나 개인에게 위탁할 수 있다(지방자치법 제104조 제3항).

2) 지방자치단체장의 보조기관

자기 스스로 행정 주체의 의사를 결정·표시·집행할 권한은 없고 다만 행정관청을 보조함을 목적으로 하는 행정기관을 보조기관이라고 한다. 보조기관은 독립적으로 사무를 집행할 권한은 없다. 보조기관으로는 부지방자치단체장과 행정사무를 분장하기 위한 행정기구, 그리고 지방공무원이 있다.

(1) 부지방자치단체장

(가) 정수, 지위 및 임명

특별시와 광역시에는 부시장, 도와 특별자치도에는 부지사, 시에 부시장, 군에 부군수, 자치구에 부구청장을 두며, 그 정수는 다음과 같다(지방자치법 제110조 제1항).

① 특별시의 부시장의 정수: 3명을 넘지 아니하는 범위에서 대통령령으로 정함.

② 광역시의 부시장 및 도와 특별자치도의 부지사의 정수: 2명(인구 800만 이상의 광역시나 도는 3명)을 초과하지 아니하는 범위에서 대통령령으로 정함.

③ 시의 부시장, 군의 부군수 및 자치구의 부구청장의 정수 : 1명

특별시와 광역시의 부시장, 도와 특별자치도의 부지사는 대통령령으로 정하는 바에 따라 정무직 또는 일반직 국가공무원으로 보한다. 다만, 특별시와 광역시의 부시장, 도와 특별자치도의 부지사를 2명이나 3명 두는 경우에 1명은 대통령령으로 정하는 바에 따라 정무직 또는 별정직 지방공무원으로 보하되, 그 자격 기준은 해당 지방자치단체의 조례로 정한다(지방자치법 제110조 제2항).

그리고 정무직 또는 일반직 국가공무원으로 보하는 부시장·부지사는 시·도지사의 제청으로 행정자치부 장관을 거쳐 대통령이 임명한다. 이 경우 제청된 자에게 법적 결격 사유가 없으면 30일 이내에 그 임명 절차를 마쳐야 한다(지방자치법 제110조 제3항).

시의 부시장, 군의 부군수, 자치구의 부구청장은 일반직 지방공무원으로 보하되, 그 직급은 대통령령으로 정하며 시장·군수·구청장이 임명한다(지방자치법 제110조 제4항).

(나) 권한

부지방자치단체장은 해당 지방자치단체의 장을 보좌하여 사무를 총괄하고, 소속 직원을 지휘·감독한다(지방자치법 제110조 제5항). 시·도의 부시장과 부지사를 2명이나 3명을 두는 경우에 그 사무분장은 대통령령으로 정한다. 이 경우 부시장·부지사를 3명 두는 시·도에서는 그 중 1명에게

특정 지역의 사무를 담당하게 할 수 있다(지방자치법 제110조 제6항).

(다) 권한대행 및 직무대리

부지방자치단체장은 일정한 경우에 지방자치단체의 장의 권한을 대행하거나 직무를 대리한다. 지방자치단체의 장이 ① 궐위된 경우, ② 공소 제기된 후 구금 상태에 있는 경우, ③ 금고 이상의 형을 선고받고 그 형이 확정되지 아니한 경우, ④ 의료법에 따른 의료기관에 60일 이상 계속하여 입원한 경우에 해당되면 부지방자치단체장이 그 권한을 대행한다(지방자치법 제111조 제1항). 또한 지방자치단체의 장이 그 직을 가지고 그 지방자치단체의 장 선거에 입후보하면 예비후보자 또는 후보자로 등록한 날부터 선거일까지 부단체장이 그 지방자치단체의 장의 권한을 대행한다(지방자치법 제111조 제2항). 그리고 지방자치단체의 장이 출장·휴가 등 일시적 사유로 직무를 수행할 수 없으면 부단체장이 그 직무를 대리한다(지방자치법 제111조 제3항).

부지사나 부시장이 2명 이상인 시·도에서는 대통령령으로 정하는 순서에 따라 그 권한을 대행하거나 직무를 대리한다(지방자치법 제111조 제4항). 만약 권한을 대행하거나 직무를 대리할 부단체장이 부득이한 사유로 직무를 수행할 수 없으면 그 지방자치단체의 규칙에 정하여진 직제 순서에 따른 공무원이 그 권한을 대행하거나 직무를 대리한다(지방자치법 제111조 제5항).

(2) 사무분장을 위한 행정기구와 지방공무원

(가) 개요

지방자치단체의 사무를 분장하기 위하여 필요한 행정기구와 지방공무원을 둔다. 행정기구의 설치와 지방공무원의 정원은 인건비 등 대통령령으로 정하는 기준에 따라 그 지방자치단체의 조례로 정한다. 행정자치부 장관은 지방자치단체의 행정기구와 지방공무원의 정원이 적정하게 운영되고 다른 지방자치단체와의 균형이 유지되도록 하기 위하여 필요한 사항을 권고할 수 있다(지방자치법 제112조 제1항 내지 제3항).

지방공무원의 임용과 시험·자격·보수·복무·신분 보장·징계·교육훈련 등에 관하여는 따로 법률로 정한다(지방자치법 제112조 제4항). 지방공무원에 대해서는 지방공무원법이 제정되어 있다.

한편 지방자치단체에는 법률로 정하는 바에 따라 국가공무원을 둘 수 있다(지방자치법 제112조 제5항). 이러한 국가공무원은 '국가공무원법' 제32조 제1항부터 제3항까지에도 불구하고 5급 이상의 국가공무원이나 고위공무원단에 속하는 공무원은 해당 지방자치단체의 장의 제청으로 소속 장관을 거쳐 대통령이 임명하고, 6급 이하의 국가공무원은 그 지방자치단체의 장의 제청으로 소속 장관이 임명한다(지방자치법 제112조 제6항). 그러나 이러한 제도는 지방자치단체의 자율적인 조직권을 저해하는 것이므로 폐지하는 것이 바람직하다.

(나) 지방공무원 제도의 내요

현행 지방공무원법상 지방공무원 제도의 내용은 아래와 같다.

① 종류

지방공무원법상 지방자치단체의 공무원은 지방자치단체의 경비로써 부담하는 지방공무원이라고 규정되어 있다(지방공무원법 제1조). 이러한 지방공무원의 종류에는 경력직 공무원, 특수경력직 공무원이 있다. 이러한 구분은 임용 자격, 신분 보장, 직무의 성격 등을 기준으로 한 것이다.

'경력직 공무원'이라 함은 실적과 자격에 의해 임용되고 그 신분이 보장되는 공무원을 말한다. 경력직 공무원은 다시 일반직 공무원(기술·연구 또는 행정 일반에 대한 업무를 담당하며 직군·직렬별로 분류되는 공무원), 특정직 공무원(공립의 대학 및 전문대학에 근무하는 교육공무원 및 지방소방공무원과 기타 특수 분야의 업무를 담당하는 공무원으로서 다른 법률이 특정직 공무원으로 지정하는 공무원), 기능직 공무원(기능적인 업무를 담당하며 그 기능별로 분류되는 공무원)으로 나뉜다(지방공무원법 제2조 제2항).

'특수경력직 공무원'이라 함은 경력직 공무원 외의 공무원을 말하며, 정무직 공무원(선거에 의하여 취임하거나 임명에 있어서 지방자치단체의 의회의 동의를 요하는 공무원 또는 고도의 정책 결정 업무를 담당하거나 이러한 업무를 보조하는 공무원으로서 법령 또는 조례에서 정무직으로 지정하는 공무원), 별정직 공무원(특정한 업무를 담당하기 위하여 별도의 자격 기준에 의하여 임용되는 공무원으로서 법령 또는 조례에서 별정직으로 지정하는 공무원), 계약직 공무원(지방자치단체와 채용계약에 의하여 일정한 기간 동안 전문지식·기술이 요구되거나 임용에 있어서 신축성 등이 요구되는 업무에 종사하는 공무원), 고용직 공무원(단순한 노무에 종사하는 공무원)으로 나뉜다 (지방공무원법 제2조 제3항). 이중 별정직 공무원·계약직 공무원 및 고용직 공무원의 임용 조건, 임용 절차, 근무 상한 연령 기타 필요한 사항은 대통령령 또는 조례로 정한다 (지방공무원법 제2조 제4항).

② 임용

지방공무원 관계는 임용에 의한 경우가 가장 일반적이지만, 정무직 공무원의 경우에는 선거에 의해 지방공무원 관계가 성립하는 경우도 있을 수 있다.

지방자치단체의 장(특별시·광역시·도의 교육감을 포함한다)은 지방공무원법이 정하는 바에 따라 그 소속 공무원의 임명·휴직·면직과 징계를 행하는 권한(임용권)을 가진다 (지방공무원법 제6조 제1항). 임용권을 가지는 자는 그 권한의 일부를 그 지방자치단체의 조례가 정하는 바에 따라 보조기관, 그 소속기관의 장, 지방의회의 사무처장·사무국장·사무과장에게 위임할 수 있다 (지방공무원법 제6조 제2항).

공무원의 임용은 시험성적·근무성적·경력평정 기타 능력의 실증에 의하여 행한다. 다만, 지방자치단체의 장은 대통령령이 정하는 바에 따라 장애인·이공계 전공자 등에 대한 임용·승진·전보 등 인사관리상의 우대와 실질적 양성 평등을 구현하기 위한 적극적인 정책을 실시할 수 있다(지방공무원법 제25조). 그리고 지방자치단체의 장은 공권력을 행사하거나 정책결정 그 밖에 국가보안 및 기밀에 관계되는 분야가 아닌 연구·기술·교육 등 특정한 분야의 직위에 대하여 그 자격 요건에 적합한 대한민국 국민을 임용하기 어려운 경우에는 기간을 정하여 필요한 최소한의 범위 안에서 대통령령이 정하는 바에 따라 외국인을 공무원으로 임용할 수 있다 (지방공무원법 제25조의 2).

공무원의 직에 결원이 생긴 때에는 임용권자는 신규임용·승진임용·강임·전직(轉職) 또는 전보(轉補)의 방법에 의하여 이를 보충한다 (지방공무원법 제26조).

공무원의 임용중 신규임용은 공개경쟁시험에 의한다(지방공무원법 제27조 제1항). 다만 예외적으로 일정한 경우에는 특별임용시험에 의할 수 있다(지방공무원법 제27조 제2항). 특별임용에 있어서는 동일한 사유에 해당하는 다수인을 대상으로 경쟁의 방법에 의하여 임용하는 제한경쟁특별임용을 할 수 있다.

③ 보수

지방공무원의 보수는 직무의 곤란성 및 책임의 정도에 상응하도록 계급별·직위별 또는 직무 등급별로 정한다. 다만, 직무의 곤란성과 책임의 정도가 현저히 특수하거나 결원 보충이 곤란한 직무에 종사하는 공무원 및 연구 또는 특수기술직렬의 공무원의 보수는 따로 정할 수 있다(지방공무원법 제44조 제1항).

공무원의 보수는 일반의 표준생계비·물가수준 그 밖의 사정을 고려하여 정하되, 민간 부문의 임금 수준과 적절한 균형을 유지하도록 노력하여야 한다(지방공무원법 제44조 제2항).

④ 신분 보장

공무원은 형의 선고·징계 또는 지방공무원법이 정하는 사유에 의하지 아니하고는 그 의사에 반하여 휴직·강임 또는 면직을 당하지 아니한다. 다만, 1급 공무원은 그러하지 아니하다(지방공무원법 제60조 제1항).

⑤ 권익의 보장

임용권자가 공무원에 대하여 징계처분을 행할 때와 강임·휴직·직위해제 또는 면직처분을 행할 때에는 그 공무원에게 대하여 처분의 사유를 기재한 설명서를 교부하여야 한다. 다만, 본인의 원에 의한 강임·휴직 또는 면직처분의 경우에는 그러하지 아니하다(지방공무원법 제67조 제1항). 설명서의 교부를 받은 공무원이 그 처분에 불복이 있을 때에는 설명서를 받은 날부터, 그리고 공무원이 강임·휴직·직위해제 또는 면직처분 이외의 그 의사에 반하는 불이익처분을 받았을 때에는 그 처분이 있는 것을 안 날부터 각각 30일 이내에 지방공무원 심사위원회에 대하여 당해 처분의 심사를 청구할 수 있다(지방공무원법 제67조 제2항).

또한 공무원은 누구나 인사·조직·처우 등 각종 근무 조건과 기타 신상문제에 대하여 인사상담이나 고충의 심사를 청구할 수 있으며, 임용권자는 이를 이유로 불이익한 처분이나 대우를 하여서는 아니 된다(지방공무원법 제67조의 2 제1항). 인사상담 또는 고충심사청구를 받은 임용권자는 이를 인사위원회에 부의하여 심사하게 하거나 소속 공무원으로 하여금 상담하게 하고 그 결과에 따라 고충의 해소 등 공정한 처리를 위하여 노력하여야 한다(지방공무원법 제67조 제2항). 인사위원회는 임용권자로부터 인사상담이나 고충심사의 요구가 있을 때에는 지체없이 이를 심사하고 임용권자에게 보고 또는 통지하여야 한다(지방공무원법 제67조 제3항). 그리고 인사상담이나 고충심사 결과에 대한 보고 또는 통지를 받은 임용권자는 심사 결과를 청구인에게 통보하는 외에 스스로 고충의 해소를 위한 조치를 하거나 관계 기관의 장에 대하여 시정 요청을 할 수 있으며, 시정 요청을 받은 관계 기관의 장은 특별한 사유가 없는 한 이를 이행하고 그 처리 결과를 임용권자에게 통보하여야 한다. 다만, 부득이한 사유로 이행하지 못할 경우에는 그 사유를 통보하여야 한다(지방공무원법 제67조 제4항).

공무원이 질병·부상·폐질·분만·퇴직·사망 또는 재해를 입은 때에는 본인 또는 그 유족에게 법률이 정하는 바에 따라 적절한 급여를 지급한다. 지방자치단체는 법률이 정하는 바에 따라 공무원의 복리와 이익의 적절·공정한 보호를 위하여 그 대책을 수립·실시하여야 한다(지방공무원법 제68조 제1항 및 제2항).

⑥ 징계

공무원이 다음의 사유에 해당하는 때에는 징계의결의 요구를 하여야 하고 동 징계의결의 결과에 따라 징계처분하여야 한다(지방공무원법 제69조 제1항).

i) 지방공무원법 또는 이에 의한 명령이나 지방자치단체의 조례 또는 규칙에 위반한 때

ii) 직무상의 의무(다른 법령에서 공무원의 신분으로 인하여 부과된 의무를 포함한다)에 위반하거나 직무를 태만하였을 때

iii) 공무원의 품위를 손상하는 행위를 한 때

징계의 종류는 파면·해임·정직·감봉 및 견책으로 구분한다(지방공무원법 제70조).

2 소속 행정기관 및 하부행정기관

1) 소속 행정기관

소속 행정기관은 지방자치단체의 사무를 기능적으로 분장하는 조직이다. 지방자치단체의 장은 소속 행정기관으로 직속기관, 사업소, 출장소, 합의제 행정기관을 설치할 수 있다. 합의제 행정기관에 대해서는 따로 살펴보기로 한다.

(1) 직속기관

지방자치단체는 그 소관 사무의 범위 안에서 필요하면 대통령령이나 대통령령으로 정하는 바에 따라 지방자치단체의 조례로 자치경찰기관(제주특별자치도에 한한다), 소방기관, 교육훈련기관, 보건진료기관, 시험연구기관 및 중소기업지도기관 등을 직속기관으로 설치할 수 있다(지방자치법 제113조).

지방자치단체가 조례로 직속기관을 설치할 수 있는 경우는 소관 사무의 성격이 별도의 전문기관에서 수행하는 것이 효율적인 경우이어야 한다(지방자치법 시행령 제39조의 3). 또한 지방자치단체가 직속기관 중 대학 및 전문대학 등을 설치하고자 하는 경우에는 다음의 요건을 모두 갖추어야 한다(지방자치법 시행령 제39조의 4).

① 대학 및 전문대학 등을 설치·운영함에 있어서 지방자치단체의 재정지원 능력이 있을 것

② 지역 내의 산업인력 수요와 대학 및 전문대학 등의 인력 공급상의 필요성이 있을 것

③ 지역 간 균형 발전에 기여할 수 있을 것

④ 대학 및 전문대학 등의 중장기 발전계획·학과 편성 및 학생 정원이 적정할 것

⑤ 대학 및 전문대학 등의 설치에 관하여 지역사회의 적극적인 지원이 있을 것

(2) 사업소

지방자치단체는 특정 업무를 효율적으로 수행하기 위하여 필요하면 대통령령으로 정하는 바에 따라 그 지방자치단체의 조례로 사업소를 설치할 수 있다(지방자치법 제114조).

지방자치법 시행령 제40조에 의하면, 사업소를 설치할 수 있는 경우는 다음의 요건을 갖춘 때로 한다. 다만, 일정 기간 후에 종료되는 사업을 추진하기 위한 사업소는 한시적으로 설치한다.

① 업무의 성격이나 업무량 등으로 보아 별도의 기관에서 업무를 수행함이 효율적일 것

② 사업장의 위치상 현장에서 업무를 추진하는 것이 효율적일 것

(3) 출장소

지방자치단체는 원격지 주민의 편의와 특정 지역의 개발 촉진을 위하여 필요하면 대통령령으로 정하는 바에 따라 그 지방자치단체의 조례로 출장소를 설치할 수 있다(지방자치법 제115조). 출장소를 설치하려면, 지방자치법 시행령 제40조의 2 제1항에 따라 ① 원격지 주민의 편의를 위하여 소관사무를 분장할 필요가 있을 것, ② 업무의 종합성과 계속성이 있을 것, ③ 관할구역의 범위가 분명할 것의 요건을 갖추어야 한다. 다만, ①자치구가 아닌 구가 설치된 시(제7조 제2항의 규정에 의한 도농복합 형태의 시를 제외한다)의 경우나 ② 행정동의 경우에는 출장소를 설치할 수 없다.

2) 하부행정기관

(1) 의 의

지방자치단체에는 지방자치단체의 기능을 지역적으로 분담하여 수행하는 하급행정관청이 있다. 이들은 위에서 말한 보조기관과는 달리 외부적으로 지방자치단체의 의사를 표시하고 그에 따른 법적 효과를 발생시키는 행정청이다. 이에는 자치구가 아닌 구의 구청장, 읍의 읍장, 면의 면장, 동의 동장이 있다(지방자치법 제117조).

(2) 하부행정기관의 장의 임명

자치구가 아닌 구의 구청장은 일반직 지방공무원으로 보하되, 시장이 임

명한다 (지방자치법 제118조 제1항). 읍장 · 면장 · 동장은 일반직 지방공무원으로 보하되, 시장 · 군수 및 자치구의 구청장이 임명한다 (지방자치법 제118조 제2항).

(3) 하부행정기관의 장의 직무 권한

자치구가 아닌 구의 구청장은 시장의, 읍장 · 면장은 시장이나 군수의, 동장은 시장(구가 없는 시의 시장을 말한다)이나 구청장(자치구의 구청장을 포함한다)의 지휘 · 감독을 받아 소관 국가사무와 지방자치단체의 사무를 맡아 처리하고 소속 직원을 지휘 · 감독한다 (지방자치법 제119조).

(4) 하부행정기관의 하부행정기구

지방자치단체는 조례로 정하는 바에 따라 자치구가 아닌 구와 읍 · 면 · 동에 그 소관 행정사무를 분장하기 위하여 필요한 행정기구를 둘 수 있다 (지방자치법 제120조). 이 경우 동은 행정동을 말한다. 이들 하부행정기구는 구청장 · 읍장 · 면장 · 동장의 보조기관이다.

지방자치법 시행령 제44조에 의하면, 읍 · 면의 행정리에는 이장을 둔다. 이장은 당해 주민의 신망이 두터운 자 중에서 당해 지방자치단체의 규칙이 정하는 바에 의하여 읍장 · 면장이 임명하고, 읍장 · 면장이 이장을 임명한 때에는 이를 당해 시장 또는 군수에게 보고해야 한다.

3 지방자치단체의 합의제 행정기관

합의제 행정기관이란 다수로 구성되며 의사를 다수의 합의에 의해 결정하고, 집행기관인 지방자치단체의 장이나 교육감, 의결기관인 지방의회로부터 독립하여 직무를 수행하는 행정기관을 말한다. 지방자치법 제116조 제1항에 의하면, 지방자치단체는 그 소관 사무의 일부를 독립하여 수행할 필요가 있으면 법령이나 그 지방자치단체의 조례로 정하는 바에 따라 합의제 행정기관을 설치할 수 있다. 합의제 행정기관의 설치 · 운영에 관하여 필요한 사항은 대통령령이나 그 지방자치단체의 조례로 정한다 (지방자치법 제116조 제2항).

지방자치법 시행령 제41조에 의하면, 합의제 행정기관을 설치할 수 있는 경우는 ① 고도의 전문지식이나 기술이 요청되는 경우, ② 중립적이고 공정한 집행이 필요한 경우, ③ 주민 의사의 반영 및 이해 관계의 조정이 필요한 경우에 해당하는 경우여야 한다.

현행 법률상 규정된 지방자치단체의 합의제 행정기관으로는 인사위원회와 지방공무원 소청심사위원회가 있다.

1) 인사위원회

(1) 인사위원회의 설치 및 구성

지방공무원법 제7조 제1항에 따라 지방자치단체의 공무원 임용권자는 인사위원회를 설치한다(다만 교육감이 임용권을 가지는 공무원을 대상으로 하는 인사위원회는 '교육인사위원회'라고 한다). 인사위원회는 임용권자(임용권을 위임받은 자를 제외하되, 그 중 시의 구청장과 지방자치단체의 장이 필요하다고 인정하는 소속기관의 장을 포함한다) 별로 설치하되, 특별시·광역시 및 도(이하 '시·도'라 한다)에는 필요한 경우 제1인사위원회와 제2인사위원회를 둘 수 있다(지방공무원법 제7조 제1항).

인사위원회는 독립된 행정기관으로서 의결기관이다. 다만 인사위원회는 외부에 대해 당해 지방자치단체를 대표할 수 있는 행정관청은 아니다.

인사위원회의 위원은 당해 지방자치단체의 공무원(국가공무원을 포함한다) 및 ① 법관·검사 또는 변호사의 자격이 있는 자, ② 대학에서 조교수 이상의 직에 있거나 초등학교·중학교·고등학교 교장 또는 교감의 직에 있는 자, ③ 공무원(국가공무원을 포함한다)으로서 20년 이상 근속하고 퇴직한 자, ④ 비영리민간단체지원법에 의한 비영리민간단체에서 10년 이상 활동하고 있는 지역 단위 조직의 장, ⑤ 상장법인의 임원 또는 '공공기관의 운영에 관한 법률' 제5조에 따라 지정된 공기업의 지역 단위 조직의 장으로 근무하고 있는 자로서 인사행정에 관한 학식과 경험이 풍부한 자 중에서 지방자치단체의 장이 임명 또는 위촉하되, 위원의 자격 요건에 관하여 필요한 사항은 대통령령으로 정한다(지방공무원법 제7조 제3항).

인사위원회의 위원은 7인 이상 9인 이하로 구성하되, 당해 지방자치단체의 공무원이 아닌 위촉위원이 2분의 1 이상이어야 한다(지방공무원법 제7조 제2항).

공무원이 아닌 위촉위원의 임기는 3년으로 하되, 1차에 한하여 연임할 수 있다(지방공무원법 제7조 제5항). 지방자치단체는 조례가 정하는 바에 따라 위원에게 실비보상을 할 수 있다(지방공무원법 제7조 제6항). 그리고 위원은 그 직무에 관하여 지득한 비밀을 누설하여서는 아니 된다(지방공무원법 제7조 제7항).

(2) 인사위원회의 기능

인사위원회는 다음의 사무를 관장한다(지방공무원법 제8조 제1항).

① 공무원 충원계획의 사전 심의 및 각종 임용시험의 실시

② 임용권자의 요구에 의한 보직관리 기준 및 승진·전보임용 기준의 사전 의결

③ 승진임용의 사전 심의

④ 임용권자의 요구에 의한 공무원의 징계의결

⑤ 지방자치단체의 장이 지방의회에 제출하는 공무원의 인사와 관련된 조례안 및 규칙안의 사전 심의

⑥ 임용권자의 인사 운영에 대한 개선 권고

⑦ 그 밖에 법령 또는 조례의 규정에 의하여 그 관장에 속하는 사항

인사위원회는 위 기능을 수행하는 데 필요하다고 인정할 때에는 임용권자에게 관계 서류의 제출을 요구할 수 있고, 위 ④의 사무처리를 위하여 사실의 조사를 하거나 증인의 증언을 요구할 수 있다.

(3) 인사위원회의 기관

인사위원회에 위원장·부위원장 각 1인을 두며, 위원장은 시·도의 국가공무원으로 보하는 부시장·부지사·부교육감, 시·군·구(자치구를 말한다)의 부시장·부군수·부구청장이 되고, 부위원장은 당해 인사위원회에서 호선한다. 다만, 임용권을 위임받은 기관에 두는 인사위원회의 위원장과 부위원장은 당해 인사위원회에서 호선한다(지방공무원법 제9조 제1항). 시·도에 복수의 인사위원회를 두는 경우 제1인사위원회의 위원장은 앞에서 설명한 대로 하고, 제2인사위원회의 위원장은 부시장·부지사(지방자치법 제110조 제6항 후단의 규정에 의하여 특정 지역의 사무를 담당하는 부시장·부지사를 말한다) 또는 인사를 담당하는 국장이 된다(지방공무원법 제9조

제2항).

위원장은 인사위원회를 대표하며, 위원회의 사무를 통할한다(지방공무원법 제9조 제3항). 그리고 부위원장은 위원장을 보좌하며, 위원장이 사고가 있을 때에는 그 직무를 대행한다(지방공무원법 제9조 제4항).

(4) 신분 보장

인사위원회의 위원장, 부위원장 및 위원(공무원인 위원장, 부위원장 및 위원은 제외한다)은 위원으로서의 자격 요건이 상실되거나 위원 결격 사유(제7조 제4항 각 호)의 어느 하나에 해당하는 경우에는 당연 퇴직된다(지방공무원법 제9조의2 제1항).

그리고 인사위원회의 위원장, 부위원장 및 위원은 장기의 심신쇠약으로 직무를 수행할 수 없게 된 때를 제외하고는 그 의사에 반하여 면직되지 아니한다(지방공무원법 제9조의2 제2항).

(5) 회 의

인사위원회의 회의는 위원장이 필요하다고 인정할 때에 이를 소집하고 위원장은 그 의장이 된다(지방공무원법 제10조 제1항) 인사위원회의 회의는 재적 위원 3분의 2 이상의 출석과 출석 위원 과반수의 찬성으로 의결한다(지방공무원법 제10조 제2항). 인사위원회의 위원은 그 친족의 징계 의결에 관여하지 못한다(지방공무원법 제10조 제3항). 그 밖에 인사위원회의 운영에 관하여 필요한 사항은 대통령령으로 정한다(지방공무원법 제10조 제4항).

(6) 사무직원

인사위원회에 간사와 서기 약간인을 두며, 간사와 서기는 당해 기관의 장이 그 소속 공무원 중에서 임명한다(지방공무원법 제11조 제1항 및 제2항). 간사는 위원장의 명을 받아 인사위원회의 사무를 처리하며 서기는 간사를 보조한다(지방공무원법 제11조 제3항).

(7) 인사위원회의 문제점과 개선 방안

인사위원회를 별개의 합의제 행정기관으로 설치한 것은 인사의 공정성과 객관성을 보장하기 위한 것이지만, 실제로는 인사위원회가 지방자치단체장의 인사권 행사를 정당화시켜 주는 들러리 역할에 머물고 있다는 비판도 제기되고 있다. 그 이유는 운영상의 문제도 있지만, 제도적으로도 인사위원회 구성에서 공무원의 비중이 높고, 인사위원회의 위원장을 부지방자치단체장이 당연직으로 맡고 있기 때문이다. 또한 민간위원들의 위촉 권한도 전적으로 지방자치단체의 장이 가지고 있기 때문에 민간위원들의 독립성도 충분히 보장되고 있지는 않다. 따라서 인사위원회의 기능을 실질화하기 위해서는 인사위원회의 위원장을 민간인이 맡고, 인사위원회의 구성에서 공무원의 비중을 낮추고, 민간위원들에 대한 추천제도(지방의회 등에 의한)를 도입하는 등의 제도 개선이 필요하다.

2) 지방공무원 소청심사위원회

(1) 지방공무원 소청심사위원회의 설치

공무원의 징계 기타 그 의사에 반하는 불리한 처분이나 부작위에 대한 소청을 심사 결정하기 위하여 시・도에 임용권자별로(임용권을 위임받은 자를 제외한다) 지방소청심사위원회 및 교육소청심사위원회(이하 '심사위원회'라 한다)를 둔다(지방공무원법 제13조).

징계처분 기타 본인의 의사에 반한 불리한 처분 또는 부작위에 관한 행정소송은 심사위원회의 심사・결정을 거치지 아니하면 이를 제기할 수 없다(지방공무원법 제20조의2).

(2) 구성 및 기관

심사위원회의 위원은 ① 법관・검사 또는 변호사의 직에 있는 자, ② 대학에서 법률학을 담당하는 부교수 이상의 직에 있는 자, ③ 소속 국장급 이상의 공무원 중에서 시・도지사 또는 교육감이 임명 또는 위촉한다. 다만, 인사위원회 위원, 정당법에 의한 당원 및 지방의회 의원은 심사위원회의 위원이 될 수 없다(지방공무원법 제14조 제2항).

심사위원회의 위원 수는 7인으로 하되, 공무원이 아닌 위 ①, ②에 해당하는 위촉위원이 4인 이상이 되도록 하여야 한다(지방공무원법 제14조 제1항). 위촉되는 위원의 임기는 2년으로 하되, 연임할 수 있다(지방공무원법 제14조 제3항). 위원에 대하여는 당해 지방자치단체의 조례가 정하는 바에 따라 실비변상을 할 수 있다(지방공무원법 제14조 제4항).

심사위원회에는 위원장 1인을 두며, 심사위원회에서 위 ①, ②에 해당하는 위촉위원 중에서 호선한다(지방공무원법 제15조 제1항). 위원장은 심사위원회를 대표하고, 심사위원회의 사무를 통할한다(지방공무원법 제15조 제2항). 위원장이 사고가 있을 때에는 위원장이 미리 지정한 위원이 그 직무를 대행한다(지방공무원법 제15조 제3항).

심사위원회에는 간사 및 서기 약간인을 두며, 간사 및 서기는 시·도지사 또는 교육감이 그 소속 공무원 중에서 임명한다(지방공무원법 제16조 제1항 및 제2항). 간사는 위원장의 명을 받아 심사위원회의 사무를 처리하고, 서기는 간사를 보좌한다(지방공무원법 제16조 제3항).

(3) 심 사

심사위원회는 지방공무원법의 규정에 의한 소청을 접수한 때에는 지체없이 이를 심사하여야 한다(지방공무원법 제17조 제1항). 심사위원회는 심사를 함에 있어서 필요하다고 인정할 때에는 사실의 조사 또는 증인의 환문(喚問)을 하거나 관계 서류의 제출을 명할 수 있다(지방공무원법 제17조 제2항). 심사위원회가 소청사건을 심사하기 위하여 징계요구기관이나 관계기관의 소속 공무원을 증인으로 소환할 경우에는 당해 기관의 장은 이에 응하여야 한다(지방공무원법 제17조 제3항). 심사위원회는 필요하다고 인정할 때에는 특별한 학식·경험이 있는 자에게 검정 또는 감정을 의뢰할 수 있다(지방공무원법 제17조 제4항). 심사위원회가 공무원이 아닌 자를 증인으로 환문할 때에는 대통령령이 정하는 바에 따라 실비보상을 하여야 한다(지방공무원법 제17조 제5항).

심사위원회가 소청사건을 심사할 때에는 대통령령이 정하는 바에 따라 소청인 또는 그 대리인에게 진술의 기회를 부여하여야 한다. 진술의 기회를 부여하지 아니하고 한 결정은 이를 무효로 한다(지방공무원법 제18조 제1항 및 제2항).

한편 심사위원회의 위원은 그 위원회에 계류된 소청사건의 증인이 될 수 없으며 ① 위원 본인과 관계 있는 사항, ② 위원 본인과 친족의 관계에 있거나 친족의 관계에 있었던 자와 관계 있는 사항에 관한 소청사건에 관여하지 못한다(지방공무원법 제19조 제2항).

(4) 결 정

심사위원회의 결정은 다음과 같이 구분한다(지방공무원법 제19조 제3항).

① 심사청구가 지방공무원법 또는 다른 법률에 적합하지 아니한 것인 때에는 그 청구를 각하한다.

② 심사청구가 이유 없다고 인정할 때에는 그 청구를 기각한다.

③ 처분의 취소 또는 변경을 구하는 심사청구가 이유있다고 인정할 때에는 처분을 취소 또는 변경하거나 처분행정청에게 취소 또는 변경할 것을 명한다.

④ 처분의 효력 유무 또는 존재 여부에 대한 확인을 구하는 심사청구가 이유 있다고 인정할 때에는 처분의 효력 유무 또는 존재 여부를 확인한다.

⑤ 위법 또는 부당한 거부처분이나 부작위에 대하여 의무 이행을 구하는 조사청구가 이유 있다고 인정할 때에는 지체없이 청구에 따른 처분을 하거나 이를 할 것을 명한다.

심사위원회의 결정은 재적 위원 3분의 2 이상의 출석과 재적 위원 과반수의 합의에 의하되, 의견이 분립된 경우에는 재적 위원 과반수에 달하기까지 소청인에게 가장 불리한 의견의 수에 순차 유리한 의견의 수를 가(加)하여 그 중에서 가장 유리한 의견을 합의된 의견으로 본다(지방공무원법 제19조 제1항).

만약 위 ③ 및 ④에 해당하는 결정이 심사청구의 대상이 된 징계처분에 있어서 법령의 적용, 증거 및 사실조사에 명백한 흠이 있거나 인사위원회의 구성 또는 징계의결 기타 절차상의 흠이 있음을 이유로 한 경우에는 처분권자는 다시 당해 징계사건에 대한 징계 절차를 밟아 결정서를 받은 날부터 3월 이내에 이를 끝내도록 하여야 하며, 심사위원회의 취소 또는 변경명령 결정은 그에 따른 징계 기타 처분이 있을 때까지는 종전에 행한 징계처분에 영향을 미치지 아니한다(지방공무원법 제19조 제4항).

한편 심사위원회가 징계처분을 받은 자의 청구에 의하여 소청을 심사할 경우에는 원징계처분에서 과한 징계보다 중한 징계를 과하는 결정을 하지 못한다 (지방공무원법 제19조 제5항).

심사위원회의 결정은 처분행정청을 기속하는 효력을 가진다 (지방공무법 제20조).

4 교육감과 그 소속기관

1) 교육사무의 관할

지방자치법 제121조에서는 지방자치단체의 교육·과학 및 체육에 관한 사무를 분장하기 위하여 별도의 기관을 두며, 그 기관의 조직과 운영에 관하여 필요한 사항은 따로 법률로 정하도록 하고 있다. 그리고 이에 따라 '지방교육 자치에 관한 법률'이 제정되어 있다.

'지방교육 자치에 관한 법률'에 의하면, 지방자치단체의 교육·과학·기술·체육 그 밖의 학예(이하 '교육·학예'라 한다)에 관한 사무는 특별시·광역시 및 도(이하 '시·도'라 한다)의 사무로 하고 있다 (동법 제2조).

그리고 교육·학예에 관한 의안과 청원 등을 심사·의결하기 위하여 지방의회 내의 상임위원회로 교육위원회를 두고(동법 제4조), 시·도의 교육·학예에 관한 사무의 집행기관으로 시·도에 교육감을 두도록 정하고 있다 (동법 제18조 제1항).

2) 연 혁

1949년 제정된 교육법에서는 시에 교육위원회, 군에 특별지방자치단체로서의 교육구를 두어 교육행정과 일반행정을 분리했다. 1961년의 개정 교육법에서는 교육위원회와 교육구를 모두 폐지해 지방자치단체인 시·도, 시·군의 내국으로 통합했다.

1963년 11월 1일에 개정된 교육법은 이를 다시 개정해 서울특별시·부산시·도에 교육집행기관으로 교육위원회를, 시·군에 교육장을 두도록 했다. 교육위원회는 당해 지방의회에서 선출하는 5인의 위원과 당해 지방자치단체의 장 및 교육감으로써 조직하도록 했다. 교육위원회에 의장 1인을 두되 의장은 당해 서울특별시장·부산시장·도지사가 된다. 교육위원회의 사무를 처리하기 위해 교육위원회에 교육감을 둔다. 이러한 합의제 집행기관으로서 교육위원회제도는 1991년 9월까지 지속되었다.[15] 그 사이에 1988년 4월 6일에 교육법이 개정되어 시·도와 시·군·자치구에 교육·학예에 관한 의결기관으로 각각 교육위원회를 두도록 하고, 시·도와 시·군·자치구의 교육·학예에 관한 독임제 집행기관으로 교육장을 두도록 했으나 시행되지 못했다.

1991년 3월 8일에 종래 교육법에 규정되었던 지방교육 행정제도에 관한 부분을 떼어내어서 별개로 '지방교육 자치에 관한 법률'을 제정했다. 이 법에서는 시·도 단위로 지방교육행정을 실시하는 것을 내용으로 한다. 이 법은 제정된 이후 여러 차례 개정되었지만 대부분 선거 방식을 중심으로 한 개정이었고, 근본적인 골격은 2007년 1월 1일 '지방교육 자치에 관한 법률' 개정안이 시행될 때까지 유지되었다. 2007년 1월 1일 개정 직전에는 교육감 및 교육위원은 간선제로 선출했으며, 선거인단은 학교운영위원회 위원 전원으로 구성되었다.

2007년 1월 1일 개정 이전까지의 지방교육 자치제도는 몇 가지 특징을 가지고 있었다. 그 특징으로는, 첫째, 지방교육 자치의 단위에서 시·군·자치구는 배제되고 시·도 단위에서만 실시된다는 점, 둘째, 지방자치단체의 교육사무를 일반지방행정기관과는 별개의 독립된 지방교육행정기관에 의해 처리한다는 점,[16] 셋째, 지방의회와는 별개로 교육·학예 사무와 관련해서는 교육위원회라는 별도의 의결기관을 두고 있었던 점 등을 들 수 있다.

2007년 1월 1일 개정된 '지방교육 자치에 관한 법률'은 두 가지 큰 변화를 담고 있다. 첫째는, 교육의원, 교육감 선거 방식의 개선이다. 개정된 법률에서는 간선제가 아니라, 주민이 직접 교육의원과 교육감을 선출하는 방식으로 전환했다. 다만, 교육의원과 교육감의 입후보자격을 일정한 교육 또는 교육행정 경력자에 한정시키는 종전의 규정은 그대로 유지했다. 둘째,

---

15) 교육위원회 위원은 지방의회가 구성되지 않았기 때문에 시·도지사와 교육감을 당연직으로 하고 시·도의회에서 선출해야 하는 교육위원은 문교부 장관이 임명했다.

16) 지방교육행정을 지방일반행정으로부터 분리해 독자적으로 수행하도록 하는 제도를 일부의 교육학자들이 '교육자치' 내지 지방교육자치라고 부르고 있으나 개념적으로 문제가 많다. 또한 그 헌법적인 근거로 교육의 자주성, 전문성, 정치적 중립성을 거론하지만 많은 의문이 제기된다. 이에 대해서는 다음에 별도로 설명을 한다.

교육위원회를 지방의회의 상임위원회로 전환했다. 종래 시・도의회와는 별도로 구성되어 운영되던 교육위원회를 지방의회의 상임위원회로 설치했다. 상임위원회로서 교육위원회의 권한은 종전의 교육위원회와 동일하게 일부 안건에 대해서는 전결권을 가지고 일부 안건(조례안, 예산・결산, 공과금의 부과・징수)에 대해서는 본회의 의결로써 확정하도록 했다. 교육위원회의 구성은 교육전문가로서 주민에 의해 직접 선출된 교육위원(교육의원)을 1/2보다 한명이 많도록 하고, 나머지 절반은 일반 지방의회 의원으로 배정하도록 했다. 교육전문가로서 선출된 교육위원회 위원은 다른 상임위원회에 배정될 수 없으며 교육위원회에만 소속되지만, 지방의회 의원으로서 신분도 가지므로 지방의회 본회의에서 발언권, 심의권, 표결권을 가진다.

3) 교육감의 선출과 지위

(1) 교육감의 선출

교육감 직선제가 도입됨에 따라 교육감은 주민의 보통・평등・직접・비밀선거에 따라 선출한다(지방교육 자치에 관한 법률 제22조 제1항). 정당은 교육감 선거에 후보자를 추천할 수 없으며, 교육감 후보자는 '공직선거법'에 따른 선거권자의 추천을 받아 선거일 전 15일부터 2일간 시・도선거관리위원회에 서면으로 등록 신청을 하되, 그 추천 및 등록은 같은 법 제48조 및 제49조의 규정에 따른 무소속 후보자의 추천 및 등록에 관한 규정을 준용한다(동법 제22조 제2항). 그리고 교육감 선거에 관해 이 법에 정한 것을 제외하고는 그 성질에 반하지 않는 범위 안에서 '공직선거법'의 시・도지사선거에 관한 규정을 준용한다(동법 제22조 제3항).

교육감 후보자가 되고자 하는 자는 당해 시・도지사의 피선거권이 있는 자로서 후보자등록 신청개시일부터 과거 2년 동안 정당의 당원이 아닌 자이어야 한다(동법 제24조 제1항). 또한 교육감 후보자가 되고자 하는 자는 후보자등록 신청 개시일을 기준으로 제10조 제2항의 규정에 따른 교육 경력 또는 교육공무원으로서의 교육행정 경력이 5년 이상 있거나 양 경력을 합하여 5년 이상 있는 자이어야 한다(동법 제24조 제2항).

이처럼 교육감의 피선거권을 교육경력자 또는 교육행정 경력자에 한정시키고 있는 것은 피선거권을 부당하게 제한하는 것이라는 비판이 제기되고 있다. 교육의 전문성을 근거로 들지만, 지방교육 사무가 반드시 교육행정과 교육에만 관련된 것이 아니라 지방의 정치, 경제, 사회, 문화 등 모든 분야와 관련되어 있기 때문에 설득력이 부족하다. 또한 교육 관련 경력자에게만 피선거권을 부여하는 것은 국민의 피선거권을 부당하게 제한하는 것이 됨과 동시에 주민의 선택권을 부당하게 제한하는 것이 될 수 있다.

교육감의 임기는 4년으로 하며, 교육감의 계속 재임은 3기에 한한다(동법 제21조).

(2) 교육감의 지위

(가) 교육・학예 사무에 대한 지방자치단체의 대표자

교육감은 교육・학예에 대한 사무에서 지방자치단체를 대표한다. 여기서 대표라 함은 지방자치단체를 외부에 대해 대표하는 것을 뜻하며, 교육감의 법적 행위의 효력이 지방자치단체에 귀속됨을 의미한다. 대표권의 범위는 당해 지방자치단체의 교육・학예 사무에 한정된다. 교육감의 대표권이 인정되는 범위 내에서 지방자치단체장의 대표권은 배제된다. 이로써 지방자치단체에는 외부에 대해 두 개의 대표기관이 존재하게 된다. 일반지방행정에 대해서는 지방자치단체의 장이 대표권을 갖고 교육・학예 사무에 대해서는 교육감이 대표권을 가지며, 양 대표기관은 대등하고 원칙적으로 상호독립 관계에 있다.

(나) 교육・학예사무에 관한 집행기관

교육감은 지방자치단체의 교육・학예에 관한 사무의 집행기관이 된다. 업무의 통일적인 수행을 위해 교육감은 그 사무에 대한 통할권을 갖는다. 통할권이란 하급행정기관과 소속 공무원을 지휘・감독하여 업무의 통일적・계속적인 수행을 가능하도록 하는 권한을 말한다. 이 범위 내에서 지방자치단체장의 집행권, 통할권은 배제된다.

(다) 국가의 행정기관으로서의 지위

국가행정사무 중 시・도에 위임하여 시행하는 사무로서 교육・학예에 관한 사무는 교육감에게 위임하여 행한다. 다만, 법령에 다른 규정이 있는 경우에는 그러하지 아니하다(동법 제19조).

이 범위 내에서 교육감은 국가행정기관의 지위에 서게 되며 국가의 하급 행정관청이 된다. 교육감이 국가사무를 처리하는 범위 내에서 그는 국가행정기관에 편입되며 지방자치단체의 기관이 아니다.

4) 교육감의 권한과 의무

(1) 교육감의 권한

(가) 대표권

교육감은 교육·학예에 관하여 당해 지방자치단체를 대표하는 대표권을 가진다. 그래서 '지방교육 자치에 관한 법률' 제18조 제2항에서는 "교육감은 교육·학예에 관한 소관 사무로 인한 소송이나 재산의 등기 등에 대하여 당해 시·도를 대표한다"라고 규정하고 있기도 하다.

(나) 사무통할권

교육감은 교육·학예에 관한 사무를 통할하며, 다음의 사항에 관한 사무를 관장한다(지방교육 자치에 관한 법률 제20조).

① 조례안의 작성 및 제출에 관한 사항
② 예산안의 편성 및 제출에 관한 사항
③ 결산서의 작성 및 제출에 관한 사항
④ 교육규칙의 제정에 관한 사항
⑤ 학교, 그 밖의 교육기관의 설치·이전 및 폐지에 관한 사항
⑥ 교육 과정의 운영에 관한 사항
⑦ 과학·기술교육의 진흥에 관한 사항
⑧ 평생교육, 그 밖의 교육·학예 진흥에 관한 사항
⑨ 학교체육·보건 및 학교환경 정화에 관한 사항
⑩ 학생통학 구역에 관한 사항
⑪ 교육·학예의 시설·설비 및 교구(敎具)에 관한 사항
⑫ 재산의 취득·처분에 관한 사항
⑬ 특별부과금·사용료·수수료·분담금 및 가입금에 관한 사항
⑭ 기채(起債)·차입금 또는 예산 외의 의무 부담에 관한 사항
⑮ 기금의 설치·운용에 관한 사항

⑯ 소속 국가공무원 및 지방공무원의 인사관리에 관한 사항
⑰ 그 밖에 당해 시·도의 교육·학예에 관한 사항과 위임된 사항

(다) 소속 공무원에 대한 지휘·감독권

교육감은 소속 공무원을 지휘·감독하고 법령과 조례·교육규칙이 정하는 바에 따라 그 임용·교육훈련·복무·징계 등에 관한 사항을 처리한다(지방교육 자치에 관한 법률 제27조).

(라) 교육규칙 제정권

교육감은 법령 또는 조례의 범위 안에서 그 권한에 속하는 사무에 관하여 교육규칙을 제정할 수 있다. 교육감은 대통령령이 정하는 절차와 방식에 따라 교육규칙을 공포하여야 하며, 교육규칙은 특별한 규정이 없는 한 공포한 날부터 20일이 경과함으로써 효력을 발생한다(지방교육 자치에 관한 법률 제25조 제1항 및 제2항).

(마) 교육기관 설치권

교육감은 '지방교육 자치에 관한 법률' 제32조에 따라 그 소관사무의 범위 안에서 필요한 때에는 대통령령 또는 조례가 정하는 바에 따라 교육기관을 설치할 수 있다.

(바) 교육위원회 및 지방의회에 대한 견제권

교육감은 교육위원회와 지방의회에 대한 견제권을 갖는다. 대표적인 예로 재의 요구 및 제소권을 들 수 있다. 교육감은 교육위원회의 의결 또는 교육·학예에 관한 시·도의회의 의결이 법령에 위반되거나 공익을 현저히 저해한다고 판단될 때에는 그 의결 사항을 이송받은 날부터 20일 이내에 이유를 붙여 재의를 요구할 수 있다(지방교육 자치에 관한 법률 제28조 제1항).

그리고 재의 요구에도 불구하고 교육위원회 또는 시·도의회가 재의결을 한 경우에, 재의결된 사항이 법령에 위반된다고 판단될 때에는 교육감은 재의결된 날부터 20일 이내에 대법원에 제소할 수 있다(지방교육 자치에 관한 법률 제28조 제3항).

그 밖에 교육감은 선결처분권(동법 제29조) 등의 권한을 갖는다.

(사) 사무의 위임·위탁권

교육감은 조례 또는 교육규칙이 정하는 바에 따라 그 권한에 속하는 사무의 일부를 보조기관, 소속 교육기관 또는 하급교육행정기관에 위임할 수 있다(지방교육 자치에 관한 법률 제26조 제1항). 또한 교육감은 교육규칙이 정하는 바에 따라 그 권한에 속하는 사무의 일부를 당해 지방자치단체의 장과 협의하여 구·출장소 또는 읍·면·동(특별시·광역시 및 시의 동을 말한다. 이하 이 조에서 같다)의 장에게 위임할 수 있다. 이 경우 교육감은 당해 사무의 집행에 관하여 구·출장소 또는 읍·면·동의 장을 지휘·감독할 수 있다(지방교육 자치에 관한 법률 제26조 제2항).

교육감은 조례 또는 교육규칙이 정하는 바에 따라 그 권한에 속하는 사무 중 조사·검사·검정·관리 등 주민의 권리·의무와 직접 관계되지 아니하는 사무를 법인·단체 또는 그 기관이나 개인에게 위탁할 수 있다(지방교육 자치에 관한 법률 제26조 제3항).

(2) 교육감의 의무

교육감은 ① 국회의원·지방의회 의원·교육의원, ② '국가공무원법' 제2조에 규정된 국가공무원과 '지방공무원법' 제2조에 규정된 지방공무원 및 '사립학교법' 제2조의 규정에 따른 사립학교의 교원, ③ 사립학교 경영자 또는 사립학교를 설치·경영하는 법인의 임·직원의 직을 겸직할 수 없다(지방교육 자치에 관한 법률 제23조 제1항). 만약 교육감이 당선 전부터 겸직이 금지된 직을 가진 경우에는 임기 개시일 전일에 그 직에서 당연 퇴직된다.

5) 교육감의 보조기관 및 소속 교육기관, 하급교육행정기관

(1) 보조기관

(가) 부교육감

교육감의 보조기관으로 교육감 소속하에 국가공무원으로 보하는 부교육감 1인(인구 800만 명 이상이고 학생 170만 명 이상인 시·도는 2인)을 둔다. 부교육감은 대통령령이 정하는 바에 따라 '국가공무원법' 제2조의2의 규정에 따른 고위공무원단에 속하는 일반직 공무원 또는 장학관으로 보한다(지방교육 자치에 관한 법률 제30조 제1항) 부교육감은 당해 시·도의 교육감이 추천한 자를 교육인적자원부 장관의 제청으로 국무총리를 거쳐 대통령이 임명한다. 부교육감은 교육감을 보좌하여 사무를 처리한다. 부교육감 2인을 두는 경우에 그 사무 분장에 관한 사항은 대통령령으로 정하며, 이 경우 그 중 1인으로 하여금 특정 지역의 사무를 담당하게 할 수 있다(지방교육 자치에 관한 법률 제30조 제2항 내지 제4항).

(나) 기타 보조기관

교육감 소속하에 보조기관을 두되, 그 설치·운영 등에 관하여 필요한 사항은 대통령령이 정한 범위 안에서 조례로 정한다. 교육감은 보조기관의 설치·운영에 있어서 합리화를 도모하고 다른 시·도와의 균형을 유지하여야 한다(지방교육 자치에 관한 법률 제30조 제5항 및 제6항).

(2) 소속 교육기관

교육감은 그 소관 사무의 범위 안에서 필요한 때에는 대통령령 또는 조례가 정하는 바에 따라 교육기관을 설치할 수 있다(지방교육 자치에 관한 법률 제32조).

(3) 하급교육행정기관

시·도의 교육·학예에 관한 사무를 분장하기 위하여 1개 또는 2개 이상의 시·군 및 자치구를 관할구역으로 하는 하급교육행정기관(이하 '지역교육청'이라 한다)을 둔다. 지역교육청의 관할구역과 명칭은 대통령령으로 정한다. 지역교육청에 교육장을 두되 장학관으로 보하고, 그 임용에 관하여 필요한 사항은 대통령령으로 정한다. 지역교육청의 조직과 운영 등에 관하여 필요한 사항은 대통령령으로 정한다(지방교육 자치에 관한 법률 제34조 제1항 내지 제4항).

교육장은 시·도의 교육·학예에 관한 사무 중 다음의 사무를 위임받아 분장한다(지방교육 자치에 관한 법률 제35조).

① 공·사립의 유치원·초등학교·중학교·공민학교·고등공민학교 및 이에 준하는 각종 학교의 운영·관리에 관한 지도·감독

② 그 밖에 조례로 정하는 사무

(4) 공무원의 배치

보조기관과 소속 교육기관 및 하급교육행정기관에는 해당 시·도의 교육비특별회계가 부담하는 경비로써 지방공무원을 두되, 그 정원은 법령이 정한 기준에 따라 조례로 정한다. 보조기관과 교육기관 및 하급교육행정기관에는 '지방자치단체에 두는 국가공무원의 정원에 관한 법률'에 불구하고 대통령령이 정하는 바에 따라 국가공무원을 둘 수 있다(지방교육 자치에 관한 법률 제33조 제1항 및 제2항). 대통령령으로 법률의 효력을 무력화시키는 조항으로서 법치주의 원리에 반하는 것이 아닌지 의문시된다.

6) 교육인적자원부 장관의 지도·감독

'지방교육 자치에 관한 법률' 제3조에 의하면, 지방자치단체의 교육·학예에 관한 사무를 관장하는 기관의 설치와 그 조직 및 운영 등에 관하여 이 법에서 규정한 사항을 제외하고는 그 성질에 반하지 않는 한 '지방자치법'의 관련 규정을 준용하도록 하고 있다. 그리고 준용시에, '행정자치부 장관'·'주무부 장관' 및 '중앙행정기관의 장'은 '교육인적자원부 장관'으로 보도록 하고 있다.

이처럼 지방자치법이 준용되고, 지방자치법상의 '행정자치부 장관', '주무부 장관' 및 '중앙행정기관의 장'은 교육인적자원부 장관을 의미하는 것으로 되기 때문에, 교육인적자원부 장관은 교육·학예와 관련된 국가사무에 대해서는 주무부 장관으로서 지도·감독을 하게 된다. 또한 교육인적자원부 장관은 교육·학예에 관한 자치사무와 관련해서도, 조언, 자료 제출 요구, 보고수령, 감사 등을 할 수 있다.

또한 '지방교육 자치에 관한 법률' 제28조 제1항에서는 교육인적자원부 장관이 재의 요구 지시를 할 수 있도록 규정하고 있다. 그리고 재의 요구에 대해 교육위원회나 지방의회가 재의결한 경우에, 그 사항이 법령에 위반된다고 판단됨에도 해당 교육감이 소를 제기하지 않은 때에는 교육인적자원부 장관이 해당 교육감에게 제소를 지시하거나 직접 제소할 수 있다. 제소 지시는 제소 기간(재의결된 날부터 20일 이내)이 경과한 날부터 7일 이내에 하고, 해당 교육감은 제소 지시를 받은 날부터 7일 이내에 제소하여야 한다. 그리고 교육인적자원부 장관은 해당 교육감이 제소하지 않는 경우에 직접 제소할 수 있다(지방교육 자치에 관한 법률 제28조 제4항 내지 제6항).

7) 교육감과 지방자치단체의 장과의 관계

지방자치단체의 장은 교육·학예 사무에 대해서는 대표권 및 집행권이 배제되지만 지방행정의 종합성, 통일성의 확보를 위해 이들 사항에 대해서도 일정한 범위 내에서 조정적인 기능을 할 수 있다.

그래서 '지방교육 자치에 관한 법률' 제13조 제3항에 따라 교육감이 교육·학예에 관한 의안 중 ① 주민의 재정적 부담이나 의무 부과에 관한 조례안, ② 지방자치단체의 일반회계와 관련되는 사항에 해당하는 의안을 시·도의회에 제출하고자 할 때에는 미리 시·도지사와 협의하여야 한다. 또한 교육위원회 위원장은 교육위원회가 위에 해당하는 의안을 의결할 때에는 미리 시·도지사의 의견을 들어야 한다(지방교육 자치에 관한 법률 제11조 제3항).

이러한 협의나 의견의 청취는 절차적인 요건으로서 반드시 거쳐야 할 절차이긴 하지만, 협의의 내용이나 지방자치단체장의 의견에 법적인 구속력은 없다고 할 것이다. 왜냐하면 이 규정의 취지는 지방자치단체의 일반행정 사항에 대해 영향을 미칠 사안에 대해 지방자치단체장의 의견 진술 기회를 주려는 데 있기 때문이다.

그리고 지방자치단체의 일반행정과 교육행정과의 협의를 원활하게 하기 위한 장치로 지방교육행정협의회를 두게 되어 있다. 즉 지방자치단체의 교육·학예에 관한 사무를 효율적으로 처리하기 위하여 지방교육행정협의회를 두며, 지방교육행정협의회의 구성·운영에 관하여 필요한 사항은 교육감과 시·도지사가 협의하여 조례로 정한다(지방교육 자치에 관한 법률 제41조 제1항 및 제2항).

제 4 절 지방의회와 지방자치단체의 집행기관 간의 관계

지방의회는 지방자치법 제39조에 따라 지방자치단체의 중요한 사항에 대해서 의결하며, 지방자치단체의 장은 동법 제101조에 따라 지방자치단체를 대표하고 사무를 통할하는 집행기관이다. 그리고 교육감은 교육・학예에 대한 사무에서 지방자치단체를 대표한다.

이처럼 지방자치법은 지방자치단체의 의사를 내부적으로 결정하는 최고 의결기관으로 지방의회를 두고, 외부에 대해 지방자치단체의 대표로서 지방자치단체의 의사를 표명하고 그 사무를 통할하는 집행기관으로 지방자치단체의 장 또는 교육감(교육・학예사무에 한하여)을 독립한 기관으로 두고 있다. 그리고 지방의회와 최고집행기관(지방자치단체의 장 또는 교육감)에게 독자적인 권한을 부여해 상호 견제와 균형을 이루도록 하고 있다.[17]

이는 권력 분립의 원칙에 의한 것이다. 법치국가의 요청인 권력의 남용을 방지하기 위한 '견제와 균형'의 원리가 양자의 상호 관계에서 기본이 된다.

1 지방의회의 집행기관(지방자치단체의 장 또는 교육감)에 대한 권한

1) 의결권

지방의회는 지방자치법 제39조의 규정에 따라 지방자치단체의 중요한 사항에 대해 의결권을 행사함으로써 지방자치단체의 장 또는 교육감의 집행권 행사를 가능하도록 해 주며, 동시에 이를 제한하는 기능을 한다. 특히 조례의 제정을 통해 집행기관의 활동에 법적 근거를 제공하고 동시에 그의 활동을 의무지우거나 제한한다. 예산의 심의・확정, 결산의 승인, 법령에 규정된 것을 제외한 사용료・수수료・분담금・지방세 또는 가입금의 부과와 징수, 지방자치단체의 중요 재산의 취득・처분, 공공시설의 설치・처분, 예산 외의 의무 무담, 권리포기 등 중요한 정책 사안에 대해서도 의결권을 행사한다.

2) 집행기관에 대한 통제권

지방의회는 지방자치단체의 집행기관에 대해 통제 기능을 수행한다. 이

17) 대법원 1997. 3. 28. 96추60.

를 위해 지방자치법은 지방의회에게 행정사무감사권, 행정사무조사권, 서류제출요구권, 출석요구권, 질문권 등 여러 가지 권한을 부여하고 있다.

2 지방자치단체의 장 또는 교육감의 지방의회에 대한 권한

1) 지방의회 소집권 및 소집요구권

지방자치단체의 장은 지방자치법 제45조 제2항에 의해 지방의회 임시회의 소집을 요구할 수 있다. 이 때에 지방의회에 부의할 안건은 긴급한 경우를 제외하고는 미리 공고해야 한다(지방자치법 제46조).

2) 의안 및 예산안의 발의권

지방자치단체의 장은 지방자치법 제66조 제1항에 따라 지방의회에서 의결할 의안을 발의할 수 있다. 또한 지방자치법 제127조 제1항에 따라 지방자치단체의 장은 회계연도마다 예산안을 편성해 지방의회에 제출해야 한다. 지방자치단체의 장은 의안의 발의권과 예산편성권을 통해 지방자치단체의 중요한 정책결정을 선도할 수 있다. 실무상으로 지방의회에 발의되는 안건의 대부분은 지방자치단체의 장이 발의한 것이다.[18]

의안발의권은 지방자치단체의 장과 일정수 이상의 지방의회 의원(재적의원 1/5 이상 또는 의원 10인 이상)이 공통적으로 행사할 수 있음에 비해 예산안의 제출권은 지방자치단체의 장만이 배타적으로 갖는 권리이다. 다만 교육·학예에 관한 의안 및 예산안은 교육감이 지방의회에 제출한다(지방교육 자치에 관한 법률 제20조).

3) 조례의 공포권

지방자치단체의 장은 지방자치법 제26조 제2항에 따라 지방의회에서 의결한 조례를 이송받으면 20일 이내에 공포하여야 한다. 그리고 지방자치단체의 장은 이송받은 조례안에 대하여 이의가 있으면 위 기간 내에 이유를

18) 1998년 7월부터 2001년 12월 사이에 발의된 조례안은 총 31,656건으로 그 중에서 의원이 발의한 것은 2,850건인데 비해 단체장이 발의한 것은 28,806건이다.

붙여 지방의회로 환부(還付)하고 재의를 요구할 수 있다. 만약 지방자치단체의 장이 이 기간 내에 공포하지도 않고 재의 요구를 하지도 않을 때에는 그 조례안은 조례로서 확정된다. 그리고 재의 요구를 받은 지방의회가 재의에 부쳐 재적 의원 과반수의 출석과 출석 의원 3분의 2 이상의 찬성으로 전과 같은 의결을 하면 그 조례안은 조례로서 확정된다. 지방자치단체의 장은 확정된 조례를 지체없이 공포하여야 하며, 확정된 후 또는 확정조례가 지방자치단체의 장에게 이송된 후 5일 이내에 지방자치단체의 장이 공포하지 아니하면 지방의회의 의장이 이를 공포한다(지방자치법 제26조 제3항 내지 제6항).

교육·학예에 관한 조례안은 지방자치법 제26조 제2항의 규정에 불구하고 교육감이 대통령령이 정하는 절차와 방식에 따라 20일 이내에 이를 공포하여야 한다(지방교육 자치에 관한 법률 제14조 제3항).

4) 재의요구권

(1) 의 의

지방자치단체의 장이 지방의회의 의결에 대해 이의가 있는 경우에 이를 지방의회에 반송해 다시 의결해 줄 것을 요구하는 권한을 재의요구권이라 한다. 지방자치법은 제26조 제3항 내지 제5항에서 조례에 대한 재의 요구를 규정하고, 제107조에서 지방의회의 의결에 대한 재의 요구, 제108조에서 예산상 집행 불가능한 의결에 대한 재의 요구를 규정하고 있다. 그리고 '지방교육 자치에 관한 법률' 제28조에 따라 교육감은 교육위원회의 의결 또는 교육·학예에 관한 시·도의회의 의결에 대해 재의 요구를 할 수 있다.

여기서 말하는 재의 요구는 어디까지나 의결기관인 지방의회에 대한 집행기관인 지방자치단체의 장과 교육감의 내부통제 수단이므로 지방자치법 제172조의 국가감독 수단으로서의 재의 요구와는 엄격히 구분되어야 한다.

(2) 재의 요구의 요건

(가) 지방자치법 제26조에 의한 재의 요구

지방자치법 제26조 제3항에 따라 지방자치단체의 장은 지방의회로부터 이송받은 조례안에 대해서 이의가 있는 경우에는 20일 이내에 이유를 붙여 환부하여 재의를 요구할 수 있다. 재의를 요구할 수 있는 사유에 대해서는 명확한 규정이 없기 때문에 위법한 경우뿐만 아니라 부당한 경우도 포함된다고 보아야 한다. 또한 지방자치단체의 장은 조례안의 일부에 대해 또는 조례안을 수정해 재의를 요구할 수 없다(일부 수정 재의 요구의 금지).

(나) 지방자치법 제107조에 의한 재의 요구

지방자치단체의 장은 지방의회의 의결이 월권 또는 법령에 위반되거나 공익을 현저히 해친다고 인정되면 그 의결 사항을 이송받은 날부터 20일 이내에 이유를 붙여 재의를 요구할 수 있다.

여기에서 '월권'이라 함은 지방의회의 권한에 속하지 아니하는 사항을 의결한 경우를 말하는 것으로서 결국 위법한 행위의 일종이다. '위법'이란 지방의회의 의결 과정이 법령에 반하는 경우(예컨대 의결·의사정족수의 미달, 소집 절차·회의 진행의 흠결, 제척되어야 할 의원의 참여 등)와 의결의 내용이 법령에 반하는 경우가 있을 수 있다. 위법성 판단의 기준이 되는 법령에는 모든 유효한 실질적인 의미에서의 법령(법률, 법규명령, 조례, 관습법 등)이 포함된다. '공익을 현저히 해치는 경우'는 합목적성의 현저한 결여를 의미하는 것으로 해석할 수 있다.[19]

(다) 지방자치법 제108조에 의한 재의 요구

지방자치법 제108조는 지방의회의 의결이 예산상 집행할 수 없는 경비를 포함하고 있다고 인정되면 그 의결 사항을 이송받은 날부터 20일 이내에 이유를 붙여 재의를 요구할 있도록 하고 있다.

그리고 지방의회가 ① 법령에 따라 의무적으로 부담해야 할 경비나 ② 비상재해로 인한 시설의 응급복구를 위해 필요한 경비를 줄이는 의결을 할 때에도 마찬가지로 재의 요구를 할 수 있다.

(3) 재의 요구의 효과

지방자치단체의 장이 지방의회의 의결 사항에 대해 재의를 요구한 경우

---

19) '재량권의 일탈·남용'이 '공익을 현저히 해치는 경우'에 해당하는가, 아니면 '법령 위반'에 해당하는가에 대해서는 다툼이 있다. 대법원의 다수 의견은 '법령 위반'에 재량권의 일탈·남용이 포함된다는 의견이나, 소수 의견은 포함되지 않는다고 보고 있다(2007. 3. 22. 2005추62 참조).

에 지방의회는 이를 재의에 부쳐야 한다. 재의의 결과 재적 의원 과반수의 출석과 출석 의원 2/3 이상의 찬성으로 전과 같은 의결을 하면 의결 사항은 확정된다.

5) 선결처분권

(1) 의 의

선결처분이란 지방의회의 의결을 거칠 수 없는 사유가 있을 때에 지방자치단체의 장이 지방의회의 의결을 거치지 아니하고 우선 처분한 후에 사후에 지방의회에 보고하고 승인을 얻는 제도를 말한다. 교육·학예에 관한 사무에 대해서는 교육감이 선결처분권(Eilentscheidung)을 행사한다(지방교육 자치에 관한 법률 제29조).

(2) 선결처분권의 요건

선결처분권은 비상시에 지방자치단체의 장이 지방의회가 의결해야 할 사항을 임시적으로 결정하는 것이므로 엄격한 요건하에서만 허용된다. 또한 선결처분권의 남용을 막기 위해서는 요건이 엄격하게 해석되어야 한다. 선결처분을 할 수 있는 경우는 아래와 같다.

① 지방의회가 성립되지 아니한 때(의원이 구속되는 등의 사유로 의결정족수에 미달하게 될 때를 말한다.)

② 지방의회의 의결 사항 중 주민의 생명과 재산 보호를 위해 긴급하게 필요한 사항으로서 지방의회를 소집할 시간적 여유가 없거나 지방의회에서 의결이 지체되어 의결되지 아니할 때

(3) 선결처분의 사후절차

선결처분은 지체없이 지방의회에 보고하여 승인을 받아야 한다(지방자치법 제109조 제2항). 지방의회에서 승인을 받지 못하면 그 선결처분은 그 때부터 효력을 상실한다. 지방자치단체의 장은 승인 여부에 관한 사항을 지체없이 공고하여야 한다(지방자치법 제109조 제3항 및 제4항).

6) 지방의회 출석 및 발언권

지방자치단체의 장 또는 관계 공무원은 지방의회나 그 위원회가 요구하

면 출석·답변할 의무가 있지만(지방자치법 제42조 제2항), 반면에 지방자치단체의 장은 지방의회나 그 위원회의 요구와는 무관하게 지방의회나 그 위원회에 출석하여 행정사무의 처리 상황을 보고하거나 의견을 진술하고 질문에 응답할 수 있다(지방자치법 제42조 제1항). 이러한 출석·발언권을 통해 지방자치단체의 장은 지방의회에 정보를 제공하고 정책결정에 대한 협조를 구할 수 있다.

3 권한 행사의 한계

앞서 살펴본 것처럼 의결기관인 지방의회와 집행기관인 지방자치단체의 장 또는 교육감은 상호간에 권한을 행사한다. 그러나 이러한 권한 행사에도 한계가 있다. 대법원은 판례를 통해 권한 행사의 한계에 대한 원칙을 제시하고 있다. "법률에 특별한 규정이 없는 한 조례로써 견제의 범위를 넘어서 상대방의 고유 권한을 침해하는 규정을 제정할 수 없다"(대법원 1997. 3. 28. 96추60)라든가, "지방자치법상 지방자치단체의 집행기관과 지방의회는 서로 분립되어 제각각 그 고유 권한을 행사하되 상호 견제의 범위 내에서 상대방의 권한 행사에 대한 관여가 허용되는 것이므로 집행기관의 고유권한에 속하는 인사권의 행사에 있어서도 지방의회는 견제의 범위 내에서 소극적·사후적으로 개입할 수 있을 뿐 사전에 적극적으로 개입하는 것은 허용되지 아니한다"(대법원 2000. 11. 10. 2000추36)라는 것이다.

그러나 대법원은 지방의회가 조례로써 지방자치단체의 장의 각종 위원회 위원 위촉권을 견제하고자 하는 경우에 대해서까지 지방자치단체장의 고유 권한을 침해하는 것으로 보고 있다. 이러한 대법원의 견해는 지방의회의 견제 기능을 유명무실화시키는 것이다. 대표적으로 대법원은 정보공개심의위원회의 위원 중 과반수 이상을 반드시 외부인사로 위촉하도록 하고, 부위원장은 시민복지국장으로 하고 위원장은 외부인사로 하기로 한 순천시 행정정보공개조례에 대해서, "이는 지방의회가 단순한 견제의 범위를 넘어 집행기관의 장의 인사권의 본질적 부분을 사전에 적극적으로 침해한 것으로 관련 법령의 규정 취지에 위배된다고 할 것이다"(대법원 2002. 3. 15. 2001추95)라고 판시한 바 있다. 그러나 이러한 대법원의 판단은 부당하다고 생각된다.

만약 조례의 규정으로 인사권의 귀속 자체를 변경시킨다면 그러한 조례는 법률에 위반되는 것으로 볼 수 있을 것이다. 그러나 지방자치단체의 장의 인사권 행사를 합리적인 범위 안에서 제한하는 것을 내용으로 하는 조례는 적법한 것으로 보는 것이 타당하다. 그렇지 않으면 오히려 지방자치단체장의 인사권 남용을 막을 수 없어서 '견제와 균형'이 깨지게 된다.

4 지방의회와 지방자치단체의 집행기관 간의 갈등 해소 방안

지방의회와 지방자치단체의 집행기관 간에는 갈등이 발생할 가능성이 상당히 많다. 갈등 자체는 발생할 수 있지만 그러한 갈등이 적절한 방식으로 해소 또는 해결되지 못하면, 지방자치단체의 사무 수행에 막대한 지장을 초래할 수 있다. 특히 갈등이 격화되어 극한적인 상황에 이르거나 하면, 어떠한 방식으로든 갈등을 해소 또는 해결하는 것이 필요하다.

그러나 현행 지방자치법상으로는, 지방의회와 지방자치단체의 집행기관 간의 갈등이 극한적 상황에 도달한 경우에 갈등의 해소를 위한 제도적 장치가 결여되어 있다. 이는 입법적으로 보완이 필요한 점이라고 할 수 있다.

양자간의 극한적인 갈등을 해소하는 방식으로는 사법적(司法的)인 방식과 정치적인 방식이 검토될 수 있다. 사법적인 해결 방식으로는 지방의회와 지방자치단체장 간의 기관소송을 인정하는 것이 바람직하다. 행정소송법 제46조는 기관소송을 법률이 정한 경우에 법률이 정한 자에 한해서 제기할 수 있도록 하고 있으므로, 개별법에 의해 기관소송 가능성이 별도로 규정되어 있는 경우에만 소의 제기가 허용된다. 지방자치단체의 기관 간의 분쟁이 자율적으로 해결되지 아니하는 경우에 최종적으로는 법원에 의한 해결에 의존할 수밖에 없음에도 불구하고 지방자치법은 기관소송에 대해 매우 소극적인 태도를 취하고 있다. 따라서 지방자치법에 기관소송에 대한 규정을 신설하는 것이 바람직하다.

양자간의 극한적인 갈등을 최종적으로 해결하기 위한 정치적인 수단으로는 지방자치단체장의 의회 해산제도와 지방의회의 지방자치단체장에 대한 불신임 의결제도를 도입할 필요가 있다.[20] 다만 지방의회가 구성된 후 1

년 이내에는 의회 해산을 할 수 없도록 하고 지방자치단체장의 경우도 임기 개시 1년 이내에는 불신임할 수 없도록 하여 최소한의 안정성은 확보할 필요가 있다. 이러한 극단적인 분쟁 해결의 방식은, 그 자체의 의미보다는 이러한 극단적이고 최종적인 해결 방안에 이르지 않도록 당사자 간의 자율적인 해결을 종용하는 심리적인 효과의 측면이 더욱 크다고 할 수 있다.

또한 지방자치단체의 장과 지방의회 간의 의견 대립이 극단적인 갈등으로 발전하는 경우 주민이 직접 결정하도록 하는 방식도 고려될 수 있다. 즉 갈등이 증폭되는 사안에 대해 주민투표를 하도록 함으로써 양 기관이 직접 충돌하는 것을 피하고 주권자인 주민이 직접 결정하도록 하는 것이다.

제 5 절 지방교육 자치를 둘러싼 논쟁의 문제점과 대안

1 지방교육 자치에 관한 개념적 논쟁

지방교육 자치의 본질을 무엇으로 볼 것인가에 대해 우리 나라에서는 여러 가지 견해가 제시되고 있으며, 의견의 대립이 심하다. 우리 나라에서 주장되고 있는 지방교육 자치에 관한 다양한 견해는 크게 두 가지로 분류해 볼 수 있다.

첫 번째 견해는 지방교육 자치에 관한 전통적인 견해는 지방교육행정기관을 지방자치단체의 일반행정기관으로부터 분리하고 독립시켜 운영하도록 하는 것이라고 이해하고 있다.[21] 특히 교육행정에 관련된 인사와 재정의 자율성을 의미하는 것으로 보고 있다. 이 입장에서는 헌법 제31조 제4항

20) 우리 나라에서도 지방자치법이 제정된 초기(1949년 7월)에 광역지방자치단체와 기초지방자치단체에 불신임권과 의회 해산제도가 도입되어 1960년까지 지속되었다. 1952년에서 1956년 사이의 의회 기간 내에 불신임 결의 66건, 의회 해산 18건이 발생했다.

21) 김신복, "교육자치제의 과제", 『한국논단』 제9권, 1990, 51쪽; 윤정일, "지방교육재정의 문제점과 그 개선안", 『교육행정학연구』 제9권 제1호, 한국교육행정학회, 1991, 39쪽.

이 보장하고 있는 교육의 자주성과 전문성, 정치적인 중립성이 지방교육행정기관의 분리와 독립을 의미하는 것으로 주장한다.[22]

두 번째 견해는 교육에 대한 지방자치를 지방교육 자치라고 이해하는 입장이다.[23] 이 견해에 의하면 교육행정은 환경, 교통, 도시계획, 위생, 복지 등과 마찬가지로 지방자치단체의 기능의 하나이다. 지방교육자치는 지방자치단체가 지방의 교육사무를 국가나 다른 지방자치단체와 같은 외부의 간섭을 받지 않고 법령의 범위 내에서 주민의 의사에 따라 자율적으로 수행하는 것이라고 본다.

지방교육 자치에 관한 우리 나라의 학설 중에 첫 번째 견해는 지방교육행정기관이 일반행정기관으로부터 독립되어야 함을 주장하고, 두 번째 견해는 지방자치의 일환으로서 지방교육행정을 이해한다. 양자는 모두 지방교육 문제를 주민들의 의사에 의하여 자율적으로 결정해야 한다는 점에서 동일하다.

주민 전체에 관련된 문제를 주민들이 직접 또는 간접적으로 그 대표자를 통해 처리하는 것을 지방자치라고 한다.[24] 즉, 주민의 지역 문제에 대한 자기 결정이 지방자치이다. 그렇다면 첫 번째 견해나 두 번째 견해는 결국은 지방자치에 관한 설명을 하고 있음에 불과하다. 지방교육행정기관을 구성하는 방식에 차이가 있을 뿐 지방교육 문제를 주민이 스스로 결정한다는 점에는 차이가 없다. 그러므로 지방교육 자치는 결국 교육에 관한 지방자치라고 볼 수 있다.[25]

---

22) 김신복, "중앙 및 지방 교육행정조직의 전문성 제고", 『교육행정학 연구』 제3권 제2호, 한국교육행정학회, 1995, 37쪽.

23) 이승종, 『지방자치론』, 박영사, 2003, 121쪽; 이승종, "지방교육자치의 본질", 『지방행정』 2004년 5월호, 15-21쪽.

24) 지방교육의 주민대표성에 대해서는 정일환 · 정현숙, "주민대표성 확보를 위한 교육자치 제도의 탐색", 『교육학논총』, 제23권 제1호, 우리교육학회, 2002, 161-180쪽 참조.

25) 한국을 제외한 외국에서 교육자치는 오늘날 학교자치와 같은 의미로 사용된다. 교육자치라는 말이 실제로 사용되고 있는 나라로 독일을 들 수 있다. 독일에서 교육자치(Pädagogische Autonomie)의 개념을 체계적으로 설명한 학자는 가이슬러(Georg Geissler, *Die Autonomie der Pädagogik.*, 63)이다. 그 밖에도 Bohnsack/Rückriem, *Pädagogische Autonomie und gesellschaftlicher Fortschritt*,, Weinheim u.a. 1969, Frank-Rüdiger Jach, *Abschied von der verwalteten Schule*, Neuwied, 2002; Roland Bast, *Pädagogische Autonomie*, Bochum, 2000 참조.

2 지방교육 자치제도의 헌법적 근거에 관한 논쟁

지방교육행정의 일반지방행정으로부터 분리와 독립을 주장하는 교육학자들은 그 근거로 헌법 제31조 제4항이 규정하는 교육의 자주성, 전문성, 전문성을 들고 있다. 그 주장의 타당성을 살펴본다.

헌법이 보장하는 '교육의 자주성'이란 교육의 내용, 방법을 교육자가 스스로 정할 수 있고 행정 권력(교육청)에 의한 부당한 간섭을 받지 아니함을 의미한다.[26] 교육의 특성은 피교육자의 개별적인 성향과 환경, 취향 등에 적합해야 하고 고도의 정신적 능력과 가치관이 요구되므로 행정청에서 이를 획일적으로 통제하려고 하는 것은 타당하지 못하다는 것을 의미한다. 이는 곧 교육 현장에 있는 학교와 교사의 재량 및 교육활동의 여지를 부여하는 의미로 해석되어야 한다. 즉 '교육의 자주성'은 교육청이나 교육위원회의 부당한 간섭으로부터 교육활동의 자주성을 보장하자는 것이지 교육기관을 어떻게 구성할 것인지와는 무관하다. 교육위원회를 지방의회로부터 분리한다고 해서 학교에 대한 간섭이 줄어든다고 볼 수 없기 때문이다.

오늘날 독일에서 교육자치는 학교자치(Schulautonomie)와 같은 의미로 사용되며 그 근거로 다양한 주장이 제기되고 있다. 이러한 근거로는 교사의 자유를 강조하는 것으로부터 학교공동체의 자율성 보장으로 확대하는 것을 포함하고 있다. 학교의 자치를 학교 구성원들의 자율적인 의사결정과 책임성의 관점에서 파악하는 관점은 학교자치를 학교 공동체를 전제로 하여 학교교육의 목표, 교육과정, 학교 교원의 인사, 학교재정 등에 대해 학교 구성원들이 자주적으로 결정할 수 있는 여지로 이해하고 있다.

영국이나 미국에서 학교의 자율성 강화는 단위학교 자율경영 체제(School-Based Management)의 의미로 사용되고 있다. 이는 학교경영 권한을 교육청으로부터 일선학교로 이양해 관료제 하의 획일적인 학교 경영에서 벗어나 학교가 창의적이고 다양하게 경영될 수 있도록 단위 학교에 자율권과 선택권을 부여하는 운영 체제를 의미한다(김성열, "학교 교육행정 체제와 조직의 발전", 『교육행정학 연구』 제15권 제1호, 한국교육행정학회, 1997, 73쪽; 진동섭 · 김병찬, 『단위학교 자율경영체제연구』, 한국교육개발원, 2004). 교육자치에 관한 외국의 견해를 종합해 보면 한결같이 학교자치를 의미하며 한국과 같이 지방교육행정의 지방자치행정으로부터 분리, 독립의 의미로 이해하는 경우는 없다.

이 점에서 용어의 혼란을 피하기 위하여 지방교육 자치제도는 지방교육 행정제도라고 부르고 교육자치는 학교자치를 의미하는 것으로 사용하는 것이 바람직하다고 본다.

26) 김철수 외, 『코멘탈 헌법』, 법원사, 1998, 251쪽.

헌법이 보장하는 '교육의 전문성'이란 교육에 대해 전문적인 지식과 능력을 갖춘 자가 교육을 담당해야 한다는 것을 의미한다. 이는 곧 교육의 질적 수준이 보장되어야 한다는 의미로 해석되어야 한다.[27] 교육자의 전문성을 존중하고 보장함으로써 교육의 질적 수준을 보장한다는 것이다. '교육의 전문성'을 확보하기 위해서 무엇보다도 중요한 것은 교사의 전문적인 능력을 전제로 교육행정청의 간섭을 최소화하는 것이다. 따라서 '교육의 전문성'은 교육에 관한 의결기관이나 집행기관의 구성 원리와 무관하다. 만약 교육 전문가만이 교육정책을 결정해야 한다면, 이는 전문가에 의한 독점으로 대의정치와 민주주의의 원리에 반한다.

또한 헌법이 보장하는 '교육의 정치적 중립성'은 정치적인 세력의 부당한 간섭으로부터 교육을 방어하는 데 본질이 있다. 즉 정치 세력에 의해 교육이 부당한 영향을 받아서는 안 된다는 것을 의미한다.[28] 하지만 국민의 대표기관이나 주민의 대표기관이 교육에 대해 결정하는 것을 부정하는 것은 대의정치 자체를 부정하는 것이 된다. 따라서 교육위원회를 지방의회의 상임위원회로 하는 것을 두고, 정치적 중립을 위반한다고 한다면 국회의 교육위원회도 위헌이라는 결론이 되어 대의정치 원리에 정면 배치되므로 타당하지 않다.

---

27) 교육의 전문성을 교육정책이나 그 집행을 교육전문가가 담당해야 한다는 의미로 해석하는 학자(김철수 외, 『코멘탈 헌법』, 법원사, 1998, 252쪽; 권영성, 『헌법학개론』, 법문사, 1999, 387쪽)들이 있으나 이는 헌법이 보장하는 전문성이 교육 자체에 대한 것이지 교육청이나 교육위원회에 대한 것이 아님을 간과하고 있다.

28) 예컨대 교사가 학생들에게 특정한 정치집단을 편파적으로 찬양 혹은 비방하도록 교육행정기관이 강제하는 것이라든지, 혹은 학생들을 정치적인 목적을 위해 동원하게 하는 것 등이 교육의 정치적 중립에 반한다. 그러나 교육의 정치적인 중립이 곧 교육행정의 정치로부터의 단절을 의미하는 것은 아니다. 교육정책을 수립하고 법령을 정하며 교육투자의 방향이나 규모를 정하는 것은 고도의 정치적인 행위이며 정치의 가장 중요한 내용의 하나임을 부인할 수 없다.

3 한국 지방교육행정 체제의 문제점과 개선 방안

1) 칸막이 지방교육행정의 문제점과 개선 방안

(1) 칸막이 교육행정의 논거에 대한 검토

지방교육행정기관을 일반행정기관으로부터 분리시켜야 한다는 논거로서 다음과 같은 주장이 있을 수 있다. 교원의 인사의 객관성과 교육재정의 안정성을 주장하는 견해가 있을 수 있다. 통합된 지방교육행정 체제하에서 지방자치단체장이 교원 인사(승진, 전보 등)에 개입하게 되어 인사의 공정성을 해한다는 점이 지적된다. 하지만 몇몇 교육청에서 드러난 인사 비리는 분리형 지방교육행정 체제 하에서도 인사의 공정성이 담보되지 않을 수 있음을 입증하고 있다. 근본적인 해결책은 학교자치 제도와 인사 제도의 개선을 통해서 해결되어야 하며 교육행정기관의 분리로 해결되는 것은 아니다.

또한 분리형 지방교육행정 체제는 교원의 신분을 국가직으로 유지해 교원의 신분 안정에 도움이 되며, 지방자치단체에 통합되면 교원의 지방직화로 교원의 신분이 불안하게 된다는 주장이 있을 수 있다. 이것 또한 근거가 없다. 지방교육행정기관이 분리된 현행 제도 하에서도 교원의 지방직화 문제는 여전히 나타날 수 있다. 왜냐하면 현행 지방교육청도 국가로부터 독립된 지방자치단체의 한 기관이기 때문이다. 교원의 지방직화 문제는 이원적인 지방교육행정 체제와는 관계가 없다. 입법정책의 문제일 뿐이다. 독일의 경우처럼 통합적인 모형 하에서도 교원이 국가직으로 인정되는 경우도 있음을 유의할 필요가 있다.

교육행정기관을 분리하고 교육재정을 특별회계로 함으로써 교육재원을 안정적으로 확보할 수 있다는 견해가 있을 수 있다. 그러나 특별회계로 인해 교육재정에 대한 주민의 책임과 통제가 약화되어 교육재정의 효율성이 떨어질 수 있다. 또한 교육재정의 분리로 인해 지방재정 역량의 결집이 어렵게 되고, 역량이 분산됨으로써 지방교육 발전에 오히려 장애가 될 수 있다.

(2) 칸막이 교육행정의 폐단

지역교육 문제는 지역의 다른 생활 문제와 불가분의 관계에 있다. 일상의 다른 생활 문제와 분리시켜서 칸막이 속에서 교육을 하려는 것은 바람직하지도 않고 가능하지도 않다. 지방교육행정기관이 칸막이 속에서 다른 기관으로부터 분리되어 독립적으로 업무를 처리한다는 것은 스스로를 밀실에 유폐시키는 결과를 초래한다. 칸막이 교육행정으로 인해 지방의 일반행정기관과 유기적인 협조가 이루어지지 못하기 때문이다. 예컨대 도시계획에서 교육이 고려되지 않아 학교 부지를 확보하기 어렵고, 학생 통학로의 안전이 충분히 배려되지 못한다. 지방의 생활 문제 해결에 교육적인 관점이 반영되지 못하며, 학생들의 학습의 공간으로서의 지역의 의미가 충분히 구현되지 못하고 있다. 교육행정기관을 별도로 분리·독립시킴으로써 인건비가 증대됨은 물론 사무의 관리비용도 증대된다. 이는 교육 여건의 개선을 위해 투입되어야 할 교육비용이 행정비용으로 낭비되는 결과를 초래한다. 또한 다른 지방행정기관과 지방교육행정청이 중복해 수행하는 사무가 있을 경우에도 행정비용이 낭비된다.

(3) 개선 방안

지방교육행정에 쳐진 칸막이를 제거하는 데는 여러 가지 방법이 논의되어 왔다. 지방자치단체의 부단체장이나 국장으로 교육행정기관을 설치하거나, 일본처럼 합의제 집행기관으로 설치하는 방안도 논의되었다. 그리고 지방자치단체의 일반행정기관과 별도로 지방교육행정기관으로서 교육감을 두되 양자의 연계를 강화하기 위한 방법도 제안된 바 있다. 예컨대 단체장과 교육감이 러닝메이트로 공동으로 출마하도록 하고 주민 직선으로 선출하는 방법이다.

2007년 1월 1일부터 시행되고 있는 교육감 주민직선제는 일단 분리형 지방교육행정 모형을 유지한 채, 교육감 직선제를 통해 민주적 정당성을 강화하려고 하는 시도이다. 그러나 교육감 직선제 하에서도 지방교육행정에 쳐진 칸막이를 어떻게 제거할 수 있을지는 여전히 숙제로 남아 있다.

2) 광역 단위의 교육행정 체제의 문제점과 개선 방안

(1) 광역교육행정 체제의 문제점

한국의 지방교육행정은 '지방교육 자치에 관한 법률' 제2조가 규정하고 있는 바와 같이 특별시·광역시·도의 기능으로 되어 있다. 즉 지방교육행정이 주민으로부터 공간적으로, 심리적으로 거리가 먼 광역 단위로 실시되고 있다.[29] 이로 인해 지방교육행정은 구체적인 생활 문제로 뿌리를 내리지 못하고 추상적인 교육 권력의 문제로 파악되게 된다. 즉, 시·도 교육행정청의 의사결정이 주민들에게 와닿지 않고 있다. 지방자치를 통한 다양성과 아래로부터의 변화는 특히 교육 분야에 요구된다. 주민들이 가진 다양한 교육적 아이디어와 열정을 모아내어 지방교육의 발전으로 이끌어 내는데 광역 단위의 지방교육행정은 한계가 있을 수밖에 없다.[30]

시·도 교육청과 그 하급기관인 시·군·구 지역에 있는 교육청은 주민들에게는 가까운 정부가 되지 못한다. 주민들의 지역교육 문제를 풀어가는 동반자로서 심리적 공감대가 형성되지 못하고 있다. 다른 나라의 입법례를 보더라도 기초 단위에서 교육행정을 실시하지 않는 나라는 거의 없다.

(2) 개선 방안

교육사무는 일반 행정사무와 마찬가지로 기초지방자치단체인 시·군·자치구를 중심으로 배분하는 것이 바람직하다. 모든 지방교육적인 사무는 원칙적으로 시· 군·자치구를 중심으로 배분시키고 시·도는 광역적·조정적·보완적인 사무만을 수행하도록 해야 한다. 우리 나라의 기초지방자치단체의 규모가 매우 큰 것을 감안하면 지방교육에 관한 대부분의 사무는 기초지방자치단체가 수행할 수 있다.

기초 지방자치단체에서 교육행정을 실시하는 경우에 시장·군수·구청장의 소속 하에 교육행정 기관을 두고 지방의회를 교육 의결기관으로 하게

---

29) 지방교육행정의 실시 단위를 광역지방자치단체로 할 것인가, 아니면 기초지방자치단체로 할 것인가의 논쟁에 대한 견해의 차이에 대해서는 김만기, "새 교육자치제: 조직상의 문제점", 『교육행정학 연구』 제9권 제1호, 한국교육행정학회, 1991. 12., 11-18쪽 참조.

30) 우천식, "지방교육 자치제도의 개편", 한국교육개발원, 『자율과 책무의 학교개혁』, 2002, 387쪽.

된다면 현재 시·군·자치구 수준에서 설치한 교육청을 폐지해도 무방하게 된다. 이로 인한 경비의 절감 효과도 상당할 뿐만이 아니라 기초지방자치단체의 교육 책임이 강화되어 교육행정의 지방화에 상당한 진전이 있을 것으로 예상된다.

지방교육 발전을 위해서는 중앙정부보다는 광역지방자치단체에, 광역보다는 기초지방자치단체가 주도적인 역할을 할 수 있다. 왜냐하면 기초지방자치단체가 주민들의 교육에 대한 요구를 더 잘 반영하여 실현할 수 있기 때문이다.

3) 교육의 자율성은 학교 중심으로 보장

교육에 관한 문제가 학교의 외부인 교육행정청에 의해 일방적으로 결정되는 경우에 학교는 획일화되고 활력을 잃게 되며 현장에 적합한 결정을 하기 어렵다. 교육의 특성은 피교육자인 학생의 지적 능력, 흥미, 적성, 주어진 환경, 학부모의 교육관 등이 종합적으로 고려되고 반영되어야 한다는 점에서 관료적·획일적인 결정과는 거리가 멀다. 교육행정청이 교육 문제를 일방적으로 관료의 획일화된 잣대로 재단하는 경우에, 학교 구성원인 교사, 학부모들은 스스로 능동적인 노력을 하기보다는 교육청의 지침을 기다리는 무사안일의 수동적인 풍토에 빠지거나 내 아이만을 생각하는 이기주의에 빠지게 된다. 이러한 무기력증을 극복하고 학교 구성원들이 좀더 좋은 교육을 하기 위해 스스로 노력하는 활력을 회복하기 위해서는 무엇보다도 교육에 관한 중요한 문제들이 단위학교를 중심으로 결정되도록 하여야 하며, 교육행정청의 부당한 간섭으로부터 학교의 자율성이 보장되도록 해야 한다.

무엇을 어떻게 가르칠 것인지의 문제, 학교 공동체의 생활을 어떻게 할 것인지의 문제, 학교의 시간 운용을 어떻게 할 것인지의 문제, 학교의 의사를 결정하는 조직을 어떻게 구성하고 운영할 것인지의 문제, 학교 교사의 보직과 인사를 어떻게 할 것인지의 문제, 학교생활과 학교 밖의 생활을 어떻게 연계할 것인지의 문제 등 교육의 중요한 문제들을 단위학교에서 구성원인 교장, 교사, 학부모, 학생들이 머리를 맞대고 결정할 수 있어야 한다.

그리고 교장승진 제도를 폐지하고 교장선출 보직제 또는 교장보직제를 도입함으로써, 수직적이고 관료적인 학교 조직구조에서 탈피해 민주적이고 수평적인 조직구조로 전환해야 한다. 또한 일부 교사들이 교육활동이 아니라 승진을 위한 경쟁에 관심을 가지는 현재의 풍토에서 벗어나야 한다.

학교 운영에 대한 교육청의 관여는 최소한에 그쳐야 하며 관여의 근거가 법률에 명확히 규정되어 있어야 한다. 또한 학교 관여의 근거가 되는 법률은 공공복리를 위해 불가피한 규정에 한정되어야 한다. 학교에 대한 교육청의 관여가 확대되면 학교의 자율성은 그 만큼 줄어들게 되고 교육행정청에 대한 의존성이 늘어나 수동적이고 방어적인 교육을 하게 된다.

학교의 행정상의 문제나 잘못은 학교 구성원에 의해서 자동적으로 시정되도록 하는 학교행정의 자기정화 장치를 학교에 둠으로써 자체적으로 시정되도록 해야 한다. 이를 위해 학교운영위원회의 위상과 기능을 강화하고 교사회, 학부모회를 추가적으로 설치할 필요가 있으며 학교 의사결정 과정에 실질적인 참여가 이루어지도록 보장할 필요가 있다. 이러한 학교 내부적인 자기정화 장치를 통해서도 해결되지 아니하는 문제로서 불가피한 경우에만 교육청이 학교행정에 관여하도록 하여야 한다.

교육의 전문성, 자주성, 정치적인 중립성이 단위학교의 실질적인 교육활동에 대한 보장으로 되고 교육행정의 주요 부분이 단위학교를 중심으로 이루어지도록 개편되면 교육행정청의 역할은 그러한 단위학교의 교육활동을 지원하고, 학교의 안과 밖의 교육환경에 중점을 두게 될 것이다.

제10장 자치입법

헌법 제117조 제1항은 "지방자치단체는 주민의 복리에 관한 사무를 처리하고 재산을 관리하며, 법령의 범위 안에서 자치에 관한 규정을 제정할 수 있다"고 규정하여 지방자치단체의 자치입법권을 명시적으로 보장을 하고 있다. 즉 주민의 복리에 관한 사무의 '처리'나 재산의 '관리'와는 별도로 규정제정권을 명시적으로 부여함으로써 자치행정권과는 구별되는 자율권(Autonomie)으로서 자치입법권을 보장하고 있는 것이다. 전자가 구체적이고 개별적인 처분을 하는 자치행정권을 보장하는 것이라면 후자는 일반적이고 추상적인 법규범을 정하는 자치입법권을 보장하는 것으로 볼 수 있다. 이러한 지방자치단체의 자치입법권은 헌법에 의해서 직접 부여된 것이며 지방자치의 본질적인 내용을 이룬다.

지방자치단체가 행사하는 자치입법권에 의해서 제정되는 법규범에는 조례와 규칙이 있다. 조례가 지방의회의 의결에 의해 제정되는 법규범인데 비해서, 규칙은 지방자치단체의 장이 제정하는 법규범이다. 교육감은 그 권한에 속하는 사무에 관해 교육규칙을 제정할 권한을 갖는다(지방교육자치에 관한 법률 제25조). 그밖에도 지방의회가 제정하는 의회규칙과 회의규칙이 있다.

제1절 조 례

1 조례의 의의와 종류

1) 의 의

조례(Satzung)란 헌법 제117조 제1항에 근거하여 지방의회의 의결에 의해 제정하는 지방자치단체의 자치법규이다. 지방자치법 제22조는 "지방자치단체는 법령의 범위 안에서 그 사무에 관하여 조례를 제정할 수 있다. 다만 주민의 권리 제한 또는 의무 부과에 관한 사항이나 벌칙을 정할 때에는 법률의 위임이 있어야 한다"라고 규정하고 있다.

지방자치단체는 조례의 제정을 통해 지역적인 상황에 적합하고 그들의 대의기관에 의해 수렴된 의사에 부합하는 부분사회의 법규범을 만들 수 있다. 이러한 지방자치단체의 조례는 입법자와 수범자 간의 거리를 좁힌다는 의미가 있을 뿐만 아니라, 다른 한편으로는 입법권의 분권화를 통해 국회의 입법 부담을 덜어 준다.

법률은 전국적으로 모든 국민에 대해 적용되는 것이 원칙이기 때문에 전국적으로 공통적인 사항만을 법제화하여 획일적으로 적용하게 되기 쉽고, 지역적인 특성이 반영되기는 어렵다. 이에 비해 조례에는 지역적인 특성이 반영되기 쉽고, 그에 따라 주민의 요구가 반영된 법규범의 제정이 가능하게 된다.

또한 조례는 지방자치단체의 사무를 수행하는 데 근거와 기준이 된다. 그리고 지방자치단체의 조례는 그 지역의 정책을 프로그램화하여 실현하기 위한 중요한 수단이다. 물론 지방자치단체가 자신의 사무를 조례상의 근거가 없이 개별적인 행정행위 등을 통하여 수행할 수도 있다. 그러나 그런 경우에는 업무의 지속성과 체계성을 갖기 어렵다. 또한 선거 등에 의해 사람이 교체될 때마다 정책이 중단되거나 혼선에 빠지는 일도 생길 수 있다. 그런 점에서 조례는 지방자치단체 사무의 지속성과 체계성을 확보하는 수단이다.

또한 조례는 지방의회가 집행부를 견제할 수 있는 수단이기도 하다. 즉 지방의회는 조례로 규정을 해 둠으로써 집행부의 자의적 재량권 행사를 억제할 수 있다.

2) 종 류

조례는 일반적·추상적인 규율로서 외부적인 효과를 갖는 것이 원칙이다. 이에 속하는 것으로는 수수료조례, 분담금이나 부담금에 관한 조례, 지방자치단체의 공공시설의 이용에 관한 조례 등이 있다. 대개 이러한 종류의 조례는 조건 프로그램(……한다면 ……한다)으로 되어 있다. 즉 조례가 정한 법적 요건을 충족하는 경우에 일정한 법적 효과를 결부시키고 있다. 이로써 조례는 불특정 다수인(일반적)과 불특정 다수 사안(추상적)에 대해 평등하게 적용된다.

그러나 조례에 따라서는 지방자치단체의 내부 영역에 대한 규율을 하는 조례도 있다. 예컨대 각종 위원회의 설치에 관한 조례, 지방자치단체의 내부행정 단위의 명칭과 구역의 변경, 폐치·분합에 관한 조례, 소속 행정기관의 설치에 관한 조례 등이 이에 속한다.

또한 조례에는 법령에 의해 반드시 제정해야 하는 의무가 부과된 필요적인 조례와 지방자치단체의 재량으로 제정할 수 있는 임의적 조례의 구분이 있을 수 있다. 후자는 다시 법률에 근거가 있는 조례와 법률에 근거가 없는 임의적인 조례로 나눌 수 있다. 또한 필요적 조례와 법률에 근거한 임의적 조례는 법률의 위임에 의한 조례라는 의미에서 위임조례라고 할 수 있고, 법에 근거 없이 지방자치단체가 자발적으로 정하는 조례는 직권조례라고 표현할 수도 있다.

2 조례제정권의 본질

국가의 법률과 관계에서 조례의 성격에 관한 이론적인 대립이 있어 왔다. 한편으로는 국가의 권력 독점에 근거해 조례제정권을 제한적으로만 인정하려는 하려는 입장에서 주장되는 전래설과 이를 확장하려는 입장에서 주장되는 고유성설과 방기설이 있다. 오늘날은 전통적인 입장을 포기하고 헌법에서 직접 그 근거를 찾으려는 학설이 있다.

1) 고유성설

고유성설(Originalitätstheorie)은 조례제정권이 지방자치단체의 자연적 업무 영역으로부터 도출되는 고유한 권리라고 본다. 즉, 조례제정권은 자연법적인 근거를 가진 자치사상의 표현이라고 한다.[1] 이에 의하면 조례는 독자적이고 고유한 입법이 된다. 조례제정권은 국가로부터 부여받은 것이 아니라 고유한 입법권으로서 허용되고 승인된 것이라고 본다. 이 이론은 지방자치를 국가로부터 구분되고 방어해야 하는 사회적 자치로 이해하는 사상을 근거로 한다. 즉, 지방자치는 국가 영역 밖인 사회 영역의 업무 처리 방식으로 본다.

2) 방기설

방기설(Dereliktionstheorie)은 사회적 자치는 국가가 방치한 공공사무를 자치단체에게 고유사무로 자유롭게 결정하도록 맡겨졌다고 보는 데 근거를 둔다.[2] 국가가 지방자치단체에게 위임을 한 것이 아니라 독자적인 법원(法源)을 제정하도록 특권을 준 것이라고 본다. 고유권설이 자연법적인 기초에 근거를 두고 있는 데 대해 방기설은 국가의 입법 포기에서 근거를 찾고 있다.[3] 이 학설은 국가의 입법독점을 인정하면서 국가가 포기하거나 방기한 영역에서 조례제정권이 인정되며 승인의 형태로 국가적인 정당성을 필요로 한다고 본다.

---

1) Heinz Jobst, *Die Eigenständigkeit der Gemeinde*, BayVBl, 1960, 201ff., 자세한 설명으로는 구병삭, 『주석 지방자치법』, 박영사, 1991, 17쪽 참조. 독일의 바이에른 주헌법 제11조 제2항은 "지방자치단체는 공법상 고유한 지역사단이다"라고 규정하고 라인란트 팔츠 주헌법 제49조는 "지방자치단체는 자율에 관한 자연권을 가진다"라고 규정함으로써 고유권설의 흔적을 헌법상 남기고 있다.

2) Jürgen, Salzwedel, *Staatsaufsicht in der Verwaltung*, VVDStRL, 22, S. 225.

3) Hans Schneider, *Gesetzgebung*, 2. Aufl. Heidelberg, 1991. S. 160,

3) 전래설

전래설은 지방자치단체의 조례제정권이 국가로부터 국가 내적인 지방자치단체에게로 전래한 것으로 본다. 즉 조례제정권은 국가의 입법권이 위임된 것으로 본다.[4] 이 견해는 국가의 입법독점을 근거로 하고 있으며 모든 공권력은 국가적인 정당성을 필요로 한다고 본다.[5] 조례는 법규명령과 마찬가지로 전래된 법원에 속하게 된다. 국내에서는 전래설로 보면서도 조례를 지방자치단체의 자주입법으로 보는 학설과 조례를 위임입법으로 보는 학설이 대립되고 있다.[6]

4) 헌법적 고유성설

헌법적 고유성설은 모든 국가 권력과 지방자치단체의 권력은 헌법에 의해서 설정되고 또한 제한되고 있다는 것에 근거를 둔다. 헌법이 지방자치단체에게 직접 조례제정권을 부여함으로써 지방자치단체는 헌법상 '고유한' 입법권을 가진다는 것이다. 이 견해에 의하면, 헌법은 권력을 창설함과 동시에 권력의 한계를 설정한다.[7] 그리고 헌법은 입법자에게 지방자치제도를 형성할 때 지방자치단체에게 자치입법권을 보장하도록 명령했다고 본다. 헌법제정권자는 지방자치단체와 같이 국가기관이 아닌 법 주체에게 공권력을 직접 부여할 수 있다.[8] 헌법은 지방자치단체의 자치입법권을 직접 보장함으로써 법규명령에 요구되는 위임절차와는 별개로 지방자치단체에게 직접 독자적인 입법권을 허용한 것으로 볼 수 있다는 것이다.

---

4) Wolfgang Jakob, *Eingriff kommunaler Satzungen in "Freiheit und Eigentum"*, DÖV, 1970, S. 667, Otto Gönnenwein, *Gemeinderecht*, Tübingen, 1963, S. 145.

5) Gebtriel Wurzel, *Gemeinderat als Parlament?*, 1975, S. 137f., Peter Badura, *Rechtsetzung durch Gemeinden* DÖV, 1963, 561, Christian Stark, *Autonomie und Grundrechte*, AöR92, 1967, S. 451.

6) 학설의 대립에 관한 자세한 소개 문헌으로는 김병훈, "우리 나라의 조례자주입법설의 검토", 『논문집』 제13권, 충남대대학원, 1993, 235쪽 이하 참조.

7) Lars Chritan Adler, *Das Satzungsrecht der Gemeinden als Verfassungsrechtlich eigenständiges Rechtsetzungsrecht?*, München, 1997, S. 30.

8) Yvonne Ott, *Parlamentscharakter der Gemeindevertretung*, Baden-Baden, 1994, S. 108; Stefanie Engel-Boland, *Gemeindliches Sazungsrecht und Gesetzesvorbehalt*, Baden-Baden, 1999, S. 22.

5) 사 견

지방자치를 국가 영역 밖의 사회 영역의 업무 처리 방식으로 보는 고유권설은 오늘날 공권력을 행사하는 공권력의 주체로서의 지방자치단체의 현실과는 맞지 않는 이론이다. 그렇다고 하여 지방자치단체의 권력을 단순히 국가 권력으로부터 전래된 것으로 보는 학설도 헌법이 직접 지방자치권과 자치입법권을 보장하고 있는 것에 비추어 볼 때에 타당성이 없다. 조례제정권의 본질에 관해서 어느 학설을 취하든 실제적인 영향에서는 크게 차이가 나지 않는다.[9] 오히려 지방자치단체가 갖는 입법권의 근거를 헌법 자체에서 찾는 것이 더욱 현실적이고 법적으로 의미 있는 결과를 도출할 수 있다. 이 점에서 지방자치단체의 자치입법권은 헌법에 의해 직접 보장된 것으로 헌법에 의한 고유한 입법권이라고 보는 것이 타당하다.[10] 따라서 지방자치단체의 조례제정권을 인정하는 지방자치법 제22조는 지방자치단체의 조례제정권을 창설하는 것이 아니라 이미 헌법에 의해 부여된 지방자치단체의 조례제정권을 확인하는 의미를 가질 뿐이다.

3 조례제정권의 범위와 한계

지방자치법 제22조 본문에서는 "지방자치단체는 법령의 범위 안에서 그 사무에 관하여 조례를 제정할 수 있다"라고 규정하고 있다. 그리고 동법 제22조 단서에서는 " 다만 주민의 권리 제한 또는 의무 부과에 관한 사항이나 벌칙을 정할 때에는 법률의 위임이 있어야 한다"라고 규정하고 있다. 이러한 지방자치법 제22조를 둘러싸고 학설의 대립들이 존재하고, 실제 현실에서도 지방의회를 통과한 조례가 이 조항에 위반해 무효인지 여부에 대한 법적 다툼이 끊이지 않고 있는 실정이다.

---

9) Fritz Ossenbühl, Satzung, in: Josef Isensee, Paul Kirchhof(Hrsg.), Handbuch des *Staatsrechts der Bundesrepublik Deutschland*, Bd. III, 2. Aufl. Heidelberg, 1997, § 66 Rn. 18

10) 지방자치단체의 조례제정권을 원시적(原始的)인 권리로 보는 견해도 있다(유지태, "조례의 범위와 한계", 『고시연구』, 1994. 6, 102쪽).

1) 조례제정권의 범위

지방자치단체는 그 사무에 관해 조례를 제정할 수 있다. 이 때의 사무는 기본적으로 자치사무와 단체위임사무를 의미한다는 견해가 다수의 견해이지만 의문의 여지가 있다. 독일에서는 (단체)위임사무에 대해서는 지방의회가 당연히 조례를 제정할 수 있는 것은 아니고 법률에 의한 위임이 있는 경우에만 인정된다고 보고 있다. 왜냐하면 지방자치단체의 자치권은 원칙적으로 자치사무에만 미치고 위임사무에는 미치지 않기 때문이다.[11] 그러나 이러한 논의는 한국에서 큰 의미는 없다. 왜냐하면 독일의 경우 지방자치단체사무의 2/3가 (단체)위임사무로 처리되지만[12] 한국에서는 그 비중이 극히 미미하기 때문이다.

그리고 기관위임사무는 원칙적으로 조례제정권의 범위에 속하지 않는다. 다만 개별 법령에서 일정한 사항을 조례로 정하도록 위임하고 있는 경우에는 위임받은 사항에 관해 개별 법령의 취지에 부합하는 범위 내에서 이른바 '위임조례'를 제정할 수 있다(대법원 2001. 11. 27. 2001추57 등).

2) 조례제정권의 한계

헌법 제117조 제1항은 "지방자치단체는 ……법령의 범위 안에서 자치에 관한 규정을 제정할 수 있다"고 규정하고 있고, 지방자치법 제22조 본문에서도 지방자치단체는 '법령의 범위 안에서' 그 사무에 관해 조례를 제정할 수 있다라고 규정하고 있다. 여기서 법령이란 법률과 명령(대통령, 총리령, 부령 등)을 의미한다.

대법원 판례는 '법령의 범위 안에서'란 '법령에 위반되지 않는 범위 내에서'를 가리키는 것으로 일관되게 해석하고 있다. 즉 대법원은 "지방자치단체는 법령의 범위 안에서 그 사무에 관하여 조례를 제정할 수 있다고 규정하는 바, 여기서 말하는 '법령의 범위 안에서'란 '법령에 위반되지 않는 범위 내에서'를 가리키므로 지방자치단체가 제정한 조례가 법령에 위반되는 경우에는 효력이 없다"(대법원 2007. 2. 9. 2006추45, 2002. 4. 26. 2002추23,

11) Alfons Gern, *Deutsches Kommunalrecht*. 2.Aufl., 1997, Baden-Baden, S.271 참조.
12) Alfons Gern, a.a.O, S. 161.

2004. 7. 22. 2003추51 등)라고 함으로써 '법령의 범위 안에서'라는 규정이 법률 우위의 원칙을 의미한다는 입장을 취하고 있다.

이와 관련해서 조례가 국가 법령에서 정하지 않고 있는 사항에 대해 규정을 둘 수 있는지가 문제되는데, 대법원은 "국가의 법령이 …… 각 지방자치단체가 그 지방의 실정에 맞게 별도로 규율하는 것을 용인하고 있다고 해석될 때에는 조례가 국가 법령에서 정하지 아니하는 사항을 규정하고 있다고 하더라도 이를 들어 법령에 위반되는 것이라고 할 수가 없다"(대법원 2000. 11. 24. 2000추29)라고 판단하고 있다. 즉, 지방자치법 제22조 본문은 지방자치단체의 조례제정권을 창설하는 것이 아니라 확인하는 의미를 가질 뿐이라는 입장을 취하고 있다.

또한 조례가 규율하는 특정 사항에 관해 그것을 규율하는 국가의 법령이 이미 존재하는 경우에 대해서도, "지방자치단체는 법령에 위반되지 아니하는 범위 내에서 그 사무에 관하여 조례를 제정할 수 있는 것이고, 조례가 규율하는 특정 사항에 관하여 그것을 규율하는 국가의 법령이 이미 존재하는 경우에도 조례가 법령과 별도의 목적에 기하여 규율함을 의도하는 것으로서 그 적용에 의하여 법령의 규정이 의도하는 목적과 효과를 전혀 저해하는 바가 없는 때, 또는 양자가 동일한 목적에서 출발한 것이라고 할지라도 국가의 법령이 반드시 그 규정에 의하여 전국에 걸쳐 일률적으로 동일한 내용을 규율하려는 취지가 아니고 각 지방자치단체가 그 지방의 실정에 맞게 별도로 규율하는 것을 용인하는 취지라고 해석되는 대에는 그 조례가 국가의 법령에 위반되는 것은 아니다"(대법원 2006. 10. 12. 2006추38)라고 판단하고 있다.

그리고 법률유보와의 관계에서 볼 때에, 지방자치법 제22조 단서에서 말하는 '주민의 권리 제한 또는 의무 부과에 관한 사항이나 벌칙을 정할 때'에 해당되지 않는 한 지방자치단체는 원칙적으로 법률유보 없이 조례를 제정할 수 있다는 것이 대법원 판례의 입장이다. 즉 대법원은 지방자치법 제22조 본문과 관련하여 "지방자치단체는 그 내용이 주민의 권리의 제한 또는 의무의 부과에 관한 사항이거나 벌칙에 관한 사항이 아닌 한 법률의 위임이 없더라도 그의 사무에 관하여 조례를 제정할 수 있다 할 것"이라고 판시했다.[13]

〈참고 판례; 정선군 세 자녀 이상 세대 양육비 등 지원에 관한 조례 사건〉

지방자치단체는 그 내용이 주민의 권리의 제한 또는 의무의 부과에 관한 사항이거나 벌칙에 관한 사항이 아닌 한 법률의 위임이 없더라도 그의 사무에 관하여 조례를 제정할 수 있는 바, 지방자치단체의 세 자녀 이상 세대 양육비 등 지원에 관한 조례안은 저출산 문제의 국가적·사회적 심각성을 십분 감안하여 향후 지방자치단체의 출산을 적극 장려토록 하여 인구정책을 좀더 전향적으로 실효성 있게 추진하고자 세 자녀 이상 세대 중 세 번째 이후 자녀에게 양육비 등을 지원할 수 있도록 하는 것으로서, 위와 같은 사무는 지방자치단체 고유의 자치사무 중 주민의 복지 증진에 관한 사무를 규정한 지방자치법 제9조 제2항 제2호 (라)목에서 아동·청소년 및 부녀의 보호와 복지 증진에 해당되는 사무이고, 또한 위 조례안에는 주민의 편의 및 복리 증진에 관한 내용을 담고 있어 그 제정에 있어서 반드시 법률의 개별적 위임이 따로 필요한 것은 아니다.

따라서 군민의 출산을 적극 장려하기 위하여 세 자녀 이상의 세대 중 세 번째 이후 자녀에게 양육비 등을 지원할 수 있도록 하는 내용의 '정선군 세 자녀 이상 세대 양육비 등 지원에 관한 조례안'은 법령에 위반되지 않는다(대법원 2006. 10. 12. 2006추38).

3) 시·군 및 자치구의 조례의 입법 한계

지방자치법 제24조는 시·군 및 자치구의 조례나 규칙은 "시·도의 조례나 규칙에 위반하여서는 아니 된다"라고 규정하고 있다. 이에 따라 시·군 및 자치구의 조례는 헌법-법령-시·도의 조례와 규칙보다 하위의 법규범이 된다.

4) 부담적 조례와 법률유보

(1) 학 설

지방자치법 제22조(구 지방자치법 제15조) 단서는 "다만, 주민의 권리 제한 또는 의무 부과에 관한 사항이나 벌칙을 정할 때에는 법률의 위임이 있어야 한다"라고 규정하고 있다. 즉 부담적 조례는 법률에 의한 위임이 있는 경우에만 인정된다는 것이다.

이처럼 지방자치법에서 부담적 조례에 대해 법률유보를 요구하는 명문

13) 대법원 1992. 6. 23. 92추17 등.

의 규정을 두고 있는 나라는 찾아보기 어렵다. 매우 이례적인 입법례이다. 독일이나 일본 등 다른 나라에서는 부담적 조례에 대한 법률유보를 학설과 판례에 맡기고 있는데 유독 한국에서는 법률이 법률유보를 요구함으로써 학설의 발전을 어렵게 만들고 있다.[14] 그리고 많은 학자들이 동조 단서의 삭제를 요구하고 있으나 받아들여지지 않고 있다.[15] 이에 일부의 학설은 동조 단서가 위헌이라는 주장을 하고 있다. 이러한 견해는 부담적 조례에 법률유보를 인정하지 않는 견해이다. 다른 한편으로는 부담적 조례에 대해서 법률유보가 필요하다는 입장도 존재하며, 이러한 견해는 제22조 단서가 합헌이라고 주장한다.

(가) 부담적 조례에 법률의 위임이 없어도 된다는 견해

조례제정권은 헌법 제117조 제1항에 의하여 직접 부여된 권한이기 때문에 별도의 법률상 위임이 없어도 지방자치단체는 당연히 부담적인 조례도 제정할 수 있다는 입장이다. 헌법 제117조의 '법령의 범위 안에서'는 법률우위의 원칙을 규정한 것일 뿐 법률의 위임을 요구하는 법률유보의 원칙을 규정한 것이 아니며 조례는 위임입법이 아니라 자주입법이라고 본다.[16] 헌법이 조례제정권에 대해서는 행정입법을 규정한 헌법 제75조나 제95조와는 달리 별도로 정하고 있는 규정형식으로 보아도 자주입법권을 인정한 것으로 본다. 따라서 지방자치단체는 그 고유사무에 대해서는 조례의 내용이 부담적인 것일지라도 법률의 위임 없이도 조례를 제정할 수 있다고 한다.[17]

---

14) 조례제정권의 범위에 관한 외국의 입법례에 대해서는 조정환, "자치입법권 특히 조례제정권과 법률우위와의 관계 문제", 『공법연구』 제29집 제1호, 2000.11. 379쪽 이하; 김희수, "조례제정권의 근거와 한계", 『사회과학연구』 제7권 제3호, 대구대학교 사회과학연구소, 2000, 8쪽 이하 참조.

15) 2004년부터 2006년에 걸쳐서 지방자치법 제22조 단서의 삭제를 실현하기 위한 자문위원회가 행정자치부에 구성되어 활동했으나 동조 단서를 삭제하면 헌법에 위반되는 결과를 초래한다는 이유로 동조 단서를 삭제할 수 없다는 입장을 밝히고 있다. 동조 단서를 존치하는 경우에 헌법 위반 여부가 문제되는 것이지, 동조 단서를 삭제하는 경우에는 해석론에 맡겨진다는 점에서 인과 관계를 반대로 이해하고 있다는 비판을 면하기 어렵다.

16) 박윤흔, "법령과 조례와의 관계", 『고시계』 1992. 11, 37쪽. 박윤흔 교수는 조례제정권의 근거에 관해 전래설을 채택하면서 조례의 성질에 대해서는 조례자주입법설을 취하고 있다. 조례위임입법설은 헌법 제117조 제1항과 합치되지 아니한다는 입장이다.

17) 김성호, "지방의회의 입법권에 관한 연구(2)", 『자치연구』 제4권 제1호, 1994, 79쪽.

우리 헌법상 지방자치단체의 고유사무를 인정하지 않고 기관위임사무만 인정해 지방자치단체를 국가의 지방관청화한다면 위임에 의해서만 조례를 제정할 수 있도록 할 수 있으나, 고유사무를 인정하지 않는 것은 우리 헌법상 불가능하다고 한다. 그리고 부담적 조례에 법률의 위임을 요한다고 하면 헌법 제117조가 법령의 범위 안에서 조례를 정할 수 있도록 한 것이 의미가 없게 된다고 본다.

이러한 견해는 헌법 제37조 제2항의 기본권 제한을 법률로써 하도록 하는 규정도 지방자치단체의 조례 제정에 대해서는 영향을 미치지 않는 것으로 본다. 헌법 제117조 제1항에 의한 조례제정권은 헌법 제40조가 국가사무에 대해서 국회의 입법권을 인정하는 것에 준하는 것이며, 법률에 의한 행정은 지방자치행정 영역에서는 조례에 의한 행정을 포함한다고 할 것이라고 주장한다. 조례제정권의 남용에 대해서는 법률 우위의 원칙에 의해서 통제가 가능하다고 한다. 이러한 견해는 지방자치법 제22조의 단서는 지방자치단체의 고유사무에 관한 한 헌법 제117조 제1항에 위반해 위헌이라고 본다.[18] 이를 헌법 합치적으로 해석하기 위해서는 지방자치법 제22조 단서 규정은 위임사무에 관한 조례에 한정된다고 보아야 한다[19]는 주장도 있다.

(나) 부담적 조례에 대해서는 법률의 위임이 있어야 한다는 견해

이 견해는 헌법 제117조의 '법령의 범위 안'에서라는 것이 반드시 그 의미가 명백하지 않다고 하면서, 그것은 법령에 반할 수 없다는 것(법률 우위의 원칙)을 의미할 뿐만 아니라 "경우에 따라서는 법령의 근거를 필요로 한다는 의미를 갖는다"고 본다.[20] 즉 '법령의 범위 안에서'라는 의미는 사안에 따라서는 '법령의 위임에 의하여'라는 의미도 포함될 수 있는 것이라고 한다.[21] 다만, 이 경우에 위임은 법규명령의 경우와는 달리 지방의회가 민주적으로 선출·구성된 기관이기 때문에 구체적으로 범위를 정한 위임일 필요는 없다고 본다. 즉 포괄적인 위임으로도 족하다는 입장을 취하고 있

18) 박윤흔, 앞의 글, 44쪽; 표명선, "지방의회의 조례제정권에 관한 소고", 강남대학교 논문집 제32집, 1998, 170쪽.
19) 박윤흔, 앞의 글, 44쪽.
20) 홍정선, "조례와 침해유보", 『고시계』, 1993.4., 108쪽.
21) 홍정선, 앞의 글, 109쪽.

다.[22]

이러한 견해는 국회의 법률 제정과 지방의회의 조례 제정은 외관상 비슷하게 보일지라도 양자를 유사하게 볼 수는 없다는 입장에 서 있다. 국회는 3권 중 하나인 국가 권력을 행사하는 것이고, 지방의회는 지방자치행정의 일부를 관장하는 기관이므로 외관상 지방의회가 일종의 입법기관이라고 하여 국회의 기능을 대신할 수 있다고 해서는 아니 된다는 주장이다.

기본권 제한과 관련해서는 "지방자치제와 관련해 국회의 중심 임무는 지방자치행정에 본질적인 사항은 국회가 스스로 결정해야 하는 것이다(이른바 중요사항 유보설). 기본권 침해가 본질적인 것임은 물론이나 기본권 침해가 아니라도 기본권과 관련을 맺을 수 있는 중요 사항은 국회가 결정해야 할 것이다"라고 한다.[23]

이에 따라 지방자치법 제22조 본문은 지방자치단체의 조례 제정에 대해 일반수권 조항으로 볼 수 있으나 동조 단서 규정은 특별수권 조항으로서 개별법에 의한 위임을 요한다고 본다. 이 견해에 의하면 지방자치법 제22조 단서는 당연히 헌법에 합치되는 것으로 본다.

(다) 절충적 견해

이 견해는 입법자가 특정 영역에 대해서 법령 규율을 하고 있는 경우에는 법령의 위임이 있는 경우에만 조례 제정이 가능하고, 입법자가 법령 규율을 하고 있지 않은 법령의 공백 분야에 대해서는 법령의 위임이 없더라도 직접 스스로 조례를 제정할 수 있다고 보는 견해이다.[24] 다만, 법령이 특정 영역을 규율하고 있는 경우에도 추가 조례는 제정 가능하고, 초과 조례 제정은 규제한도 법률이 아닌 최저 기준법률인 경우에는 가능하다고 본다. 이 견해는 법률에서 조례로 정할 여지가 없을 만큼 완벽하게 규정하고 있는 경우에는 조례 제정이 허용되지 않지만 그 외의 경우에는 법률에 근

---

22) 김재호, "최근 판례에 나타난 지방자치단체의 사무와 조례 제정의 법리", 충남대학교 『법학연구』, 제15권 제1호, 83면; 한견우, 『현대행정법 2』, 연세대학교출판부, 2000, 600쪽; 홍정선, 앞의 글, 109쪽.

23) 홍정선, 앞의 책, 2002, 210쪽.

24) 조정환, "조례 제정에 있어서 법률유보", 『토지공법연구』 제7집, 한국토지공법학회, 1999. 2., 286쪽.

거 없이 조례를 정할 수 있다는 취지로 해석된다. 즉, 법률 우위의 원칙을 전제로 법률과 조례의 경합적 입법권을 인정하는 것으로 이해된다.[25] 이들 학설은 엄밀한 의미에서 조례와 법률유보에 관한 논의라기보다는 조례와 법률 우위의 원칙에 관한 학설이라고 볼 수 있다.

2) 판 례

헌법재판소는 조례 제정에 관한 법률의 위임과 관련해 "이 사건 조례들은 담배소매업을 영위하는 주민들에게 자판기 설치를 제한하는 것을 내용으로 하고 있으므로 주민의 직업 선택의 자유 특히 직업 수행의 자유를 제한하는 것이 되어 지방자치법 제15조 단서(현행 지방자치법 제22조 단서) 소정의 주민의 권리 의무에 관한 사항을 규율하는 조례라고 할 수 있으므로 지방자치단체가 이러한 조례를 제정함에 있어서는 법률의 위임을 필요로 한다"라고 판단해 부담적 조례에 대해서는 법률의 위임이 있어야 한다는 취지로 판시하고 있다. 다만 "조례의 제정권자인 지방의회는 선거를 통해서 그 지역적인 민주적 정당성을 지니고 있는 주민의 대표기관이고, 헌법이 지방자치단체에 대해 포괄적인 자치권을 보장하고 있는 취지로 볼 때 조례제정권에 대한 지나친 제약은 바람직하지 않으므로 조례에 대한 법률의 위임은 법규명령에 대한 법률의 위임과 같이 반드시 구체적으로 범위를 정하여 할 필요가 없으며 포괄적인 것으로 족하다고 할 것이다"(헌법재판소 1995. 4. 20. 92헌마264)라는 판단을 하고 있다.

대법원도 "법률이 주민의 권리 의무에 관한 사항에 관해 구체적으로 아무런 범위도 정하지 아니한 채 조례로 정하도록 포괄적으로 위임했다고 하더라도, 행정관청의 명령과는 달라, 조례도 주민의 대표기관인 지방의회의 의결로 제정되는 지방자치단체의 자주법인 만큼, 지방자치단체가 법령에 위반되지 않는 범위 내에서 주민의 권리 의무에 관한 사항을 조례로 제정할 수 있는 것이다"[26]라고 판결해 같은 견해를 보이고 있다.

---

25) 일본에서 주장되어 국내에 소개되고 있는 법률선점론은 조례와 법률의 관계에서 경합적 입법권을 전제로 할 때 성립할 수 있는 이론이라고 할 수 있다. 법률선점론에 대해서는 서원우, "조례제정권의 범위와 한계", 『고시계』, 1993.3., 189쪽 이하; 김춘환, "법률과 조례의 관계", 『토지공법연구』 제24권, 2004, 259쪽 이하 참조.

26) 대법원 1991. 8. 27. 90누6613.

3) 사 견

지방자치를 보장하고 있는 헌법 제117조 제1항은 단순히 국가에 대한 지방자치단체의 권한을 설정하는 국가와 지방자치단체의 관계를 규정하는 데 그치는 것이 아니고 지방자치단체와 그 구성원인 주민과의 관계에 대한 권한을 규정하고 있는 관할의 규정라고 볼 수 있다.[27] 즉 헌법 제40조가 국회에게 입법권을 부여하고 헌법 제66조가 대통령을 수반으로 하는 행정부에 행정권을 부여하고, 헌법 제101조 및 제111조가 사법권을 사법부에 부여해 국민에 대한 관할권을 부여하는 것과 마찬가지 의미에서, 헌법 제117조 제1항은 지방자치단체에게 자치입법권과 자치행정권을 부여해 주민에 대한 관할권을 부여한 것이라고 볼 수 있다. 따라서 헌법 제117조 제1항은 헌법 제40조에 의한 국회의 입법권에 대한 예외로서 지방자치단체의 입법권을 설정한 것으로서 헌법에 의해 직접 부여된 지방자치단체의 고유한 입법권이라고 할 수 있다. 이 점에서 조례는 법률에 의해 그 내용이 규정되는 행정입법과는 본질적으로 성격을 달리한다.

또한 일반적으로 법률유보의 근거가 되는 법치국가적인 요청과 민주국가적인 요청과 관련해서도, 지방자치단체의 조례는 국회가 제정하는 법률과 같은 정도로 그 요건을 충족한다. 먼저 법치국가적인 요청인 법적 안정성이나 예측 가능성의 측면에서 조례와 법률은 큰 차이가 없으며, 내용적인 정확성에서도 본질적인 차이가 있다고 볼 수 없다. 또한 국가 권력의 남용을 방지하기 위한 권력 분립적인 요청의 견지에서 보면, 조례에 법률유보를 요구할 경우에 오히려 입법권을 국회에 집중시켜 권력 분립의 원칙, 특히 지방자치에 의한 입법권의 분권화를 통한 권력의 분립에 반한다고 볼 수 있다. 이 점에서 법률과 조례는 법치국가적인 요청을 동가치적(同價値的)으로 충족한다고 할 수 있다.

한편 지방자치는 전체 국민의 보편적인 결정에 대한 예외로서 국민의 일부인 주민들의 자기책임성을 보장하는 것이므로 지방의회는 지방자치단체의 자치사무에 관한 한 국회와 같은 정도의 민주적인 정당성을 부여한다. 또한 그 내용적인 정당성도 주민에 의해서 보장된다고 할 수 있다. 즉, 조

27) Jean-Pierre Bussalb, a.a.O., 47, 61 참조.

례는 법률과 같은 정도로 민주국가적인 요청도 만족한다고 볼 수 있다. 부분의 특수성과 전체로서 보편성은 법률유보의 원칙을 통해 매개되는 것이 아니라 법률 우위의 원칙에 의해 연결된다고 볼 수 있다. 즉, 국회가 지방자치단체의 자기책임성 내지 자결권을 제한하고자 한다면 법률을 통해서 제한할 수 있으며 그 범위 내에서 부분의 특수성은 전체국민의 보편성에 의한 제약을 받는다고 할 것이다. 다만 이 경우에도 국회는 법률을 제정할 때 불필요하게 자치권을 제약해서는 안 되는 헌법상의 제약을 받게 된다. 이 점에서 의회유보설이나 본질사항 유보설 등은 지방자치단체의 자치권, 특히 입법권의 행사에 관해서는 적용이 없다고 본다. 만약 의회유보설이나 본질사항 유보설을 지방자치에 관해서도 적용된다면 모든 지방자치단체의 본질적인 사항이 국회의 의지에 맡겨지는 결과를 초래함으로써 지방자치는 공동화되고 지방자치단체의 자치권은 국회에 예속된다. 이는 지방자치에 대한 헌법상의 보장과 합치되지 아니하는 결과를 초래한다.

다음으로 지방자치단체의 조례 제정과 관련해서 헌법 제37조 제2항의 "국민의 모든 자유와 권리는 국가안전 보장·질서 유지 또는 공공복리를 위하여 필요한 경우에 한하여 법률로써 제한할 수 있다"는 조항에 의해 반드시 법률의 위임을 요한다는 견해도 설득력을 갖는다고 보기는 어렵다. 헌법학계의 다수학설은 여기서의 법률이 형식적 의미에서의 법률이라고 본다.[28] 그러나 헌법 제37조 제2항의 기본권 제한의 근거로서의 법률을 형식적인 의미의 법률에 한정하는 것으로 해석해야 하는 근거는 반드시 명백한 것이 아니다. 오히려 자의적인 공권력으로부터 국민의 자유와 권리를 보장하고 국민의 법적 안정성을 보장하기 위한 법치국가적인 요구는 형식적인 의미의 법률뿐만이 아니라 일반적이고 추상적인 규정을 의미하는 실질적인 의미의 법률로 충분하다.[29]

오늘날 본질사항 유보설이나 중요사항 유보설에 의해서 의회가 정한 법

---

28) 권영성, 『헌법학원론』, 법문사, 2007, 351쪽; 김철수, 『헌법학신론』, 박영사, 2007, 301쪽; 성낙인, 『헌법학』, 법문사, 2007, 279쪽; 양건, 『헌법강의 Ⅰ』, 법문사 2007, 231쪽 참조.

29) 본질사항유보설이나 의회유보설에 의하여 각인되지 아니한 고전적인 법률유보의 원칙은 국민의 자유와 권리를 제한하기 위해서는 실질적인 의미에서의 법률을 필요로 하고 충분한 것으로 보았다(이에 대해서는 Walter Krebs, *Vorbehalt des Gesetzes und Grundrechte*, Berlin, 1975, S.161 ff.; Lars Christian Adler, a.a.O., S. 81).

률에 근거를 둘 것을 요구하는 것은 민주주의적인 요구에 의한 것이다. 앞에서 살펴본 것처럼 지방의회는 주민에 관계되는 한 충분히 민주적인 정당성을 가지고 있으므로 본질사항 유보설이나 중요사항 유보설은 적어도 지방의회가 제정한 조례에 대해서는 적용이 없다고 할 것이다.[30] 그렇다면 헌법 제37조 제2항의 법률을 구태여 형식적 의미의 법률에 한정하여 헌법 제117조 제2항에 의한 조례제정권을 공동화시킬 필요는 없다. 오히려 실질적인 의미의 법률로 해석함으로써 헌법에 의한 지방자치단체의 입법권 보장의 취지를 충분히 살릴 수 있도록 해석하는 것이 바람직하다.

또한 기본권을 제한하는 법률이 형식적 의미의 법률에 한정된다고 하더라도, 그 형식적 의미의 법률이 반드시 국회가 정한 법규범에 한정하는 것인지에 대해서는 의문의 여지가 있다. 왜냐하면 형식적 의미의 법률과 실질적인 의미의 법률을 구별하는 실익이 헌법이 정한 입법자에 의한 고유한 입법권과 그렇지 않은 입법권을 구별하고자 하는데 있고, 전자의 법적 구속력을 헌법이 직접 부여하는 데 있다면 조례도 국회가 정한 법률과 차이가 없으므로 형식적 의미에서 법률에 속한다고 볼 수 있는 여지가 있다. 따라서 헌법의 기본권 제한적 법률에는 조례도 포함한다는 이론 구성도 불가능하지 않다.

무엇보다도 근본적인 검토를 요하는 것은 법률유보가 국가의 행정권 행사에 대해서 적용되는 법원리라는 점에 착안해 검토할 필요가 있다. 지방자치단체의 조례제정권이 행정권에 속한다고 보는 견해는 헌법적인 근거를 갖고 있지 않는다. 헌법 제117조 제1항은 중앙정부와는 별개의 법인격체인 지방자치단체에게 행정권과 입법권을 부여하고 있다. 헌법 제117조 제1항은 헌법 제40조에 의한 국가의 입법권에 상응하는 지방자치단체의 입법권을 부여해 주민에 대해 직접적인 구속력을 갖도록 한 것이다. 그럼에도 불구하고 이를 구태여 행정권에 속하는 것으로 보려는 통설적인 견해는 적어

30) 학설 중에는 독일연방헌법재판소의 전문의에 관한 결정(Facharzt Beschuβ)이 지방자치단체에도 적용된다는 견해가 있으나 양자는 헌법상의 보장에 근본적인 차이가 있다는 점에서 같이 취급하기가 어렵다. 독일에서도 오늘날 지방자치단체에 이 결정을 적용하는 것에 비판적인 견해가 늘어나고 있다. Lars Christian Adler, a.a.O., 68쪽 이하 참조.

도 헌법적인 규정과는 일치하지 않는 면이 있다. 국회와 대통령이 입법기관과 행정기관을 이루는 것과 상응하여 지방자치단체의 장이 지방자치단체의 행정기관이라면 지방의회는 지방자치단체의 입법기관이라고 보는 것이 더욱 현실적이다. 이와같이 지방자치단체의 조례제정권은 국가의 입법권에 대응하는 별개의 지방자치단체의 입법권이고 지방자치단체의 행정권과도 별개로 존재한다. 행정작용에 관해 요구되는 법률유보의 원칙은 지방의회의 입법작용인 조례 제정에 대해서는 적용 자체가 배제된다는 이론 구성도 충분히 가능할 것으로 보인다.

그렇다면 모든 부담적인 조례에 법률에 의한 위임을 요구해 타자규정적인 조례만 허용하는 지방자치법 제22조 단서 조항은 자기규정적인 조례제정권을 보장하는 헌법 제117조 제1항과 양립하기 어렵다. 모든 부담적인 조례에 법률유보를 요구하는 규정을 갖고 있는 외국의 입법례는 찾아보기도 어렵다. 이에 동 조항의 폐지를 요구하는 견해는 충분한 이유가 있고 현실적인 필요성도 크다. 지금까지 논의한 것에 대해서는 논리적으로 보완되고 검토되어야 할 부분이 적지 않을 것으로 본다. 다수설과 학설상의 논쟁도 많이 필요할 것이다. 문제를 근원적으로 해결하기 위해서는 헌법 개정을 통해서 근원적으로 문제 해결을 하는 것도 필요하다.

4 조례의 제정 절차

1) 조례안의 발의

지방의회에서 의결할 의안은 지방자치단체의 장이 발의할 수 있다. 다만, 교육·학예에 관한 사항에 대해서는 지방자치단체의 장이 아니라 교육감이 조례안을 발의한다(지방교육자치에 관한 법률 제13조 제1항). 또한 지방의회 재적 의원 5분의 1 이상 또는 의원 10명 이상의 연서로도 조례안을 발의할 수 있다(지방자치법 제66조 제1항). 그리고 지방의회의 위원회는 그 직무에 속하는 사항에 관하여 조례안을 발의할 수 있다(지방자치법 제66조 제2항). 그뿐만 아니라 지방자치법 제15조에 의해 지방자치단체의 19세 이상 주민도 조례의 제정 또는 개폐를 청구할 수 있다. 주민의 조례 제정 또는 개폐 청구가 있으면 지방자치단체의 장은 청구를 수리한 날부터 60일 이내에 조례의 제정안·개정안 또는 폐지안을 지방의회에 부의하여야 한다.

2) 조례안의 심의와 의결

지방의회에 제출된 조례안은 지방의회가 심의하여 의결한다(지방자치법 제39조 제1항). 상임위원회가 설치되어 있는 경우에는 상임위원회의 심사를 거치는 것이 일반적이다. 조례는 법에 특별한 규정이 있는 경우를 제외하고는 재적 의원 과반수의 출석과 출석 의원 과반수의 찬성으로 의결한다.

3) 이송·공포

조례안이 지방의회에서 의결된 경우에는 의장은 의결된 날부터 5일 이내에 그 지방자치단체의 장에게 이를 이송하여야 한다(지방자치법 제26조 제1항). 지방자치단체의 장은 조례안을 이송받으면 20일 이내에 공포하여야 한다. 법률에 특별한 규정이 없는 한 조례는 공포한 날부터 20일이 지나면 효력을 발생한다(지방자치법 제26조 제7항). 만약 지방자치단체의 장이 20일 이내에 공포하지도 않고 재의 요구도 하지 않을 경우에는 조례안은 조례로서 확정된다. 조례안이 확정된 후에도 지방자치단체의 장이 공포하지 아니하면 지방의회의 의장이 공포한다.

조례의 공포는 조례 제정 절차의 일부로서 효력 발생의 요건이다.

4) 재의의 요구

지방자치단체의 장은 이송받은 조례안에 대하여 이의가 있으면 이유를 붙여 지방의회로 환부하고 재의를 요구할 수 있다. 다만 조례안의 일부에 대하여 또는 조례안을 수정하여 재의를 요구할 수는 없다(지방자치법 제26조 제3항). 교육·학예사무와 관련된 조례안에 대해서는 교육감이 재의 요구를 할 수 있다(지방교육 자치에 관한 법률 제28조 제1항).

그리고 지방자치법 제172조 제2항에서는 지방의회의 의결이 법령에 위반되거나 공익을 현저히 해친다고 판단되면 시·도에 대하여는 주무부 장관이 시·군 및 자치구에 대하여는 시·도지사가 재의를 요구하게 할 수 있고, 재의 요구를 받은 지방자치단체의 장은 의결 사항을 이송받은 날부터 20일 이내에 지방의회에 이유를 붙여 재의를 요구하여야 하도록 규정하고 있다.

〈표 10-1〉 1995년부터 2004년까지의 재의 요구 현황

<table>
<tr><th rowspan="3">연도별</th><th rowspan="3">구분</th><th rowspan="3">총계</th><th colspan="2">발 의</th><th colspan="3">유 형</th><th colspan="3">사 유</th></tr>
<tr><th rowspan="2">단체장 발의 조례</th><th rowspan="2">의원 발의 조례</th><th rowspan="2">자체</th><th colspan="2">상급기관 지시</th><th rowspan="2">이의</th><th rowspan="2">법령 위반</th><th rowspan="2">공익 위반</th></tr>
<tr><th>시·도 지사</th><th>장관</th></tr>
<tr><td rowspan="3">합계</td><td>계</td><td>533</td><td>239</td><td>294</td><td>207</td><td>255</td><td>72</td><td>61</td><td>429</td><td>43</td></tr>
<tr><td>시도조례</td><td>97</td><td>19</td><td>78</td><td>19</td><td>7</td><td>71</td><td>7</td><td>85</td><td>8</td></tr>
<tr><td>시군구조례</td><td>436</td><td>220</td><td>216</td><td>188</td><td>248</td><td>0</td><td>54</td><td>347</td><td>35</td></tr>
</table>

재의 요구에 대하여 지방의회가 재의에 부쳐 재적 의원 과반수의 출석과 출석 의원 3분의 2 이상의 찬성으로 전과 같은 의결을 하면 그 조례안은 조례로서 확정된다. 확정된 조례안은 지방자치단체의 장이 지체없이 공포하여야 한다. 재의결된 조례가 지방자치단체의 장에게 이송된 후 5일 이내에 공포되지 아니한 경우에는 지방의회의 의장이 공포한다(지방자치법 제4항 내지 제6항).

5) 보 고

조례를 제정하거나 개정하거나 폐지할 경우 조례는 지방의회에서 이송된 날부터 5일 이내에 시·도지사는 행정자치부 장관에게, 시장·군수 및 자치구의 구청장은 시·도지사에게 그 전문(全文)을 첨부하여 각각 보고하여야 하며, 보고를 받은 행정자치부 장관은 이를 관계 중앙행정기관의 장에게 통보해야 한다.

5 조례안 재의결에 대한 제소

1) 개 요

지방자치단체의 장의 재의 요구가 있는 경우에, 지방의회에서는 다시 의결을 할 수 있는데, 재적 의원 과반수 출석과 출석 의원 2/3 이상의 찬성으로 전과 같은 의결을 하면 그 조례안은 확정된다. 그러나 이 때에도 지방자치단체장은 재의결된 조례가 법령에 위반된다고 인정되는 때에는 재의결된 날부터 20일 이내에 대법원에 소(조례안 재의결 무효확인 소송)를 제기할 수 있다(지방자치법 제107조 제3항). 이 경우 필요하다고 인정되면, 그 조례안의 집행을 정지하게 하는 집행정지 결정을 신청할 수 있다.

그리고 지방자치법 제172조 제4항에 의하면, 주무부 장관이나 시·도지사는 재의결된 조례가 법령에 위반된다고 판단됨에도 불구하고 해당 지방자치단체의 장이 소를 제기하지 아니하면 그 지방자치단체의 장에게 제소를 지시하거나 직접 제소 및 집행정지 결정을 신청할 수 있다. 제4항에 따른 제소의 지시는 지방장치단체의 장이 제소할 수 있었던 기간(재의결된 날부터 20일)이 지난 날부터 7일 이내에 하고, 해당 지방자치단체의 장은 제소 지시를 받은 날부터 7일 이내에 제소하여야 한다. 그리고 주무부 장관이나 시·도지사는 제5항의 기간이 지날 때까지 지방자치단체의 장이 제소하지 않을 경우에 직접 제소할 수 있다(동법 제172조 제5항 및 제6항). 그리고 지방의회의 의결이 법령에 위반된다고 판단되어 주무부 장관이나 시·도지사로부터 재의 요구 지시를 받은 지방자치단체의 장이 재의를 요구하지 아니하는 경우에는 주무부 장관이나 시·도지사는 재의 요구 가능 기간(의결 사항을 이송받은 날부터 20일 이내)이 지난 날부터 7일 이내에 대법원에 직접 제소 및 집행정지 결정을 신청할 수 있다(동법 제172조 제7항).

1995년부터 2004년까지 이와 같은 과정을 거쳐 대법원에 제소된 조례는 다음의 <표 10-2>에서 보는 바와 같이 73건에 달한다.

〈표 10-2〉 1995년부터 2004년까지의 제소 결과

연도별	구 분	계	제소자			제소 결과		소 취하	각하	계류
			장관	시·도 지사	시장·군수 및 구청장	무효	유효			
합계	계	73	3	37	33	56	7	6	3	2
	시·도	34	3	31	0	30	0	1	1	2
	시·군·구	39	0	6	33	26	7	5	2	0

출처: 행정자치부.

2) 대법원의 재판

조례안 재의결에 대한 소송의 성질은 제소권자의 법적 지위에 따라 같지 않다. 예컨대 지방자치법 제107조 제3항에 의한 제소는 지방의회와 지방자치단체의 장 간의 소송이므로 행정소송법상의 기관소송에 해당한다고 볼 수 있다.[31] 여기서 기관소송이란 국가 또는 공공단체의 기관이 법률에 위반되는 행위를 한 때에 직접 자기의 법률상 이익과 관계 없이 그 시정을 구하기 위해 제기하는 소송이다(행정소송법 제3조 제4호). 그리고 조례안 재의결의 무효확인을 구하는 소에 대해서는 행정소송법상 무효확인소송의 규정이 준용된다고 볼 수 있다(행정소송법 제46조 제2항).

하지만 제소가 국가감독 수단의 일종으로 이루어지는 지방자치법 제172조 제3항이나 제4항에 의한 소송은 국가기관으로서의 지방자치단체장과 지방의회 간의 소송이므로 내부 관계에 관한 기관소송으로 보기는 어렵다. 그리고 제소의 주체가 국가기관으로서의 지방자치단체의 장이고 국가감독권의 행사의 일환으로 이루어지는 것이므로 행정소송법상의 항고소송으로 보는 데 어려움이 있다. 이러한 소송의 성질에 대해서는 심도 있는 이론적인 논의가 더 필요하다.[32]

31) 같은 견해로 홍정선, 『지방자치법학』 법영사, 2002, 232쪽.

32) 홍정선, 위의 책, 233쪽에서는 감독청의 제소 지시에 따른 지방자치단체장의 제소는 기관소송에 해당한다고 보고, 감독청에 의한 직접제소는 기관소송이 아니라 특수한 소송으로 보기도 한다.

재의결된 조례안 중 일부 내용이 법령 위반으로 무효일 경우에 전체 재의결이 무효가 되는 것인지에 대해 대법원은 "의결의 일부에 대한 효력의 배제는 결과적으로 전체적인 의결의 내용을 변경하는 것에 다름 아니어서 의결기관인 지방의회의 고유 권한을 침해하는 것이 될 뿐 아니라, 그 일부만의 효력 배제는 자칫 전체적인 의결 내용을 지방의회의 당초의 의도와는 다른 내용으로 변질시킬 우려가 있으며, 또한 재의 요구가 있는 때에는 재의 요구에서 지적한 이의 사항이 의결의 일부에 관한 것이라고 하여도 의결 전체가 실효되고 재의결만이 의결로서 효력을 발생하는 것이어서 의결의 일부에 대한 재의 요구나 수정 재의 요구가 허용되지 않는 점에 비추어 보면, 재의결의 내용 전부가 아니라 그 일부만이 위법한 경우에도 그 재의결 전부의 효력을 부인하여야 한다"(대법원 1994. 5. 10. 93추144)라고 판단하고 있다.

그러나 조례의 일부가 위법한 경우에 반드시 조례 전부에 대해 무효로 선언해야 하는지에 대해서는 의문의 여지가 있다. 법의 일반 원리로서 일부 무효의 법리에 따르면 일부의 무효는 원칙적으로 전부의 무효로 되지만 무효 부분이 없더라도 행위를 했으리라고 인정되는 경우에는 무효가 되지 아니한다. 이러한 법리는 조례의 경우라고 하여 특별히 달리 취급할 이유가 없다. 대법원은 일부에 대한 재의 요구가 허용되지 아니한다든가 수정 재의 요구가 허용되지 아니한다는 것을 그 이유로 들고 있으나 이는 지방의회와 지방자치단체의 장 간의 관계에 대한 것이지 법원에 대한 것이 아니기 때문에 법원의 판결에 그대로 적용될 수 있는 것이 아니다.

따라서 조례안에 일부 위법이 있는 경우에 그 위법한 부분이 조례 전체에서 차지하는 비중이 중요한 경우에만 전부를 무효로 할 것이고 그 외의 경우는 위법한 부분에 대해서만 무효라고 보는 것이 타당하다고 본다.[33] 특히 일부 재의 요구를 지방자치법에서 인정하지 아니하는 취지(지방자치법 제26조 제3항)에 비추어 일부 무효를 인정할 수 없다는 판례의 입장은 설득력이 없다. 왜냐하면 법률에 대해서는 헌법 제53조 제3항이 "대통령은

33) 이에 대하여 백윤기, "지방자치법 제98조 및 제159조에 의한 소송", 한국행정판례연구회 편, 『행정판례연구 Ⅲ』, 서울대학교출판부, 1996, 268쪽에서는 조례의 일부 무효는 인정되지 아니한다는 판례에 찬성하고 있다.

법률안의 일부에 대하여 또는 법률안을 수정하여 재의를 요구할 수 없다"고 규정하고 있음에도 조례와는 달리 일부 무효를 인정하고 있다. 똑같은 조건 하에서 법률은 일부 무효를 인정하고, 조례는 인정하지 않는 것은 타당하지 않다.

3) 쟁송의 사례

대법원 판결을 통해 무효로 된 조례들의 경우에, 무효 사유를 보면, 기관위임사무에 관한 조례, 법령 위반 조례, 지방자치법 제22조 단서 위반(법률의 위임 없는 권리 제한, 의무 부과, 벌칙), 지방자치단체장의 고유 권한 침해 등이다.

(1) 기관위임사무에 관한 조례로서 효력이 없다고 한 사례

(가) 서울시 도시공원조례 사건

도시계획의 하나인 서울특별시 도시공원 조성과 관련해 "서울특별시도시공원위원회의 부의 안건은 서울특별시의회의 의견을 들어야 한다"는 것과 "위원회의 회의 관련 자료 및 회의록은 공개되어야 한다"는 규정을 두었는데, 서울시장이 도시공원 조성계획의 결정·변경이 기관위임사무에 해당한다는 등의 이유로 무효 확인을 구한 사건에서, 대법원은 "지방자치단체의 장의 도시공원 조성계획의 결정 및 변경 결정에 관한 사무는 기관위임사무에 해당하고, 위임 근거가 될 만한 법령을 찾아볼 수 없으므로, 지방자치단체는 도시공원 조성계획의 결정·변경 결정에 관한 사항을 조례로 정할 수 없다"(대법원 2000. 5. 30. 99추85)라고 판단했다.

(나) 울진군 발전소 주변지역 지원사업 시행에 관한 조례

이 조례는 "울진군수는 지방재정법 제14조 제1항 제4호에 의거 지원사업의 효율적 추진 및 관리상 지역단체(해당 읍·면의 주민복지와 지역 발전 및 주민소득 증대 등 공동의 이익을 꾀할 목적으로 당해 지역 전체 주민들로 구성된 협의체) 등이 직접 시행하는 것이 타당하다고 인정되는 사업은 보조사업으로 시행하게 할 수 있다"고 규정했고, 이에 관해 울진군수가 발전소 주변지역 지원사업은 기관위임사무로서 조례 제정 대상이 아니라면서 무효를 구한 사건이다. 이 사건에서 대법원은 법률 규정의 취지상 기관위

임사무에 해당해 무효인 조례라고 판단하면서, "기관위임사무에 있어서도 그에 관한 개별 법령에서 일정한 사항을 조례로 정하도록 위임하고 있는 경우에는 지방자치단체의 자치조례 제정권과 무관하게 이른바 위임조례를 정할 수 있다고 하겠으나 이 때에도 그 내용은 개별 법령이 위임하고 있는 사항에 관한 것으로서 개별 법령의 취지에 부합하는 것이라야만 하고, 그 범위를 벗어난 경우에는 위임조례로서의 효력도 인정할 수 없다"(대법원 1999. 9. 17. 99추30)고 판단했다.

(다) 양평군 묘지 등 설치 허가시 주민 의견 청취에 관한 조례

이 조례는 양평군 의회에서 군수가 사설묘지 등을 허가하는 과정에서 영향권 내 주민 3분의 2 이상의 찬성이라는 허가 요건을 가중하는 것을 내용으로 하고 있는데, 양평군수가 묘지 등의 설치 허가사무는 원래 도지사의 권한에 속하나 경기도사무위임조례에 의해 시장·군수에게 위임한 것이므로 조례 제정권의 범위가 아니라고 소송을 제기한 것이다. 이 사건에서 대법원은 "……종중 등이 설치하는 묘지 등의 허가사무도 '매장 및 묘지 등에 관한 법률' 제8조에 의하여 도의 고유사무이고, 시장·군수에게 묘지 등의 허가사무를 위임한 것이 기관위임인지, 단체위임인지에 관하여 보건대, 경기도지사로부터 시장·군수에게 묘지 등의 허가권을 위임한 것은 단체위임이 아니라 기관위임이라고 보아야 할 것이다. 그렇다면, 이 사건에서 경기도지사로부터 묘지 등 허가사무를 위임받은 주체는 지방자치단체인 양평군이 아니라 도의 하위 행정기관인 양평군수이고, 매장 및 묘지 등에 관한 법률이나 위 경기도사무위임조례에 특별히 위임받은 기관인 시장·군수가 소속된 시·군의 조례로 사무처리에 관한 규정을 정할 수 있다는 위임 근거 규정도 없기 때문에 양평군의회가 그 사무를 규율하는 조례를 제정할 수 없다고 할 것이다"(대법원 1995. 12. 22. 95추32)라고 판단했다.

(라) 광주광역시 서구 입지심의회운영조례안

주택건설사업 계획 승인에 따른 주택 입지의 적정 여부를 광주광역시 서구청장이 결정하는 과정에서 소관 사항을 사전 심의하기 위한 광주광역시 서구 입지심의회의 운영에 대해 규율하고 있는 운영조례안에 대해 대법원은 사업계획승인이 건설부 장관 소관의 국가사무로서 단체장에게 위임된

기관위임사무이고 단체위임사무가 아님이 명백하므로 “위 조례안은 조례로 제정할 수 없는 사항을 규정한 것이어서 조례 제정 범위에 관한 지방자치법의 규정에 위반되어 위법하다”(대법원 1992. 7. 28. 92추31)라고 판결했다.

이러한 대법원의 견해는 위 입지심위위원회의 심의 대상 업무가 기관위임사무이므로 그 업무의 수행에 관여하는 기관의 조직이나 운영 및 그 절차도 기관위임사무에 해당해 조례로써 제정할 수 있는 사항이 아니라는 것이다. 그러나 비록 지방자치단체의 장이 처리하는 사무가 기관위임사무라고 하더라도 그 사무를 처리하는 기관의 조직과 인사는 자치사무에 속한다고 할 것이고,[34] 따라서 이에 대해서는 조례로써 정할 수 있다고 봄이 타당하다. 왜냐하면 지방자치단체의 조직과 인사에 대해 해당 지방자치단체는 인사고권과 조직고권을 가지고 있기 때문이다. 기관위임사무는 어디까지나 지방자치단체의 인사고권과 조직고권에 의해 설치된 지방자치단체의 기관을 국가가 차용하는 것에 불과한 것이라고 볼 수 있으며, 그 인사와 조직에 대해 국가가 관여하는 것은 자치권에 대한 본질적인 침해에 해당한다. 대법원은 대상 사무의 성질과 그 사무를 처리하는 조직과 운영을 동일시함으로써 법적인 판단에 중대한 오류를 범하고 있다.

(2) 지방자치법 제22조 단서(구 지방자치법 제15조 단서) 위반으로 무효가 된 사례

(가) 전라북도의회 행정사무감사 및 조사에 관한 조례

전라북도 의회는 건설행정 등의 실체적 진실 규명과 제도 개선 등 감사·조사의 실효성을 확보하기 위해, 지방의회의 감사·조사위원회가 행정감사·조사를 위해 현지 확인, 보고·서류 제출의 요구, 증인·참고인의 출석 및 증언·의견 진술의 요구를 할 경우 늦어도 현지확인일·서류제출일·출석일 등의 3일 전까지 지방의회 의장을 통해 요구 등을 하도록 되어 있던 종전의 조례 제9조 제1항에 “다만 위원회의 의결로 그러하지 아니할 수 있다”는 단서를 추가함으로써 감사·조사위원회의 의결에 의해 위와 같은 3일 이상의 준비 기간을 부여하지 아니하거나 단축하여 부여할 수 있고

34) Edzard Schmidt-Jortzig, *Gemeinde-und Kreisaufgaben*, DÖV, 1993, S. 977.

또한 의장을 통하지 않고도 그 요구 등을 할 수 있도록 하는 내용으로 개정했다. 이에 대해 전북도지사가 지방의회로부터 요구를 받은 주민의 권리를 제한한다는 이유로 무효를 구했고, 대법원이 이를 인용해 준 사안이다(대법원 1997. 9. 26. 97추43).

(나) 수원시 차고지 확보조례

수원시 의회는 주택가 주차난 문제를 해결하기 위해 자동차·건설기계의 보유자에게 차고지 확보 입증서류 제출 의무를 부과하고 미제출시 등록이나 신고 수리를 거부할 수 있게 하는 조례를 의결했는데, 대법원이 위임 없는 권리 제한임을 이유로 무효라고 판단한 사건이다. 이 판결에서 대법원은 "포괄적이고 일반적인 규정이라도 법률적 위임 근거는 되지만, 법령이 정한 제한 기준보다 높은 수준을 설정한 것은 위임 범위를 벗어난 것"(대법원 1997. 4. 25. 96추251)이라고 판단했다.

(3) 법령에 없는 견제 장치, 지방자치단체 집행기관의 권한 침해라는 이유로 무효라고 한 사례

(가) 인천 동구 주민자치센터 설치 및 운영조례

구청장이 주민자치위원회 위원을 위촉할 때 동장과 당해 지역 구의원과 사전 협의를 거치도록 한 조례에 대해서, 대법원은 "지방자치법상 지방자치단체의 집행기관과 지방의회는 서로 분립되어 제각각 그 고유 권한을 행사하되 상호 견제의 범위 내에서 상대방의 권한 행사에 대한 관여가 허용되는 것이므로, 집행기관의 고유 권한에 속하는 인사권의 행사에 있어서도 지방의회는 견제의 범위 내에서 소극적·사후적으로 개입할 수 있을 뿐 사전에 적극적으로 개입하는 것은 허용되지 아니하고, 또 집행기관을 비판·감시·견제하기 위한 의결권·승인권·동의권 등의 권한도 지방자치법상 의결기관인 지방의회에 있는 것이지 의원 개인에게 있는 것이 아니므로, 지방의회가 재의결한 조례안에서 구청장이 주민자치위원회 위원을 위촉함에 있어 동장과 당해 지역 구의원 개인과의 사전 협의 절차가 필요한 것으로 규정함으로써 지방의회 의원 개인이 구청장의 고유 권한인 인사권 행사에 사전 관여할 수 있도록 규정하고 있는 것 또한 지방자치법상 허용되지 아니하는 것이다"(대법원 2000. 11. 10. 2000추36)라고 판단했다.

(나) 하남시 행정심판청구지원조례

이 조례는 불법·부당한 행정처분을 받은 하남시민의 행정심판청구를 지원(재정적 지원을 포함한다)하기 위해 의회에 행정심판지원위원회를 둘 수 있고(제2조 제1항), 행정심판청구를 위한 법률적 검토를 위해 의회 소속 고문변호사의 자문을 받을 수 있고(제3조 제1항), 변호사의 자문에 대해서는 수당을 지급할 수 있으며(제4조), 다만 행정심판청구의 대상이 하남시의 재정에 막대한 손해를 끼칠 우려가 있거나 정당하다고 판단되는 행정처분에 대해 행정심판청구를 하고자 하는 경우 및 하남 시민이 아닌 자에게는 지원을 하지 아니 하는 것(제5조)을 그 내용으로 하고 있었다. 대법원은 "지방자치법은 지방자치단체의 의사를 내부적으로 결정하는 최고의결기관으로 지방의회를, 외부에 대하여 지방자치단체의 대표로서 지방자치단체의 의사를 표명하고 그 사무를 통할하는 집행기관으로 단체장을 독립한 기관으로 두고, 의회와 단체장에게 독자적인 권한을 부여하여 상호 견제와 균형을 이루도록 하고 있으므로, 법률에 특별한 규정이 없는 한 조례로써 견제의 범위를 넘어서 상대방의 고유 권한을 침해하는 규정을 제정할 수 없는 것인 바, 지방의회는 조례의 제정, 개폐, 예산의 심의·확정, 결산의 승인, 기타 법 제35조에 규정된 사항에 대한 의결권을 가지는 외에 법 제36조 및 제37조의 2의 규정에 의하여 지방자치단체사무에 관한 행정사무감사 및 조사권을 가지며, 안건의 심의 또는 행정사무감사나 조사와 관련된 서류의 제출을 지방자치단체의 장에게 요구할 수 있는 권한이 있으므로, 이처럼 법률에 의하여 주어진 권한의 범위 내에서 지방자치단체의 장을 견제할 수 있는 것이지 법률에 규정이 없는 새로운 견제 장치를 만드는 것은 지방자치단체장의 고유 권한을 침해하는 것이 되어 허용할 수 없는 것이다"(대법원 1997. 3. 28. 96추60)라고 판단했다.

(다) 청주시 공유재산관리조례

이 조례는 지방재정법에 의해 설치되는 공유재산심의회의 구성과 운영에 관한 것으로, 청주시 의회가 조례에 "시 공유재산심의회는 12명의 위원으로 구성하며 위원은 시의원 9명, 관계 공무원 3명으로 한다"고 규정하고, 그 중 시의원인 9명을 '의장이 추천하여 시장이 위촉하도록' 한 것에서 비롯되었다.

이에 대해 대법원은 "지방재정법에서 공유재산심의회의 구성과 운영에 관하여 당해 지방자치단체의 조례로 정하도록 위임한 취지는 공유재산심의회의 구성과 운영에 있어서 각 지방자치단체의 특수성을 고려하여 그 실정에 맞게 조직하도록 한 것이고, 따라서 당해 지방자치단체의 공유재산심의회 위원의 정수 및 그 위원의 구성비를 어떻게 정할 것인지는 당해 지방의회가 조례로써 정할 입법 재량에 관한 문제로서 조례제정권의 범위 내"라고 함으로써 조례의 적법성을 확인했다. 대법원의 판단은 공유재산심의회의 구성과 운영에 관한 구체적인 내용을 조례에 위임한 것이므로 이를 어떻게 정하는지는 조례제정권자인 지방의회의 입법 재량에 속한다고 판단한 점에서 타당하다.

그러나 시의회의장이 시의원인 공유재산심의회 위원을 추천하도록 한 것에 대해 대법원은 "지방자치법은 지방의회와 지방자치단체의 장에게 독자적인 권한을 부여하고 상호 견제와 균형을 이루도록 하고 있으므로, 법률에 특별한 규정이 없는 한 조례로써 견제의 범위를 넘어서 고유 권한을 침해하는 규정을 할 수 없고, 일방의 고유 권한을 타방이 행사하게 하는 내용의 조례는 지방자치법에 위배된다고 할 것이다"고 하면서 "지방의회 의장과 의원 개인의 지위 및 권한에 비추어 볼 때 집행기관의 인사권에 의원 개인의 자격으로는 관여할 수 있는 권한이 없다고 할 것이고, 조례로써 이를 허용할 수도 없다고 할 것이다"(대법원 1996. 5. 14. 96추15)라고 하여 이 조례의 규정이 위법하다고 했다. 그러나 이는 대법원의 선행 판결에 모순되는 결과를 초래한다. 왜냐하면 본 사안에서 단체장이 갖는 인사권은 법률에 의해 단체장의 전속적인 권한으로 부여된 것이 아니고 누가 인사권을 갖는지에 대해 법률에서 규정하는 바가 없기 때문이다. 단체장이 갖는 임명권과 지방의회 의장이 갖는 추천권은 모두 조례에 의해 설정된 것이므로 이를 어떻게 배분할 것인지는 지방의회의 입법 재량에 속하는 문제라고 보아야 할 것이다. 단체장의 자문기관인 공유재산심의위원회 위원의 3/4을 지방의회 의장이 추천하도록 하는 것이 합목적성의 견지에 비추어볼 때 문제가 있음은 사실이나 그것이 곧 위법하다고 말할 수는 없다. 지방의회 의원이나 지방의회 의장이 다른 법적인 근거 없이 집행기관의 전속적인 인사권에 관여하는 것은 법률상 허용되지 않지만, 본 사안에서의 인사권은 조례에 의해 비로소 단체장과 지방의회 의장에게 배분된 것이므로 위법한 것은 아니라고 할 것이고 이를 위법하다고 본 대법원의 판단은 타당하지 않다.

(라) 대전 유성구 보조금 신청 절차에 관한 조례

이 조례는 유성구 의회가 구청장에게 예산안 편성과 관련해 국·시비보조금의 예산 계상 신청을 할 때 구의회의 사전 의결 또는 사후 승인을 받도록 하는 것을 내용으로 하는 것인데, 구청장이 "법령에 없는 의무를 부과함과 동시에 구의회로 하여금 집행기관의 사무집행에 사전에, 실질적으로 관여하도록 함으로써 집행기관의 권능을 제약하는 것"이라는 이유로 무효 확인을 구한 사건이다. 대법원은 "특별히 제한할 수 있다는 규정이 없는 한 집행기관의 권능을 제한할 수 없다"(대법원 1996. 5. 10. 95추87)는 취지로 무효임을 확인했다.

(4) 헌법 원칙 위반으로 무효라고 한 사례

(가) 인천공무원 자녀 장학기금 설치 및 운용에 관한 조례

이 조례는 인천광역시 의회가 인천시 공무원의 대학생 자녀에게 학비를 지급한다는 내용의 조례를 제정하자 내무부 장관이 지방 주민들이 부담하는 지방세 수입을 소속 공무원 중 대학생 자녀에 한정해 학비를 지급한다면 지역 주민 중 대학생 자녀를 둔 소속 공무원에 한정해 특혜를 베푸는 조치로서 일반 주민은 물론 대학생 자녀를 두지 아니한 다른 공무원과의 관계에서 형평에 반하고, 이는 결과적으로 공익에도 부합되지 않는다며 소를 제기한 것이다. 법원은 이러한 주장을 받아들여 위 조례가 헌법상 형평의 원칙에 반해 평등권을 침해했다는 이유로 무효를 선언했다. 즉 "지방자치단체가 그 재정권에 기하여 확보한 재화는 구성원인 주민의 희생으로 이룩된 것이므로 가장 효율적으로 사용하여야 함은 물론 경비 지출로 인하여 얻어지는 이익이 균점되게 함으로써 어느 특정의 개인이나 단체에 재화를 공급함으로 인하여 형평을 잃는 일이 없도록 하여야 할 것인 바, 지역 주민이 부담하는 지방세 등으로 조성된 지방자치단체의 수입 일부를 출연하여 소속 공무원의 대학생 자녀에 한정해 학비를 지급한다면 이는 지역 주민 중 대학생 자녀를 둔 소속 공무원에 한정해 특혜를 베푸는 조치로서 일반

주민은 물론 대학생 자녀를 두지 아니한 다른 공무원과의 관계에서 형평에 반하고, 이는 결과적으로 공익에도 부합되지 아니한다고 할 것이므로, 이 사건 조례안은 지방자치법 제133조 제1항 소정의 기금 설치를 위한 요건을 구비하였다고 볼 수도 없다"(대법원 1996. 10. 25. 96추107)고 판단했다.

(나) 인천광역시 남동구의회 행정사무 감사 및 조사에 관한 조례

이 조례는 지방의회의 조사·감사를 위해 채택된 증인이 소환에 응하지 않아 출석하지 않는 경우, 관계 공무원 중 간부급 공무원(5급 이상)에 대해서는 450만 원 이상 500만 원 이하, 계장 및 실무담당자에 대해서는 350만 원 이상 400만 원 이하로, 그 사무에 관계되는 자 중 기관(법인)의 대표 및 임원에 대해서는 450만 원 이상 500만 원 이하, 실무담당자에 대해서는 350만 원 이상 400만 원 이하로 정하는 것을 내용으로 하고 있다. 이에 인천 남구청장이 조례의 제정 범위를 벗어나고(과태료의 하한을 정한 점) 헌법상 평등 원칙에 위반된다며 소송을 제기했다. 법원은 두 가지 주장 중 과태료의 하한을 정하는 것에 관해서는 적법하다고 하면서, 신분에 따라 다른 과태료를 정한 것은 헌법 위반이라고 판단했다(대법원 1997. 2. 25. 96추213).

6 조례 위반행위에 대한 제재

지방자치단체는 조례를 위반한 행위에 대해 조례로써 1천만 원 이하의 과태료를 정할 수 있다. 과태료는 그 지방자치단체의 조례로 정하는 바에 따라 해당 지방자치단체의 장이나 그 관할 구역 안의 지방자치단체의 장이 부과·징수한다. 과태료 처분에 불복하는 자는 그 처분을 고지받은 날부터 30일 이내에 해당 지방자치단체의 장에게 이의를 제기할 수 있다. 그리고 과태료 처분을 받은 자가 이의를 제기하면 그 지방자치단체의 장은 지체없이 관할 법원에 그 사실을 통보해야 하며, 그 통보를 받은 관할 법원은 '비송사건절차법'에 따른 과태료의 재판을 한다. 만약 이의를 제기하지 아니하고, 과태료를 내지 아니하면 지방세 체납처분의 예에 따라 징수한다(지방자치법 제27조).

조례위반 행위에 대해 형벌을 가할 수 있는가에 대해서 대법원은 부정적인 판단을 한 바 있다. 즉 "지방자치법 제15조 단서는 지방자치단체가 법령의 범위 안에서 그 사무에 관하여 조례를 제정하는 경우에 벌칙을 정할 때에는 법률의 위임이 있어야한다고 규정하고 있는데, 불출석 등의 죄, 의회모욕죄, 위증 등의 죄에 관하여 형벌을 규정한 조례안에 관하여 법률에 의한 위임이 없었을 뿐만 아니라, 구 지방자치법(1994. 3. 16. 법률 제4741호로 개정되기 전의 것) 제20조가 조례에 의하여 3월 이하의 징역 등 형벌을 가할 수 있도록 규정했으나 개정된 지방자치법 제20조는 형벌권을 삭제함으로써 지방자치단체는 조례로써 조례 위반에 대해 1,000만 원 이하의 과태료만을 부과할 수 있도록 규정하고 있으므로, 조례 위반에 형벌을 가할 수 있도록 규정한 조례안 규정들은 현행 지방자치법 제20조에 위반되고, 적법한 법률의 위임 없이 제정된 것이 되어 지방자치법 제15조 단서에 위반되고, 나아가 죄형법정주의를 선언한 헌법 제12조 제1항에도 위반된다"(대법원 1995. 6. 30. 93추83)라고 판단했다.

7 위법한 조례에 대한 권리구제

위법한 조례에 근거한 처분(행정행위)에 대해서는 행정소송을 통해 권리구제를 받을 수 있다. 이는 직접 조례의 유·무효를 다투는 것이 아니라 조례에 근거해 발령된 처분을 다투는 것이다. 그리고 법원은 재판의 전제로 조례의 유·무효를 심사하게 되고, 그 심사결과 조례가 무효일 경우에는 조례 규정의 적용을 배제하고 그 처분을 취소하거나 무효를 선언하게 된다. 이런 경우를 구체적 규범통제라고 한다. 헌법 제107조 제2항은 "법령·규칙 또는 처분이 헌법이나 법률에 위반되는 여부가 재판의 전제가 된 경우에 대법원은 이를 최종적으로 심사할 권한을 가진다"라고 함으로써 명령, 규칙에 대한 구체적인 규범통제가 법원의 권한에 속한다고 규정하고 있고, 여기의 규칙 속에는 조례도 포함되는 것이다.

또한 조례 자체에 대한 추상적인 규범통제는 인정되지 않지만, 조례 자체에 의해 직접적으로 법률상 이익이 침해되는 경우에는 조례의 행정처분으로서의 성격이 인정되어 조례에 대한 항고소송을 제기할 수 있다. 대법원 판례도 "조례가 집행행위의 개입 없이도 그 자체로서 직접 국민의 구체적인 권리 의무나 법적 이익에 영향을 미치는 등의 법률상 효과를 발생하는 경우 그 조례는 항고소송의 대상이 되는 행정처분에 해당하고, 이러한 조례에 대한 무효확인소송을 제기함에 있어서 피고적격이 있는 행정청은 행정 주체인 지방자치단체 또는 지방자치단체의 내부적 의결기관으로서 지방자치단체의 의사를 외부에 표시한 권한이 없는 지방의회가 아니라, 지방자치단체의 집행기관으로서 조례로서의 효력을 발생시키는 공포권이 있는 지방자치단체의 장이다"(대법원 1996. 9. 20. 95누8003)라고 판단하기도 했다. 또한 조례 그 자체로 인해 현재 자기의 기본권을 침해받은 자는 그 권리구제의 수단으로 헌법소원을 제기할 수도 있다.[35]

제 2 절 규 칙

1 의 의

지방자치단체의 장은 지방자치법 제23조에 따라 법령이나 조례가 위임한 범위 내에서 그 권한에 속하는 사무에 대해 규칙을 제정할 수 있다. 규칙이란 지방자치단체의 장이 법령 또는 조례의 위임에 따라 제정하는 일반적·추상적인 법규범을 말한다. 지방자치단체의 조례가 그의 대의기관인 지방의회에서 제정되는 것임에 대해 규칙은 지방자치단체의 집행기관이 제정하는 법규범이라는 점에서 다르다.

규칙의 제정권은 법령이나 조례의 개별적, 구체적 위임이 있는 경우에 한정된다. 위임의 근거가 되는 법령과 조례는 내용, 목적, 범위를 명확히 정해서 위임해야 한다. 이는 포괄적 위임도 가능한 조례와는 다르다. 이러한 의미에서 규칙은 지방자치단체의 법규명령(Gemeinderechtsverordnung)이

35) 헌재 1995. 4. 20. 92헌마264.

라 할 수 있다.

2 규칙의 한계

규칙은 법령이나 조례가 위임한 범위 내에서 지방자치단체의 장의 권한에 속하는 사무에 관해 제정할 수 있다. 따라서 규칙은 '지방자치단체의 장의 권한에 속하는 사무'에 한해 제정할 수 있다. 이에는 자치사무와 단체위임사무뿐만 아니라 기관위임사무도 포함된다. 기관위임사무는 직접적인 국가행정사무이므로 이 때 지방자치단체의 장은 국가의 하부행정청이 되고 그가 제정하는 규칙은 지방자치단체의 법규범이 아니라 국가의 법규범이 된다.

또한 규칙은 '법령과 조례가 위임한 범위 안에서', 즉 법령과 조례에 위반되지 아니하는 범위 안에서만 허용된다. 조례와 규칙이 충돌할 경우에는 조례가 우선한다.

시·군 및 자치구의 규칙은 시·도의 조례나 규칙에 위반해서는 안 된다(지방자치법 제24조).

3 규칙 제정의 절차

규칙은 지방자치법 제23조에 따라 지방자치단체의 장이 제정한다. 다만 교육규칙은 '지방교육 자치에 관한 법률'에 따라 교육감이 제정한다. 규칙을 제정하거나 개정하거나 폐지할 경우 공포 예정 15일 전에 시·도지사는 행정자치부 장관에게, 시장·군수 및 자치구의 구청장은 시·도지사에게 그 전문을 첨부하여 각각 보고하여야 하며, 보고를 받은 행정자치부 장관은 이를 관계 중앙행정기관의 장에게 통보하여야 한다(지방자치법 제28조).

제 3 절 기타 자치입법

1 의회규칙

의회규칙은 지방의회가 지방의회의 내부 운영에 관해 필요한 사항을 규정하는 법규범으로서 의회의 자율적인 사항을 규정한다.

구 지방자치법 제37조의2가 의회규칙을 규정하고, 또한 동법 제63조가 회의규칙을 규정하고 있어 양자의 관계가 문제되었다. 그런데 종래 구 지방자치법 제37조의 2(현행 지방자치법 제43조)가 "지방의회는 의회의 회의 등 내부 운영에 관하여 이 법에 정한 것을 제외하고 필요한 사항을 규칙으로 정할 수 있다"고 규정했던 것을 2005년 1월 27일 법을 개정해 "지방의회는 내부 운영에 관하여 이 법에 정한 것을 제외하고 필요한 사항을 규칙으로 정할 수 있다"고 규정해 회의에 관한 것을 제외하고 있어 양자의 규율 사항을 구분하게 되었다.

따라서 의회규칙에는 지방의회의 행정적인 사항에 관한 내부규율로 사무처의 직제규정, 의원 및 사무처 직원의 복무에 관한 규정 등이 포함되는 것으로 볼 수 있다.

2 회의규칙

지방자치법 제71조는 의회규칙과는 별도로 회의규칙을 규정하고 있다. 회의규칙은 회의의 운영에 관한 규정이다. 통상 회의규칙에는 의장과 부의장의 임기와 직무대리, 회의개최, 의안의 발의, 발언, 표결, 위원회, 예산안 결산심사, 단체장 또는 관계 공무원의 출석과 답변, 회의 질서 등에 관한 사항이 규정되어 있다.

국회법에서 '국회규칙'으로 회의에 관한 세부적인 사항을 규정하고 있음에 비추어 지방의회에서 의회규칙과 별도로 회의규칙이라는 법 형식을 유지할 필요가 있는지에 대해서는 재고의 여지가 있다.

3 행정규칙

지방자치단체의 장은 지방행정의 수반으로서 그의 직무와 관련해서 행정조직, 재량준칙 등에 관해 지방자치단체 내부적 효력을 갖는 행정규칙을 제정할 수 있다. 행정규칙에서 위에서 말한 규칙과 구별된다. 행정규칙은 내부적으로 구속성을 갖지만 직접적으로는 외부적 효력이 없다는 점에서 전통적 의미에서의 규칙에 포함되지 아니한다. 이에 속하는 것으로는 각종 위원회의 의사규칙, 조직규칙, 훈령 등이 있다.

제11장 지방재정

제1절 헌법과 지방재정

1 지방자치의 요소로서의 재정고권

지방자치단체는 헌법 제117조 제1항에 따라 주민의 복리에 관한 모든 사무를 처리한다. 전권한성의 원칙에 따라, 지방자치단체의 사무에는 주민의 복리에 관한 모든 사무가 포함된다. 그러나 전권한성은 지방자치단체가 수행할 수 있는 사무의 범위를 개괄적으로 정하는 원칙일 뿐이고, 그 범위 내에서 지방자치단체가 얼마만큼 현실적으로 실현할 수 있는지는 지방자치단체의 재정력과 그 재정력의 활용에 의해 제한될 수밖에 없다.

또한 자기책임성(Eigenverantwortlichkeit)은 지방자치의 가장 중요한 개념 요소이다. 지방자치단체가 그 구역 내의 상황에 적합한 사무를 자기책임하에 수행하기 위해서는 역시 재정적인 뒷받침을 필요로 한다. 즉 자기책임성은 법적으로 규율된 예산의 범위 내에서 수입과 지출을 자기책임하에 결정할 수 있는 재정고권(Finanzhoheit)을 포함한다.

재정고권이란 지방자치단체가 법령으로 규율된 예산 범위 내에서 그의 수입과 지출을 자기책임하에 운영할 수 있는 권한을 말한다. 지방자치단체가 자유롭게 처분할 수 있는 재정 수단을 갖지 아니하는 경우에 지방자치단체는 그의 업무를 자기책임 하에 결정할 수 없으며, 현존하는 재정력이 행정활동을 뒷받침하지 못하는 경우에 지방자치행정은 마비되어 버린다. 지방자치단체의 재정고권에는 수입고권(收入高權), 지출고권(支出高權), 재정행정고권(財政行政高權)이 포함된다.

2 법률유보의 원칙과 지방재정

지방자치단체의 재정고권은 다른 고권과 마찬가지로 절대적인 것은 아니며, 헌법과 법률에 의한 제한을 받는다. 이와 관련하여 조세법률주의에 관한 헌법 제59조가 문제로 된다. 헌법 제59조에서는 "조세의 종목과 세율은 법률로 정해야 한다"라고 규정하고 있기 때문이다. 이러한 조세법률주의는 지방세에 대해서도 적용된다고 보는 것이 다수설이다.[1] 다수설에 의하면 지방세의 부과도 국세와 마찬가지로 형식적인 의미에서의 법률의 수권이 있는 경우에만 가능하다. 이에 대해서 조례로써 조세를 부과할 수 있어야 한다는 지방세조례주의가 주장되기도 한다.[2]

생각건대 앞에서 살펴본 것처럼, 헌법 제37조 제2항에서의 '법률'이 형식적 의미의 법률에 한정되는지에 대해서 의문이 제기되는 것과 마찬가지로, 헌법 제59조의 조세법률주의의 '법률'에 대해서도 마찬가지의 질문이 가능하다. 조세법률주의는 법치국가적 예측 가능성과 자의적인 과세권의 방지를 위한 것이므로, '법률'의 의미가 반드시 국회를 통과한 형식적 의미의 법률에 한정된다고 볼 필요는 없다고 본다.

또한 과세요건법정주의, 과세요건명확주의를 내용으로 한다는 조세법률주의 자체에 대한 비판도 유력하게 제기되고 있다. 즉 조세법률주의라는

1) 일본에서는 조세법률주의가 지방세에도 적용되는지 여부에 대해서 찬반의 견해가 대립하고 있다. 이에 대해서는 함인선, "일본에서의 지방세조례주의론", 한국법제연구원, 지방자치단체의 재정자주권의 범위와 한계, 전문가회의자료집(2007. 6. 26), 54쪽 참조.

2) 이에 관해서는 차상붕, "지방자치단체 과세권의 헌법적 한계와 지방세조례주의에 관한 소고", 『법학연구』, 제13권 제1호, 충남대법학연구소, 2002, 251-275쪽 참조.

말 자체가 일본의 몇몇 세법학자가 만들어낸 것인데 우리 법학과 판례에 무비판적으로 수용되었다는 것이다. 그리고 심지어 일본의 헌법학 이론에서도 조세법률주의에 관한 정식(定式)은 없다는 것이다. 그리고 독일법에서는 조세법률주의라는 말은 따로 없고 법치국가(Rechtsstaat)의 이념만이 있을 뿐이라는 것이다.3)

제 2 절 지방재정 운영의 기본 원칙

지방자치법 제122조 내지 제124조 및 지방재정법 제3조에서는 지방재정 운영의 기본 원칙에 대해 정하고 있다.

1 건전재정의 운영

지방자치단체는 그 재정을 수지 균형의 원칙에 따라 건전하게 운영하여야 한다(지방자치법 제122조 제1항). 수지 균형의 원칙이란 지방자치단체가 예산을 편성하고 집행할 때 수입과 지출이 균형을 이루도록 운영해야 한다는 것을 의미한다. 수지 균형의 원칙은 예산과 결산으로 구분해 살펴볼 수 있다. 먼저 예산상의 수지 균형의 원칙이란 예산편성의 결과 세입과 세출이 일치하는 형식상의 수지 균형 원칙을 의미하며, 결산상의 수지 균형의 원칙은 예산집행의 결과 수입과 지출의 균형을 파악하기 위한 것이다. 결산시 수지가 완전 균형을 이루기는 현실적으로는 어렵다.

지방자치단체는 주민의 복리 증진을 위하여 그 재정을 건전하고 효율적으로 운용하여야 한다(지방재정법 제3조 전단). 그리고 국가는 지방재정의 자주성과 건전한 운영을 조장하여야 하며, 국가의 부담을 지방자치단체에 넘겨서는 아니 된다(지방자치법 제122조 제2항). 또한 지방자치단체는 국

---

3) 이창희, 『세법강의』(제3판), 박영사, 2006, 20-23쪽 참조.

가의 정책에 반하거나 국가 또는 다른 지방자치단체의 재정에 부당한 영향을 미치게 하여서는 아니 된다(지방재정법 제3조 후단).

이러한 규정들은 국가와 지방자치단체 간에 상호 부당한 영향 금지의 원칙을 규정한 것으로 국가와 지방자치단체, 그리고 지방자치단체 상호간에 재정자주성과 재정자율성, 재정책임성을 보장하도록 하는 데 목적이 있다.

2 국가정책과의 조화

지방자치단체는 국가시책을 달성하기 위하여 노력하여야 한다(지방자치법 제123조 제1항). 이 조항이 담고 있는 의미는 지방재정의 운영이 국가정책과 조화를 이루어야 한다는 것이다.

한편 지방자치단체가 국가 시책을 달성하기 위해 노력할 경우에 그에 대한 재정 부담을 지방자치단체가 전적으로 질 수는 없다. 따라서 지방자치단체가 국가 시책을 달성하기 위해 필요한 경비에 대한 국고보조율과 지방비 부담률은 법령으로 정한다(지방자치법 제123조 제1항 및 제2항).

3 지방채무 및 지방채권의 관리 원칙

지방자치법 제124조에서는 지방자치단체의 채무와 채권의 관리에 관한 원칙을 규정하고 있다. 우선 지방자치단체의 장이나 지방자치단체조합은 따로 법률로 정하는 바에 따라 지방채를 발행할 수 있다(지방자치법 제124조 제1항). 지방채의 발행에 대해서는 지방재정법 제11조에서 따로 규율하고 있다. 이에 의하면 지방채는 "지방자치단체의 항구적 이익이 되거나 긴급한 재난복구 등의 필요가 있는 때"에 재정 상황 및 채무 규모 등을 고려해서 대통령령이 정하는 지방채 발행 한도액의 범위 내에서 지방의회의 의결을 얻어 발행해야 한다.

그리고 지방자치단체의 장은 따로 법률로 정하는 바에 따라 지방자치단체의 채무 부담의 원인이 될 계약의 체결이나 그 밖의 행위를 할 수 있다(지방자치법 제124조 제2항).

또한 지방자치단체의 장은 공익을 위하여 필요하다고 인정하면 미리 지방의회의 의결을 받아 보증채무 부담행위를 할 수 있다(지방자치법 제124조 제3항).

지방자치단체는 조례나 계약에 의하지 아니하고는 그 채두의 이행을 지체할 수 없다(지방자치법 제124조 제4항).

한편 지방자치단체는 법령이나 조례의 규정에 따르거나 지방의회의 의결을 받지 아니하고는 채권에 관하여 채무를 면제하거나 그 효력을 변경할 수 없다(지방자치법 제124조 제5항).

제 3 절 지방자치단체의 예산과 결산

1 예 산

1) 예산의 의의 및 법적 성질

예산이라 함은 실질적으로는 1회계연도의 세입과 세출의 예정계획을 말하고, 형식적으로는 일정한 형식으로 집행기관이 작성하고 의결기관이 심의·확정한 법규범을 말한다. 집행기관의 세입-세출계획인 실질적인 의미의 예산이 의결기관의 의결을 얻게 되면 형식적인 의미의 예산이 된다.

우리 나라에서는 예산법률주의를 채택하고 있지 아니하므로 예산은 법률이 아니다.[4] 따라서 예산의 법적 성질이 문제된다. 예산은 정부의 지출을 구속하고 예정된 지출을 할 수 있는 권한을 주며 계획된 수입을 달성하도록 노력할 의무를 부과한다는 점에서 일반적 구속력을 갖는 법규범이라고 보아야 한다(법규범설). 다만 예산은 외부에 대해서 직접적인 효력을 갖는

4) 예산법률주의는 예산을 법률의 형식으로 의결하는 주의를 말한다. 예산법률주의를 취하는 나라에서는 예산은 형식적 의미에서의 법률에 속하나 실질적인 의미의 법률은 아닌 것으로 보고 있다.

것은 아니므로, 효력의 범위가 내부에 대해서 한정되는 내부법규범(Binnenrecht)이라 할 것이다.

2) 지방자치단체의 예산에 관한 원칙

(1) 예산총계주의의 원칙

예산총계주의란 한 회계연도의 모든 수입을 세입으로 하고, 모든 지출을 세출로 하며 세입과 세출은 모두 예산에 편입한다는 원칙을 말한다(지방재정법 제34조 제1항 및 제2항). 다만 예외적으로 지방자치단체가 현물로 출자하는 경우와 지방자치법 제142조 제1항 및 '지방자치단체 기금관리기본법'의 규정에 의해 설치된 기금을 운용하는 경우나 그밖에 대통령령이 정하는 사유로 보관할 의무가 있는 현금 또는 유가증권이 있는 경우에는 이를 세입·세출예산 외로 처리할 수 있다(지방자치법 제34조 제3항).

(2) 회계연도 독립의 원칙

회계연도란 국가나 지방자치단체의 세입·세출의 관리 단위가 되는 기간을 말한다. 지방자치법 제125조와 지방재정법 제6조는 지방자치단체의 회계연도는 매년 1월 1일에 시작해 그해 12월 31에 종료한다고 규정하고 있다. 이와같이 회계연도를 1년으로 하는 것을 예산일년주의라고 한다.

그리고 회계연도 독립의 원칙이란 각 회계연도의 경비는 당해 연도의 세입으로 충당해야 한다는 원칙을 말한다. 지방재정법 제7조 제1항은 회계연도 독립의 원칙을 명시하고 있다. 다만, 당해 회계연도 내의 수입으로 경비를 충당함에 있어서 부족이 생긴 때에는 다음 연도의 수입을 앞당기어 이에 충당·사용할 수 있다. 이 경우 앞당기어 충당·사용한 금액은 다음 연도의 세입세출예산에 편입하여야 한다(지방재정법 제7조 제2항). 그리고 지방자치단체의 장이 다음 연도의 수입을 앞당기어 충당·사용하고자 할 때에는 미리 지방의회의 의결을 얻어야 하며, 다음 연도의 수입을 앞당겨 충당·사용한 때에는 시·군 및 자치구에서는 시·도지사에게, 시·도에서는 행정자치부 장관에게 즉시 보고해야 한다.

3) 예산의 종류

(1) 일반회계예산과 특별회계예산

지방자치단체의 예산은 일반회계예산과 특별회계예산으로 구분된다(지방자치법 제126조 제1항). 일반회계예산이란 특별회계예산에 속하지 아니하는 지방자치단체의 예산으로 일반적인 지방자치단체의 활등에 대한 일체의 세입·세출예산을 말한다.

이에 대해 특별회계예산이란 지방자치단체가 특정한 사업을 운영할 때, 특정한 자금을 보유하여 운영할 때, 기타 특정한 세입으로써 특정한 세출에 충당함으로써 일반의 세입·세출과 구분하여 경리할 필요가 있을 때 설치되는 예산을 말한다. 특별회계예산은 법률이나 지방자치단체의 조례로 설치할 수 있다(지방자치법 제126조 제2항).

실제로는 별도의 재원으로 별도의 세출에 충당함으로써 특정 사업을 안정적으로 추진할 수 있도록 특별회계를 설치하는 경우가 대부분이다. 예컨대 '지방교육 자치에 관한 법률' 제38조에 의한 교육비 특별회계를 들 수 있다. 동조는 "시·도의 교육·학예에 관한 경비를 따로 경리하기 위하여 당해 지방자치단체에 교육비 특별회계를 둔다"라고 규정하고 있다. 이러한 교육비 특별회계에 대해서는 찬반의 논의가 엇갈린다. 지방교육기관의 분리와 독립을 주장하는 입장에서는 그 존속을 주장하고, 양자의 통합을 주장하는 입장에서는 특별회계를 폐지하고 일반회계로 통합해 재정 운용의 효율성과 책임성을 높이려고 한다.

(2) 추가경정예산

본예산이 성립된 이후에 사정 변경에 의해서 이를 추가 또는 변경할 필요가 있는 경우에 작성되는 예산을 추가경정예산이라 한다. 지방자치단체의 장은 예산을 변경할 필요가 있으면 추가경정예산안을 편성하여 지방의회의 의결을 받아야 한다(지방자치법 제130조 제1항).

(3) 준예산

지방의회에서 새로운 회계연도가 개시될 때까지 예산안이 의결되지 못한 경우에 지방자치단체의 장이 지방의회에서 예산안이 의결될 때까지 일정한 경비를 전년도 예산에 준하여 집행할 수 있도록 하고 있는데 이를 준예산이라고 한다.

준예산으로 집행할 수 있는 경비로는, ① 법령이나 조례에 따라 설치된 기관이나 시설의 유지・운영, ② 법령상 또는 조례상 지출의무의 이행, ③ 이미 예산으로 승인된 사업의 계속 등이다(지방자치법 제131조 및 지방재정법 제46조 제1항).

준예산으로 집행된 예산은 당해 회계연도의 예산이 성립되면 그 성립된 예산에 의하여 집행된 것으로 본다(지방재정법 제46조 제2항).

4) 예산의 내용

예산의 내용에는 예산총칙, 세입・세출예산, 계속비, 채무부담행위 및 명시이월비 등이 포함된다(지방재정법 제40조 제1항).

(1) 예산총칙

예산총칙에서는 세입・세출예산, 계속비, 채무부담행위 및 명시이월비에 관한 총괄적 규정과 지방채 및 일시차입금의 한도액 그 밖에 예산집행에 관하여 필요한 사항을 정해야 한다(지방재정법 제40조 제2항).

(2) 세입・세출예산

세입이란 한 회계연도의 모든 수입을 말하고, 세출이란 한 회계연도의 모든 지출을 의미한다. 지방자치단체의 세입예산 및 세출예산은 그 내용의 성질과 기능을 고려하여 장・관・항으로 구분하며, 세출예산의 경우 세항 및 목으로 세분화할 수 있다. 각 과목의 구분과 설정 등 지방자치단체의 예산 과목의 운용에 관하여 필요한 사항은 대통령령으로 정한다(지방재정법 제41조).

한편 지방자치단체는 예측할 수 없는 예산 외의 지출 또는 예산초과지출에 충당하기 위하여 예비비로서 상당하다고 인정되는 금액을 예산에 계상하여야 한다. 다만, 특별회계(교육비 특별회계를 제외한다)의 경우에는 예비비를 계상하지 아니할 수 있다(지방재정법 제43조). 예비비의 지출은 다음 연도 지방의회의 승인을 받아야 한다(지방자치법 제29조 제2항).

(3) 계속비

회계연도 독립의 원칙에 대한 예외로서 한 회계연도를 넘어 계속하여 경비를 지출할 필요가 있는 경우가 있다. 지방자치단체의 장은 공사나 제조 그 밖의 사업으로서 그 완성에 수년을 요하는 것은 소요경비의 총액과 연도별 금액에 대하여 지방의회의 의결을 얻어 계속비로서 수년에 걸쳐 지출할 수 있다(지방재정법 제42조 제1항). 이처럼 계속비로 지출할 수 있는 연한은 당해 회계연도부터 5년 이내로 한다. 다만, 필요하다고 인정되는 때에는 지방의회의 의결을 얻어 다시 그 연한을 연장할 수 있다(지방재정법 제42조 제2항).

(4) 채무부담행위

지방자치단체의 장은 지방자치단체의 채무 부담의 원인이 될 계약의 체결 그 밖의 행위를 하고자 할 때에는 미리 예산으로 지방의회의 의결을 얻어야 한다. 다만 ① 법령 또는 조례에 의한 것과 ② 세출예산·명시이월비 또는 계속비 총액의 범위 안의 것은 예외이다(지방재정법 제44조 제1항). 지방자치단체의 장이 채무부담이 되는 행위를 한 때에는 상환하는 회계연도 세출예산에 반드시 계상해야 한다.

(5) 명시이월비

세출예산 중 경비의 성질상 당해 회계연도 내에 그 지출을 끝내지 못할 것이 예상되어 명시이월비로서 특히 그 취지를 세입·세출예산에 명시하여 미리 지방의회의 의결을 얻은 금액은 이를 다음 회계연도에 이월하여 사용할 수 있다(지방재정법 제50조 제1항).

5) 예산의 성립

예산은 편성, 제출, 심의, 의결의 과정을 거쳐서 성립한다. 이 중에서 예산의 편성과 제출은 지방자치단체장의 권한에 속하고 심의 및 의결은 지방의회의 권한에 속한다.

(1) 예산안의 편성, 제출

지방자치단체의 장은 회계연도마다 예산안을 편성하여 시·도는 회계연도 시작 50일 전까지, 시·군 및 자치구는 회계연도 시작 40일 전까지 지방의회에 제출하여야 한다(지방자치법 제127조 제1항). 그리고 지방자치단체의 장은 예산안을 제출한 후 부득이한 사유로 그 내용의 일부를 수정하려면 수정예산안을 작성하여 지방의회에 다시 제출할 수 있다(지방자치법 제127조 제4항).

이러한 예산안의 편성·제출권은 지방자치단체의 장의 권한에 속하는 것이다. 따라서 지방의회도 지방자치단체의 장의 예산편성권을 본질적으로 침해할 수 없다.[5] 예산은 예산총계주의에 따라 모든 세입과 세출을 포함시키는 것이 원칙이다. 다만 지방재정법 제34조 제3항에서는 현물출자, 기금, 대통령령이 정하는 사유로 보관할 의무가 있는 현금 또는 유가증권을 예외로 인정하고 있다.

지방자치단체는 법령 및 조례가 정하는 범위 안에서 합리적인 기준에 의하여 그 경비를 산정하여 예산에 계상하여야 한다. 지방자치단체는 모든 자료에 의하여 엄정하게 그 재원을 포착하고 경제의 현실에 적응하도록 그 수입을 산정하여 이를 예산에 계상하여야 한다(지방재정법 제36조 제1항 및 제2항).

또한 지방자치단체의 장이 예산을 편성하는 때에는 중기지방재정계획과 재정투·융자사업에 대한 심사를 기초로 하여야 한다. 중기지방재정계획은 재정을 계획성 있게 운용하기 위해 매년 수립해 지방의회에 보고하고 행정자치부 장관에게 제출하는 계획이다(지방재정법 제33조 제1항). 그리고 지방자치단체의 장은 재정투·융자사업에 대한 예산을 편성하고자 하는 경우

5) 이와 관련하여, 대법원은 "지방자치법상 의결기관과 집행기관 사이의 권한의 분리 및 배분의 취지에 비추어 보면, 지방의회는 지방자치단체의 예산을 심의·확정할 권한이 있으므로 지방자치단체의 재정 부담을 수반하는 국·시비보조금의 사업이 적절하지 않다고 판단되면 관련 예산안에 대한 심의를 통하여 사후에 감시·통제할 수 있으나, 법령상 지방자치단체의 장에게 예산안 편성 또는 국·시비보조금의 예산 계상 신청 등의 사무에 관한 집행 권한을 부여하면서도 그 권한 행사에 대한 의회의 사전 의결 또는 사후 승인을 받도록 하는 등의 권한 행사를 견제·제한하는 규정을 두거나 그러한 내용의 조례를 제정할 수 있다고 규정하고 있지 아니하는 한, 하위법규인 조례로써는 단체장의 예산안 편성권 또는 국·시비보조금의 예산 계상 신청권을 본질적으로 제약하는 내용의 규정을 할 수 없고, 이러한 내용의 조례가 제정되었다면 이는 지방자치법에 위배된다"(대법원 1996. 5. 10. 95추87)라고 판단한 바 있다.

에는 대통령령이 정하는 바에 의하여 미리 그 사업의 필요성 및 사업계획의 타당성 등에 대한 심사를 하여야 한다(지방재정법 제36조 제3항).

또한 지방재정의 건전한 운용과 지방자치단체 간 재정 운용의 균형을 확보하기 위하여 필요한 회계연도별 지방자치단체 예산편성기준은 행정자치부령으로 정한다(지방재정법 제38조 제2항). 과거 예산편성기본지침의 형식으로 행정자치부가 지방자치단체의 예산편성을 통제했으나, 이 지침은 폐지되고 필요한 부분에 대해서만 예산편성의 기준을 행정자치부령으로 정하도록 규정한 것이다. 이러한 예산편성의 기준은 지방재정법에 근거를 둔 것이므로 지방자치단체를 구속하는 효력이 있다고 볼 수 있을 것이다.

한편 지방자치단체의 예산편성 과정에 주민 참여를 보장하기 위하여, 지방자치단체의 장은 대통령령이 정하는 바에 따라 지방예산 편성 과정에 주민이 참여할 수 있는 절차를 마련하여 시행할 수 있도록 하고 있다(지방재정법 제39조).

(2) 예산안의 심의·의결

지방자치단체의 장이 제출한 예산안은 지방의회의 의결을 거쳐 확정된다. 시·도의회에서는 회계연도 시작 15일 전까지, 시·군 및 자치구의회에서는 회계연도 시작 10일 전까지 예산안을 의결하여야 한다(지방자치법 제127조 제2항).

지방의회는 지방자치단체의 장이 제출한 예산안을 삭감할 수는 있지만, 지방자치단체의 장의 동의 없이 지출예산 각 항의 금액을 증가하거나 새로운 비용 항목을 설치할 수는 없다(지방자치법 제127조 제3항).

6) 예산의 이송 및 고시

예산안을 지방의회가 의결한 경우에 지방의회의 의장은 3일 이내에 지방자치단체의 장에게 이송하여야 한다. 지방자치단체의 장은 예산을 이송받으면 지체없이 시·도에서는 행정자치부 장관에게, 시·군 및 자치구에서는 시·도지사에게 각각 보고하고, 그 내용을 고시하여야 한다. 다만, 지방자치법 제108조에 따른 재의 요구를 할 때에는 그러하지 아니하다(지방자치법 제133조).

7) 예산의 법적 효력

(1) 세입예산의 효력

세입예산은 세입의 단순한 예측 견적에 불과하고 법적인 구속력이 없다. 왜냐하면 세입은 예산상의 견적과는 별도로 법령이나 조례에 의해서 부과·징수되기 때문이다. 따라서 세입예산은 당해 회계연도의 세출의 재원을 제시하는 의미를 갖는 데 불과하다.

(2) 세출예산의 효력

세출예산은 세입예산과는 달리 지출 목적·지출 금액·지출 시기에서 지방자치단체를 구속한다. 이에 위반한 것은 위법한 지출이 된다.

(가) 지출의 목적

지방재정법 제47조 제1항에 의하여 지방자치단체의 장은 세출예산에 정한 목적 외에 경비를 사용하거나 세출예산이 정한 각 장·관·항 사이에 상호 이용(移用)할 수 없다. 다만 예산집행상 필요에 의해서 미리 예산으로서 지방의회의 의결을 얻은 때에는 이용(移用)할 수 있다.

또한 지방자치단체의 기구·직제 또는 정원에 관한 법령이나 조례의 제정 또는 개폐로 인하여 관계 기관 사이에 직무 권한 그 밖의 변동이 있는 때에는 그 예산을 상호 이체(移替)할 수 있다.

(나) 지출 금액

지출은 세출예산의 각 항·목에서 정한 금액을 초과해 지출할 수 없음이 원칙이다. 다만 지방자치단체의 장은 대통령령이 정하는 바에 따라 각 항 내의 예산액 범위 내에서 각 세항 또는 목의 금액을 전용할 수 있다. 이에 의하여 전용한 경비의 금액은 세입·세출결산서에 이를 명시하고, 그 이유를 기재하여야 한다(지방재정법 제49조 제2항).

(다) 지출 시기

한 회계연도의 세출예산금액은 당해 회계연도에 한하여 지출할 수 있음이 원칙이다. 다만 명시이월비로서 그 취지를 세입·세출예산에 명시하여 지방의회의 의결을 받은 금액은 지방재정법 제50조 제1항에 따라 다음 연도에 이월하여 사용할 수 있다(명시이월).

또한 세출예산 중 다음의 사유에 해당하는 경비의 금액은 '사고이월비'로서 다음 회계연도에 이월하여 사용할 수 있다(동법 제50조 제2항).

① 회계연도 내에 지출원인행위를 하고 불가피한 사유로 인하여 회계연도 내에 지출하지 못한 경비와 지출하지 아니한 그 부대경비

② 지출원인행위를 위하여 입찰공고를 한 경비 중 입찰공고 후 지출원인행위까지 장기간이 소요되는 경우로서 대통령령이 정하는 경비

③ 공익·공공사업의 시행에 필요한 손실보상비로서 대통령령이 정하는 경비

④ 경상적 성격의 경비로서 대통령령이 정하는 경비

한편 계속비의 회계연도별 소요 경비의 금액 중 당해 회계연도 내에 지출하지 못한 금액은 당해 계속비의 사업 완성 연도까지 차례차례로 이월하여 사용할 수 있다.

2 결 산

1) 결산의 의의

결산이란 한 회계연도의 출납 완결 후에 세입예산의 모든 수입과 세출예산의 모든 지출에 대해 예산과 실적을 비교해서 작성하는 확정적인 계수(計數)이다. 결산의 기능은 첫째로 예산이 규정대로 집행되었는지를 통제할 수 있는 기초 자료를 제공하고, 둘째로 결산상의 흑자 또는 적자를 확인해 차기의 예산에 반영할 수 있도록 하는 데 있다.

2) 결산의 절차

(1) 결산서 및 증빙서류의 작성

지방자치단체의 출납은 회계연도 종료 후 2월로 폐쇄한다(지방재정법 제8조). 그리고 지방자치단체의 장은 출납 폐쇄 후 80일 이내에 결산서와 증빙서류를 작성하여야 한다(지방자치법 제134조 제1항).

세입·세출의 결산은 세입·세출의 예산과 동일한 구분에 의하여 작성

하되, 세입에 관해서는 세입예산액, 징수결정액, 수납액, 불납결손액, 미수납액을 명백히 하고, 세출에 관해서는 세출예산액, 전년도 이월액, 예비비 사용액, 전용 등 증감액, 지방재정법 제16조 제1항 단서의 규정에 의한 초과지출액, 예산현액, 지출액, 다음 회계연도 이월액, 불용액을 명백히 하여야 한다(지방재정법 제51조).

또한 지방자치단체의 장은 당해 지방자치단체의 재정 상태 및 운용 결과를 명백히 하기 위하여 발생주의와 복식부기 회계 원리를 기초로 하여 행정자치부 장관이 정하는 회계 기준에 따라 거래의 사실과 경제적 실질을 반영하여 회계 처리하고 재무보고서를 작성하여야 한다(지방재정법 제53조 제1항).

(2) 결산검사위원의 검사

지방자치단체의 장은 결산서 및 증빙서류에 지방의회가 선임한 검사위원의 검사의견서를 첨부하여야 하며, 검사위원의 선임과 운영에 관한 사항은 대통령령으로 정하도록 되어 있다(지방자치법 제134조 제1항 및 제3항).

검사위원은 시·도의 경우에는 5인 이상 10인 이하, 시·군 및 자치구의 경우에는 3인 이상 5인 이하로 하되, 그 정수·선임 방법·운영 및 실비보상에 관하여 필요한 사항은 당해 지방자치단체의 조례로 정한다. 검사위원은 당해 지방의회 의원이나 공인회계사·세무사 등 재무관리에 관한 전문 지식과 경험을 가진 자 중에서 선임하여야 한다. 이 경우 지방의회 의원은 검사위원 수의 3분의 1을 초과할 수 없다. 그리고 지방자치단체의 상근직원은 검사위원이 될 수 없다(지방자치법 시행령 제46조의2).

검사위원이 결산 검사할 사항으로는, ① 세입·세출의 결산, ② 계속비·명시이월비 및 사고이월비의 결산, ③ 채권 및 채무의 결산, ④ 재산 및 기금의 결산, ⑤ 금고의 결산이 있다. 검사위원은 지방자치단체의 장 및 금고에 대하여 검사에 필요한 자료를 요구할 수 있으며, 그 요구를 받은 지방자치단체의 장 및 금고는 특별한 사유가 없는 한 이에 협조하여야 한다. 또한 지방자치단체의 장은 검사위원에게 결산검사에 필요한 서류를 제출하는 때에는 지방재정법 제53조 제1항의 규정에 의한 재무보고서에 '공인회계사법'에 의한 공인회계사의 검토 의견을 첨부하여야 하여 제출하여야 한다(지방재정법 제53조 제2항).

검사위원은 결산검사 종료 후 10일 이내에 검사의견서를 당해 지방자치단체의 장에게 제출하여야 한다(지방자치법 시행령 제47조 제1항 내지 제3항).

(3) 결산에 대한 지방의회의 승인

지방자치단체의 장은 결산서와 증빙서류를 작성하고 검사위원의 검사의견서를 첨부하여 다음 연도 지방의회의 승인을 받아야 한다. 지방의회는 결산 심의시 필요하다고 인정하는 때에는 검사위원을 출석시켜 설명을 들을 수 있다(지방자치법 시행령 제47조 제3항).

지방의회의 결산 승인은 지방자치단체의 장이 작성한 결산서의 내용에 이의가 없음을 표시하는 행위이다. 결산에 대한 승인이 어떠한 법적 효력을 갖는지, 한정 승인이 가능한지, 승인이 거부된 경우에 어떠한 법적 효력이 있는지에 대해서는 명문의 규정이 없다. 승인이 갖는 법적인 의미는 승인받은 예산의 집행에 대하여 더 이상 예산법상의 책임을 묻지 아니한다는 데 있다고 보아야 한다. 다만, 이로 인하여 예산집행과 관련된 자들의 형사상·민사상·징계상의 책임이 소멸되는 것은 아니라고 보아야 할 것이다.

(4) 보고 및 고시

지방자치단체의 장은 결산에 대해 지방의회의 승인을 받으면 5일 이내에 시·도에서는 행정자치부 장관에게, 시·군 및 자치구에서는 시·도지사에게 각각 보고하고 그 내용을 고시하여야 한다(지방자치법 제134조 제2항).

제 4 절 지방자치단체의 수입

1 개 관

지방자치단체가 그 행정수요를 충족시키기 위한 수입원으로는 여러 가지가 있다. 지방세, 세외수입, 지방교부세, 국고보조금 등이 있다. 수입의 조

달 방법에 따라 분류하면, 자주재원과 의존재원으로 나눌 수 있다. 자주재원에는 지방세, 세외수입 등이 포함되고, 의존재원에는 지방교부세, 보조금 등이 있다.

2 지방세

1) 의 의

지방세란 지방자치단체가 그 재원을 확보하기 위하여 반대급부 없이 주민으로부터 강제적으로 부과·징수하는 조세를 말한다. 지방세는 지방자치단체의 주된 수입원이며, 지방재정의 독립성과 재정 운영의 건전성을 확보하기 위해서는 지방세가 지방자치단체의 수입의 근간이 되어야 한다.

지방세는 지방자치단체가 부과·징수한다는 점에서 국가가 부과·징수하는 국세와는 구별되며, 그 이외의 단체가 부과·징수하는 조합비·회비와도 구별된다. 지방세는 지방자치단체의 재원의 확보를 목적으로 한다는 점에서 제재(Sanktion)를 목적으로 하는 벌금, 과료, 과태료 등의 과징금과 구별된다.

한편 지방세는 반대급부와 상관 없이 부과·징수한다는 점에서 사용료·수수료 등과도 구별된다. 또한 지방세는 일반 주민으로부터 부과·징수한다는 점에서 특별한 이해 관계가 있는 자로부터 부과·징수하는 분담금과도 구별된다.

2) 지방세의 근거

현행 헌법 제59조의 조세법률주의가 지방세에도 적용된다는 것이 다수의 견해이다.[6] 그러나 여기서 법률이 형식적 의미의 법률만을 의미하는지

6) "지방자치단체는 지방세의 세목, 과세객체, 과세표준, 세율 기타 부과·징수에 관하여 필요한 사항을 정함에 있어서는 이 법이 정하는 범위 안에서 조례로써 하여야 한다"라는 지방세법 제3조의 규정을 근거로 조례에 의해 지방세의 세목을 규정할 수 있으므로 지방세법 제3조는 조세법률주의의 예외로 보는 견해가 있다(권영성, 『헌법학원론』, 2006, 887쪽). 이에 대하여 현행 헌법 제59조에서 "조세의 종목과 세율은 법률로 정한다"라고 명시되어 있으므로 현행 헌법의 해석상으로는 지방세도 조세법률주의의 틀 내에 포함되는 것

에 대해서는 이론의 여지가 있다는 것은 앞서 살펴본 바 있다(제1절 2 참조).

한편 지방자치법 제135조에서는 "지방자치단체는 법률로 정하는 바에 따라 지방세를 부과·징수할 수 있다"라고 규정하여 지방세의 근거를 법률에서 구하고 있다. 그리고 지방세에 관한 법률로는 지방세법이 있다. 그리고 법률의 위임에 의한 각종의 법규명령과 지방세법 제3조에 따른 조례 등도 지방세의 부과·징수에 관한 법원이 된다. 다만 조례에 의해 법률이 규정하지 아니한 세목(이른바 법정외세[法定外稅])을 설정할 수 있는지 여부에 대해서는 견해가 일치하지 아니한다.

3) 지방세의 종류

지방세는 여러 가지 기준에 의해서 분류될 수 있으나 여기서는 조세수입의 용도에 따른 보통세와 목적세의 구분, 과세 주체에 따른 구분에 대해 알아본다.

(1) 보통세와 목적세

보통세는 지방자치단체의 일반경비에 충당되는 조세를 의미하며, 용도에 제한이 없다. 이에 대해 목적세는 특정한 용도에만 쓰여질 수 있는 조세를 말한다.

조세는 원칙적으로 보통세이고 목적세는 법률이 명시적으로 규정하는 예외적인 경우에만 인정된다. 지방세법상 목적세에 해당하는 것으로는 도시계획세, 공동시설세, 지역개발세, 사업소세, 지방교육세가 있다(지방세법 제5조 제3항).

(2) 과세 주체에 따른 구분

지방세는 과세 주체에 따라 특별시세, 광역시세, 도세, 시·군세, 자치구세로 구분된다. 이에 대응해 부과할 수 있는 세목이 특정되어 있다는 점에서 구별의 의미가 있다. 이를 정리해 보면 아래의 표와 같다(지방세법 제6조).

으로 보아야 한다는 입장이 다수의 견해이다. 그러나 여기서의 '법률'이 형식적 의미에서의 법률만을 의미한다고 보아야 하는 실질적인 근거에 대한 설명이 부족하다.

		특별시 · 광역시세	도세	시 · 군세	구세
보통세	취득세	○	○	–	–
	등록세	○	○	–	–
	레저세	○	○	–	–
	면허세	–	○	–	○
	주민세	○	–	○	–
	재산세	–	–	○	○
	자동차세	○	–	○	–
	주행세	○	–	○	–
	농업소득세	○	–	○	–
	담배소비세	○	–	○	–
	도축세	○	–	○	–
목적세	도시계획세	○	–	○	–
	공동시설세	○	○	–	–
	사업소세	–	–	○	○
	지역개발세	○	○	–	–
	지방교육세	○	○	–	–

다만 광역시의 군지역에서는 도세를 광역시세로 한다(지방세법 제6조 제1항 단서).

4) 지방세의 부과 · 징수에 관한 조례의 제정

지방자치단체는 지방세의 세목, 과세객체, 과세표준, 세율 기타 부과 · 징수에 관하여 필요한 사항을 정함에 있어서는 지방세법이 정하는 범위 안에서 조례로써 하여야 한다. 또한 지방자치단체의 장은 조례의 시행에 따르는 절차 기타 그 시행에 관하여 필요한 사항을 규칙으로 정할 수 있다(지방세법 제3조).

5) 과세 면제와 불균일 과세 등

지방세법 제7조 및 제8조에서는 과세 면제 및 불균일 과세를 할 수 있는 경우에 대해 규정하고 있다. 즉 지방자체단체는 공익상 기타의 사유로 인하여 과세를 부적당하다고 인정할 때에는 과세하지 아니할 수 있다. 또한 지방자치단체는 공익상 기타의 사유로 인하여 필요한 때에는 불균일 과세를 할 수 있다(지방세법 제7조).

또한 지방자치단체는 그의 일부에 대하여 특히 이익이 있다고 인정되는 사건에 대하여서는 불균일 과세를 하거나 또는 그의 일부에 대하여서만 과세할 수 있다(지방세법 제8조).

지방세법 제7조 및 제8조의 규정에 의하여 지방자치단체가 과세 면제, 불균일 과세 또는 일부 과세를 하고자 할 때에는 행정자치부 장관의 허가를 얻어 당해 지방자치단체의 조례로써 정하여야 한다(지방세법 제9조).

그리고 지방자치단체의 장은 천재·지변 기타 대통령령이 정하는 특수한 사유가 있어 지방세의 감면이 필요하다고 인정되는 자에 대하여는 당해 지방자치단체 의회의 의결을 얻어 지방세를 감면할 수 있다(지방세법 제9조의2).

6) 권한의 위임

지방자치단체의 장은 지방세법에 규정된 그 권한의 일부를 소속 공무원에게 위임하거나 다른 지방자치단체의 장에게 위임 또는 위탁할 수 있다(지방세법 제4조).

7) 관계 지방자치단체의 장의 의견이 상치되는 경우의 조치

지방자치단체의 장은 과세권의 귀속 기타 지방세법의 규정의 적용에 있어서 다른 지방자치단체의 장과 의견을 달리하여 협의되지 아니할 경우에는 도내에 관한 것은 도지사, 수개의 도에 걸쳐 있는 것에 관하여는 행정자치부 장관에게 그에 관한 결정을 청구하여야 한다. 도지사 또는 행정자치부 장관이 관계 지방자치단체의 장으로부터 청구를 수리한 때에는 그 청구를 수리한 날로부터 60일 이내에 이를 결정하여 지체없이 그 뜻을 관계 지방자치단체의 장에게 통지하여야 한다(지방세법 제10조 제1항 및 제2항).

위와 같이 결정을 한 주체가 도지사인 경우에, 도지사의 결정에 불복이 있는 시장 또는 군수는 그 통지를 받은 날로부터 30일 이내에 행정자치부 장관에게 심사를 청구할 수 있다. 그리고 행정자치부 장관은 심사의 청구를 수리한 때에는 수리한 날로부터 60일 이내에 그에 대한 재결을 하여 그 뜻을 지체없이 관계 지방자치단체의 장에게 통지하여야 한다(지방세법 제10조 제3항 및 제4항).

3 사용료, 수수료 및 분담금

1) 의 의

(1) 사용료 · 수수료

지방자치단체의 공과금에는 지방세 이외에 행정급부의 제공에 따른 반대급부로서 징수되는 사용료나 수수료가 있다. 사용료(Benuzungsgebühr)란 지방자치법 제136조에 규정된 바와 같이 공공시설의 이용 또는 재산의 사용에 대한 대가로서 징수되는 금전급부이다. 사용료에 해당하는 것으로는 지하철 요금, 공공시설 사용료, 도로 점용료 등이 있다.

수수료(Verwaltungsgebühr)란 지방자치법 제137조에 따라 지방자치단체의 사무가 특정인을 위한 것일 경우 그 사무에 대해 징수되는 금전급부를 말한다. 당해 사무가 특정인을 위한 사무인 동시에 지방자치단체 자신을 위한 사무인 경우에도 수수료를 징수할 수 있다.[7] 수수료의 예로는 각종 증명, 허가와 관련해서 징수되는 수수료가 있다.

이러한 사용료와 수수료는 공공급부에 대한 반대급부로서의 성질을 갖

---

7) 대법원은 "지방자치법 제128조 제1항의 취지는 지방자치단체의 사무가 특정인만을 위한 사무인 경우에 한정하여 수수료를 징수할 수 있도록 하는 것이 아니라 당해 사무가 특정인을 위한 사무인 동시에 지방자치단체 자신을 위한 사무인 경우에도 수수료를 징수할 수 있도록 하는 데 있다. 지방자치단체가 사경제 주체로서 주민 등과 계약을 체결함에 있어서 그 계약 상대방을 결정하는 사무는 전체적으로 보아 지방자치단체 자신을 위한 사무라고 할 것이지만, 지방자치단체가 그 계약 상대방을 결정하기 위한 방법으로서 경쟁입찰의 경우에 입찰에 참가하고자 하는 자로부터 입찰참가 신청을 수리하는 사무나 수의계약의 경우에 수의계약을 체결하고자 하는 자로부터 수의계약 신청 또는 견적서를 제출받는 사무는 지방자치단체 자신을 위한 사무인 동시에 입찰에 참가하고자 하는 자 또는 수의계약을 체결하고자 하는 자를 위한 사무라고 할 것이므로, 수의계약 신청 또는 견적서 제출에 대하여 수수료를 징수하도록 한 지방자치단체의 조례안은 지방자치법 제128조 제1항에 위반되지 아니한다"(대법원 1998. 9. 8. 98추26)고 판단했다.

는다는 점에서, 특별한 급부에 대한 반대급부가 아니라 조건 없이 부과되는 지방세와는 구별된다.

(2) 분담금

분담금(Beitrag)이란 지방자치단체의 재산 또는 공공시설의 설치로 주민의 일부가 특히 이익을 받으면 이익을 받는 자로부터 그 이익의 범위 내에서 징수하는 금전을 말한다. 분담금은 사용료·수수료와 마찬가지로 행정급부에 대한 반대급부로서의 성질을 갖는다. 그 점에서 분담금은 조세와 구분된다.

한편 사용료·수수료가 구체적이고 개별적인 이용·향유를 구성 요건으로 하는데 비해, 분담금은 특정한 시설설비를 이용할 추상적인 가능성을 갖는 것에 대해 부과된다는 점에서 구분된다. 즉 사용료와 수수료는 사실상의 사용이나 이익의 향유를 전제로 하는 데 비해, 분담금은 이용 가능성을 요건으로 한다는 점에서 차이가 있다. 분담금은 개개인이 실제로 이익을 향유했는지는 묻지 아니하며 이용 가능성이 존재하면 부과될 수 있다.

입법자가 사용료를 부과하는가 혹은 분담금을 부과하는가 하는 것은 입법 기술상의 문제이다. 급부의 향유자를 개별적으로 확정할 수 없고 다만 추상적인 급부 향유자의 집단만을 특정할 수 있을 때에는 사용료가 아니라 분담금을 부과하는 것이 맞다.

분담금의 부과는 법적으로 어려운 문제를 포함하고 있는데, 특히 어떤 비용을 분담금으로 부과하고 분담 의무자를 어떻게 정하여 어떻게 분담시킬 것인가 하는 문제가 규명되어야 한다.

2) 사용료, 수수료 및 분담금에 관한 법 원칙

사용료, 수수료 및 분담금의 징수는 특정인에게 경제적인 이익을 주거나 특정인을 위해 행정급부가 필요하게 된 때에는, 그것을 일반 납세자의 부담으로 할 것이 아니라 특별한 이익을 향유하는 자에게 부담시키는 것이 공평하다는 생각에 기초하고 있다.

(1) 비용상환의 원칙

사용료, 수수료 및 분담금의 총수입이 당해 급부를 제공하기 위한 총비용을 초과해서는 안된다는 것을 비용상환의 원칙(Kostendeckungsprinzip)이라고 한다. 비용상환의 원칙은 사용료·수수료·분담금 의무자를 보호하기 위한 원칙이다.

지방자치법에는 이에 대한 명문의 규정이 없으나, 지방공기업법 제22조 제2항은 "(지방공기업의) 요금은 적정하여야 하며 …… 이를 결정함에 있어서는 당해 지방직영기업이 제공한 급부의 원가를 보상함과 아울러 기업으로서의 계속성을 유지할 수 있도록 하여야 한다"라고 하여 지방직영기업의 요금에 관한 한 비용상환의 원칙을 채택하고 있다. 주민이 부당하게 높은 사용료·수수료·분담금 때문에 지방자치단체가 제공하는 공공급부로부터 배제당하지 않도록 하기 위해 이 원칙을 전면적으로 도입하는 것이 바람직하다고 본다.

(2) 등가의 원칙

비용상환의 원칙이 사용료·수수료·분담금의 총수입과 업무의 총비용의 관계를 규율하는 원칙인데 비하여 등가의 원칙(Äquivalenzprinzip)은 공공요금이 개별적으로 누리게 되는 급부의 사실상의 이익을 초과하지 않아야 한다는 원칙을 말한다. 이는 공공요금과 납부 의무자의 부담과의 관계를 규율하는 원칙이다. 이는 헌법상의 비례의 원칙에서 나오는 법원칙으로서 명문의 규정 여하를 막론하고 공공요금을 산정할 때 고려되어야 한다.

공공요금은 행정청의 급부에 대한 반대급부로서의 성질을 갖는 것이기 때문에 의무자의 부담은 그로 인해 획득하는 이익이나 유발된 비용을 초과할 수 없다. 만약 공공요금이 이 원칙을 위반하게 되는 경우에는 더 이상 사용료·수수료·분담금이 아니라 조세로 된다.

(3) 평등의 원칙

헌법 제11조의 평등의 원칙은 사용료·수수료·분담금의 부과·징수에도 적용된다. 지방자치법 제140조 제1항은 "사용료·수수료 또는 분담금은 공평한 방법으로 부과하거나 징수하여야 한다"라고 규정함으로써 이를 확인하고 있다. 평등의 원칙(Gleichheitsprinzip)은 자의의 금지, 즉 사용료·수수료·분담금의 산정에 실질적인 관련성이 없는 목적을 고려해 넣어서는 안 된다는 것이다. 예컨대 사용료·수수료·분담금의 산정을 공공급부의 사용과는 무관하게 의무자의 경제적인 능력에 따라 차등화하는 것은 허용되지 아니한다.

이와는 달리 특정한 주민의 집단에게 공공시설의 사용이나 행정 서비스의 향유를 보장하기 위해 공공요금을 할인하는 것은 허용된다. 이로 인해 나타나는 불평등한 취급은 사회국가의 원칙에 의해 정당화되며, 따라서 자의적인 불평등이 아니다. 예컨대 장애인, 어린이, 학생들에게 공공시설의 사용료를 할인하는 것이 이에 해당한다. 이로 인한 수익의 감소는 다른 의무자의 부담 의무의 증가로 조정되어서는 안 되며 일반 납세자의 부담으로 해야 한다. 또한 평등의 원칙은 이용자나 향유자 사이에 상이한 이용 혹은 수익의 정도를 고려할 것을 요구한다. 다만 지방자치단체의 전 구역에 동일한 급부를 제공하기 위해 개개의 설치비용에 상관 없이 모든 이용자에게 평균 비용을 부과하는 것은 정당화된다. 예컨대 외딴 마을에 사는 가구에 상수도 설치비용을 실비로 부과하지 않고 평균 비용으로 공급하는 것이 이에 해당된다. 만약 그렇지 않으면 변두리 지역 주민은 급부행정으로부터 제외될 것이기 때문이다.

3) 사용료 · 수수료 · 분담금의 귀속

사용료 · 수수료 · 분담금은 해당 지방자치단체가 징수하며 그의 수입으로 된다. 위임사무에 대해서도 위임사무가 특정인을 위한 것이면 그 사무에 대해 수수료를 징수할 수 있고, 그 수수료는 법령에 달리 정하여진 것이 없는 한 그 지방자치단체의 수입으로 된다(지방자치법 제137조 제3항).

또한 지방자치단체 또는 그 장이 관리하는 국가의 공공시설로서 지방자치단체가 그 관리에 소요되는 경비를 부담하는 것에 대하여는 법령에 특별한 규정이 있는 경우를 제외하고는 당해 지방자치단체 또는 그 장은 조례 또는 규칙이 정하는 바에 의하여 당해 공공시설의 사용에 대한 사용료를 징수할 수 있다. 이에 의하여 징수한 사용료는 당해 지방자치단체의 수입으로 한다(지방재정법 제31조).

4) 조례 제정

사용료 · 수수료 또는 분담금의 징수에 관한 사항은 조례로 정한다. 다만 국가가 지방자치단체나 그 기관에 위임한 사무와 자치사무의 수수료 중 전국적으로 통일할 필요가 있는 수수료에 관한 사항은 다른 법령의 규정에도 불구하고 대통령령으로 정하는 기준에 따라 조례로 정한다(지방자치법 제139조 제1항 단서).

이에 대해서는 두 가지 문제가 제기될 수 있다. 먼저 '다른 법령의 규정에 불구하고 대통령령이 정하는 기준'이 적용될 수 있는지의 문제이다. 지방자치법은 지방 사무의 처리에 관한 일반법적인 성격을 가지고 있으므로 특별법적인 성격을 가지는 법률에서 지방자치법 제139조 제1항 단서에 의한 대통령령과 다른 규정을 하고 있는 경우에 과연 위 조항이 통용될 수 있을지에 대해서는 의문이 있다. 특별법 우선의 원칙이 우선한다고 보아 위 규정은 그러한 경우에 적용이 배제된다고 보는 것이 바람직하다. 또한 수수료를 전국적으로 통일적으로 규정하는 것이 바람직한가의 문제가 제기된다. 예컨대, 특정한 업무에 대한 수수료는 지방자치단체마다 발급 원가가 다를 수 있다. 그럼에도 불구하고 전국적으로 같은 수수료를 적용하는 것은 별반 설득력이 없다. 따라서 이 경우 대통령령은 수수료의 상한선 기준을 정하는 것이라고 보아 조례로써 그 이하의 수수료를 책정하는 것은 적법하다고 보는 것이 타당하다.

사기나 그 밖의 부정한 방법으로 사용료·수수료 또는 분담금의 징수를 면한 자에 대하여는 그 징수를 면한 금액의 5배 이내의 과태료를, 공공시설을 부정 사용한 자에 대하여는 50만 원 이하의 과태료를 부과하는 규정을 조례로 정할 수 있다(지방자치법 제139조 제2항).

5) 사용료·수수료의 징수

사용료·수수료 또는 분담금의 징수는 지방세 징수의 예에 따른다. 사용료·수수료 또는 분담금의 부과나 징수에 대하여 이의가 있는 자는 그 처분을 통지받은 날부터 90일 이내에 그 지방자치단체의 장에게 이의 신청을 할 수 있고, 지방자치단체의 장은 이의 신청을 받은 날부터 60일 이내에 이를 결정하여 알려야 한다. 이 기간 내에 결정의 통지를 받지 못하였거나, 결정에 대해 불복이 있으면 기간 종료일 또는 결정을 통지받은 날부터 90일 이내에 처분청을 당사자로 하여 소를 제기하여야 한다. 이의신청의 방법과 절차 등에 관하여는 지방세법 제73조와 제75조부터 제79조까지의 규정을 준용한다(지방자치법 제140조 제2항 내지 제7항).

4 지방재정조정제도(지방교부세, 지방교육재정교부금, 조정교부금, 재정보전금)

1) 지방재정조정제도의 의의와 기능

지방자치제도에 관한 헌법 제117조 제1항의 제도적 보장은 지방자치단체의 최소한의 재정능력의 보장을 포함하고 있다.[8] 이러한 최소한의 재정능력 보장은 지방자치단체가 필요적인 사무를 수행하는 데 충분한 재정 능력을 넘어서 임의적인 자치사무를 수행할 최소한의 여력을 포함하는 수준으로 보아야 한다.[9] 그런데 지방자치단체는 국가와는 달리 부분적으로만 스스로 그의 재정수요를 충당할 수 있다. 왜냐하면 지방자치단체의 재정고권의 내용을 이루는 조세고권(租稅高權)은 헌법 제59조의 조세법률주의에 의해 제한되고, 지방자치단체의 고유한 수입원은 제한되어 있기 때문이다. 또한 지방자치단체에 따라서는 세원이 풍부한 곳과 세원이 빈곤한 곳이 있게 되므로 세입에서 현저한 불균형이 나타날 수 있다. 그리고 한 지방자치단체 내에서도 지방자치단체의 사무 처리에 소요되는 비용과 지방자치단체의 재정수입 간에는 불균형이 발생할 수 있고, 이러한 불균형은 지방재정조정제도[10]를 통해 보완되어야 한다.

---

8) Horst Dreier, in: ders, *Grundgesetz*, Kommentar Bd.II, Tübingen, 1998, Art.28, Rn. 117.

9) Frank Lohse, *Kommunale Aufgaben, Kommunaler Finanzausgleich und Konnexitä- tsprinzip*,, Leipzig, 2006, S. 120; Hans-Günter Hennecker, *Begrenzt die finanzielle Leistungsfähigkeit des Landes den Anspruch der Kommunen auf eine aufgabenangemessene Finanzausstattung?* DÖV, 1998, S. 330ff.

10) 일반적으로 재정조정이란 업무 분담에 필요한 수입의 배분이라고 할 수 있다. 공공수입을 여러 공법상의 법인에게 배분하는 것은 동렬의 공동체 상호간(수평적 재정조정)이나 상·하관계에 있는 공동체 간(수직적 재정조정)에 의미가 있다. 넓은 의미의 재정조정은 우선 일차적으로 어떤 공동체에 어떠한 공공수입이 귀속되는가에 의해서 결정된다(일차적 혹은 할당적 재정조정). 예컨대 어떤 세금을 어느 공동체의 수입원으로 할 것인가를 법률로 정하는 것이 이에 해당된다(예: 지방세·국세의 구분). 이어 일차적으로 배정된 수입의 일부를 다시 배분해 조정하게 된다(이차적 또는 교정적 재정조정). 일차

지방재정조정제도는 지방자치단체가 수행하는 사무에 따른 재정 부담과 그의 재정 능력을 가능한 한 일치시키도록 하기 위한 것이다. 지방재정조정제도는 국가와 지방자치단체 간의 수직적인 재정 조정뿐만 아니라 지방자치단체의 재정 능력에 따라 상이하게 분배하는 수평적인 재정조정도 포함한다.

이러한 지방재정조정제도는 복합적인 기능을 한다.

첫째, 지방재정조정제도는 지방재정을 보충하는 기능을 한다. 즉 지방자치단체의 수입원을 보완해 지방재정을 양적으로 증대시켜 지방자치단체의 사무를 자기책임 하에 수행할 수 있도록 한다.[11]

둘째, 지방재정조정제도는 재분배적인 기능을 한다.[12] 지방자치단체 상호간에는 세입기반에서 상당한 차이가 존재하며 산업구조·경제구조에서도 상당히 다르다. 이러한 차이를 방치해 두면 각 지역에 따라 제공되는 공공 서비스의 질에서 기본적인 동질성이 상실될 우려가 있다. 따라서 국가는 재정조정을 통해서 이러한 사실상의 차이를 극복하도록 해야 한다. 즉 낙후된 지역에 더 많은 재원을 배분함으로써 주민 복리의 수준을 향상시킬 수 있도록 한다. 이것은 단순히 정치적인 요구가 아니라 헌법상의 사회국가 원칙에서 유래하는 명제이다. 이런 관점에서 국가는 지방자치가 요구하는 민주적인 다원성과 사회국가의 요구인 전국적인 삶의 질의 균등화가 조화되도록 지방재정 조정을 해야 한다.

셋째, 공간정책적인 기능을 수행하기 위해 특별한 재정 수요가 요청되는 경우에 이를 지원하는 기능을 하게 된다. 예컨대 일정한 지역을 지역 중심지로 육성할 필요가 있을 때 교통, 문화, 상업, 산업 등 인프라 시설을 갖추어야 한다.[13] 이러한 특별한 재정 수요는 통상적인 재정수입으로는 감당하

적인 재정조정인 수입원의 배분에서 지방자치단체의 재정 수요에 합당하도록 하는 것이 이상적이긴 하지만, 이에는 입법적, 정치적인 한계가 있기 때문에 이로 인한 불균형을 2차적인 재정조정을 통해 보완하는 것이다. 일반적으로 재정조정이라고 할 때에는 후자의 이차적 혹은 교정적인 재정조정만을 의미한다.

11) 이에 대해서는 재정분권정책적인 측면에서 재정 부족을 과잉적으로 보충해서는 안 된다는 비판이 있다. 즉, 재정 부족이 있는 경우에는 추가적인 자체 지방세를 징수해야 한다는 것이다(Horst Zimmermann, *Kommunalfinanzen*, Baden-Baden, 1999, S. 212).

12) Ingolf Deubel, *Der kommunale Finanzausgleich in Nordrhein-Westfalen*, Köln. u.a., 1984, S. 19ff.

기 어렵기 때문에 재정 조정을 통해 정책적인 고려에서 재정 수요를 보완해 줄 필요가 있다.

2) 지방교부세

(1) 의 의

지방교부세는 지방재정조정제도의 일환으로 국세 총액의 일부를 재정적 결함이 생기는 지방자치단체에 교부하는 것을 말한다(지방교부세법 제2조 제1호). 우리 나라에서는 지방교부세법에 의해 지방교부세가 교부되고 있다. 이는 독일에서 인정되고 있는 결핍할당(Bedarfzuweisung)에 해당한다고 볼 수 있다.

지방교부세는 세원의 편차를 시정하여 지방자치단체 사이의 재정불균형을 시정하는 데 기여하고 국가재정과 지방재정의 관계를 조정해 지방재원을 보장하는 기능을 한다. 또한 지방교부세는 지방자치단체의 자기책임성을 제한하지 않도록 지방자치단체의 일반재원이 되고 용도가 제한되지 아니한다. 일단 교부된 교부세를 어떻게 사용할 것인지에 대해서는 지방자치단체가 자기책임 하에 결정할 수 있고 국가는 법률에 특별한 규정이 있는 경우를 제외하고는 간섭할 수 없다.

(2) 지방교부세의 종류 및 교부 기준

지방교부세의 종류로는 보통교부세, 특별교부세, 분권교부세, 부동산교부세가 있다(지방교부세법 제3조).

보통교부세는 매년도 기준재정수입액이 기준재정수요액에 미달하는 지방자치단체에 대하여 그 미달액을 기초로 하여 교부하는 것을 말한다. 다만 자치구에 대하여는 기준재정수요액과 기준재정수입액을 각각 당해 특별시 또는 광역시의 기준재정수요액 및 기준재정수입액에 합산하여 산정하고, 이를 당해 특별시 및 광역시에 교부한다(지방교부세법 제6조 제1항).

특별교부세는 ① 기준재정수요액의 산정 방법으로써 포착할 수 없는 특별한 지역 현안 수요가 있을 때, ② 보통교부세의 산정 기일 후에 발생한 재해로 인하여 특별한 재정 수요가 있거나 재정수입의 감소가 있을 때에

13) Fank Lohse, a.a.O., S. 118.

교부되는 것을 말한다. 특별교부세 재원은 위 두 가지 수요에 대해 각각 2분의 1씩 배분된다.

분권교부세는 국고보조사업을 이양받은 지방자치단체에 대해 교부하는 것을 말한다. 분권교부세는 지방이양사업과 관련된 인구수 등의 통계자료, 종전의 국고보조금 지원 수준 등을 감안하여 대통령령이 정하는 바에 따라 산정한다(지방교부세법 제9조의 2). 분권교부세는 2009년 12월 31일까지 한시적으로 운영되고 2010년 1월 1일부터는 폐지되어 보통교부세에 통합해 운영될 예정이다.

부동산교부세는 종합부동산세법에 의한 종합부동산세를 재원으로 하는 교부세를 말한다. 부동산교부세의 교부 기준은 부동산세제 개편에 따른 지방자치단체의 세수 감소분을 기초로 산정하되, 재정 여건, 지방세 운영 상황 등을 감안하여 대통령령으로 정한다(지방교부세법 제9조의3).

(3) 지방교부세의 재원

지방교부세중 부동산교부세를 제외한 부분의 재원은 당해 연도의 내국세(목적세 및 종합부동산세와 다른 법률에 의하여 특별회계의 재원으로 사용되는 세목의 당해 금액을 제외한다. 이하 같다) 총액의 1만분의 1,924에 해당하는 액과 지방교부세법 제5조 제2항의 규정에 의한 정산액으로 한다. 그 중 분권교부세의 재원은 내국세총액의 1만분의 94에 해당하는 액으로 하고, 보통교부세의 재원은 분권교부세액을 제외한 교부세 총액의 100분의 96에 해당하는 액으로 하며, 특별교부세의 재원은 분권교부세를 제외한 교부세총액의 100분의 4에 해당하는 액으로 한다. 부동산교부세의 재원은 종합부동산세법에 의한 종합부동산세 총액과 지방교부세법 제5조 제2항의 규정에 의한 정산액으로 한다(지방교부세법 제4조).

(4) 지방교부세 제도의 문제점

지방교부세법은 산정 기준이 복잡하고 명확하지 않은 부분이 많아 법치주의 원칙과 관련해 문제점이 있다. 지방자치단체는 지방교부세법에 의해서 그가 받게 될 교부세액을 명확하게 알 수 있어야 하며, 지방교부세법의 규정은 예측 가능성을 보장할 수 있도록 명확하게 규정되는 것이 바람직하다. 그러나 지방교부세법의 규정을 보면, 법률의 규정이 명확하지 않을 뿐만 아니라 하위 법령인 대통령령에 포괄적으로 위임되어 있는 부분이 있고(부동산교부세의 교부 기준 등), 특별교부세의 배분 기준은 추상적이어서 자의적인 배정의 소지가 많은 실정이다.

한편 정책적인 측면에서 보면, 지방자치단체의 재정자립도가 1996년 62.2%에서 2006년에는 54.4 %로 10년 만에 6.8%포인트나 떨어졌다는 점도 문제이다. 서울과 수도권의 10여개 지방자치단체를 제외하고 대다수의 시·도와 시·군이 중앙정부의 재원에 의존하고 있는 실정이다. 이는 거의 대부분의 지방자치단체들이 중앙정부의 지방교부세에 의존한다는 것을 의미한다. 이처럼 대부분의 지방자치단체가 중앙정부의 재원에 의존하는 것은 무엇보다도 국세와 지방세의 배분에서 그 원인을 찾을 수 있다. 중앙정부와 지방정부 간의 세출 비중은 44 : 56이나, 국세와 지방세 간의 세입 비중은 20:80으로 중앙정부의 비중이 현저하게 높다.

지방교부세를 비롯한 의존재원의 비중이 증대될수록 지방자치단체가 재정 확충을 위해 자발적인 노력을 해야 할 동기는 엷어진다. 대신에 중앙정부에 대해서 재정 지원을 요구하는 목소리는 커지고 있다. 또한 중앙정부가 거의 모든 지방정부에 재정 지원을 해야 한다는 것은 막상 낙후지역을 지원하기 위한 재원의 빈곤을 가져올 수도 있다.

무엇보다도 중요한 것은 지방자치단체의 재정자립성이 보장되지 않으면 지방분권으로써 달성하고자 하는 경쟁을 통한 합리화 기능, 자기책임성에 근거한 혁신 노력, 절약의 동인 등을 기대하기 어렵게 되며, 중앙정부에 의한 지방정부에 대한 통제는 늘어나게 됨으로써 반분권적 결과를 초래할 수 있다는 점이다.

따라서 국세-지방세 구조에 대한 근본적인 수술이 필요하다.

3) 지방교육재정교부금

교육재정의 결함을 충당하기 위해 지방교육재정교부금법에 의해 교부하는 지방교육재정교부금이 있다. 지방교육재정교부금은 지방자치단체가 교육기관 및 교육행정기관을 설치·경영함에 필요한 재원의 전부 또는 일부를 국가가 교부하여 교육의 균형 있는 발전을 도모하기 위한 것이다(지방교육재정교부금법 제1조).

교부금의 재원은 ① 당해 연도의 내국세(목적세, 종합부동산세 및 다른 법률에 의하여 특별회계의 재원으로 사용되는 세목의 당해 금액을 제외한다. 이하 같다) 총액의 1천분의 194에 해당하는 금액과 ② 당해 연도의 '교육세법'에 의한 교육세 세입액 전액에 해당하는 금액을 합산한 금액으로 한다. 지방교육재정교부금에는 보통교부금과 특별교부금이 있으며, 보통교부금의 재원은 위 ②에 의한 금액에 위 ①에 의한 금액의 100분의 96에 해당하는 금액을 합한 금액으로 하고, 특별교부금의 재원은 위 ①에 의한 금액의 100분의 4에 해당하는 금액으로 한다(지방교육재정교부금법 제3조 제2항 및 제3항).

교육인적자원부 장관은 보통교부금을 기준재정수입액이 기준재정수요액에 미달하는 지방자치단체에 그 미달액을 기준으로 하여 총액으로 교부한다(지방교육재정교부금법 제5조 제1항). 그리고 특별교부금은 ① 지방재정법 제58조의 규정에 의하여 전국에 걸쳐 시행하는 교육 관련 국가시책사업으로 따로 재정지원계획을 수립하여 지원하여야 할 특별한 재정수요가 있는 때, ② 기준재정수요액의 산정 방법으로 포착할 수 없는 특별한 지역교육 현안 수요가 있는 때, ③ 보통교부금의 산정 기일 후에 발생한 재해로 인하여 특별한 재정 수요가 있거나 재정수입의 감소가 있는 때에 교부한다(지방교육재정교부금법 제5조의2 제1항).

4) 조정교부금 및 재정보전금

특별시장이나 광역시장은 시세(市稅) 수입 중의 일정액을 확보하여 조례로 정하는 바에 따라 해당 지방자치단체의 관할구역 안의 자치구 상호간의 재원을 조정하여야 한다(지방자치법 제173조). 이에 의해 특별시나 광역시가 자치구에 교부하는 재원을 조정교부금이라 한다. 이러한 조정교부금은 교부 주체가 특별시나 광역시인 점이 지방교부세와는 다르지만, 재정 결함이 있는 자치구의 재정을 보충하고 자치구 간의 재정 불균형을 시정하기 위한 제도로서 지방교부세의 축소판이라고 할 수 있다.

유사한 취지의 제도로 재정보전금이 있다. 즉 시・도지사(특별시장을 제외한다)는 시・군에서 징수하는 광역시세・도세(원자력 발전에 대한 지역개발세, 공동시설세 및 지방교육세를 제외한다)의 27퍼센트(인구 50만 이상의 시와 자치구가 아닌 구가 설치되어 있는 시의 경우에는 47퍼센트)에 해당하는 금액을 시 · 군에 대한 재정보전금으로 확보하여 인구, 징수 실적, 당해 시 · 군의 재정 사정 그 밖에 대통령령이 정하는 기준에 따라 당해 시 · 도(특별시를 제외한다)의 관할 구역 안의 시 · 군에 배분하여야 한다(지방재정법 제29조 제1항).

5 보조금

1) 의 의

보조금에 대하여 지방재정법 제23조 제1항 및 제2항은 "국가 또는 시 · 도가 시책상 필요하다고 인정되는 때 또는 지방자치단체의 재정 사정상 특히 필요하다고 인정되는 때에 예산의 범위 안에서 교부"하는 것이라고 규정하고 있다. '보조금의 예산 및 관리에 관한 법률' 제2조 제1호는 보조금을 "국가 외의 자가 행하는 사무 또는 사업에 대하여 국가가 이를 조성하거나 재정상의 원조를 하기 위하여 교부하는 보조금(지방자치단체에 대한 것과 기타 법인 또는 개인의 시설자금이나 운영자금에 대한 것에 한한다) · 부담금(국제조약에 의한 부담금은 제외한다) 기타 상당한 반대급부를 받지 아니하고 교부하는 급부금으로서 대통령령으로 정하는 것"이라고 정의하고 있다.

이와 같은 조항들을 종합하면, 보조금이란 "국가 또는 시 · 도가 시책장려나 재정상의 지원을 위하여 지방자치단체에 반대급부를 받지 아니하고 교부하는 급부금"이라고 정의할 수 있을 것이다.

2) 보조금의 특성

보조금은 지방자치단체가 수행하는 특정의 행정사무(보조사업)에 소요되는 경비의 일부 또는 전부를 국가나 시 · 도가 지방자치단체에 교부하는 재정자금이다. 따라서 보조금은 그 용도가 제한되어 있다는 특징이 있다. 또한 보조금은 의존재원에 속한다.

3) 보조금의 교부

보조금은 지방자치단체의 신청에 의해 국가나 시·도가 결정한다. 다만, 국가는 보조금의 예산 계상 신청이 없는 보조사업의 경우에도 국가 시책 수행상 부득이하여 대통령령이 정하는 경우에는 필요한 보조금을 예산에 계상할 수 있다(보조금의 예산 및 관리에 관한 법률 제5조).

지방자치단체에 대한 보조금에 있어서는 보조금이 지급되는 대상사업의 범위와 보조금의 예산 계상 신청 및 예산편성에 있어서 보조사업별로 적용하는 기준이 되는 국고보조율(이하 '기준보조율'이라 한다)은 대통령령으로 정한다(보조금의 예산 및 관리에 관한 법률 제9조).

그리고 기획예산처 장관은 매년 지방자치단체에 대한 보조금 예산을 편성할 때에 필요하다고 인정되는 보조사업에 대하여는 당해 지방자치단체의 재정 사정을 감안하여 기준보조율에 일정률을 가감하는 차등보조율을 적용할 수 있다. 이 경우 기준보조율에 일정률을 차감하는 차등보조율은 지방교부세법에 의한 보통교부세를 교부받지 아니하는 지방자치단체에 한하여 적용할 수 있다(보조금의 예산 및 관리에 관한 법률 제10조 제1항).

보조금의 교부 여부, 교부의 정도 등은 법령의 범위 안에서 국가나 시·도가 재량으로 결정할 사항이나 비례의 원칙, 평등의 원칙에 의한 제약을 받는다. 보조금을 교부할 때에는 교부 목적을 달성함에 필요한 조건을 붙일 수 있다(보조금의 예산 및 관리에 관한 법률 제18조 제1항).

4) 보조사업의 수행

'보조금의 예산 및 관리에 관한 법률' 제22조에 따라 보조금을 수령한 지방자치단체는 법령의 규정, 보조금 교부 결정의 내용 또는 법령에 의한 중앙관서의 장의 처분에 따라 선량한 관리자의 주의로 성실히 그 보조사업을 수행해야 한다. 이에 위반하면 국가는 동법 제30조에 의해 보조금 교부 결정의 전부 또는 일부를 취소할 수 있다.

그리고 지방자치단체의 장은 국가보조사업에 대한 지방자치단체의 지방비 부담액을 다른 사업에 우선하여 당해 연도 지방자치단체의 예산에 계상하여야 한다(보조금의 예산 및 관리에 관한 법률 제13조).

5) 보고 및 통지

지방자치단체의 장이 '보조금의 예산 및 관리에 관한 법률'에 의해 중앙행정기관의 장에게 보조금의 예산 계상을 신청한 때에는 그 내용을 당해 회계연도의 전년도 5월 31일까지 행정자치부 장관에게 보고하여야 한다. 이 경우 시장·군수 및 자치구의 구청장은 시·도지사를 경유하여야 한다(지방재정법 제24조).

그리고 중앙행정기관의 장은 그 소관에 속하는 세출예산 중에서 지방자치단체의 재정적 부담을 수반하는 보조금 등을 지방자치단체에 교부하기로 결정·통지한 때에는 즉시 기획예산처 장관과 행정자치부 장관에게 통지하여야 한다(지방재정법 제27조).

6) 보조금의 문제점

보조금은 국가의 정책을 지방 차원에서 실현시키고, 지방정책을 국가정책에 부합하도록 유도하는 유력한 수단이 되기도 하지만 경우에 따라서는 그 부작용도 적지 않다. 지방자치단체가 보조금을 받기 위하여 무리하게 보조사업의 수행을 결정하게 되는 경우가 유발될 수 있고, 보조금 지급의 조건, 시정명령 등을 통해서 자치권이 침해될 우려가 있다. 국가가 보조금의 지급에 따른 통제를 강하게 행사하면 보조금의 지급이 지배의 수단으로 전락될 수도 있다. 또한 보조금은 지방자치단체의 재정상의 자율권을 제한해서 지역 실정에 맞는 재원 배분을 어렵게 만들 수도 있다.

6 부담금과 교부금

부담금이란 지방자치단체 또는 그 기관이 법령에 의하여 처리하여야 할 사무로서 국가와 지방자치단체 상호간에 이해관계가 있는 경우에 그 원활한 사무처리를 위하여 국가에서 부담하지 아니하면 아니 될 경비를 국가가 그 전부 또는 일부를 부담하는 것을 말한다(지방재정법 제21조 제1항).

지방재정법 제22조 제1항은 지방자치단체가 부담할 경비의 종목과 부담비율을 대통령령에 위임하고 있다. 이에 따라 국가의 부담금은 전체 경비

중에서 지방자치단체의 부담 부분을 공제한 것이 된다.

한편 시·도가 시행하는 토목 그 밖의 건설사업으로서 그 구역 안의 시·군 및 자치구에 이익이 되는 것에 대하여는 시·도는 당해 건설사업으로 인한 수익의 한도 내에서 그 시·군 및 자치구에 대하여 그 건설사업에 소요되는 경비의 일부를 부담시킬 수 있다. 시·군 및 자치구가 부담하여야 하는 금액은 당해 시·군 및 자치구가 동의한 한도 내에서 이를 정하여야 한다(지방재정법 제30조 제1항 및 제2항).

그리고 '교부금'이란 국가가 스스로 행하여야 할 사무를 지방자치단체 또는 그 기관에 위임하여 수행하는 경우에, 국가가 당해 지방자치단체에 교부하게 되는 소요경비를 말한다(지방재정법 제21조 제2항). 즉 단체위임사무와 기관위임사무에 대한 비용은 그 전액을 위임한 국가가 지급해야 하는데 이를 교부금이라고 한다.

교부금의 지급에 관한 일반 법률은 없고 권한을 위임하는 개별법에 규정되어 있는 경우가 있으며 개별적인 규정이 결여되어 있는 경우도 많다. 교부금의 지급을 위해서는 우선 어떤 사무가 국가의 위임사무에 속하는지를 명확히 하고 그에 따른 비용 부담은 법률로 명확히 규정되어야 한다. 그런데 현행 법규는 이에 대한 규정이 불분명하며 교부금의 산정·교부 방법 등에 대한 명확한 규정을 결여하고 있다. 현실적으로는 많은 경우에 교부금이 지급되지 않은 채 사무만 지방자치단체에 위임되어 지방자치단체의 부담을 가중시키고 있는 실정이다. 이는 헌법 제117조 제1항의 지방자치의 제도적 보장과 일치하지 아니한다. 따라서 교부금의 문제는 근본적으로 재검토되어야 한다.

7 지방채

1) 의의 및 종류

지방채란 지방자치단체가 그 경비에 충당하기 위해 상환 의무하에 부담하게 되는 채무로서 상환기간이 1년이 넘는 장기차입금을 말한다.

지방채의 종류에는 지방채증권과 차입금이 있다. 지방채증권은 지방자치단체가 증권발행의 방법에 의하여 차입하는 지방채를 말하며, 외국에서 발행하는 경우를 포함한다. 차입금은 지방자치단체가 증서에 의하여 차입하는 지방채를 말하며, 외국정부·국제기구 등으로부터 차관(현물차관을 포함한다)을 도입하는 경우를 포함한다(지방재정법 시행령 제7조).

2) 지방채 발행의 요건

지방채는 "그 지방자치단체의 항구적인 이익이 되거나 긴급한 재난복구 등의 필요가 있는 때"에 발행할 수 있다. 지방재정법 제35조는 지방자치단체의 세출은 지방채 외의 세입을 그 재원으로 함을 원칙으로 하고 있고, 다만 부득이한 경우에는 지방채로 충당할 수 있도록 규정하고 있다. 따라서 지방자치단체는 지방채 이외의 수입으로 그 경비를 충당하여야 하고, 그것이 가능하지 않을 때 보충적으로 지방채의 수입으로 충당할 수 있다(보충성의 원칙). 그러므로 지방자치단체는 지방채를 발행하기에 앞서 다른 재정수입으로 그 경비를 충당할 수 있는지를 먼저 심사해야 한다.

3) 지방채 발행의 절차

지방재정법 제11조 제2항의 규정에 의하면, 지방자치단체의 장은 지방채를 발행하고자 하는 경우에는 재정 상황 및 채무 규모 등을 고려하여 대통령령이 정하는 지방채 발행 한도액의 범위 안에서 지방의회의 의결을 얻어야 한다. 다만, 지방채 발행 한도액의 범위 안이라도 외채를 발행하는 경우에는 지방의회의 의결을 거치기 전에 행정자치부 장관의 승인을 얻어야 한다(지방재정법 제11조 제2항).

그리고 지방자치단체의 장은 위 규정에 불구하고 당해 지방자치단체의 발전과 관계 있는 사업을 위한 경우 등 대통령령이 정하는 사유가 발생하는 경우에는 행정자치부 장관의 승인을 얻은 범위 안에서 지방의회의 의결을 얻어 지방채 발행 한도액의 범위를 초과하여 지방채를 발행할 수 있다(지방재정법 제11조 제3항).

지방채 발행, 원금의 상환, 이자의 지불, 증권에 관한 사무절차 및 사무취급기관은 대통령령으로 정한다. 지방채 중 증권 발행의 방법에 의한 지방채(이하 '지방채증권'이라 한다)의 발행에 관하여는 '상법' 제479조·제484

조 · 제485조 및 제487조의 규정을 준용한다. 이 경우 '상법'의 규정 중 '사채'는 '지방채증권'으로, '사채권자'는 '지방채권자'로, '채권'은 '증권'으로 보고, 제479조 중 '기명사채'는 '기명지방채증권'으로, '사채원부'는 '지방채증권원부'로, '회사'는 '지방자치단체'로 각각 본다(지방재정법 제12조).

8 재산수입(사법상 수입)과 기타 지방자치단체의 수입

지방자치단체는 공법상의 수입 외에 소유하고 있는 재산으로 인한 사법상의 수입도 갖는다. 사법상의 수입에는 '공공재산 및 물품관리법'상의 잡종재산의 매각대금이나 대부료 등과 지방공기업으로부터의 이익 배당 등이 있을 수 있다.

그 밖의 지방자치단체의 수입으로는 지방재정법 제14조에 의한 일시차입금, 지방재정법 제50조에 의한 이월금, 과태료[14]와 벌금 등의 잡수입이 있다. '공공재산 및 물품관리법' 제7조에 의한 기부채납이나 지방자치단체에서 접수한 기부금[15]도 사법상 증여로서의 성질을 가지므로 사법상 수입이 된다.

---

14) 지방재정법 제32조에 의하면, 지방자치단체가 국가 또는 다른 지방자치단체의 위임사무에 대하여 법령이 정하는 바에 의하여 과태료 또는 과징금을 부과 · 징수한 경우 그 수입은 사무위임을 받은 지방자치단체의 수입으로 한다. 다만, 다른 법령에 특별한 규정이 있거나 '비송사건절차법'이 정하는 바에 의하여 부과 · 징수한 과태료의 경우에는 그러하지 아니하다.

15) 다만 '기부금품의 모집 및 사용에 관한 법률' 제5조 제2항에서는 지방자치단체가 기부금품을 접수할 수 있는 경우를 일정한 경우로 제한하고 있다.

제 5 절 지방자치단체의 경비 부담과 지출

1 경비 부담

1) 지방자치단체의 경비의 의의

지방자치단체가 그의 사무를 수행하기 위해 지출하는 비용을 지방자치단체의 경비라고 한다.

2) 경비 부담의 원칙으로서의 견련성의 원칙

견련성의 원칙(Konnexitätsprinzip)은 사무책임과 지출 책임을 연계시키는 법 원칙이다.16) 이에는 집행원인주의와 법률원인주의가 있다. 모두 원인자가 비용을 부담해야 한다는 원칙이나, 전자는 행정의 집행이 비용을 야기한다면 집행책임자가 그 비용을 부담해야 한다는 원칙이다. 이에 대해 후자는 과제를 창설한 자가 입법자라면 입법자가 귀속된 국가에서 그 비용을 부담해야 한다는 원칙을 의미한다. 한국에서는 지방자치단체가 그의 사무 수행과 관련된 비용을 지급해야 하고, 국가나 다른 지방자치단체는 그가 위임한 사무에 대해서 경비를 부담해야 한다는 부담 분담의 원칙으로 이해하여 집행원인주의에 가까운 해석을 하고 있으나 자칫하면 국가의 재정 부담을 지방 부담으로 전가시키는 데 이용될 수 있다. 이에 독일에서는 법률원인주의도 동시에 고려되고 있다. 이와 같은 경비 부담에 관한 견련성의 원칙은 헌법 제117조 제1항의 지방자치에 관한 제도적 보장으로부터 직접 도출되는 법 원칙으로 볼 수 있다.

지방자치단체가 수행하는 사무 중에서는 전권한성의 원칙에 의해 자기

16) 이에 관해서는 Andre Röhl, *Konnexitätsprinzip und Konsultationsverfahren als Ausdruck kommunaler Selbstverwaltung*, Frankfurt am Main, 2006; 문병효, “독일의 재정조정시스템과 재정헌법의 개혁”, 『외법논집』 제22집, 2006. 5., 134쪽 이하 참조.

책임하에 수행되는 것도 있지만 법률에 의해서 타율적으로 부과되는 것도 있다. 타율적인 업무 부과에 경비에 관한 규정이 없다면 지방자치단체는 그 사무를 실질적으로 수행할 수 없게 될 위험이 있다. 이러한 위험을 제거하여 지방자치단체의 자치권을 보장하기 위해, 견련성의 원칙은 업무의 수행책임의 부과에는 반드시 비용 부담에 관한 규율이 병행할 것을 요구한다.

3) 경비의 부담에 관한 구체적인 원칙

지방자치법 제141조에서는 경비 부담에 관한 원칙을 정하고 있다. 지방자치단체는 그 자치사무의 수행에 필요한 경비와 위임된 사무에 관해 필요한 경비를 지출할 의무를 진다. 다만, 국가사무나 지방자치단체사무를 위임할 때에는 이를 위임한 국가나 지방자치단체에서 그 경비를 부담해야 한다.

이러한 원칙은 지방재정법에서도 정하고 있다. 지방재정법 제20조에 의하면, 지방자치단체의 관할 구역의 자치사무에 관하여 필요한 경비는 당해 지방자치단체가 그 전액을 부담한다.

그리고 국가가 스스로 행하여야 할 사무를 지방자치단체 또는 그 기관에 위임하여 수행하는 경우에, 그 소요되는 경비는 국가가 그 전부를 당해 지방자치단체에 교부하여야 한다(지방재정법 제21조 제2항). 또한 시·도 또는 시·도지사가 시·군 및 자치구 또는 시장·군수·자치구의 구청장으로 하여금 그 사무를 집행하게 하는 때에는 시·도가 그 사무 집행에 소요되는 경비를 부담하여야 한다(지방재정법 제28조).

2 지 출

1) 지출원인행위

지방자치단체의 지출의 원인이 되는 계약 기타의 행위(지출원인행위)는 지방자치단체의 장이 하되, 소속 공무원에게 위임하여 지출원인행위를 하게 할 수 있다. 지방자치단체의 장 또는 그 위임을 받은 공무원(이하 '경리관'이라 한다)이 지출원인행위를 하는 때에는 법령·조례 및 규칙이 정하는 바에 따라 배정된 예산의 범위 안에서 하여야 한다(지방재정법 제67조 제1

항 및 제2항). 경리관은 명시이월비에 대하여 예산집행상 부득이한 사유가 있는 때에는 당해 회계연도와 다음 회계연도에 걸쳐 지출하여야 할 지출원인행위를 할 수 있다(지방재정법 제68조).

2) 지출의 절차

경리관이 그 소관에 속한 세출예산에 의하여 지출원인행위를 한 때에는 지방자치단체의 장이 임명한 공무원(이하 '지출원'이라 한다)에게 지출원인행위 관계 서류를 송부하여야 한다(지방재정법 제69조).

지출원이 지출원인행위에 의하여 지출을 하는 때에는 현금의 지급에 갈음하여 그 지방자치단체의 금고에 대하여 지급명령을 발해야 한다(지방재정법 제70조).

제 6 절 지방자치단체의 재산 및 기금의 관리

1 재산의 보유 · 관리와 기금의 설치 · 운용의 원칙

지방자치단체는 행정 목적을 달성하기 위한 경우나 공익상 필요한 경우에는 재산을 보유하거나 특정한 자금을 운용하기 위한 기금을 설치할 수 있다. 그리고 재산의 보유, 기금의 설치 · 운용에 관하여 필요한 사항은 조례로 정한다. 여기서 '재산'이란 현금 외의 모든 재산적 가치가 있는 물건과 권리를 말한다(지방자치법 제142조).

한편 지방자치단체의 재산은 법령이나 조례에 따르지 아니하고는 교환 · 양여(讓與) · 대여하거나 출자 수단 또는 지급 수단으로 사용할 수 없다(지방자치법 제143조).

2 지방자치단체의 재산 및 기금관리

1) 공유재산 및 물품의 관리

지방자치법의 규정을 구체화하여 지방자치단체가 소유하는 공유재산에 대해서는 '공유재산 및 물품관리법'이 제정되어 있다. 이 법은 공유재산 및 물품을 보호하고 그 취득·유지·보존 및 운용과 처분의 적정을 기함을 목적으로 제정된 법률이다. 이 법률에 의하면 공유재산은 지방자치단체의 소유로 된 ① 부동산과 그 종물, ② 선박·부잔교(浮棧橋)·부선거(浮船渠) 및 항공기와 그 종물, ③ 공영사업 또는 시설에 사용하는 중요한 기계와 기구, ④ 지상권·지역권·광업권 그 밖에 이에 준하는 권리, ⑤ 저작권·특허권·의장권·상표권·실용신안권 그 밖에 이에 준하는 권리, ⑥ 주식, 출자로 인한 권리 및 사채권·지방채증권·국채증권 그 밖에 이에 준하는 유가증권, ⑦ 부동산신탁의 수익권을 말한다(공유재산 및 물품관리법 제4조 제1항).

공유재산은 그 용도에 따라 행정재산·보존재산 및 잡종재산으로 구분한다. '행정재산'이라 함은 공용재산(지방자치단체가 직접 사무용·사업용 또는 공무원의 거주용으로 사용하거나 사용하기로 결정한 재산과 사용을 목적으로 건설중인 재산), 공공용 재산(지방자치단체가 직접 공공용에 사용하거나 사용하기로 결정한 재산과 사용을 목적으로 건설 중인 재산), 기업용 재산(지방자치단체가 경영하는 기업용 또는 그 기업에 종사하는 직원의 거주용으로 사용하거나 사용하기로 결정한 재산과 사용을 목적으로 건설중인 재산)을 말한다. '보존재산'이라 함은 법령 또는 조례나 규칙의 규정에 의하거나 그밖에 필요에 의하여 지방자치단체가 보존하거나 보존하기로 결정한 재산을 말한다. '잡종재산'이라 함은 행정재산 및 보존재산 외의 모든 공유재산을 말한다(공유재산 및 물품관리법 제5조).

그리고 '물품'이라 함은 지방자치단체가 소유하는 동산과 지방자치단체가 사용하기 위하여 보관하는 동산 중 ① 현금, ② 유가증권, ③ 제4조의 규정에 의한 공유재산을 제외한 동산을 말한다(공유재산 및 물품관리법 제48

조). 따라서 현금과 유가증권은 별도의 규정에 의해 관리된다.

2) 현금과 유가증권의 관리

지방자치단체의 장은 '은행법'에 의한 금융기관으로 하여금 소관 현금과 그의 소유 또는 보관에 속하는 유가증권의 출납 및 보관 그 밖의 금고업무를 취급하게 하기 위하여 금고를 지정하여야 한다. 금고를 지정하거나 지정한 금고를 변경한 때에는 이를 공고하고, 시・도에 있어서는 행정자치부장관, 시・군 및 자치구에 있어서는 시・도지사에게 즉시 보고하여야 한다. 금고의 지정 기준 등에 관하여 필요한 사항은 대통령령으로 정한다(지방재정법 제77조).

그리고 지방자치단체의 장은 금고가 취급하는 지방자치단체 소관의 현금 및 유가증권의 출납・보관에 관하여 검사를 할 수 있다(지방재정법 제79조). 금고가 지방자치단체를 위하여 취급하는 현금 또는 유가증권의 출납・보관에 관하여 지방자치단체에 손해를 끼친 경우에 금고의 배상책임에 관하여는 '민법'과 '상법'을 적용한다(지방재정법 제80조).

3) 채권・채무의 관리

지방자치단체의 장은 대통령령이 정하는 바에 의하여 그 소관에 속하는 채권 및 채무를 관리하되, 소속 공무원에게 위임하여 관리하게 할 수 있다. 이에 의하여 위임받은 공무원을 각각 '채권관리관' 및 '채무관리관'이라 한다(지방재정법 제85조).

지방자치단체는 법령 또는 조례에 의하지 아니하고는 채권의 전부 또는 일부를 면제하거나 당해 지방자치단체에 불리하게 효력을 변경할 수 없다(지방재정법 제86조).

채권의 관리에 관한 사무는 채권의 발생 원인 또는 내용에 따라 지방자치단체의 이익에 가장 적합하도록 처리하여야 한다. 지방자치단체의 장은 그 소관에 속하는 채권이 생긴 때에는 지체없이 채무자・채권 금액 및 이행 기한 그 밖에 관련되는 모든 사실을 확인하여 장부에 기재하고, 그 관리의 철저를 기하여야 한다. 이러한 내용은 채무의 관리에도 준용되며, 관리대상이 되는 채권 및 채무의 범위, 채권의 보전 그 밖에 채권관리에 관하여 필요한 사항은 대통령령으로 정한다(지방재정법 제87조).

금전의 지급을 목적으로 하는 지방자치단체의 권리로서 시효에 관하여 다른 법률에 특별한 규정이 없는 것은 5년간 이를 행사하지 아니하면 소멸시효가 완성하므로 채권관리에는 철저를 기하여야 한다(지방재정법 제82조 제1항).

4) 기금의 관리

지방자치단체에 설치하는 기금과 관련해서는 '지방자치단체 기금관리기본법'이 제정되어 있다. 이 법은 지방자치단체에 설치하는 기금의 관리 및 운용에 관한 기본적인 사항을 규정함으로써 지방자치단체 기금 운용의 공공성과 지방재정의 효율성 증진에 기여함을 목적으로 한다(지방자치단체 기금관리기본법 제1조). 이 법에서 '기금'이라 함은 지방자치단체가 특정한 행정 목적의 달성을 위하여 지방자치법 제142조의 규정 또는 다른 법률의 규정에 의하여 설치·운용하는 자금을 말한다. 다만, '지방공기업법' 제19조의 규정에 의한 지역 개발을 위한 기금을 제외한다(지방자치단체 기금관리기본법 제2조).

기금의 남발을 막기 위하여, 법률에 의하여 지방자치단체에 재정적 부담이 되는 기금을 설치하고자 하는 경우 소관 중앙행정기관의 장은 기금 신설의 타당성 심사를 위하여 미리 행정자치부 장관과 협의하여야 하고, 행정자치부 장관이 중앙행정기관의 장과 기금 설치에 관한 협의를 하는 경우에는 관련되는 지방자치단체의 의견을 들어야 한다(지방자치단체 기금관리기본법 제3조).

또한 기금은 특정한 행정 목적의 달성을 위해 설치되는 것이므로 기금의 존속 기한을 정할 필요가 있다. 따라서 지방자치단체가 기금을 신설하여 운용하고자 하는 경우에는 기금의 존속 기한을 당해 조례에 명시하여야 한다. 다만, 법률에 의하여 의무적으로 설치·운용되는 기금은 존속 기한을 명시하지 아니할 수 있다. 기금의 존속 기한은 기금의 설치 목적을 달성하기 위하여 대통령령이 정하는 바에 따라 필요한 최소한의 기간 내에서 설정되어야 한다(지방자치단체 기금관리기본법 제4조).

지방자치단체의 장은 기금의 설치 목적과 지역 실정에 맞도록 기금을 관리·운용하여야 하며, 지방자치단체의 장은 기금자산의 안정성·유동성·수익성 및 공공성을 고려하여 기금자산을 투명하고 효율적으로 운용하여야 한다(지방자치단체 기금관리기본법 제5조).

지방자치단체의 장은 회계연도마다 기금운용계획을 수립하여야 하고, 출납폐쇄 후 80일 이내에 기금의 결산보고서를 작성하여야 한다. 지방자치단체의 장은 기금운용계획안과 기금결산보고서를 회계연도마다 각각 세입·세출예산안 또는 결산서와 함께 지방의회에 제출하여 의결을 얻어야 한다(지방자치단체 기금관리기본법 제8조 제1항 및 제2항).

그리고 지방자치단체는 기금의 관리·운용에 관한 중요한 사항을 심의하기 위하여 기금별로 기금운용심의위원회(이하 '심의위원회'라 한다)를 설치·운영하여야 한다. 다만, 기금의 효율적인 운용을 위하여 필요한 경우에는 심의위원회를 통합하여 설치·운영할 수 있다. 심의위원회의 심의를 거쳐야 하는 사항은 ① 제8조의 규정에 의한 기금운용계획의 수립 및 결산보고서의 작성, ② 제14조의 규정에 의한 기금 운용의 성과분석, ③ 기금의 관리·운용에 관한 중요 사항으로서 지방자치단체의 장이 부의하는 사항이며, 심의위원회의 구성과 운영에 관하여 필요한 사항은 대통령령이 정하는 바에 따라 지방자치단체의 조례로 정한다(지방자치단체 기금관리기본법 제13조).

제12장 지방자치단체의 공공시설과 지방공기업

제1절 공공시설

1 공공시설의 의의

지방자치법 제144조 제1항은 "지방자치단체는 주민의 복지를 증진하기 위하여 공공시설을 설치할 수 있다"라고 규정하고 있으며, 동법 제13조 제1항은 지방자치단체의 주민은 법령으로 정하는 바에 따라 소속 지방자치단체의 공공시설을 이용할 권리가 있음을 규정하고 있다.

공공시설이란 일상용어로는 매우 여러 가지 의미로 사용될 수 있으나, 지방자치법상의 공공시설이란 "주민의 복지에 관계되는 급부를 제공하기 위한 행정 목적을 수행하기 위해 설치·운영되는 계속적인 모든 수단"이라고 볼 수 있다. 즉 구조나 목적은 상이하지만 주민들의 생존 기반이나 생존배려를 창출하고 보장한다는 기능면에서 공통적인 모든 영업, 기업, 영조물 그 밖에 급부시설 등을 총칭하는 개념이다. 이에 속하는 것으로는 지방자치단체에 의한 극장, 도서관, 수영장, 공동묘지, 공원, 양로원, 상수도, 하수도 등이 있다.

지방자치단체의 시설이 공공시설로 되는 것은 공용지정(Widmung)을 통해서이다. 공용지정(또는 공용개시)이란 시설의 목적을 설정하고 주민의 사용에 제공하는 공법상의 의사표시로서 이를 통해 공공시설은 공법적인 요소를 갖게 된다.

지방자치단체가 일정한 시설을 공용지정을 통해 제공하는 한 공공시설이 되는 것이며 그 운영자나 소유자가 누구인지, 그 조직 형태가 어떠한 법적 형태를 갖는지를 불문한다. 따라서 지방자치단체가 직접 운영자가 될 수도 있고 별개의 법인이나 사인(私人)이 운영자가 될 수도 있다.

2 공용지정

물건이나 사람의 총체인 시설이 공공시설로서의 성격을 갖게 되는 것은 공용지정을 통해서이다. 공용지정(Widmung)이란 위에서 설명한 바와 같이 시설의 목적을 설정하고 주민의 사용에 제공하는 공법상의 의사표시이다. 공용지정은 여러 가지 형태로 가능한데, 이를테면 행정행위나 조례로 행해지기도 하고 명시적인 의사표시 혹은 추정적인 의사표시로 행해질 수도 있다. 추정적인 공용지정은 주민의 사용에 제공하는 관행, 사용료의 징수, 지방자치단체의 보조 등을 통해서 추론된다.

3 영조물, 공물과의 구분

문헌에서는 공공시설, 공물, 영조물의 용어가 혼용되고 있으며 이들의 관계를 어떻게 이해해야 할지가 문제된다. 영조물(營造物)은 일정한 행정 목적을 수행하기 위한 인적·물적 시설의 종합체로서 법인격이 있는 경우와 없는 경우가 있다. 법인격이 없는 영조물은 그것이 주민의 이용에 제공되는 경우에는 공공시설이지만, 이러한 이용 가능성이 결여된 경우는 공공시설이 아니다. 법인인 영조물은 공공시설의 운영자는 될 수 있지만 그 자체가 공공시설인 것은 아니다. 그가 운영하는 시설이 주민의 이용에 제공되는 때에 그 시설은 공공시설이 될 수 있다.

공물(公物)은 공공시설이 될 수 있지만, 언제나 공공시설이 되는 것은 아니다. 예컨대 도로와 같이 일반 사용에 제공되는 것은 주민의 사용에 한정되는 것이 아니므로 공물에 해당하지만 지방자치단체의 공공시설이라 보기 어렵고, 공공용물(公共用物)은 주민의 사용 가능성을 결하는 경우에 공공시설이 아니다.

4 공공시설의 설치와 관리 유지

공공시설의 설치와 관리에 관하여 다른 법령에 규정이 없으면 조례로 정한다(지방자치법 제144조 제2항).

만약 공공시설의 설치가 법령에 의해 규정된 경우에는 지방자치단체는 이를 설치할 의무가 있다. 그 이외의 공공시설은 지방자치단체가 그의 업무 범위 내에서 지방자치단체의 능력과 필요성에 따라 자기책임하에 설치 여부를 결정할 수 있다. 지방자치단체는 또한 기존의 공공시설을 확장하거나 축소, 급부의 감소, 변경, 일부 정지 등도 자기책임하에 결정할 수 있다.

한편 대통령령으로 정하는 공공시설의 설치·처분은 지방의회의 의결사항이다(지방자치법 제39조 제1항 제7호). 공공시설은 관계 지방자치단체의 동의를 받아 그 지방자치단체의 구역 밖에 설치할 수 있다(지방자치법 제144조 제3항).

5 공공시설에 대한 이용청구권

1) 이용청구권자

지방자치법 제13조 제1항에 따라 주민은 지방자치단체의 공공시설을 이용할 공법상의 권리를 갖는다. 지방자치단체의 구역 내에서 부동산을 가진 자, 영업을 하는 자 등에 대해서도 독일에서는 이용권을 주고 있으나, 우리나라에서는 명문의 규정이 없다. 생각컨대 이들에게도 그 부동산이나 영업과 관련되는 범위 내에서 당해 지방자치단체의 주민에 유사한 이용권을 부여함이 타당하다고 본다.[1] 그 밖에 지역의 중심지인 지방자치단체의 공공시설에 대한 이용권이 이웃 지방자치단체의 주민에게 허용되는지가 오늘날 문제되고 있다. 그 밖의 비주민(非住民)에게는 이용청구권이 당연히 허용되는 것은 아니다.[2] 다만 지방자치단체가 이들에게도 이용을 허용하는 것은 가능하며, 그 경우에는 비주민도 공공시설을 이용할 수 있다.

2) 이용청구권의 의무자

주민의 이용청구권 행사에 의해서 의무를 지는 자는 지방자치단체만이다. 왜냐하면 이용의 허용 결정은 공법적인 성격을 갖는 것이고, 이에 대한 분쟁은 행정소송으로 해결되는 것이기 때문이다. 따라서 지방자치단체가 직접 운영하는 경우에는 문제가 없으나, 그 밖의 사인(私人)이 운영하는 경우에는 지방자치단체에게 그로 하여금 이용에 제공해 주도록 영향력을 행사해 줄 것을 청구할 수 있다고 보아야 한다.

3) 이용청구권의 한계

주민의 공공시설 이용청구권은 공공시설의 존재와 그 수용 능력에 의해 제한받는다. 주민의 이용청구권은 지방자치단체에게 특별한 급부의 제공을 위한 공공시설의 설치나 그 확장을 청구할 수 있는 공법상의 권리를 포함하지 아니하므로 그의 이용청구권은 현존하는 시설이 있는 경우에 그 수용 능력의 범위 내에서만 인정된다. 다만 지방자치단체는 한정된 공공시설의 수용 능력의 범위 내에서 헌법 제11조 평등의 원칙에 맞게 합리적으로 이용권을 허용할 법적 의무를 진다. 예컨대 선착순, 추천, 순번제 등이 고려된다.

이용청구권은 공용지정의 목적 범위 내에서만 인정된다. 지방자치단체는 공용지정의 목적을 넘는 특별한 이용을 허용할 수는 있으나 이를 허용해야 할 법적인 의무는 없다.

그 밖에 주민의 이용청구권은 법규에 의해 제한받는다. 이러한 법규에는 지방자치단체의 조례나 규칙이 포함된다.

---

1) 이기우, 『지방자치행정법』, 법문사, 1991, 243쪽. 같은 취지로 홍정선, 앞의 책, 108쪽.

2) 이기우, 앞의 책, 243쪽; 같은 취지로 홍정선, 앞의 책, 439쪽.

6 공공시설의 이용에 대한 사용료 또는 대가

지방자치단체는 공공시설의 이용에 대하여 사용료를 징수할 수 있다(지방자치법 제136조). 또한 지방자치단체는 공공시설의 설치로 인해 주민의 일부가 특히 이익을 받으면 이익을 받는 자로부터 그 이익의 범위에서 분담금을 징수할 수 있다(지방자치법 제138조).

제 2 절 지방공기업

1 지방공기업의 의의

공기업의 의미는 학자에 따라서 일치하지 아니하며, 행정학, 경제학 등 여러 학문 분야에서도 공기업이라는 개념은 다양한 의미로 쓰이고 있다.

문제되는 것은 법률적으로 공기업의 개념은 어떻게 정의되느냐 하는 점이다. 이와 관련해서, 지방자치법 제146조 제1항은 "지방자치단체는 주민의 복지 증진과 사업의 효율적 수행을 위하여 지방공기업을 설치·운영할 수 있다"라고 규정하고 있고, 동조 제2항은 "지방공기업의 설치·운영에 관하여 필요한 사항은 따로 법률로 정한다"라고 규정하고 있다.

위와 같은 규정을 보면, 지방자치법 제146조에서는 '주민의 복지 증진과 사업'의 효율적 수행을 위한 방법으로서의 지방공기업을 상정하고 있다고 볼 수 있다. 그리고 '주민의 복지 증진과 사업'이란 결국 지방자치단체가 수행해야 할 업무를 의미한다. 따라서 순수한 경제적인 동기에서 지방자치단체가 행하는 사업은 그것이 비록 기업적인 방법에 의한다고 하더라도 공기업이 될 수 없고, 사기업이며 지방자치법 제146조의 수권 범위에 속하지 아니한다.

다음으로 공기업은 일반행정과는 달리 기업법적인 방법에 의해 공공사무를 처리한다는 점이다. 여기서 기업법적 방법이라 함은 그 작용 원칙이 경제적 합리성에 따라 결정됨을 의미한다. 따라서 전혀 경제성을 갖지 아니하는 사업은 일반행정이지 공기업에 속하지 아니한다.

또한 지방공기업의 주체는 지방자치단체이거나 그에 의해 설립된 법인이다. 이는 기업의 운영자가 지방자치단체 또는 그가 설립한 법인이 된다는 것을 의미한다. 따라서 일반 사인이 공익사업을 경영하더라도 공기업이 될 수는 없다.

이와 같은 개념 요소를 종합해 보면, 지방공기업이란 "지방자치단체가 그의 업무를 효율적으로 수행하기 위하여 직접, 간접으로 운영하는 모든 기업"이라고 말할 수 있다.[3] 참고로 유럽공동체(EU)에서는 각국의 상이한 공기업 개념을 포괄하기 위해 EWGV 제90조에 의해 "공공주체가 소유권, 재정적 참가 혹은 기업의 활동을 규율하는 조례나 그 밖의 규정에 의해서 직접, 간접으로 지배적인 영향력을 행사할 수 있는" 모든 기업을 공기업으로 보고 있다. 이와 같은 공기업에는 지방자치단체가 전액을 출자한 경우뿐만 아니라 다른 지방자치단체나 민간과 함께 출자한 경우에도 지방자치단체가 지배적인 영향력을 행사하는 한 이에 포함된다고 보아야 한다. 우리 나라의 지방공기업법 제1조에서도 "지방자치단체가 직접 설치·경영하거나, 법인을 설립하여 경영하는 기업"을 지방공기업법의 적용 대상으로 설정하고 있다.

한편 공기업은 공공시설과는 구별되어야 한다. 많은 경우에 공공시설에는 공기업이 포함되나 반드시 일치하는 개념은 아니다. 공공시설은 이용청구권과 공공의 이용 관계를 주안점으로 정립된 개념인데 비해 공기업은 그 전제가 되는 시설의 설치, 운영 방식에 대한 법률적인 구속을 중심으로 성립된 개념이다. 따라서 양자는 관점을 달리한다. 또한 공기업에는 공공의 직접 이용에 제공되는 경우도 있으나 공공의 이용 이외의 방법으로 간접적으로 공공의 이익에 기여하는 경우도 있으므로 양자는 개념의 외연이 다른 경우도 있다.

---

3) 이기우, 앞의 책, 251쪽.

2 지방공기업의 법적 형태

공공 주체는 그의 업무를 어떠한 조직 형태로 수행할 것인가에 대해 특별한 규정이 없는 한 선택의 자유가 있다(Grundsatz der freien Wahl der Organisationsform). 따라서 지방자치단체는 그의 업무를 공법상의 조직 형태로 수행할 수도 있고 사법상의 조직 형태로 수행할 수도 있다. 공법상의 조직 형태를 취하는 경우에도 법인격이 없는 경우(행정기업, 자기기업)와 법인격이 있는 경우(영조물, 사단, 재단)가 있다.

1) 공법상의 기업 형태

(1) 법인격이 없는 경우

(가) 행정기업

행정기업(Regiebetrieb)은 행정의 부처로서 운영되는 것으로서 법적으로나 예산상으로나 일반행정과 통합되어 있어 독립성이 없다. 이와 같은 운영 유형은 행정 기능을 보조하는 역할을 하는 데 그치며 지방공기업으로서의 역할은 매우 낮다. 예컨대 자체 건물의 관리·수리 등이 이에 속한다.

(나) 지방직영기업

지방직영기업(Eigenbetrieb)은 행정기업과 마찬가지로 법적인 독립성은 없으나 행정기업과는 달리 조직상·재정상으로 상당한 독립성을 유지한다. 이러한 형태의 공기업은 조직상·경제상의 독립성을 부여하면서 지방자치단체의 관할 기관에 의한 통제와 영향력 행사를 유지시키기 위한 타협의 산물이다. 지방공기업법 제2조의 지방직영기업(지방자치단체가 직접 설치·경영하는 사업)이 여기에 속한다. 지방공기업법 제5조에 따라 지방직영기업의 설치·경영에 관한 기본적인 사항은 조례로 정한다. 지방공기업법 제7조에 따라 지방직영기업에는 관리자를 두고, 그는 지방공기업법 제10조에 의해 지방자치단체장의 지휘·감독을 받는다. 재무는 특별회계로 관리되며 독립채산제에 의함을 원칙으로 한다(지방공기업법 제13조 및 제14조).

(2) 법인격이 있는 경우: 지방공사, 지방공단

지방자치단체는 공법상의 법인을 설립해 그로 하여금 공기업을 운영하게 할 수 있다. 이 경우에 지방자치단체는 감독권의 행사를 통하여 간접적으로 영향력을 행사한다.

여기에 해당하는 것으로 지방공기업법 제49조에 의한 지방공사와 동법 제76조 제1항에 의한 지방공단이 있다. 이들 지방공사와 지방공단에 대해서는 지방공기업법 제51조 및 동법 제76조 제2항에서 '법인'이라는 것을 명시하고 있다. 이들은 별개의 행정 주체가 된다는 점에서 법률에 의해서만 설립될 수 있다.

2) 사법상의 기업 형태

(1) 의 의

지방자치단체는 주민의 복리에 관한 사무를 효율적으로 수행하기 위해 사법(私法)상의 법인을 설립하거나 운영할 수 있다. 즉 지방자치단체는 지방공기업을 사법상의 형태로 설치할 수도 있다. 사법상의 법인이란 민법, 상법 등 사법에 근거하여 설립된 법인을 말한다.

법이론상으로 지방공기업의 사법상 형태에는 특별한 제한이 없다. 따라서 민법상의 사단법인, 재단법인, 상법상의 주식회사, 유한회사, 합자회사, 합명회사 등 모두 가능하다. 이처럼 사법상의 조직 형태를 취하는 지방공기업의 설치·운영에 대해서는 지방공기업법상 특별한 규정이 없는 한 관련되는 사법이 적용된다.

또한 지방자치단체가 단독으로 전부 출자하는 경우뿐만 아니라 다른 지방자치단체와 함께 출자하는 경우, 사인(私人)과 함께 출자하는 경우 등이 있을 수 있다. 독일에서는 지방자치단체가 단독으로 출자한 경우에는 자영회사(Eigengesellschaft)라고 하며, 다른 지방자치단체나 공법상의 법인이 공동으로 출자한 경우를 혼합공기업(gemischt öffentliches Unternehmen), 사인과 함께 출자하는 경우를 혼합경제기업(gemischt wirtschaftliches Unternehmen)이라고 부른다.

우리 나라 지방공기업법에서도 이와 같은 사법상의 기업 형태를 취하는 지방공기업에 대해 규정을 두고 있다. 즉 현행 지방공기업법 제77조의 3에서는 지방자치단체는 지방공기업법 제2조 제2항 각 호의 1에 해당하는 사업을 효율적으로 수행하기 위하여 자본금 또는 재산의 2분의 1 미만을 출자 또는 출연하여 지방자치단체외의 자(외국인 및 외국법인을 포함한다)와 공동으로 상법에 의한 주식회사(이하 '출자법인'이라 한다) 또는 민법에 의한 재단법인(이하 '출연법인'이라 한다)을 설립·운영할 수 있다라고 규정하고 있다. 이에 해당하는 기업은 기본적으로 사법상의 형태인 주식회사나 재단법인의 형태를 취하고 있는 것으로 볼 수 있고 상법이나 민법의 규정을 적용받는다. 다만, 일정한 범위 내에서 지방공기업법의 적용을 받는다(지방공기업법 제77조의 3 내지 제77조의 7).

(2) **사법상의 기업 형태인 지방공기업에 대한 영향력의 행사**

이와 같은 사법적인 형태의 지방공기업은 재정상, 법률상의 독립성으로 인해 융통성 있는 기업 운영을 가능하게 하나 지방자치단체의 영향력을 감소시킨다. 그런데 지방공기업이 실제로 공공의 목적에 봉사하는 것을 보장하기 위해서는 지방자치단체의 충분한 영향력 행사 가능성이 보장되어야 한다. 이러한 이유에서 독일에서는 자기 기업을 우선하도록 하고, 그를 통해서 충분한 효과를 거둘 수 없는 경우에만 사법상의 조직 형태를 취하도록 규정하고 있다. 즉 사법상의 조직 형태를 보충적인 것으로 하고 있다.

우리 나라 지방자치법에서는 사법상 기업 형태인 지방공기업이 공공의 목적에 봉사하도록 일정한 규율을 하고 있다. 즉 지방자치단체가 자본금 또는 재산의 4분의 1 이상을 출자 또는 출연한 출자법인 또는 출연법인에 대하여는 지방자치단체의 장이 경영 상황에 관한 보고 및 서류의 제출을 요구하거나 당해 지방자치단체의 출자 또는 출연과 관련된 업무·회계·재산에 대한 검사를 할 수 있으며, 경영 개선을 위하여 지도·조언 또는 권고를 할 수 있다(지방공기업법 제77조의 4). 또한 이와 같은 출자법인 또는 출연법인에 대해서는 지방공기업법 제55조·제64조·제71조·제75조의 3 및 제75조의 4의 규정을 준용하도록 하고 있다(지방공기업법 제77조의 7).

3 지방공기업법의 내용

1) 지방공기업의 목적

지방공기업법은 제1조 목적 조항에서 "이 법은 지방자치단체가 직접 설치·경영하거나, 법인을 설립하여 경영하는 기업의 운영에 관하여 필요한 사항을 정하여 그 경영을 합리화함으로써 지방자치의 발전과 주민의 복리 증진에 기여하게 함을 목적으로 한다"라고 규정하고 있다.

2) 지방공기업법의 적용 범위

지방공기업법은 모든 지방공기업에 적용되는 것이 아니고, 일정한 조직 유형, 일정한 대상사업에 대해 적용된다는 제한이 있다.

(1) 법적 조직 형태

지방공기업법은 지방자치단체가 직접 설치·경영하는 사업으로서 대통령령이 정하는 기준 이상의 사업(이하 '지방직영기업'이라 한다)과 제3장 및 제4장에 의하여 설립된 지방공사와 지방공단이 경영하는 사업에 대해 적용된다. 따라서 지방직영기업, 지방공사, 지방공단이 아닌 다른 법적 형태를 취하는 공기업에 대해서는 기본적으로 지방공기업법이 적용되지 않는다. 즉 사법상의 형태를 취하는 지방공기업은 기본적으로 지방공기업법의 적용 범위에서 제외된다. 그러나 지방자치단체가 자본금 또는 재산의 4분의 1 이상을 출자 또는 출연한 출자법인 또는 출연법인에 대하여는 지방공기업법의 일부 규정(제55조·제64조·제71조·제75조의 3 및 제75조의 4)이 준용된다(지방공기업법 제77조의 7).

(2) 대상 사업

(가) 기본사업

지방공기업법 제2조 제1항에서는 지방공기업법이 적용되는 대상사업에 대해 규정하고 있다. 지방공기업법은 ① 수도사업(간이상수도사업을 제외한다), ② 공업용 수도사업, ③ 궤도사업(도시철도사업을 포함한다), ④ 자동차운송사업, ⑤ 지방도로사업(유료도로사업에 한한다), ⑥ 하수도사업, ⑦ 주택사업, ⑧ 토지개발사업과 그에 부대되는 사업 중 지방직영기업이나 지방공사, 지방공단이 경영하는 사업에 대해 적용된다.

(나) 추가사업

위에서 언급한 대상 사업이 아닌 다른 사업에 대해서는 지방공기업법이 적용되지 않지만, 지방자치단체는 다음에 해당하는 사업 중 경상경비의 5할 이상을 경상수입으로 충당할 수 있는 사업을 지방직영기업・지방공사 또는 지방공단이 경영하는 경우에는 조례가 정하는 바에 의하여 지방공기업법을 적용할 수 있다(지방공기업법 제2조 제2항).

① 민간인의 경영 참여가 어려운 사업으로서 주민 복리의 증진에 기여할 수 있고, 지역경제의 활성화나 지역 개발의 촉진에 이바지할 수 있다고 인정되는 사업

② 위 기본사업에 해당하는 사업 중에서 제1항 본문의 규정에 의한 대통령령이 정하는 기준에 미달하는 사업(지방자치단체가 직접 설치・경영하는 사업으로서 대통령령이 정하는 기준에 미달하는 사업)

③ '체육시설의 설치・이용에 관한 법률'에 의한 체육시설업 및 '관광진흥법'에 의한 관광사업(여행업 및 카지노업을 제외한다.)

3) 지방공기업의 경영의 기본 원칙

지방공기업법 제3조는 지방공기업의 경영의 기본 원칙으로서 경제성과 공공복리의 증대, 그리고 민간 경제의 존중을 규정하고 있다. 즉 지방공기업법 제3조 제1항에서는 "지방직영기업, 지방공사 및 지방공단(이하 '지방공기업'이라 한다)은 항상 기업의 경제성과 공공복리를 증대하도록 운영하여야 한다"라고 규정하고 있다. 또한 동조 제2항은 "지방자치단체는 지방공기업을 설치・설립 또는 경영함에 있어서 민간 경제를 위축시키거나 공정하고 자유로운 경제 질서를 저해하거나 환경을 훼손시키지 아니하도록 노력하여야 한다"라고 규정하고 있다.

(1) 경제성의 원칙

경제성의 원칙(Wirtschaftlichkeitsprinzip)이란 목적과 수단 간의 최선의

관계를 말하며 특정한 결과를 위해 가능한 한 최소의 수단을 투입하는 것(최소의 원칙: Minimalprinzip))과 특정한 수단의 투입으로 최대의 결과를 가져오도록 하는 것(최대의 원칙: Maximalprinzip)을 말한다.

경제성의 원칙은 불확정 개념으로서 판례나 학설에 의해 구체화될 수 있는 법 개념이다. 경제성의 원칙은 행정청이나 공기업 주체의 행위를 구속하는 행위규범(Handlungsnorm)인 동시에 감독관청의 통제에 기준이 되는 통제규범(Kontrollnorm)이기도 하다. 공기업의 운영이 지방자치단체에 허용된 자치권의 범위를 벗어나 재량의 한계를 넘는 경우(여기서는 경제성의 원칙에 반하는 경우)에는 위법한 것이 될 수 있다.

(2) 공공복리의 증진

지방공기업의 설치, 운영, 확장 등은 공공복리의 증진에 기여해야 한다. 이에 따라 순수한 경제적인 목적(이윤의 획득)만을 목적으로 하는 공기업은 비록 수입을 통해 간접적으로 지방재정에 기여하는 부수적인 효과를 수반하더라도 공공복리의 증진을 목적으로 하는 것이 아니므로 허용되지 아니한다. 다만, 공공복리의 증진은 전통적인 생존 배려의 영역에 한정되는 것은 아니며, 경제활성화, 고용 확대 등을 목적으로 하는 경우도 포함된다고 보아야 한다.

(3) 민간 경제의 존중

지방공기업이 민간의 경제활동 영역에 과도하게 개입할 경우에는 오히려 민간 경제를 위축시키는 결과를 초래할 수도 있다. 또한 지방공기업이 시장(市場)에서의 지위를 확고히 하기 위해 경쟁 질서를 저해하는 부당한 행위를 하는 경우에는 지방공기업으로 인해 공정하고 자유로운 경제 질서가 저해될 수 있다. 그렇기 때문에 지방공기업법 제3조 제2항에서는 지방공기업이 민간 경제활동을 위축시키지 않도록 하고, 민간의 경제 질서를 존중하도록 하고 있다.

(4) 경영의 기본 원칙에 따른 법규 정비

지방공기업법 제4조에서는 “지방공기업에 관한 법령 및 조례와 규칙 기타 규정은 동법 제3조의 규정에 의한 경영의 기본 원칙에 따라야 한다”라고 규정하고 있다.

4) 지방직영기업

(1) 의 의

지방직영기업이란 지방자치단체가 직접 설치·경영하는 지방공기업이다. 강학상으로는 자기기업(Eigenbetrieb)이라고 부르기도 한다. 지방직영기업은 법적으로는 독립되지 않은(별개의 법인격이 인정되지 않는) 형태의 지방공기업이다. 그런 점에서 후술하는 지방공사나 지방공단과는 구분된다.

이러한 형태의 공기업은 지방자치단체가 특정의 사업에 관해 전문성과 계속성을 유지하기 위해 조직상, 회계상의 독립성을 인정하면서도 법적인 독립성은 부여하고 싶지 않을 때 이용된다.

(2) 설치 및 적용 법규

지방자치단체가 지방직영기업을 설치·경영하고자 할 때에는 그 설치·운영의 기본 사항을 조례로 정하여야 한다(지방공기업법 제5조). 또한 지방직영기업에 대하여는 지방공기업법에 규정한 것을 제외하고는 지방자치법 및 지방재정법 기타 관계 법령을 적용한다.

(3) 조 직

(가) 관리자의 임명

지방자치단체는 지방직영기업의 업무를 관리·집행하게 하기 위해 사업마다 관리자를 둔다. 다만, 조례가 정하는 바에 의해 동질 또는 유사한 사업에서는 2 이상의 사업에 걸쳐서, 의료사업에서는 병원마다 관리자 1인을 둘 수 있다. 관리자는 대통령령이 정하는 바에 의해, 당해 지방자치단체의 공무원 중 지방직영기업의 경영에 관해 지식과 경험이 풍부한 자 중에서 지방자치단체의 장이 임명하며, 임기제로 할 수 있다. 그러나 지방직영기업의 취지가 공기업의 전문성, 계속성을 통한 전문 경영기술의 축적, 업무의 효율화 등에 있으므로 일반직 공무원 중에서 관리자를 임명하도록 한 규정은 재고되어야 한다. 관리자의 전문성과 독립성을 보장하기 위한 방안이 강구되어야 한다.

(나) 관리자의 권한

관리자는 다음의 사항을 제외한 지방직영기업의 업무를 관리·집행한다.

① 예산안을 의회에 제출하는 사항

② 결산을 의회의 승인에 부치는 사항

③ 의회의 의결을 요하는 사항으로서 그 의안을 의회에 제출하는 사항

④ 지방자치법 제139조제2항의 규정에 의한 과태료를 과하는 사항

이러한 사항들을 제외하는 것은 그런 사항들은 지방자치단체장의 권한에 속하기 때문이다. 다만 법령에 특별한 규정이 있는 경우에는 그러하지 아니하다(지방공기업법 제8조).

또한 관리자는 법령 또는 조례나 규칙에 위반하지 아니하는 범위 안에서 지방직영기업 업무에 관하여 기업관리규정을 제정할 수 있다(지방공기업법 제11조).

그리고 관리자가 사고로 인하여 업무를 수행할 수 없을 때에는 당해 지방자치단체의 규칙이 정하는 바에 의하여 당해 지방직영기업에 종사하는 상위 서열의 공무원이 그 업무를 대행한다. 관리자는 그 권한의 일부를 당해 지방직영기업에 종사하는 공무원이나 당해 지방자치단체의 기관 또는 그 지방자치단체가 경영하는 다른 지방직영기업의 관리자에게 위임 또는 위탁할 수 있다. 다만, 당해 지방자치단체의 기관 또는 그 지방자치단체가 경영하는 다른 지방직영기업의 관리자에게 위탁할 때에는 미리 그 지방자치단체의 장의 승인을 얻어야 한다(지방공기업법 제12조).

(다) 관리자의 업무

관리자가 담당하는 주요 업무는 지방공기업법 제9조에 예시되어 있는데, 다음과 같다.

① 지방직영기업에 관한 조례안 및 규칙안을 작성하고 이를 지방자치단체의 장에게 제출하는 사항

② 지방직영기업의 사업운영계획 및 예산안을 작성하고 이를 지방자치단체의 장에게 제출하는 사항

③ 결산을 작성하고 이를 지방자치단체의 장에게 제출하는 사항

④ 지방직영기업의 자산을 취득·관리·처분하는 사항

⑤ 계약을 체결하는 사항

⑥ 요금 기타 사용료 또는 수수료를 징수하는 사항

⑦ 예산 내의 지출에 있어서 현금이 부족할 때에 일시 차입을 하는 사항 및 기타 예산집행에 관한 사항

⑧ 출납 기타 회계사무를 행하는 사항

⑨ 증빙서 및 공문 서류를 보관하는 사항

⑩ 지방직영기업의 조직 및 인사 운영에 관한 사항 기타 법령 또는 당해 지방자치단체의 조례와 규칙에 의하여 그 권한에 속하는 사항

(라) 관리자와 지방자치단체의 장과의 관계

지방공기업법 제10조에 의해 지방자치단체의 장은 관리자에 대해 지휘·감독권을 행사한다. 감독의 수단에 대해서는 명문의 규정이 없으나, 내부 관계에 허용되는 모든 감독 수단의 행사가 가능하다. 예컨대, 조사권, 시정명령, 취소, 이행명령, 지시 등을 할 수 있다.

다만 지방공기업의 독립성을 보장하기 위해 지휘·감독 사항을 ① 지방직영기업 경영의 기본계획에 관한 사항, ② 지방직영기업의 업무의 집행에 관한 사항 중 당해 지방자치단체의 주민의 복리에 중대한 영향이 있다고 인정되는 사항, ③ 지방직영기업의 업무와 다른 업무와의 필요한 조정에 관한 사항으로 제한하고 있다.

(마) 지방의회와의 관계

지방의회는 지방자치단체의 정치적 대의기관이며, 최고의결기관이다. 지방직영기업은 조직상·회계상의 독립성을 가지만, 그럼에도 불구하고 지방자치행정의 일부분이고 지방자치단체의 업무를 수행하므로 지방의회는 지방직영기업의 업무와 관련해서도 의결권을 행사한다. 지방자치법 제39조에 포함된 의회의 의결권에는 지방직영기업과 관련된 것이 적지 않다. 예컨대 지방직영기업에 관한 조례의 제정 및 개정, 예산 및 결산, 사용료·수수료·분담금 등의 부과 징수, 중요 재산의 취득·처분 등이 이에 해당한다.

(바) 기업 직원

지방직영기업 운영의 전문화를 위하여 필요한 경우에는 지방공무원법이

정하는 바에 의하여 지방직영기업 소속 공무원에 대한 전문직렬을 둘 수 있다(지방공기업법 제10조의2).

(4) 재 무

(가) 회계제도

① 특별회계

지방자치단체는 지방공기업법 제2조에 해당하는 사업마다 특별회계를 설치하여야 한다. 다만, 둘 이상의 사업에 관리자 1인을 두는 경우에는 그 둘 이상의 사업에, 의료사업에 있어서는 병원마다 하나의 특별회계를 둘 수 있다(지방공기업법 제13조).

② 독립채산

지방직영기업의 특별회계에서 그 경비는 당해 기업의 수입으로 충당해야 한다. 이를 독립채산의 원칙이라 한다.

원래 독립채산제에는 수지 적합의 원칙, 자본 자기조달의 원칙, 이익금의 자기처분의 원칙이 포함된다. 다만, 다음에 해당하는 지방직영기업의 경비로서 대통령령이 정하는 것은 당해 지방자치단체의 일반회계나 다른 특별회계가 부담금 기타의 방법에 의하여 부담한다(지방공기업법 제14조 제1항).

ⅰ) 경비의 성질상 당해 지방직영기업의 수입으로 충당하는 것이 적당하지 아니한 경비

ⅱ) 당해 지방직영기업의 성질상 그 경영에 수반한 수입만으로 충당하는 것이 객관적으로 곤란하다고 인정되는 경비

그리고 지방직영기업의 특별회계는 재해복구 기타 특별한 사유에 의하여 필요한 때에는 예산이 정하는 바에 따라 당해 지방자치단체의 일반회계나 다른 특별회계로부터 재정적 지원을 받을 수 있다(지방공기업법 제14조 제2항).

③ 사업연도

지방직영기업의 사업연도는 지방자치단체의 일반회계의 회계연도에 의한다(지방공기업법 제15조).

④ 계리(計理)의 원칙

지방직영기업의 특별회계는 경영의 성과 및 재무 상태를 명백히 하기 위하여 재산의 증감 및 변동(이하 '회계거래'라 한다)을 그 발생의 사실에 따라 계리한다. 지방직영기업의 특별회계는 대차대조표 계정인 자산·부채 및 자본 계정과 손익계산서 계정인 수익 및 비용 계정을 설정하여 계리한다(지방공기업법 제16조).

(나) 수입

지방직영기업의 수입의 원천이 될 수 있는 것은 다음과 같다.

① 출자

지방자치단체의 일반회계나 다른 특별회계는 지방직영기업의 특별회계에 필요한 출자를 할 수 있다. 출자를 받은 지방직영기업의 특별회계는 이익 상황에 따라 예산에 의하여 전년도의 이익금의 일부를 그 출자한 회계에 납부할 수 있다(지방공기업법 제17조 제1항). 이는 이익배당금으로서의 성격을 가지며 원리금의 상환이 아니다.

그리고 지방공기업법 제2조 제1항 제7호(주택사업) 또는 제8호(토지개발사업)의 사업을 행하는 지방직영기업의 특별회계는 재해복구, 사회간접자본시설의 건설 그 밖에 대통령령이 정하는 사유가 있는 경우에는 예산에 의하여 전년도의 이익금의 일부를 당해 지방자치단체의 일반회계로 전출할 수 있다(지방공기업법 제17조 제2항).

② 장기대부

지방직영기업의 특별회계는 지방재정법 제18조에 따라 지방자치단체의 일반회계나 다른 특별회계로부터 장기대부를 받을 수 있다. 이 경우에는 대부한 회계에 대하여 적정한 이자를 지급하여야 한다.

③ 지방채

지방자치단체는 ① 경상적인 운전자금의 충당을 위하여 필요한 때, ② 회전자금의 재원의 충당을 위하여 필요한 때, ③ 건설 또는 개량비에 충당하거나 유사사업의 매수자금으로 필요한 때에는 수입을 얻은 지방직영기업의 특별회계의 부담으로 지방채를 발행할 수 있다(지방공기업법 제19조 제1항).

또한 시·도는 지방공기업법 제2조에 규정된 사업의 투자재원 확보와 지역 개발을 위한 기금조성을 위하여 지방의회의 승인을 얻어 지역개발채권을 발행할 수 있다(지방공기업법 제19조 제2항).

④ 일시차입금

관리자는 예산내의 지출에 있어서 현금이 부족할 때에는 당해 특별회계의 부담으로 일시차입을 할 수 있다. 일시차입금은 당해 연도 내에 상환하여야 한다(지방공기업법 제20조).

⑤ 선수금

지방직영기업은 당해 기업이 조성하는 재산을 분양받거나 시설을 이용하려는 자 또는 용역을 제공받으려는 자로부터 대통령령이 정하는 바에 의하여 대금의 전부 또는 일부를 미리 받을 수 있다(지방공기업법 제20조의 2).

⑥ 요금

지방자치단체는 지방직영기업의 급부에 대하여 조례가 정하는 바에 의하여 요금을 징수할 수 있다. 요금은 적정하여야 하고, 지역간 요금 수준의 형평을 기하여야 하며, 이를 결정함에 있어서는 당해 지방직영기업이 제공한 급부의 원가를 보상함과 아울러 기업으로서 계속성을 유지할 수 있도록 하여야 한다. 요금의 산정 방식은 영업비용 및 자본비용 등을 감안하여 대통령령으로 정하며, 요금의 징수에 관하여는 지방세 징수의 예에 의한다(지방공기업법 제22조).

(다) 예산 및 결산

① 예산

지방직영기업의 예산은 예산총칙과 당해 지방직영기업의 사업운영계획에 따라 작성한 그 사업연도의 수익과 비용에 관한 수익적 수입과 지출에 관한 예정(이하 '사업예산'이라 한다), 당해 연도의 자산·부채·자본의 신규 증감액에 관한 자본적 수입과 지출에 관한 예정(이하 '자본예산'이라 한다) 및 그에 관련되는 자금의 운영계획을 그 내용으로 한다(지방공기업법 제25조).

지방직영기업은 합리적인 원가 기준에 의하여 경비를 산정하여 예산에 계상하여야 한다. 예산상의 수입과 지출의 예정은 연도 중의 기업의 재정 집행에 비추어 합리적으로 하여야 한다(지방공기업법 제24조).

지방자치단체의 장은 지방직영기업의 관리자가 작성한 예산안을 조정하여 사업연도 개시 전에 의회에 제출하고, 그 의결을 얻어야 한다. 지방자치단체의 장이 관리자가 작성한 예산안을 수정할 때에는 관리자의 의견을 들어야 한다(지방공기업법 제26조 제1항 및 제2항).

② 결산

관리자는 매 사업연도 말일 현재로서 모든 장부를 마감하여 결산을 하여야 한다. 관리자는 매 사업연도 종료 후 2월 이내에 당해 지방직영기업의 결산을 작성하고 이를 당해 연도의 사업보고서 및 기타 대통령령이 정하는 서류와 함께 당해 지방자치단체의 장에게 제출하여야 한다. 지방자치단체의 장은 결산 및 사업보고서와 기타 서류에 공인회계사의 회계감사보고서를 첨부하여 다음 연도 지방의회에 제출하여 승인을 얻어야 한다(지방공기업법 제35조).

(라) 지방직영기업의 재산관리 등

지방직영기업의 자산 중 대통령령이 정하는 중요한 자산의 취득 및 처분은 예산으로 지방의회의 의결을 얻어야 한다. 지방의회의 의결을 얻은 때에는 지방재정법 제77조 제1항 및 '지방자치법' 제39조 제1항 제6호의 규정에 의하여 지방의회의 의결을 얻은 것으로 본다(지방공기업법 제40조).

그리고 지방직영기업이 소유·관리하는 공유재산 및 물품과 당해 기업이 보유하는 채권·유가증권 및 현금은 이를 기업자산으로 하고 그 관리·운영에 관한 사항은 대통령령으로 정한다(지방공기업법 제41조).

관리자는 매매·대차, 도급 기타의 계약을 할 경우에는 대통령령이 정하는 바에 의하여 공고하여 일반경쟁에 부쳐야 한다. 다만, 따로 대통령령이 정하는 바에 의하여 지명경쟁 또는 수의계약에 의할 수 있다(지방공기업법 제42조).

(마) 관리자 등의 변상책임

관리자 또는 그 대리자나 분임자(分任者)가 세입의 징수, 지출의 원인이 되는 계약 기타의 행위, 물품의 관리 및 지출의 행위를 행함에 있어서 고의 또는 중대한 과실로 그 지방자치단체에 손해를 미친 때에는 변상의 책임을 진다. 또한 관리자 또는 그 대리자나 분임자는 선량한 관리자로서의 주의를 게을리하여 그가 보관하는 현금 또는 물품이 망실되거나 훼손된 때에는 변상의 책임이 있다(지방공기업법 제48조).

(5) 지방자치단체의 조합에 관한 특례

지방자치단체는 지방직영기업의 경영에 관한 사무를 광역적으로 처리하기 위하여 필요한 때에는 규약을 정하여 공동으로 지방자치단체조합을 설립할 수 있다. 지방자치단체조합이 경영하는 지방직영기업에 대하여는 관리자를 두지 아니하며, 관리자의 권한은 당해 조합장이 행한다. 조합장은 관계 지방자치단체의 장이 공동으로 임명하되, 당해 지방자치단체의 공무원 중 지방직영기업의 경영에 관하여 지식과 경험이 풍부한 자 중에서 임명하며, 임기제로 할 수 있다(지방공기업법 제44조).

(6) 업무 상황 공표

관리자는 조례가 정하는 바에 의하여 매 사업연도마다 2회 이상 지방직영기업의 업무 상황을 설명하는 서류를 당해 지방자치단체의 장에게 제출하여야 한다. 이 경우에 지방자치단체장은 지체없이 이를 공표하여야 한다. 또한 관리자는 결산서 재무제표, 연도별 경영 목표, 경영실적 평가 결과, 기타 경영에 관한 중요 사항을 대통령령이 정하는 바에 의하여 지역 주민에게 공시하여야 한다(지방공기업법 제46조).

(7) 사업 조정

지방직영기업의 경영에 관하여 지방자치단체 상호간에 협의가 이루어지지 아니하는 경우에 관계 지방자치단체의 신청이 있을 때에는 시・군・자치구에 있어서는 시・도지사, 시・도에 있어서는 행정자치부 장관이 조정한다. 행정자치부 장관이 조정을 하고자 할 때에는 주무부 장관과 협의하여야 한다(지방공기업법 제47조).

5) 지방공사와 지방공단

(1) 지방공사와 지방공단의 의의

공사(公社)가 무엇인가에 대하여 지방자치법은 정의를 내리지 않고 있다. 다만, 지방공기업법 제51조는 공사는 법인으로 한다라고 규정함으로써 하나의 개념적 징표를 제시하고 있기는 하다. 여기서 법인이라 함은 공법상의 법인이라고 보아야 한다. 왜냐하면 그 설립의 근거가 공법이며 공법적인 규율을 받기 때문이다. 동법 제53조 제2항에서 민간의 자본 출자를 허용하고 있고, 제75조에서 상법의 주식회사에 관한 규정을 준용하도록 하고 있더라도, 공사가 공법상의 법인인 점에는 변함이 없다.

지방공사는 앞에서 설명한 지방직영기업과 마찬가지로 조직상·회계상 독립성을 가지고 있을 뿐만 아니라, 법적인 독립성도 갖고 있다. 따라서 지방공사란 '공법상의 법인인 지방공기업'이라고 정의할 수 있다.

지방공단에 대해서도 법률상의 정의가 없다. 지방공단에 관한 법률상의 규정을 검토해 보면 지방공사에 관한 법률 규정과 거의 일치한다. 즉 제53조 제2항의 민간 출자의 허용, 그에 따른 주식에 관한 동조 제3항 및 제55조, 손익금의 처리에 관한 제67조, 사채 발행 및 채권에 관한 제68조, 비용부담에 관한 제77조, 권한의 위탁에 관한 제78조를 제외하고는 양자가 일치한다. 또한 위에서 열거한 적용 법률의 차이도 본질적인 것이 아니다. 따라서 공사와 공단을 개념상으로 구별할 필요성은 없으며 위의 예외는 조례나 설립 정관으로 규정하면 족하다. 실무상으로나 이론상으로 공사와 공단은 구별하기 곤란하며 구별의 실익도 없다. 따라서 지방공기업법에서 지방공사와 지방공단을 구별해 규정하는 것은 불필요하며, 해석상·적용상의 혼란만 초래한다. 이런 의미에서 공단이란 공사의 범위에 포함되는 것으로 보는 것이 타당하다. 입법론으로는 공사, 공단을 구별하지 말고 하나의 개념으로 통일하는 것이 바람직하다.

(2) 지방공사

(가) 설립

지방자치단체는 지방공기업법 제2조의 규정에 의한 사업을 효율적으로 수행하기 위하여 필요한 경우에는 지방공사를 설립할 수 있다. 지방자치단체가 공사를 설립하고자 할 때에는 그 설립·업무 및 운영에 관한 기본적인 사항을 조례로 정하여야 한다. 또한 지방자치단체가 공사를 설립하고자 할 때에는 대통령령이 정하는 바에 의하여 주민 복리 및 지역경제에 미치는 효과·사업성 등 지방공기업으로서의 타당성 여부를 사전에 검토하여야 한다(지방공기업법 제49조).

공사의 정관에는 동법 제56조 제1항 및 제2항에 따라 일정한 사항을 기재하여야 한다. 그리고 공사는 그 주된 사무소의 소재지에서 설립 등기를 함으로써 성립한다(지방공기업법 제57조 제1항).

(나) 지방공사의 종류

① 전액출자 지방공사

지방공기업법 제53조 제1항에 따라 한 개의 지방자치단체가 자본금을 전액 현금 또는 현물로 출자한 지방공사를 말한다. 가장 단순한 형태의 공사이다.

② 혼합출자 지방공사

지방공기업법 제53조 제2항에서는 공사의 운영을 위하여 필요한 경우에는 자본금의 2분의 1을 초과하지 아니하는 범위 안에서 지방자치단체 외의 자(외국인 및 외국법인을 포함한다)로 하여금 출자하게 할 수 있다. 증자의 경우에도 이와 같다. 이런 경우를 혼합출자 지방공사라고 한다. 이 경우에 공사의 자본금은 주식으로 분할·발행한다. 이 경우에 발행하는 주식의 종류, 1주의 금액, 주식 발행의 시기, 발행 주식의 총수, 주금의 납입 시기 및 납입 방법은 조례로 정한다(지방공기업법 제53조 제3항).

이러한 유형의 지방공사에 있어서 지방자치단체가 소유하는 주식에 대한 주주권은 지방자치단체의 장 또는 그 장이 지정하는 소속 공무원이 행사한다(지방공기업법 제55조).

지방공기업법상의 지방공사에 관한 규정을 검토하여 보면, 혼합출자 지방공사는 상법상의 주식회사와 유사하다. 그러나 중요 사항이 상법에 의해서가 아니고 지방공기업법이나 조례에 의해 규율된다는 점, 상법의 경제적 합리성보다는 공법상의 규제가 강하다는 점, 공법상의 법인이라는 점 등에서 상법상의 주식회사와는 다르다.

이러한 혼합출자 지방공사를 허용한 것은 지방재정의 부담을 줄이면서 경영에 민간 활력을 도입하고자 하는 데 있다. 그러나 지방공기업법상의 제약으로 인해 활용도가 낮을 수 있는 문제점이 있다. 반면에 지방공사가 주택사업, 토지개발사업 등을 수행하면 사실상 독점적 지위에 서게 되어 그런 경우의 민간 출자자는 독점적 이익을 공유할 수 있게 된다. 따라서 특혜 시비의 가능성이 존재하기도 한다.

③ 공동 설립 지방공사

한편 지방자치단체는 상호 규약을 정하여 공동으로 공사를 설립할 수 있다. 상호 규약에는 공사의 명칭, 사무소의 위치, 설립 지방자치단체, 사업내용, 공동처리 사항, 의결기관 대표자의 선임 방법, 출자 방법 기타 필요한 사항을 규정하여야 한다(지방공기업법 제50조). 공동설립 지방공사의 경우에도 전액을 지방자치단체가 출자하지 않고 관련 지방자치단체 이외의 자로 하여금 출자를 하게 하는 것도 가능하다고 보아야 한다.

(다) 지방공사의 조직

① 임원 및 직원

지방공사의 임원은 사장을 포함한 이사 및 감사로 하며, 그 수는 정관으로 정한다. 사장과 감사는 대통령령이 정하는 바에 의하여 지방공기업의 경영에 관한 전문적인 식견과 능력이 있는 자 중에서 지방자치단체의 장이 임면한다. 지방자치단체의 장이 사장을 임면할 때에는 사장추천위원회에서 추천된 자 중에서 임명하여야 한다. 사장추천위원회의 구성과 운영에 관하여는 대통령령이 정하는 기준에 따라 당해 지방자치단체의 조례로 정한다. 지방자치단체의 장은 사장의 경영 성과에 따라 임기 중 해임하거나 임기 종료에도 불구하고 연임시킬 수 있다. 사장이 아닌 이사는 지방자치단체의 장의 승인을 얻어 사장이 임면한다(지방공기업법 제58조).

지방자치단체의 장은 사장을 임명하는 경우 사장과 경영성과계약을 체결하여야 한다. 사장과의 경영성과계약에는 임기 중 사장이 수행하여야 할 경영목표와 권한, 성과에 따른 보상 및 책임이 포함되어야 한다. 경영성과계약의 방법 및 절차 등에 관하여 필요한 사항은 행정자치부령으로 정한다(지방공기업법 제58조의 2).

공사의 사장·이사 및 감사의 임기는 3년으로 한다. 그리고 공사의 사장·이사 및 감사의 직무는 정관으로 정한다(지방공기업법 제59조).

공사의 직원은 정관이 정하는 바에 의하여 사장이 임면한다. 공사의 직원의 임용은 시험성적·근무성적 그 밖의 능력의 실증에 의하여 행하여야 한다(지방공기업법 제63조).

공사의 임·직원의 보수 기준은 공사의 경영 성과가 반영될 수 있도록 하여야 한다(지방공기업법 제63조의3). 그리고 공사의 임·직원은 그 직무 이외의 영리를 목적으로 하는 업무에 종사하지 못하며, 임원은 지방자치단체의 장의, 직원은 사장의 허가 없이 다른 직무를 겸할 수 없다. 다만, 상근이 아닌 임원은 그러하지 아니하다(지방공기업법 제61조).

② 이사회

공사의 업무에 관한 중요 사항을 결의하게 하기 위하여 공사에는 이사회를 둔다. 이사회는 사장을 포함한 이사로 구성한다. 이사회의 권한과 운영에 관하여 필요한 사항은 정관으로 정한다(지방공기업법 제62조).

③ 주주총회

혼합출자 지방공사의 경우에는 출자자인 주주의 의사 결정을 위하여 이들을 구성원으로 하는 기관이 필요하다. 지방공기업법 제56조 제2항에서는 혼합출자 지방공사의 정관에 '주주총회에 관한 사항'을 포함시키도록 하여 주주총회를 의사결정기관으로 상정하고 있다. 주주총회의 권한과 운영에 관해서는 동법 제75조에 따라 상법상 주주총회에 관한 규정이 준용된다.

(라) 지방공사의 회계

① 사업연도

지방공사의 사업연도는 지방자치단체의 일반회계의 회계연도에 의한다(지방공기업법 제64조).

② 회계원칙 등

공사는 경영의 성과 및 재무 상태를 명백하게 파악할 수 있도록 회계 거래를 발생의 사실에 따라 기업회계 기준에 의하여 계리한다. 공사는 사업분야별로 회계를 분리하여 계리할 수 있다. 공사는 계약을 체결함에 있어서 공정한 경쟁 또는 계약의 적정한 이행을 해칠 것이 명백하다고 판단되는 자에 대하여는 2년 이내의 범위에서 입찰 참가 자격을 제한할 수 있다(지방공기업법 제64조의 2 제1항 내지 제3항).

③ 예산

공사의 사장은 매 사업연도의 사업계획 및 예산을 당해 사업연도 개시 전까지 편성하여야 한다. 편성한 예산은 이사회의 의결로 확정되며, 예산이 확정된 후에 생긴 불가피한 사유로 인하여 예산을 변경하는 경우에도 또한 같다. 공사의 사장은 예산이 성립 또는 변경된 때에는 지체없이 지방자치단체의 장에게 보고하여야 한다(지방공기업법 제65조).

공사는 부득이한 사유로 회계연도 개시 전까지 예산이 확정되지 못한 때에는 전년도 예산에 준하여 예산을 집행하여야 한다. 이렇게 집행된 예산은 당해 연도의 예산이 성립되면 그 성립된 예산에 의하여 집행된 것으로 본다(지방공기업법 제65조의 2).

④ 결산

공사는 매 사업연도의 결산을 당해 사업연도 종료 후 2월 이내에 완료하여야 한다. 공사는 결산 완료 후 결산서를 작성하여 대통령령이 정하는 서류 및 지방자치단체의 장이 지정하는 공인회계사의 회계감사보고서를 첨부하여 지체없이 지방자치단체의 장에게 보고하여 승인을 얻어야 한다(지방공기업법 제66조).

⑤ 예산 및 결산에 관한 공통 기준

행정자치부 장관은 공사의 예산 및 결산에 있어서 공통적으로 적용하여야 할 사항에 관한 기준을 작성·통보할 수 있다. 공사의 예산 및 결산의 제출 및 운영에 관하여 필요한 사항은 행정자치부 장관이 작성·통보한 공통 기준의 범위 안에서 지방자치단체의 장이 정한다(지방공기업법 제66조의 2).

⑥ 손익금의 처리

공사는 결산한 결과 이익이 생긴 때에는 이월결손금을 보전(補塡)한 후 대통령령이 정하는 바에 의하여 준비금으로 적립하여야 하며, 이를 적립한 후 잉여가 생긴 때에는 이익을 배당하고 잔여 금액은 정관이 정하는 바에 의하여 적립할 수 있다. 공사는 결산한 결과 손실이 생긴 때에는 적립금으로 이를 보전하고, 부족할 때에는 준비금으로 보전하거나 결손금으로 이월

한다(지방공기업법 제67조).

⑦ 대행사업의 비용 부담

공사는 국가 또는 지방자치단체의 사업을 대행할 수 있으며, 이 경우에 필요한 비용은 국가 또는 지방자치단체가 부담한다. 비용의 부담에 관하여 필요한 사항은 대통령령이 정하는 것을 제외하고는 조례로 정한다(지방공기업법 제71조).

⑧ 재정 지원

지방자치단체는 사업의 운영을 위하여 필요하다고 인정하는 경우에는 공사에 보조금을 교부하거나 장기대부를 할 수 있다(지방공기업법 제71조의 2).

(마) 감독

지방자치단체의 장은 공사의 업무를 감독한다(지방공기업법 제73조). 행정자치부 장관 및 지방자치단체의 장은 공사의 업무・회계 및 재산에 관한 사항을 검사할 수 있으며 필요한 보고를 명할 수 있다(지방공기업법 제74조).

(바) 상법의 준용 등

공사에 대하여는 지방공기업법에 규정된 것을 제외하고는 그 성질에 반하지 아니하는 범위 안에서 상법중 주식회사에 관한 규정을 준용한다. 다만, 상법 제292조(정관의 인증)의 규정은 이를 준용하지 아니한다(지방공기업법 제75조).

그리고 업무 상황 등의 공표와 관련해서는 지방직영기업어 관한 지방공기업법 제46조를 준용한다. 이 경우 '관리자'를 '사장'으로 본다(지방공기업법 제75조의 2).

(사) 권한의 위탁

지방자치단체의 장은 공사의 목적 수행을 위하여 필요한 경우에는 지방공기업법에 의한 권한의 일부를 조례가 정하는 바에 의하여 공사의 사장에게 위탁할 수 있다(지방공기업법 제75조의 4).

(아) 민영화된 공사의 주식회사로의 등기

혼합출자 지방공사가 매각되는 경우 상법상의 청산 절차가 없어도 매수인은 주식회사로의 설립등기를 신청할 수 있다. 다만, 주식회사의 상호에 '공사'라는 명칭은 사용할 수 없다(지방공기업법 제75조의 5).

(3) 지방공단

지방공기업법 제76조 제1항은 "지방자치단체는 제2조의 사업을 효율적으로 수행하기 위하여 필요한 경우에는 지방공단을 설립할 수 있다"라고 규정하고 있다. 그리고 지방공단의 설립·운영에 관하여는 지방공사에 관한 규정을 대부분 준용하고 있다. 즉 지방공단의 설립·운영에 관하여는 지방공기업법 제49조 내지 제52조·제53조제1항·제56조·제57조 내지 제63조·제63조의 2 내지 제63조의 4·제64조·제64조의 2·제65조·제65조의 2·제66조·제66조의 2·제68조·제69조·제71조·제71조의 2 내지 제71조의 4·제72조 내지 제74조·제75조의 2 내지 제75조의 4의 규정을 준용한다. 이 경우 '공사'는 '공단'으로, '사장'은 '이사장'으로, '사채'는 '공단채'로 본다(지방공기업법 제76조 제2항).

지방공단에 대해 지방공기업법에서 별도로 규정하고 있는 조항은 비용부담과 해산에 관한 조항뿐이다. 즉 동법 제77조에서는 "공단은 지방자치단체의 장의 승인을 얻어 그 사업에 따른 수익자로 하여금 사업에 필요한 비용을 부담하게 할 수 있다"라는 조항을 두고 있다. 그리고 동법 제77조의 2에서는 "지방공단은 ① 설립 목적의 달성, 존립 기간의 만료 그 밖에 정관으로 정한 사유의 발생, ② 합병, ③ 파산, ④ 법원의 명령 또는 판결, ⑤ 이사회의 결의에 의하여 해산한다"라고 규정하고 있고, 공단의 해산에 관하여는 상법 중 주식회사의 해산에 관한 규정을 준용하도록 하고 있다.

6) 지방공사 및 지방공단 외의 출자법인 등

지방공기업법 제4장의 2에서는 지방공사 및 지방공단 외의 출자법인 등에 대해 규정하고 있다. 이는 사법(私法)상의 조직 형태를 취하는 지방공기업에 관한 규정들이다.

(1) 설 립

지방자치단체는 지방공기업법 제2조 제2항 각 호의 1에 해당하는 사업을 효율적으로 수행하기 위하여 자본금 또는 재산의 2분의 1 미만을 출자 또는 출연하여 지방자치단체 외의 자(외국인 및 외국법인을 포함한다)와 공동으로 상법에 의한 주식회사(이하 '출자법인'이라 한다) 또는 민법에 의한 재단법인(이하 '출연법인'이라 한다)을 설립·운영할 수 있다(지방공기업법 제77조의 3 제1항). 이러한 출자법인 또는 출연법인을 설립하고자 하는 경우(추가로 출자 또는 출연하는 경우를 포함한다)에는 대통령령이 정하는 바에 의하여 주민복리 및 지역경제에 미치는 효과, 사업성, 출자·출연의 타당성 여부 등을 미리 검토하여야 한다(지방공기업법 제77조의 3 제2항).

(2) 출자법인 등에 대한 지도 등

지방자치단체의 장은 지방자치단체가 자본금 또는 재산의 4분의 1 이상을 출자 또는 출연한 출자법인 또는 출연법인에 대하여 경영 상황에 관한 보고 및 서류의 제출을 요구하거나 당해 지방자치단체의 출자 또는 출연과 관련된 업무·회계·재산에 대한 검사를 할 수 있으며, 경영 개선을 위하여 지도·조언 또는 권고를 할 수 있다(지방공기업법 제77조의 4).

(3) 사채 발행 및 상환 보증

출자법인이 사채를 발행하거나 금융기관으로부터 자금 차입(외국 차관을 포함한다)을 하는 경우 지방자치단체는 사채 및 차입의 상환을 보증할 수 있다. 이 경우 지방자치단체가 행하는 보증은 재해의 복구 그 밖에 대통령령이 정하는 사유가 있는 경우를 제외하고는 당해 지방자치단체의 출자지분을 초과할 수 없다(지방공기업법 제77조의 5).

(4) 출자법인의 해산 등

출자법인의 경영이 부실하게 되어 당해 출자법인이 자기의 주식을 취득하여 소각하거나 지방자치단체가 다른 사람의 주식을 인수하여 당해 지방자치단체의 출자액이 자본금의 2분의 1을 초과하게 된 때에는 지방자치단체는 지체없이 당해 지방자치단체가 소유한 주식을 처분하거나 당해 출자법인을 해산하는 등 필요한 조치를 강구하여야 한다. 또한 지방자치단체의 장은 제77조의 4의 규정에 의한 검사 결과 출자법인이 ① 설립 후 3년이 경과할 때까지 영업을 개시하지 못한 경우, ② 5년 이상 계속하여 당기 순손실이 발생한 경우, ③ 특별한 사유 없이 2년 이상 계속하여 영업수입이 현저하게 감소한 경우에 해당된다고 인정되는 경우에는 주식의 양도, 해산청구 등 필요한 조치를 할 수 있다(지방공기업법 제77조의 6).

(5) 준용 규정

지방자치단체가 자본금 또는 재산의 4분의 1 이상을 출자 또는 출연한 출자법인 또는 출연법인에 대하여는 지방공기업법 제55조·제64조·제71조·제75조의 3 및 제75조의 4의 규정을 준용한다(지방공기업법 제77조의 7).

7) 지방공기업에 대한 국가의 관여 등

(1) 경영평가 및 지도

행정자치부 장관은 지방공기업법 제3조에서 정한 지방공기업의 경영 원칙에 따라 대통령령이 정하는 바에 의하여 지방공기업에 대한 경영평가를 실시하고, 그 결과에 따라 필요한 조치를 강구하여야 한다. 다만, 행정자치부 장관이 필요하다고 인정하는 경우에는 지방자치단체의 장으로 하여금 경영평가를 실시하게 할 수 있다. 경영평가에는 지방공기업의 경영 목표의 달성도, 업무의 능률성, 공익성 및 고객 서비스 등에 관한 평가가 포함되어야 한다. 한편 행정자치부 장관은 경영평가와는 별도로 대통령령이 정하는 바에 따라 사장에 대하여 업무성과평가를 할 수 있다. 이 경우 공익성이 고려되어야 한다. 또한 행정자치부 장관 또는 시·도지사는 지방공기업(시·도지사의 경우에는 시·군 및 자치구의 지방공기업에 한한다)의 효율적인 경영을 위하여 필요한 지도·조언 또는 권고를 행할 수 있다(지방공기업법 제78조).

(2) 부실 지방공기업에 대한 조치

지방자치단체의 장이 지방공기업에 대한 경영평가를 실시한 때에는 그 종료후 1월 이내에 경영평가보고서, 재무제표 기타 대통령령이 정하는 서류를 행정자치부 장관에게 제출하여야 한다. 행정자치부 장관은 직접 경영평가를 하거나 지방자치단체의 장이 경영평가를 실시하고 제출한 서류 등을 분석한 결과 특별한 대책이 필요하다고 인정되는 지방공기업으로서 다음에 해당하는 지방공기업에 대하여는 대통령령이 정하는 바에 의하여 따로 경영진단을 실시하고, 그 결과를 공개할 수 있다.

① 3사업연도 이상 계속하여 당기 순손실이 발생한 지방공기업

② 특별한 사유 없이 전년도에 비하여 영업수입이 현저하게 감소한 지방공기업

③ 경영 여건상 사업 규모의 축소, 법인의 청산 또는 민영화 등 경영구조 개편이 필요하다고 인정되는 지방공기업

④ 기타 대통령령이 정하는 지방공기업

그리고 행정자치부 장관은 경영진단 결과 필요하다고 인정되는 경우에는 지방자치단체의 장, 공사의 사장 또는 공단의 이사장에게 당해 지방공기업의 임원의 해임, 조직의 개편 등 경영 개선을 위하여 필요한 조치를 명할 수 있다. 명을 받은 지방자치단체의 장, 공사의 사장 또는 공단의 이사장은 특별한 사유가 없는 한 지체없이 이에 응하여야 한다(지방공기업법 제78조의2).

(3) 국고 지원

국가는 지방공기업의 원활한 경영을 위하여 필요한 경우에는 지방자치단체에 대하여 당해 지방자치단체가 출자할 자본금 기타 필요한 경비의 일부를 보조할 수 있다(지방공기업법 제79조).

제13장 지방자치단체 상호간의 관계

지방자치단체는 독립된 법인격체로서 그 사무를 수행한다. 지방자치단체는 사무를 수행하는 과정에서 다른 지방자치단체와 협력할 필요가 있기도 하고, 때로는 다른 지방자치단체와 갈등이나 분쟁 관계에 서게 되기도 한다. 우리 나라 지방자치법 제8장에서는 '지방자치단체 상호간의 관계'라는 제목 하에 이러한 지방자치단체 상호간의 협력 관계와 분쟁 조정에 대해 규정하고 있다.

제 1 절 지방자치단체 간의 협력

1 지방자치단체 간 협력의 의의와 필요성

지방자치단체의 행정구역과 그가 처리하는 사무의 수혜 범위, 효과 범위는 반드시 일치하는 것이 아니다. 어떤 사무는 한 지방자치단체의 행정구역을 넘어서서 다른 지방자치단체에도 영향을 미치는 것이 있다. 또한 두 개 이상의 지방자치단체가 공동으로 수행해야만 효율적으로 처리할 수 있는 사무도 있다. 한 지방자치단체의 능력만으로는 수행하기 어려운 사무도 있다. 이러한 문제를 해결하기 위하여 관련되는 지방자치단체들이 협력해 지방자치단체의 특정한 사무나 위임사무의 일부 또는 전부를 공동으로 처리하는 것을 지방자치단체 간의 협력이라고 말한다.

지방자치단체 간의 협력이 요청되는 이유는, 첫째, 지방자치단체의 행정능력 또는 재정 능력이 특정 사무의 처리를 위해 충분하지 못한 경우에 그 능력을 보완하기 위해 여러 개의 지방자치단체가 협력해 공동 처리를 할 필요가 있고, 둘째, 행정사무를 능률적이고 경제적으로 처리하기 위해 협력이 필요한 경우가 있다. 즉 한 지방자치단체가 단독으로 처리할 수도 있는 사무이지만 여러 개의 지방자치단체가 공동으로 처리하는 것이 더 효율적이며 규모의 경제를 꾀할 수 있는 경우가 이에 속한다. 셋째, 사무의 성질상 여러 개의 관련 지방자치단체가 공동으로 처리하는 것이 더 합리적인 경우에 협력이 필요하다.

2 지방자치단체 간 협력의 법적 기초

1) 헌법적 기초

지방자치단체는 헌법 제117조 제1항에 의해서 자치권을 가지고 있으므로 그의 사무를 자기책임 하에 결정할 수 있다. 이는 어떤 사무를 어떻게 수행할 것인가를 스스로 합리적이라고 판단하는 바에 따라 결정할 수 있음을 말한다. 따라서 지방자치단체는 그의 사무를 단독으로 처리하든지 다른 지방자치단체와 공동으로 처리하든지를 재량으로 결정할 수 있다.

한편 지방자치단체의 사무를 헌법상 보장하는 것은 또한 지방자치단체가 그러한 사무를 자치적으로 수행해야 할 의무를 부과하고 있는 것이기도 하다. 지방자치단체가 그에게 부여된 사무를 전혀 수행하지 않는 것은 이러한 의무에 위반된다. 그러나 지방자치단체들이 협력해 이러한 사무를 처리하는 것은 사무처리의 한 태양에 불과하기 때문에 이러한 의무에 위반되는 것은 아니다. 따라서 지방자치단체 간의 협력에 의한 사무의 공동 처리는 헌법 제117조 제1항에 의해서 보장되는 지방자치단체의 협력고권

(Kooperationshoheit)이라고 할 수 있다.

다만 협력의 형식 내지 형태는 헌법에 의해 직접 보장된 것이 아니다. 입법자는 그의 입법 재량에 따라 협력에 의한 사무의 공동 처리의 형태에 대한 규정을 할 수 있으며, 협력의 방식으로 여럿을 정하고 그 중에서 지방자치단체들이 선택할 수 있게 할 수도 있다.

그러나 협력에 의한 사무의 공동 처리에도 한계는 있다. 지방자치단체는 자치권을 가진 권리 주체로서의 존립과 활동 능력을 구비하고 있어야 한다. 따라서 이른바 존립사무는 공동으로 처리될 수 없으며 각 지방자치단체가 자기책임 하에 수행해야 한다.

2) 법률적인 기초

지방자치법 제147조에서는 지방자치단체 상호간 협력의 원칙에 대해 규정하고 있다. 즉 "지방자치단체는 다른 지방자치단체로부터 사무의 공동 처리에 관한 요청이나 사무처리에 관한 협의 · 조정 · 승인 또는 지원의 요청을 받으면 법령의 범위에서 협력하여야 한다"라는 것이다. 그리고 지방자치단체 간의 구체적인 협력의 형태로 사무의 위탁, 행정협의회, 지방자치단체조합에 대해 규정하고 있다. 그리고 지방자치단체의 장 등의 협의체에 대해 규정하고 있기도 하다(지방자치법 제151조 내지 제165조).

3 협력의 법적 형태

1) 사무의 위탁

지방자치단체나 그 장은 소관 사무의 일부를 다른 지방자치단체나 그 장에게 위탁하여 처리하게 할 수 있다. 이 경우 지방자치단체의 장은 사무 위탁의 당사자가 시 · 도나 그 장이면 행정자치부 장관과 관계 중앙행정기관의 장에게, 시 · 군 및 자치구나 그 장이면 시 · 도지사에게 이를 보고하여야 한다(지방자치법 제151조 제1항).

이러한 사무위탁에 의한 지방자치단체 간의 협력은 새로운 권리 주체를 탄생시키지 아니하고 이에 따른 기관을 조직하지 아니하기 때문에 지방자치단체조합에 비해 비용이 덜 드는 협력 방식이다. 그리고 사무의 위탁에 관한 법적 규율이 그다지 까다롭지 아니하고 당사자의 의사에 의한 구체적인 내용의 결정이 가능하기 때문에 융통성과 적응성 면에서 장점이 있다.

지방자치단체나 그 장은 사무를 위탁하려면 관계 지방자치단체와의 협의에 따라 규약을 정하여 고시해야 한다. 사무위탁에 관한 규약에는 ① 사무를 위탁하는 지방자치단체와 사무를 위탁받는 지방자치단체, ② 위탁사무의 내용과 범위, ③ 위탁사무의 관리와 처리방법, ④ 위탁사무의 관리와 처리에 드는 경비의 부담과 지출방법, ⑤ 그 밖에 사무위탁에 관하여 필요한 사항이 포함되어야 한다(지방자치법 제151조 제2항 및 제3항). 이러한 규약의 작성은 일종의 공법상 계약의 성질을 가진다.[1)]

지방자치단체나 그 장은 사무위탁을 변경하거나 해지할 수 있다. 지방자치단체나 그 장은 사무위탁을 변경하거나 해지하려면 관계 지방자치단체나 그 장과 협의하여 그 사실을 고시하고, 사무를 위탁할 때의 예에 따라 행정자치부 장관과 관계 중앙행정기관의 장 또는 시·도지사에게 보고하여야 한다. 사무가 위탁된 경우 위탁된 사무의 관리와 처리에 관한 조례나 규칙은 규약에 다르게 정하여진 경우 외에는 사무를 위탁받은 지방자치단체에 대하여도 적용한다(지방자치법 제151조 제4항 및 제5항).

2) 행정협의회

(1) 의의 및 구성

지방자치단체는 2개 이상의 지방자치단체에 관련된 사무의 일부를 처리하기 위해 지방자치법 제152조에 따라 관계 지방자치단체의 행정협의회를 구성할 수 있다. 행정협의회는 지방자치단체의 사무를 공동으로 처리하기 위한 비교적 느슨한 법적 형태라고 할 수 있다.

행정협의회를 구성하는 것이 필요한 경우는 매우 다양하게 발생할 수 있지만, 광역계획 및 그 집행, 특수 행정 수요의 충족, 공공시설의 공동 설치, 행정정보의 교환, 행정·재정 업무의 조정 등이 필요할 때에 행정협의회를 구성할 필요가 있을 것이다(지방자치법 시행령 제48조 제1항).

---

1) 홍정선, 앞의 책, 469쪽.

지방자치단체가 행정협의회를 구성하고자 할 경우에는 관계 지방자치단체 간의 협의에 따라 규약을 정하여 관계 지방의회의 의결을 각각 거친 다음 고시하여야 한다(지방자치법 제152조 제2항). 여기서의 협의는 행정협의회의 구성을 목적으로 하는 합동적인 공법상의 행위이다. 그리고 규약에는 ① 협의회의 명칭, ② 협의회를 구성하는 지방자치단체, ③ 협의회가 처리하는 사무, ④ 협의회의 조직과 회장 및 위원의 선임 방법, ⑤ 협의회의 운영과 사무 처리에 필요한 경비의 부담이나 지출 방법, ⑥ 그 밖에 협의회의 구성과 운영에 관하여 필요한 사항이 포함되어야 한다(지방자치법 제154조).

지방자치단체가 행정협의회를 구성할 것인가의 여부는 자기책임 하에 결정하는 것이 원칙이다. 다만 행정자치부 장관이나 시·도지사는 지방자치법 제152조 제3항에 따라 공익상 필요한 경우에는 관계 지방자치단체에 대해 행정협의회의 구성을 권고할 수 있다. 이는 국가감독 작용의 일종으로 비정형적·비구속적인 조언에 해당한다. 지방자치단체는 조언에 따를 것인지의 여부를 자기책임 하에 재량으로 결정할 수 있다.

지방자치단체가 행정협의회를 구성할 경우에, 지방자치단체의 장은 시·도가 구성원이면 행정자치부 장관과 관계 중앙행정기관의 장에게, 시·군 또는 자치구가 구성원이면 시·도지사에게 이를 보고하여야 한다(지방자치법 제152조 제1항 후문).

(2) 법적 지위

행정협의회는 법인격을 갖지 아니하며 독립된 권리 주체가 아니므로 권리·의무의 귀속 주체가 될 수 없다. 따라서 그의 활동은 외부적으로 직접 법적 구속력을 갖지 아니하며, 그에 참여한 지방자치단체를 직접 구속하지 아니하고 관계 지방자치단체의 그에 따른 의사결정으로 비로소 법적 구속력을 가지게 되는 것이 원칙이다.

그럼에도 불구하고 지방자치법 제155조 내지 제157조는 행정협의회에 일정한 권한을 주고 그의 활동에 일정한 법적 구속력을 부여하고 있으며, 조정 제도도 도입하고 있다.

원래 행정협의회는 지방자치단체 간의 문제를 지방자치단체 간의 비구속적인 협의를 통해 해결하려고 한다는 측면에서 관계 지방자치단체의 자기책임성을 가장 덜 침해하는 협력 형태라고 할 수 있으나, 우리 나라에서는 협의회의 결정에 구속력을 인정하고 조정 제도를 도입함으로써 오히려 지방자치단체의 자기책임성을 침해하고 있어 문제점으로 지적될 수 있다.

(3) 행정협의회의 조직

행정협의회는 회장과 위원으로 구성한다. 회장과 위원은 규약으로 정하는 바에 따라 관계 지방자치단체의 직원 중에서 선임한다. 회장은 행정협의회를 대표하며 회의를 소집하고 행정협의회의 사무를 총괄한다(지방자치법 제153조). 회장은 1인으로 하되, 회장이 부득이한 사유로 직무를 수행할 수 없는 때에는 행정협의회의 규약이 정하는 바에 따라 그 직무를 대행할 자를 선임한다(지방자치법 시행령 제51조).

(4) 행정협의회의 자료 제출 요구

지방자치법 제155조에 따라 행정협의회는 사무를 처리하기 위해 필요하다고 인정하면 관계 지방자치단체의 장에게 자료 제출, 의견 개진, 그 밖에 필요한 협조를 요구할 수 있다.

(5) 행정협의회의 협의 및 사무처리의 효력

행정협의회를 구성한 관계 지방자치단체는 행정협의회가 결정한 사항이 있으면 그 결정에 따라 사무를 처리하여야 한다(지방자치법 제157조 제1항). 이는 행정협의회의 결정에 구속력을 부여한 것이며 이에 위반된 지방자치단체의 사무처리는 위법한 것이 된다.

또한 행정협의회가 관계 지방자치단체나 그 장의 명의로 한 사무의 처리는 관계 지방자치단체나 그 장이 한 것으로 본다(지방자치법 제157조 제3항). 이 규정은 행정협의회가 직접 지방자치단체에 법적 효과가 귀속되는 활동을 할 수 있다는 것을 전제로 하고 있다. 그 범위 내에서 행정협의회는 지방자치단체의 기관의 직무를 대행하는 직무대행자가 된다. 그러나 현행법에는 어떠한 사무를 어떠한 요건하에서 행정협의회가 할 수 있는지에 대해서는 언급이 없다. 행정협의회는 법인격 없는 협의체이므로, 입법론으로는 행정협의회의 행위가 직접 관계 지방자치단체에 법적 효력을 발생하게 하는 위 규정을 삭제하는 것이 바람직하다.

(6) 협의 사항의 조정

행정협의회에서 합의가 이루어지지 아니한 사항에 대하여 관계 지방자치단체의 장이 조정(調整) 요청을 하면 시・도 간의 협의 사항에 대하여는 행정자치부 장관이, 시・군 및 자치구 간의 협의 사항에 대하여는 시・도지사가 조정할 수 있다. 다만, 관계되는 시・군 및 자치구가 2개 이상의 시・도에 걸치는 경우에는 행정자치부 장관이 조정할 수 있다. 행정자치부 장관이나 시・도지사가 조정을 하려면 관계 중앙행정기관의 장과의 협의를 거쳐 지방자치법 제149조에 따른 분쟁조정위원회의 의결에 따라 조정하여야 한다(지방자치법 제156조).

행정자치부 장관이나 시・도지사가 조정한 사항에 관하여는 분쟁조정에 관한 지방자치법 제148조 제3항부터 제6항까지의 규정을 준용한다(지방자치법 제157조 제2항). 그에 따르면 행정자치부 장관이나 시・도지사가 조정에 대하여 결정을 하면 서면으로 지체없이 관계 지방자치단체의 장에게 통보하여야 하며, 통보를 받은 지방자치단체의 장은 그 조정 결정 사항을 이행하여야 한다. 조정 결정 사항 중 예산이 수반되는 사항에 대하여는 관계 지방자치단체는 필요한 예산을 우선적으로 편성하여야 한다. 또한 행정자치부 장관이나 시・도지사는 조정 결정에 따른 시설의 설치 또는 역무의 제공으로 이익을 받거나 그 원인을 일으켰다고 인정되는 지방자치단체에 대하여는 그 시설비나 운영비 등의 전부나 일부를 행정자치부 장관이 정하는 기준에 따라 부담하게 할 수 있다.

(7) 행정협의회의 규약 변경 및 폐지

지방자치단체가 행정협의회의 규약을 변경하거나 행정협의회를 없애려는 경우에는 지방자치법 제152조 제1항과 제2항을 준용하여, 시・도가 구성원이면 행정자치부 장관과 관계 중앙행정기관의 장에게, 시・군 또는 자치구가 구성원이면 시・도지사에게 이를 보고하여야 한다. 그리고 관계 지방의회의 의결을 각각 거친 다음 고시하여야 한다.

3) 지방자치단체조합

(1) 의 의

지방자치단체조합이란 2개 이상의 지방자치단체가 하나 또는 둘 이상의 사무를 공동으로 처리하기 위해 결합한 공법상의 법인이다. 다만 주의를 요하는 것은 지방자치단체조합의 구성원은 관계되는 지방자치단체의 개개 주민이 아니라 공법상의 법인인 지방자치단체라는 점이다. 즉 지방자치단체조합은 관계 지방자치단체를 구성원으로 하는 공법상의 법인이다. 이러한 지방자치단체조합은 관계 지방자치단체와는 별개의 권리 주체로서 권리와 의무의 귀속 주체가 된다. 그 점에서 별개의 법인격체를 형성하지 아니하는 '사무의 위탁'이나 '행정협의회'에 의한 협력의 방식과는 차이가 있다.

(2) 지방자치단체조합의 법적 성격

지방자치단체조합이 지방자치법 제2조 제3항의 특별지방자치단체로서의 법적 지위를 갖느냐에 대해 학설이 대립되고 있다. 지방자치단체조합이 특별지방자치단체라고 보는 견해는 지방자치단체의 지위를 결정하는 실체적 요건(장소적 요건으로서의 구역과 인적 요건으로서의 주민)을 기준으로 할 때에는 지방자치단체조합이 특별지방자치단체에 해당한다고 본다.[2] 그러나 ① 지방자치단체는 일정한 구역의 주민을 구성원으로 하는데 지방자치단체조합은 개개의 주민을 구성원으로 하는 것이 아니라 공법상의 법인인 지방자치단체를 구성원으로 한다는 점, ② 지방자치단체조합에는 헌법 제117조 제1항에 의한 자치권의 보장이 적용되지 않는다는 점, ③ 우리 지방자치법상으로는 특별지방자치단체의 설치・운영에 관하여 필요한 사항은 대통령령으로 정하게 되어 있고(지방자치법 제2조 제4항) 그런 점에서 지방자치단체조합과는 입법 형식상으로도 구분되어 있다는 점 등을 감안할 때에, 지방자치단체조합은 특별지방자치단체에 포함되지 않는다고 본다.

(3) 지방자치단체조합의 설립

(가) 자유설립과 강제설립

2개 이상의 지방자치단체는 하나 또는 둘 이상의 사무를 처리하기 위하

2) 천병태 외, 앞의 책, 442쪽.

여 필요한 경우에는 지방자치단체조합을 설립할 수 있다(지방자치법 제159조 제1항). 이처럼 지방자치단체 스스로 지방자치단체조합을 설립하는 경우를 '자유설립(Freiverband)'이라 한다.

한편 지방자치법 제163조 제2항에 의하면, 행정자치부 장관은 공익상 필요하면 지방자치단체조합의 설립을 명할 수 있다. 이러한 경우를 '강제설립(Pflichtverband)'이라 한다. 지방자치단체 간의 협력은 지방자치단체의 조직고권의 일부를 이루며 원칙적으로 지방자치단체의 자기책임하에 자유 의사로 이루어져야 한다. 국가의 명령에 의한 협력의 강제는 지방자치단체의 조직고권 내지 협력고권을 제한하는 것이 되므로 법률에 의해서만 허용된다.[3] 또한 행정자치부 장관이 설립명령을 하는 경우에도 비례의 원칙을 존중해야 한다. 즉 관계 지방자치단체가 자유의사로 지방자치단체조합을 만들 수 있도록 권고하고 시간적인 여유를 주어야 한다. 그리고 그것이 효과가 없을 경우에만 설립명령을 할 수 있다고 보아야 한다. 입법론상으로는 설립명령을 하기 전에 관계 지방자치단체의 의견을 들어야 한다는 조항을 둠이 바람직하다.

또한 행정자치부 장관이 조합설립 명령을 하기 위해서는 '공익상의 필요'가 있어야 한다. '공익상의 필요'에는 지방자치단체가 단독으로 특정한 사무를 수행하는 것이 불가능한 경우는 물론, 지방자치단체가 단독으로 그 사무를 수행하는 것이 가능하긴 하지만 그 업무를 수행하기 위해서 공공의 복리를 위해 동등한 가치가 있는 다른 사무를 소홀히 할 수밖에 없는 경우도 포함된다고 보아야 한다. 다만 단순히 경제성이나 효율성의 견지에서 설립명령을 하는 것은 허용되지 아니한다고 보아야 한다.

(나) 지방자치단체조합의 규약

지방자치단체조합을 설립하려면 규약을 작성하여야 한다. 그리고 지방자치단체규약에는 다음의 사항이 포함되어야 한다(지방자치법 제162조).

---

3) 지방자치단체가 다른 지방자치단체와의 협력을 강요당하지 아니할 권리를 소극적인 협력고권(negative Kooperationshoheit)이라고 부른다. 자세한 것은 Oebbecke, *Zweckverbansbildung und Selbstverwaltungsgarantie*, S. 67 f.; Schmidt-Jortzig, *Organisatioshoheit*, S. 197.

① 지방자치체조합의 명칭
② 지방자치단체조합을 구성하는 지방자치단체
③ 사무소의 위치
④ 지방자치단체조합의 사무
⑤ 지방자치단체조합회의의 조직과 위원의 선임 방법
⑥ 집행기관의 조직과 선임 방법
⑦ 지방자치단체조합의 운영 및 사무처리에 필요한 경비의 부담과 지출 방법
⑧ 그 밖에 지방자치단체조합의 구성과 운영에 관한 사항

이러한 지방자치단체조합의 규약 작성은 참여 지방자치단체들의 공법상 행위이며 합동행위에 해당한다. 그리고 지방자치단체조합의 규약은 일종의 자치법규로서의 성질을 갖게 된다.[4)]

(다) 지방의회의 의결 및 승인

지방자치단체조합을 설립하고자 할 때에는 지방자치법 제159조 제1항에 따라 규약을 정해 그 지방의회의 의결을 거쳐 시・도는 행정자치부 장관의, 시・군 및 자치구는 시・도지사의 승인을 받아야 한다. 다만, 지방자치단체조합의 구성원인 시・군 및 자치구가 2개 이상의 시・도에 걸치는 지방자치단체조합은 행정자치부 장관의 승인을 받아야 한다. 그리고 행정자치부 장관이나 시・도지사의 승인은 조합 설립의 법적 효력이 발생하기 위한 효력 발생 요건이다. 문제는 감독관청(행정자치부 장관이나 시・도지사)이 승인 여부를 결정할 때 합목적인 견지에서 심사할 수 있는지이다. 생각컨대 지방자치단체의 자치사무를 처리하기 위해 지방자치단체조합을 설립하는 것은 지방자치단체가 자기책임하에 결정할 사항이며 합목적적인 심사는 그의 전속적인 권한에 속한다. 따라서 감독관청이 승인 여부를 판단하는 데 기준이 되는 것은 합법성의 심사에 한정된다.

지방자치단체조합 설립의 고시에 대해서는 법률의 규정이 없으나 새로운 행정 주체의 설립이라는 점에서 고시하는 것이 바람직하다. 따라서 입법론으로는 설립 요건으로 고시를 넣을 필요가 있다.

---

4) 홍정선, 앞의 책, 477쪽.

(4) 조직과 기관

지방자치단체조합에는 조합회의와 조합장 및 사무직원을 둔다. 조합회의의 위원과 조합장 및 사무직원은 지방자치단체조합규약으로 정하는 바에 따라 선임한다. 관계 지방자치단체의 의회 의원과 그 지방자치단체의 장은 지방자치법 제35조 제1항과 제96조 제1항에도 불구하고 지방자치단체조합회의의 위원이나 지방자치단체조합장을 겸할 수 있다(지방자치법 제160조).

(가) 조합회의

조합회의는 지방자치단체조합의 의결기관이다. 조합회의는 지방자치단체조합의 규약으로 정하는 바에 따라 지방자치단체조합의 중요한 사무를 심의・의결한다. 또한 조합회의는 지방자치단체조합이 제공하는 역무에 대한 사용료・수수료 또는 분담금을 지방자치법 제139조 제1항에 따른 조례의 범위 안에서 정할 수 있다(지방자치법 제161조 제1항 및 제2항).

조합회의를 구체적으로 어떻게 조직하고 의사 진행을 어떻게 해야 하는가에 대해서는 지방자치법에 명문의 규정이 없다. 따라서 이 부분은 조합규약이 정하는 바에 따른다.

(나) 조합장

조합장은 지방자치단체조합의 집행기관이다. 조합장은 지방자치단체조합을 대표하며 지방자치단체조합의 사무를 총괄한다(지방자치법 제161조 제3항). 따라서 조합장의 법적 행위의 효과는 공법상 법인인 지방자치단체조합에 귀속된다.

(5) 지방자치단체조합의 사무

지방자치단체조합이 설립되면 규약에서 정한 사무의 수행권은 지방자치단체조합으로 이전된다. 지방자치단체조합이 이전받아 수행할 수 있는 사무는 참여한 지방자치단체가 권한을 가지고 있는 사무에 국한된다. 사무의 종류로 보면 자치사무는 당연히 포함되며, 단체위임사무도 포함된다고 볼 것이다.

지방자치단체조합은 지방자치단체가 아니므로 전권한성을 갖지 아니한다. 따라서 지방자치단체조합이 수행할 수 있는 사무는 규약에 열거된 사무에 한정된다.

한편 지방공기업법은 지방직영기업의 경영에 대한 사무를 공동으로 처리하기 위하여 지방자치단체조합을 설립할 수 있음을 명문화하고 있다(지방공기업법 제44조).

(6) 지방자치단체조합의 규약 변경, 해산

지방자치단체조합의 규약을 변경하거나 지방자치단체조합을 해산하려는 경우에는 지방자치법 제159조 제1항을 준용한다. 따라서 지방의회의 의결과 감독관청의 승인을 받아야 한다. 지방자치단체조합을 해산한 경우에 그 재산의 처분은 관계 지방자치단체의 협의에 따른다(지방자치법 제164조).

(7) 지방자치단체조합에 대한 감독

시·도가 구성원인 지방자치단체조합은 행정자치부 장관의, 시·군 및 자치구가 구성원인 지방자치단체조합은 1차로 시·도지사의, 2차로 행정자치부 장관의 지도·감독을 받는다. 다만, 지방자치단체조합의 구성원인 시·군 및 자치구가 2개 이상의 시·도에 걸치는 지방자치단체조합은 행정자치부 장관의 지도·감독을 받는다(지방자치법 제163조 제1항). 그러나 지방자치법에서는 구체적인 감독 수단에 대해서는 규정을 두고 있지 않다. 입법론으로서는 감독 수단에 관한 지방자치법의 규정을 준용하는 규정을 두는 것이 바람직하다.

그리고 행정자치부 장관은 공익상 필요하면 지방자치단체조합의 해산 또는 규약의 변경을 명할 수 있다(지방자치법 제163조 제2항). 비례의 원칙상 이러한 감독 수단은 최종적인 감독 수단이라고 보아야 할 것이다.

(8) 입법론

지방자치단체조합에 관한 지방자치법상의 규정은 매우 불충분하다. 행정구역과 생활권의 불일치, 광역적 사무의 증대 등으로 지방자치단체 간의 협력에 의한 사무처리의 필요성은 점점 더 커지고 있다. 그런 점에 비추어 지방자치단체조합의 구성, 기관, 권한, 재정, 예산, 결산 등에 대해 좀더 구체적인 규율을 법률로 규정하는 것이 바람직하다. 지방자치법은 이러한 부분들을 규약에 위임하고 있으나 지방자치단체조합의 활성화를 위해서는 설립·운영의 기준을 법률로 제시하는 것이 바람직할 것이다.

4) 사법상의 형식 등 기타 방식에 의한 협력

지방자치단체는 공법상의 협력뿐만 아니라 사법상의 협력도 할 수 있다. 사법적 형식에 의한 사무의 공동 처리는 융통성이 크고 신속하게 적용할 수 있는 장점이 있다. 사법상의 형식에 의한 협력 형태에는 주식회사를 설립하거나 사단법인, 재단법인 등을 설립해 이로 하여금 일정한 사무를 수행하게 하는 것도 포함된다.

그리고 그 밖에도 다양한 방식에 의한 협력이 있을 수 있다. 지방공기업법 제50조에 의한 공동 설립 지방공사와 같이 개별 법률에 근거를 둔 협력 형태도 있을 수 있다. 그 밖에도 직원의 파견, 공법상 계약 등 다양한 협력 방식이 있을 수 있다.

4 지방자치단체 간의 협력활성화 방안

우리 나라에서는 지방자치단체 간의 협력이 활성화되지 못하고 있다. 지방자치단체 간의 협력을 활성화시키기 위해서는 다음과 같은 개선 노력이 요청된다.

1) 다양한 협력 방식의 활용

지방자치단체 간의 다양한 협력 형태 중에서 절대적으로 하나의 협력 방식만이 우수한 것은 아니다. 협력하고자 하는 사무의 종류에 따라, 또는 협력으로 달성하고자 하는 목적에 따라 다양한 협력 방식이 이용될 수 있다. 지방자치단체 간의 협력이 성공적으로 이루어지기 위해서는 구체적인 사무의 성격이나 달성하고자 하는 목적에 따라 그에 적합한 협력 방식을 선택하는 것이 중요하다.[5)]

---

5) 같은 취지로, 김재훈, “광역행정문제와 지방자치단체 간 행정협력제도”, 나라정책연구회 편, 『한국형 지방자치의 청사진』, 길벗, 1995, 531쪽.

비권력적인 서비스의 효율적인 제공을 위해서는 사법적(私法的)인 협력 방식이 활용될 수 있다. 지방자치단체 간의 협력의 유도와 의견 교환 및 협력 분위기의 조성을 위해서는 행정협의회의 방식이 활용될 수 있다. 다른 지방자치단체만이 특정한 사무를 수행할 능력이나 여건을 구비한 경우에는 사무의 위탁에 의한 협력 방식이 활용될 수 있다. 특정한 사무에 대한 사무의 공동 처리를 관련 지방자치단체로부터 독립해 효율적·지속적으로 수행할 필요가 있을 경우에는 지방자치단체조합에 의한 협력이 적극적으로 활용될 수 있다.

특히 비권력적인 서비스의 제공을 위한 지방자치단체 간의 협력에는 기업성을 가미한 지방자치단체조합의 형태(지방공기업법 제44조에 의한 지방자치단체조합)나 지방공사 및 상법상의 주식회사 등의 활용이 적극적으로 검토될 수 있다.

2) 각종의 협력 방식에 대한 제도적 보완

지방자치단체의 협력에 관한 규정을 지방자치법에 통합적으로 규율하는 방식도 있겠으나 전문성을 높이기 위해 지방자치법에 기본적인 사항만을 정하고 개별법으로서 가칭 '지방자치단체 간의 협력에 관한 법률'을 제정하는 것도 생각해 볼 수 있다.

행정협의회의 결정에 대해 강력한 구속력을 인정하고 있는 현행법의 규정은 폐지되어야 하며 관계 지방자치단체들이 좀더 자유롭게 접근할 수 있도록 개정되어야 한다. 지방자치단체조합에 관한 규정은 대단히 미흡한 수준에 있으며 조합의 구성, 기관, 권한, 재정, 예산 및 결산, 감독에 대한 규정은 보완되어야 한다.

3) 감독관청의 역할 증대

지방자치단체에 대한 감독관청은 지방자치단체 간의 협력을 유도하기 위해 지방자치단체 간의 협력에 관한 정보와 전문지식을 구비해 관련 지방자치단체의 문의에 대해 능동적으로 대처할 수 있어야 한다. 이는 주로 비구속적인 조언의 방식을 통해 이루어져야 할 것이다. 또한 감독기관은 관련 지방자치단체들의 임의적인 협력을 존중하고 이를 지원하되, 중대한 사무의 수행이 협력의 결여로 이루어지지 못하고 있는 경우에는 협력의 강제를 명할 수 있어야 한다.

제 2 절 지방자치단체 간의 분쟁조정

1 의 의

지방자치단체 상호간 또는 지방자치단체의 장 상호간에 권한 및 의무의 존부·범위 등을 둘러싼 분쟁이 발생할 가능성은 점점 높아지고 있다. 이러한 분쟁의 해결 절차로 헌법재판소법에 의한 권한쟁의 심판 등의 사법적 절차가 인정되고 있으나,[6] 다른 한편으로는 조정에 의해 분쟁을 해결할 수 있는 절차도 필요하다.

이에 지방자치법 제148조 내지 제150조에서는 지방자치단체 상호간의 분쟁조정 절차에 대해 규정하고 있다. 즉 지방자치단체 상호간이나 지방자치단체의 장 상호간 사무를 처리할 때 의견이 달라 다툼(이하 '분쟁'이라 한다)이 생기면 다른 법률에 특별한 규정이 없으면 행정자치부 장관이나 시·도지사가 당사자의 신청에 따라 조정(調整)할 수 있다. 그리고 당사자의 신청이 없는 경우에도, 그 분쟁이 공익을 현저히 저해하여 조속한 조정이 필요하다고 인정되면 행정자치부 장관이나 시·도지사가 직권으로 조정할 수 있다(지방자치법 제148조 제1항).

---

6) 헌법재판소법 제61조 제1항에 의하면 지방자치단체 상호간에 권한의 존부 또는 범위에 관하여 다툼이 있을 경우에는 당해 지방자치단체는 헌법재판소에 권한쟁의 심판을 청구할 수 있다. 지방자치단체 상호간의 권한쟁의 심판의 종류에는 특별시·광역시·도 상호간의 권한쟁의 심판, 시·군·자치구 상호간의 권한쟁의 심판, 특별시·광역시·도와 시·군·자치구 간의 권한쟁의 심판의 세 종류가 있다(헌법재판소법 제62조 제1항 제3호).

2 분쟁조정의 절차

1) 절차의 개시

분쟁조정 절차는 해당 지방자치단체의 신청이나 조정권자의 직권에 의해 개시된다.

분쟁의 조정 신청은 분쟁 당사자의 쌍방 또는 일방이 서면으로 행정자치부 장관 또는 시·도지사에게 신청하여야 한다. 이 경우 분쟁의 조정신청이 분쟁 당사자의 일방으로부터 있는 경우에는 행정자치부 장관 또는 시·도지사는 이를 다른 당사자에게 통보하여야 한다. 그리고 행정자치부 장관 또는 시·도지사는 분쟁의 조정신청이 있는 때에는 이를 지체없이 '지방자치단체 중앙분쟁조정위원회' 또는 '지방자치단체 지방분쟁조정위원회(이하 '분쟁조정위원회'라 한다)'에 회부하여야 한다(지방자치법 시행령 제47조의 2 제1항 및 제2항).

한편 행정자치부 장관 또는 시·도지사가 직권으로 분쟁을 조정하는 경우에는 미리 서면으로 당사자에게 기간을 정하여 상호 협의하여 분쟁을 해결하거나 분쟁조정을 신청하도록 권고하여야 하며, 그 기간 내에 분쟁이 해결되지 아니하거나 분쟁조정 신청이 없는 경우에는 분쟁조정위원회에 이를 회부할 수 있다(지방자치법 시행령 제47조의 2 제3항).

2) 분쟁조정위원회의 심의·의결과 조정 결정

행정자치부 장관이나 시·도지사가 분쟁을 조정하고자 할 때에는 관계 중앙행정기관의 장과의 협의를 거쳐 '지방자치단체 중앙분쟁조정위원회나 '지방자치단체 지방분쟁조정위원회'의 의결에 따라 조정하여야 한다(지방자치법 제48조 제3항). 회부된 분쟁에 대하여 분쟁조정위원회가 심의·의결을 마친 때에는 지체없이 그 의결 내용을 행정자치부 장관 또는 시·도지사에게 통보하여야 한다(지방자치법 시행령 제47조의 2 제4항).

3) 통보 및 조정 결정 사항의 이행

행정자치부장관이나 시·도지사는 분쟁조정에 대하여 결정을 하면 서면으로 지체없이 관계 지방자치단체의 장에게 통보하여야 하며, 통보를 받은 지방자치단체의 장은 그 조정 결정 사항을 이행하여야 한다. 조정 결정 사항 중 예산이 수반되는 사항에 대하여는 관계 지방자치단체는 필요한 예산을 우선적으로 편성하여야 한다. 이 경우 연차적으로 추진하여야 할 사항은 연도별 추진계획을 행정자치부 장관이나 시·도지사에게 보고하여야 한다. 행정자치부 장관이나 시·도지사는 조정 결정에 따른 시설의 설치 또는 역무의 제공으로 이익을 받거나 그 원인을 일으켰다고 인정되는 지방자치단체에 대하여는 그 시설비나 운영비 등의 전부나 일부를 행정자치부 장관이 정하는 기준에 따라 부담하게 할 수 있다(지방자치법 제148조 제4항 내지 제6항).

만약 조정 결정 사항이 성실히 이행되지 아니하면, 행정자치부 장관이나 시·도지사는 그 지방자치단체에 대하여 지방자치법 제170조(지방자치단체의 장에 대한 직무이행명령)를 준용하여 이행하게 할 수 있다(지방자치법 제148조 제7항).

3 분쟁조정위원회

1) 설 치

지방자치단체 간의 분쟁의 조정과 행정협의회의 협의 사항의 조정에 필요한 사항을 심의·의결하기 위하여 행정자치부에 지방자치단체 중앙분쟁조정위원회(이하 '중앙분쟁조정위원회'라 한다)와 시·도에 지방자치단체 지방분쟁조정위원회(이하 '지방분쟁조정위원회'라 한다)를 둔다(지방자치법 제149조 제1항).

2) 구 성

중앙분쟁조정위원회와 지방분쟁조정위원회는 각각 위원장을 포함한 11명 이내의 위원으로 구성한다. 중앙분쟁조정위원회의 위원장과 위원 중 5

명은 ① 대학에서 부교수 이상으로 3년 이상 재직 중이거나 재직한 자, ② 판사 · 검사 또는 변호사의 직에 6년 이상 재직 중이거나 재직한 자, ③ 그 밖에 지방자치사무에 관한 학식과 경험이 풍부한 자 중에서 행정자치부 장관의 제청으로 대통령이 임명하거나 위촉하고, 대통령령으로 정하는 중앙행정기관 소속 공무원은 당연직 위원이 된다. 그리고 지방분쟁조정위원회의 위원장과 위원 중 5명은 위 ① 내지 ③에 해당하는 자 중에서 시 · 도지사가 임명하거나 위촉하고, 조례로 정하는 해당 지방자치단체 소속 공무원은 당연직 위원이 된다. 공무원이 아닌 위원장 및 위원의 임기는 3년으로 하되, 연임할 수 있다. 다만, 보궐위원의 임기는 전임자의 남은 임기로 한다(지방자치법 제149조 제4항 내지 제7항).

3) 관 할

중앙분쟁조정위원회는 ① 시 · 도 간 또는 그 장 간의 분쟁, ② 시 · 도를 달리하는 시 · 군 및 자치구 간 또는 그 장 간의 분쟁, ③ 시 · 도와 시 · 군 · 자치구 간 또는 그 장 간의 분쟁, ④ 시 · 도와 지방자치단체조합 간 또는 그 장 간의 분쟁, ⑤ 시 · 도를 달리하는 시 · 군 및 · 자치구와 지방자치단체조합 간 또는 그 장 간의 분쟁, ⑥ 시 · 도를 달리하는 지방자치단체조합 간 또는 그 장 간의 분쟁을 심의 · 의결한다(지방자치법 제149조 제2항).

지방분쟁조정위원회는 위에 해당하지 아니하는 지방자치단체 · 지방자치단체조합 간 또는 그 장 간의 분쟁을 심의 · 의결한다(지방자치법 제149조 제3항).

4) 운 영

분쟁조정위원회는 위원장을 포함한 위원 7명 이상의 출석으로 개의하고, 출석 위원 3분의 2 이상의 찬성으로 의결한다. 분쟁조정위원회의 위원장은 분쟁의 조정과 관련하여 필요하다고 인정되면 관계 공무원, 지방자치단체조합의 직원 또는 관계 전문가를 출석시켜 의견을 듣거나 관계 기관이나 단체에 대하여 자료 및 의견 제출 등을 요구할 수 있다. 이 경우 분쟁의 당사자에게는 의견을 진술할 기회를 주어야 한다. 지방자치법이 정한 외에 분쟁조정위원회의 구성과 운영 등에 관하여 필요한 사항은 대통령령으로 정한다(지방자치법 제150조).

제 3 절 지방자치단체의 장 등의 협의체

지방자치단체의 장이나 지방의회의 의장은 상호간의 교류와 협력을 증진하고, 공동의 문제를 협의하기 위하여 ① 시·도지사 ② 시·도의회의 의장 ③ 시장·군수·자치구의 구청장 ④ 시·군·자치구 의회의 의장의 구분에 따라 각각 전국적 협의체를 설립할 수 있다. 그리고 위의 전국적 협의체가 모두 참가하는 지방자치단체 연합체도 설립할 수 있다(지방자치법 제165조 제1항 및 제2항).

협의체나 연합체를 설립한 때에는 그 협의체의 대표자는 지체없이 행정자치부 장관에게 신고하여야 한다. 그리고 협의체나 연합체는 지방자치에 직접적인 영향을 미치는 법령 등에 관하여 행정자치부 장관을 거쳐 정부에 의견을 제출할 수 있다(지방자치법 제165조 제3항 및 제4항).

이러한 협의체나 연합체는 상호간에 정보를 공유하고 공동의 과제를 해결하기 위해 소통하는 협력구조로서 의미가 있을 수 있다. 또한 지방자치단체 간의 협력을 촉진하는 기구로서의 역할을 할 수도 있다. 그리고 지방자치제도와 관련한 정책을 연구하고, 제도 개선에 대한 의견을 제출함으로써 지방자치제도의 발전에 기여할 수 있는 측면도 있다. 다만, 이들 협의체가 선출직 공직자들의 이해를 지나치게 대변하는 이익집단이 될 가능성도 있다. 따라서 협의체나 연합체가 바람직하게 운영되기 위해서는 참여하는 지방자치단체의 장들이나 지방의회 의장들의 대승적인 노력이 필요할 것이다.

제14장 지방자치의 특례

제1절 대도시 행정의 특례

1 자치구의 사무와 재원에 대한 특례

1) 자치구의 법적지위와 자치권의 특례

(1) 자치구의 법적 지위

지방자치단체의 종류는 헌법 제117조 제2항에 따라 법률로 정해진다. 즉 헌법은 지방자치단체의 종류를 직접 규정하지 아니하고 법률에 유보했다. 이에 따라 지방자치법 제2조 제1항은 기초지방자치단체로서의 시·군·구를 규정하고 있으며, 동조 제2항에서는 제1항의 지방자치단체인 구(區, 이하 '자치구'라 한다)는 특별시와 광역시의 관할구역 안의 구만을 의미하는 것으로 한정하고 있다. 이러한 자치구는 지방자치법 제3조 제2항에 의해 인구 50만 이상의 시에 둘 수 있는 '자치구가 아닌 구'와는 구분된다.

따라서 특별시와 광역시의 관할구역 내의 자치구는 시·군과 마찬가지로 기초지방자치단체로서의 법적 지위를 갖는다. 국가는 물론 특별시·광역시와는 별개의 독립된 권리 주체로 되며 그들과는 외부적 법률 관계를 형성한다.

(2) **자치권의 특례**

지방자치법은 한편으로는 제2조 제1항에 의해 자치구를 시·군과 대등한 기초지방자치단체로 인정하면서도, 다른 한편으로는 동조 제2항에서 "자치구의 자치권의 범위는 법령으로 정하는 바에 따라 시·군과 다르게 할 수 있다"라고 규정하고 있다.

이처럼 자치구의 자치권의 범위를 다르게 정할 수 있도록 한 것은, 자치구의 특수성 때문이다. 자치구는 그의 구역을 관할하는 특별시나 광역시로부터 독립된 별개의 지방자치단체로서의 지위를 갖고 있지만, 그가 속한 특별시와 광역시와는 동일한 생활권을 이룬다. 따라서 업무의 관련성이나 중복이 도와 시·군 간의 관계에서보다는 더 많으며 이를 종합적으로 해결해야 할 필요성이 크다. 즉 이중행정과 사무처리의 중복에서 오는 폐단을 극복하고 대도시인 특별시·광역시와 유기적인 사무 수행을 할 수 있도록 할 필요가 있다.

그럼에도 불구하고 자치구를 별개의 지방자치단체로 인정한 이유는 인구 과밀지역인 특별시·광역시의 행정 권한의 집중을 방지하여 분권화를 이루고, '가까운 정부'를 설치하여 주민 참여의 기회와 폭을 증대시키려는 데 있다. 이와 같은 상반된 요구를 조절하기 위해 입법자는 자치구를 기초지방자치단체로 인정하면서도 자치구의 자치권에 대해 법령으로 특례를 인정할 수 있도록 한 것이다.

문제는 자치구의 자치권에 관한 특례가 어느 범위 안에서 인정될 수 있을 것인가 하는 점이다. 입법자는 그의 입법 재량의 범위 내에서 자치구의 자치권의 범위를 제한 또는 확장해 규율할 수 있지만, 헌법 제117조 제1항의 지방자치의 제도적 보장에 의해 제한을 받는다. 즉 입법자는 일단 자치구를 지방자치단체로 인정한 이상, 자치구의 자치권의 본질적인 내용을 침해할 수는 없다. 입법자가 자치구를 지방자치단체로 인정하면서 자치구의 자치권의 본질적 내용을 침해하는 것은 자기모순이기도 하다.

(3) **자치구의 사무 범위**

지방자치법 제2조 제2항에 의해 법령으로 자치구의 자치권의 범위를 시·군과는 다르게 정할 수 있도록 하고 있는바, 이에 따라 지방자치법 시행령 제9조는 자치구가 처리하는 사무에 특례를 인정하고 있다.

즉, 지방자치법 시행령 제9조는 시·군과 다르게 자치구에서 처리하지 아니하고 특별시·광역시에서 처리해야 할 사무를 동 시행령 별표 2에서 예시하고 있다. 다만 다른 법령에 이와 다른 규정이 있는 경우에는 그러하지 아니하다(자세한 내용은 제6장 제4절 3의 4) 참조).

2) 자치구의 재원에 관한 특례

한편 자치구의 재원에 대해서도 특례 조항이 있다. 즉 지방자치법 제173조에 의하면, 특별시장이나 광역시장은 시세(市稅) 수입 중의 일정액을 확보해 조례로 정하는 바에 따라 해당 지방자치단체의 관할 구역 안의 자치구 상호 간의 재원을 조정해야 한다. 이에 의해 특별시나 광역시가 자치구로 교부하는 돈을 조정교부금이라고 한다. 이러한 재원조정 제도는 재정적 결함이 생기는 자치구의 재정을 지원함으로써 자치구의 부족한 재정을 보충하고 자치구 간의 재정력 격차를 완화하기 위한 것이다.

구체적으로 보면, 자치구 상호간의 재원 조정을 위한 재원은 당해 특별시 또는 광역시의 시세중 취득세와 등록세로 하며, 자치구 상호간의 재원 조정 방법을 정하는 조례에는 조정교부금의 교부율·산정 방법 및 교부 시기 등이 포함되어야 한다(지방자치법 시행령 제57조).

2007년 7월에 개정된 지방세법에 의하면, 서울특별시에서는 재산세를 각각 50%씩 특별시세와 구세로 공동 과세하고, 특별시분 재산세는 전액 자치구에 교부한다(지방세법 제6조의 2 내지 3).

서울특별시의 경우, '서울특별시 자치구의 재원 조정에 관한 조례'를 통해 재원 조정에 관한 규정들을 두고 있다. 이에 의하면 조정교부금에는 보통교부금과 특별교부금이 있다(동 조례 제3조). 그리고 조정교부금의 재원은 당해 연도 취득세 및 등록세의 합산액(이하 '조정세'라 한다)의 100분의 50에 해당하는 액과 정산액(조정세의 예산액과 결산액의 차이로 인한 정산액)으로 한다. 그리고 보통교부금의 재원은 조정세 총액의 100분의 90에 해당하는 액으로 하고, 특별교부금의 재원은 조정세 총액의 100분의 10에 해당하는 액으로 한다(동 조례 제4조).

보통교부금은 지방교부세와 유사하게, 매년도의 기준재정수입액이 기준재정수요액에 미달되는 자치구에 대하여 그 미달액(이하 '재정부족액'이라 한다)을 기초로 하여 교부한다(동 조례 제6조 제1항). 그리고 특별교부금은 ① 재해로 인한 특별한 재정 수요가 있어 예비비를 포함한 당해 자치구의 재원으로 충당할 수 없는 경우, ② 자치구의 청사 기타 공공시설의 신설・복구・보수 등의 사유로 인한 특별한 재정 수요가 있어 시장이 필요하다고 인정하는 경우, ③ 기타 예산 성립 후에 특별한 재정수입의 감소가 있거나 특별한 재정 수요가 있어 시장이 필요하다고 인정하는 경우에 교부한다.

한편 광역시들의 경우에도 재원 조정에 관해 유사한 내용의 조례들을 제정하고 있다.

2 서울특별시에 관한 특례

지방자치법 제174조 제1항에서는 서울특별시의 지위・조직 및 운영에 대해 수도로서의 특수성을 고려해 법률로 정하는 바에 따라 특례를 둘 수 있도록 하고 있다. 이에 의해 '서울특별시 행정특례에 관한 법률'이 제정되어 있다.

1) 지 위

서울특별시는 정부의 직할하에 두되, '서울특별시 행정특례에 관한 법률'이 정하는 범위 안에서 수도로서의 특수한 지위를 가진다(서울특별시 행정특례에 관한 법률 제2조).

2) 일반행정의 운영상의 특례

(1) 지방채의 발행

행정자치부 장관이 지방자치법 제124조 제1항의 규정에 의하여 서울특별시의 지방채 발행의 승인 여부를 결정하고자 할 때에는 국무총리에게 보고해야 한다(서울특별시 행정특례에 관한 법률 제4조 제1항).

(2) 자치사무에 관한 감사

행정자치부 장관이 지방자치법 제171조의 규정에 의하여 서울특별시의 자치사무에 관한 감사를 하고자 할 때에는 국무총리의 조정을 거쳐야 한다(서울특별시 행정특례에 관한 법률 제4조 제2항).

(3) 국가공무원 임용과 관련된 행정소송의 피고 적격

서울특별시 소속 국가공무원의 임용 등에 관한 국가공무원법 제32조 제1항 내지 제3항, 제78조 제1항·제4항 및 제82조의 규정에 의한 소속 장관 또는 중앙행정기관의 장의 권한 중 대통령령으로 정하는 사항은 서울특별시장이 이를 행하고, 이와 관련된 행정소송의 피고는 동법 제16조의 규정에 불구하고 서울특별시장이 된다(서울특별시 행정특례에 관한 법률 제4조 제5항).

(4) 서훈의 추천

서울특별시 소속 공무원 등에 대한 서훈(敍勳)의 추천은 '상훈법' 제5조 제1항의 규정에 불구하고 서울특별시장이 이를 행한다(서울특별시 행정특례에 관한 법률 제4조 제7항).

3) 수도권 광역행정 운영상의 특례

수도권 지역[1)]에서 서울특별시와 관련된 도로·교통·환경 등에 관한 계획 수립과 그 집행에 있어서 관계 중앙행정기관의 장과 서울특별시장이 의견을 달리하는 경우에는 다른 법률에 특별한 규정이 없는 한 국무총리가 이를 조정한다(동법 제5조 제1항). 국무총리는 서울특별시와 관련된 ① 도로·교통 및 운수 관련 사항, ② 환경오염 방지 및 환경보전에 관한 사항, ③ 수자원 등의 이용에 관한 사항, ④ 기타 수도권의 광역행정상 필요한 사항의 계획 수립과 그 집행에 관하여 관계 중앙행정기관의 장과 서울특별시장이 의견을 달리하는 경우에는 지방자치법 시행령 제54조의4의 규정에 의한 행정협의조정위원회의 심의를 거쳐 이를 조정한다(서울특별시 행정특례에 관한 법률 시행령 제4조 제2항).

---

1) '수도권지역'이라 함은 서울특별시와 인천광역시 및 경기도 일원의 지역을 말한다(서울특별시 행정특례에 관한 법률 시행령 제4조 제1항).

3 인구 50만 이상 대도시에 대한 특례

서울특별시와 광역시를 제외한 인구 50만 이상 대도시의 행정, 재정 운영 및 국가의 지도·감독에 대하여는 그 특성을 고려하여 관계 법률로 정하는 바에 따라 특례를 둘 수 있다(지방자치법 제175조). 그리고 지방자치법 제10조 제1항 제2호 단서에 따라 인구 50만 이상의 시에 대해서는 도가 처리하는 사무의 일부를 직접 처리하게 할 수 있다. 이 때에 '인구 50만 이상의 시'라 함은 자치구가 아닌 구가 설치된 시를 말한다(지방자치법 시행령 제10조 제1항).

'인구 50만 이상의 시'가 직접 처리할 수 있는 도의 사무는 지방자치법 시행령 제10조 제2항에 따라 동 시행령 별표 3에서 이를 예시하고 있다. 다만 다른 법령에 이와 다른 규정이 있는 경우에는 그러하지 아니하다(자세한 내용은 제6장 제4절 3의 5) 참조).

제 2 절 제주특별자치도의 특례

지방자치법 제174조 제2항에서는 "제주특별자치도의 지위·조직 및 행정·재정 등의 운영에 대하여는 행정 체제의 특수성을 고려하여 법률로 정하는 바에 따라 특례를 둘 수 있다"라고 규정하고 있다. 그리고 '제주도 행정체제 등에 관한 특별법', '제주특별자치도 설치 및 국제자유도시 조성을 위한 특별법'이 제정되어 있다.

이러한 제주특별자치도의 특례는 앞서 살펴본 대도시 행정의 특례와는 달리, 지방자치 제도와 관련된 포괄적인 논의를 필요로 하는 성격의 것이다. 실제로 현재 입법화된 위 법률들의 내용을 보아도 자치계층, 자치조직, 자치입법, 자치재정, 자치경찰, 교육자치, 특별행정기관 등 지방자치 제도와 관련된 첨예한 쟁점들을 포함하고 있다. 그뿐만 아니라 중앙집권적인 국가

구조 하에서 획일적인 지방자치 제도를 취해 온 우리 나라에서 제주특별자치도는 새로운 국가적 모색이기도 하다. 따라서 제주특별자치도의 특례는 매우 주의 깊게 살펴볼 필요가 있다.

1 제주특별자치도 설치의 배경과 과정

제주도는 북으로 목포와의 거리는 141.6km, 북동쪽 부산과의 거리는 286.5km이며, 동으로 일본 쓰시마섬(對馬島)과는 255.1km 떨어져 있는 섬이다.

제주도는 오랫동안 형성되어 온 고유한 지역적 · 역사적 · 문화적 특성을 가지고 있는 지역이다. 그리고 산업구조상으로는 2차 산업의 비중이 가장 낮고 1차 산업(농 · 어업)과 3차 산업(관광 등)을 중심으로 하고 있다는 특징이 있다.

이러한 특성을 가진 제주도에 대한 특별법 제정의 흐름은 계속되어 왔다. 1991년에는 '제주도개발특별법'이 제정되었고, 2002년에는 '제주국제자유도시특별법'이 제정되기도 했다. '제주국제자유도시특별법'은 제1조 목적에서 "제주도를 국제자유도시로 개발함으로써 국가 발전에 기여함과 동시에 제주도민이 주체가 되어 향토문화와 자연 및 자원을 보전하고 지역산업을 육성하며 쾌적한 생활환경을 조성하여 제주도민의 복지 향상에 이바지함을 목적으로 한다"라고 규정하고 있었다. 그리고 국제자유도시라 함은 "사람 · 상품 · 자본의 국제적 이동과 기업활동의 편의가 최대한 보장되도록 규제 완화 및 국가적 지원의 특례가 실시되는 지역적 단위를 말한다"(제주국제자유도시특별법 제2조 제1호)라고 규정하고 있었다.

그리고 더 나아가 노무현 정부하에서 추진된 것이 제주특별자치도이며, 그에 따라 '제주국제자유도시특별법'을 폐지하고 '제주특별자치도 설치 및 국제자유도시 조성을 위한 특별법'을 제정하게 된다. 제주특별자치도는 제주도에 대해 획기적인 자치권을 부여하고 새로운 분권 제도를 선도적으로 실시함으로써 제주도가 연방주 수준의 자치권을 가진 국제자유도시로 발전하게 한다는 취지로 추진되었다.[2] 그리고 2005년 7월 27일에는 기초지방자

2) 김부찬, "제주특별자치도의 의의와 자치입법권에 관한 고찰", 『지방자치법 연구』 제6권

치단체인 시·군을 폐지하는 것에 대한 주민투표를 실시했고,[3] 2006년 7월 1일부터 제주특별자치도가 설치되었다.

2 제주특별자치도의 법적 지위

'제주특별자치도 설치 및 국제자유도시 조성에 관한 특별법' 제10조에 의하면, 정부의 직할하에 제주특별자치도(이하 '제주자치도'라 한다)를 설치한다. 그리고 제주자치도의 관할구역은 종전의 제주도의 관할구역으로 하며, 제주자치도는 동법이 정하는 범위 내에서 특수한 지위를 가진다(동법 제10조 제3항).

이 때 '특수한 지위' 또는 특별자치도의 개념이 구체적으로 무엇을 의미하는지는 분명하지 않다. 따라서 이에 대해서는 지방자치법 등 관련 법률을 종합해 해석할 필요가 있다.

우선 지방자치법 제2조 제1항 제1호는 '특별시, 광역시와 도 및 특별자치도'를 광역지방자치단체의 종류로 명시하고 있다. 기존의 '특별시, 광역시, 도'에 '특별자치도'를 추가한 것이다. 이처럼 '특별자치도'가 광역지방자치단체의 한 종류인 이상, 제주자치도의 법적 지위는 일반지방자치단체 중 광역지방자치단체일 수밖에 없다. 따라서 현행 법률상 제주특별자치도의 법적 지위는 "법률이 정하는 범위 내에서 특별한 자치권을 누리는 광역지방자치단체"라고 정의할 수밖에 없다.

제1호, 한국지방자치법학회, 2006, 20쪽.

3) 이 주민투표는 정책에 대한 찬반을 묻는 형식이 아니라 '혁신안(기초지방자치단체를 폐지하는 안)'과 '점진안(기초지방자치단체를 유지하는 안)'이라는 두 가지 안 중 한 가지를 선택하게 하는 형식을 취해 논란을 빚기도 했다. 주민투표는 통상적으로 특정한 정책에 대한 찬반을 묻는 형식으로 진행되는 것인데, '혁신안', '점진안' 중에 선택하도록 한 것은 이례적인 것이었다. 또한 여러 방안 중에서 선택하게 하더라도 '1안', '2안'이 아니라 '혁신안', '점진안'으로 표현한 것은 단어가 가진 어감상 '혁신안'에 대한 선호를 부추길 우려가 있었다. 주민투표 결과 36.76%의 낮은 투표율을 보였고, 서귀포시와 남제주군에서는 점진안이 과반수가 넘는 득표를 했으나, 인구가 많은 제주시와 북제주군에서는 혁신안이 높은 득표를 하여, 제주도 전체적으로는 혁신안이 57.0%, 점진안이 43.0%를 얻는 결과를 가져왔다. 그러나 이러한 주민투표 결과를 바탕으로 한 기초지방자치단체 폐지는 이후에도 많은 논란을 낳고 있다.

이러한 의미의 특별자치도는 언제든지 법률에 의해 특별하지 않은 존재가 될 수도 있는 가능성을 가지고 있는 개념이다. 실제로 현재의 '제주특별자치도 설치 및 국제자유도시 조성을 위한 특별법'은 세부적인 규정들을 통해 일부 사무를 이양하고, 일부 분권 제도를 시범적으로 실시하는 수준에 그치고 있다. 따라서 실제 제주자치도가 누리는 자치권은 '고도의 자치권 보장'(동법 제1조)이라는 목적에 부합하지 않으며, 제주자치도를 연방주나 홍콩특별행정구 수준의 자치권을 갖는 존재로 만들겠다고 하는 특별자치도 설치의 취지에도 미치지 못한다는 비판이 제기되고 있다. 제주자치도가 명실상부하게 연방주 수준의 권한을 갖도록 하려면 헌법 개정 등의 방식으로 제주자치도의 법적 지위를 규정해야 한다는 것이다.[4)]

3 제주특별자치도에 인정되는 특례의 내용

'제주특별자치도 설치 및 국제자유도시 조성을 위한 법률'은 총 17장으로 구성된 방대하고 복잡한 법률이다. 그 내용을 압축적으로 소개하면 아래와 같다.

1) 국가와 제주자치도의 관계

'제주특별자치도 설치 및 국제자유도시 조성을 위한 법률'에서는 제주자치도와 관련한 국가 및 제주자치도의 책무와 제주자치도를 위한 지원 체계에 관한 규정들을 두고 있다.

우선 국가는 제주자치도와 관련해서 관련 법령의 지속적인 정비 등 입법·행정상 조치를 취하고, 제주자치도의 운영 목표 및 그 목표 달성도에 대한 평가 등을 통하여 제주자치도의 선진적인 지방분권의 실현과 국제자유도시의 조성을 위한 방안 및 시책을 마련하여야 할 책무를 진다(동법 제4조 제1항 및 제2항). 또한 국가는 제주자치도의 자발적인 성과 제고 노력을 유발하기 위하여 국세의 세목을 이양하거나 제주자치도에서 징수되는 국세를 이양하는 등 행정·재정적 우대 방안을 마련하여 조속히 시행하여

4) 김부찬, 앞의 논문, 28쪽.

야 한다. 아울러 국가는 이 법의 시행으로 인하여 폐지되는 종전의 제주도가 누리던 행정·재정상의 이익을 제주자치도가 향유할 수 있도록 하여야 한다(동법 제4조 제3항 및 제4항).

이에 대해 제주자치도는 제주자치도에 대한 국가정책의 수립 및 시행에 적극 협력하여야 하며, 이 법에 따라 조례로 정하도록 하거나 정할 수 있도록 한 사항에 대하여는 이 법의 취지에 맞게 제주특별자치도조례(이하 '도조례'라 한다)를 제정·개정하거나 폐지하는 조치를 하여야 한다(동법 제5조 제1항 및 제2항). 그리고 제주특별자치도는 국무총리와 제주특별자치도의 성과 목표 및 평가에 관한 협약(자치경찰 및 교육자치에 관한 사항을 포함한다)을 체결하여야 한다(동법 제5조 제3항).

그리고 제주특별자치도가 이 법의 목적을 달성할 수 있도록 제주특별자치도의 성과 목표 및 평가와 국제자유도시의 조성에 관한 사항을 심의하기 위하여 국무총리 소속하에 제주특별자치도지원위원회(이하 '지원위원회'라 한다)를 두고, 지원위원회의 사무를 처리하기 위하여 지원위원회에 필요한 사무기구를 둔다(동법 제7조 제1항 및 제8조 제1항).

또한 제주자치도에 대해서는 '법률안 제출 및 입법 반영권'을 부여하고 있다. 즉 제주특별자치도지사는 제주특별자치도의회 재적 의원 3분의 2 이상의 동의를 얻어 제주자치도와 관련하여 법률에 반영할 필요가 있는 사항에 대한 의견을 지원위원회에 제출할 수 있다(동법 제9조 제1항).

2) 자치사무 및 자치조직에 관한 특례

(1) 이양계획의 수립

지원위원회는 제주자치도에서는 외교, 국방, 사법 등 국가 존립 사무를 제외한 사무에 대하여 제주자치도의 지역 여건, 역량 및 재정 능력 등을 고려하여 단계별로 제주자치도에 이양하기 위한 계획(이하 '이양계획'이라 한다)을 수립하여야 한다. 지원위원회는 수립된 이양계획을 국무총리에게 보고하고, 관계 중앙행정기관의 장 및 제주특별자치도지사(이하 '도지사'라 한다)에게 통보하여야 한다(동법 제12조 제1항).

(2) 자치조직의 자율성

지방자치법의 지방의회와 집행기관에 관한 규정에 불구하고 따로 법률이 정하는 바에 따라 제주자치도의 지방의회 및 집행기관의 구성을 달리 할 수 있고, 제주자치도의 기관 구성을 달리하고자 하는 경우에 도지사는 도의회의 동의를 받아 행정자치부 장관에게 그에 관한 주민 의견을 듣기 위한 주민투표의 실시를 요청할 수 있다. 요청을 받은 행정자치부 장관은 이 법의 목적 및 취지 등을 고려하여 필요하다고 인정하는 때에는 제주자치도 관할구역 전체를 대상으로 도지사에게 주민투표의 실시를 요구할 수 있다(제주특별자치도 설치 및 국제자유도시 조성을 위한 법률 제13조).

또한 자치조직권과 관련하여 도의회 사무처에 두는 사무직원의 임용 및 절차 등에 관한 사항이 도조례에 위임되어 있다(동법 제14조).

한편 읍·면·동에는 ① 주민의 편의 및 복지 증진에 관한 사항, ② 주민자치의 강화에 관한 사항, ③ 지역공동체의 형성에 관한 사항을 처리하기 위하여 주민자치센터를 설치하며, 주민자치센터의 운영에 관한 사항을 심의하기 위하여 주민자치센터 관할구역별로 주민자치위원회를 두되, 각계각층의 주민대표가 고르게 참여하여야 한다(동법 제22조 제1항 및 제2항).

(3) 기초지방자치단체의 폐지와 행정시 설치

제주자치도에서는 기초지방자치단체가 폐지되었다. 즉 제주자치도는 지방자치법 제2조 제1항 및 제3조 제2항의 규정에 불구하고 그 관할구역 안에 지방자치단체인 시와 군을 두지 아니한다. 그리고 제주자치도의 관할구역 안에 지방자치단체가 아닌 시(이하 '행정시'라 한다)를 두도록 하고 있다(제주특별자치도 설치 및 국제자유도시 조성을 위한 법률 제15조). 또한 '제주도 행정 체제 등에 관한 특별법' 제3조에서도 "제주도의 제주시·서귀포시·북제주군 및 남제주군을 각각 폐지하고, 제주도에는 관할구역 안에 지방자치단체인 시·군을 두지 아니한다"라고 규정하고 있다.

행정시에는 시장을 두며, 행정시장은 일반직 또는 계약직 지방공무원으로 보하되, 도지사가 임명한다. 다만 공직선거법에 의한 도지사선거(재선거 및 보궐선거를 포함한다)의 도지사 후보자로 등록하고자 하는 자가 임명할 행정시장을 행정시별로 각각 1인씩 예고할 수 있고, 그에 의해 예고된 자를 임명할 경우에는 정무직 지방공무원으로 보한다(제주특별자치도 설치 및 국제자유도시 조성을 위한 법률 제17조 제1항 및 제2항, 제18조 제1항). 행정시장의 임기는 2년으로 하되, 연임할 수 있다. 행정시장은 도지사의 지휘·감독을 받아 소관 국가사무 및 지방자치단체의 사무를 맡아 처리하고 소속 직원을 지휘·감독한다(동법 제17조 제3항 및 제5항).

이처럼 기초지방자치단체인 시·군을 폐지하는 내용의 '제주특별자치도 설치 및 국제자유도시 조성을 위한 특별법' 제15조 제1항·제2항 및 '제주도 행정 체제 등에 관한 특별법' 제3조에 대해서는 제주지역 유권자들의 참정권 일부(기초지방자치단체장 및 기초지방의회 의원의 선거권과 피선거권)를 불평등하게 제한하는 것이 되어 위헌이라는 비판이 제기되었다.[5] 그리고 이와 관련한 헌법소원 심판이 헌법재판소에 청구되었으나, 헌법재판소는 심판청구를 기각했다. 헌법재판소는 이 사건에서 "헌법 제117조 제2항은 지방자치단체의 종류를 법률로 정하도록 규정하고 있을 뿐, 지방자치단체의 종류 및 구조를 명시하고 있지 않으므로 이에 관한 사항은 기본적으로 입법자에게 위임"된 것이고, "현행법에 따른 지방자치단체의 중층구조 또는 지방자치단체로서 특별시·광역시 및 도와 함께 시·군 및 구를 계속하여 존속하도록 할지 여부는 결국 입법자의 입법 형성권의 범위에 들어가는 것이므로, 일정 구역에 한하여 당해 지역 내의 지방자치단체인 시·군을 모두 폐지하여 중층구조를 단층화하는 것 역시 입법자의 선택 범위에 들어간다"고 판단했다. 그리고 "비록 기초지방자치단체의 폐지로 말미암아 주민들의 자치단체 구성에 대한 참여 기회가 일부 상실되었다 하더라도 그에 대한 보완책으로 광역지방자치단체 수준의 참여권이 확대되었고 제주도가 중앙정부의 규율로부터 벗어나 폭넓은 자치권을 누리게 됨에 따라 실질적으로 주민들이 지역행정에 참여해 영향을 미칠 수 있는 범위가 확대되었으므로 주민들의 민주적 요구를 수용하는 지방자치제의 기능이 예전에 비해 축소되었다고 볼 수도 없다"는 것이다. 따라서 "청구인들의 참정권인 선거권과 공무담임권이 제한된다 하더라도 그것이 현저히 자의적이고 불합리하여 기본권 제한의 입법적 한계를 벗어난 것이라고 할 수는 없다"

5) 윤양수, "제주도 내 시·군 폐지(추진)의 문제점", 『공법학연구』 제6권 제3호, 한국비교공법학회, 2005, 409-443쪽 참조.

(헌법재판소 2006. 4. 27. 2005헌마1190)는 것이 헌법재판소의 결론이다.

(4) 주민 참여의 확대

'제주특별자치도 설치 및 국제자유도시 조성을 위한 법률' 제5장에서는 주민 참여의 확대라는 제목하에 주민투표, 주민소환 등의 주민직접참정제도에 대해 규정을 두고 있다. 주민소환제도의 경우에는 동법 제정 당시에는 제주특별자치도에서만 실시하는 것으로 되어 있었으나, 그 이후에 '주민소환에 관한 법률'이 국회를 통과해 전국적으로 시행됨에 따라 특례로서의 의미를 거의 상실했다고 볼 수 있다. 다만 교육감에 대한 주민소환제는 '제주특별자치도 설치 및 국제자유도시 조성을 위한 법률'에는 도입되어 있으나, '주민소환에 관한 법률'상으로는 도입되어 있지 않아, 그 점에서는 특례로서의 의미가 있다고 할 수 있다. 도교육감에 대한 주민소환투표의 실시청구는 주민소환투표 청구권자 총수의 100분의 10 이상의 서명으로 그 소환 사유를 서면에 구체적으로 명시하여 관할 선거관리위원회에 할 수 있다(제주특별자치도 설치 및 국제자유도시 조성을 위한 법률 제26조 제1항).

주민투표와 관련해서는 주민투표법 제7조 제2항 제3호의 규정에 불구하고 도조례가 정하는 예산 이상이 소요되는 대규모 투자사업에 대하여는 주민투표에 부칠 수 있고, 주민투표법 제9조 제2항의 규정에 불구하고 주민투표청구권자 총수의 50분의 1 이상 5분의 1 이하의 범위 안에서 도조례로 정하는 수 이상의 서명으로 주민투표의 실시를 청구할 수 있다[6]는 특례가 있다(제주특별자치도 설치 및 국제자유도시 조성을 위한 법률 제23조). 그리고 조례의 제정 및 개폐 청구에 관해서도 특례 규정이 있다(동법 제24조).

(5) 도의회의 기능 강화

기초지방자치단체가 폐지되었으므로 제주자치도에는 지방의회로는 도의

6) 주민투표법 제7조 제2항 제3호에서는 "지방자치단체의 예산·회계·계약 및 재산관리에 관한 사항과 지방세·사용료·수수료·분담금 등 각종 공과금의 부과 또는 감면에 관한 사항"은 주민투표에 부칠 수 없도록 규정하고 있고, 동법 제9조 제2항에서는 주민투표의 실시청구를 하려면 "주민투표 청구권자 총수의 20분의 1 이상 5분의 1 이하의 범위 안에서 지방자치단체의 조례로 정하는 수 이상의 서명"을 요구하고 있다.

회만이 존재한다. 따라서 도의회의 기능 강화는 매우 중요한 의미를 가진다.

제주자치도 도의회 의원의 정수(교육의원 5인을 포함한다)는 41인 이내에서 '도의회의원 선거구 획정위원회'가 정하는 바에 따라 도조례로 정한다. 도의회의 비례대표 의원 정수는 의원 정수(교육의원을 제외한다)의 100분의 20 이상으로 하며, 도의회의원 선거구 획정위원회가 정하는 바에 따라 도조례로 정한다(제주특별자치도 설치 및 국제자유도시 조성을 위한 법률 제41조).

또한 제주자치도에서는 다른 지방자치단체에는 없는 인사청문 제도를 도입했다. 즉 도지사는 별정직 지방공무원으로 보하는 부지사에 대해 관계 법령의 규정에 불구하고 그 임용 전에 도의회에 인사 청문의 실시를 요청해야 한다. 그리고 감사위원회 위원장에 대해서는 임명 동의를 받아야 한다. 이를 위해 도의회는 인사 청문의 실시와 임명동의안 심사를 위해 인사청문특별위원회를 두도록 하고 있다(동법 제44조).

그리고 도의회의 조례의 제정・개폐, 예산・결산심사, 행정사무감사 및 조사 등의 활동을 지원하고, 도의회 의원 또는 상임위원회의 의정활동을 지원하기 위하여 상임위원회(교육위원회를 포함한다)별로 3인 이내의 정책자문위원을 둘 수 있다(동법 제45조 제1항). 그리고 대규모 개발사업에 관한 도의회의 권한을 강화해, 도조례가 정하는 대규모 개발사업을 시행하거나 그 개발사업의 승인・허가・인가 등을 하고자 하는 경우에는 도지사가 미리 그 개발사업계획의 내용을 도의회에 보고하도록 했다(동법 제48조).

(6) 자치인사

자치인사권을 확대하기 위해 직군・직렬의 구분에 관한 특례를 인정하고 있다(제주특별자치도 설치 및 국제자유도시 조성을 위한 법률 제49조). 그리고 도인사위원회의 구성 등 인사 운영에 관한 일정한 사항을 도조례로 정할 수 있도록 하였다. 그리고 도인사위원회의 위원장은 위촉위원 중에서 호선하고, 도인사위원회의 구성에 있어서 위촉위원이 과반수가 되도록 하였다(동법 제50조).

그 이외에도 직위분류제의 실시(동법 제51조), 인건비성 예산 총액에 의한 정원 등의 관리 배제(동법 제52조), 직무성과계약제의 도입(동법 제53

조), 성과주의 보수 체계 강화(동법 제54조), 적격심사제(동법 제55조), 적격심사에 따른 직위해제 및 직권면직(동법 제56조), 우수 공무원의 특별승진에 관한 특례(동법 제57조), 특별승급에 관한 특례(동법 제58조), 성과상여금에 관한 특례(동법 제59조), 직위공모제(동법 제60조), 전국 단위 인재채용(동법 제61조), 지역 인재의 선발 채용(동법 제62조), 분야별 보직관리(동법 제63조), 국가와 제주자치도 간 인사교류 및 파견(동법 제64조), 교육훈련에 관한 특례(동법 제65조)에 관한 규정을 두고 있다.

(7) 자치감사

제주자치도에는 지방자치단체의 자치감사기관으로 감사위원회를 설치하도록 하고 있다. 즉 감사대상 기관 및 그 기관에 속한 자의 제반 업무와 활동 등을 조사·점검·확인·분석·검증하고 자치감사 결과를 처리하는 행위(이하 '자치감사'라 한다)를 수행하기 위해 도지사 소속하에 감사위원회를 두되, 그 직무에서는 독립된 지위를 가지도록 하고 있다.

감사위원회는 위원장을 포함한 7인 이내의 위원으로 구성하되, 위원은 도조례가 정하는 자격을 갖춘 자 중에서 도지사가 임명 또는 위촉한다. 다만 위원 중 3인은 도의회에서 추천하는 자를 위촉해야 하며, 위원장은 도의회의 동의를 얻어야 한다. 공무원이 아닌 위원의 임기는 3년으로 한다.

그리고 감사위원회의 업무를 지원하기 위해 사무국을 두고, 사무국에 두는 사무국장과 직원은 일반직·계약직·특정직 또는 교육행정직 지방공무원으로 보한다. 그 밖에 감사위원회의 구성 및 운영, 사무국의 직무 및 운영 등에 관해 필요한 사항은 도조례로 정하며, 자치감사의 구체적인 방법 및 범위, 자치감사 활동에서 일반적으로 준수되어야 할 기준 등 자치감사에 필요한 세부적인 사항은 감사위원회의 의결을 거쳐 감사위원회의 위원장이 정한다(제주특별자치도 설치 및 국제자유도시 조성을 위한 법률 제66조).

한편 중앙행정기관의 장은 제주자치도에 대하여는 그 행정전반 또는 특정한 정책·사업·업무 및 예산 등에 대한 감사를 실시할 수 없다. 다만, 국회의 국정감사, 감사원 감사 및 지방자치법 제16조에 따른 주민감사청구사항의 경우에는 그러하지 아니하다. 중앙행정기관의 장은 국가사무 및 국가의 보조를 받은 사업에 대한 감사가 필요하다고 인정하는 경우에는 그에 대한 감사를 제주자치도 감사위원회에 의뢰해야 한다. 그리고 의뢰를 받은 감사위원회는 특별한 사유가 없는 한 그에 관해 감사를 실시해야 한다(동법 제71조 제1항 내지 제3항).

(8) **자치재정**

도지사는 지방세법 제6조 제2항 및 제4항의 규정에 불구하고 도세 및 시 · 군세의 세목을 제주특별자치도세(이하 '제주자치도세'라 한다)의 세목으로 부과 · 징수한다(제주특별자치도 설치 및 국제자유도시 조성을 위한 법률 제72조). 또한 제주자치도는 지방세법 제9조의 규정에 불구하고 동법 제7조 및 제8조의 규정에 의한 과세 면제, 불균일 과세 또는 일부 과세를 도조례로 정할 수 있다(제주특별자치도 설치 및 국제자유도시 조성을 위한 법률 제73조). 그리고 일정한 세목에 대한 세율을 도조례에 따라 표준세율의 100분의 100 범위 안에서 가감 조정할 수 있는 특례도 인정된다(동법 제74조).

그리고 제주자치도의 재정 안정화를 위해 지방교부세법 제6조 제1항의 규정에 불구하고 행정자치부 장관이 제주자치도에 교부하는 보통교부세는 동법에 의한 보통교부세 총액의 100분의 3으로 고정시켜 놓았다(제주특별자치도 설치 및 국제자유도시 조성을 위한 법률 제75조). 그리고 국가는 이 법 시행 이후 제주자치도 설치 이전에 지원한 재정 수준 이상이 지원되도록 보장하며, 국가는 제주자치도의 발전을 위한 안정적인 재정 확보를 위해 중앙행정기관의 권한 이양과 각종 국가보조사업의 수행 등에 소요되는 비용에 대해 국가균형발전특별법의 국가균형발전 특별회계에 별도 계정을 설치해 지원할 수 있다(제주특별자치도 설치 및 국제자유도시 조성을 위한 법률 제76조).

그 밖에 지방채 등의 발행 특례(동법 제77조), 예산편성 과정에의 주민참여(동법 제78조)에 관한 규정이 있다.

(9) **교육자치**

교육자치와 관련해서 제주자치도의 경우에는 교육위원회의 지방의회 상임위원회화, 교육감 직선제 등이 도입되었다. 그러나 그러한 내용이 반영된 개정 '지방교육 자치에 관한 법률'이 2007년 1월 1일부터 전국적으로 시행됨에 따라 제주자치도의 교육에 관한 특례 조항은 그 의미를 상당 부분 상실하게 되었다.

제주자치도 교육위원회는 9인으로 구성하며, 도의회 의원 4인과 교육의원 5인으로 구성한다(제주특별자치도 설치 및 국제자유도시 조성을 위한 법률 제80조 제1항). 교육장 임명에 관해서는 후보자를 공개 모집할 수 있고, 교육장은 도교육감이 공개 모집한 후보자에 대한 심사를 거쳐 선정한 자를 교육인적자원부 장관의 제청으로 대통령이 임명한다(제주특별자치도 설치 및 국제자유도시 조성을 위한 법률 제98조 제3항 내지 제5항). 교육장은 '지방교육 자치에 관한 법률' 제35조의 규정에 불구하고 동조 각 호에 규정된 사무 외에 고등학교의 운영·관리에 관한 지도·감독에 관한 사무도 위임받아 수행할 수 있다(동법 제99조).

(10) 교육재정

지방교육재정교부금법 제5조의 규정에 불구하고 교육인적자원부 장관이 제주자치도에 교부하는 보통교부금은 동법에 의한 보통교부금 총액의 1만분의 157로 산정한다(제주특별자치도 설치 및 국제자유도시 조성을 위한 법률 제101조). 그리고 지방교육재정교부금법 제11조 제2항 제3호의 규정에 불구하고 제주자치도세 총액에서 도조례가 정하는 비율의 금액을 매 회계연도 일반회계예산에 계상해 교육비특별회계로 전출해야 한다. 추가경정예산에 의해 증감이 있는 경우에도 또한 같다(제주특별자치도 설치 및 국제자유도시 조성을 위한 법률 제102조).

(11) 자치경찰

제주자치도의 경우에는 자치경찰사무를 처리하기 위해 자치경찰단을 둔다(제주특별자치도 설치 및 국제자유도시 조성을 위한 법률 제106조). 자치경찰은 ① 주민의 생활안전 활동에 관한 사무(생활안전을 위한 순찰 및 시설 운영, 주민 참여 방범활동의 지원 및 지도, 안전사고 및 재해재난 등으로부터의 주민 보호, 아동·청소년·노인·여성 등 사회적 보호가 필요한 자에 대한 보호 및 가정·학교 폭력 등의 예방, 주민의 일상생활과 관련된 사회 질서의 유지 및 그 위반행위의 지도·단속), ② 지역교통 활동에 관한 사무(교통안전 및 교통 소통에 관한 사무, 교통법규 위반 지도·단속,

주민 참여 지역교통 활동의 지원 및 지도), ③ 공공시설 및 지역행사장 등의 지역경비에 관한 사무, ④ '사법경찰관리의 직무를 행할 자와 그 직무범위에 관한 법률'에서 자치경찰공무원의 직무로 규정하고 있는 사법경찰관리의 직무를 처리한다(동법 제108조).

자치경찰단의 단장은 도지사가 임명하며, 도지사의 지휘·감독을 받는다(동법 제107조 제1항). 그리고 자치경찰단의 자치경찰사무의 집행을 담당하기 위해 도조례가 정하는 바에 따라 행정시에 그 업무를 담당할 보조기관(이하 "자치경찰대"라 한다)을 설치한다(동법 제109조).

도지사 소속 하에 치안행정위원회를 두며, 치안행정위원회는 ① 국가경찰과 자치경찰 간 사무 분담 및 사무 수행 방법에 관한 사항, ② 자치경찰활동에 관한 목표의 수립 및 평가에 관한 사항, ③ 자치경찰의 운영에 대한 지원에 관한 사항, ④ 그 밖에 자치경찰의 운영에 관해 치안행정위원회의 위원장이 부의하는 사항을 심의·의결한다. 치안행정위원회는 위원장 1인과 당연직 위원 2인을 포함한 11인의 위원으로 구성하며, 위원장은 당연직 위원이 아닌 위원 중에서 호선한다(동법 제113조 및 제114조 제1항).

자치경찰공무원이 자치경찰사무를 수행함에 '경찰관직무집행법' 제3조(불심검문)·제4조(보호 조치 등)·제5조(위험 발생의 방지)·제6조(범죄의 예방과 제지)·제7조(위험 방지를 위한 출입)·제10조(경찰장비의 사용 등)·제10조의2(경찰장구의 사용)·제10조의3(분사기 등의 사용)·제10조의4(무기의 사용)·제11조(사용 등록의 보관) 및 제12조(벌칙)의 규정을 준용한다(제주특별자치도 설치 및 국제자유도시 조성을 위한 법률 제115조 제1항).

'경찰관직무집행법' 제10조의 4의 규정에 불구하고 무기를 휴대·사용할 수 있는 자치경찰 공무원은 도지사의 신청에 의해 제주자치도 지방경찰청장의 승인을 얻은 자에 한한다. 자치경찰 공무원이 무기를 사용한 때에는 무기의 사용자 및 사용 일시·장소·대상·경위를 소속 자치경찰단장 또는 자치경찰대장을 거쳐 즉시 제주자치도 지방경찰청장 또는 경찰서장에게 통보해야 한다(동법 제116조).

자치경찰 공무원이 직무수행 중에 범죄를 발견한 경우에는 범죄의 내용 또는 증거물 등을 소속 자치경찰단장 또는 자치경찰대장을 거쳐 즉시 제주자치도 지방경찰청장 또는 경찰서장(해양경찰서장을 포함한다)에게 통보하고 그 사무를 인계해야 한다(동법 제117조 제1항). 자치경찰 공무원이 현행범인을 발견하여 현장에서 체포한 경우에는 즉시 국가경찰 공무원에게 인도해야 한다. 다만, 제108조 제4호('사법경찰관리의 직무를 행할 자와 그 직무 범위에 관한 법률'에서 자치경찰 공무원의 직무로 규정하고 있는 사법경찰관리의 직무)에 속하는 범죄의 현행 범인의 경우에는 그러하지 아니하다.

국가경찰과 자치경찰은 치안행정의 연계성을 확보하고 지역 특성에 맞는 치안 서비스를 제공하기 위해 자치경찰사무의 범위 안에서 필요한 정보와 기술을 제공하는 등 상호 협조해야 한다(동법 제119조 제1항). 국가는 제주자치도가 자치경찰을 설치·운영하는 데 필요한 경비를 지원할 수 있다(동법 제122조).

도지사는 소속 자치경찰 공무원의 임명·휴직·면직과 징계를 행하는 권한을 가진다(동법 제126조). 자치경찰 공무원의 인사에 관한 사항을 심의·의결하기 위해 자치경찰공무원 인사위원회(이하 '자치경찰인사위원회'라 한다)를 둔다(동법 제127조 제1항).

(12) 특별지방행정기관의 사무 이관

제주자치도를 관할하는 정부조직법 제3조의 규정에 의한 특별지방행정기관의 소관 사무 중에서 ① 당해 사무가 주민 편의성 및 현지성이 요구되는 사무, ② 지역경제 발전 또는 지역 주민의 삶의 질에 영향을 미치는 사무를 우선적으로 제주특별자치도로 이양·위임 또는 위탁하여야 한다.

그리고 특별지방행정기관의 사무를 이관하는 때에는 ① 제주자치도의 행정·재정상 여건 및 능력을 감안할 것, ② 특별지방행정기관의 이관에 대한 제주자치도의 입장을 고려할 것, ③ 이관사무와 관련되는 일체의 사무를 동시 이관할 것이라는 원칙에 따라야 한다(제주특별자치도 설치 및 국제자유도시 조성을 위한 법률 제140조).

종전의 제주도에 설치되어 있는 특별지방행정기관으로서 국토관리, 중소기업(시험·분석에 관한 사항을 제외한다), 해양수산(해상 안전에 관한 사항을 제외한다), 보훈(국가유공자 등의 등록·결정에 관한 사항을 제외한다), 환경, 노동(근로기준법 제101조 제1항의 규정에 의한 근로감독관에 관한 사항을 제외한다)에 관한 사무를 수행하는 특별지방행정기관에 대한 중앙행정기관의 권한은 제주자치도로 이양하도록 하여야 한다. 이 경우 관계 중앙행정기관의 장은 그 권한의 이양에 필요한 조치를 하여야 한다(제주특별자치도 설치 및 국제자유도시 조성을 위한 법률 제141조).

특별지방행정기관의 사무의 이관에 따라 신분이 전환되는 해당 공무원을 지방직 공무원으로 임용함에 있어서는 지방공무원법 제27조 제2항 제7호 및 동조 제6항의 규정에 불구하고 종전 직급에 상당하는 직급으로 임용하여야 한다. 제주자치도는 그 공무원에 대해 행정・재정적 지원 및 생활환경의 개선 등에 관한 지원을 할 수 있다(제주특별자치도 설치 및 국제자유도시 조성을 위한 법률 제149조 제1항 및 제2항). 사무가 이양되는 특별지방행정기관의 소관 중앙행정기관의 장 및 관계 중앙행정기관의 장은 제주자치도가 그 이양받은 사무를 원활히 수행할 수 있도록 인원의 이체 등 행정・재정상 지원을 하여야 한다(동법 제149조 제3항).

그리고 도지사는 특별지방행정기관의 사무가 제주자치도에서 수행하는 것이 효율적이라고 인정되는 경우에는 해당 특별지방행정기관의 소관사무의 제주자치도 이관에 관해 심의해 줄 것을 지원위원회에 요청할 수 있다. 지원위원회는 요청받은 특별지방행정기관의 사무의 이관에 대해 관계 중앙행정기관의 의견을 들은 후 지원위원회의 심의를 거쳐 그 내용을 공고해야 한다(동법 제150조).

한편 이 법 시행 후에는 제주자치도에 특별지방행정기관을 새로 설치할 수 없다. 중앙행정기관의 장은 그럼에도 불구하고 중앙행정기관의 소관사무를 수행하는 것이 필요한 경우에는 도지사와 협의하여 특별지방행정기관을 둘 수 있다. 도지사가 중앙행정기관의 장과 협의하는 때에는 미리 도의회의 동의를 받아야 한다(동법 제151조).

3) 그 밖의 내용

그 밖에 '제주특별자치도 설치 및 국제자유도시 조성을 위한 특별법'에서는 제13장(국제자유도시의 여건 조성)에서 세계 평화의 섬 지정(동법 제155조), 외국인의 자유 왕래 및 의사 소통의 촉진(동법 제156조 내지 제168

조), 관광 및 향토문화의 진흥(동법 제169조 내지 제181조), 국제화 교육환경의 조성(동법 제182조 내지 제189조), 국제화를 위한 의료 서비스의 증진(동법 제190조 내지 제200조), 청정 1차 산업의 육성(동법 제201조 내지 제214조), 산업 발전을 위한 특례(동법 제215조 내지 제221조)에 관한 규정들을 두고 있다.

또한 제14장(국제자유도시의 개발에 관한 계획)에서는 개발에 관한 계획의 수립(동법 제222조 내지 제226조), 개발사업의 시행(동법 제227조 내지 제260조), 국제자유도시개발센터(동법 제261조 내지 제290조)에 관한 규정들을 두고 있다.

제15장(환경 · 교통 · 보건복지 · 안전)에서는 청정 자연환경의 보전(동법 제291조 내지 제309조), 지하수 보전 · 관리(동법 제310조 내지 제323조), 교통산업의 특례(동법 제324조 및 제325조), 보건복지제도에 관한 특례(동법 제326조 내지 제342조), 소방제도의 특례(동법 제343조 및 제344조)에 관한 규정들을 두고 있다.

제16장(보칙)에서는 규제자유화의 추진(동법 제345조), 개발센터에 대한 출연(동법 제346조) 등에 관한 규정을 두고 있고, 제17장에서는 벌칙에 대해 규정하고 있다.

4 제주특별자치도 관련 법제의 문제점과 앞으로의 방향

1) 문제점

(1) 특별자치도와 국제자유도시 간의 관계의 불명확성

'제주특별자치도 설치 및 국제자유도시 조성을 위한 특별법'은 '특별자치도'라는 개념과 '국제자유도시'라는 개념이 결합한 법률이다.

특별법 제1조(목적)를 보면 특별자치도와 관련해서는 "제주도의 지역적 · 역사적 · 인문적 특성을 살리고 자율과 책임, 창의성과 다양성을 바탕으로 고도의 자치권이 보장되는 제주특별자치도를 설치하여 실질적인 지방분권을 보장"한다고 되어 있다. 그리고 국제자유도시와 관련해서는 "행정규제의 폭넓은 완화 및 국제적 기준의 적용 등을 통하여 국제자유도시를 조성함으로써 국가 발전에 이바지"한다고 되어 있다. 이처럼 목적 조항 자체에서도 특별자치도와 국제자유도시는 이원적으로 규정되어 있다.

내용적으로도 특별법은 주로 '제주특별자치도'에 관한 부분(2장에서 12장까지)와 '제주국제자유도시'에 관한 부분(13, 14장)으로 크게 나뉘어 있다. 15장(환경 · 교통 · 보건복지 · 안전)의 성격은 명확하지 않지만 특별자치도와의 관련성이 높은 내용들이고, 16장(보칙)과 17장(벌칙)은 특별자치도와 국제자유도시 양쪽에 걸쳐 있다고 할 수 있다.

이렇게 하나의 법률에서 '제주특별자치도'라는 개념과 '제주국제자유도시'라는 상이한 개념이 결합되어 있으므로, 이 양자의 관계를 어떻게 볼 것인가가 문제된다. 물론 이 양자의 관계를 보완적인 것으로 볼 수도 있다. 그러한 관점에서 보면, 특별자치도는 국제자유도시에 상응하는 행 · 재정 시스템의 구축을 통해 중앙의 권한과 재원을 이양받고 불필요한 중앙의 간섭과 통제를 줄이는 효과를 가져옴으로써 국제자유도시의 성공에 기여할 수 있을 것이다. 즉 '국제자유도시'만으로 있을 때보다, '특별자치도'와 '국제자유도시'의 결합에 의해 상호 결합에 의한 상승 효과(synergy effect)가 발생할 수도 있는 것이다.

그러나 다른 한편으로 '특별자치도'와 '국제자유도시' 간에 충돌의 가능성은 없는지도 살펴보아야 한다. 사실 두 개념의 충돌 가능성은 개념 자체에서부터 존재하고 있다. 국제자유도시는 '행정규제의 완화'[7]라는 지향점을 가지고 있지만, 자치권의 강화를 의미하는 '특별자치도'는 규제를 완화할 것인지 강화할 것인지에 대해서도 자율적 선택권을 가진다는 의미이다.[8] 실제로 제주도의 지역적 · 역사적 · 사회적 특성을 살린다는 특별자치도의 지향점에 의하면, 그러한 제주도의 특성을 보존하고 살리기 위해 행정규제의 강화가 요청될 수도 있다. 이미 '제주특별자치도 설치 및 국제자유도시

7) 행정규제기본법상 규제(행정규제)란 "국가 또는 지방자치단체가 특정한 행정 목적을 실현하기 위하여 국민(국내법을 적용받는 외국인을 포함한다)의 권리를 제한하거나 의무를 부과하는 것으로서 법령 등 또는 조례 · 규칙에 규정되는 사항"을 말한다(행정규제기본법 제2조 제1항 제1호).

8) 지방자치권의 핵심 중 하나인 자치입법권의 확대는 지방자치단체의 입장에서 특정한 행정 목적을 실현하기 위해 규제를 신설 · 강화하거나 조정 · 완화 · 폐지할 수 있는 자율권을 행사할 수 있게 된다는 것을 의미한다.

조성을 위한 법률' 내에는 다른 지방자치단체보다 행정규제를 강화했다고 볼 수 있는 내용들도 존재한다. 지하수를 공공의 자원으로 보고 도지사가 관리하도록 한 '지하수의 공공적 관리' 부분(제310조 내지 제323조)이나 제주도의 보존자원을 보호하기 위한 조항(제296조)은 다른 지역보다도 행정규제를 강화한 것이다. 따라서 '특별자치도'와 '국제자유도시'는 충돌의 가능성을 가지고 있는 개념이다. 따라서 두 개념의 관계 정립이 필요하다.

또한 개념 내재적인 충돌이라고 볼 수는 없지만, '국제자유도시'로 인해 특별자치도의 자치권은 실제로 상당 부분 제약되고 있다. 제주국제자유도시 개발사업의 효율적 추진을 위해 제주국제자유도시개발센터를 설립하고 이를 건설교통부 산하법인으로 하고 있는 것이 대표적인 예이다. 제주국제자유도시개발센터는 '개발센터 시행계획의 수립',[9] '국제자유도시 개발을 위한 각종 사업', '국제자유도시와 관련된 투자 유치 업무', '수익사업'을 수행한다. 사실상 제주국제자유도시 개발은 개발센터에 의해 주도되고 있다고 해도 과언이 아닐 정도이다.[10] 이처럼 지역 발전을 위해 중요한 기능을 하는 기관이 중앙정부의 산하법인으로 되어 있다는 것은 상당히 이례적인 것이다. 특정 지역의 개발을 위한 특수법인을 설립하고 이를 중앙정부의 산하기관으로 둔 예는 제주도 이외에는 찾아보기 어렵다(경제자유구역청의 경우에는 해당 시·도 산하로 되어 있다). 그런 점에서 현실적으로 '제주국제자유도시'는 '특별자치도'의 목적인 고도의 자치권 보장과 충돌하고 있다.[11]

이처럼 특별법은 '특별자치도'와 '국제자유도시'라는 두 가지 개념을 구현함으로써 시너지 효과를 의도하고 있지만, 개념 내재적으로나 현실적으로

9) 이와 관련하여 김대환, "제주특별자치도의 지정과 토지공법적 과제", 『토지공법 연구』 제29집, 한국토지공법학회, 2005, 133쪽에서는 "종합계획은 도지사가 수립하는 반면 시행계획은 중앙정부의 통제하에 있는 개발센터가 주관하기 때문에 경우에 따라서는 개발정책상의 의사소통의 문제를 불러일으킬 수 있다"고 지적하고 있다.

10) 김대환, 앞의 논문, 135쪽.

11) 같은 취지로 윤양수, "제주특별자치도 정책·입법 평가", 『토지공법연구』 제35집, 한국토지공법학회, 2007, 59쪽에서는 "제주국제자유도시의 추진·조성을 제주자치도의 소속법인 기관이 아니라 건설교통부 장관의 지도·감독을 받는 개발센터가 실질적으로 주도하고 제주자치도는 후원자 역할을 주로 하도록 하는 것은 고도의 자치권이 보장되는 제주특별자치도의 설치 취지 등에 비추어 납득하기 어려운 일"이라고 지적하고 있다.

두 개념의 충돌 가능성을 안고 있다고 할 수 있다.

(2) 특별자치도의 법적 지위의 모호함

제주특별자치도의 법적 지위는 모호하다. 제주특별자치도가 누리는 '특별한 지위'가 무엇인지는 불명확하다. 현재 인정되어 있는 자치권의 특례들은 시범적·선도적 특례이지만, 다른 지방자치단체가 따라오면 시범·선도적 효과는 사라지게 된다. 실제로 '제주특별자치도 설치 및 국제자유도시 조성을 위한 특별법' 제정 이후에 벌써 시범·선도적 특례 중 상당 부분이 다른 지방자치단체에서도 도입되었다. 예를 들면 주민소환제도가 전국적으로 입법화되었고, 교육감·교육의원 직선제와 교육위원회의 지방의회 상임위원회화도 전국적으로 입법화되었다.

또한 고도의 자치권을 보장한다고 하지만, 내용상으로는 특별법에서 일일이 특례를 인정하지 않는 한, 제주특별자치도는 특별한 권한을 가지지 못하는 구조이다. 그래서 새로운 권한 하나를 이양받으려 해도 특별법을 개정해야 한다. 그런 점에서 '자치권의 보장'과 관련해서 특별법의 입법 목적과 실제 법 내용 간에 근본적인 괴리가 있다는 것을 지적하지 않을 수 없다. 본질적으로 보았을 때에 제주특별자치도의 지위는 다른 시·도와 크게 다르지 않다. ① 시범 분권 과제를 다른 시·도보다 먼저 시행하게 한 내용(자치경찰제, 교육감·교육의원 직선제, 특별지방행정기관의 이관, 주민소환제, 감사위원회 설치 등)과 ② 일부 사항들에 대해 중앙정부의 권한을 이양하고 시행령·시행규칙 사항을 조례 제정 사항으로 넘긴 것뿐이다. 특히 전자의 경우에는 중앙정부가 추진하고 있는 시책을 시범적으로 먼저 실시한 것에 불과한 것으로 제주도만의 특별한 자치권을 보장했다고 보기 어려운 부분이 많다.

한편 자치권의 핵심이라고 할 수 있는 자치입법권과 관련해서도 마찬가지이다. 제주특별자치도에 보장된 자치입법권의 수준은 다른 시·도의 자치입법권과 본질적으로 다르지 않다. 지금 제주특별자치도는 '제주특별자치도 설치 및 국제자유도시 조성을 위한 법률'에 개별적 근거가 마련되지 않는 이상 지방자치법 제22조에 따라 '법령의 범위 내에서'만 조례를 제정할 수 있을 뿐이고, '주민의 권리 제한 또는 의무 부과에 관한 사항이나 벌칙을 정할 때'에는 법률의 위임이 있어야 한다. 그러다보니 '고도의 자치권 보장'이라는 표현이 무색해지고 있는 것이다.

근본적으로 제주특별자치도의 모호함은 '특별'이라는 단어를 사용했지만, 제주특별자치도가 다른 일반·광역지방자치단체들과 어떻게 다른 법적 지위를 가지는지가 현행 법제상으로는 명확하지 않기 때문에 나타나는 것이다. 이 문제를 풀기 위해서는 헌법적 차원과 법률적 차원의 검토가 필요할 것이다.

(3) 기초지방자치단체 폐지의 문제점

제주특별자치도가 출범하면서 기초지방자치단체를 폐지한 것은 여러 가지 문제를 낳고 있다. 그 문제점으로 지적되고 있는 것을 살펴보면, 첫째, 기초지방자치단체를 폐지함으로써 제주도 내에서는 기초지방자치단체 간의 건강한 경쟁이 상실되었다.

둘째, 제주도청으로 권한과 업무 부담이 집중되었다. 그 결과 제주특별자치도가 기초 및 광역지방자치단체가 담당하는 모든 사무를 담당하게 되어 광역적 업무에 집중하는 데 오히려 어려움이 발생하고 있으며, 주민의 관점에서도 행정 서비스의 접근에 어려움을 겪고 있다.[12]

셋째, 기초지방자치단체는 폐지되었지만, 행정시가 존치됨으로써 혼란과 비능률이 초래되고 있다.[13]

넷째, 기초지방자치단체의 폐지로 인해 주민들의 기초지방자치단체장과 기초지방의회 의원에 대한 선거권과 피선거권이 다른 지역에 비해 제한되고 있는 것도 문제로 지적된다.[14]

다섯째, 도내 지역 간 균형 발전을 저해한다. 제주도의 경우에도 중심도시인 제주시로의 집중 현상이 두드러지고 있는데, 기초지방자치단체의 폐지는 그러한 경향을 가속화시킬 수 있다.[15]

---

12) 김순은, "특별자치도의 법적 지위와 향후 전망", 제주특별자치도 정착을 위한 법률적·제도적 지원방안 토론회 발제문, 국회법제실·제주특별자치도, 2007, 38쪽.

13) 이기우, "제주특별자치도의 발전과 전망", 글로벌제주연구소 학술세미나 자료집, 2006, 61-62쪽.

14) 헌법재판소도 기본권(선거권 및 공무담임권)의 제한이 되고 있다는 것 자체는 인정했다. 다만, 기본권 제한의 입법적 한계를 벗어난 것이라고 할 수는 없다는 것이다(헌법재판소 2006. 4. 27. 2005헌마1190).

2) 앞으로의 방향

(1) '선별적 · 개별적 분권'에서 '포괄적 분권'으로

제주특별자치도는 새로운 분권적 자치 모형을 정립함으로써 획일적이고 중앙집권적인 국가구조에서 탈피하고자 하는 의미를 가진다. 그러기 위해서는 포괄적인 분권이 필요하다. 그런데 현재 '제주특별자치도 설치 및 국제자유도시 조성을 위한 특별법'은 중앙정부와의 협의를 통해 선별된 과제들에 대해 개별적으로 분권을 하는 방식을 취하고 있다.

이런 방식이 가지는 근본적인 한계는 명백하다. 선별되지 못한 과제, 중앙정부의 동의를 이끌어내지 못한 과제는 현재의 상태대로 머물러 있을 수밖에 없다. 또한 이런 방식이 갖는 부작용도 매우 크다. 이런 방식하에서 제주특별자치도는 끊임없이 중앙정부와의 협의에 매달리게 될 수밖에 없다. 그 결과 제주자치도 내부의 역량 강화나 내부적 발전전략 논의는 소홀해질 수밖에 없다. 또한 제주특별자치도의 성패가 중앙정부로부터 특례를 얼마나 따오느냐에 달려 있다는 인식이 퍼져, 오히려 내부적 혁신이나 역량 강화에 지장을 초래할 수도 있다. 자치가 성공하려면, 내부적 역량 강화가 기본이고, 외부로부터의 특례나 지원을 따오는 것도 내부적 역량과 내부적 합의에 기초한 발전전략이 있을 때에 올바른 방향으로 진행될 수 있다. 그런데 지금처럼 선별적 · 개별적 분권 방식을 취하는 이상, 그러한 내부적 역량 강화에 소홀해질 수밖에 없다.

따라서 '특별자치'라는 단어에 걸맞은 '포괄적 분권' 방식으로 전환해야 한다.

(2) 헌법적 특례의 인정 필요

현재 제주특별자치도는 대한민국 헌법에는 근거가 없다. 지방자치법에 의해 지방자치단체의 한 종류로 '특별자치도'가 인정되고 있고, '제주특별자치도 설치 및 국제자유도시 조성을 위한 특별법'이라는 개별 법률에 근거가 있을 뿐이다. 그러나 법률에 의해 창설된 특별자치도라는 지위로는 법

---

15) 현재의 행정시는 지역 규모가 너무 크고 내부 구성이 도시지역과 농촌지역 등으로 다양하게 나뉘어져 있어 더 작은 단위의 지역발전 전략 수립에는 부적절하다. 그럴 경우 제주시로의 집중 현상은 더욱 심화될 수밖에 없다.

적 지위의 모호함에서 벗어날 수 없다.

제주특별자치도의 법적 지위를 좀더 안정화하고 명확화하기 위해서는 헌법에 제주특별자치도의 특례를 명시하는 것이 필요하다. 연방국가가 아닌 단방국가 체제하에서 특정 지역에 대한 자치권의 특례를 헌법으로 인정하는 예는 외국에도 있다. 예를 들면 포르투갈 헌법은 포르투갈의 섬지역인 마데이라(Madeira)와 아소레스(Açores)에 대한 자치권의 특례를 헌법으로 보장하고 있다.

이처럼 헌법상의 특례를 둘 필요가 있는 것은 헌법으로 특별자치도의 지위를 보장해야만, 포괄적인 방식의 분권이 가능하기 때문이다. 그렇지 않고서는 개별적으로 일일이 권한이양 또는 위임하는 방식을 탈피하기 어렵다.[16)]

따라서 향후 논의될 헌법 개정의 과정에서 제주특별자치도의 특례를 헌법에 인정하는 것이 필요하다. 이것은 단지 제주의 자치권을 고도로 보장하기 위한 것만이 아니라, 획일적이고 중앙집권적인 국가구조를 탈피하고 연방적 원리를 우리 나라 헌법에 부분적으로 수용한다는 의미도 있다.

(3) 특별자치도와 국제자유도시 간의 관계 정립

근본적으로 보면 특별자치도는 정치적·행정적 개념이고, 국제자유도시는 특별자치도의 경제적 활성화를 위한 전략으로 볼 수 있다. 그런 점에서 두 개념이 충돌하지 않고 조화될 수 있는 길을 모색할 필요가 있다.

한편 현실적으로 제주국제자유도시개발센터(JDC)가 건설교통부 산하기관으로 되어 있는 점에 대해서는 근본적인 재검토와 개선 조치가 필요하다. 제주특별자치도의 성패를 좌우하는 중요한 기관인 제주국제자유도시개발센터가 건설교통부 산하기관으로 있고 이사장 임면권도 건설교통부 장관이 행사하고 있다. 또한 제주국제자유도시개발센터의 예산안 승인권, 지도감독권 등도 모두 건설교통부 장관이 행사하고 있다. 그러나 제주국제자유도시개발센터가 해야 하는 업무는 건설교통부의 업무 분장 범위를 넘어서는 제주특별자치도의 관광·의료·교육·산업 진흥·투자 유치 등에 걸친 포괄적인 것이다. 이런 업무를 수행해야 하는 제주국제자우도시개발센터가

16) 이기우, "지방자치 활성화를 위한 헌법 개정안의 제안", 함께하는 시민행동 엮음, 『헌법 다시 보기』, 창작과 비평, 2007, 376-389쪽.

건설교통부 산하에 존재할 아무런 이유가 없다. 따라서 제주국제자유도시개발센터의 위상과 역할에 대한 근본적인 재검토가 필요하다.

아울러 국제자유도시 개발에 관한 종합계획은 도지사가 수립하도록 했으나(동법 제222조 제1항), 종합계획 중에서 개발센터가 추진할 시행계획에 대해서만 "개발센터는 종합계획에 따라 개발센터가 추진할 개발센터 시행계획을 수립하여 건설교통부 장관의 승인을 얻어야 한다"라고만 규정하고 있을 뿐(동법 제226조 제1항)인 것도 문제이다. 즉 종합계획 중에서 개발센터가 추진할 개발센터 시행계획에 포함되지 않는 사안이나 사업들의 시행을 위한 시행계획에 관하여는 전혀 규정이 없는 것이다.[17] 이것도 결국 '국제자유도시'와 '특별자치도'의 유기적 연계가 부족한 데에서 비롯된다고 볼 수 있다.

제주국제자유도시개발센터의 위상을 재조정한다면, 결국 제주특별자치도 소속 법인이나 기관이 되게 하는 수밖에 없다. 참고로 경제자유구역청의 경우, 인천은 지방자치법 제115조에 의한 출장소로, 부산·진해와 광양만의 경우에는 지방자치법 제159조에 규정된 지방자치단체조합으로 설치되었다.

다만 전문성과 독립성을 살리기 위해 필요하다면, 개발센터의 장의 임면에 관해서 도지사가 임면권을 가지되 국무총리와 사전 협의를 거치게 하는 방안을 생각해 볼 수 있을 것이다.[18]

(4) 제주형 자치모형의 개발이 필요

제주특별자치도 출범을 하면서 기초지방자치단체를 폐지한 것은 적절한 것이었다고 보기는 어렵다. 그런 점에서 앞으로 특별자치도 내부의 정치·행정적 체제를 어떻게 정비할 것인지에 대해 논의가 필요하다.

전제가 되어야 할 것은 기초지방자치단체 자체가 비능률의 원인은 아니라는 것이다. 기초지방자치단체가 존재함으로써 오히려 광역-기초 간의 역할 분담을 통해 행정 서비스를 효율적으로 제공할 수도 있다. 문제는 기초

17) 윤양수, 앞의 논문, 56쪽.

18) 참고로 경제자유구역청의 경우에는 경제자유구역청장을 시·도지사가 임명하되, 재정경제부 장관과 미리 협의하도록 하고 있다(경제자유구역의 지정 및 운영에 관한 법률 제27조 제3항).

지방자치단체의 조직 형태에 대해 우리 나라의 지방자치법이 지나치게 획일적으로 접근하고 있다는 데에 있다. 도시지역이든 농촌지역이든, 인구가 많든 적든 간에 동일하게 기관독립형을 취하게 하고 있고, 유사한 행정조직 구조를 가지고 있는 것이 비능률을 낳는 원인이 되고 있다.

따라서 제주도의 경우에는 제주지역의 실정에 맞고 효율성과 민주성을 동시에 담보할 수 있는 형태로 기초지방자치단체를 부활시키는 것을 모색할 필요가 있다. 그리고 행정시는 폐지해야 한다. 그럼으로써 제주특별자치도는 광역적 차원에서의 정책 수립과 거시적 지역발전 전략 수립에 집중하는 것이 바람직하다. 그리고 더 작은 지역 단위의 지역발전계획 수립·집행, 주민 참여 확대, 주민 서비스 향상 등과 관련된 역할은 새롭게 부활될 기초지방자치단체에 맡기는 것이 필요하다. 새롭게 부활될 기초지방자치단체의 조직 형태 등은 획일적으로 정할 필요 없이 농촌지역, 도시지역 등의 특성을 감안해 다양하게 모색해 볼 수 있을 것이다.

농촌지역은 읍·면 단위를 자치 단위로 하는 것도 생각해 보되, 지역적 범위는 조정할 수 있을 것이고 통합도 고려해 볼 수도 있을 것이다.[19]

(5) 재정 확보 방안 마련

특별자치의 내실을 다지기 위해서는 재정의 안정적인 확보가 반드시 필요하다. 재정의 안정적인 확보는 '재정 및 세제 개편을 통한 제주특별자치도의 독자 재정의 확충'과 '중앙정부의 안정적인 재정 이양'을 통해 이루어져야 한다. 특별자치가 중앙정부가 져야 할 최소한의 재정적인 책임을 방기하는 것이 되어서도 곤란하다.

현행 '제주특별자치도 설치 및 국제자유도시 조성을 위한 특별법'상으로도 보통교부세 교부율 법정화(동법 제75조) 등의 규정이 있지만, 이러한 재정특례 제도가 재정 확충에 도움이 될 만큼 특례적이지는 않다는 비판도 존재한다. 그래서 안정적인 재정 확보를 위해서는 국세의 이양 등 더욱 획기적인 조치들이 도입될 필요가 있다.[20] 또한 국고보조금의 포괄보조금화

19) 이기우, 앞의 논문, 62쪽.
20) 민기, "제주특별자치도의 재정특례와 재원확충 방안에 대한 논의", 제주특별자치도의 과제와 발전 방향 세미나 자료집, 2006, 제주대학교 사회과학연구소 외, 45쪽.

등을 통해 의존재원에서도 제주특별자치도의 자치권을 확대할 수 있는 방안도 필요하다. 물론 재정과 관련해서는 제주특별자치도의 자체적인 재정 건전성 확보 노력도 중요할 것이다.

제15장 지방자치에 관한 헌법 개정

제1절 헌법 환경의 변화와 헌법 개정의 필요성

헌법 개정에 대한 논의가 몇 해 전부터 끊임없이 나오고 있다. 기존의 헌법 개정이 모두 정변이나 이에 준하는 비상적인 정치적 상황 속에서 이루어진 것이라면 근간에 논의되고 있는 헌법 개정은 평시에 이루어지고 있다는 점에서 긴박감은 떨어진다. 하지만 여유를 가지고 제대로 된 헌법을 모색할 수 있는 최초의 기회라고 볼 수 있다. 극도의 정치적 혼란 속에서 졸속으로 추진되는 개헌이 아니라 시대적인 환경과 요청을 반영해 미래의 국가 질서를 세우기 위한 설계도를 기획할 수 있는 기회가 된다는 점에서 지금 논의되고 있는 헌법 개정은 매우 의미가 깊다.

우리 나라 헌법은 1948년에 제정된 이후 아홉 차례에 걸쳐 개정되었지만 권력구조 부분을 제외하고는 근본적인 변화가 없다. 그러나 그 사이에 사회는 매우 많은 변화를 겪었다. 지금은 지식정보사회의 첨단을 걷고 있다. 주변의 정치환경도 많은 변화가 있었다. 세계화 현상으로 국가 주권의 대외적 독립성, 대내적 최고성에 상당한 수정이 요구되고 있다. 지식정보사회의 도래는 평생학습사회로 재편을 요구하고 있다. 또한 미래에 대한 예측의 불투명성과 불확실성이 증대하면서 도래한 위험사회는 위험의 분산을 요구하고 있다. 이러한 근본적인 변화를 우리 나라 헌법은 수용하지 못하고 있다.

지금까지 헌법 개정 논의의 중점은 정부 형태에 있어 왔다. 대통령제를 채택할 것인지, 내각책임제를 채택할 것인지 혹은 절충적인 이원집정부제를 채택할 것인지에 관한 논의에 집중되어 있었다. 또한 최근에는 대통령 중임제, 대통령의 임기를 중심으로 논의가 이루어지고 있다. 이러한 논의는 기본적으로 국가권력기관 간의 수평적인 관계에 대한 것이며 국가의 내부적인 문제에 관한 것이다. 그러나 오늘날에는 초국가기관이 국가의 의사결정에 영향을 미치는 시대적 상황이 고려되어야 한다. 산업사회의 엘리트 중심주의, 수뇌부의 결정을 말단조직까지 일사불란하게 집행하게 하는 산업사회의 구조는 지식정보 중심의 네트워크 사회에서 유지될 수 없다. 다극적인 권력 주체 간의 네트워크에 의해 작동하도록 하는 지식정보사회의 요구를 헌법에 반영해야 한다. 또한 위험사회는 계란을 한 바구니에 많이 담을 것이 아니라 여러 바구니에 나누어 담도록 함으로써 위험을 분산시킬 것을 요구하고 있다. 학습사회는 다자 간의 학습구조를 통해 시행착오를 줄이고 경험의 공유를 확대할 것을 요구하고 있다. 잘된 결정은 공유하고 확산시키며 실패한 결정은 되풀이하지 않도록 하는 것이 필요하다.

이러한 변화된 헌법 환경은 국가의 권력구조를 논의할 때도 근본적인 변화를 요구한다. 종래의 입법-행정-사법 간의 수평적이고 내부적인 논의만으로는 대응할 수가 없게 되었다. 이제는 국가 권력구조 속에 초국가기구—중앙정부—지방정부—민간 및 시민사회 간의 역할 배분을 담아내어야 한다. 중앙정부가 독점한 권력을 초국가적 국제기구와 지방정부, 시민사회와 어떻게 분점할 것인지에 대해 진지한 논의를 해야 한다. 이미 중앙정부는 내부적으로 과부하로 인해 작동이 어렵게 되고 부분적으로는 기능 마비가 일어나고 있다. 또한 외부적으로는 국제기구에 의해 의사결정을 선점당하고 있다. 중앙정부에 권력이 집중됨으로 인한 효율성의 저하, 자원 배분의 왜곡과 기능 마비, 개인의 도덕적 해이 등이 나타나고 있다.

이러한 변화된 헌법 환경 속에서 헌법 개정의 중요한 방향으로 지방분권이 설정되어야 한다. 우리 나라 헌법에서 지방자치를 보장하고 있기는 하지만 구체적인 내용으로 입법자에게 지침을 주는 것은 거의 없다. 그러나 지방자치에 관한 기본적인 내용을 헌법에 보장해 입법자들의 한계를 설정하지 않으면, 지방자치 내지 지방분권의 근본을 왜곡시킬 우려는 매우 크다. 그뿐만 아니라 지방정부의 사무는 계속 확대되고 있지만, 그에 상응하는 재원은 넘겨 주지 않고 있다. 대부분의 지방정부가 재정적으로 중앙정부에 의존하고 있는 상황도 지방자치의 이상과는 정면으로 배치된다. 따라서 헌법에 지방정부의 재정자율권과 자주적인 재정수입 확보에 대해 규정할 필요가 있다. 또한 대부분의 중요한 정책을 결정하는 입법권을 중앙정부가 독점을 함으로써 지방정부는 정책적인 기능을 하기 어렵도록 하고 있으며 중앙정부가 이미 결정한 사항을 실행하는 집행기관으로 전락하고 있다. 이에 지방정부는 정책기관 내지 정치기관으로서 역할을 하기 어려우며 중앙정부의 일선말단조직으로 전락하고 있다. 이러한 일련의 국가 권력구조는 이제 지식정보사회가 요구하는 네트워크형 국가 권력구조로 전환을 요구받고 있다. 이러한 것을 단순히 입법자에게만 맡겨놓기에는 한계가 있으며 헌법적인 규정을 필요로 하는 부분이다.

위험사회 내지 학습사회에 부응하는 권력구조를 실현하기 위해서도 헌법 개정은 절실하게 요구된다. 모든 중요한 결정을 중앙정부가 해야 하는 시스템 속에서 중앙정부의 결정이 잘못되면 국민 전체가 피해를 입게 된다. 국가 전체가 하나의 결정만을 해야 하는 획일성은 어느 정책이 더 나은 결과를 가져올지 모르는 상황 하에서 위험을 집중시키는 것이 된다. 또한 전국적으로 같은 정책을 정하려고 하니 지역적인 특성에도 불구하고 다 통용될 수 있는 정책을 선택해야 하기 때문에 결정이 어렵게 된다. 이러한 경우에 실패를 피하기 위해서는 좋은 정책보다는 덜 나쁜 정책을 채택할 수밖에 없게 된다.

이에 지방분권을 통한 중앙정부와 지방정부의 역할을 재배분하고 정립하기 위해서는 헌법 개정이 불가피하게 요구된다. 혹자는 헌법은 추상적인 규정만으로 족하지 헌법에 자세한 내용을 담을 필요는 없다고 한다. 지나치게 추상적인 경우에는 내용이 없게 되고, 지나치게 구체적인 내용을 담게 되는 경우에는 시대적인 변화에 헌법이 적응하기 어렵게 된다. 이에 시대 변화를 수용하고 적응할 수 있는 탄력성을 갖는 정도의 추상성이 필요하고, 또한 일시적으로 다수자가 된 입법자가 지방자치 제도의 근간을 자의적으로 변조하지 못하도록 방어하기 위한 내용적인 구체성도 필요하다. 또한 분권적인 국가 질서를 세우는 데 장애가 되는 요소를 제거하는 것도 필요하다.

한국에서는 기초지방정부와 광역지방정부에 대해 동일한 헌법 규정을 적용하고 있으나 양자의 기능이 상당히 달라질 수 있다. 기초지방정부가 일상적인 생활공동체적인 기능을 주로 하는 데 비해 광역지방정부는 지역정치 공동체로서 기능이 좀더 강하다. 즉, 연방제 국가의 주정부에 유사한 기능을 할 수가 있다. 오늘날 세계적인 추세도 연방주의적인 요소가 광역지방정부를 중심으로 확산되고 있다. 이러한 점들까지 감안하여 헌법 개정안을 제안하고자 한다.

구체적인 제안을 하기 전에 몇 가지 용어에 대한 검토를 하고자 한다. 이어서 기초지방정부와 광역지방정부에 공통되는 개정안을 검토해 본다. 이어서 광역지방정부를 강화하는 모형을 검토하고 연방제 모형은 간단히 검토를 하기로 한다.

제 2 절 몇 가지 지방자치 관련 용어에 대한 검토

나라를 경영하게 되면 무엇부터 하겠느냐는 제자의 질문에 대해 공자(孔子)는 이름부터 바로잡겠다고 대답했다고 한다. 모든 문제는 잘못된 이름에서 비롯되기 때문이다. 이름은 본질을 바라보는 창(窓)이고 이름이 잘못되면 모든 것이 뒤틀어지기 때문이다.[1)]

조지 오웰(George Orwell)의 정치소설인 『1984년』에서 전체주의 국가인 '오세아니아'는 언어를 변조해 국민들의 사고 능력을 마비시키고 비판적인 사고를 원천적으로 불가능하게 만드는 작업을 한다. 이는 시사하는 바가 크다. 따라서 헌법 개정을 논의하기 전에 사고의 틀을 정하는 몇 가지 용어

1) 강형기, 『논어의 자치학』, 비봉출판사, 2006, 403쪽 참조.

에 대한 언급으로부터 시작하고자 한다.

1 지방자치단체, 지방정부, 국가와 중앙정부

헌법에서는 국가라는 단어를 여러 곳에서 사용하고 있지만 중앙정부만을 가리키는 경우도 있고, 중앙정부와 지방정부를 포함하는 국가 전체라는 의미로 사용하는 경우도 있다. 일상적으로는 지방자치단체와 지방정부라는 개념이 혼용되고 있지만, 헌법에서는 '지방자치자치단체'라는 개념만 사용하고 있다.

1) 국가와 중앙정부

헌법에서 국가라는 개념은 여러 가지 의미로 사용되고 있다.

예컨대,

제9조는 " 국가는 전통문화의 계승 · 발전과 민족문화의 창달에 노력하여야 한다."

제26조 제1항은 "모든 국민은 법률이 정하는 바에 의하여 국가기관에 문서로 청원할 권리를 가진다."

제31조 제5항은 "국가는 평생교육을 진흥하여야 한다."

제34조 제2항은 "국가는 사회보장 · 사회복지의 증진에 노력할 의무를 진다."

………………

라고 규정하고 있다.

이들 규정에서 '국가'라 함은 중앙정부뿐만 아니라 지방정부를 포함한 국가 전체를 의미하는 것이라는 데 대해서는 이설이 없을 것이다.

이에 대하여 예컨대,

제54조 제1항은 "국회는 국가의 예산안을 심의 · 확정한다."

제58조는 국채를 모집하거나 예산 외에 국가의 부담이 될 계약을 체결하려 할 때에는 정부는 미리 국회의 의결을 얻어야 한다."

………………

라고 규정하고 있다. 이들 규정에서는 지방자치단체는 제외하고 중앙정부만을 의미하는 것이 명백하다.

그런데 경우에 따라서는 개념이 명확하지 아니하여 해석상 혼란이 생기는 경우도 적지 않다. 예컨대,

제8조 제3항은 "정당은 법률이 정하는 바에 의하여 국가의 보호를 받으며, 국가는 법률이 정하는 바에 의하여 정당 운영에 필요한 자금을 보조할 수 있다."

제12조 제4항이 "누구든지 체포 또는 구속을 당한 때에는 즉시 변호인의 조력을 받을 권리를 가진다. 다만, 형사피고인이 스스로 변호인을 구할 수 없을 때에는 법률이 정하는 바에 의하여 국가가 변호인을 붙인다."

제32조 제1항에서 "국가는 사회적·경제적 방법으로 근로자의 고용의 증진과 적정 임금의 보장에 노력하여야 하며, 법률이 정하는 바에 의하여 최저임금제를 시행하여야 한다."

제97조에서 "국가의 세입·세출의 결산, 국가 및 법률이 정한 단체의 회계검사와 행정기관 및 공무원의 직무에 관한 감찰을 하기 위하여 대통령 소속하에 감사원을 둔다."

………………

라는 규정 등에서 국가가 무엇을 의미하는 것인지 명확하지 않다.

이에 국가라는 개념은 국가 전체라는 뜻으로 사용하고 중앙정부만을 의미하는 경우에는 '중앙정부'라는 개념을 사용해서 구분하는 것이 필요하다.

원래 지방자치조직은 국가영역 밖의 자치조직으로서 사회 영역에 속하는 것으로 보았다.[2] 그렇기 때문에 국가라는 개념에는 당연히 지방자치단체가 배제되는 것으로 볼 수 있다. 하지만 오늘날 지방자치단체를 사회 영

2) 그 단적인 예로 프랑스혁명 이후 프랑스에서는 지방자치단체를 민법상의 법인으로 보았던 적이 있다.

역에 속하는 것으로 주장하는 사람은 없다. 이에 지방자치단체도 공권력의 주체로서 국가 전체의 업무를 담당하고 있으므로 국가라는 개념 속에 포함되는 것으로 보는 것이 바람직하다. 중앙정부만을 의미하는 경우에는 국가 대신에 중앙정부라는 개념을 사용할 것을 제안한다.[3)]

2) 지방자치단체, 지방정부, 시 · 도, 시 · 군 · 자치구

헌법 제117조와 제118조에서는 '지방자치단체'라는 개념을 사용하고 있다. 이에 대해서 행정학을 중심으로 하는 학자들은 지방정부라는 개념을 사용한다. 법학자들은 지방정부라는 개념이 법률상 용어가 아니라는 이유로 지방자치단체라는 개념을 사용하고 있다. 실무계에서는 김영삼 정부를 기점으로 그 이전에는 지방자치단체라는 표현을 주로 사용했으나, 그 후 지방정부라는 용어를 점점 더 많이 사용하고 있는 추세에 있다.

지방자치단체라는 용어는 법률적으로도 명확하지 않다. 독일의 경우에는 Gemeinde, Kreis라는 개념을 일반적으로 사용하고 그 법적 지위를 표현하기 위해 학문적으로 지역사단(Gebietskörperschaft)이라는 표현을 쓰기도 한다. 자치라는 것이 구성원에 의한 자결이라고 본다면 중앙정부도 마찬가지로 국민에 의한 자치라는 의미에서 '중앙자치단체', '전국자치단체'라는 개념을 사용할 수 있을 것이다. 법적 성질을 나타내는 단어인 지방자치단체를 법률상의 일반 명칭으로 사용하는 것은 중앙정부를 '중앙자치단체'라고 표현하는 것만큼이나 어색하다. 따라서 지방자치단체라는 용어 대신에 '지방정부'라는 용어를 법문상의 용어로 도입할 것을 제안한다.

또한 현행 헌법이나 지방자치법은 광역지방정부인 시 · 도나 기초지방정부인 시 · 군 · 자치구를 구분하지 않고 지방자치단체라고 표기하고 있다. 그러나 기초지방정부를 표현하고자 하는 경우에는 시 · 군 · 자치구로 표기하고, 광역지방정부를 표현하고자 하는 경우에는 시 · 도토 표기하는 것이 더욱 바람직하다고 본다. 특히 기초지방정부와 광역지방정부는 역할과 기능이 다르기 때문에 이를 동일하게 취급하여 헌법이나 법률에 규정하는 것은 바람직하지 않다. 또한 시 · 도라고 할 때 '시'와 시 · 군 · 자치구의 '시'는

3) 다만 정부라는 용어가 행정부만을 의미할 수도 있으나 국회와 법원을 포함하는 넓은 의미로 사용할 수도 있으므로 문맥에 따라 구분이 가능할 것이다.

개념적으로 혼동될 우려가 있으므로 전자를 광역시 · 도라고 표현하고 후자는 그냥 시 · 군 · 자치구라고 표현하는 것이 바람직하다고 본다. 서울특별시도 광역시의 일종으로 보는 것이 바람직하다고 할 것이다(특별한 지위를 가진 광역시라는 의미가 될 것이다).

2 연방국가, 단일국가와 지방분권

흔히들 지방분권의 정도를 나타내기 위하여 연방국가와 단일국가로 구분한다. 연방국가는 분권이 많이 된 나라이고 단일국가는 그러하지 않다고 생각하는 경향이 있다.

지구상에는 단일국가보다 연방국가가 더 많으며 연방국가 간에도 지방분권의 정도는 현저한 차이를 보인다. 미국이나 스위스 등은 지방분권의 정도가 강한 연방국가인 반면에 브라질이나 칠레 등은 연방국가를 표방하고 있지만 지방분권의 정도는 미약하다. 그리하여 지방분권이 약한 연방국가를 유사연방국가라고 하여 개념적으로 구분하기도 한다. 이에 대하여 스페인이나 이탈리아, 영국처럼 법률 개념적으로는 단일국가이지만 분권의 정도는 연방국가에 준하는 수준에 있는 국가도 있다. 명백한 것은 연방국가라고 해서 모두 지방분권이 많이 된 것은 아니며, 단일국가라고 해서 반드시 중앙집권화된 국가도 아니라는 점이다. 이에 연방국가냐 아니냐를 구분하는 기준은 분권의 정도가 아니라 헌법이 연방국가를 표방하는 지 여부에 의해 결정되는 것이라고 하는 견해도 있다. 즉 헌법에 연방국가라고 표기하면 연방국가이고 그렇지 않으면 단일국가라는 주장이다. 현실적 설명으로는 매우 설득력이 있다. 따라서 어떤 나라가 연방국가에 해당하는지 여부는 그 나라의 지방분권의 정도를 파악하는 데 도움이 되지 않는다.

오늘날은 이러한 난점을 피하기 위하여 주정부나 단일국가의 지방 단위를 통칭해 지역(region)이라는 개념을 사용하는 경우가 늘어나고 있다. 헌법을 개정할 때 연방국가로 하지 않으면 지방분권을 강화하기 어렵고, 단일국가하에서는 지방분권을 추진하기 어렵다고 생각하는 것은 반드시 타당한 것은 아니다. 이에 이하에서 헌법 개정안을 검토하는 과정에서는 분권의 정도에 따른 검토만을 하기로 하며 연방국가 여부에 대해서는 큰 비중을 두지 않기로 한다.

3 지방분권과 지역균형 발전

지방분권은 드물지 않게 지역균형 발전과 혼동되어 사용하기도 한다. 일반인은 물론 학자들 중에도 양자를 함께 혼용하는 경우가 적지 아니하다. 지방분권은 지역균형 발전과는 별개의 개념이지만 정치적으로 혼동을 이용함으로써 지방분권을 균형 발전과 같은 의미로 사용하고 있는 것이다.

분권과 균형 발전은 모두 국가적인 목표로 추구되어야 할 정책기조이고 방향이지만 상호 모순되는 경향을 가질 수 있다. 분권은 수직적인 분산으로서 중앙정부의 기능과 재원을 지방정부로 이전하는 수직적인 관계에서 지방정부의 비중과 역할을 강조하고, 지방정부의 자율성을 강조하는 것이다. 이에 비해 균형 발전은 수평적인 분산으로서 지역과 지역 간의 자원 분산을 내용으로 한다. 지방정부가 자발적으로 자원의 분산에 참여하는 것은 기대하기 어렵기 때문에 중앙정부의 역할이 요구되고 따라서 지방정부의 자율성을 제한하는 방향으로 나타나기 쉽다. 분권은 중앙정부에 대응한 지방정부의 동일한 이해 관계로 연대와 협력을 가져오지만 균형발전정책은 지역 간(예컨대, 수도권과 비수도권) 이해 관계의 대립으로 거시적인 분열을 초래할 수 있다.[4)]

이런 점에서 균형 발전의 원리는 지방분권 내지 지방자치와의 원리와는 서로 상반되고 모순될 수 있다. 지방분권의 확대가 반드시 균형 발전을 가져오는 것이 아니며, 역으로 균형 발전으로 지방분권이 확대되는 것도 아니다.[5)] 정책 방향에 따라서는 지방분권이 불균형 발전을 가져올 수도 있으며 균형발전 전략이 지방분권의 위축을 가져올 수도 있다.

---

4) 이승종, "분권과 균형 발전", 『지방행정연구』 제17권 제3호, 한국지방행정학회, 2003, 80쪽.
5) 염명배, "'지방분권' 및 '국가균형발전'과 지방재정, －국세・지방세 재분배 문제를 중심으로", 『재정논집』 제18권 제2호, 한국재정・공공경제학회, 2004. 2., 25쪽.

제 3 절 기초지방정부와 광역지방정부에 공통된 헌법 개정 제안

1 헌법 전문

1) 지방분권

헌법 전문은 그 자체로서 헌법의 일부를 이룰 뿐만 아니라 헌법의 기본 정신과 가치를 규정해 다른 헌법 규정을 해석하는 데 방향타 역할을 한다.

현행 헌법 전문은 국가 구성 원리와 관련해 자유민주적 기본 질서만을 언급하고 있다. 지방분권적인 국가 구성 원리는 넓은 의미에서 자유민주적 기본 질서에 포함시킬 수 있다. 헌법 전문의 개정이 반드시 필요한 것은 아니나 지방분권적 정치 질서를 헌법 전문에 포함시키는 경우에 이를 강조하는 의미를 가진다. 헌법 전문에 지방분권적인 국가 구성 원리를 포함시킨다면 다음과 같이 개정할 것을 제안한다.

"유구한 역사와 전통에 …… 사회적 폐습과 불의를 타파하며, 자율과 조화를 바탕으로 자유민주적 기본 질서와 지방분권을 더욱 확고히 하여 정치·경제·사회·문화의 모든 영역에서 각인의 기회를 균등히 하고……"로 개정하는 것이 바람직하다고 본다.

2) 균형 발전

국토균형 발전을 헌법 전문에 포함시키려는 제안이 있다. 헌법 전문의 국민생활의 균등한 향상은 국토 균형 발전 내지 지역간 삶의 기본적인 동질성을 포함하는 개념이다. 현행 헌법 제122조에서 "국가는 국민 모두의 생산 및 생활의 기반이 되는 국토의 효율적이고 균형 있는 이용·개발과 보전을 위하여 법률이 정하는 바에 의하여 그에 관한 필요한 제한과 의무를 과할 수 있다"라고 규정하고, 또한 제123조 제2항에서 "국가는 지역 간의 균형 있는 발전을 위하여 지역경제를 육성할 의무를 진다"라고 규정하고 있으며, 또한 제120조 제2항도 "국토와 자원은 국가의 보호를 받으며, 국가는 그 균형 있는 개발과 이용을 위하여 필요한 계획을 수립한다"라고 규정해 국토의 균형 발전을 규정하고 있다. 헌법 조문에 이미 이와같이 균형 발전에 관련된 규정이 헌법 본문에 세 군데나 있고, 또한 전문에도 균형 발전에 관한 규정이 있음에도 불구하고 다시 전문에서 국토 균형 발전을 규정한다는 것은 균형 발전을 지나치게 강조해 지방분권 이념을 무력화시킬 우려가 있다. 이에 헌법 전문에서 별도로 균형 발전에 관해 언급하는 것은 바람직하지 않다.

2 총 강

헌법 제1조는 "① 대한민국은 민주공화국이다.

② 대한민국의 주권은 국민에게 있고, 모든 권력은 국민으로부터 나온다"라고 규정하고 있다. 이에 추가해 선언적 의미에서 제3항에 "대한민국은 지방분권형 국가이다"라고 규정하는 것도 고려해 볼 수 있을 것이다. 프랑스의 개정 헌법 제1조에서 분권을 강조한 것과 맥락을 같이한다고 본다.[6)]

3 지방자치단체의 기관

헌법 제118조는 지방자치단체의 기관과 그 조직에 대해 규정하고 있으나 구체적인 내용을 법률에 유보하고 있고, 선거에 의한 지방의회 구성을 예정하고 있을 뿐 입법자에 대한 지침은 매우 빈약하다. 따라서 헌법 개정안에서는 지방자치단체의 기관 구성 방식에 대해서 지침을 부여하는 것이 필

---

6) 프랑스 헌법 제1조: "프랑스는 단일국가로서 분할될 수 없으며 정교가 분리된 사회·민주주의 공화국이다. 모든 사람은 인종과 종교와 출신에 차별 없이 법 앞에 평등하며 국가는 이를 보장한다. 프랑스는 모든 종교를 존중한다. 프랑스의 국가조직은 분권화되어 있다"(La France est une République indivisible, laïque, démocratique et sociale. Elle assure l'égalité devant la loi de tous les citoyens sans distinction d'origine, de race ou de religion. Elle respecte toutes les croyances. Son organisation est décentralisée.). 밑줄 친 부분이 2003년 3월 28일 헌법 개정으로 추가된 문장임.)

요하다. 또한 지방자치가 궁극적으로 주민의 자기 결정임에 비추어 주민의 위상과 역할에 대한 지침도 헌법에 규정할 필요가 있다.

1) 지방의회

먼저 현행 헌법 제118조 제1항은 "지방자치단체에 의회를 둔다"고 규정하고 있을 뿐 그 위상이나 구성에 대해 언급이 없다. 이에 지방의회가 주민의 대표기관임을 명백히 하고 주민에 의하여 직접 구성됨을 명백하게 규정하는 것이 바람직하다. 또한 현행 헌법 제118조 제2항은 지방의회의 조직·권한·의원선거 등에 대해서는 법률로 규정하도록 하고 있다. 이 규정은 자칫하면 지방의회의 조직과 운영에 대한 세세한 부분까지도 법률로 규정할 것을 요구하는 것으로 오인될 우려가 있다. 지방의회의 조직과 권한이 전국적으로 동일할 필요는 없다고 볼 수 있다. 오히려 지역의 특수성이나 정치적인 의사결정에 따라 다양한 모델의 발전이 필요한 부분이라고 본다. 이에 한편으로는 입법자에 의한 골격 입법의 가능성을 열어 주고 다른 한편으로 지방자치단체의 자율적인 결정의 여지를 남긴다는 측면에서 다음과 같이 개정하는 것이 바람직하다.

> 제118조 ① 지방정부에는 지방의회를 둔다. 지방의회는 주민이 직접·평등·직접·비밀선거로 선출한 지방의회 의원으로 구성한다. 지방의회의 조직과 권한에 대해서는 법률과 조례로 정한다.

2) 지방자치단체의 집행기관

헌법 제118조 제2항 후단은 "지방자치단체의 장의 선임 방법 기타 지방자치단체의 조직과 운영에 관한 사항은 법률로 정한다"고 규정하고 있다. 이 규정은 지방자치단체의 장을 비롯한 지방자치단체의 집행기관의 조직과 운영에 대한 규정이다. 그러나 법률로 모든 지방조직과 그 운영을 규율하는 것은 가능하지도 않고 바람직하지도 않다. 이에 다음과 같은 개정안을 제안한다.

> 제118조 ② 지방의회의 의결 사항을 집행하고 일상적인 업무를 처리하기 위하여 지방정부의 장을 둔다. 지방정부의 장의 선임 방법과 권한, 기타 집행기관의 조직과 운영에 대해서는 법률과 조례로 정한다.

3) 주 민

지방자치단체를 공법상의 사단(社團)이라고 하는 것은 지방자치의 본질이 '사람의 단체'에 있다는 것을 의미한다. 지방자치의 주체를 지방정부로 볼 수 있지만 그 실체는 주민으로 구성되므로 결국 지방자치의 주체는 집합체로서의 주민이라고 볼 수 있다. 바꾸어 말하면 지방정부의 모든 권력적 정당성의 원천이 주민에게 있다는 것을 의미한다. 현행 헌법 제1조 제2항이 "모든 권력은 국민으로부터 나온다"고 규정하고 있는 것처럼, 지방정부의 경우 모든 지방 권력의 원천을 주민에게서 찾는 것이 타당하다. 따라서 헌법 제117조 제1항으로 "모든 지방정부의 권력은 주민으로부터 나온다"라고 규정할 수 있을 것이다.

지방자치단체장이나 지방의원의 선거는 자치의 주체인 주민이 자치적인 의사를 결정하는 하나의 표현이라고 볼 수 있다. 하지만 주민의 역할은 지방정치인을 선출하는 데 그치는 것이 아니라 직접 지방자치단체의 의사를 결정하기도 하고, 지방의회에 의안을 제안하기도 한다. 그 점에서 지방정부를 자치의 주체로 보기는 어려우며 결국 주민이 지방자치의 주체가 된다.

한편 주민의 직접적인 참여의 확대가 세계적인 추세이고 한국에서도 주민투표, 주민소환 등이 도입되면서 주민직접 참정제도가 정비되고 있다. 오늘날 대의민주정의 한계가 부각되고 있으며, 주민들의 민주적이고 능동적인 참여의 필요성이 강조되고 있다.

그럼에도 불구하고 현행 헌법에는 주민에 관한 규정이 없다. 이에 헌법에서 주민 참여의 방향과 근거를 제시하는 것이 필요하다. 따라서 다음과 같이 주민 참여에 관한 헌법적인 근거를 명시할 필요가 있다.

> 제118조 ③ 주민은 법률과 조례가 정하는 범위 안에서 지방정부의 중요한 의사결정에 참여할 수 있다.

4 사무의 범위와 사무처리의 방법

지방정부의 사무범위와 사무처리의 원칙을 헌법에 규정하는 것이 필요하다. 사무 범위에 관한 원칙으로 유럽공동체조약과 각국 헌법이 규정하고 있는 보충성의 원칙을 헌법에 명시하는 것이 필요하다고 본다. 또한 지방정부가 사무를 어떻게 처리할 것인지에 대해서 자기책임성의 원칙을 명백히 규정하는 것이 필요하다.

1) 보충성의 원칙

현행 헌법 제117조 제1항은 지방자치단체의 기능으로 '주민의 복리에 관한 사무'라고 규정하고 있을 뿐이다. 앞에서 살펴본 것과 같이 이를 지방자치단체의 기능을 포괄적으로 규정하는 전권한성의 원칙이라고 해석하고 있다. 그런데 전권한성의 원칙은 법률로 명시적으로 국가사무나 지방자치단체의 사무로 규정하지 않고 있는 경우에 지방자치단체의 관할을 추정하게 하는 법원칙이지, 국가와 지방자치단체 간의 사무 배분의 원칙이라고 보기는 어렵다. 즉, 입법자가 특정 사무를 국가사무로 할 것인지, 지방자치단체의 사무로 할 것인지를 결정하는 데 지침을 제공해 주지 못한다.

따라서 국가와 지방자치단체 간의 사무배분의 원칙으로 보충성의 원칙을 헌법에 명문화하는 것이 필요하다. 보충성의 원칙은 주민에 가까운 정부에게 일차적인 관할권을 부여함으로써 주민 근접적인 문제 해결을 하고자 하는 원칙으로써 국가와 중앙정부 간, 광역지방정부와 기초지방정부 간에 사무를 배분하는 데 매우 유용한 지침을 제공할 수 있다. 보충성의 원칙에 의하면 모든 공공사무의 처리 권한은 법률에 특별한 규정이 없는 한 원칙적으로 지방정부의 자기책임적인 처리 권한에 속한다. 이러한 설명은 광역지방정부와 기초지방정부 간의 사무배분에도 그대로 타당하다. 최근에 들어서 유럽공동체의 통합 원칙으로서 보충성의 원칙이 채택된 것에 이어,

1992년 독일 헌법 제23조 제1항에서도 보충성의 원칙이 명문화되었다. 보충성의 원칙은 헌법 제117조가 분절적인 국가구조를 보장함으로써 헌법이 전제로 하고 수용한 헌법상의 법원칙으로 보는 것이 타당하다고 본다.[7] 왜냐하면 하위 공동체의 기능상의 우선권을 배제한다면, 분권화를 통한 시민 근접 행정의 실현은 공허한 것이 될 것이기 때문이다.

그러나 보충성의 원칙을 우리 나라 헌법이 보장하고 있는지 여부에 대해서는 이를 명시하지 않는 한 항상 논란의 여지가 있으므로 이를 헌법에 명시하는 것이 바람직하다. 헌법개정안으로 지방자치법 제117조 제2항에 아래와 같이 규정할 것을 제안한다.

> 제117조 ② 중앙정부와 지방정부, 지방정부와 지방정부는 보충성의 원칙에 따라 공공사무를 분담하여 처리한다.

2) 자기책임성의 원칙과 법률 우위의 원칙

현행 헌법 제117조는 지방자치단체의 사무처리 방식에 관해 규정하지 않고 있다. "지방자치단체는 주민의 복리에 관한 사무를 처리하고……"라고 규정해 어떻게 처리하는지에 대한 언급을 하고 있지 아니하다. 이는 관할에 관한 규정이지 자치적인 업무 처리 방식을 규정한 것이라고 보기 어렵다. 그러나 자기책임성이 보장되지 않는 자치는 공허한 것이기 때문에 자기책임성은 지방자치에 관한 헌법상의 보장에 전제된 것이라고 볼 수 있다. 해석을 통해 지방자치단체의 자기책임성을 도출할 수 없는 것은 아니지만 헌법을 개정하는 경우에는 자기책임성을 헌법에 명시함으로써 그 의미를 좀더 명백히 할 수 있고 입법자나 중앙정부에 대해 표지판 기능을 확실히 할 수 있다.

---

7) 허영, 『한국헌법론』, 박영사, 1991, 781쪽은 보충성의 원칙을 헌법상의 일반 원칙으로 보고 "국가의 기능은 지방자치단체의 기능을 뒷받침하는 데 그쳐야지 지방자치단체의 기능을 무시하고 그것을 자신의 기능으로 흡수해서는 아니된다는 것이 바로 '보충의 원리'에서 나오는 지방자치의 당위성에 관한 논리이다"라고 함으로써 보충성의 원칙을 국가와 지방자치단체 간의 사무배분의 원리로뿐만 아니라 지방분권적인 권력 체제 수립의 헌법적인 요구로 파악하고 있다.

또한 현행 헌법 제117조 제1항은 "지방자치단체는 …… 법령의 범위 안에서 자치에 관한 규정을 제정할 수 있다"라고 규정하여 오로지 자치입법권의 행사에 대해 '법령의 범위 안'에서라는 제한이 있을 뿐 사무처리에 관해서는 아무런 제한을 두고 있지 않다. 이것이 지방자치에 대한 국가의 관여를 전적으로 배제하고 지방자치단체의 자치권의 무제한적인 자기책임성을 보장하는 것이라고 보기는 어렵다. 실제로 법령에 의해 지방자치단체의 사무처리에 대한 제한이 이루어지고 있다. 이에 현행 헌법 제117조 제1항을 아래와 같이 개정해 명확히 할 것을 제안한다.

> 제117조 ① 지방정부는 주민의 복리에 관한 공공사무를 법률의 범위 안에서 자기 책임 하에 처리한다.

5 지방정부의 입법권 보장

1) 조례제정권의 확대

현행 헌법 제117조 제1항은 "지방자치단체는 …… 법령의 범위 안에서 자치에 관한 규정을 제정할 수 있다"라고 규정하고 있어 지방정부의 입법권을 매우 한정적으로 제한하고 있다. 그뿐만 아니라 헌법 제37조 제2항, 제12조 제1항, 제13조 제1항, 제59조 등 여러 조항에서 법률유보를 요구하고 있다.

지방정부의 조례제정권을 통해 입법권의 분권화를 달성하기 위해서는 지방정부의 사무에 대한 원칙적인 입법권을 지방의회가 행사하도록 하고 지금까지 법률유보의 영역에 속하던 사항을 조례유보 사항으로 하는 헌법 정책적인 변화가 뒤따라야 한다. 이 점에서 일정한 지방사무에 대한 입법권을 원칙적으로 지방의회에 부여하는 입법권의 헌법상의 재배분 문제도 심도 있게 논의할 필요가 있다.

지방정부를 단순한 집행기구가 아니라 정책 내지 정치의 주체로 인정하는 것이 지방자치의 요구이다. 이러한 정책적 혹은 정치적인 독자성 내지 다양성은 곧 자치입법권의 확대로 연결된다. 권력의 분산을 통한 다양화,

위험의 분산은 입법권의 재배분을 통해 비로소 실현 가능하다고 본다.

조례에 대한 법률유보 조항에 의한 제약 때문에 지방정부의 자치입법권이 현저하게 제한을 받고 있어 지역의 입법적인 수요를 충족하기 어렵다는 점을 감안하면 자치입법권으로서 조례제정권의 강화가 필요하다. 이에 아래와 같은 조항을 두는 것이 필요하다.

> 제117조 ③ 지방정부는 그 소관사무에 관하여 법률에 위반하지 않는 범위 안에서 조례를 제정할 수 있다. 지방정부가 그 소관사무를 처리하기 위하여 주민의 기본권 제한이나 의무 부과, 벌칙을 정하는 조례는 법률에 의한 위임을 요하지 아니한다.

2) 법률제안권의 보장

또한 헌법은 법률안 제안권을 정부와 국회의원에게만 부여하고 있으나 (헌법 제52조), 지방정부와 이해 관계가 있는 법률안에 대해서는 지방정부 협의체에게 그 발의권을 부여해 지방정부의 입법권 부족을 보충하고, 국회의 입법 과정에 지방정부의 참여를 보장할 필요가 있다. 이를 다음과 같이 규정할 것을 제안한다.

> 제117조 ④ 법률이 정하는 지방정부협의회는 지방정부와 관련된 법률안을 국회에 제출할 수 있다.

6 지방재정의 보장

지방정부가 주민의 복리에 관한 사무를 자기책임하에 처리하기 위해서는 그 비용을 독자적으로 마련하고 지출할 수 있는 권한이 있어야 한다. 지방정부가 자유로이 처분할 수 있는 재정 수단을 갖지 아니하는 경우에 지방정부는 그의 업무를 자기책임 하에 처리하기 어렵다. 지방자치단체의 재정력이 지방자치단체의 행정활동을 뒷받침하지 못하는 경우에는 지방행정은 사실상 위축된다. 따라서 지방재정은 지방자치를 실질적으로 보장하는 가장 중요한 요소가 된다고 할 것이다. 따라서 헌법에는 지방재정에 관한 조항을 두어야 한다. 이에 지방재정 보장을 포함해 다음과 같은 규정을 헌법에 포함시킬 것을 제안한다.

> 제117조 ⑤ 지방정부는 법률에 위반하지 않는 범위 안에서 지방세의 세목과 세율, 기타 재정수입을 확보하기 위하여 필요한 사항을 조례로 정할 수 있다.
> ⑥ 중앙정부는 지방정부가 그 사무를 적정하게 처리하기 위하여 필요한 재정적인 보장을 하여야 한다.

7 지방정부의 권리구제권

헌법 제117조 제1항은 지방자치에 대한 객관적인 제도적 보장 이외에 지방자치단체의 주관적인 법적 지위의 보장을 포함하고 있다. 개개의 지방자치단체는 지방자치의 보장 의무자로부터 보장 내용의 준수를 요구할 수 있는 법적인 권리를 갖는다. 지방자치단체는 국가의 위법한 자치권의 침해를 배제해 줄 것과 일정한 급부를 해줄 것, 절차적 참여권 등을 청구할 수 있는 법적인 권리를 갖는다. 이로써 지방자치단체는 입법자나 행정부의 자치권 침해에 대한 방어 가능성을 갖게 된다. 이러한 목적을 달성하기 위해 지방자치단체에게는 지방자치권을 소송법적으로 실현할 수 있는 권리구제의 가능성이 보장된다. 이에 해당되는 것으로써 행정소송제도와 위헌법률심사, 헌법소송으로서의 권한쟁의 심판을 들 수 있다. 지방자치단체의 자치권의 침해에 대해서 행정소송, 특히 항고소송을 제기할 수 있다는 학설이 타당하다[8]고 보나 실무상으로는 활용되지 못하고 거의 대부분이 헌법재판소의 권한쟁의 심판으로 제기되고 있다. 헌법재판소의 과부하, 심급의 불이익 등을 고려하면 행정소송을 적극적으로 활용할 필요가 있다.[9] 이를 위해 헌법에 권리구제 조항을 명백히 규정하는 것이 필요하다. 이에 다음과 같은 개정안을 제안한다.

---

8) 김해룡, “지방자치권의 내용과 그 보장을 위한 법적 과제”, 『공법연구』 제33집 제1호, 한국공법학회, 2004, 100쪽 이하.

9) 이에 대한 비판적 견해로는, 김명연, “지방자치권의 사법적 보장에 관한 연구”, 『공법연구』 제32집 제3호, 한국공법학회, 2004, 354쪽 이하 참조.

> 第117조 ⑧ 지방정부는 자치권을 침해받은 경우에 법률이 정하는 바에 따라 법원에 재판을 청구할 수 있다.

8 중앙정부의 감사기관과 감사권 행사

1) 중복 감사의 배제

지방정부의 활동과 운영에 대한 합법성을 확보하기 위한 감사가 필요한 것은 사실이지만 지나친 경우에 자치권 보장은 공허한 조항으로 될 수 있다. 이에 중앙정부 감사의 근거를 설정함과 동시에 남용을 방지하기 위한 제도적 장치를 헌법에 규정하는 것이 바람직하다. 또한 중복 감사로 인한 비효율과 자치권 침해를 예방하기 위하여, 중복 감사를 방지하기 위한 헌법상의 제약을 설치할 필요가 있다. 이에 다음과 같은 조항을 헌법개정안에 포함시킬 것을 제안한다.

> 第117조 ⑦ 중앙정부는 지방정부의 위법한 활동에 대하여 법률이 정하는 범위 안에서 감사를 할 수 있다. 중앙정부의 감사는 중복되지 않도록 하여야 한다.

2) 감사원의 감사권

헌법상 지방정부에 대한 감사를 직접 규정하고 있는 규정은 없으나 감사원에 관한 헌법 제97조 규정에서 지방정부에 관한 감사를 포함하고 있는 것으로 해석하고 있다.[10] 즉 "국가의 세입·세출의 결산, 국가 및 법률이 정한 단체의 회계검사와 행정기관 및 공무원의 직무에 관한 감찰을 하기 위하여 대통령 소속하에 감사원을 둔다"라는 헌법 제97조에서 지방자치단체에 대한 감사의 근거를 찾는 것이다.

---

10) 현행 헌법 하에서도 제97조의 "국가 및 '법률'이 정한 단체의 회계검사와 행정기관 및 공무원의 직무에 관한 감찰"이라는 규정에서 '법률'을 개정하여 지방정부를 회계검사와 감찰의 대상에서 제외시킬 수 있다는 주장도 가능하다. 그렇다면 지방정부는 헌법상 규정된 감사 대상기관은 아니라고 볼 수 있다.

그러나 지방정부에 대한 감사는 지방정부와 전면적인 관계 속에서 신뢰관계를 가진 기관에서 수행하는 것이 바람직하다는 점에서 감사원이 직접 지방정부에 대해서 감사권을 행사하는 것이 바람직한지에 대해서는 강한 의문을 제기하지 않을 수 없다. 이에 감사원의 감사는 중앙정부에 한정하고 지방정부에 대한 감사는 별도로 정한 기관이 하도록 하는 것이 감사의 종합성, 지방자치의 취지 등에 부합한다.

이에 다음과 같이 헌법 제97조를 수정할 것을 제안한다.11)

> 제97조 중앙정부의 세입·세출의 결산, 중앙정부 및 그 소속 행정기관 및 공무원의 직무에 관한 감찰을 하기 위하여 대통령 소속하에 감사원을 둔다.

9 지방자치단체의 종류

헌법 제117조 제2항은 "지방자치단체의 종류는 법률로 정한다"라고 규정하고 있다. 따라서 특별시와 광역시, 도와 같은 광역지방자치단체나 시·군·자치구와 같은 기초지방자치단체도 헌법상의 보장을 받지 못한다. 오로지 입법자들의 입법 재량에 맡겨져 있다. 그러다 보니 정치권을 중심으로 시·도를 폐지한다거나 시·군을 통합하여 자치계층을 1계층으로 한다는 등의 논의가 나오고 있다.12) 헌법에서 지방자치단체의 종류를 법률에 유보한 것은 입법자의 입법 재량을 확대해 지방자치단체의 종류를 정치적인 판단에 맡긴 것으로 생각된다. 그러나 지방자치단체의 계층 내지 지방

---

11) 감사원의 기능을 회계감사에 한정시켜야 한다는 주장도 제기되고 있으며, 그 소속을 국회 소속으로 하거나 어디에도 속하지 않는 독립기관화할 것을 주장하는 견해 등도 주장되고 있으므로 개정안을 검토할 때는 당연히 검토되어야 한다. 지방자치와 관련해 강조하고자 하는 것은 감사원의 감사권을 중앙정부에 한정시켜야 한다는 점이다.

12) 예컨대 한나라당, "다가올 100년, 새로운 지방의 틀 어떻게 짤 것인가", 2005년 5월 2일 개최된 한나라당 지방행정개혁 국민대토론회 자료집. 도폐지론에 대한 반론으로는 한상우, "2계층제하의 도의 지위", 민선자치 10년의 성과와 평가 전국시·도지사협의회 주최 세미나 자료집, 2005, 131쪽 이하: 안영훈, "지방정부 2단계 계층구조와 광역자치단체의 기능", 앞의 자료집, 155-200쪽; 다양한 견해의 소개에 대해서는 김해룡, "지방행정 체제의 개편 방향에 대한 고찰", 『공법연구』 제31집 제2호, 한국공법학회, 2002, 177쪽 이하 참조.

자치단체의 종류 문제는 지방자치제도의 근간에 해당한다. 이렇게 중요한 문제를 그때 그때의 국회의원 다수의 의사에 맡긴다는 것은 엄청난 혼란을 초래할 수도 있다. 근본적인 가치를 지니는 사항은 헌법에 규정함으로써 입법자의 입법 재량을 제한할 필요가 있다. 물론 헌법에 규정한다고 해서 변경 가능성을 배제하는 것은 아니지만 지방자치제도의 근간이 즉흥적으로 수시로 변경되는 것은 방지할 필요가 있다. 독일이나 스페인 등과 같이 지방자치단체의 종류를 아예 헌법에 명시하고 있는 입법례도 드물지 않다.

그리고 현행 지방자치단체의 종류에 대해서는 이를 존치시키는 것에 상당한 공감대가 성립되어 있다.[13] 이를 헌법적으로 보장하기 위해 다음과 같이 규정하는 것이 바람직하다.

> 제117조 ⑨ 지방정부로는 광역지방정부와 기초지방정부를 둔다. 광역지방정부로는 특별시·광역시·도를 둔다. 기초지방정부로는 시·군·자치구를 둔다.

제 4 절 광역 지방정부의 자치권 강화를 위한 특례

1 광역지방정부의 위상 강화

기초지방정부와 광역지방정부의 규모나 위상은 차이가 있다. 광역지방정부는 그 인구 규모나 면적, 영향력 등을 감안할 때에 정치적 단위로서 의미가 크다. 광역지방정부에 대해서 좀더 강화된 지방분권을 보장하기 위해서는 앞에서 제안한 개정안에 추가해 광역지방정부의 위상과 국가와 광역지방정부 간의 사무배분에 대해 좀더 구체적인 규정을 두는 것도 검토해 볼

13) 2005년 12월 6일 지방행정체제개편 특별위원회가 주최한 국회의 공청회에서 진술인으로 참여한 배준구 교수, 육동일 교수, 이기우 교수, 임승빈 교수 모두가 단일자치 계층화를 반대했다.

수 있다. 이탈리아의 지역(region)이나 스페인의 자치공동체(comunidad autonoma)처럼 강력한 자치권을 광역지방정부인 특별시·광역시·도에 부여하는 방안도 생각할 수 있다. 그럴 경우에 규정의 형식면에서는 국가의 배타적인 권한을 먼저 정하고 나머지는 시·도의 권한이 되는 것으로 정하는 것이 보충성의 원칙에 부합한다.

이로써 중앙정부는 좀더 핵심적인 기능에 집중함으로써 정책적인 위험성을 분산시키고 지역간의 정책경쟁을 유발해 다양성과 경쟁을 통한 지역발전을 가능하도록 할 수 있을 것이다. 다만, 보충성의 원칙은 광역지방정부와 기초지방정부 간에도 적용되어야 하므로, 이 점도 명확하게 할 필요가 있을 것이다.

2 지방원의 설치

한편 지방정부의 이익을 중앙정부의 정치 과정에서 반영할 수 있도록 하기 위해 중앙정부의 기관으로 국회와는 별도의 지방원(地方院)을 설치하는 것이 바람직하다. 연방국가의 상원에 해당하는 것으로 볼 수도 있으나 의원을 국민이 직접 선출하기보다는 광역지방정부의 대표로 구성하고, 그 기능을 다소 제한적으로 인정하는 수준에서 헌법에 규정하는 것을 검토해 볼 수 있을 것이다.

〈지방원에 관한 규정(예시)〉

① 중앙정부에 광역지방정부의 대표로 구성하는 지방원을 둔다.
② 지방원은 지방정부의 활동과 관련하여 법률안 제안권을 가지며, 지방정부의 이익에 관련되는 법률안에 관하여 이의를 제기할 수 있다. 지방원이 이의를 제기하는 경우에 국회는 재적 과반수의 찬성으로 재의결하여 법률안을 확정할 수 있다.
③ 지방원 위원의 숫자와 선출 및 기타 운영에 대해서는 법률로 정한다.

3 제주도 특례

분권의 인큐베이터로서 제주도의 자치권을 획기적으로 확대해 한편으로는 지방분권의 선도적인 기능을 하고 다른 한편으로는 제주국제자유도시를 실현하기 위한 교육, 의료, 관광, 청정 1차산업 및 첨단산업을 육성하기 위한 전략으로서 '제주특별자치도의 설치 및 국제자유도시 조성을 위한 특별법'이 제정되었다.

하지만 헌법적인 한계 때문에 원래의 구상이 실현되지 못하고 있다. 제주특별자치도의 구상의 핵심은 제주도의 자치권의 획기적인 확대에 있다. 이를 위해서는 내부의 조직과 운영, 인사 등에 대한 자율권을 대폭 증대시키고, 자치입법권을 획기적으로 확대할 필요가 있다. 그리고 핵심 산업 등과 관련된 권한도 제주도가 행사할 수 있도록 보장할 필요가 있다. 즉 연방국가에서의 주(州)에 준하는 입법권과 행정권을 부여해 제주도의 독자적인 정치적·행정적·경제적·문화적인 발전이 가능하도록 해야 한다. 이는 중국의 홍콩이나 포르투갈의 마데이라와 같은 지위를 부여하는 것을 의미한다.

이를 위해서는 헌법에 제주특별자치도의 지위를 명문화하는 것이 필요하다. 그리고 외교·국방·사법 등 일정한 분야를 제외하고는 제외하고는 제주도에서 독자적인 입법권을 행사할 수 있도록 헌법적 차원에서 보장할 필요가 있다. 이처럼 헌법을 통해 제주특별자치도의 지위를 보장하고 자치권을 확대하지 않는 한, 법률을 통해 개별적으로 일일이 특례를 인정하거나 제주특별자치도 조례로 위임하는 방식을 벗어나기 어렵다. 그리고 이러한 개별적인 위임 방식으로는 제주특별자치도가 다른 지방정부와는 차별성 있는 자치권을 누리기도 어렵고, 특별자치도의 모습도 불완전할 수밖에 없다. 이에 제주특별자치도에 관한 특례를 헌법에서 규정하는 것이 필요하다(제14장 제2절 4 참조).

4 연방제의 도입에 관해

1) 연방제도 도입의 전제

일부에서는 아예 광역지방정부에 주정부 수준의 독립성을 보장해 연방제국가로 전환할 것을 주장한다. 충분히 검토해 볼 수 있는 방안이라고 본다. 단일국가의 지방자치제도보다는 연방제도를 실시하는 경우에 지방분권적인 질서에 적합한 내용을 더 많이 담을 수 있을 것이다. 분권의 관점에서 보면 단일국가 내에서의 지방자치제도는 상대적으로 작은 그릇이고, 연방제도는 좀더 큰 그릇이라고 볼 수 있다.

연방제 개헌은 국가 권력을 담는 그릇을 바꾸는 작업이므로 방대한 범위에서 개헌을 요구하고, 국가권력의 재편성이 필요하다. 그만큼 연방제 개헌을 위해서는 국가적으로 헌법 제정에 버금가는 사건이 있거나, 국민적인 여론이 연방제 도입을 가능하게 하는 수준으로 형성되어야 한다. 현재로서는 국민의 여론을 주도하는 층이나 일반 국민들 사이에 연방제에 대해 공감대가 형성되어 있다고 보기 어렵다. 심지어는 그 내용에 대해서도 대부분의 국민은 생소하다.

더구나 학계에서조차도 연방제에 대한 연구가 그다지 진척되어 있지 못하고 있다. 연방제 헌법으로의 개정을 위해서는 우선 학계와 시민사회, 국민사이에 담론이 형성되고 확신을 공유하는 것이 전제되어야 한다.

현 시점에서는 연방제에 대한 학자들의 연구를 심화하고 국민 사이에 지방분권과 연방제에 대한 담론을 확산하는 것이 필요하다고 본다.

2) 편제와 준비

현행 헌법은 단일국가를 전제로 하는 체제로 구성되어 있다. 이를 연방제로 개헌하는 경우에는 헌법 전체의 체제를 개편해야 한다.

먼저 국호(國號)부터 다시 생각해 보아야 한다. 대개의 경우 연방공화국은 국호에 연방공화국의 표기가 있고, 국가의 특성을 나타내는 중요한 지표가 되므로 국호에 연방국가임을 표현해야 한다고 본다. 따라서 제1조 제1항을 개정해야 한다.

다음으로 연방과 주정부에 관한 기본적인 사항은 총강에서 정하고 구체적인 분권의 내용은 각각 국회, 정부, 사법, 재정 등을 규정하는 장에서 규정하면 될 것이다.

국가기관의 명칭도 국회, 대통령, 정부, 법원, 감사원 등을 칭할 때에 연방국회, 연방대통령, 연방법원, 연방감사원 등으로 개칭을 해야 혼동을 피할 수 있을 것이다.

특히 문제되는 것은 사법권도 연방법원과 주법원으로 구분해 배분하는 것이 필요하다는 점이다.

연방제 헌법으로 개정을 하기 위한 적절한 시기로는 남북 통일이 있는 시점이라고 본다. 남북 통일은 국가의 근본적인 변화에 해당되므로 이 경우에 국호를 비롯해, 통합과 안정을 위해 권력구조 전반에 대해서 개정하는 것이 바람직하다. 통일의 시점에 대해서는 아무도 예측할 수 없기 때문에 미리 학계와 시민사회의 연구와 담론을 형성하는 것이 필요하다고 본다.

찾아보기

ㄱ

가택권 240
감독편의주의 213
감사권 200
감사원 187
감사위원회 449
감사청구심의회 102
강시장형 227
강제설립 424
개회 254
객관적 보장 47
객관적인 질서 54
검사위원 356
견련성의 원칙 379
견제와 균형 292
결산 355
결산검사 356
결핍할당 369
경력직 공무원 269
경리관 380
경비 부담 380
경영성과계약 408
경영평가 414
경쟁입찰 362
경제성의 원칙 396
경제자유구역청 462
경제적 합리성 391
경합적 입법권 320
계리(計理)의 원칙 402
계속비 351
계획고권 49, 69
고권 65
고유 권한 297
고유사무 153
고유성설 311
공간정책적인 기능 368
공공시설 86, 386
공공시설 이용권 85
공공용 재산 382
공공용물 388
공과고권 68
공기업의 개념 390
공동설립 지방공사 408
공물 388
공법상의 법인 55
공법상의 협력 428
공사 406
공용개시 86, 387

공용지정 86, 387
공유재산 382
공익소송 139
공적 자치 15
공제이론 52
공통사무 172
과세 면제 360
과잉 금지의 원칙 53
광역교육행정 305
광역지방자치단체 60
교부금 376
교사회 307
교원의 지방직화 303
교육감 282
교육감 선거 284
교육감의 대표권 285
교육구 282
교육에 관한 지방자치 300
교육위원회 242, 282
교육의원 244
교육의 자주성 301
교육의 전문성 302
교육의 정치적 중립성 302
교육자치 283, 300, 301
교육장 289
교육청 305
구민투표조례 98
구심력 181
구역 변경 72
구체성 468
구체적 규범통제 338
국가 469
국가감독 187, 192
국가감독기관 195
국가감독의 기준 196
국가감독의 수단 197
국가기관 261
국가사무 170
국가사회주의 33
국가의 조직고권 75
국가재구조화 36
국고보조율 346
국민주권주의 181
국정감사 183
국정 참여 190
국제자유도시 441, 456
국회 182
권력 분립의 원칙 292
권력 분립적인 요청 321
권리 능력 56
권한 외의 행위 56
권한쟁의 심판 430
규약 424
규칙 339
규칙 제정권 264
그나이스트의 자치론 18
기관독립형 221
기관소송 298, 328
기관위임사무 156
기관의존형 221
기관차용 157
기금 384
기금결산보고서 385
기금운용계획 385
기금운용심의위원회 385
기능 마비 466
기능직 공무원 269
기본권 주체성 57
기본조례 231
기부채납 378

기업용 재산 382
기준보조율 374
기초지방자치단체 61
기초지방자치단체 우선의 원칙 166
기초지방자치단체 폐지 459

ㄴ

남독일의회형 228
납세자 소송 131
내인가 209

ㄷ

다수의 횡포 52
다양한 정부조직 형태 224
단일국가 472
단체위임사무 155
단체자치 16, 19
당사자 능력 57
대위소송 141
대의민주제도 90
대의민주주의 90
대집행 205
대표 260
대표권 262, 286
도시연맹 31
도시자치 31
독립채산 401
독일지방자치법 33
등가의 원칙 364

ㅁ

마데이라(Madeira) 461
면책특권 235
명시이월비 351
명예직 공무원 17
목적세 359
문화고권 50
물품 382
민간위탁 266
민주적 정당성 23, 80
민주주의의 학교 22

ㅂ

발의 255
발의권 293
방기설 311
법규명령 29
법규범설 347
법령의 범위 안에서 314
법률 우위의 원칙 318
법률원인주의 379
법률유보 317
법원 184
법적인 의미의 자치 18
법정수탁사무 165
법정외세 359
변상명령 140
변상책임 404
보수 271
보조금 373
보조기관 266, 288
보조사업 374
보존재산 382
보증채무 부담행위 347
보충성의 원칙 165, 478
보통세 359

본질사항 유보설 322
본질적인 내용 52
부담금 375
부담적 조례 317
부당한 영향 금지의 원칙 346
부동산교부세 370
부분 공동체 181
부분사회 180
분권교부세 370
분권의 인큐베이터 486
분담금 363
분쟁조정 431
분쟁조정위원회 422, 431
불경합성(不競合性)의 원칙 62, 171
불균일 과세 361
불신임 의결 240, 298
비권력적인 감독 수단 197
비기속적인 위임 234
비례의 원칙 53, 214
비용상환의 원칙 363

ㅅ

사무과 247
사무국 247
사무배분 165
사무위탁 418
사무직원 247
사무 체계 151
사법상 수입 378
사법상의 협력 428
사법작용의 수동성 185
사업소 274
사용료 362, 390
사임 262
사장추천위원회 408
사직 237
사회국가 원칙 368
산업사회 466
상법상의 주식회사 407
상원 486
상임위원회 241
서류 제출 요구 252
선거권 80
선결처분권 296
선수금 403
세입 350
세입예산 354
세출 350
세출예산 354
소속 행정기관 273
소송 능력 57
소송수계 138
소청심사위원회 279
수단의 목적 적합성 53, 215
수수료 362
수의계약 362
수의사무 153
수익고권 68
수입고권 49, 68
수지 균형의 원칙 345
수지 적합의 원칙 401
수직적 권력 분립 24, 166
수직적인 분산 473
수직적인 재정 조정 368
수평적인 권력 분립 24
수평적인 분산 473
수평적인 재정조정 368
승인으로부터의 자유의 원칙 209
승인의 유보 208

시민 65
시정명령 203
신분 보장 271
실질적인 의미의 법률 323

ㅇ

아래에서 위로 190
아소레스(Açores) 461
약시장형 227
업무성과평가 414
여비 236
연방국가 472
연방제 개헌 488
연방제도 488
영조물 387
예비비 350
예산 347
예산고권 49, 69
예산법률주의 347
예산일년주의 348
예산총계주의 348
예산총칙 350
예산편성권 352
예산편성기본지침 353
예산편성의 기준 353
완주시 회의규칙 185
외국인 81
요금 403
원심력 181
월권 295
월정수당 236
위원회 241
위임조례 310, 314
위탁 266
위험사회 465
유향소 34
의견제출권 252
의결정족수 255
의무사무 152
의무적인 자치사무 154
의사의 정리 239
의사정족수 255
의장 238
의정비심의위원회 236
의정활동비 236
의회규칙 341
의회유보설 322
의회의 대표 239
의회해산 제도 298
이양계획 444
이용 354
이용청구권 388
이원주의 152
이월결손금 410
이익금의 자기처분의 원칙 401
이체 354
인사고권 49, 67
인사위원회 272, 276
인사청문제도 448
일반수권 조항 319
일반지방자치단체 60
일반회계예산 349
일부 무효의 법리 329
일사부재의 258
일시차입금 403
일원주의 152
임시회 254
임용 270
임용권자 270

임의적 조례 310
임의적인 자치사무 153
입법권의 분권화 309
입법권의 재배분 481
입법기관 233

ㅈ

자격상실 238
자격심사 238
자기 결정의 원리 21
자기책임성 48, 343, 479
자문적 주민투표 113
자본 자기조달의 원칙 401
자영회사 393
자유설립 423
자주입법 312
자치 15
자치경찰 451
자치경찰단 451
자치경찰대 452
자치고유권설 22
자치공동체 486
자치구 435
자치사무 153
자치입법고권 70
자치입법권 308
잡종재산 382
장기대부 402
재량권의 수축 214
재의요구 294, 326
재의요구권 294
재의요구 지시 206
재정고권 49, 68, 343
재정보전금 372
재정자율성 346
재정자주성 346
재정책임성 346
재정투·융자사업 352
재정행정고권 49, 68
적립금 410
적정 비례의 원칙 53, 216
전결권 284
전국적 협의체 434
전권한성 48
전래설 22
전문위원 242
전문적 조언 198
절충형 221
정당정치 25
정례회 254
정보공개심의회 149
정보공개의 원칙 145
정보공개제도 142
정부혁신지방분권위원회 36
정치적 단위 485
정치적 참여의 결함 23
정치적인 의미의 자치 17
제도 차용 164
제도적 보장이론 32, 46
제소 지시 207
제주국제자유도시개발센터 461
제주국제자유도시특별법 441
제주도개발특별법 441
제주특별자치도 440
제척 256
제척 사유 256
조례 309
조례고권 50
조례안의 발의 324

조례의 제정 및 개폐청구권 93
조사권 200, 251
조세법률주의 344
조언 197
조정 422, 430
조정교부금 372, 437
조정적인 조언 198
조직고권 49, 66
조합장 426
조합회의 426
존립사무 173
존립의 보장 47
주관적인 법적 지위 50
주민 64, 65
주민감사청구 전치주의 132, 135, 141
주민감사청구제도 84, 99
주민소송의 당사자 136
주민소송의 대상 135
주민소송의 유형 136
주민소송제도 85, 130
주민소환 84, 114
주민소환의 대상 119
주민소환의 사유 120
주민소환투표권자 119
주민소환투표운동 124
주민의 대표자 234
주민자격 79
주민자치 16, 19
주민자치센터 445
주민자치위원회 445
주민직접참정제도 89
주민참여 예산제도 82
주민투표 84, 104
주민투표 경비 112
주민투표 사무의 관리 109
주민투표 소송 112
주주총회 409
준비금 410
준예산 350
중기지방재정계획 352
중앙분쟁조정위원회 432
중앙자치단체 471
중앙정부 469
중요사항 유보설 322
지도 199
지방고권 48
지방공단 393, 406
지방공무원 269
지방공사 393, 406
지방교부세 369
지방교육 자치 299
지방교육 자치에 관한 법률 282
지방교육자치 283
지방교육재정교부금법 371
지방교육행정협의회 291
지방분권 24
지방분권적 민주주의 23
지방분권특별법 37
지방분권형 국가 475
지방분쟁조정위원회 432
지방세 358
지방세조례주의 344
지방원 486
지방의회 232
지방자치단체 55
지방자치단체 간의 협력 417
지방자치단체 연합체 434
지방자치단체의 구역 71
지방자치단체의 대표 260
지방자치단체의 사무 151

지방자치단체의 입법권 321
지방자치단체의 입법기관 324
지방자치단체조합 63, 423
지방자치의 개념 16
지방자치행정 25
지방재정조정제도 367
지방정부 471
지방정치 25
지방직영기업 392, 398
지방채 346, 376, 402
지방채증권 376
지시권 208
지시사무 152
지식정보사회 465
지역 472, 486
지역고권 48, 66
지역균형 발전 473
지역사단 56, 471
지원 199
지원위원회 444
지출 354
지출고권 49, 68
지출원 381
지출원인행위 380
지휘감독권 263
직권조례 310
직무대행자 421
직무성과계약제 448
직무이행명령권 205
직속기관 273
직접 제소 207, 327
직접민주주의 90
질서권 239
집행원인주의 379
징계 238
징계처분 272

ㅊ

차등보조율 374
차입금 377
참여혁명 34
채권관리관 383
채무관리관 383
채무부담행위 351
처분적 법률 74
청구인대표자증명서 107
청원수리권 252
초국가기관 466
최고집행기관 261
최대의 원칙 397
최소의 원칙 397
최소침해의 원칙 53, 215
추가경정예산 349
추상성 467
추상적인 규범통제 338
출석 답변 요구권 252
출연법인 413
출자 402
출자법인 413
출장소 274
취소·정지 204
치안판사 17
치안행정위원회 452

ㅋ

칸막이 교육행정 303

ㅌ

탈나치화 33
통제규범 397
통제기관 233
퇴직 262
퇴직 사유 237
투표운동 110
특별교부금 372
특별교부세 369
특별법 우선의 원칙 366
특별수권 조항 319
특별위원회 241
특별자치도 442, 456
특별정족수 255
특별지방자치단체 63, 423
특별지방행정기관 453
특별회계 303, 401
특별회계예산 349
특수경력직 공무원 269

ㅍ

파생적인 법원 29
평등의 원칙 364
폐회 254
포괄적 분권 460
포괄적 위임 318
프로이센 도시법 32
필요사무 154
필요적 의결 사항 248
필요적 조례 310

ㅎ

하급교육행정기관 289
하부행정기관 274
학교급식조례 97
학교운영위원회 307
학교의 자율성 306
학부모회 307
학습사회 466
합법성에 대한 통제 183
합의제 집행기관 283
합의제 행정기관 275
항고소송 328, 482
해직청구권 117
행위규범 397
행위 능력 57
행정감시권 250
행정규칙 29, 342
행정규칙의 법원성 29
행정기업 392
행정사무감사 251
행정소송 482
행정시 445
행정시장 445
행정심판청구지원조례 334
행정입법 186
행정재산 382
행정정보공개조례안 144
행정협의회 419
향약(鄕約) 34
향회(鄕會) 34
향회변무 규정 34
향회조규 34
헌법적 고유성설 312

협력고권 417
협력적 조언 197
협치(協治) 36
형성적(形成的)인 법률유보 28
형식적 의미에서의 법률 322
혼합경제기업 393
혼합공기업 393
혼합출자 지방공사 407
회계감사보고서 410
회계연도 348
회계연도 독립의 원칙 348
회기 계속의 원칙 258
회의 공개의 원칙 257
회의규칙 341
회의록 258
획일적인 민주주의 23
휴회 254

저자 소개

이기우

독일 뮌스터대학교 법학부 졸업(법학박사)
한국지방행정연구원 근무
미국 오리건주립대학 대우교수 역임
지방이양위원회 위원
정부혁신지방분권위원회 지방분권간사위원
현재 인하대학교 사회교육과 교수

〈저서 및 논문〉
『지방자치행정법』(1991)
『지방자치이론』(1994)
『지방분권과 시민참여』(2003)
"연방주의적 국가재구조화"
"지방자치기반 강화를 위한 헌법 개정" 외 다수

하승수

서울대학교 경영학과 졸업
변호사, 공인회계사
현 제주대학교 법학부 부교수

〈저서 및 논문〉
『혼자 소송하는 법』(1998, 공저)
『교사의 권리, 학생의 인권』(1999, 공저)
『풀뿌리는 느리게 질주한다』(2002, 공저)
『지역, 지방자치, 그리고 민주주의』(근간)
"한·일 시민참여 비교연구"
"주민소환제의 특징과 시민사회에 주는 함의"
"기부금품모집규제법 개정의 경과와 법제도적 함의" 외 다수

지방자치법

펴낸날 / 제1판 제1쇄 2007년 8월 20일

지은이 / 이기우 · 하승수
펴낸이 / 임춘환
펴낸곳 / 도서출판 대영문화사
주소 / 서울 용산구 청파동 1가 178-2 ㊐ 140-869
등록 / 1975년 12월 26일 제3-16호
전화 / (02)716-3883, (02)714-3062
팩시밀리 / (02)703-3839
우체국 온라인 / 011353-02-009106

ISBN 978-89-7644-251-2

〔값 22,000원〕